西學東漸 中學西傳

甲午年湯序 崔希亮 題

深切悼念李学勤先生

2019年2月24日，京城突然洒下一场雨。雨中的我，倾接友人电话："李学勤先生走了……"我停下脚步，雨水和泪水，模糊了眼睛。

李学勤先生是我国著名历史学家、考古学家、古文字学家、古文献学家和教育家，是"百科全书式的学者"，也是近些年来最早关心汉学研究的著名学者。作为国际欧亚科学院院士、国务院学位委员会历史评议组组长、夏商周断代工程专家组组长兼首席科学家、中国先秦史学会理事长、清华大学出土文献研究与保护中心主任、清华大学首批文科资深教授，他是学界最忙碌的人，先后荣获首届汉语人文学术写作终身成就奖、首届"全球华人国学终身成就奖"。他在史前文化研究、甲骨学、青铜器、战国文字、简帛学等领域，均有卓越的建树。

李先生与北京语言大学缘分颇深。1993年我校创刊《中国文化研究》，他是顾问；1995年北京语言文化大学成立汉学研究所、创刊《汉学研究》和"列国汉学史书系"，他是顾问。大凡我校的学术会议，他和张岱年、任继愈、季羡林、汤一介诸老都是有请必到的大学者。2018年，当"列国汉学史书系"嬗变为"汉学研究大系"时，他又是我们的"总顾问"。

李学勤先生走了，我们悼念他，怀念他，他的学术精神将引领我们去开拓和发展生生不息的中华文化！

阎纯德
2019年3月5日

耿昇先生周年祭

  2018年4月10日耿昇先生在北京逝世。此前几天，他打电话给我，说要来北语聚聚并送书给我；还说他每年都有数本再版译作或新作问世，一俟备齐，他会将70来部著作一起送我。那时，因忙于编发《汉学研究》春夏卷而未会面，令我后悔终生。

  耿昇是我的小学弟。早年他在北外读本科，我是零起点的进修生。从1993年我创办《中国文化研究》始，他便是这个杂志的铁杆作者，再到《汉学研究》几乎每集都有他的长文，后来我不仅给他开了个"耿昇专栏"，还逼他为"列国汉学史书系"写了一部数十万字的《法国汉学史论》。他是一位写作不用电脑的大翻译家，书稿完全是一笔一划地写在纸上，然后请人录成电子文本。一部130万字的《16—20世纪入华天主教传教士列传》手写稿就有十几公斤重，看着就能吓死人！可是，他却像农民耪地一样，一锄一锄地耕耘出一个学者的丰收！他译的不是小说，是中亚史、敦煌学、突厥学、藏学、西域学、西夏学、吐鲁番学以及中国与阿拉伯／波斯关系史等，攻克法国汉学家笔下那些最难译的专业术语，使这些领域成为他的专学，在中国，他是开拓者！他担任中外关系史学会会长十多年，呕心沥血组织了30余次国内外的学术会议，撰写论文300余篇，是一位尽心尽力的学者楷模、劳动模范！

  耿昇先生的逝世是学界的重大损失。我们思念他，愿他远行一路平安！

阎纯德

2019年4月10日

总第二十七集
2019年秋冬卷
CSSCI来源集刊
北京语言大学主办

阎纯德 主编

 语言资源高精尖创新中心支持项目

漢學研究

Chinese Studies

学苑出版社

图书在版编目（CIP）数据

汉学研究．总第二十七集：2019年秋冬卷／阎纯德主编．－－北京：学苑出版社，2019.12
ISBN 978-7-5077-5865-8

Ⅰ．①汉… Ⅱ．①阎… Ⅲ．①汉学－文集 Ⅳ．① K207.8-53

中国版本图书馆 CIP 数据核字（2019）第 279077 号

出 版 人：孟　白
责任编辑：杨　雷　张敏娜
封面题字：朱天曙
出版发行：学苑出版社
社　　　址：北京市丰台区南方庄 2 号院 1 号楼
邮政编码：100079
网　　　址：www.book001.com
电子信箱：xueyuanpress@163.com
销售电话：010-67601101（销售部）　67603091（总编室）
经　　　销：新华书店
印　刷　厂：北京虎彩文化传播有限公司
开本尺寸：710×1000　1/16
印　　　张：41.25
字　　　数：650 千字
版　　　次：2019 年 12 月第 1 版
印　　　次：2019 年 12 月第 1 次印刷
定　　　价：80.00 元

汉学研究编辑委员会

顾　　问：汤一介　李学勤　袁行霈　李宇明
　　　　　倪海东　崔希亮　李向玉　安平秋
主　　任：刘　利
副 主 任：韩经太
主　　编：阎纯德
副 主 编：周　阅
编辑部主任：陈　畐
编　　委：万　明　乐黛云　王　宁　王晓平
　　　　　方　铭　刘顺利　严绍璗　李明滨
　　　　　李庆本　宋绍香　杜道明　张西平
　　　　　张国刚　张　华　何培忠　杨玉英
　　　　　陈戎女　周　阅　郑杰文　段江丽
　　　　　耿　昇　耿幼壮　柴剑虹　钱林森
　　　　　钱婉约　徐志啸　郭　鹏　阎纯德
　　　　　阎国栋　黄晓敏　熊文华

卷 前 絮 语

一

我是个多梦的人。每夜梦魇轮番上阵，搅得我很难安眠。这次记下的是我童年的生活：小时候，五六月收割麦子的大忙季节，黄河滩常有骤然而起的小旋风四处流浪；那些直径不过几米或十几米的小旋风，可以将农人的草帽、女人的头巾和麦秆、草叶吹到天上；我们那些十来岁的孩子，一见到旋风，就兴高采烈地拿着棍棒和镰刀追杀它们，还高喊着："旋风旋风你是鬼，我拿刀砍你的腿；旋风旋风你是妖，我用刀斩你的腰！"

到了21世纪，自然界的小旋风很少见到，但却常有摧枯拉朽的龙卷风骚扰我们。龙卷风无情无义，但它却"一视同仁"地摧毁一切，不仅是广袤的土地，还有人们赖以生存的"经济"。

历史上的八国联军曾经屠戮过我们；21世纪，还能有"八国联军"吗？即使有，还能围堵、围剿我由几千年中国精神铸就的万里长城吗？

乱我中华的风浪不是文化。但是，我坦坦荡荡的心湖却被搅得噩梦迭起。不过，不管是小旋风，还是龙卷风，最后总会消失；历史有不可颠覆的辩证法：有日出，就有日落；一切都会发生，一切也定会过去……

二

政治和汉学是有距离的。政治家研究中国，并行之于文字，与汉学家对中国政治话题的研究，或许可以称为"政治汉学"或"中国研究"。这一集，因为今年6月，中央党史和文献研究院对外合作交流局与山东省社会科学院联合举办了"70年回顾与展望：面向新时代的海外当代中国研究"学术研讨会议，曾设想开一个"政治汉学"（中国研究）的栏目，但终因准备不足而作罢。

这一集有钱林森教授主持的"中法建交55周年专辑"。法国从18世纪末起，早于1814年12月11日雷慕莎（Jean Pierre Abel Remusat, 1788—1832）主持法国法兰西学院第一个被称为世界汉学起点的汉学讲座，实际上，此前的法国已经是汉学大国的盟主了。在国际政治上，这个有着独立个性的西方国家高瞻远瞩，第一个与中国建立了大使级外交关系，影响了整个西方世界。鉴于中法历史上温暖的文化和政治关系，我们推出这个特辑，此乃天经地义。我感谢钱林森教授的美好用心、专心和以他的智慧精心撰写的优美的"主持人语"！钱教授本来提供了13篇年轻学者关于法国汉学的论文和译文，但出于无奈，未能全部采用，且对他的"主持人语"略有修改。他组织的文章，余稿都会以备后用，望作者能以海量之心原谅我因本集整体栏目而做的选择。

这几年，汉学研究的作者队伍迅速壮大，来稿与日俱增。这显示了我们这个学科的发展与繁荣。但是，关于来稿，编者有几点建议仅供诸位专家学者参考。中外比较文学与比较文化的来稿较多，但有的远离了汉学研究，缺少"汉学"的因素。我们欢迎中外文化比较和中外文学比较研究而富有明显或较多汉学因素的文稿，如果没有或远离"汉学研究"的文稿可能被真正的汉学文稿挤掉。本刊有个特设的"国学特稿"栏目，此栏目当然缘于"国学"与"汉学"的姻亲关系；但是，这个栏目基本是为名家具有新意的文稿所设，一般作者的来稿可能会石沉大海。还有，这一集"秋冬卷"是从近百万字的可用文稿经过较长时间编辑而成。这一集曾要求二十多位专家教授和博士对文稿进行修改和压缩，大家无一不是欣然而为。非常感谢作者通情达理的亲密合作，这里谨向作者致以真诚的感谢！

我们对文稿的采用主要考虑其质量和重要性以及栏目的需要，不过也会考虑来稿的早晚。我们欢迎数千字至一万多字的文稿。形成初稿后，建议作者多读几遍，多改几遍，使学术文稿更精彩。

世界汉学大国如法国、俄罗斯、美国、英国、日本等之外，本刊还特别欢迎学者关于北欧、南欧、东欧、非洲、南亚和拉美各国汉学研究的文稿。

未来的世界属于人民，属于年轻的有博爱之心的智库们！我们从事的是文化工作，汉学研究的目的和宗旨就在于沟通中外文化交流；学者们携起手来，齐心协力从文化层面，促使我们的世界相安无事，喜乐平安！

阎纯德

2019年8月24日于巴黎

目 录

卷前絮语 　　　　　　　　　　　　　　　　　　　　　阎纯德（1）

·**国学特稿**·
《黄帝内经》的数理基础　　　　　　　　　　　刘明武　阮永队（1）
魏晋隋唐儒学的特征与精华（上）　　　　　　　　　　单 纯（14）

·**SINOLOGY 与中华学术论坛**·
从传统到现代
　　——试论西方中国研究之演进　　　　　　　　　　阎纯德（31）
中华学术的外译与学术中国的国际传播　陈戎女　张 健　陆 薇（43）
汉学、汉学主义与原创学术散论
　　——顾明栋教授访谈　　　　　　　　　　　申 旗　罗宗宇（49）

·**传教士研究**·
罗明坚《论语》拉丁文译本初探　　　　　　　　　　　张明明（60）
《利玛窦中国札记》"Scielou"人名之争及其启示　　　　雷环捷（75）

·**张西平专栏**·
卜弥格：西安大秦景教流行中国碑西传的重要人物　　　张西平（86）

·**窗外的风景**·
法国浪漫主义前驱作家瑟南古对中国的描述（下）
　　——19世纪中法文学交流史研究之一　　　　　　　钱林森（95）

·**法国汉学研究——中法建交 55 周年专辑**·
主持人语：中法比较文学研究之新成果新面孔新风采　　钱林森（108）
法国汉学家雷慕沙《太上感应篇》法译本浅析　　　　　张 粲（114）
法语国家传教会和 19、20 世纪之交的中国经典翻译
　　——以两个法译本的《诗经》为例　　　　　　　　赵维纳（125）

波德莱尔在20世纪20—30年代中国的译介 　　　　　　　　　杨　振（143）
重译与再现：评雷威安《论语》翻译　　　　　　成　蕾　隗波扬（160）
论雷威安对《西游记》的翻译与研究　　　　　　　　　　张峻巍（170）
化时间为灵动的空间
　　——论中国文化对克洛德·罗阿时间书写的影响　　　许玉婷（190）
生命的慰藉与延续
　　——论谢阁兰关于中国墓葬形式的思考　　　　　　　邵　南（201）
法国国家图书馆藏《周易》类稀见汉籍考述　　　　　　　陈恒新（217）

· 美国汉学（中国学）研究 ·

论费正清的人类整体文明观　　　　　　　　　　　　　　黄　涛（228）
美国汉学家芮乐伟·韩森与中国古代历史研究　　　　　　陈　晶（241）
浅谈汉学翻译
　　——读富路德《中华民族简史》中译本　　　刘彩艳　孟庆波（256）
美国学者毕嘉珍的墨梅研究　　　　　　　　　　　　　　史常力（269）

· 俄罗斯汉学研究 ·

沃斯克列辛斯基对《肉蒲团》与《唐璜》的比较研究　　　李逸津（277）
切尔卡斯基的译诗原则与艺术追求
　　——以徐志摩诗歌《我不知道风是在哪一个方向吹》为例　刘志强（288）

· 德国汉学研究 ·

德国汉学家德博的唐诗译介与研究贡献述略　　　　　　　张　杨（298）
德国汉学家甲柏连孜"一经一纬"语法体系与中国古代的
　　"体用"思想　　　　　　　　　　　　　　　　　　魏兆惠（310）
一部为培养汉学家而编纂的现代汉语教材
　　——《标准国语教本》（1939）识小　　　　　　　　李雪涛（322）

· 荷兰汉学研究 ·

西方汉学家对中国传统民俗认知的文学化投射
　　——论高罗佩《大唐狄公案》中的民俗文化书写　　　王　凡（339）

· 西班牙汉学研究 ·

西班牙汉学研究的演进历程与发展趋势　　　　　　　　　李秋杨（352）
西班牙第一位汉学家马丁·德·拉达研究　　　　　　　　李兴华（366）

目　录

· **意大利汉学研究** ·

新世纪以来意大利学术机构的中国文学研究现状调查　　周　睿（376）

· **拉美汉学研究** ·

中国文化在古巴社会生活各方面的体现　　［古巴］杨　杨（389）

· **日本汉学（中国学）研究** ·

日本汉学家森槐南与中国戏曲　　张西艳（402）

日本内阁文库藏本《玉娇梨》为顺治初年刊本考辨　　梁　苑　徐宝锋（417）

山崎闇斋《小学》三部曲刍议

　　——兼谈朱熹《小学》在日本的传播和接受　　万丽莉（426）

《蒙求》在明治时期汉文教科书中的传播与影响

　　——以《明治汉文教科书集成》为例　　刘雨珍　钟薇芳（436）

《不动智神妙录》中的道家思想元素浅析　　李赫宇（450）

"支那"：江户兰学者的"中国"解构　　徐克伟（461）

建构异域：近世日本认识中国的路径探析　　许益菲（473）

· **中国经典文化外传与研究** ·

中国古诗英译变异论　　万　燚（488）

《韩非子》英译本的注释研究　　孙亚鹏（500）

《史记》三部英译本比较研究　　于培文（510）

苏轼作品在英语世界的首次译介　　史　凯（518）

《金刚经》鸠摩罗什译本与玄奘译本在唐的接受与域外影响

　　　　张开媛（531）

· **春秋论坛** ·

西方"文学史"体例的引入与近代日本"中国文学史"写作热潮

　　　　李　群（544）

聊斋题材电影《侠女》在海外的传播与接受　　任增强（555）

苏雪林早年与来华天主教传教士的文学互动　　刘丽霞（568）

海外华人汉学家对中国诗学话语的建构研究

　　——以陈世骧、刘若愚、叶维廉为例　　于　伟（581）

20世纪中国学人的域外汉学批评史初探　　吴原元（594）

黍稷考辨　　［马来西亚］刘　勤（616）

· **汉语国际传播与研究** ·
  哈佛大学汉语教学的先驱者戈鲲化
  ——美国华裔女作家张凤的哈佛书写之一　　　　李　婷（628）
· **书评与信息** ·
  耿昇先生学术纪念会暨中外关系史学术研讨会综述　　晓　白（634）
  语言资源高精尖创新中心助力"汉学研究大系"首批新书问世
  　　　　　　　　　　　　　　　　　　　　　　　　刘咪稀（639）

Contents

Editor's Remarks   Yan Chunde (1)

Special Manuscript on the Studies of Chinese Ancient Civilization

The Mathematical Basis of *Huangdi Neijing*   Liu Mingwu, Ruan Yongdui (1)

The Features and Essences of the Confucianism in Wei, Jin, Sui and Tang
    Dynasties (Ⅰ)   Shan Chun (14)

Sinology and Forum for Chinese Studies

From Tradition to Modern Times—On the Evolution of Chinese Studies
    in the Western Sinologies   Yan Chunde (31)

On Chinese Academic Translation and the International Communication
    of Academic China   Chen Rongnv, Zhang Jian, Lu Wei (43)

On Sinology, Sinologism and Original Academics—An Interview with
    Professor Gu Mingdong   Shen Qi, Luo Zongyu (49)

Missionary Studies

A Brief Exploration of the Latin Version of *The Analects of Confucius* by
    Michele Ruggieri   Zhang Mingming (60)

Controversy and its Enlightenment of "Scielou" in *China in the Sixteen*
    Century: *The Journals of Matthew Ricci*: *1583—1610*   Lei Huanjie (75)

Special Column Dedicated to Zhang Xiping

Michael Boym: An Important Figure for the Westward Spread of *A Stone*
    Tablet about Nestorianism Popularizing in China at Daqin Temple in Xi' an
                                           Zhang Xiping (86)

Scenery outside the Window

The Description of China by the French Romantic Precursor Writer Etienne
    Pivert de Senancour (Ⅱ)   Qian Linsen (95)

Sinology in France—The 55th Anniversary of the Establishment of Diplomatic Relations between China and France

The Columnist Remarks　　　　　　　　　　　　　　　Qian Linsen（108）

A Brief Analysis of the French Edition of *The Book of Recompenses* by the
　　French Sinologist Jean Pierre Abel Remusat　　　　Zhang Can（114）

Mission of the Francophone Countries and the Translation of Chinese
　　Classics at the turn of the 19th and 20th Century　　Zhao Weina（125）

Charles Pierre Baudelaire's Translation in the 1920s
　　and 1930s of China　　　　　　　　　　　　　　Yang Zhen（143）

Retranslation and Reproduction: On the Translation of *The Analects
of Confucius* by Andre Levy　　　　　　　Cheng Lei, Wei Boyang（160）

On Andre Levy's Translation and Research of *Journey to the West*
　　　　　　　　　　　　　　　　　　　　　　　Zhang Junwei（170）

On the Influence of Chinese Culture towards the Time Writing of Claude Roy
　　　　　　　　　　　　　　　　　　　　　　　　Xu Yuting（190）

About Victor Segalen's Thoughts on the Chinese form of Burial　　Shao Nan（201）

An Investigation of the Rare Chinese Classics like *The Book of Changes*
　　Stored in the National Library of France　　　　Chen Hengxin（217）

Sinology in America

On John King Fairbank's View of Human Civilization as a Whole　Huang Tao（228）

American Sinologist Valerie Hansen and the Study of Ancient
　　Chinese History　　　　　　　　　　　　　　　Chen Xiao（241）

Reading the Chinese Version of *A Short History of Chinese People* by
　　L. Carrington Goodrich　　　　　Liu Caiyan, Meng Qingbo（256）

Research of the Ink Painting Plums by American Scholar Maggie Bickford
　　　　　　　　　　　　　　　　　　　　　　　Shi Changli（269）

Sinology in Russia

A Comparative Study of *The Carnal Prayer Mat* and *Don Juan* by
　　Dmitry Voskresensky　　　　　　　　　　　　　Li Yijin（277）

目　录

The Principle for Poetry Translation and Artistic Pursuit of Leonid Cherkasky

Liu Zhiqiang （288）

Sinology in Germany

A Brief Introduction to the Contributions of the Translation and Research
　of Tang Poetry by German Sinologist Gunther Debon　　Zhang Yang （298）

German Sinologist Gabelentz's "One-Longitude and One-Latitude"
　and Natures and Usages in Ancient China　　Wei Zhaohui （310）

A Standard Mandarin Textbook——A Modern Chinese
　for Training Sinologists　　Li Xuetao （322）

Sinology in Holland

On the Folk Culture Writing in *Celebrated Cases of Judge Dee* by Robert
　Hans van Gulik　　Wang Fan （339）

Sinology in Spain

The Evolution and Development Trend of Chinese Studies in Spain

Li Qiuyang （352）

A Study on the First Spanish Sinologist Martín de Rada　　Li Xinghua （366）

Sinology in Italy

An Investigation on the Research Status of Chinese Literature in
　Institutions of Italy since the Beginning of New Century　　Zhou Rui （376）

Sinology in Latin American

The Embodiment of Chinese Culture in all Aspects of Cuban Social Life

［Cuba］Yang Yang （389）

Sinology in Japan

Japanese Sinologist Mori Kainan and Chinese Opera　　Zhang Xiyan （402）

A Textual Research of the View that *Yujiaoli* Stored in the Japanese Cabinet
　Library Proved to be the Early Shunzhi Period Edition

Liang Yuan, Xu Baofeng （417）

A Humble Opinion about the Three Books on *Elementary Learning* by Yamasaki
　Ansai——Also on the Receptivity of Zhu Xi's *Elementary Learning* in Japan

Wan Lili （426）

On the Spread and Influence of *Mengqiu*, a Literacy Textbook for Children
　　Edited by Li Han in Tang Dynasty in the Chinese Textbooks in Meiji
　　Period in Japan　　　　　　　　　　　Liu Yuzhen, Zhong Weifang（436）
An Analysis of the Taoist Ideas in *The Unfettered Mind*　　　Li Heyu（450）
"Cina": On the Deconstruction of "China" by the Rangaku Scholars
　　in the Edo Period　　　　　　　　　　　　　　　　　Xu Kewei（461）
Construction of the Foreign: The Channels for Modern Japanese to
　　Understand China　　　　　　　　　　　　　　　　　Xu Yifei（473）

Spread and Research of Chinese Classics
On the Variations in the English Translation of Classical Chinese Poetry
　　　　　　　　　　　　　　　　　　　　　　　　　　　Wan Yi（488）
A Study of the Notes in the English Versions of Hanfeizi　　Sun Yapeng（500）
A Comparative Study in the Three English Versions of *The Historical Records*
　　　　　　　　　　　　　　　　　　　　　　　　　　Yu Peiwen（510）
On the First Translation and Research of Su Shi's Works in the
　　English-speaking World　　　　　　　　　　　　　　　Shi Kai（518）
The Acceptance and Influence Abroad of the Kumarajiva
　　Edition and Xuan Zang Edition of *Diamond Sutra* in Tang Dynasty
　　　　　　　　　　　　　　　　　　　　　　　　　Zhang Kaiyuan（531）

Spring and Autumn Forum
On the Introduction of the Western Style of "History of literature" and the Writing
　　Boom of "Chinese Literary History" in Modern Japan　　　Li Qun（544）
An Analysis of the Causes for "Going Out" of *A toach of zen* in
　　Strange Stories from a Chinese Studio　　　　　　　Ren Zengqiang（555）
Su Xuelin's Early Literary Interactions with the Catholic Missionaries in China
　　　　　　　　　　　　　　　　　　　　　　　　　　　Liu Lixia（568）
The Constructions of Chinese Poetics Discourse by the
　　Chinese Sinologists—Taking Chen Shixiang, James Liu and
　　Wai-lim Yip as Examples　　　　　　　　　　　　　　　Yu Wei（581）
A Preliminary Study of the History of Overseas Sinology Criticism by

目 录

Chinese Scholars in the 20th Century　　　　　　　Wu Yuanyuan （594）

Study and Comparison of Millet　　　　　　　［Malysia］ Liu Qin （616）

International Spread and Research about Chinese

Ge Kunhua, a Pioneer of Chinese Language Teaching at Harvard University

　　　　　　　　　　　　　　　　　　　　　　　　Li Ting （628）

Book Review and Message

Summary of the Memorial Meeting on Mr. Geng Sheng's Academic

　Studies and the Academic Seminar on the History of

　Sino-foreign Relations　　　　　　　　　　　　Xiao Bai （634）

With the Help of Beijing Advanced Innovation Center for Language Resources,

　the First Books of "Series of Chinese Studies" Published　Liu Mixi （639）

　　　　　　　　　　　　　　　　　　　　Translated by Yang Yuying
　　　　　　　　　　　　　　　　　　　　Revised by Xiong Wenhua

·国学特稿·

《黄帝内经》的数理基础

刘明武　阮永队

摘　要：立竿测影，测量中午的日影，中华先贤创建了太阳历，太阳历基础性贡献有三：一是区分出精确的时间单位，二是创建出循环无端的时间系统，三是抽象出天道阴阳。太阳历本身就是一个严密的数理体系，中华文化与中医文化正是从这一数理体系出发的。太阳历可以统一数理化的理论基础，这一点恰恰被百年来众多研究者所忽略。

关键词：太阳　日影　天道　阴阳

一、《黄帝内经》从何而来

中医文化的根本经典是《黄帝内经》，《黄帝内经》是如何形成的？换言之，中华先贤凭借什么创造出了《黄帝内经》？

以上问题是原则之问，下面9个问题是具体之问：其一，道是《黄帝内经》论证问题的根本依据，道从何而来？其二，阴阳是《黄帝内经》论证问题的重要依据，阴阳从何而来？其三，五行（五运）是《黄帝内经》论证问题的重要依据，五行从何而来？其四，四时是《黄帝内经》论证问题的重要依据，四时从何而来？其五，六气是《黄帝内经》论证问题的重要依据，六气从何而来？其六，八风是《黄帝内经》论证问题的重要依据，八风从何而来？其七，十二月、十二律是《黄帝内经》论证经络的重要依据，十二月、十二律从何而来？其八，"年之所加"是为医者的第一标准，何谓年？何谓"年之所加"？其九，术数的位置仅次于天道阴阳，术数从何而来？

书中的道理在书外，人文的道理在天文。中医文化与中华文化的根本之源在太阳历，首先在十月太阳历，其次在十二月太阳历。太阳历是自然百科的发源地，其本身就是一个严密的数理体系，这里的一切均源于实测实证，这里的一切均源于亿万年的重复。百年来的文化批判，一直视中医文化为玄学，这是错误的。本文以太阳历（首先是十月太阳历）为依据，以解答以上9个具体问题为突破口，从而找出《黄帝内经》的数理基础。

二、《黄帝内经》的数理基础

认识《黄帝内经》，必须以认识天道的数理性为起始点。

（一）知道之数

1. 知道：求学与为医者的目标

"人不学，不知道"，这是《礼记·学记》开篇处的一句话；"其知道者"，是《黄帝内经·素问》开篇处的一句话。两句话，一个意思：求学的关键在知道，养生医病的关键在知道。

知道，是两个单音词。知，"知之为知之"之知，讲的是求学、求医者的主动性。道，天道之道，讲的是客观自然法则。一个字叫道，两个字叫天道。求学，求的不是文字，求的不是书，而是文字之外、书本之外的道。同理，对于养生者与为医者来说，最为关键是文字、书本之外的道。"知道"，是儒家文化对求学者的基本要求；"知道"，是《黄帝内经》对养生者与为医者的基本要求。

2. 道（天道）的三大出处

中午的日影，四时春夏秋冬，无限循环的昼夜，是天道的三大出处：其一，《周髀算经·陈子模型》："日中立竿测影，此一者，天道之数。"其二，《逸周书·周月解》："万物春生、夏长、秋收、冬藏。天地之正，四时之极，不易之道。"其三，《尸子》："昼动而夜息，天之道也。"

第一个论断以中午的日影论天道。《墨子·经上》："日中，正南也。"日中者，太阳在南中天之中午也。中午的日影能代表天道。中午的日影长极而短，短极而长。长短两极循环一次，一个太阳回归年。太阳回归，天道也。短与长，数字上的定量，天道之数也——天道的本源在太阳。第二个论断以春夏秋冬四时论天道。春夏秋冬四时，区分在中午的日影之下。春夏秋冬循环一次，一个太阳回归年——天道的本源在太阳。第三个论断以昼夜论天道。昼夜，取决于日往月来。日月往来，即是天道——天道的本源在日月。

《周易·系辞上》:"一阴一阳之谓道。"形象的太阳月亮,抽象的阴阳;形象的昼夜,抽象的阴阳;形象的寒暑,抽象的阴阳;从形象到抽象,具有普遍意义的道在此形成。

3. 天道的定量

天道可以定量,定量定在五大方面:

其一,定量在直角三角形底边。立竿测影,测影之竿即直角三角形的 a 边,竿下日影即直角三角形底边。直角三角形底边,是一条直线。天道,就出于这条直线。地球形成的第一年,就有了中午的日影;换言之,从地球形成的第一年起,就有了这条直角三角形底边。天道,就定量于直角三角形底边这条直线上。

其二,定量在两个点。中午的日影有两个极点:最长点与最短点。日影最长点,是太阳回归年的起始点;日影最短点,是太阳回归年的转折点。从地球形成的第一年起,就有这两个极点。日影在长短两个极点循环一次,一个太阳回归年。太阳回归即是天道。天道,定量于一条直线长短两极的两个极点。日影最长点与最短点,《周髀算经·天体测量》定名为冬至、夏至。

其三,定量在空间中。中午的日影,是空间中的直线。日影即天道,天道定量于空间中。

其四,定量在时间中。日影盈缩一次,一个太阳回归年。太阳回归,体现在四个时间数据之中:365 天、365 天、365 天、366 天。这是《周髀算经·日月历法》记载的四个数据,揭示的是太阳四次回归的时间长度。四年之中前三年 365 天,后一年 366 天,周而复始。彝族、苗族文化中均有这四个数据。回归一次即一个小周期,回归四次即一个大周期。大周期时间长度为 1461 天,小周期平均时间长度为 365.25 天。时间定量于太阳回归的时间长度,等量代换,天道定量于时间中。时间可以论天道,《尚书·大禹谟》有"时乃天道"之论。

其五,定量于椭圆。日影在一条直线上的长短两极循环,现象是太阳回归,实质是地球公转。地球公转的轨迹,是一个椭圆。昼夜循环,现象上是日往月来,实质上是地球自转。地球本身,是一个椭圆。地球自转的轨迹,同样是一个椭圆。天道,定量于地球的公转与自转,等量代换,天道定量于大小两个椭圆。

(二) 阴阳之数

1. 阴阳:《黄帝内经》的第一大基石

阴阳在《黄帝内经》的位置仅次于天道，即天道第一，阴阳第二。"其知道者，法于阴阳，和于术数"，这句话是在《黄帝内经·素问·上古天真论》开篇第一段中出现的。知道、法阴阳、合术数，这是养生与为医者的三大应知应会。医理从道，求医首先要求道，第二是法阴阳，此处专题讨论阴阳。

2. 阴阳的三大出处

阴阳有三个出处：寒暑，昼夜，日月。

其一，寒暑论阴阳。中午的日影有长短两极：长极冬至，短极夏至；冬至论寒，夏至论暑。一寒一暑，一阴一阳。《周髀算经·日月历法》："故冬至……见日光少，故曰寒。夏至……见日光多，故曰暑。"冬至寒论阳，夏至暑论阴，为何有如此相反之论？寒极生热，热极生寒；阳极生阴，阴极生阳也。《苗族古历》："冬至阳旦，夏至阴旦。"苗族太阳历以两至论阴阳，留下如此精确、精美、简洁之论。

其二，昼夜论阴阳。《黄帝内经·灵枢·卫气行》："阳主昼，阴主夜。"《周髀算经·陈子模型》："昼者阳，夜者阴。"昼夜，一明一暗，一动一静；明论阳，暗论阴；动论阳，静论阴。

其三，日月论阴阳。《易经·系辞上》："阴阳之义配日月。"《黄帝内经·素问·阴阳离合论》："日为阳，月为阴。"日月论阴阳，经典中有之，民间俗语中亦有之。日，中原民间有太阳星之称；月，中原民间有太阴星之称；太阳、太阴之说，出于日月。彝族文化中同样有以日月论阴阳的论断。《宇宙人文论·论日月运行》中有"太阳为众阳之精，月亮有太阴之象"之论。

3. 阴阳之定量

阴阳可以定量，定量定在五大方面：

其一，定量于日影长度。冬至夏至，区分于日影长度之下，《周髀算经·天体测量》："冬至，日影1.35丈；夏至，日影0.16丈。"两个数据区分出了两至，也区分出阴阳。两至本身源于测量，测量之量就是定量。两至可以定量，等量代换，阴阳同样可以定量。

其二，定量在两个点抑或两个线段。冬至夏至，区分于日影长短两极的两个极点。竿下日影，直角三角形底边。一阴一阳，定量于直角三角形底边上的两个点。"一年分两截，两截分阴阳。"彝族十月太阳历以太阳回归论阴阳，论出的是两个线段。

其三，定量在空间中。两个点——日影最长点与最短点，是空间定量；

两个线段——日影由长变短、由短变长，同样是空间定量。

其四，定量于时间长度。日影由长而短，有时间长度的定量；日影由短而长，有时间长度的定量。一阴一阳的精确数字，是太阳回归年时间长度一分为二的商。

其五，定量于椭圆的一分为二。中午日影，竿下一条直线。直线背后的决定因素，是地球公转的椭圆。阴阳，现象上是中午日影长短两极的变化，实质上是地球公转椭圆的近日与远日之变。

（三）五行之数

1. 五行在《黄帝内经》中

金木水火土五行，是《黄帝内经》论证问题的重要依据：五行可以论空间东西南北中五方！五行可以论时间春夏秋冬长夏五季！五行可以论人体肝心脾肺肾五脏！五行可以论青赤黄白黑五色！五行可以论酸苦甘辛咸五味！五行可以论八七五九六五数！五行可以论五果、五谷、五虫、五畜……

"以五行论之"，是《黄帝内经》论证问题的基本方式。把人与万物放在十月太阳历划分五季中来认识，即"以五行论之"。"以五行论之"，如此论证方式贯穿《黄帝内经》始终。

2. 五行的唯一出处

五行只有一个出处，就是十月太阳历。

洛书表达的是十月太阳历，这是彝族典籍《宇宙生化》的翻译者王子国先生的解释。组成洛书的两个圆〇●表达是一阴一阳。十月太阳历分五季，五季称五行。木一行为首，水一行告终；五行依次顺序是：木—火—土—金—水。一行含两个月。

四川三星堆出土几十个太阳轮，形如今天的汽车轮，如下图：

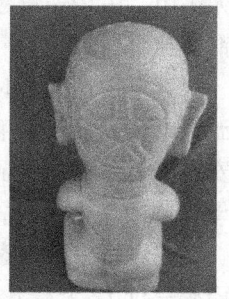

它所表达的是什么？表达的是五行十月太阳历，这是凉山彝族典籍的解释。

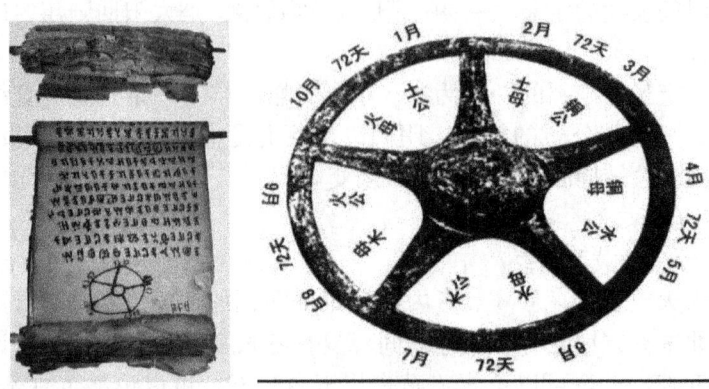

上面两张图，源于吉克曲日先生与王昌富研究员；两位凉山彝族同胞告诉我，在彝族典籍中，太阳轮表达的是五行十月太阳历。

3. 五行的定量

五行，可以定量！定量，定在三大方面：

其一，定量于太阳回归。十月太阳历定量于两个重要的点：回归起始点与转折点。太阳回归的起始点在冬至，转折点在夏至。冬至夏至，彝族先贤安排为大小两个年节——冬至过大年，夏至过小年。年的安排，就是让人序（生活之序与生产之序）合于太阳回归之序。

其二，定量于空间大圆。一个圆一个圆心，从圆心处一分为五，将圆均匀地分为五等分，完美的几何图形出现在三星堆文物之中。为表达五行十月太阳历，中华先贤创造出了简洁而精美的几何图形，创造出了精美的玉器、铜器与金器。

其三，定量于时间。十月太阳历分五季，五季称五行。五行一行72天，五行360天。回归年尾数的5—6天，彝族先贤安排为大小两个年节——冬至安排3天大年，夏至安排2天过小年，第4年大、小年均安排3天。五行分公母（阴阳）两个月，每个月36天。

先秦百家，家家论五行，但唯有管子将五行论及太阳历。《管子·五行》篇有一行72天，五行360天的记载。72，是太阳回归年时间长度减去尾数一分为五的商。

(四) 四时之数

1. 四时在《黄帝内经》中

春夏秋冬四时,是《黄帝内经》论证问题的重要依据。四时可以论气候;四时可以论物候;四时可以论脉象;四时可以论五脏;四时可以论疾病;四时可以论针刺;四时可以论养生。

将人体放在时间中来认识,形成了"以四时论之"的论证方式。"以四时论之",贯穿于《黄帝内经》始终。

2. 四时的出处

太阳历、北斗历,是春夏秋冬四时的两大出处。

其一,太阳历论四时。以中午日影长度定四时,这是《周髀算经》的记载。

其二,北斗历论四时。北斗斗柄指向可以区分四时,这是《鹖冠子》的记载。《鹖冠子·环流》:"斗柄东指,天下皆春;斗柄南指,天下皆夏;斗柄西指,天下皆秋;斗柄北指,天下皆冬。"斗柄循环有东西南北四指之变,节令有春夏秋冬四时之变。

3. 四时之定量

其一,定量于一条直线。四时区分于中午竿下日影这条直线上。

其二,定量于四个点。这是《周髀算经·天体测量》的记载,立春立夏立秋立冬"四立"区分于两个日影长度之下:立春,日影1.0523丈;立冬,日影1.0523丈;立夏,日影0.4573丈;立秋,日影0.4573丈。四个定量的点,两个长度数据,原因何在?答案:因于太阳回归。

其三,定量于时间。春夏秋冬四时的定量数据,是太阳回归时间长度一分为四的商。

其四,定量于空间。竿下日影由长变短,其长度一分为二的定量点,即立春立夏;竿下日影由短变长,其长度一分为二的定量点,即立秋立冬。四个点,均为空间点。

其五,定量于椭圆。地球公转大圆一分为四,即春夏秋冬。地球与太阳动态的对应关系,是春夏秋冬四时的根本原因。

(五) 六气之数

1. 六气在《黄帝内经》中

"六气者,风寒湿热燥暑六种气候也。"

把人放在气候中来认识，形成《黄帝内经》独有的论证方式——"以六气论之"。

气，有正常与异常之分。正常之气，孕育万物；异常之气，危害万物。异常在何处？过与不及。不该来，提前而来为过；该来不来为不及。

2. 六气唯一的出处

六气只有一个出处，这就是十二月太阳历。

《周髀算经·日月历法》："外衡冬至，内衡夏至，六气复返，皆谓中气。"

"六气"之说运用于《黄帝内经》之中，"六气"之说发源于十二太阳历，记载于《周髀算经》。

界定六气的方法有两种：太阳回归有南来北往之分，南来6个月；北往6个月。一月两个节气，月初为节；月中为气。一月一个中气，前半年6个月6个中气，后半年6个月6个中气。气分阴阳，前半年为阳六气，后半年为阴六气。如此界定方法，由《周髀算经·天体测量》所记载。

第二种界定六气的方法是：两个月为一气，十二月除以二，其商为六。两个月一气，十二个月有六气——风寒湿热燥暑。如此六气，是《黄帝内经》运用的六气。——两个月一气，按照气候特征论气，这是第二种方法的界定。如此界定方法，由彝族典籍《宇宙人文论》所记载。

3. 六气之定量

六气之定量，定量在五个方面：

其一，定量于太阳回归。太阳回归，是六气之说的本源。太阳回归，无限循环；循环一次，阴六气阳六气复返一次。

其二，定量于两线两点。两线，南北回归线也。古之外衡，今之南回归线；古之内衡，今之北回归线。两点，冬至点与夏至点。太阳直射于南回归线，冬至；太阳直射于北回归线，夏至。从冬至到夏至，有阳六气；从夏至到冬至，有阴六气。太阳在两条回归线循环一次，六气复返一次。

其三，定量于空间。为表达六气，中华先贤创造出一个"七衡六间图"。平面空间中，画出7个不同半径同心圆，即是七衡。七衡界定出六个空白带，即是六间。从内到外的六间，表达的是太阳回归年的前半年，从外到内的六间，表达的是太阳回归年的后半年。六间即六气，太阳回归一来有六气，一往有六气。六气，界定在平面空间的"七衡六间图"中。

其四，定量于时间。太阳回归年时间长度除以12的商，即阳六气、阴六气的时间长度。太阳回归年时间长度除以2的商，即风寒湿热燥暑六气的时间长度。

其五，定量于地球公转大圆。地球公转大圆的度数一分为十二，即阴六气阳六气。逐渐靠近太阳的半圆的六等分，即阳六气；逐渐远离太阳的半圆的六等分，即阴六气。

（六）八风之数

1. 八风在《黄帝内经》中，"风为百病之始""风为百病之长"。

如此论断或相似的论断，反复出现在一部《黄帝内经》之中。

会引起百病的风是邪风。风，有正邪之分：正风养人养万物，邪风伤人伤万物。正风有八种，邪风有八种。把人体疾病放在八种邪风中来认识，形成《黄帝内经》独有的论证方式——"以八风论之"。

2. 八风唯一的出处

八风，只有一个出处，这就是十二月太阳历的八节。

八节区分确定于立竿测影，5个日影长度确定出时令八节。《周髀算经·天体测量》：冬至，日影1.35丈；夏至，日影0.16丈；春分，日影0.755丈；秋分，日影0.755丈；立春，日影1.0523丈；立冬，日影1.0523丈；立夏，日影0.4573丈；立秋，日影0.4573丈。

5个日影长度为何能区分出八个节令？根本原因在太阳回归。一节有一种风，八节八种风。

3. 判断正邪的坐标在时空

八节，范畴在时间。八方，范畴在空间。一节一风，八节八风；一风一种风向，八风八种风向。八节八方八风，风向统一在时间空间中。

风分正邪！时令八节与空间八方，是判断正邪的坐标。具体判断标准如下：立春，东北风为正，西南风为邪；立夏，东南风为正，西北风为邪；立秋，西南风为正，东北风为邪；立冬，西北风为正，东南风为邪；春分，东风为正，西风为邪；秋分，西风为正，东风为邪；夏至，南风为正，北风为邪；冬至，北风为正，南风为邪。

邪风，亦称虚风、恶风、贼风。邪风恶风虚风是伤人伤万物的风。与正风风向相差180°的风，为大邪风。与正风风向相差45°的风，为小邪风。与正风风向相差90°的风，为标志性邪风。

正风邪风的判断标准，极为准确。这个标准，稍有节令常识的普通人，都可以轻而易举地掌握。

4. 八风之定量

八风之定量，定量在五个方面：

其一，定量于太阳回归。太阳回归是八风之本源。太阳回归一次，八风循环一次。

其二，定量于顺时针循环。正风之风向，应该顺时针循环。"风向南刮，又向北转。"如此论断出于《圣经·旧约》。由北而南，由南而北，这是顺时针旋转。正北—东北—正东—东南—正南—西南—正西—西北—正北，八节风向如此顺时针循环，记载于《黄帝内经·灵枢·九宫八风》篇。正确的风向应该是顺时针循环。一旦逆时针循环，就是异常——异常之风即邪风。

其三，定量于时间。风向必须合时，四时变风向也必须随时而变：春东风，夏南风，秋西风，冬北风。如果春天刮西风，这就是"春行秋令"。如果冬天刮南风，这就是"冬行夏令"。时令错乱，是疫病的根源。

其四，定量于平面几何图。为表达八风，中华先贤创造出一个"九宫图"。平面空间中，画出一个九宫格。中间一宫，周围八宫。八宫上下两宫表达夏至冬至，左右两宫表达春分秋分，四隅四宫表达立春立夏立秋立冬，中间一宫表达决定八节的天文因素。空间八宫，表达时令八节。一节一种风，八节八种风。时间、空间、风向，三大要素完美地统一在九宫图之中。

其五，定量于太阳回归与地球公转。地球公转大圆一分为八的商，即是八节的准确定量。

（七）十二月之数

在人类先贤之中，唯我中华先贤发现了人体十二经络。远古时期的中华大地上一没有实验室，二没有精密仪器，中华先贤凭借着什么发现了十二条经络？正确的答案是：十二月。

1. 论证十二经络的依据

以十二月为依据论证十二经络，请看下面两个论断：其一，《黄帝内经·素问·阴阳别论》："十二月应十二脉。"其二，《灵枢·五乱》："经脉十二者，以应十二月。"

年轮，是太阳回归年在树木中留下的影子。十二络，则是太阳回归年十二月在人体中的对应物。

2. 十二月的出处

论十二经络的十二月，出于太阳历。

太阴历同样分十二月，为什么说论十二经络的十二月出于太阳历？请看下面三个论断：其一，《黄帝内经·素问·六节藏象论》："四时谓之岁。"其二，《周易·系辞下》："寒往则暑来，暑往则寒来，寒暑相推而岁成焉。"其三，《逸周书·周月》："凡四时成岁，岁有春夏秋冬，各有孟仲季，以名十有二月。"

寒暑循环一次，即是一岁，岁有十二月，寒暑出于太阳回归；四时循环一次，即是一岁，岁有十二月，四时出于太阳回归。由此得出结论：论经络的十二月出于太阳历。

针经《灵枢》指出，十二律同样可以论经络。十二律的母源在太阳历的十二月。《周髀算经·陈子模型》："冬至夏至，观律之数，听钟之音。"黄钟大吕之声与律吕之数均是从冬至夏至出发的。《周礼》指出十二律分阳声有六、阴声有六。《周礼·春官》："阳声：黄钟、大簇、姑洗、蕤宾、夷则、无射。阴声：大吕、应钟、南吕、函钟、小吕、夹钟。"如此区分与太阳回归年分出的阳六气、阴六气相吻合。十二月与十二律相对应，《礼记·月令》与《吕氏春秋·季夏纪》中均有记载。

3. 无形的时间，无形的经络

无形的时间，流动于空间；无形的经络，分布于人体；时间无形，经络亦无形；经络是时间在人体中的反映物。

音律有声无形，听得见而看不见；经络有动无形，触摸得到而看不到；经络是自然音律在人体中的反映物。

（八）年之数·盛衰之数·虚实之数

"不知年之所加，气之盛衰，虚实之所起，不可以为工矣。"这是《黄帝内经·素问·六节藏象论》所建立的"三不知不足以为工"的标准。

工，医也。为工，为医也。为工第一知，是知年之所加。何谓"年"？在凉山彝族保留的十月太阳历中，年有"回转、返回、回归、循环一周"之义。显然，年指的是太阳回归年。太阳回归，地球公转；地球公转一周，一个太阳回归年。何谓"年之所加"？干支纪年也。干支纪年，60年一循环。年之所加，不仅仅是时间的叠加，还有天文与气候的循环。年之数，即太阳回归之数，地球公转之数。

何谓"气之盛衰"？寒暑转换。竿下日影有长短两极之变：长极寒，短极暑。天道之数，即寒暑之数。《管子·重令》："天道之数，至则反，盛则衰。"盛衰之变即一寒一暑、一阴一阳的转换。

何谓"虚实之所起"？一在太阳，二在月亮。《黄帝内经·素问·宝命全形论》："天有寒暑，人有虚实。"寒阴而暑阳，阳盛为实，阴盛为虚；虚实的参照坐标在寒暑。《黄帝内经·素问·八正神明论》一有"月郭满，则血气实；月郭空，则肌肉减，经络虚"之论，二有"月圆不补，月缺不泻"之论。虚实的参照坐标在月亮，月圆为实，月缺为虚。虚实之数，在寒暑之数，在月亮圆缺之数。因天时而调血气，调血气要遵循寒暑之序，要遵循月圆月缺之序。

（九）"何谓术数"之答案

天道第一，阴阳第二，术数第三，这是书外的常识。天道阴阳前面已有讨论，这里讨论术数。

何谓术？天文历法为术。《史记·索隐·历书》："黄帝使羲和占日，常仪占月，臾区占星气，伶伦造律吕，大桡作甲子，隶首作算数，容成综六术而著调历。"

何谓数？时令的规定性为数。寒暑有数，四时有数，五行有数，六气有数，八风有数，十二月有数……

和于术数，即合于太阳回归之序。合于太阳之序，具体就是要合于节令的规定性上。

万物生长靠太阳，所以农民种植、渔民捕鱼、牧民放牧必须自觉合于节令的规定性。

人的生长同样靠太阳，所以养生治病必须自觉合于节令的规定性。从《四气调神论》开始，一部《黄帝内经》从头到尾讲的就是"因天之序"。因，比照也，遵循也。因天之序，遵循的就是太阳之序、月亮与北斗之序，首先是太阳之序。

三、太阳历：自然百科的共同基础

立竿测影最基础最实用的贡献，是给后人创造出精确的时间单位与具有常青意义的时间系统。冬至夏至，是精确的时间单位；二十四节气，干支纪年是常青意义的时间系统。立竿测影最伟大的贡献，是抽象出天道阴阳。天道阴阳本身就是一个严密的数理体系。认识天道阴阳的数理基础，才能真正理解下面一系列重大问题：（一）大数学家刘徽为什么会以阴阳论算术之根源？（二）《周礼》为什么会以阴阳论音律？（三）《周易参同契》为什么会以阴阳论化合物的分解与化合？（四）《道德经》为什么会以阴阳论"万物负阴而抱阳"的物理？（五）《礼记》为什么会以阴阳论"礼尚往来"的人礼？（六）《管子》为什么会以阴阳论政理？（七）《孙子》为什么会以阴阳论兵法？（八）《黄帝内经》为什么会以阴阳论医理？（九）西方的物理学大家为什么会崇敬阴阳？

立竿测影创建太阳历，这是从天文到人文的成熟点。东西南北，区分于立竿测影：东西一维，南北一维，平面二维坐标在此成立；直立的测影之竿，自然而然的上下一维，四方上下，三维立体坐标在此成立；测影，测的是流动的时间；四维时空，成立于立竿测影——四维时空，狭义相对论的基础。

太阳回归年的时间长度 365—366 天，对应于地球公转大圆的 365—366 度。天，时间也。度，空间也。时间空间，间不容发的对应。时间空间，状为椭圆——椭圆时空，广义相对论的基础是否在此成立？

太阳历是一个取之不尽、用之不竭的宝贵资源，中医文化正是从太阳历出发的。

四、需要思考的三个问题

其一，中华先贤创建经典的依据是什么？经典之前无经典，《黄帝内经》形成之时，中华大地上没有图书馆，所以这部经典的形成不是"以书论书"论出来的。那么，中华先贤凭借什么创造出这部经典？正确的答案是：太阳回归法则，月亮圆缺法则，斗柄循环法则。日、月、星是中华先贤创造经典的三大依据，第一依据是太阳。太阳历远远早于文字，认识经典的产生，无论如何不能忘记太阳历。

其二，诸子百家形成的基础是什么？先秦时期的中华大地上连 10 本书都没有，凭什么孕育出诸子百家？正确的答案是：最根本的基础是十月太阳历与十二月太阳历。这一答案的依据何在？第一，诸子百家子子论阴阳，家家论五行，阴阳五行只有一个出处——十月太阳历；第二，天道、四时、十二月、十二律是诸子百家论证问题的依据，天道、四时、十二月、十二律的出处在十二月太阳历。

其三，太阳常青，书本生命有限；在先贤的基础上创造新文化，创造新经典，是否需要重新认识太阳？

（刘明武　文化学者；阮永队　中医医生）

魏晋隋唐儒学的特征与精华（上）

单 纯

摘 要：魏晋和隋唐是中国学术思想史上两个特别的时期，以"魏晋玄学"和"隋唐佛学"而名世。这两个时期的儒学也各有特点。本文通过对这两段儒家思想"淡出"时期的社会环境考察和其思想特征的辨析，提出居中国思想传统主流的儒、道、释三教各有其永恒的思想价值：儒家长于经世济民的"入世"思想，道家长于顺其自然的"出世"思想，而佛教则长于般若无知的"空世"思想，它们之间的思想互补性恰好构成了中国"乱世"的魏晋和"治世"的隋唐两个时期丰富多彩的思想画卷，值得我们秉持"古为今用、洋为中用"的原则，在继承传统文化、引入异质文明、创新时代思想方面认真批评和借鉴。

关键词：名教　援道入儒　三教同一　心性　五经正义

在春秋诸子百家形成之后的2000多年内，历时700多年的魏晋和隋唐是中国思想史上两个特别的时期，占中华思想史上三分之一强的时间，比较集中地显示出"治乱"交替的总体历史特征。魏晋基本属于"乱世"，而隋唐，特别是唐因"贞观之治"和"开元之治"基本上被称为"治世"。魏晋值天下动荡，秦汉统一之后的政权崩解，中国出现了南北分治的局面，儒学作为主流意识形态的地位亦受到玄学和佛教的挑战，当时中国思想的主流或名之为"新道家"或名之为儒家之"新经学"，儒家传统的"名教"逐渐让位于崇尚"自然"的玄学。南北朝分治是秦统一之后中国历史的第一次分裂，至隋唐时期，天下遂再归统一，经历动荡、战乱和分裂之苦的中国社会上下协力，励精图治，终而有"盛唐"局面的形成，文化思想上形成了兼容并包的三教鼎立格局。在佛教和道教思想的激荡之下，作为中国文化思想主流的儒学虽不复汉武帝时的独大地位，但在儒家的道统论、天人关系和心性议题上却取得了重大进展,为宋明新儒学的复兴奠定了坚实的学理基础。

一、魏晋的历史背景:"魏晋名士"与"乱世"

孟子说"天下之生久矣,一治一乱",这句话原本是孟子对夏、商、周"三代"及春秋战国之际的历史总结,后来成为儒家学者对历史发展趋势的一种哲学概括,而魏晋和隋唐亦可类比说是中国历史上"一乱一治"的典型时期。我们在描述此两个不同时期的儒家思想时亦应分辨其相应的社会环境特征及其对于儒家思想人物的影响,以说明该时期内儒家思想的主要内容和特征,这是中国学术传统中所谓的"知人论世"。

魏晋是中国历史自秦统一之后的第一次"乱世",先有汉末之乱和魏、蜀、吴的"三国鼎立",继之有西晋的"八王之乱""永嘉之乱"和南北朝的分裂。关于"三国"的"乱世",我们从各种场合听到的《三国演义》都有这样的信息,要么说"天下大势,分久必合,合久必分",要么说三国社会豪杰多为"乱世英雄"。正像春秋的"礼坏乐崩、天下大乱"造就了中国思想上的"诸子百家";魏晋乱世亦催生了政治和思想上的"英雄豪杰";三国时期的曹操、诸葛亮、鲁肃及周瑜等可谓政治上的"英雄豪杰";而魏晋时期的"玄学家"则是思想上的"英雄豪杰",成为汉末儒家经学堕落的批判者和创新者。

魏晋的"玄学家"大体是指"正始名士"(240—248年)、"竹林名士"至"中朝名士"(291—299年)这60年期间出现的思想家,他们的中心议题仍然是儒家传统的"内圣外王之道",但是在辩论形式和思想方法上却大量借鉴了道家思想。

"正始名士"中的"正始"是指曹魏政权齐王曹芳的年号,其思想界的代表人物有夏侯玄、何晏和王弼,他们的"玄学"思想亦被称为"正始之音",其讨论的主要哲学问题是"有"与"无",即思想史上的"有无之辩"。之后的"竹林名士"其代表人物是"七贤",即阮籍、嵇康、山涛、刘伶、阮咸、向秀和王戎。"七人常集于竹林之下,肆意酣畅,故世谓竹林七贤。"[①] 他们虽然在竹林下醉酒,以尽名士自然之性,但讨论的问题却是"自

---

① 《世说新语·任诞》。

然"与"名教"之间的关系。"中朝"指西晋中叶的惠帝元康年间,其思想家亦被称为"元康名士",这些人是"魏晋玄学"的殿军,代表人物有向秀、郭象、王衍、乐广、王澄及谢鲲。他们的思想是在对"正始名士"的"有、无"和"竹林名士"的"自然、名教"作总结,企图调和"有、无"和"自然、名教"之间的对立,得到玄学议题的结论。

史书曾以阮籍为例解释魏晋名士的社会环境,言称"籍本有济世志,属魏晋之际,天下多故,名士少有全者,籍由是不与世事,遂酣饮为常。文帝初欲为武帝求婚于籍,籍醉六十日,不得言而止。钟会数以时事问之,欲因其可否而致之罪,皆以酣醉豁免"①。这段话不仅是说像阮籍这样的"名士"其竹林醉酒的原因是"天下多故",同时也暗指当时思想界的"玄风大振"的社会原因,士大夫谈玄论道,表面上看与传统中国的内圣外王之道不相契合,实则是为险恶的政治环境逼迫之故,后遂有"晋室无磐石之固,物情有累卵之危"的感叹。

在整个魏晋南北朝的370年中,"玄学"的兴衰不过是从王弼到郭象这60余年间的事,但是整个魏晋的社会情势的动荡却贯穿其始终。汉末黄巾起义之后,地方豪强兴起,兼并割据,战争频仍,至西晋短暂统一,几近百年。西晋自280年灭吴而统一大江南北算起至316年西晋愍帝降于北方匈奴,中原豪族流奔江东止,短短36年间先后亦遭逢"八王之乱"和"永嘉之乱"。晋室南渡之后,北方先后出现"五胡十六国"的社会动荡,南方亦遭宋、齐、梁、陈政权之更迭。政治危机、经济危机、社会危机乃至思想危机贯穿整个大分裂、大动荡的时代,玄学高潮虽然集中于魏晋之际,然其余波则及于南北朝各个时期,只不过在魏晋之际儒道合流较为突出,而南北朝时期儒、道、释三教开始交互影响,逐渐形成隋唐时代的三教鼎立及交融合流之势。

二、魏晋玄学的特征

汉代经学发展到汉、魏之际,已经衰落,它既烦琐又迷信。同时因道家的挑战和佛教的传入,儒家思想独霸天下的局面已经无法维系。因此,把儒

---

① 《二十四史》(横排简体字本),《晋书·阮籍传》(卷四十九)第899—900页,中华书局,2000年。

学从汉代僵化的经学形式中解救出来，就成了当时知识分子所面临的关键问题，他们或是援道入儒或是援佛入儒，为唐代儒家向心性学的转向，进而促进宋明新儒学的复兴提供了思想基础。

（一）儒学面临的困境

魏晋乱世之前的汉代是中国历史上的"治世"，儒家在汉武帝时又获得了官方认定的"正统"地位，其主要特征是儒家传统的伦理思想已被"钦定"为官方意识形态，与政府权力密切结合，遂形成一种选拔官吏的用人制度。这就是建立在儒家"孝廉"伦理之上的"征辟"制度，其优点是两汉的国家权力向社会开放，避免了周代"分封建侯"、权力由贵族世袭带来的行政垄断弊端，缺点是它自身因与行政权力结合而蜕变成一种新的垄断权力之后，依附其上的腐败问题亦无法克服。

两汉特别是自武帝施行"罢黜百家，独尊儒术"之后，儒家"孝廉"伦理得到特别地"表彰"，以至于形成一种人才任用制度，在州、郡叫"察举"，在中央叫"征辟"，其所举荐和征用的人才名义上必须符合儒家"修齐治平"的入世伦理——"孝廉"，即在家孝顺父母，在国办事廉洁奉公。这是"国身通一"及"家国一体"的伦理意识形态的反映，其表现在行政制度上就是"求忠臣于孝子之门"，"强汉"即"以孝治天下"而闻名；两汉的皇帝，除了西汉的高祖刘邦和东汉的光武帝刘秀两位"开国之君"，其余皇帝悉数以"孝"为其"谥号"，如"孝文帝""孝景帝""孝武帝""孝宣帝"等。儒家以"孝为仁之本"，故其入世伦理自然被贯彻于"修齐治平"的整个过程之中。

"孝廉"制度的确立，本是汉武帝采纳董仲舒建议的在郡国施行的一项公平开放的政府用人制度，每年只在郡国察举孝者、廉者各一人，以表彰儒家的理想社会。由于其明显优于传统的权贵世袭制度，对于汉代社会的公平与稳定起到了积极的作用，后遂演变成了汉代最重要的岁举科目，政府和社会中的"名公巨卿多出之"，中央政府的"征辟"制度亦由此而得以推行。在汉代与察举和征辟制度并行的也还有考试，像汉武帝策问贤良等，但主要的还是察举和征辟。察举和征辟本来的标准就是儒家伦理所提倡的"仁义"和"廉洁"，这主要来自家乡和州、郡的公众评论，即"乡评"或汉末的"清议"。在家乡和社会评议中，"孝廉"声望越大的人，被征辟的机会就越多，征辟后担任的职务也就越高。这是两汉官员选任与儒家伦理之间的关联性，其优点是社会管理中的公平性和开放性,其弊端则是在制度设计上并不客观、科学,容易被人为操纵,因而出现了被人利用、虚夸高名而背弃儒家"孝廉"伦理,以至于在汉末产生了名不副实甚至虚名害实的严重社会腐败。

陈寅恪就两汉征辟制度的实质分析说:"在两汉的征辟制度下,以仁孝礼让著称于乡里,是入仕的途径。取士与仁孝礼让或者说与德的结合,遂使名教成为豪族屡世必须奉行的圭臬与赖以自豪的门第的标志。豪族往往就是儒门。"[①]"仁孝"和"廉洁"本来是儒家伦理的实质,但是两汉的制度并没有形成评价和监督这种"实质"的机制,以至于其蜕变成为某些世家豪族博取私利和虚名的"名教",最后导致"因名害实",汉末儒家的"名教"就出现了这样的危机,至于魏晋玄学兴起,以"自然"辩驳"名教",以道家"自然"的简朴和公平批评、矫正儒家"名教"的虚夸和"经学"的繁复。

儒门豪族和名教在汉末出现的危机,晋代道家的葛洪有过这样的描述:"时人语曰:举秀才,不知书。察孝行,父别居。寒清素白浊如泥。高第良将怯为鸡。"[②] 这种"孝廉"的异化和社会的腐败都是与儒家伦理相关联的"察举、征辟"制度分不开的,在社会生活上造成的消极影响就是"名不准实、贾不本物"[③]。思想原则上的"名不符实"和市场交易上的"价物背离"都是社会衰败的潜在危机。因此,魏文帝曹丕意图以"九品中正制"矫正汉末的制度危机,结果还是"上品无寒门,下品无士族"。从两汉的"察举""征辟"一直到晋初的门阀士族,儒家的"仁孝"伦理逐渐被异化成了"官官相护"的制度原则,儒家"名教"的思想垄断和社会权力腐败亦促使儒者试图从道家的思想参照系寻找批判性的精神资源。像葛洪本人就是一个绝好的例证,他说:"道者,儒之本也;儒者,道之末也。"[④]"援道入儒"本来是为了"补救"儒家的"时弊",而不是为了彻底放弃儒家。因此,他似乎走得太远了,从儒者径直变成了一个道教的宗师。

(二)批判名教:儒家经学的新方向

儒家思想在汉末的僵化、烦琐以及被制度御用而导致的异化、腐败,被讥之为"名教",成为道家和儒家自己批判和反思的对象。"名教"的主要内

---

① 陈寅恪《魏晋南北朝史讲演录》(万绳楠整理)第8页,贵州人民出版社,2011年。
② 《抱朴子·审举》。
③ 《抱朴子·名实》。
④ 《抱朴子·明本》。

容是指董仲舒的"三纲",本来"君为臣纲、父为子纲、夫为妻纲"有如孔子讲"君君、臣臣、父父、子子"的抽象政治伦理意义,恰如陈寅恪分析的:"吾中国文化之定义,具于《白虎通》三纲六纪之说,其意义为抽象理想最高之境,犹希腊柏拉图所谓 Idea 者。若以君臣之纲言之,君为李煜亦期之以刘秀;以朋友之纪言之,友为郦寄亦待之以鲍叔。其所殉之道,与所成之仁,均为抽象理想之通性,而非具体之一人一事。夫纲纪本理想抽象之物,然不能不有所依托,以为具体表现之用;其所依托以表现者,实为有形之社会制度,而经济制度尤其最要者。"① 本来儒家伦理讲君臣、父子、夫妇、兄弟、朋友皆有"名实"之辨,既有君臣、父子、夫妇、兄弟、朋友之理念上的"名",亦有君臣、父子、夫妇、兄弟、朋友经验上的"实",它们之间的关系是抽象理想与具体表现的事物之间的辩证关系,以理念之"名"为价值标准要求事物之"实",做到"名副其实",这是儒家为"礼坏乐崩"的春秋社会所设计的一种理想的入世伦理,是作为"礼乐之治"或"刑法之治"的立法原则提出来的。子路曰:"卫君待子为政,子将奚先?"子曰:"必也正名乎!"他继而解释说:"名不正则言不顺,言不顺则事不成,事不成则礼乐不兴,礼乐不兴则刑罚不中,刑罚不中,则民无所措手足。故君子名之必可言也,言之必可行也。君子于其言,无所苟而已矣。"② 君子言说之"名",当然是一种正当的理念,比如现代法治社会中的"罪行法定""罪刑相等""刑罚人道主义"一类的概念,是贯彻"礼乐之治"或"法治"的原则。陈寅恪用"期"字表明伦理作为抽象概念对于指导具体事务的价值意义,是一种文化的最高之境。中国文化传统中以"光武中兴"的刘秀和"管鲍之交"的鲍叔牙为"君""友"的伦理标准,以之评价"君""友"一类的社会事务,在批评"李煜亡国"和"郦寄卖友"中彰显"君道"和"友谊"。照陈寅恪讲,孔子的"杀身成仁"和孟子的"舍生取义"都是在提倡以生命捍卫"仁义"之名的伦理价值。

可是,汉末的"名教"混淆了"名实"关系,使其异化蜕变成了一种依附权力和利益的教条,不是以名约束实,而是以实取代名,以独断的教条取

---

① 陈寅恪《王观堂先生挽词并序》,载《寒柳堂集·附:寅恪先生诗存》第6页,上海古籍出版社,1980年。
② 《论语·子路》。

代了崇高的理念。这样即便是"无道昏君",因为顶着一个"君"的名号,亦要求臣属尽"君臣的名分",盲目地服从昏君的绝对权力。这样就将孔子讲的"君君、臣臣"的"正名"变成了"君臣"行政关系的"名教",把陈寅恪讲的"期之以"的道德约束变成了"服从于"的权力"名教"。魏晋的门阀世族制度既是这种"名教"的现实反映,"名教"亦从"名正言顺"的儒家伦理堕落成了门阀世族制度的意识形态;官方支持的儒家经学亦从经世致用的传统异化成了烦琐考证甚至是迷信的谶纬。因此,带有批判和反省意识的儒家开始从"自然"这个更大的"实"讨论门阀世族和谶纬经学这个社会等级之"实",以"自然"之"无"(无为而治)批判社会之"有"(等级世袭),借助道家的"自然"伦理反思被异化了的儒家社会"名教",形成了"玄远"的魏晋"风流"之学。

魏晋玄学在思想方法上注重于"辨名析理",其意图是针对汉末经学的谶纬化趋势,批判性地反省为社会权贵所御用的"名教"经学。辨名析理通过"有无之辨"和"自然名教之辨"企图恢复儒家经学追求"天下为公"的社会政治伦理精神。在这个意义上讲,魏晋的玄学是要更新汉末谶纬化了经学,是一种新经学,是儒家学术思想一次浪漫的自我救赎。冯友兰评论说:"何晏的《论语集解》和王弼的《周易注》是魏晋时期的'新经学'的主要著作。唐朝把这两部著作定为《论语》和《周易》的官方标准注解。在形式上,'新经学'是废除了汉朝'经学'的文字上的烦琐考证,在内容上,是废除谶纬的荒唐迷信,把孔丘的经典《老子》化。在这两个方面,王弼的《周易注》可以算是'新经学'的典型作品。'新经学'的哲学内容,就是玄学。"① "玄学"的思想家们很多也是门阀世族中人或"入世"很深的儒者,他们借用道家"玄远"话题讨论的核心仍然是"内圣外王"之道;他们的"辨名析理"赋予了孔子所言的"君臣父子"之伦和陈寅恪所谓"三纲六纪"之理想以新的思想内涵,以"将无同"和"自然即名教"这样的思想为魏晋社会不公引起的动荡提供答案,其思想方法和成就较之两汉经学亦有许多令人耳目一新之处。

(三)经学的发展脉络

魏晋之际,儒家的经学不再有两汉时期独盛的局面。但是儒学的新形

---

① 冯友兰《三松堂全集》(第九卷)第356页,河南人民出版社,2000年。

态——玄学化的经学则得以生成。据《隋书·经籍志》记载，魏晋南北朝时期有关儒家经学的著作数量巨大，如果包括那些没有来得及整理而亡佚的，计有950部，7290卷，"六艺"亦有新的部、卷出现，其中强调经世致用的"礼学"新撰述最多。一直被认为是儒家经学大结集的《十三经注疏》，其中约一半的著作成于南北朝时期儒家学者之手笔，像王弼、韩康伯的《周易注》、何晏的《论语集解》、杜预的《左传集解》、范宁的《谷梁传注》、郭璞的《尔雅注》、皇侃的《论语义疏》等；即便是唐初孔颖达等编撰的《五经正义》，其中"疏"的部分十有八九都采自南北朝时期的著述，而且"孔安国所传"的伪作古文《尚书》亦是这一时期的作品。这些情况说明，儒家的经学在魏晋社会动荡和佛教、道家玄学的思想挑战之中仍然呈现出多元化的发展势头。

汉魏之际与魏晋之际儒家经学的发展主要以郑玄、王肃和何晏、王弼为代表。郑玄经学于汉末今、古文经学门户纷争之际，"括囊大典，网罗众家，删裁繁诬，刊改漏失，自是学者略知所归。"① 郑玄经学综合今、古文经学，取众家之长而融会贯通，开了汉末及魏晋之初儒学的新风貌，此即经学大师皮锡瑞所称的"经学至郑君一变"②。郑玄亦承袭乃师马融"好精研而不守章句"的传统，矫正汉儒固守家法师门、瞩意章句训诂而忽略根本大义的偏颇，且解经释义多有自家心得，在《周易》和《礼记》的核心议题解释上对宋明儒学影响很深，达到了汉魏之际的经学高峰。至曹魏时，家学渊源的王肃出现，在学习经学大宗——郑学的过程中，发现郑玄的义理解释中有不少疏漏或荒诞之处，以为郑学批汉儒章句之固陋，自己亦落入其窠臼，成一新固陋之章句，遂痛加批贬，一时形成汉魏之际的郑学王学之争。虽彼此消长，但经郑学、王学新经学的"否定之否定"，儒生们亦逐渐摆脱了汉儒烦琐章句经学的樊篱，更加注重以义理解释经典，激发了儒家学术传统的创新性继承，个性化、生活化、多样化和兼容化的儒经传习方式逐渐形成新的风气。

在郑、王经学纷争之际，何、王经学亦得以悄然兴起，其学术思想上的"离经叛道"更为显著。《四库全书总目提要》中称为："王弼乘其极敝而攻之，遂能排击汉儒，自标新学。"此所谓"新学"者，是指玄学化的经学，亦

---

① 《后汉书》卷三五《张曹郑列传》。
② 皮锡瑞《经学历史》第149页，中华书局，1959年。

上冯友兰所谓之"新经学",其兴起乃是对于汉儒章句之学的思想固陋与精神衰竭的反叛和创新。"新学"借鉴了玄学"辨名析理"的方法对传统儒家经典加以新的诠释。汉儒由于切近秦汉政治局势,且汉武帝力倡儒学,故儒者的学术兴趣多与意识形态相关,传授儒家经典亦以专注《春秋》者居多;魏晋天下动荡,儒生于军阀割据混战之中亦多求自保,"治国平天下"的抱负亦多挫于军阀、权贵的乖戾诡谲,而佛道张扬内心觉悟、个性体验的号召多能契合此时儒者的心境,故其注经兴趣转而集中在《周易》上。儒经《春秋》所重者在体现宗法社会的"名分",而《周易》所重与《老子》《庄子》多相感通于"道阴阳""齐万物""至逍遥";儒者注经的方法亦见大的转变,不再拘泥于烦琐的章句注解,以剔抉圣人的微言大义,而是以"六经注我"的形式发挥注经者的主体性见解,何晏、王弼的著作皆此学术新风气之代表。思想史上所谓"玄学"发展的三个阶段,实即起于何晏、王弼,以"有无之辨"中"贵无"一派之称,以道家的"有生于无"的思想为本体解释儒家的宇宙论与人生论,及于裴𫖯著《崇有论》反驳何晏、王弼的"贵无"思想,以《周易》为评价道家学说的根据,认为宇宙生成论的"生生之易"才是"道",是生万物之"有",而不是道家本体论的"无中生有"中的"无"。经过"贵无"与"崇有",玄学的第三阶段出现了郭象的"独化论",将宇宙本体论和宇宙生成论综合起来的,以"造物无主,而物各自造",从宇宙根本上讲就是"独自"演化生成的,这是借助"道法自然"和"齐万物"的思想在更高层次上总括了宇宙本体论与生成论之间的偏颇,以"独化"论综合了"有无之辨",赋予"自然"丰富的伦理意义,从"越名教而任自然"深化出"名教即自然"的思想,为玄学的有无之辨、自然名教之辨做了最后的总结。

(四)玄学化经学的议题

在魏晋的士大夫心目中,当时的局势是"处天地之将闭,平路之将陂,时将大变,世将大革"。为了顺应时代的变迁,他们从中国传统经典《老子》《庄子》《周易》中寻找新的精神资源,称为"三玄",以突破汉儒经学形式下的教条,从生机勃勃的宇宙论发掘出个性解放的生命原动力和主体自觉性。他们既鄙视日趋衰败的汉末精神和社会风貌,又力图以自由的个体精神回避动荡诡谲的社会变局,以"越名教而任自然"的精神追求为儒学寻找新的时代精神家园。

玄学的第一个流派出现于魏正始年间,以夏侯玄、何晏、王弼为代表。

其主要议题是论证宇宙论中"无中生有"的问题，以突破社会中"名教"的保守和堕落。夏侯玄、何晏、王弼所讨论的议题被称为"正始之音"，这是从汉代经学到魏晋玄学的一种思想议题转变，其中"无中生有"是当时争论的主要命题，它通过"辨名析理"的方法，把宇宙万物的本体归结为"无"，以思想上独立的"无"破除传统思想和社会制度上一切经验之"有"的枷锁和局限。可以称为"贵无"理论。王弼的《周易注》《周易略例》和《论语释疑》以及何晏的《论语集解》都为后继的儒家经典解释系统提供了新的理论视野。

西晋司马氏势力已盛，正要夺取曹魏政权的时期。他们本是儒家渊源很深的士大夫家族，但在汉末的社会动荡中已经异化为以争权夺利为宗旨的政治功利主义集团，所谓"司马昭之心，路人皆知"，儒家所标榜的"名教"在他们身上成了政治污浊的代名词。嵇康、阮籍等"竹林七贤"以道家自然无为的思想起而反对司马氏的"名教"权贵政治。阮籍痛骂名教，嵇康提出"越名教而任自然"，则是在学术思想上挑战司马氏集团所代表的虚伪名教和政治霸道思想。向秀、郭象则通过张扬个性自由和独立精神的《庄子》来批判"名教"在思想上和实践上对人的社会控制，其本质是反映出以人为本和以制度权力为本的对立。

因为魏晋时期"庄老"的议题取代了汉代的"黄老"议题，儒家此时的思想议题亦随着对《周易》的专注转向了宇宙本体论的"有无之辨"和"体用之辨"，这也是儒家最能发挥"辨名析理"方法论的议题。

在道家经典《老子》中，"道与名"的关系既是知识论亦是宇宙本体论的核心议题。按照中国人固有的"天人合一"思维模式，知识论的"可道"和"可名"对于"常道"和"常名"仅有工具的意义，一旦获得结果或达到目的，工具的意义就自然消失了，是所谓"得意而忘言"。那么，道家真正的思辨兴趣便集中到了宇宙本体论的"道与名"的关系上了。对照着道家玄学的旨趣，何晏则对"道与名"提出了儒家新经学的解释，他说："夫道者，惟无所有者也。自天地以来，皆有所有矣，然犹谓之道者，以其能复用无所有也。故虽处有名之域，而没其无名之象，由以在阳之体远，而忘其自有阴之远类也。"[①] 从宇宙生成论讲，天地万物都是"有所有"，而"道"则是生成

---

① 何晏《无名论》，引自张湛注《列子·仲尼》篇，见《诸子集成》卷3，上海书店，1986年。

"有所有"的"无所有",这就从宇宙生成讲到了宇宙本体之道。以同样的思辨逻辑看,"夫惟无名,故可得遍以天下之名名之。然岂其名也哉?唯此足喻而终莫悟,是观泰山崇崛,而谓元气不浩芒者也。"① 对形而下的器物而言,形而上之道是"无名",但是它可以逻辑地蕴含形而下之一切器物之名,所以是"得遍以天下之名名之",观泰山必得其形而上之"崇崛",思宇宙浩茫必以其形而上之"元气",这里他(此处是引夏侯玄语)亦是在发挥道家"通天下一气耳"的宇宙本体论思想。

"道与名""有与无"在王弼的新经学思想中亦十分突出。从宇宙生成的意义看,"夫物之所以生,功之所以成,必生乎无形,由乎无名。无形无名者,万物之宗也。不温不凉,不宫不商,听之不可得而闻,视之不可得而彰,体之不可得而知,味之不可得而尝"② 照他的思辨逻辑,万物之生成,都源于其终极的"无名"者,此逻辑推论颇类于西方基督教之"绝对他在"的上帝,万物仅凭其自由意志而造,不过,王弼受道家本体论思想影响,主张无名者即是道,而且是"不可道"之"常道",这是通过思辨而得的形而上之道,并非建立在宗教"神迹"上的信仰。进一步发挥他的思辨逻辑,他又泛推:凡经验现象之物或作为经验对象的客观世界无不是人的主观认识的对象的表现形式,在对这些经验现象进行观察总括的过程中,人的主观能动性始能充分表现出来。对主体认知的肯定是先秦和两汉儒家没有充分关注的议题,亦是传统道家比较轻视的对象,之所以如此,大概是怕知识论将本体论引入歧途。魏晋时期的道家有一个明显的倾向,就是将知识论与人生论结合起来,以"辨名析理"体会精神风流。而同一时期的儒家解经者亦有此特点,将逻辑上的"辨名"与人生伦理的"仁圣"结合起来,发表高论。因此王弼论证说:"夫不能辨名,则不可与言理;不能定名,则不可与论实也。凡名生于形,未有形生于名者也。故有此名必有此形,有此形必有其分。仁不得谓之圣,智不得谓之仁,则各有其实矣。"③ 圣者、智者都是"可与论实"的个体,"仁"是儒家的伦理原则,"辨名"则是将实的个体与抽象的伦理原则结合起来,表现出社会生活中的一种责任和境界。

---

① 《无名论》引夏侯玄语。
② 王弼《老子指略》。
③ 王弼《老子指略》。

魏晋玄学化的儒家在其注解传统经典的过程中，借鉴道家学者"辨名析理"的方法，更加注重主体独立的思辨和创造性，对于两汉经学固守师门家学、拘泥于训诂和章句式的治学风气有很大的突破，但是在新思想体系的创建方面则没有出现像向秀、郭象注疏那样对道家传统产生深远的影响。总之，从思想发展的主体脉络上看，如果说两汉是儒家学说的政治化、经学化和谶纬化，那么魏晋南北朝时期的儒学则表现出了儒道互补的玄学化、个性化和自由化趋向，这也是反映在儒家学者对于传统经典的新解释体系中的明显特征。

南北朝时期仍然流传玄学。这时佛教由于和玄学合流，有了较大的发展。佛教既有宗教思辨哲学的层面——称为"佛学"，又有粗俗迷信的层面——称为"佛教"。其思辨层面的"般若学"比较适应士大夫们和名士的思想志趣，但其粗俗迷信层面的"涅槃"境界，很能吸引社会底层的民众和在社会动荡、争权频繁更迭中的帝王、贵族和官僚阶层。所以，佛教无论是在哲理还是教义层面，较之儒家传统的"尽心知性"和"安身立命"都有更深入的理论和更直接的精神安慰作用。这是南北朝时期玄学相对沉寂而佛教获得较大发展的原因。

三、魏晋玄学的思想精华

玄学的"辨名析理"是用一种形而上学的逻辑方法解释传统儒家的"内圣外王"之道。因为道家的《老子》和《庄子》以及儒家的《易经》都有丰富的"辨名析理"的方法和思想，所以，"名实之辨"和"名教自然之辨"中有无相互借鉴的思想资源就成了判断玄学的性质和价值的一个重要方面。

（一）"将无同"的思想深意

从玄学争论的主题看，偏于儒家传统的玄学家强调"有"和"名教"，而偏于道家传统的玄学家则强调"无"和"自然"。因此不同偏向，玄学或被称为"新经学"，或被称为"新道家"。这些称谓在形式上看并没有什么问题。但是，联系魏晋玄学形成的历史环境以及要解决的思想问题来看，其性质还该算为"新经学"，不过其在思想方法和论证形式上大量借鉴了道家传统。这是其"援道入儒"的特征。由此特征亦可对其思想精华作进一步的分析。

《晋书·阮瞻传》："瞻见司徒王戎，戎问曰：'圣人贵名教，老庄明自然，其旨同异？'瞻曰：'将无同？'戎咨嗟良久，即命辟之。时人谓之三语掾。"《世说新语·文学》中也记载了这个故事，不过说成是王衍和阮修之间的对话。无论这两个版本的真实情况如何，记载中的这四个人都是当时有名的玄学家，而且王戎和王衍更是当时玄学家中的领军人物，他们所争论的问题之所以引起传闻异词，还是因为"有、无""名教、自然"之争有无可能获得一个综合性的结论，至少在思想方法上要为儒道两家的争论找到一个相互借鉴的共同点，而"将无同"就是以"存疑"的方式来解决这个彼此对立的问题。这在思想方法上是有积极意义的，即只有不固执于一种思想传统，对立的问题才能寻找到较理想的解决方案。

这是"求同存异""借异标新"，而不是简单地"标新立异"。在一个社会大动荡、思想议题十分对立的时代表达了一种思想方法上的创新，其价值有很高的社会认同度。除了儒道的"名教、自然"之辨外，这种思想方法在魏晋时代应该是比较引人关注的，如在《世说新语·雅量》中也有这样的记载：谢安同客人游海，遭遇大风，客人有惊恐之感，建议返回避风，可是谢安游兴正高，不愿避风回港，后来风更大了，谢安才不得不令船掉头回港，并说："如此，将无归？"意思是此归非彼归，当有另外一番意趣在其中。余敦康教授就"将无同"三语掾的意义分析说："将无者，然而未遽然之辞，理智上不敢遽然言其同，情感上不愿遽然言其异，意思是莫非是相同吧，以一种反问的语气与人商榷，把难题的解答推给对方，而自己则是模棱两可，含糊其辞，依违于同异二者之间，不作独断论的判定。"① 就思想方法说，不置可否并非伦理本质上的"乡愿"，而是不走极端，从形而上的思想方法上为形而下的事务僵局开辟突破的空间，这是玄学家们以自己的方式解放思想，破解儒家当时的思想困局，其意义颇类于西方后现代思想对于救世主弥赛亚只是"将来到"（a venir）而不是给予现实恩惠的解释和现代中国社会对于"姓社姓资"搁置其争议的政治智慧。

总之，在"将无同"所表达的深意中，儒家价值完全超越了形而下的"有、无"与"名教、自然"，将"名教"经过"自然"的洗礼，获得了超越儒道两家思想传统的新意，是在"贵无"和"崇有"之上的"有"，亦即

---

① 余敦康《魏晋玄学与儒道会通》，载《中国哲学论集》第268页，辽宁大学出版社，1998年。

"无无",很像黑格尔辩证法经过"否定之否定"而得的"肯定"。在魏晋玄学中,裴徽曾问王弼:"夫无者,诚万物之所资。圣人莫肯致言,而老子申之无已,何邪?"而王弼的回答则是:"圣人体无,无又不可以训,故言必及有。老庄未免于有,恒训其所不足。"① 儒家孔圣人讲的都是入世的伦理,而老子则专讲"有生于无"的宇宙本体,从形而下的意义讲,老子的自然世界要玄远于孔子的人类社会,可是照王弼的"辨名析理",孔子与老子并没有大的不同,而且在思想方法上还高于老子。这是儒家"援道入儒"的动机,也是晋人的思想风流,更是其情趣上的雅人深致。

(二)"名教即自然"的人文价值

单独就道家的"自然"观讲,其宇宙本体论或宇宙生成论的价值都大于其人文伦理价值,但是联系到魏晋玄学的"名教自然"之辨,玄学家语境下的"自然"实则被赋予了既高于道家原来的宇宙本体论价值也高于儒家"名教"的人文伦理价值。这是对于儒家经学被权力腐败趋于谶纬化的修正。

晋初的儒家世族大夫多与政权因缘深厚,汉末经学异化、腐败、变质的余孽仍然清晰可见。但汉末的社会动荡和儒家中人的自我批判已不容经学苟延残喘,必须借用道家思想来警醒并促其转化创新。这是玄学中嵇康、阮籍提出"越名教而任自然"口号的深层社会原因,也是玄学并未因为借用道家思想而异化为"出世哲学"的根由。陈寅恪在解释"名教、自然"的异同处时说:"王戎、王衍既与晋室开国元勋王祥为同族,王戎父王浑、王衍父王乂又都是司马氏的党羽,家世遗传与环境熏习都足以使他们站到司马氏一边,致身通显。而他们早年本崇尚自然,栖隐不仕,后忽变节,立人之朝,位至宰执,势必不能不利用一已有的旧说或发明一种新说,以辩护其立场,这就是名教与自然相同之说的由来。此说意谓自然为体,名教为用,自然为名教之本。"② 这是他对"将无同"的政治社会环境所作的透彻分析,其意正契合于玄学发展至郭象阶段的结论——"名教即自然",也是暗示了道家的"自然"观念在玄学经历了"任自然""贵名教"和"名教即自然"正、反、合三个阶段之后所获得的人文价值。这种"自然"的人文价值不仅是儒家在思想方法论上,而且也是在社会政治伦理上的创造性转化。

---

① 《世说新语·文学》。
② 《魏晋南北朝史讲演录》第50页。

郭象在解释《论语·为政》中儒家的"德治"思想时说:"万物皆得性谓之德。夫为政者奚事哉?得万物之性,故云德而已也。得其性则归之,失其性则违之。""德者得其性者也,礼者礼其情者也。情有可耻而性有所本,得其性则本至,体其情则知至。知耻则无刑而自齐,本至则无制而自正。是以导之以德,齐之以礼,有耻且格。"其大致的意思是说,社会政治伦理的最大公平原则仍然来自于自然中的公平正义原则,这是克服儒家经学因被御用于权力而产生的腐败和异化,名教之"事不成"说明其"言不顺",已经不能在原有的思想参照系中"正名",即名教的合法性已经无法从儒家传统的世俗伦理中获得,必须借助于道家高于世俗社会的宇宙自然中寻找"正义"的合法性,即万物"各得其所""各正性命"。但是,名教的社会是"上品无寒门,下品无势族",高门华阀,有世及之容;孤门细族,无寸进之路。只有回到"自然"的原点,才能为消除门阀世族社会的不公平找到权威的价值源泉。这种情况很像基督教起源时以"上帝面前人人平等"为号召,反对犹太教的"祭司"对下层犹太人和罗马"市民"对"外邦人"的不公平,让所有人都成为一种"被造物"(the creature)在"造物主-上帝"(the creator)面前获得平等。玄学中"名教即自然"的人文价值表现在政治生活方面,很容易使人联想到斯宾诺莎的"自然神论"对于近代西方社会所有的民主和公平的启发,他认为神造自然信仰的意义在于自然因此"自然的神性"获得了普遍的平等权利,因此社会伦理也被赋予了神圣的正义性。余敦康对于玄学中"名教即自然"也作了类似的发挥:"郭象则试图用架空的办法,逐级削弱君主的权力,认为君主应该'无心而付之天下','无事而不与百姓同','善与不善,信之百姓',尊重个体的自为,满足人民的心愿,并且试图以'自为而相因'的人性为依据来限制'有心而使天下从己'的专制权力,使君主制度逐渐演变为一种虚君共和制。"① 陈寅恪在论玄学时亦认为,玄学取"名教、自然"为其清谈的核心议题,固然有其政治上的功用,但更多的是出于玄学家的私心:欲期兼尊显的达官与清高的名士于一身,既享朝端的富贵,仍存林下的风流,而无所惭忌。我以为这两个方面可以合在一起讲,就是以道家的"自然"启示一种超越"名教"的社会伦理,其人文价值既见于对儒家经学异化、堕落的针砭、救赎,亦是对于道家宇宙观(无论其本体论或生成论)

---

① 《魏晋玄学与儒道会通》,载《中国哲学论集》。

的人文主义升级。从这两个方面讲,玄学既可以理解为精神面貌焕然一新的"新经学",亦可理解为突显人文价值的"新道家"。

四、隋唐儒学的历史背景:隋唐的盛衰与三教关系

中国历史上,隋之于唐,犹如秦之于汉,都是"汉唐盛世"前的一个短命的王朝,秦之短命于其"残暴",而隋之短命则于其"荒淫"。但是,在郡县制上却有"汉承秦制"之谓,而言及隋,似乎乏善可陈,但在制度开创上,隋之《开皇律》和"进士科举制"亦为唐所承袭并改进。因此,要说整个中国封建社会发展的制度承袭和政治社会关系,隋唐仍可并列陈述。

汉之后,可与汉代丁口繁盛、物产丰盈相匹敌者,隋其选也。而在社会治理的典章制度上,37年短命的隋王朝因创《开皇律》而集六朝刑典之大成,亦开《唐律疏议》之先河,将儒家伦理熔铸于唐代法律体系之中,成为宋、元、明、清立法的楷模,影响遍及东亚和东南亚诸国。尤其在思想文化方面,隋文帝"诏天下劝学行礼"、隋炀帝"复开庠序""征辟儒生""相与讲论",致力于南北经学的统一,亦开唐代钦定《五经正义》的先河,于推行社会上的"科举考试"教材和阐扬儒家"经世致用"之学亦多助益。此社会情势多如钱穆的类比:"唐承其后,犹汉之袭秦,唐制即隋制也,惟运用者之精神特为有殊耳。"① 汉唐与秦隋社会精神的殊异大体上可视为对儒家思想的阐扬和利用,推而言之,秦、隋两个短命王朝之后的"汉唐盛世"都利用了儒家思想对其"残暴"和"荒淫"的匡正,也见证了儒家思想在这两个特别短命时代所预示的发展趋势。

由于魏晋南北朝末年玄学与佛学的合流以及此思想的惯性影响,在隋朝居主导地位的文化思想依然是佛学,统治者和社会上多信奉佛教。虽然儒家知识分子当时大力呼吁"三教合流",但是在三教之中,儒学的地位则相对较低,主要原因是汉末儒家经学自身的衰败以及魏晋南北朝时期"援道入儒"的玄学和来自佛学的冲击和挑战。隋代的儒生王绩曾以三教宗旨相通而力争儒家的正统地位:"孔子曰:'无可无不可',而欲居九夷。老子曰:'同谓之元(玄)',而乘关西出。释迦曰:'色即是空',而建立诸法。此皆圣人通

---

① 钱穆《国史大纲》(修订本·上册)第386页,台北:商务印书馆,1994年。

方之元（玄）致，宏济之密藏。"① 其意为儒道释三家皆有"玄远"之论，不过儒家之"玄远"则长于"济世"，所谓"君子居之，何陋之有？"（《论语·子罕》）儒家"入世"情怀昭然若揭，其思想倾向与乃兄王通相类。

综观唐代的思想文化环境，儒、释、道三教基本保持并立的局面。尽管从文化创新的角度看，佛教在唐代的发展特别突出，故在中国思想史上以"隋唐佛学"标而出之，但是道教和儒家亦有相当程度的发展，特别是儒家在反对佛、道二教的同时，也大量借鉴二教的思想方法，深化了"天人之辨"的传统议题，创造性地发掘和阐释了儒家特色的"心性学"，为之后宋代新儒家的创新性发展开启了新的方向，为儒家传统的伦理学提示了足以抗衡佛学和道家的知识论和宇宙论基础，致使儒家思想形成了以"理""气""心"为本体的新型理论体系，以区别于春秋战国时代儒家开创时期的"仁""义"本体。从这个意义上讲，从先秦儒家的"孔仁孟义"到宋明新儒家的"程朱理学"和"陆王心学"，隋唐儒学是一个思想史的"承先启后"的重要时期。

唐代形成的这种思想局面，为中华文化儒释道三教并立并互补平衡发展的先河。唐之后以至于明清的中国思想界皆以儒释道三教为中华文化的主流，明末佛学大师德清（1546—1623）总括说："为学有三要：所谓不知《春秋》，不能涉世；不精《老》《庄》，不能忘世；不参禅，不能出世。"② 更确切地讲，在中国思想文化体系中，儒家所长者在于社会伦理；道家所长者在于自然的道理；佛教所长者在于心身修炼。隋唐学术思想虽然可以佛教的兴盛为其标志，但是"盛唐"的治理却少不了儒家的社会伦理和法家的治理规则，故此，可与佛教学术思想媲美的《唐律疏议》遂为入世哲学的一大成就；此外，来自于儒家的辩驳以及与佛教的"格义"，道教在"修心养性"和"名法理国"的思想方面亦有特殊的成绩。

（单纯　中国政法大学教授）

---

① 王绩《答程道士书》，载《全唐文》卷一三一。
② 《憨山大师梦游全集·说·学要》。

· SINOLOGY 与中华学术论坛 ·

从传统到现代

——试论西方中国研究之演进

阎纯德

摘 要：本文从传教士和 Sinology 的诞生、Sinology 的诞生和"国学"之辩、美国汉学和美国中国学、日本汉学和日本中国学、欧洲汉学的传统与嬗变、关于新汉学、中国 Sinology 研究的现状这 7 个方面，梳理和探讨了西方中国研究的演进过程。

关键词：汉学 中国学 美国 日本 欧洲 新汉学

中国学术界对"汉学"的学术称谓异彩纷呈，除了"汉学""中国学"，还有"传统汉学""学术汉学""现代汉学""国际汉学""外国汉学""国外汉学""域外汉学""境外汉学""世界汉学"及"国际中国文化研究"和"中国研究"。这十余种名称，所表达的其实都是国内外最流行的学术称谓即 Sinology——汉学或中国学。"中国研究"是新近国内学者提出来的一个充满政治色彩的学术概念。在这个"中国研究"的领域，国外研究者不少人并不是汉学家，他们多半都是针对中国政治进行的研究，甚至还没有像费正清或傅高义那样的中国的"文化情怀"。因此，我觉得这样纯粹的中国政治研究，它属于中国政治的这一部分，可否称为"政治汉学"？关于这个问题，中共党史与文献研究院的俞晓秋先生给我说："既然你如此看中国研究，换个思维，可否将汉学或中国学纳入中国研究之中？"他说的有一定道理；但是，我觉得还得从源头梳理 Sinology 的历史与发展过程。

汉学（Sinology），它身上最明显的印记是中国文化经典，所以学界称它为传统汉学或学术汉学；中国学（Chinese Studies）给我们的印象，很像美国的历史，虽然它拥有的历史岁月短暂，却充满活力和现代性，所以被称为现代汉学。历史地讲，汉学和中国学的差异在于，前者是以文献研究和古典研究为中心，它包括哲学、宗教、历史、文学、语言等；而美国的中国学，以现实为中心，以实用为原则，其兴趣不在那些负载古典文化资源的"文化经典"和"古典文献"，只重视正在演进、发展着的信息资源和政治。但是，汉学发展到 21 世纪，其研究内容和范式，已经出现了融通两种形态的特征。这种状况既出现在欧洲的汉学世界，也出现在美国中国学的研究之中，可以说世界各国汉学家的研究中，都兼有以上两种从传统到现代的学术形态。

一、传教士和 Sinology 的诞生

"汉学"这个学术名称，在不同人的视界里，所指涉的对象不同：一是国内研究古典文化的资深学者，一说到汉学，他们会想到中国文化史上，先秦以降两汉的"汉学"和清代乾嘉"汉学"，注重的只是对经学即中国文化经典的研究，重名物、训诂，后世称研究经、史、名物、训诂、考据之学为汉学。当然，也不乏从事中国古典文化研究的学者也很清楚"汉学"Sinology 的含义。汉学的另一种含义是具有国际性的 Sinology，是外国汉学家研究中国文化的那种学问。

国内汉学的此种治学方式形成于汉代，故后世将其称为汉学。在中国学术史上，一直存着这种研究范式，不仅对中国，对外国人研究中国文化也极具影响，以至于后来在国际文化史上产生了针对中国文化研究的"汉学"（Sinology）和"汉学家"（Sinologyst）这个影响世界的文化学派。

但是，外国的 Sinology（汉学）同汉代"汉学"和清代乾嘉"汉学"是有差别的，虽然它们都是对中国文化的研究，它们很像是一根藤上的两个瓜，不过这两个瓜很有差异，一个是"东瓜"，一个是"西瓜"，或者说它们是孪生兄弟，"异名共体"，抑或说，它们是堂兄堂弟，差异是肯定的。外国汉学本质上属于外国的一种文化。

Sinology 诞生于中西文化交流。始自遥远的古代，就有西方人跋山涉水探寻神秘的东方大国。公元 851 年，描述大唐帝国繁荣富强的阿拉伯帝国（大食国）旅行家苏莱曼·丹吉尔（Sulayman al-Tajir）的《中国印度见闻录》（一译《苏莱曼东游记》）、威廉·吕布吕基斯（又名吕布鲁克；William Lv Bu Lukis, 1215—1219）的《远东游记》（1254）、意大利雅各·德安克纳的

《光明城》(The City of Light)等，以及这类著作中最著名的马可·波罗(Marco Polo, 1254—1324)的口述著作《马可·波罗纪行》(即《东方见闻录》；The Travels of Marco Polo)，尤其是后者，以其美丽的语言和无穷的魅力，翔实地记述了中国元朝的财富、人口、政治、物产、文化、社会与生活，第一次向西方展示了"唯一的文明国家""神秘中国"的方方面面。那些远自汉代至明清时代的西方的旅行家、探险家、商人和外交官，怀着对"天朝上国"的浓厚兴趣，以游记、散记、日记和报告记录了对中国山河大地、社会民俗的记载和描述，他们带回去的是中国的形象和知识，这些负载着认识中国文化及其形象因素的"旅游汉学"，在西方的扩散传播，引发了新航线的开辟和明末清初传教士的东来。

那么，Sinology 究竟诞生于何时？传教士是 Sinology 真正的创始人。他们进入中国，开始了中西文化思想的对话，发生了跨文化交流，产生了西学东渐和中学西传，于是中国有了西学，西方有了汉学。特别是中国文化经典的西译与传播，才真正催生了汉学。

但是，汉学的成熟源于耶稣会士从澳门来华之后。当初耶稣会士匆匆来到异样山水的国度，罗明坚（Michele Ruggieri, 1543—1607）、利玛窦（Matteo Recci; 1552—1610）及其大批的后来者，他们发现中国文化的灿烂，人亲，道善，于是他们留下来，传播科学知识，开创"西学东渐"，译迻中国文化经典，首创"中学西传"。

大航海凯旋不久东来中国的传教士，与到日本等国不同，他们得到的是善待。中国的善良、仁慈与宽容，很大程度改变了传教士们的"中国观"。庞迪我（Diego de Pantoja, 1571—1618）在写给西班牙主教的信里说："中国那么强大，为什么不去征服周边那些小国，甚至一任那些小国给它制造麻烦呢？因为中国不想用自己的威力征服别人。这一事实，对欧洲人来说不可理解；中国人与他们的皇上并不寻求或梦想超过他们目前的国土疆界来扩大他们的帝国。"利玛窦（Matteo Ricci, 1552—1610）也说："在这样一个几乎具有无数人口和无限幅员辽阔国土、各种物产丰富的国家，虽然它有装备精良的陆军和海军，很容易征服临近的国家，但他们的皇上和人民却从来没想过要发动侵略战争，他们很满足于自己已有的东西，没有征服别人的野心。"历史上中华民族那两次伟大的"出游"，张骞开创了陆路"一带一路"，郑和开创了海上"一带一路"。中国送去的是茶、瓷器、丝绸和友谊，还有中国皇上的问候和祝福，没有侵占别人的一寸土地。这是不是中国一贯的"强不凌弱，富不侮贫，协和万邦"？也就是人类梦想的"人类命运共同体"！

"西学"传来的，除了科学技术，还有文艺复兴后的自由、民主、平等和博爱意识；"中学"西传是以儒释道为核心的道德哲学——"仁智礼仪信""忠孝廉耻勇"。虽然，"东渐"和"西传"之传递并不对等，彼此的认同也有差异，但是，"西学"也很强大，传教士以其真善美圣的情怀，在中国创造了不少第一，除了科技，就其思想意识而言，对我们的行为与生活也有影响，甚至中国后来的"革命"，也会有"东渐"过来的因素；但是，在中西文化交流中，"西传"的重要性显而易见，没有"中学西传"就没有（汉学）的诞生。

以利玛窦为代表的耶稣会士的历史意义，在于他们开始了对中国文化的全面开垦，著书立说，把四书五经等中国文化经典译成西文，推动了中学西传，使中国文化对西方科学与哲学产生重要影响。

汉学的发生、发展与经济、政治、交通以及资讯分不开。从 16 世纪到十八九世纪，数以千计散布在中国各地的传教士，他们大都曾著书立说、传播中国文化，为推动中学西传做出了贡献。几百年的 Sinology 的历史，随着中国的变迁而变化，自传统而现代，从专注于中国文化经典的译迻与研究，发展到对中国历史、文化、文学、政治、社会、民俗和语言、文字等全方位的探讨。

关于"中学西传"，一部最早标志性的著作是 1687 年在巴黎以拉丁文出版的《中国贤哲孔子》（*Confucius Sinarum Philosophus*）。这部书中文标题为《西文四书直解》，另署《中国哲人孔子/以拉丁文编写的中国人的学说》；说是"四书"，其实只有《论语》《大学》《中庸》的拉丁文翻译，而缺《孟子》，其译文都是译者根据自己的理解而译，很难说是信达雅。书的编译是殷铎泽（Prospero Intorcetta，1626—1696）、鲁日满（Francois de Rougement，1624—1676）、恩理格（Christiani Herdtrich，1624—1684）、柏应理（Philippe Couplet，1623—1693），文内显示共有 11 位传教士参与翻译和撰写，其中殷铎泽、郭纳爵（Ignatius da Costa，1599—1666）、鲁日满和恩理格贡献最多。这部书是 17 世纪向欧洲最早介绍孔子及其著述的著作；1688 年，该书又以法文、英文等多国语言出版，风行欧洲，直接影响了欧洲 18 世纪的"中国热"。

二、Sinology 的诞生和"国学"之辩

尽管《中国贤哲孔子》出版时，还没有出现 Sinology（汉学）这个词汇，但是，它却是国外汉学诞生的重要标志。首先，这本书的内容和精神代表着中国的文化经典，而汉学（Sinology）之精髓就是中国文化经典。

这部书里有孔子的古老圣像，上方有繁体"國學"二字。长期以来，学界都说"国学"一词是"日货"，说是张炳麟和梁启超先生"袭自明治维新以后的日本新术语"。其实，两千余年前，儒家经典十三经之一的《周礼》，就有了"国学"一词。《周礼·春官宗伯·乐师》云："乐师掌国学之政，以教国子小舞。"《礼记·学记》曰："古之教者，家有塾，党有庠，术有序，国有学。"清末经学家孙诒让所著《周礼正义》中说："国学者，在国城中王宫左之小学也。""国学"在古代，是指国家所办的"贵族子弟学校"；到了唐代之后，"国学"所指为藏书与讲学之地；而在明末清初，西学东渐、中学西传之时，国学则嬗变为国之学问，代表着中国文化经典。这一点，1687年出版的那部《中国贤哲孔子》就是证明。这部书的前面，写着"國學"二字，由此可知，"国学"实属中国之所固有，非由日本传入；恰恰相反，"国学"一词系从中国传到日本，所以江户后期，日本才有了汉学（中国学）、"国学"（日本学）和兰学（西洋学）三学并立的局面。

"国学"代表中国文化经典。《中国贤哲孔子》上的"國學"指代的就是此书为中国文化经典，是两汉汉学和清代乾嘉汉学所代表的经学，就是"国学"。这个词当然不是传教士的发明，而是中国语言文化中固有的原始词汇。

另外，Sinology 一词诞生于何时呢？我认为是在 17 世纪末至 18 世纪中期不到一百年之间。《中国贤哲孔子》出版后，传教士络绎不绝来到中国，中国的文化经典，如四书、五经等不断被译成欧洲各种文字。这期间，传教士创造了代表中国文化经典的词汇 Sinology。

Sinology 属于新创的拉丁文，译成中文就是"汉学"；但是，它既不是汉代的"汉"，也不是汉族的"汉"，不指一代一族，是借用汉代和清代"汉学"之名，系指中国文化经典；词根 sino，其词源自梵语佛教典籍中指代的"Chin"——"秦"，即中国；拉丁词语"Sina"（China，中国）即从此而来，"logia"为希腊词语，其义为科学或"研究"，也含有考古学或哲学的部分意思，两者相加，Sinology 就是中国的科学（文化）研究。Sinology 一词的诞生，最早应是始于"后利玛窦时代"。

其实，现在我们在学术上将 Sinology 称为"汉学"或"中国学"等各种不同的称谓，应该说都是达意的，名字虽异，实质上是"异名共体"，所表述的内涵完全一样。为了征问 Sinology 之名，我曾写信给西方的一些汉学家，他们基本都赞同以"汉学"表达为其约定俗成。高利克回信说："我认为 Sinology（汉学）or Sinologist（汉学家）是用以指称我们所从事的事业之恰当的词语。"

三、美国汉学和美国中国学

Sinology 得名于欧洲汉学；但其名号起源于中国，是借用了汉代汉学和清代汉学之名，以代表中国文化经典，即中国之学。

美国早期的汉学家裨治文（Elijah Coleman Bridgman，1801—1861）、卫三畏（Samuel Wells Williams，1812—1884）、丁韪良（Williams A. P. Martin，1827—1916）等人，受欧洲汉学的影响，创立了最初的美国汉学。美国从汉学到"中国学"的转变有个过程。1925 年太平洋（关系）学会（Institute of Pacific Relations,）成立，其宗旨为"研究太平洋各民族的状况，以求改进各民族间的相互关系"，远东问题则是亚洲研究的重心，包括"美国政府迫切了解的人口、土地占有和农业技术、工业化、家庭、殖民机构、民族运动、劳工组织、国际政治关系、商业与投资等问题"。到了费正清（John King Fairbank，1907—1991）时代，打破传统汉学的束缚，开始从传统转向现实问题的研究，积极推动传统汉学向现代转型，把主要精力倾注到那个时代美国政治所需要的历史的中国、现实的中国及中美关系，作为探索与研究的三个核心。现实和社会及民情的考察与研究，从学术变成"辅政"，即为政治服务，成为美国"中国学"最基本的价值取向，这就是美国中国问题专家、历史学家费正清，他创建研究所，著书立说，奠定了美国中国学的研究模式，成为美国中国学的旗手。

美国中国学的诞生，政治因素是主，学术因素为次，它是缘于两次世界大战后的国际政治和美国政治的需要。当然，它也是 Sinology 发展的一种新的研究中国及其文化的学术范式。

从传统到现代，汉学嬗变为"中国学"，这种变化并不为美国所独有。日本汉学（中国学）所以从汉学发展为"日本中国学"，也是缘于国际关系和亚洲形势的变化，是日本学界一些学者为了"辅政"所致。

欧洲的汉学从十八九世纪的兴盛、繁荣之后，不是它没有汉学的嬗变，也不是它没有"中国学"的影子，它的研究也有属于"中国学"的内容；但是，欧洲至今没有举过"中国学"的旗帜；比如法国，从 20 世纪初开始，就有了诸多属于中国学的学术研究成果；但是，法国汉学家没有"辅政"的使命，其"中国学"的内容，完全是汉学研究中学术空间的扩张。

四、日本汉学和日本中国学

世界汉学发展史上，东亚汉学（日本与朝鲜半岛）和南亚汉学，因属于汉文化圈，它们从文字到文化多受中国影响，儒释道对它们有着根深蒂固的浸染；因此它们对中国文化的直接接受，可以说多于间接研究，这便是与欧美汉学的区别。

日本与中国文化交往很早，他们所保存的中国文化典籍，甚至好于中国，一些宝贵的写本在中国早已无影无踪，但在日本可以找到。对于中国"遗失"写本的研究和钩沉，严绍璗教授和王晓平教授这两位日本汉学（中国学）研究的大学者，在这一领域做了许多贡献；2016 年山东大学启动的全球"汉籍与汉学"工程必将做出更大的贡献。

日本江户幕府实行闭关锁国 200 多年，其后期文化出现了中国学（汉学）、国学（日本学）和兰学（Western learning; Rangaku, らんがく, 西洋学）三学并立的局面。1868年，兰学（西洋学）是十八九世纪由荷兰人传入的文化、技术和医学等西方近代科学，对日本生产力的发展和反封建思想的形成都起过重大的推进作用。

1867年，德川幕府还政于天皇，结束了江户时代264年的封建统治，翌年明治天皇进行君主立宪，日本政治制度向西方靠拢，推动了日本脱亚入欧的序幕。这一重大变化，使日本国力大大提高，很快跻身于帝国主义列强，走上对外侵略扩张的道路。始自明治时代，学术思想发生变化，"汉学"（中国学）主流文化后退，适应于扩张意识的"中国学"成主导之势，一些文化人把对中国文化经典的研究转移到了对中国历史、社会、地理、人口、教育等领域，使日本的汉学嬗变成"中国学"，这与美国费正清的"中国学"颇似不谋而合。日本学术大势尽管如此，但钟情于中国传统文化研究的汉学家依然热情未减。

五、欧洲汉学的传统与嬗变

欧洲是Sinology的大本营，但在20世纪初期之后，一部分汉学家的研究方向也发生了变化。不过，这种变化倒不是受了费正清的影响，而是属于学术的自然演进。他们的汉学研究从古典嬗变到现代，对中国文化的研究不再仅仅局限于对于中国文化经典的研究，其视野扩大到了历史、社会、宗教、信仰、民俗、天文地理等领域。这种自觉的自然形态，完全没有费正清的"中国学"的那种实用主义。比如，2018年逝世的法国大汉学家谢和耐（Jacques Gernet，1921—2018），他的著作所显示的主要是"中国学"的内容：《荷泽神会禅师（668—760）语录》（1949）、《中国5—10世纪的寺院经济》（1956）、《蒙古入主中原前夕中国中原的日常生活》（1959）、《前帝国时代的古代中国》（1964）、《中国社会史》（1972）、《中国和基督教》（1982）、《中国的智慧，社会与心理》（1994）等，及汉学论文《中国古代的行为》《中国的经济和人的活动》《唐代的经济和社会》《唐代的中国在亚洲的影响》《宋代城市中的商贾与工匠》《中国的铁器时代》《敦煌写本中的租骆驼旅行契》《伊斯兰教鼎盛时期的中国城市考证》《中国佛教》《中国的第二次"文艺复兴"》《论17和18世纪的中欧交流》《16世纪末至17世纪中叶的中国哲学和基督教》《近代中国和传统中国》《中国的历史和农业》《中欧交流中的时空、科学和宗教》等80多篇。还有不少法国汉学家研究的内容除了中国文化经典，也有"中国学"的内容。但是，法国作为欧洲汉学的盟主，确实研究中国文化经典者居多。不过，他们即使再著名，比如获得世界中国学贡献奖的谢和耐，无论是他本人还是学术界，从来都称他为"汉学家"。

法国是世界上汉学生命力最旺盛的国家之一，国立巴黎东方语言文化学院（INALCO）是欧洲汉学家的摇篮和大本营，中文系就有1500多名学生，堪称是世界最大的中文系。20世纪50年代以降，从它所开设的课程，便可知Sinology从传统到现代这一自然的学术演变。这所大学的中文系，除了语言课，其他必修或选修课包罗万象，如"中国哲学""佛教""孔子思想""老子的《道德经》""中国古典诗歌""唐诗""红楼梦""西游记""远古至13世纪末的中国历史""元明历史""中国史前艺术史及考古""中国戏剧研究""中国音乐""中国文学""中国20世纪文学""鲁迅研究""郭沫若研究""中国近代史""新中国历史（1949—1981）""中国地理""中国地理和海外华人""中国艺术史""当代中国""中国概况""中华人民共和国政治""1945年以来的远东国家关系""中华人民共和国对外政策""中华人民共和国经济""19—20世纪中国社会经济史""中国社会学引论""中国法律和商业政策""中共党史""中国文化大革命史"等，从这些课程，就可知什么是法国汉学。

1984年，我在艾克斯马赛第一大学执教时，让一位学生查阅此前法国出版的关于"文革"的书籍，她竟给了我一个200多部的书单……

新一代的西方汉学家，他们有的钟情于中国文化经典的研究，试图在经史子集，儒、释、道等领域"再发现"其中的思想和学术价值，有的则以新的思维，重视对当代中国的研究。

美国是"中国学"的堡垒，汉学家前赴后继地关心中国的历史、政治、社会，如孔飞力（Philip Alden Kuhn，1933—2016）、傅高义（Ezra Feivel Vogel，1930—）、魏斐德（Frederic Evans Wakeman，1937—2006）、史景迁（Jonathan D. Spence，1936—）等等；但是，倾情于中国文化经典的研究者也是层出不穷，如倪豪士（William H. Nienhauser，1943—）、宇文所安（Stephen Owen，1946—）、葛浩文（Howard Goldblatt，1939—）、林培瑞（Perry Link，1944—）、金介甫（Jeffrey C. Kinkley，1948—）等等。不过，他们都称自己是汉学家，而只有一部分中国人称他们为"中国学家"。

作为一个文化悠久的大国和曾经的穷国，除了外国的政治家、汉学家的关注与研究，连一般文化人都很关心。他们的"中国研究"的课题包括对中国共产党、国民党的研究，对李大钊、陈独秀、毛泽东、蒋介石、刘少奇、周恩来、邓小平、习近平的研究，对中国土改、"文革"的研究，以及邓小平主政之后的"改革开放"和直到当下习近平时代的研究，等等。汉学家和外国政界、文化界、教育界的人，都把关注的眼睛投向中国。中外关系研究则是新中国成立70年来当代汉学研究中重大的学术课题。因此，我曾将这类关涉政治的研究称谓"政治汉学"。

外国汉学家和那些专门研究中国政治与社会问题的学者，其研究中国的态度因人而异：有的出于关心中国的前途与命运，研究我们政治与社会民生问题，有的出于"反华"，有的纯粹是为了学术。

六、关于新汉学

"新汉学"是个诞生于清末的学术术语，不属于 Sinology（汉学）的范畴。

"民国"是中国抛弃封建帝王走向开放的时代；虽然有外国殖民者对中国的侵扰，但国家的政治生态和思想倾向发生了变化。清末的章太炎、王国维、梁启超等人，倡导现代观念，主张以20世纪全新的思想和学术精神改造两汉以降的"汉学"思维模式，用"新史学""新汉学"取而代之；可以说，"新汉学"还是促发"新文化运动"的思想基础。从乾嘉汉学的演化到化经为史，丰厚的学术资源曾是民国时期历史学的主流。"新汉学"的学术遗产，归为"古籍整理"和"史料学"，致力于学术辽阔的"文本考据"，是构成现代学术的重要部分。但是，章太炎等激进的革命派在认识到中国传统学术的价值后，又走向"保存国粹"，以至于使得"新汉学"最后无声无息。

时间进入21世纪之后，"新汉学"作为一种历史存在与学术研究又被提起，但似乎并没有接续民国时期的研究，尽管我们也重视和提倡研究传统文化，不过往昔的"新汉学"和现时的"新汉学"，其内容可能大相径庭。有一次，我给百余位马上出国上任的孔子学院院长讲国外"汉学"之后，一位院长问我："什么是新汉学？"他想到的是 Sinology，是摆脱古典，超越"中国学"的"中国研究"，就是说完全政治化的 Sinology。我说"新汉学"还是我们的"国学",只是更加现代化了一些吧。怎么现代化?是不是把外国学汉语的青年学子请进来,由我们进行文化培训就是"新汉学"?从 2014 年至今,国家汉办招收了近百个国家的学生来中国读博士学位,我们掏钱培养,这叫"孔子新汉学计划",又叫"青年汉学家研修计划"。

七、中国 Sinology 研究的现状

汉学对中国来说是有用之学。中国的学者对此早有深刻的认识。清代的徐光启(1562—1633)等人,就从东来的传教士汉学家那里关于天文历法获益不少。林则徐也曾将美国传教士汉学家裨治文主编的《中国丛报》的信息上呈道光皇帝。高本汉(Klas Bernhard Johannes Karlgren,1889—1978)出版过许多研究中国语言文字的著作,尤其他对中国音韵的研究,很大程度上直接影响了中国音韵学的建立。法国汉学家马伯乐(Henri Maspero,1883—1945)研究中国宗教,他的关于道教佛教的研究影响了我们对本土宗教的研究。20 世纪上半叶,陈垣、陈寅恪、傅斯年就很看重国外汉学的价值,张星烺(1888—1951)出版过《欧化东渐史》和《中西交通史料汇编》;阎宗临先后在重庆《扫荡报》、昆明《益世报》等文史副刊发表汉学研究论文,著有《中西交通史》及后来结集的《传教士与法国早期汉学》。1949 年,莫东寅出版了中国第一部《汉学发达史》。但是,中华人民共和国成立最初的 30 年,我们不仅不重视对 Sinology 的研究,甚至认为它是帝国主义传播殖民意识的坏东西。"文革"后,这种状况发生了变化。20 世纪 70 年代初,中国社会科学院的孙越生先生,最早开始了这一领域的文献探索。接着,北大的严绍璗先生开始研究日本中国学。1993 年,北京语言文化大学创办《中国文化研究》,使汉学研究开始有了展示自己的平台;1995 年这所大学又成立了"汉学研究所"、创办 Sinology 的专业杂志《汉学研究》;这一年,任继愈先生创办了《国际汉学》。现在,这类杂志还有《中国学》(上海社会科学院)、《世界汉学》(中国人民大学)、《国际中国文学研究丛刊》(天津师范大学)、《海外中国学评论》(上海华东师范大学)、《汉籍与汉学》(山东大学)等;多所大学培养以国外汉学为专业的研究生、博士生,有 100 多家杂志刊发汉学的研究论文,20 多家出版社出版外国汉学的专业著作。

汉学(Sinology)由于被尘封得太久,对中国研究者来说,它的空白很

多，浩如烟海的资源有待于我们深入开掘。这种深入开掘，不仅可以收获意想不到的有助于扩展中国的学术视野，提升新鲜的思想和学术观点，还可以无意中发现被历史"放逐"和"遗失"在异国他乡的中国文化。

习近平主席在2016年5月17日的哲学社会科学工作座谈会上提出"支持和鼓励建立海外中国学术研究中心"和"推动海外中国学研究"的指示，这使汉学研究仿佛遇到了及时春雨，不仅国内大学纷纷成立汉学研究所、研究院、中国学研究中心或基地，还成立了一家中国高等学校汉学研究会；国内的汉学、中国学研究队伍迅速壮大，30多年来，经过大家的辛勤耕耘，这个领域已经取得了丰硕的硕果。

国际汉学不是中国本土传统意义的汉学，它是外国汉学家根据自己的文化经过中国文化为原料的加工而形成的一种学问。国内对于Sinology的研究，学界一般视其定位及研究方法具有跨学科、多重维度的学术性质，其领域不仅涵盖中国古代的一切文化，也包括现当代的一切文化；通过它，可以解读中国文化在世界的流传路径及影响，在中外文化互动中，还可能使中国文化在探索中得到新的成长因素。我们的研究视角基于开放，试图对自己的文化能有新的理解或重构，甚至希望通过研究Sinology（汉学），会有助于我们文化的重建。

人类真正的文化交流都是双向的。公元前140年有张骞通西域，还有公元1405年至1433年明代郑和七下西洋，以及中国古代四大发明——火药、罗盘、造纸和印刷术的传播，都启发了西方的智慧，有益于人类文明的提升和发展。中华民族两次伟大"出游"，前者创造了陆路"一带一路"，后者创造了海上"一带一路"。中国送去的是茶、瓷器、丝绸和友谊，还有中国皇上的问候和祝福，没有侵占别人一寸土地。现在，我们再出发，还是中国一贯主张的——"强不凌弱，富不侮贫，协和万邦"，也就是人类梦想的"人类命运共同体"！

（阎纯德　北京语言大学教授）

中华学术的外译与学术中国的国际传播

陈戎女　张　健　陆　薇

摘　要：中华学术的外译与推广是向世界展示中国学术成就、塑造学术中国形象的重要策略与思路。国家社科基金"中华学术外译项目"已设立了9年，推出了将近900个项目和不少优秀外译著作。在此基础上，针对该项目的运作机制、选书范围、如何实现优秀翻译、如何推进国际传播等，专家们为项目的未来发展提出了如下建议：一、建立有效运作机制，发挥多元动力；二、扩大选书范围，遴选学术精品；三、确立学术翻译原则，探索中外合作工作模式；四、提高国际传播能力，注重新媒体的作用。

关键词：中华学术外译　学术中国　国际传播

建设学术中国的对外形象，让中华学术"走出去"，是中国取得举世瞩目的经济成就，综合国力和国际影响力大幅提升之后，向世界全面展示中国成就的重要策略与思路。中国经验在学术层面的表述与国际传播，其目的不仅是学术的国际交流与对话，更重要的是建设国家层面的文化自信和核心竞争力。

全国哲学社会科学工作办公室（原规划办）从2010年起，设立了国家社科基金"中华学术外译项目"（级别等同于国家社科基金重大项目）。该项目"资助代表中国学术水准、体现中华文化精髓、反映中国学术前沿的学术精品以外文形式在国外权威出版机构出版并进入国外主流发行传播渠道"，其宗旨是"深化中外学术交流与对话，增进世界了解中国和中国学术，增强中国学术国际影响力和国际话语权，不断提升国家文化软实力"[①]。根据全国哲社科

[①] 引自"2018年国家社科基金中华学术外译项目申报公告"。

工作办操晓理副主任提供的数据,从 2010 年到 2018 年,该外译项目一共推出 878 个项目,涉及 19 个语种。

中华学术外译项目的设立与国家新闻出版广电总局的"经典中国国际出版工程""中外图书互译计划""丝路书香出版工程"等工程类似,旨在助力中国优秀图书在外的出版发行,但不同之处是"中华学术外译项目"翻译和出版的是中国优秀的学术著作,重点关注哲学社会科学的学术著作。国家每年投入资金六七千万元,不吝以每本书万字万元的资助额度,保障优秀的中国学术著作的国际化"三步走":第一步,翻译成外文;第二步,在国外出版发行;第三步,在国外推广,提升国际影响力。

2019 年 7 月 4 日,由中宣部全国哲社科工作办召集,在京高校专家与五家参与中华学术外译项目的重要出版社参加的"中华学术外译项目调研座谈会"在北京外国语大学召开。北京语言大学科研处处长张健教授、比较文学研究所所长陈戎女教授和应用外语学院院长陆薇教授应邀代表北语参会,专家们分别就项目运作机制、选书范围、如何实现优秀翻译、如何推进国际传播等方面,为中华学术外译项目如何更好地发展建言建策。

一、建立有效运作机制　发挥多元动力

就项目的运作而言,中华学术外译项目涉及多方面的协作,运作机制比国家社科基金的其他项目更复杂,需要作者、译者和出版社之间有效沟通和配合,才能保证项目顺利又高质量地完成。张健认为,中华学术外译项目的质量是由四元要素决定,即:原著、译者、中方出版社、外方出版社。原著为四元要素的基础元要素,应为学术精品;译者为四元要素的关键元要素,原著的翻译质量直接取决于译者的翻译,原著的翻译质量直接影响着译著在国外的被接受程度;中方出版社和外方出版社为四元要素的平台元要素,中方出版社是原著、译者和外方出版社的联通平台,外方出版社是译著和外国读者的联通平台。针对四元要素各自的特点,激发四元要素的内动力,有效率地沟通和运作项目四方,才能有效提升中华学术外译项目的质量。

简单说,外译项目应建设四方联动的有效运作机制,因为四元要素中,无论哪一方出了问题,不是影响外译在国内的项目实施,就是影响译著在外的出版和传播。全国哲社科工作办是统领四元要素的最关键领导层,因

此要发挥好工作办顶层设计、统筹协调、过程管理、质量保证、宣传推广的重要作用，不仅在立项和结项两个环节进行组织引领，在项目进行过程中也要加强管理和统筹协调，保证四方的沟通、协调、合作顺畅，激发多元动力。

二、扩大选书范围　遴选学术精品

中华学术外译项目应该翻译、推介什么样的学术著作，是学术界不断讨论的问题。评选出代表中国学术前沿水平的哲学与社会科学学术精品，这还只是学术方面的高要求。从2018年外译项目的立项名单来看，中选的哲社类原著的标题或副标题多以"中"字打头，研究中国哲学、政治、经济、社会、民族、历史、文学、文化的书籍占大多数，符合项目要"体现中华文化精髓"的方向。与国际相关的研究较多集中在一带一路、钓鱼岛、南京大屠杀等与中国问题相关的领域。在中华学术外译项目已经经历了九年建设之后，陈戎女提出，应该扩大选书的研究范围，从向外推介研究中国文化和中国问题的著作，扩大到研究西方问题、国际问题的学术精品。面对西方在国际学术话语体系中的强势地位，向西方输出中国学者研究西方问题的优秀学术著作，在对话中交流，在对话中彰显中国学术的智识，在西方关注的核心问题上发出中国的声音，应该是下一步外译项目遴选学术著作的侧重点。

中国学术界对西方的了解和研究，远远超过西方学术界和普通读者对中国及其文化的了解，所以外译项目一开始着重推出中国研究的学术精品，这是正确的方向选择。但是随着外译项目的拓展和深入，我们应该向世界证明，中国学术绝不固步自封，中国学术也不等同于对外宣传，中国优秀的学术著作具有兼顾东西方的国际视野，中国的优秀学者具备与西方一流学者对话的能力。

西方话语体系的核心是由哲学人文社科的大传统和小传统、古典传统和现代传统的经典编码而成，为此，外译项目应该考虑优秀学者从中国视角出发，解读和阐释构成西方思想核心的经典研究。这是向世界，尤其是向西方展示中国学术的智慧，也是以中国的视野对世界学术的贡献，更是让世界从灵魂深处和精神本质上来认识学术中国的整体面貌。道理非常简单：当代的中国不仅懂得中国，也懂得西方和世界的学术。

三、确立学术翻译原则　探索中外合作工作模式

会上许多专家都提到,学术著作的翻译质量是影响中华学术外译项目质量的关键,而整体上,外译的翻译水平仍有待提高。学术著作的翻译不是一般意义上的翻译,因此如何选择译者,如何建立有效的翻译模式,更长远地看,如何培养既懂学术又懂外语的复合型翻译人才,是必须要解决的问题,但学术的涵养、外语的精湛、翻译人才数据库的建设,都不是短期之内能解决的问题。

陆薇以外译项目主持人的身份发表了观点。从国内译者的角度来说,既然中华学术外译项目的目的是宣传中国学术思想,塑造国家整体形象,搭建中外交流、理解的桥梁,那么译者就应该有一个基本的翻译原则。对于双方交流较多、了解较为深入的国家和读者,译者在译文中可以更多站在原文的立场上,更多采用异化翻译策略,融入中国思想和中国话语体系;而对于双方交流、了解较少的国家和读者,译者则需要更多地采取归化的翻译策略,辅以文内、文外的各种解释、注释,帮助译入语读者逐渐熟悉、接受陌生的中国思想与话语体系。中华学术外译的最终目的是传播中国思想和中国话语体系,让中国思想、中国话语成为世界思想、世界话语的一个重要组成部分。这是中国学术思想走出去的终极目标。中外学术思想的交流是最深层次的中外文化交流,所以必然是个漫长的过程。短期之内即便不能达到最佳的传播效果也无须过于担心。要想在持有不同意识形态的各种文化中实现"各美其美,美美与共"的"和而不同",项目的中方译者承担着实现这种深层交流不可推卸的历史使命与责任。持续培养各语种优秀的翻译人才,发挥他们的积极性和创造性,是国内高校大有可为的努力方向。

张健也提出,优秀译者要有"双重素养":既要有目的语的语言素养,还要有学科的学术素养。现有的项目组织模式主要靠出版社寻找译者,多采取"以中方译者为主进行翻译,以外方母语者进行审校"的工作模式,这种模式与我国引进学术著作的翻译工作模式不同,有很大的局限,大多译者和审校者不具有好译者的"双重素养"。而中国引进学术著作的翻译工作模式主要是本学科的中国专家学者翻译本领域的学术著作,译者具备"双重素养"。鉴于此,应促进学者的国际学术交流,构建有利于加强中国学者与外国学者的国

际学术合作机制,增进外国学者对中国学术的了解,从我方寻找译者的单向局面向外方学者寻找中国原著的双向局面转变。双向局面的转变是一个长期培育的过程。在现阶段,具有双重素养的外国母语译者还非常稀少。汉学家是一支重要力量,但还应向外拓展。因此,中华学术外译项目将在很长一段时间以"中方译者+外方校者"合作工作模式为主。中方译者的遴选应以学科素养为首要遴选要素,以外语素养为第二遴选要素。在中方译者的遴选上,除了发挥出版社拥有的丰富译者资源的优势外,还应发挥原著者的学术资源优势,比如 2018 年的中华学术外译项目立项名单里,有作者自任译者。从多家出版社对之前作者自译情况的反馈看,这类翻译的质量比较好,但外语水平高的原作者并不多。

四、提高国际传播能力　注重新媒体的作用

学术著作在外出版、发行后的传播和接受情况,是考察外译项目是否达到"增强中国学术国际影响力和国际话语权"的一个重要指标。国家花大力气推出了不少中华典籍、中华学术著作的外译,但客观地说,有的效果并不如我们所愿,尤其是国内评价和国外评价不一致,学术界和宣传部门评价不一致,这使外译著作的国际影响力大打折扣。制约传播效果好坏的原因是多方面的,有的是翻译质量不过关,有的是翻译质量过硬但宣传未能深入人心,另外,还有海外人士对中国宣传的某种提防心理。

陈戎女认为,按照目前学界研究海外传播和接受的通律,一部学术著作在海外的影响力,一般体现在三个方面:海外图书馆馆藏情况、海外权威期刊和报纸书评栏目上的专家书评、海外普通读者在网络上(如 Goodreads.com,亚马逊网站等)发表的评论。因此,中华学术外译项目首先应该建立成果在海外接受情况的跟踪反馈机制,了解对象国的专业读者和普通读者的接受情况。其次,要主动提高中国学术的国际传播能力,如发挥国外出版社和媒体的作用,积极宣传成果的学术价值。

在信息化时代,外译项目结项后的宣传、推广,其重要性不亚于前期的翻译和出版。所以,可以完善多种形式的传播话语手段,从文字、图像、文化交流等,多维度、多层次、多渠道提升外译项目成果的国际传播力度和影响力。陆薇指出,除了在国际书展、图书馆、学术会议、重要学术刊物上组

织推介之外，还可以充分利用相关网络平台和新媒体进行宣传，比如在中国文学海外传播方面起到重要推介作用的"纸托邦"网（Paper Republic），《中国文学》海外版 Lightpath 网等。比起书展、图书馆、学术会议和学术刊物，网站的优势是更加迅速便捷，方便更多的学者和普通读者了解中国学术思想动向。另外，像微信公众号这样的新媒体也可以发挥重要的作用。

  总体而言，中华学术外译项目成果的国际传播还大有可为。中国学术要增强国际话语权，不能自说自话，自我陶醉，要打破"酒香不怕巷子深"的被动心态。我们需要一整套国际传播的战略布局和具体方法，主动提高优秀外译著作的国际影响力。

（陈戎女 北京语言大学教授；张健 北京语言大学科研处处长；陆薇 北京语言大学教授）

汉学、汉学主义与原创学术散论

——顾明栋教授访谈

申 旗 罗宗宇

一、您的研究领域很宽,涉及英美文学、中国文学、西方文论、比较诗学、中国思想及中西文化比较研究。您早期的中文论文主要是英美文学与翻译方面的,后来转向文化研究,请您简单谈谈您的学术历史。

我最早是南京大学英语语言专业英美文学方向的研究生,导师是范成忠教授,他是国内英语界的泰斗。后来,我去英国攻读了硕士学位和博士学位,先在坎特伯雷的肯特大学(University of Kent at Canterbury)拿了硕士学位,然后又在伦敦大学攻读博士学位,专业为英国文学,我博士论文研究的是劳伦斯(D. H. Lawrence)。毕业后,我觉得自己研究面太窄了,产生了想拓宽自己视野的愿望。后来正好有机会去美国教书,看了很多汉学家写的书和文章,觉得如果我做比较文学的话应该有一定的优势,即语言优势、文化背景优势与文学批评能力。于是我又重新求学,先在威斯康星大学麦迪逊分校拿到了中国文学的硕士学位,后来又去芝加哥大学攻读中国文学和比较文学。我的博士导师余国藩先生是《西游记》的译者,他是芝加哥大学五个院系的杰出教授,学术视野非常广。他鼓励我要对理论感兴趣,视野不仅仅局限于英美文学与中国文学。所以我读博士最后的选题方向是中国文学与比较文学方向,涉及中西文论、思想比较、特别是诠释理论。博士毕业后,我在美国著名理论刊物 *Diacritics* 和《东西方哲学》上发表了3篇论文,一篇是比较中西哲学思想的"道"和"逻各斯",一篇谈的是中国的审美思想,还有一篇是用符号学理论研究《周易》。余国藩先生对这几篇文章比较赞赏,就鼓励我往美学和哲学研究方向走,当时我只是把自己定位为文学研究者,没有意识到这番话对我学术生涯的意义,到后来才体会到他的深刻用意。

当我再次攻读硕士、博士学位，视野变得更为开阔后，我愈发觉得古今中外的学术是相通的，关键在于如何打通，这为我转往"大人文"明确了方向。后来我转向文化研究，既与我对"大人文"的追求有关，也与西方近20世纪后30年的"文化转向"有关。时至今日，英美高校的文学研究都带有文化研究的色彩，因为我们现在处在后文学时代。当前，传统文学的受众越来越少，这个时代涉及的研究对象更为丰富，不仅仅包含语言文本，还有视觉文本和各种文化文本。这实际是"后文学时代"的泛文学观念兴起的具体表现。

　　二、您提出汉学主义后，引起了学界的热烈探讨，请您谈谈当初为什么提出"汉学主义"，其主要学术指向是什么？

　　我在阅读和研究过程中，发现几个世纪以来，无论是西方学者还是普通大众，他们对中华文明的感知、理解、描绘都有或多或少的误读和扭曲，甚至是两极化评价。反过来，中国学者、知识分子对西方文化的态度也常常走向两个极端，要么极端排斥，要么奉为圭臬。与此同时，他们对中国文化的态度也容易呈现出两个极端，这种极端现象都不客观，都是对中国文化、西方文化的扭曲。

　　一开始我研究的是文史哲方面的扭曲现象，后来我试图透过现象思考是什么原因导致这种两极现象的出现，我觉得这不仅仅是政治意识形态在起作用。东方主义与后殖民主义理论采用的是政治与意识形态批评，这似乎将问题简单化了，我认为还有一种文化心理在起作用，我将它称为"文化无意识"。就中国人来说，中华文明发展到近代以来，在西方列强坚船利炮的攻击之下，一败再败，将我们的文化自信摧毁了，因此部分中国学者提出应该全盘西化。新中国成立以来，中华文化自信提升了，但是之前的挫败感已经深深扎根于思想深处，于是导致了这样的现象：从有意识的层面来看，中国人认为中华文化和西方文化相比一点都不差，但在无意识层面，仍然不知不觉地认为中华文化难以媲美西方文化，这在言行举止、做学问和研究时都有不同的表现。就西方人来说，由于他们从工业革命以后的殖民扩张大多取得了胜利，这使西方人产生一种文化优越感。虽然"二战"后殖民地国家纷纷独立，西方人表面上认为各民族的文化一律平等，但是在他们无意识的深处，仍认为西方文化比以前的殖民地国家、民族文化要优越得多，这也体现在言行举止、学术研究等方面，甚至是日常生活中。在生活中，文化无意识会转化为无意识文化,甚至成为有意识文化,① 比如我们在大街小巷都能看到各种冠以西方字样的商铺名和企业名,还有商业广告的白人代言人,就是文化无意识演变为有意识文化的范例。冠名的背后逻辑就是西方文化优越的无意识,商家利用顾客的文化无意识达到推销其商品的有意识目的,这样的做法也是罗兰·巴特(Roland Barthes)在分析法国的广告以后发现的所谓"现代神话",即表层的能指和所指隐含了另一个诉之于人们无意识层面的所指,而这个所指才是广告要达到的目的。

文化无意识在学界也无处不在。改革开放以来,能使一位学者在学界迅速成名的路径就是译介西方学术,这种迅速成名的不二法门时至今日仍然十分有效。平心而论,译介西方学术本无原创性可言,但这样的学术文章却比较容易发表。这一现象隐含了一种无意识甚至是有意识的认知:西方的学术是上乘的,西方学者是高明的。我甚至碰到过一个让人有点啼笑皆非的极端例子,几年前我主编过一本书《为西方读者翻译中国》(*Translating China for Western Readers*),在编写这本书的过程中,我的一位美国同事做了一点工作,为了感谢他,我在署名的时候把他的名字也挂上了,但英文的署名是"Edited by Ming Dong Gu with Rainer Schulte",熟悉英美出版业情况的人知道,英文词"with"清楚表明该书是我主编的,我的同事只是稍有贡献。但是,国内一位从事翻译的资深学者写了一篇文章,提到这本书,他在文中把两人的位置调换了,我被列为第二编者,而本来只是挂名的编者倒成了第一编者。发表他文章的学刊编辑手头刚好就有我编的这本书,他提请那位学者注意这点,但那位学者坚持要按自己原来的编者排序,否则就撤稿。我分析了这种做法,觉得这是典型的文化无意识转化为有意识文化的案例。

汉学主义还有一个理论支柱就是"知识的异化"。本来知识是以教育为目的,但后来由于无意识的原因,不知不觉地使知识为各种意识形态特别是政治意识形态服务,有的明显,有的不明显。文化无意识与知识的异化结合起来就是汉学主义的理论基础,这是与以政治意识形态批判为主导方向的东方主义、后殖民主义的区别所在。

汉学主义像后殖民理论一样着眼于去殖民化。去殖民化,不仅仅是在政治经济层面,更重要的是在思想上去殖民化。后殖民主义的早期理论家弗朗

---

① 顾明栋《文化无意识:跨文化的深层意识形态机制》,载《厦门大学学报》2013年第4期。

兹·法农（Frantz Fanon）认为光从政治上去殖民化是不够的，政治上去殖民化较简单，其他方面如经济上去殖民化则不容易实现。第三世界国家在取得民族、国家独立后，精英阶层实际上还是沿用殖民时期的一套方法来管理国家（特别是非洲）。精神和思想上的去殖民化，要对文化无意识予以深刻的剖析，认识到它不仅是无意识的生活方式，同时是我们内心深处那种无意识的思想和理念，只有深刻意识到文化无意识常常以一种我们意识不到的方式、能量作用于我们的生活、工作，方可为走出汉学主义打好精神基础。

三、您提出汉学主义后，引起了学界的热烈探讨，产生了一些不同看法，请您谈谈对汉学主义论争的看法。

汉学主义的提出引起争论是件大好事，可以促使这一理论不断充实完善。在汉学主义理论的争论中，有人认为汉学主义是必要的，但有必要改进；有人则认为汉学主义根本不值得提出，因为已经有东方主义与后殖民主义理论了。我觉得汉学主义的理论框架与后殖民主义很不同，而且所涉及的内容也不同，如东方主义研究的是中东地区，而研究者一开始都是西方人，汉学的研究者不仅仅是西方人，而且从一开头就是国学的一种形式，从事汉学研究的还有很多华裔，有关两者的不同之处，我在《学术月刊》上发表的论文中已有详细的阐述。[①] 学术争鸣要有一个健康的生态，对于一个观点的提出，或一本书的出版，要么说好，满是溢美之词，要么说坏，一无是处，都不妥当。我和南京大学周宪教授编了《汉学主义论争集萃》，不论是赞成的、批评的、反对的文章，我们都全部收录，即便一些学者的批评十分严厉。看到集萃收录了不同声音，有些提出批评的年轻学者十分感动。我觉得这没什么，因为学术上的问题只有越辩才能越明。我们在集萃的前言中指出："负面的批评往往有着正面批评所不能达到的效果，不仅有助于提醒学界关注该话题，而且有助于发现新理论的不足，使之更加深入成熟。"不久前，我和周宪教授选择了几篇论争文章，将它们翻译成英文，不久就会在英文的《当代中国思想》上发表。我们希望有更多人对汉学主义感兴趣，因为现在搞文化研究特别是跨文化研究，后殖民主义是一个很有效的理论，而在中国语境之下，汉学主义可以弥补后殖民理论的不足。

最后想补充一点，对于汉学主义这一概念，很多人会产生误解。有人把它

---

① 顾明栋《汉学、汉学主义与东方主义》，载《学术月刊》2010 年第 12 期。

看作是负面概念，有的看作是正面概念。其实汉学主义实际可分为两大类：一类是汉学主义现象，即各种对中华文化文明的误解、扭曲、不公正、不客观的行为及其再现。一类是汉学主义理论，即汉学主义批判理论，它对汉学主义现象进行剖析，寻找其背后的逻辑。我认为文化无意识有向正面转化的可能性，就像精神分析中的神经症一样，经过催眠等精神治疗后会向健康方向转变。

四、您认为汉学主义也适应科技领域，请举例说明如何看待自然科学领域存在的"汉学主义"？

我曾多次撰文指出，汉学主义理论涉及的不仅仅是汉学、人文科学和社会科学，其对治学认识论和方法论的关注也对自然科学有相当的价值和意义。比如，汉学主义理论所批评的汉学主义心态以及治学方法同样是阻碍自然科学和技术领域中国学术原创性发展的障碍。因此，可以说汉学主义理论不仅仅适合人文社科，也适用于自然科学，这是汉学主义理论与后殖民理论显著不同的一个方面。

例如，中国自然科学领域目前只有屠呦呦一人获诺贝尔奖，而其主要研究是在"文革"时期完成的，为什么能在那样一种环境下做出原创性的研究成果呢？我想这绝不是当时的研究条件有多好，而是与当时的文化自信有关。人们当时形成了这样一种看法，即"外国人做得出的，那么中国人也能做到"。中国造原子弹的时候，开头对苏联专家顶礼膜拜，在原子弹理论计算时，中国学者计算了若干遍，仍然与苏联专家的数据对不上号。直到后来邓稼轩他们大胆质疑苏联专家的数据，相信自己的计算正确，才终于攻克了原子弹的理论设计。由此可见，没有文化自信，跟着别人后面跑，就很难产生原创性的科学和技术。在此，我还想举一个汉学主义在科技界的负面案例，萨斯（SARS）是2002年底发生在中国的一次全球性传染病疫潮。萨斯最早在中国广东被发现，中国学者最先拿到萨斯病症的样本，并首先对此开展研究，但首先宣布找出病因的却是西方学者。其实，当时中国有一个由几个年轻成员组成的研究小组，他们在西方学者宣布萨斯病因前就已发现非典的病因是冠状病毒，但由于当时国内有一位学术大腕宣布非典的病因是衣原体而不敢宣布自己的结果，其原因正是汉学主义的心态。当时，国内学界有人痛心疾首地哀叹，在对萨斯致病病因的研究竞争中，中国医学界打了一个大败仗。[①] 事后，一位西方人

---

① 谢湘《杨焕明的心头之痛》，载《中国青年报》2003年5月26日第1版。

就此事采访了众多中国学者,并在《科学》上发表了题为《中国失去的机会》一文,一针见血地指出了"中国科学界存在的四个系统性问题",其中两个就与我说的科技领域的文化无意识直接相关:"其研究太易受到社会的各种影响,研究人员普遍缺乏挑战权威的勇气。"① 可以说,正是汉学主义所批评的根深蒂固的自卑情结导致中国学者与荣誉失之交臂。

五、请您谈谈如何走出汉学主义?

汉学主义的理论基础不是政治和意识形态,而是文化无意识。要想走出汉学主义,就必须注意克服心中的、学术研究中的以及日常生活中的文化无意识。文化无意识这个概念很显然受到精神分析的影响,精神分析理论就是把人们被压抑的无意识内容变成有意识的认识,以达到疗救的目的。我想克服文化无意识也是如此,要指出文化无意识在起作用的内在逻辑,使人们有意识地去认识文化无意识,并警惕其如何转化成无意识文化,从而纠正各行各业的文化无意识的表现。我举一个例子,若干年前,我在美国接待了国内一所高校的访问团,其中一位学者是留学法国取得的博士学位。这位学者说他曾经站在巴黎圣母院前深感文化自卑,在他那里文化无意识已经变成了无意识文化。为了使他认识到其无意识的文化行为,我对他说,当法兰西民族的祖先高卢人还被罗马人称为野蛮人的时代,华夏民族早就创造了辉煌的物质文明和精神文明,巴黎圣母院建于十二三世纪,而在公元前3世纪,秦朝就建造了万里长城、阿房宫和世界第八大奇迹的兵马俑。后来,那位中国学者似乎被我说服了,至于内心里是否心悦诚服,那就不得而知了。显然,这位学者头脑中有着深厚的文化自卑情结而无自我察觉,这就是汉学主义批评的文化无意识。

因此,走出汉学主义真的需要文化自信。当前官方强调文化自信就是在有意识的层面强化和克服那种文化无意识带来的负面观念与认识,有意识地慢慢消除文化无意识带来的影响,克服了这些就能走出汉学主义。

六、《原创的焦虑》是您的学术专著,该著的目标是以多学科研究方法和范式来突破学术原创的焦虑问题,请您结合个人的学术研究,谈谈如何开展具有学术原创性的研究。

从学术生涯开始,我一直坚信原创性是学术研究的灵魂,是学术成就的

---

① M. Enserlink, "China's Missed Chance", *Science*, 2003 (301), pp. 294-296.

最高体现,学术质量首先取决于其原创性。《诺顿理论与批评选》(Norton Anthology of Theory and Criticism) 是美国乃至于当今西方世界一部最全面、最权威、最有参考价值的文艺理论选集。2001年初版,2010年新版,2018年第3版,全书共有2000多页,收入从乔吉阿斯、柏拉图以降西方世界2500年中最卓越的148位文艺理论家。世界上两千年来文论家无数,为什么只有那些人入选呢?入选的标准究竟是什么呢?我是该选集的特别顾问,因而比较了解入选的标准。简而言之,入选文论要考虑作品的独创性、重要性、影响性、相关性、可读性、可教性及共鸣性等,但首要的是原创性。因此,有些理论家们虽然著作等身却不能在《诺顿文论选》中占有一席之地。而不少学者既不十分有名,也不是著作甚丰,却凭借其思想的原创性或开创性研究而得以栖身于众多伟大的理论家之列。

原创的学术除了需要博览群书,善于思考外,还需要启迪和灵感。而灵感的来源则与理论密切相关,理论可以为我们提供很好的视角和启迪。现在理论很多,我们不必跟在新理论后面赶时髦,而是力求把握基本理论的实质,将其与自己研究的领域相结合,形成自己的观点和方法。在我看来,文学研究的基本理论有三块,即语言学(主要是普通语言学、符号学)、心理学理论(最重要的是精神分析理论)、意识形态理论(意识形态指的是一个团体、阶层、民族占统治地位的思想、价值观念的结合体,不只是政治),其他文学理论都是这三种理论不断融合杂糅而产生的,如同彩色电视机原理一样,它有红黄蓝三色电子管,最终三种色彩的融合可以组成五彩缤纷的大千世界。

原创性是个纲,纲举目张。纲就是新颖的观点,新的构思方法,新开拓的领域。目就是做学问的具体细节,材料的组织规范等。原创性有不同层次和不同等级。小到对一首短诗的解读,如果你能读出前人从未说过的新意,就算有了小小的原创。大到撰写一本专著,比如我的一个同事 Frederick Turner,另辟蹊径采用与文学研究好像无关的经济学视角写成了一部令莎士比亚学者耳目一新的论著[①],1999年由牛津大学出版社出版后受到很高的评价,被认为是"在莎士比亚研究已无新意可言的时候突然出现的完全原创且深刻相关的杰作"。

---

① Frederick Turner, *Shakespeare's Twentieth-First Century Economics*: *The Morality of Love and Money*, New York and Oxford: Oxford University Press, 1999.

我在写文章下笔时总是为是否有新意而惴惴不安，比如我在编写《卢特里奇中国现当代文学指南》（*Routledge Handbook of Modern Chinese Literature*）时面对的现实是中国现当代文学史数以千计，如何在编写这样的文学概览时提出与已有的文学史不同的理论框架呢？思考良久以后终于想出了一个"模糊重叠说"。这一观点的提出基于文学研究的一个共识：文学史与社会发展史不同步，文学虽然与社会发展相关，但又有着自身独立的发展逻辑。文学发展的规律与政治发展规律不同步，一个政治事件就可以划分一个时代，如武昌起义是中国进入共和时代的标志。而文学的分期不是截然分开，而是重叠起来的。一个社会进入一个新时代，文学发展趋势和写作风格也会随之进入新时代，但也会在相当长一段时间内保留其传统特征，这种现象在各国文学的发展史上都存在，这也是现代中国文学的真实发展历程。新的社会时期会带来新的文学主题和类型，同时旧的主题和风格也会在新时期保留相当一段时间，中国现代文学肇始之时，使用文言和再现传统主题的文学作品在相当长时间内并没有从文学界消失。此外，文学趋势和写作风格往往会滞后于社会变革，如鸳鸯蝴蝶派的写作风格甚至可以延续到现在，这就是文学发展的滞后性和延续性。一个作家的文学生涯也可延宕几个时期，所以作家和他们的作品在时间顺序上也往往重叠。因此，只有"模糊重叠说"可以解释这种文学现象。文学史的书写用"模糊重叠说"可以解决许多富有争议的问题。具体而言，"模糊说"有助于解决有关文学起始的不同标志的分歧，而"重叠说"则有助于解决较大历史时期的分野，还可以廓清由文学史内在逻辑促成的发展趋势。我根据"模糊重叠说"，在具体分期上使用四个术语："早期现代""中期现代""晚期现代"和"后现代"，按照文学发展的内在逻辑，将中国现代文学史划分为发端界限不那么明显的四个互有重叠交叉的时期：（1）早期现代文学（Early modern literature：20世纪10年代中期—1942）；（2）中期现代文学（Middle modern literature：1930年代后期—1977）；（3）晚期现代文学（Late modern literature：20世纪70年代后期—90年代早期）；（4）后现代文学（Post-modern literature：20世纪80年代后期至当下）。有关"模糊重叠说"和现代文学的具体分期，已在《中国现代文学研究丛刊》上发表，[①] 也许是

[①] 顾明栋《中国现代文学的英语书写——卢特里奇中国现代文学指南总论》，载《中国现代文学研究丛刊》2018年第7期。

有点新意吧。

七、和其他汉学家相比，您觉得自己汉学研究的主要特点和方法是什么？

我恐怕不能算是严格的汉学家，因为我主要从事的是比较文学、比较思想和跨文化研究，研究路径也与传统汉学不太一样。传统汉学家主要是把中国某些方面的资料收集起来，整理一下再译成英文，加上少量的分析后发表。我与一般汉学家不太相同的是比较重视各种理论，他们关注的往往是国学原典文本的传译和阐述，对理论兴趣不大，甚至有人对理论持十分反感的态度，我对理论比较重视。我研究的特点与方法主要表现在将理论与文本细读相结合，以产生新的看法、新的思想。例如，我认为将古典领域与现代理论结合起来，可以做出一些新的东西。比如《诗经》、《周易》、禅宗等国学研究领域，我在理论的武装下，还是有些新的发现。中国历代研究过《周易》的学者成千上万，古代中国关于《周易》的研究文献就有3000种之多。我从符号学的角度考察太极图，发现它就是一个意指表征的元符号，因为人类一开始就在想办法进行意指与表征，太极图就是意指与表征的图像再现。太极图改造后的阴阳图形刚好符合拉康的符号模式（拉康将索绪尔符号模式颠倒，因为能指看得到，应当在上）能指在上对应阳，所指在下面对应的是阴。而且这个模式也适用于人的有意识、无意识（在上的即有意识，在下的即无意识）。此外，"道为太极"，我进而提出道是太极意指表征的图像表达，并以此理解将道与西方的逻各斯相比较，写成一篇文章，这篇文章被一篇知名理论杂志刊用，且无须修改，我想录用的原因也许是因为这一发现具有一定的原创性吧。

我经常用细读的方法分析中西方学者的理论著作或观点，常常也会有新的发现。比如，我用细读的方法去研究孟德斯鸠、赫尔德、黑格尔、韦伯、罗素等西方思想家和汉学家的观点，还真发现一些人们以前不会注意到的问题。

八、您觉得中国文化应当如何走出去？中国文化走出去应当注意哪些问题？

中国文化走出去是一个全面的问题，它和中国综合实力息息相关。三四十年前中国文化在世界的影响很小，但是随着中国实力不断增长，中国文化在世界的影响越来越大。我认为中国文化走出去首先应当解决的是语言问题。中文与其他语言之间的鸿沟特别大，从语言学角度来讲，汉语与西方语言完全不是一个语系的。英语表面上很好掌握，但要精通很难，把汉语完美地转化成英语难度还是比较大的。有的中国学者有自己的思想，但无法用其他语言恰当地表达出来；有的人他们在语言上虽然过关了，但是对中国文化的理解还比较肤浅。中国文化走出去应当培养这样的人才：既精通中国文学、历史或者哲学，还精通一门外语，如英语、法语、俄语等。

当然，中国文化走出去还有通过西方汉学家这个途径，但是西方汉学家数量不多，而且他们的兴趣相对比较狭窄，目前孔子学院在国外遍地开花，越来越多外国人来学习汉语，相信在几十年后，中国实力达到相当程度时，全世界人民都会对汉语产生更大兴趣，汉语有可能像英语一样成为一种世界性语言，到那时中国文化自然而然地就走出去了。但中国文化走出去必须是全方位的，所以最终还是只能靠中国人自己，中国文化的对外传播是涓涓细流，这个过程会很长。另外，当前中国作品在海外的发行渠道还不多，主要依靠"大中华文库"工程向外推。我认为中国的出版社可以与国外出版社如企鹅出版公司、麦克米兰出版社、鲁特里奇出版社等联合发行，这样效果可能会更好。

九、请您谈谈您所了解的当前美国汉学研究。

美国汉学很难说哪些是热点，从事汉学研究的学者有一个很明显的特点就是专注于自己喜欢的选题，而不是导师指定的选题，这一点与国内学者有所不同。我了解到国内一些博士生做的并不是自己喜欢的选题，而是导师选题的一部分或导师申请项目的一部分，这让学生感到勉为其难。美国汉学实际上可以分为两大板块，即古代与现当代。以前对古代的研究比较多，现在是现当代研究越来越多了。美国汉学家沿袭了传统的治学方法，选题往往比较小，然后进行深入研究，做出比较明显的成就，但也有选题过窄的问题。

十、您认为当前海外汉学研究应当注意哪些问题？有何建议？

我注意到国内目前掀起了海外汉学热，这与汉学在西方的冷遇形成了鲜明的对比。汉学热总体是个好事，说明随着中国文化的发展，人们对海外中国研究越来越重视。当然也会出现一些不好的现象，如温儒敏先生批评的"汉学心态"。近些年有些现当代文学研究者和评论家，其中不乏颇有名气的学者，他们对汉学、特别是美国汉学有些过分崇拜，他们对汉学的跟进，真是亦步亦趋。有些人已经不是一般的借鉴，而是把汉学视为模仿的学术标准，形成了一种乐此不疲的风尚。结果，国内从事中国文学研究的学者总是在观察世界汉学研究的动向，跟着汉学研究的路数在走。这种"汉学心态"与我之前说的汉学主义现象是有联系的。我认为介绍西方汉学的情况有一定的价值，了解国外的汉学研究是十分必要的，但需要认真取舍。今后研究汉学应该研究那些有原创性思想和学术价值的汉学论著，不要舍本取末，本指的是对中国的研究，末是指对中国研究的研究。

十一、钱锺书先生曾说："东学西学，道术未裂；南海北海，心理攸同。"在全球化飞速进展的时代，科技已经不分国界了，您认为人文社科研究还有中西差异吗？

我看还是有较大的差别，最根本的差别早就被严复给总结了："其于为学也，中国夸多识，而西人尊新知。"换言之，中国人重博雅，西方人重新知。中国学界熟悉的米勒（J. Hillis Miller）教授曾指出中美文学研究的六点差异，[①] 我在此列出并予以简单点评。其一，中国学者对提出新的看法不感兴趣，只看重共识，这是委婉地指出不注重原创学术。其二，非常关注文学分期、命名、概括是否正确，这等于说是在炒冷饭。其三，强调历史语境对作家创作的决定性作用，也就是不愿超越已知领域。其四，描述一个作家、一个学派往往高度抽象，这事实上是委婉地批评中国学者喜欢谈大而空的东西。其五，中国学者的论文缺少引用，几乎没有什么风格与形式上的分析，这是批评做学问不够深入和学术不够规范。其六，关注西方作品翻译成中文后对中国文学发展起的作用，但很少分析汉语与西方语言的差异，这是批评照搬西方学术，不顾中西文化的差异。他发现中国学者喜欢发表社论性的、宣言式的言论，这实际上也是委婉地批评中国学者华而不实、大而空的学术研究，应该值得我们去深思。

（申旗　罗宗宇　湖南大学文学院）

[①] J. Hillis Miller, "Reading (about) Modern Chinese Literature in a Time of Globalization", *Modern Language Quarterly*, 69. 1 (2008), pp. 187-194.

·传教士研究·

罗明坚《论语》拉丁文译本初探[*]

张明明

摘 要：明朝后期入华的西方天主教传教士罗明坚所译拉丁文"四书"译本是目前所知最早的中国儒家经典西文译本。本文拟从跨文化的视角，以文献学的方法，将该译稿的《论语》部分同《四书章句集注》所收原典进行比勘，以期考察这一中国经籍重要译本所呈现的形态，揭示汉籍西译的某些规律。

关键词：罗明坚 《论语》 拉丁文 翻译

1580 年前后，欧洲天主教传教士罗明坚（Michele Ruggieri，1543—1607）、利玛窦（Matteo Ricci，1552—1610）相继入华，开启了中西文化交流的新时代。位于意大利罗马的 Vittorio Emanuele 二世中央国家图书馆（Biblioteca Nazionale Centrale Vittorio Emanuele II）所藏拉丁文"四书"手稿译本（Fondo Gesuitico. [3314] 1185）是目前所知最早的中国儒家经典西文译本。该手稿标有"罗明坚神父辑"（a P. Michaele Rogerio collecta）字样。意大利当代学者达仁理（Francesco D'Arelli）对该文献的历史背景做过研究。麦克雷（Michele Ferrero）教授对该手稿进行转写并将拉丁文译作英文，发表《〈论语〉在西方的第一个译本：罗明坚手稿翻译与研究》一文，收录《学

---

[*] 本文系北京外国语大学校级自选课题项目"罗明坚文献转写与整理"（批准号：2016PY001）阶段性成果。关于该手稿作者确为罗明坚的考证，可见王慧宇《早期来华耶稣会士对儒家经典的解释与翻译——以罗明坚〈中庸〉手稿为例》，载《国际汉学》2016 年第 4 期。

而》一篇的拉丁文译文及其汉语回译（由张晶晶博士从英译文转译）。① 笔者现据麦克雷教授的转写本，参以麦教授的英译文，拟从跨文化的视角，以文献学的方法，对罗明坚《论语》拉丁文译本（以下简称"罗译"）做一初探，以启来哲。

罗明坚将此《论语》译本命名为《论省察》，系"四书"之第三书。② 学界一般认为罗明坚所译《中庸》《大学》的原本为宋朱熹（1130—1200）《四书章句集注》。③ 笔者认为，罗译《论语》的原本亦然。证据之一是，在正文前，罗明坚先翻译了《四书章句集注》"论语序说"最末程子（罗译作 Cincius）之言两段。④ 证据之二是，罗译偶尔会混入《四书章句集注》对《论语》原文的注疏，具体可见下文。

一、编纂技术

从编纂技术看，罗译为《论语》前六篇的译文添加主旨性标题，《学而》标"向学习者传授正确践行道德之路的方法"⑤，《为政》标"塑造为政者"⑥，《八佾》标"论王对民的义务"⑦，《里仁》标"论仁慈的邻里"⑧，《公冶长》标"关于弟子公冶长"⑨，《雍也》标"论高徒"⑩。自第七篇的译

---

① ［意］麦克雷著，张晶晶译《〈论语〉在西方的第一个译本：罗明坚手稿翻译与研究》，载《国际汉学》2016 年第 4 期。

② *De Consideratione, Sit liber ord.ᵉ tertius.* Fondo Gesuitico. ［3314］1185, p. 43.

③ 罗莹《耶稣会士罗明坚〈中庸〉拉丁文译本手稿研究初探》，载《道风：基督教文化评论》2015 年第 1 期。王慧宇《早期来华耶稣会士对儒家经典的解释与翻译——以罗明坚〈中庸〉手稿为例》。李慧《耶稣会士罗明坚〈大学〉拉丁文译本初探》，载《国际汉学》2018 年第 3 期。

④ （宋）朱熹《四书章句集注》第 44 页，中华书局，2016 年。本文所据《四书章句集注》皆自此本。参以程树德撰，程俊英、蒋见元点校《论语集释》，中华书局，2017 年。本文所据《论语集释》皆自此本。Fondo Gesuitico. ［3314］1185, p. 43.

⑤ "Addiscenti virtutis iter recte agendi rationem tradit". Fondo Gesuitico. ［3314］1185, p. 43.

⑥ "Moderatorem informat". Fondo Gesuitico. ［3314］1185, p. 47.

⑦ "De regis erga cives officiis". Fondo Gesuitico. ［3314］1185, p. 52.

⑧ "De pio municipe". Fondo Gesuitico. ［3314］1185, p. 58.

⑨ "De Cumiciano discipulo". Fondo Gesuitico. ［3314］1185, p. 63.

⑩ "De Sumo discipulo". Fondo Gesuitico. ［3314］1185, p. 69.

文起，未再连续添加标题，多只作 Caput 加相应数字。上述标题的添加有助于西方读者理解诸篇内容，不过鉴于《论语》二十篇并非严格按主题分篇，此类标题实则也会对读者形成局限。

为了叙述明确，罗译时而在正文前补加发言者。例如，《述而》"子之燕居，申申如也，夭夭如也"，罗译加"有人说"①。"子食于有丧者之侧，未尝饱也。子于是日哭，则不歌"，罗译加"作者或编者说"②。"子之所慎：齐，战，疾"，罗译加"编者说"③。《乡党》"孔子于乡党"一章，罗译加"编者说"④。罗译有时会混淆编者和孔子之言。例如，《泰伯》"舜有臣五人而天下治"一章，罗译加"作者说"（Autor ait），却错将下章"禹，吾无间然矣"等孔子的话，也作"作者说"。⑤反之，罗译又有误将编者所述当作孔子自陈的情况，如《述而》"子温而厉，威而不猛，恭而安"，罗译处理为"孔夫子说"（Confusius ait）"温而厉"等内容。⑥更多时候，罗译会省略发言者，时而造成不明或误植。例如，《泰伯》"士不可以不弘毅"一章，罗译未注明发言者曾子，下章"兴于诗"转为孔子之言，罗译亦未标出，读者大概会混淆发言者。⑦

对于中国人名，罗译时有拼写不一之处。例如，"子贡"一名的转写方式至少有 Zicumus⑧（该拼写方式另被用表"子文"⑨）、Zicus⑩、Zechiarus⑪、Cicumus⑫；"曾子"一名的转写方式至少有 Cencius⑬、Ciutius⑭；"子路"一

---

① "Quidam ait".《四书章句集注》第 93 页。Fondo Gesuitico. [3314] 1185, p. 73.
② "Autor seu compilator ait".《四书章句集注》第 95 页。Fondo Gesuitico. [3314] 1185, p. 73.
③ "Compilator ait".《四书章句集注》第 96 页。Fondo Gesuitico. [3314] 1185, p. 74.
④ "Compilator loquitur".《四书章句集注》第 117 页。Fondo Gesuitico. [3314] 1185, p. 84.
⑤ 《四书章句集注》第 107—108 页。Fondo Gesuitico. [3314] 1185, p. 79.
⑥ 《四书章句集注》第 102 页。Fondo Gesuitico. [3314] 1185, p. 77.
⑦ 《四书章句集注》第 104—105 页。Fondo Gesuitico. [3314] 1185, p. 78.
⑧ Fondo Gesuitico. [3314] 1185, p. 47.
⑨ Fondo Gesuitico. [3314] 1185, p. 66.
⑩ Fondo Gesuitico. [3314] 1185, p. 49.
⑪ Fondo Gesuitico. [3314] 1185, p. 89.
⑫ Fondo Gesuitico. [3314] 1185, p. 93.
⑬ Fondo Gesuitico. [3314] 1185, p. 44.
⑭ Fondo Gesuitico. [3314] 1185, p. 77.

名的转写方式至少有 Ziluus①、Zilanus②;"冉有"一名的转写方式至少有 Gengeus③、Genieus④;"子夏"一名的转写方式至少有 Zisbianus⑤、Zihaus⑥。如此,对异域的读者势必造成混淆。

罗译在编纂方面的未尽完善之处另如,《八佾》译文前三章重复,字句稍异,或系仍为手稿之故,罗明坚未做最后的删定。⑦《颜渊》"司马牛问仁""司马牛问君子"两章在罗译中次序颠倒。⑧《阳货》"子曰:'乡原,德之贼也'""子曰:'道听而途说,德之弃也'"两章,罗译合一而次序颠倒。⑨

一些语句在《论语》原典重出,罗译未统一译文。例如,"不患人之不己知,患不知人"见于《学而》《宪问》两章,罗译分别作:"我确实不看重我不为人知"⑩,"我不厌恶(不)为人所知"⑪。类似原文另有《里仁》"不患莫己知",译法又不同:"隐晦不彰不应被视为坏事"⑫。"巧言令色,鲜矣仁"重见于《学而》《宪问》两章,罗译分别作:"有人假装外在的仁慈,充作道德,如何能以灵魂的内在感受拥抱近人"⑬,"假装之言,故作之德,很少是仁人"⑭。

---

① Fondo Gesuitico. [3314] 1185, p. 89.
② Fondo Gesuitico. [3314] 1185, p. 94.
③ Fondo Gesuitico. [3314] 1185, p. 90.
④ Fondo Gesuitico. [3314] 1185, p. 98.
⑤ Fondo Gesuitico. [3314] 1185, p. 45.
⑥ Fondo Gesuitico. [3314] 1185, p. 120.
⑦ Fondo Gesuitico. [3314] 1185, pp. 52-53.
⑧ 《四书章句集注》第 134—135 页。Fondo Gesuitico. [3314] 1185, pp. 92-93.
⑨ 《四书章句集注》第 180 页。Fondo Gesuitico. [3314] 1185, pp. 116.
⑩ "Non equidem ego fero me alii ignotum esse." 《四书章句集注》第 53 页。Fondo Gesuitico. [3314] 1185, p. 47.
⑪ "Ab hominibus cognosci non me tedet." 疑漏否定词 non。《四书章句集注》第 157 页。Fondo Gesuitico. [3314] 1185, p. 104.
⑫ "Obscurum atque inglorium esse in malis ducendum non est." 《四书章句集注》第 72 页。Fondo Gesuitico. [3314] 1185, p. 61.
⑬ "Qui sanctitatem simulat exteriorem quadam ostentatione virtutis; qui fieri potest, ut intimis animi sensibus proximum complectat." 《四书章句集注》第 48 页。Fondo Gesuitico. [3314] 1185, p. 44.
⑭ "Affectatis verbis homines compositique virtute pauci sunt pii." 《四书章句集注》第 182 页。Fondo Gesuitico. [3314] 1185, p. 116.

二、翻译内容

1. 未译

出于有意或无意，罗译未译《论语》的不少章节。整章未译者有：《为政》"子张问：'十世可知也？'子曰：'殷因于夏礼，所损益，可知也；周因于殷礼，所损益，可知也。其或继周者，虽百世可知也。'"① 《八佾》"子曰：'夷狄之有君，不如诸夏之亡也。'"② "或问禘之说。子曰：'不知也。知其说者之于天下也，其如示诸斯乎！'指其掌。"③ "子曰：'周监于二代，郁郁乎文哉！吾从周。'"④ "子曰：'事君尽礼，人以为谄也。'"⑤ 《雍也》"子谓仲弓曰：'犁牛之子骍且角，虽欲勿用，山川其舍诸？'"⑥ 《泰伯》"曾子曰：'以能问于不能，以多问于寡；有若无，实若虚，犯而不校，昔者吾友尝从事于斯矣。'"⑦ "子曰：'如有周公之才之美，使骄且吝，其余不足观也已。'"⑧ "子曰：'师挚之始，《关雎》之乱，洋洋乎！盈耳哉。'"⑨ 《子罕》"子曰：'语之而不惰者，其回也与！'"⑩ 《先进》"子张问善人之道。子曰：'不践迹，亦不入于室。'"⑪ "子曰：'论笃是与，君子者乎？色庄者乎？'"⑫ 《颜渊》"子曰：'博学于文，约之以礼，亦可以弗畔矣夫！'"⑬（原典该章重出，此前见于《雍也》，罗译在彼处译出⑭）《子路》

---

① 《四书章句集注》第59页。Fondo Gesuitico. [3314] 1185, p. 52.
② 《四书章句集注》第62页。Fondo Gesuitico. [3314] 1185, p. 53.
③ 《四书章句集注》第64页。Fondo Gesuitico. [3314] 1185, p. 55.
④ 《四书章句集注》第65页。Fondo Gesuitico. [3314] 1185, p. 55.
⑤ 《四书章句集注》第66页。Fondo Gesuitico. [3314] 1185, p. 56.
⑥ 《四书章句集注》第85页。Fondo Gesuitico. [3314] 1185, p. 69.
⑦ 《四书章句集注》第104页。Fondo Gesuitico. [3314] 1185, p. 78.
⑧ 《四书章句集注》第106页。Fondo Gesuitico. [3314] 1185, p. 78.
⑨ 《四书章句集注》第106页。Fondo Gesuitico. [3314] 1185, p. 80.
⑩ 《四书章句集注》第114页。Fondo Gesuitico. [3314] 1185, p. 82.
⑪ 《四书章句集注》第129页。Fondo Gesuitico. [3314] 1185, p. 90.
⑫ 《四书章句集注》第129页。Fondo Gesuitico. [3314] 1185, p. 90.
⑬ 《四书章句集注》第138页。Fondo Gesuitico. [3314] 1185, p. 94.
⑭ 《四书章句集注》第91页。Fondo Gesuitico. [3314] 1185, p. 72.

"子曰:'善人为邦百年,亦可以胜残去杀矣。诚哉是言也!'"①《宪问》"子曰:'臧武仲以防求为后于鲁,虽曰不要君,吾不信也。'"②"公叔文子之臣大夫僎,与文子同升诸公。子闻之曰:'可以为文矣。'"③"陈成子弑简公。孔子沐浴而朝,告于哀公曰:'陈恒弑其君,请讨之。'公曰:'告夫三子!'孔子曰:'以吾从大夫之后,不敢不告也,君曰告夫三子者。'之三子告,不可。孔子曰:'以吾从大夫之后,不敢不告也。'"④"子贡方人。子曰:'赐也贤乎哉?夫我则不暇。'"⑤"公伯寮愬子路于季孙。子服景伯以告,曰:'夫子固有惑志于公伯寮,吾力犹能肆诸市朝。'子曰:'道之将行也与?命也。道之将废也与?命也。公伯寮其如命何!'"⑥"子路宿于石门。晨门曰:'奚自?'子路曰:'自孔氏。'曰:'是知其不可而为之者与?'"⑦"子击磬于卫。有荷蒉而过孔氏之门者,曰:'有心哉!击磬乎!'既而曰:'鄙哉!硁硁乎!莫己知也,斯己而已矣。深则厉,浅则揭。'子曰:'果哉!末之难矣。'"⑧"子张曰:'《书》云:高宗谅阴,三年不言。何谓也?'子曰:'何必高宗,古之人皆然。君薨,百官总己以听于冢宰三年。'"⑨《卫灵公》"子曰:'吾之于人也,谁毁谁誉?如有所誉者,其有所试矣。斯民也,三代之所以直道而行也。'"⑩"子曰:'吾犹及史之阙文也,有马者借人乘之。今亡矣夫!'"⑪《阳货》"子谓伯鱼曰:'女为《周南》《召南》矣乎?人而不为《周南》《召南》,其犹正墙面而立也与?'"⑫"子曰:'礼云礼云,玉帛云乎哉?乐云乐云,钟鼓云乎哉?'"⑬"子曰:'恶紫之夺朱也,恶郑声之乱雅乐

---

① 《四书章句集注》第145页。Fondo Gesuitico. [3314] 1185, p. 98.
② 《四书章句集注》第153页。Fondo Gesuitico. [3314] 1185, p. 103.
③ 《四书章句集注》第155页。Fondo Gesuitico. [3314] 1185, p. 103.
④ 《四书章句集注》第155—156页。Fondo Gesuitico. [3314] 1185, p. 103.
⑤ 《四书章句集注》第157页。Fondo Gesuitico. [3314] 1185, p. 104.
⑥ 《四书章句集注》第159页。Fondo Gesuitico. [3314] 1185, p. 105.
⑦ 《四书章句集注》第159页。Fondo Gesuitico. [3314] 1185, p. 105.
⑧ 《四书章句集注》第160页。Fondo Gesuitico. [3314] 1185, p. 105.
⑨ 《四书章句集注》第160页。Fondo Gesuitico. [3314] 1185, p. 105.
⑩ 《四书章句集注》第167页。Fondo Gesuitico. [3314] 1185, p. 108.
⑪ 《四书章句集注》第167页。Fondo Gesuitico. [3314] 1185, p. 108.
⑫ 《四书章句集注》第179页。Fondo Gesuitico. [3314] 1185, p. 115.
⑬ 《四书章句集注》第179页。Fondo Gesuitico. [3314] 1185, p. 115.

也，恶利口之覆邦家者．'"① "宰我问：'三年之丧，期已久矣。君子三年不为礼，礼必坏；三年不为乐，乐必崩。旧谷既没，新谷既升，钻燧改火，期可已矣。'子曰：'食夫稻，衣夫锦，于女安乎？'曰：'安。''女安则为之！夫君子之居丧，食旨不甘，闻乐不乐，居处不安，故不为也。今女安，则为之！'宰我出。子曰：'予之不仁也！子生三年，然后免于父母之怀。夫三年之丧，天下之通丧也。予也有三年之爱于其父母乎？'"②《微子》"逸民：伯夷、叔齐、虞仲、夷逸、朱张、柳下惠、少连。子曰：'不降其志，不辱其身，伯夷、叔齐与！'谓：'柳下惠、少连，降志辱身矣。言中伦，行中虑，其斯而已矣。'谓：'虞仲、夷逸，隐居放言，身中清，废中权。我则异于是，无可无不可。'"③ "太师挚适齐，亚饭干适楚，三饭缭适蔡，四饭缺适秦。鼓方叔入于河，播鼗武入于汉，少师阳、击磬襄入于海。"④ "周有八士：伯达、伯适、仲突、仲忽、叔夜、叔夏、季随、季騧。"⑤《子张》"子夏曰：'虽小道，必有可观者焉；致远恐泥，是以君子不为也。'"⑥ "子夏曰：'大德不逾闲，小德出入可也。'"⑦

另有不少局部未译的情况。例如，《里仁》"子曰：'富与贵是人之所欲也'"一章，未译其末"君子去仁，恶乎成名？君子无终食之间违仁，造次必于是，颠沛必于是"。⑧《颜渊》"子曰：'片言可以折狱者，其由也与？'子路无宿诺""子曰：'听讼，吾犹人也。必也使无讼乎'"两章，罗译合一，未译其中"子路无宿诺"。⑨《子路》"子曰：'南人有言曰'"一章，未译其末"子曰：'不占而已矣'"。⑩《宪问》"子贡曰：'管仲非仁者与'"一章，未译其末"岂若匹夫匹妇之为谅也，自经于沟渎而莫之知也"。⑪《卫灵公》"子

---

① 《四书章句集注》第 181 页。Fondo Gesuitico. ［3314］1185, p. 116.
② 《四书章句集注》第 181—182 页。Fondo Gesuitico. ［3314］1185, p. 116.
③ 《四书章句集注》第 186—187 页。Fondo Gesuitico. ［3314］1185, p. 119.
④ 《四书章句集注》第 187 页。Fondo Gesuitico. ［3314］1185, p. 119.
⑤ 《四书章句集注》第 188 页。Fondo Gesuitico. ［3314］1185, p. 119.
⑥ 《四书章句集注》第 189 页。Fondo Gesuitico. ［3314］1185, p. 120.
⑦ 《四书章句集注》第 191 页。Fondo Gesuitico. ［3314］1185, p. 121.
⑧ 《四书章句集注》第 70 页。Fondo Gesuitico. ［3314］1185, p. 59.
⑨ 《四书章句集注》第 138 页。Fondo Gesuitico. ［3314］1185, p. 94.
⑩ 《四书章句集注》第 148 页。Fondo Gesuitico. ［3314］1185, p. 100.
⑪ 《四书章句集注》第 154 页。Fondo Gesuitico. ［3314］1185, p. 103.

曰：'君子谋道不谋食'"一章，未译其首"子曰：'君子谋道不谋食。耕也，馁在其中矣；学也，禄在其中矣'"。①《季氏》"季氏将伐颛臾"一章，未译其首"季氏将伐颛臾"至"冉有曰：'夫子欲之，吾二臣者皆不欲也'"，其中"且尔言过矣"至"君子疾夫舍曰欲之，而必为之辞"。②《阳货》"佛肸召"一章，未译其末"吾岂匏瓜也哉？焉能系而不食"。③比照可见，未译的情况在翻译的后半程明显增多。

2. 改译

罗译的一些改译属文化概念切换。例如，《子罕》"子曰：'吾未见好德如好色者也'"，"色"罗译作"美丽的维纳斯"（pulchra Venus）。④ 上句重出于《卫灵公》，罗译翻译方式有异，不过仍以 Venus 对译"色"。⑤ 另可比照《季氏》"戒之在色"之"色"的同一处理方式。⑥ 又如，中国古代以中央之国自居的观念影响到时人陈说周边地区时的态度，相应的蔑称之于西方译者来说却是不必遵循的。《子罕》"子欲居九夷"一章，"九夷"罗译作"在外国"⑦。《子路》"樊迟问仁"一章，"夷狄"罗译作"到外人间"⑧。《卫灵公》"子张问行"一章，"蛮貊之邦"罗译作"在南北之地"⑨。

罗明坚"四书"拉丁文译本提出了孔子之名早期的西译形式。罗译在处理不同语境中的孔子称呼时，一般均简化作 Confusius，面称、背称如此，"仲尼""夫子"如此。从罗译的 Confusius 到耶稣会士柏应理（Philippe Couplet, 1622—1693）等的《中国哲人孔夫子》（*Confucius Sinarum Philosophus*, Paris, 1687）的 Confucius，孔子以不同的名号被西方人所认知。前者更接近"孔夫子"的汉语本音，而后者成为在西方世界通行的形式。

---

① 《四书章句集注》第 168 页。Fondo Gesuitico.［3314］1185, p. 108.
② 《四书章句集注》第 170—171 页。Fondo Gesuitico.［3314］1185, p. 110.
③ 《四书章句集注》第 178 页。Fondo Gesuitico.［3314］1185, p. 115.
④ 疑应作宾格 pulchram Venerem。《四书章句集注》第 114 页。Fondo Gesuitico.［3314］1185, p. 82.
⑤ 《四书章句集注》第 165 页。Fondo Gesuitico.［3314］1185, p. 107.
⑥ 《四书章句集注》第 173 页。Fondo Gesuitico.［3314］1185, p. 111.
⑦ "in externo regno."《四书章句集注》第 113 页。Fondo Gesuitico.［3314］1185, p. 82.
⑧ "ad extraneos."《四书章句集注》第 147 页。Fondo Gesuitico.［3314］1185, p. 99.
⑨ "in australibus et septentrionalibus ex terris". 《四书章句集注》第 163 页。Fondo Gesuitico.［3314］1185, p. 106.

3. 误译

一些误译主要是中西文法之异所致。例如，《雍也》"原思为之宰，与之粟九百，辞"，罗译未意识到"为宰"和"与粟"的主语切换，将本义"人与原思粟九百"处理为"原思与粟九百"①。《述而》"子曰：'三人行，必有我师焉。择其善者而从之，其不善者而改之'"，从、改是"我"的动作，罗译则处理为他人改正："如果有坏的，我指出，如果你有此过错，以便你自我改正"②。《颜渊》"子贡问友。子曰：'忠告而善道之，不可则止，无自辱焉'"，罗译误解"忠"之词性和"自"之所指，将孔子之言作"以柔和的言辞劝导忠实的朋友，如不行，就离开，以便他不以可耻的方式行事"③。《宪问》"或问子产"一章叙管仲"夺伯氏骈邑三百"，罗译解为管仲"被伯氏、骈邑夺取了三百户的城"④，颠倒了主动、被动关系。

罗译的一些误译主要是不通中国史实所致。有时弄错人名所对应人数。例如，《公冶长》"子曰：'道不行，乘桴浮于海，从我者其由与？'子路闻之喜"，罗译将子路（即由）视为两人："由和子路"（Yeum ac Zilum）。⑤《颜渊》"樊迟问仁"一章，罗译将皋陶视为两人（Caum et Iaum）。⑥《阳货》"公山弗扰以费畔"一章，罗译将公山弗扰视为两人（Contuonius et Yaus）。⑦《子张》"叔孙武叔语大夫于朝"一章，罗译将叔孙武叔视为两人（Sciosuo Vuscionus）。⑧而《雍也》"子贡曰：'如有博施于民而能济众'"一章，罗译将尧、舜视为一人（Iausonius）。⑨罗译另有弄混物名、人名之处。

---

① "Yonsius villae gubernator factus orizum nonaginta dabat."《四书章句集注》第 85 页。Fondo Gesuitico. [3314] 1185, p. 69.

② "si ibi malus est, adverto, si in te haec culpa est, ut te corrigas".《四书章句集注》第 98 页。Fondo Gesuitico. [3314] 1185, p. 75.

③ "Fidelem amicum doceto miti oratione, si non proficias, desiste, ne sibi dedecus afferat."《四书章句集注》第 141 页。《论语集释》第 1132—1133 页。Fondo Gesuitico. [3314] 1185, p. 96.

④ "Ille homo est qui a Pascio Pinio trecentum domorum oppido spoliatus." 《四书章句集注》第 151 页。Fondo Gesuitico. [3314] 1185, p. 102.

⑤ 《四书章句集注》第 77 页。Fondo Gesuitico. [3314] 1185, p. 64.

⑥ 《四书章句集注》第 140 页。Fondo Gesuitico. [3314] 1185, p. 96.

⑦ 《四书章句集注》第 177 页。Fondo Gesuitico. [3314] 1185, p. 114.

⑧ 《四书章句集注》第 193 页。Fondo Gesuitico. [3314] 1185, p. 122.

⑨ 《四书章句集注》第 91 页。Fondo Gesuitico. [3314] 1185, p. 72.

例如,《宪问》"或问子产"一章,"骈邑"(Pinio)本为地名,被视为人名。① 《阳货》"公山弗扰以费畔"一章,"东周"(orientalis Ceus)被视为一个人,而非一个朝代。② 而《子张》"卫公孙朝问于子贡"一章,"朝"为人名"公孙朝"的一部分,罗译误解作地点状语(Consuonus in aula regia)。③ 罗译有时弄混中国历史上政治实体的级别。例如,《八佾》"子曰:'夏礼吾能言之'"一章,"夏""殷"被视为同"杞""宋"平级的"王国"(regnum)。④《卫灵公》"颜渊问为邦"一章,"夏""殷""周"被视为同"郑"平级的"王国"。⑤

一些误译主要是文义理解所致。例如,《公冶长》"子曰:'臧文仲居蔡,山节藻棁,何如其知也'","何如其知也",孔子谓臧文仲不智,罗译作"他不应因可羡的工艺而被视为智者吗"⑥。"崔子弑齐君,陈文子有马十乘,弃而违之。至于他邦,则曰:'犹吾大夫崔子也。'违之。之一邦,则又曰:'犹吾大夫崔子也。'违"一段,"至于他邦"后为陈文子(Conventius)以崔子比附而行事,罗译误作崔子(Cinzius)之言行。⑦ "子曰:'伯夷、叔齐不念旧恶,怨是用希'",指伯夷、叔齐同外人的关系,罗译解作偏指两人"相互间"(inter se)的关系。⑧ "子曰:'孰谓微生高直? 或乞醯焉,乞诸其邻而与之'",孔子不以微生高为直,罗译解作"朋友向微生高借醋,后者宁可向邻人借,也不愿将来人空手遣走。你用怎样的称赞才能描述其心灵的简单和正直呢"⑨。《述而》"暴虎冯河"之"暴虎"表人徒手搏虎,罗译解作

---

① 《四书章句集注》第 151 页。Fondo Gesuitico. [3314] 1185, p. 102.
② 《四书章句集注》第 177 页。Fondo Gesuitico. [3314] 1185, p. 114.
③ 《四书章句集注》第 193 页。Fondo Gesuitico. [3314] 1185, p. 122.
④ 《四书章句集注》第 63 页。Fondo Gesuitico. [3314] 1185, p. 54.
⑤ 《四书章句集注》第 164—165 页。Fondo Gesuitico. [3314] 1185, p. 107.
⑥ "Estne propter artificii huius admirabilitatem sapiens habendus?" 《四书章句集注》第 80 页。Fondo Gesuitico. [3314] 1185, p. 66.
⑦ 《四书章句集注》第 80 页。Fondo Gesuitico. [3314] 1185, p. 67.
⑧ 《四书章句集注》第 81—82 页。Fondo Gesuitico. [3314] 1185, p. 67.
⑨ "Quibusnam simplicem rectumque Visemcai animum ornes laudibus, a quo cum mutuum peteretur acetum ab amico, maluit acetum a vicino mutuari, quam vacuum petentem dimittere?"《四书章句集注》第 82 页。Fondo Gesuitico. [3314] 1185, p. 68.

"（人）如怒虎般"①。《泰伯》"子曰：'泰伯，其可谓至德也已矣！三以天下让，民无得而称焉'"，"民无得而称焉"指至德无以称颂，罗译解作"民众呼唤他，却找不到"②。《先进》"季氏富于周公"一章，该句罗译作"季氏一族中，周公是最富的"③。《子路》"子路问政。子曰：'先之，劳之。'请益。曰：'无倦'"，"劳之"指"使民辛劳"，罗译作"赞颂劳作者"④。《宪问》"宪问耻。子曰：'邦有道，谷；邦无道，谷，耻也'"，"谷"指"食禄"，罗译解错，将孔子之言作"如国有善政，有王家收入，如此无耻辱；而如果国被战征所扰，王家收入必然下降，如此耻辱增加"⑤。"子曰：'爱之，能勿劳乎？忠焉，能勿诲乎'"，孔子之言罗译作"爱而不使被爱者辛劳，忠实的人无法教不忠的人"⑥。《卫灵公》"子曰：'赐也，女以予为多学而识之者与'"一章，孔子此言罗译作"你和我学过很多，并记住"⑦。《阳货》"子曰：'由也，女闻六言六蔽矣乎'"一章，"好仁不好学，其蔽也愚；好知不好学，其蔽也荡；好信不好学，其蔽也贼；好直不好学，其蔽也绞；好勇不好学，其蔽也乱；好刚不好学，其蔽也狂"诸句，罗译误断句，作"好仁而不习其蔽，愚"等⑧。"孔子曰：'古者民有三疾，今也或是之亡也'"一章，

---

① "furioso tigride"。《四书章句集注》第 95 页。《论语集释》第 584 页。Fondo Gesuitico．[3314] 1185, p. 73.

② "nec populus, ut vocaret cum invenire potest"。《四书章句集注》第 102 页。《论语集释》第 658—659 页。Fondo Gesuitico．[3314] 1185, p. 77.

③ "Ex Chi familia, Ceuocomo ditior erat."《四书章句集注》第 127—128。Fondo Gesuitico．[3314] 1185, p. 90.

④ "laborantes laudare"。《四书章句集注》第 142 页。《论语集释》第 1135—1136 页。Fondo Gesuitico．[3314] 1185, p. 96.

⑤ "Regni bona gubernatio si fuerit, erit proventus regius, sic pudor ac verecundia inerit, si vero regnum bello perturbatum fuerit, proventus regii diminutionem pati necesse est, sicque verecundia crescet."《四书章句集注》第 149—150 页。《论语集释》第 1219—1220 页。Fondo Gesuitico．[3314] 1185, p. 101.

⑥ "amans amato laborem non afferre, aut fidelis homo eum qui fidelis non est, non docere potest"。《四书章句集注》第 151 页。Fondo Gesuitico．[3314] 1185, p. 101.

⑦ "Tu et ego multa didicimus, et memoria tenemus"。《四书章句集注》第 162 页。Fondo Gesuitico．[3314] 1185, p. 106.

⑧ "qui pietatem amat, eiusque contrarium vicium non discit est stupiditas"。《四书章句集注》第 178—179 页。《论语集释》第 1558—1559 页。Fondo Gesuitico．[3314] 1185, p. 115.

"今也或是之亡也"罗译作"如今这些毛病更为严重"①。

一些误译主要是粗心所致。例如，《乡党》"君子不以绀緅饰"一章，"黄衣狐裘"被译作"白衣配狐皮"②。《先进》"子贡问：'师与商也孰贤？'子曰：'师也过，商也不及。'曰：'然则师愈与？'子曰：'过犹不及'"，"然则师愈与"一句，罗译混淆了师（Scimus）与商（Sciamus）。③ "子路、曾皙、冉有、公西华侍坐"一章，原典记四位孔门弟子说话的次序为：子路、冉有、公孙赤、曾点，罗译作：子路、曾皙、冉有、公西华。原典记三人出去，曾点留下提问；罗译作：曾皙提问后，公西华、冉有均再参与对话。④《子张》"子游曰：'丧致乎哀而止'"，"子游"罗译作"子路"（Zilus）。⑤

4. 加译

一些加译之处主要属史实性解说。例如，《里仁》"子曰：'参乎！吾道一以贯之'"一章，罗译在人名"参"前加身份"弟子"（discipule）。⑥《述而》"子曰：'甚矣吾衰也！久矣吾不复梦见周公'"，罗译在"周公"前加解说语"有德的王"⑦。"子曰：'天生德于予，桓魋其如予何'"，罗译在"桓魋"前加解说语"强盗"（latro）。⑧《颜渊》"子张问崇德、辨惑"一章，罗译在诗句"诚不以富，亦只以异"前加出处"《诗》说"⑨。"齐景公问政于孔子"一章，罗译将"齐景公"处理为专名（Chincomus），在其前赘加说明性内容"齐国的君主"⑩。《宪问》"子路曰：'桓公杀公子纠，召忽死之，管仲不死'"一章，罗译在"公子纠"前加"其弟"⑪，在上述之言后加起说明作用的

---

① "nunc haec vitia magis gravant".《四书章句集注》第180页。Fondo Gesuitico.［3314］1185, p. 116.
② "alba est butae vesti vulpina pellicea".《四书章句集注》第119页。Fondo Gesuitico.［3314］1185, p. 85.
③ 《四书章句集注》第127页。Fondo Gesuitico.［3314］1185, p. 89.
④ 《四书章句集注》第130—132页。Fondo Gesuitico.［3314］1185, pp. 91-92.
⑤ 《四书章句集注》第192页。Fondo Gesuitico.［3314］1185, p. 121.
⑥ 《四书章句集注》第72页。Fondo Gesuitico.［3314］1185, p. 61.
⑦ "regem virtutis".《四书章句集注》第94页。Fondo Gesuitico.［3314］1185, p. 73.
⑧ 《四书章句集注》第98页。Fondo Gesuitico.［3314］1185, p. 75.
⑨ "Carmina dicunt".《四书章句集注》第137页。Fondo Gesuitico.［3314］1185, p. 94.
⑩ "Zi Regni Princeps".《四书章句集注》第137页。Fondo Gesuitico.［3314］1185, p. 94.
⑪ "eius fratrem minorem". 公子纠实为齐桓公之兄。此误复见于同篇稍后"子贡曰：'管仲非仁者与？桓公杀公子纠，不能死，又相之'"一章之译文。《四书章句集注》第154页。Fondo Gesuitico.［3314］1185, p. 103.

"尽管两者同为桓公的家臣"①。"微生亩"一章，孔子自称"丘"，罗译在其后加"即孔夫子"②。《卫灵公》"在陈绝粮"一段，罗译述及子路，加"弟子之一"③。"子曰：'无为而治者，其舜也与'"，罗译在"舜"前加"王"（Rex）。④《季氏》"陈亢问于伯鱼"一章，罗译在"伯鱼"前加"孔夫子之子"⑤。

　　一些加译之处主要属文义性推衍。有时为了文义的强化。数篇论文讨论过罗译《中庸》《大学》以多个近义词对译某一汉语词的现象，有学者归结为"重言法"和"解释法"。⑥罗译《论语》也多见此例。如，《八佾》"林放问礼之本。子曰：'大哉问！礼，与其奢也，宁俭；丧，与其易也，宁戚'"，"奢"罗译作"盛大显露"（largitas et effusio），"俭"罗译作"慈和适度"（liberalitas et moderatio）。⑦《里仁》"子曰：'唯仁者能好人，能恶人'"，所恶之"人"，罗译作"堕落者和罪人"⑧。"子曰：'苟志于仁矣，无恶也'"，孔子之言罗译作"真理总是仁的伙伴，以至于何处有一个，另一个不可不在。仁和真理所居之处，罪必被放逐"⑨。渲染文义之例另如，《八佾》"子曰：'射不主皮，为力不同科，古之道也'"，"力不同科"罗译作"各人的弦与力不同"⑩。《述而》"子不语怪、力、乱、神"，罗译作"孔夫子不谈论神秘而不可信之物、力量、动武征战的君王，以及不可见的神"⑪。《先

---

① "cum uterque Shiancomi domesticii consiliarii essent". 召忽、管仲实为公子纠之家臣。《四书章句集注》第 154 页。Fondo Gesuitico. [3314] 1185, p. 103.
② "i. e. Confusius". 《四书章句集注》第 158 页。Fondo Gesuitico. [3314] 1185, p. 104.
③ "unus ex discipulis". 《四书章句集注》第 162 页。Fondo Gesuitico. [3314] 1185, p. 106.
④ 《四书章句集注》第 163 页。Fondo Gesuitico. [3314] 1185, p. 106.
⑤ "Confusii filium". 《四书章句集注》第 175 页。Fondo Gesuitico. [3314] 1185, p. 113.
⑥ 《耶稣会士罗明坚〈中庸〉拉丁文译本手稿研究初探》。《耶稣会士罗明坚〈大学〉拉丁文译本初探》。
⑦ 《四书章句集注》第 62 页。Fondo Gesuitico. [3314] 1185, p. 53.
⑧ "perditos ac sceleratos". 《四书章句集注》第 69 页。Fondo Gesuitico. [3314] 1185, p. 58.
⑨ "Veritas ita perpetua pietatis est comes, ut ubi haec est, abesse illa non possit. Ubi autem et pietas et veritas habitat, peccatum inde exulet necesse est." 《四书章句集注》第 69 页。Fondo Gesuitico. [3314] 1185, p. 59.
⑩ "neque enim idem sunt omnium nervi ac vires". 《四书章句集注》第 65 页。Fondo Gesuitico. [3314] 1185, p. 55.
⑪ "Confucius misteriosa, ac incredibilia non loquitur; de viribus ac miles principes, et reges pugnis bellisque non tractat; nec de spiritibus, qui non videntur." 《四书章句集注》第 98 页。Fondo Gesuitico. [3314] 1185, p. 74.

进》"子曰：'先进于礼乐'"一章，罗译在其后加"孔夫子喜好古代的品格"①。解说文义之例如，《卫灵公》"师冕见"一章，罗译在其后加"乐师冕是盲人"②。

有时，罗译意在强化孔子的道德一面。例如，《述而》"叶公问孔子于子路，子路不对。子曰：'女奚不曰，其为人也，发愤忘食，乐以忘忧，不知老之将至云尔'"，孔子之言罗译作"你为何不说：其人爱好学习，道德完善，乐而忘忧，跟从道德之路，不知年老，一贯向前"③。《子罕》"子欲居九夷"一章，罗译在该句后加"因道德之路不得行"④。

文义性推衍，有时旨在加入译者的观念。例如，《述而》"子疾病，子路请祷。子曰：'有诸？'子路对曰：'有之。《诔》曰：祷尔于上下神祇。'子曰：'丘之祷久矣'"，罗明坚出于自身宗教观，在译文后加"他说笑话，他并不相信他们，或——如我所认为——相信灵魂会死，而只是希望奖惩在此生"⑤。罗译所添加之处不少受启自中国注疏。例如，《述而》"子曰：'仁远乎哉？我欲仁，斯仁至矣'"，罗译据《四书章句集注》，在其后加"而此道德是在心灵里，非外部"⑥。《泰伯》"曾子有疾，召门弟子曰：'启予足！启予手"，罗译据《四书章句集注》，在其后加"我保存了完整的身体，这是孝子的义务"⑦。《子路》"子曰：'鲁卫之政，兄弟也'"，罗译据《四书章句

---

① "Confusius in qualitate antiqua gaudebat."《四书章句集注》第 124 页。Fondo Gesuitico.［3314］1185, p. 88.

② "erat magister Mionus caecus".《四书章句集注》第 170 页。Fondo Gesuitico.［3314］1185, p. 109.

③ "Confusius ait, tu cur non dicis? Hic est homo amans addisceri, virtutibus perfectus; gaudens uti tristitia oblivis, hoc cum virtutis iter sit assecutus, ac sua senectutis oblitus semper progredi gererit."《四书章句集注》第 98 页。Fondo Gesuitico.［3314］1185, p. 74.

④ "cum virtutis iter non incedentur".《四书章句集注》第 113 页。Fondo Gesuitico.［3314］1185, p. 82.

⑤ "Irrisoriem dicens, cum forte non crederet illis, et ut puto credere animam esse mortalem; sed solum in hac presenti vita proemia vel flagella esse sperandum." 《四书章句集注》第 101 页。Fondo Gesuitico.［3314］1185, p. 76.

⑥ "Sed haec virtus in anima est, non foris peritur."《四书章句集注》第 100 页。Fondo Gesuitico.［3314］1185, p. 75.

⑦ "integrum corpus servavi; obedientis filii est". 《四书章句集注》第 103 页。Fondo Gesuitico.［3314］1185, p. 77.

集注》，在其后加"叹息着说"①。《卫灵公》"子曰：'民之于仁也，甚于水火'"一章，罗译据《四书章句集注》，在该两句之后加"缺火和水伤身，而缺德损害灵魂"②。《阳货》"子曰：'色厉而内荏，譬诸小人。其犹穿窬之盗也与'"，罗译据《四书章句集注》，在其后加"常畏人知"③。《尧曰》武王之言"虽有周亲，不如仁人"，罗译据《四书章句集注》，在其前加"我的对手纣"④。中国人注释经典自古有"注不破经，疏不破注"的传统，对于出身异域的传教士而言，这条金科玉律是不必严格遵守的。

结　语

历史上的中外交流使得中国经典不再停留于中国文化内部，而衍生出多样的异域形态，以绝异的语言载体在他者的文化系统中流传。罗明坚"四书"拉丁文译本作为西方传教士迻译中国经典的代表之一，其所体现出的不同文化系统相遇时冲撞磨合的状况也颇具代表性，昭示着此后中西沟通的若干表现。

（张明明　北京外国语大学国际中国文化研究院副研究馆员）

---

① "hoc suspirans dixi". dixi 疑应作 dixit.《四书章句集注》第 144 页。Fondo Gesuitico. [3314] 1185, p. 97.

② "Nam ignis et aquae carentia conteritur corpus, virtutis vero carentia offenditur animus."《四书章句集注》第 169 页。Fondo Gesuitico. [3314] 1185, p. 109.

③ "qui semper metuit homines scire".《四书章句集注》第 180 页。Fondo Gesuitico. [3314] 1185, p. 116.

④ "Ciaus meus adversarius".《四书章句集注》第 195 页。Fondo Gesuitico. [3314] 1185, p. 124.

《利玛窦中国札记》"Scielou"人名之争及其启示[*]

雷环捷

摘 要：《利玛窦中国札记》中记有名为"Scielou"的兵部侍郎，是帮助利玛窦等人离开韶州北上的重要人物。相关中译本均依德礼贤的观点而将其注为石星，另有孙鑛说和佘立说，从而引发人名之争。本文通过对身份、籍贯、子嗣与任职经历等信息的对照，系统梳理论争并完善佘立说。在此基础上进一步分析论争的启示和意义，包括三个方面：人名论争本身的启示、佘立携利玛窦北上的意义、晚明士人和西方传教士的交往模式。

关键词：利玛窦 佘立 德礼贤 天主教 西学东渐

通常而言，利玛窦（Matteo Ricci）是明清之际来华耶稣会士的最突出代表。对于他在中国传教与交游的经历，《利玛窦中国札记》（以下简称《札记》）是目前流传最广泛、使用最普遍的研究文献之一。仅中华书局就有1983年版、2005年重印版和2010年版，另有广西师大出版社2001年版，出版次数与受欢迎程度远超同类著作。按照《札记》所载及其他辅证，可梳理出利玛窦在中国的五个暂居地：肇庆（1583—1589）、韶州（1589—1595）、南昌（1595—1598）、南京（1599—1600）、北京（1601—1610）。[①] 其间的1595年之所以能够离开韶州，是因为得到一位官员"Scielou"的援手。但是学界对于"Scielou"究竟是谁却存在石星说、孙鑛说和佘立说三种说法，争议不小。本文通过系统梳理三说由来与争议，借助相关史料文献确证石星说

---

[*] 基金项目：2018年国家建设高水平大学公派研究生项目（201806360235）。
[①] ［法］裴化行著，管震湖译《利玛窦评传（下册）》第633—641页，商务印书馆，1993年。

与孙鑛说的谬误,完善佘立说而使其更为合理。进一步地,人名论争有何启示,佘立与利玛窦交往有何意义,也是需要予以关注和澄清的衍生问题。

一、"Scielou"及其名三说的由来与争议

迄今包括《札记》在内的中译本主要有三种:(1)何高济等译的《札记》。译自加莱格尔(Louis J. Gallagher)的英文版《利玛窦日记》(1953),后者又译自利玛窦的同伴金尼阁的拉丁文版《基督教征服中国》(1615),金尼阁曾将利玛窦的意大利文原稿进行翻译与部分改编;(2)刘俊余等译的《利玛窦中国传教史》(以下简称为台湾版),为《利玛窦全集》前二卷,译自德礼贤神父的三卷本意大利文版《利玛窦资料》(1942—1949,或称《利玛窦全集》),《利玛窦资料》则融合了德礼贤对利玛窦原稿的翻译和大量注释;①(3)文铮所译《耶稣会与天主教进入中国史》(以下简称为文铮版)。同样以德礼贤《利玛窦资料》为母本。

1. 中译本与意大利原文关于"Scielou"的记述

其一是《札记》,在第三卷第九章"利玛窦神父抵达皇都南京"中,主要有四类个人信息。②(1)身份。北京的兵部侍郎,本已退休赋闲,因朝鲜战事而官复原职和领兵打仗;(2)籍贯。可能为广西;(3)子嗣。至少有一个约20岁的儿子,且因科举失利而精神抑郁;(4)任职经历。曾在江西省会南昌任职。

其二是台湾版,也在第三卷第九章,章名为"利玛窦抵南京"。③(1)身份。依德礼贤注释为石星,他本已退休赋闲,因朝鲜战事而被重新起用和领导策划,略不同于《札记》;(3)子嗣。大体相同于《札记》,但年龄更具体,科举明确为乡试;(2)籍贯与(4)任职经历同《札记》。可见台湾版基本与《札记》相同或不冲突,差异仅在于是否官复原职与承担何种职责。

其三是文铮版,亦在第三卷第九章"利玛窦神父第一次去南京及旅途中

---

① 张西平《利玛窦的著作》,载《文史知识》2002年第12期。
② [意]利玛窦、[比]金尼阁著,何高济、王尊仲、李申译《利玛窦中国札记》第195—199页,广西师范大学出版社,2001年。
③ 刘俊余、王玉川译《利玛窦中国传教史(上)》,载《利玛窦全集》(1)第234—240页,台北:光启出版社、辅仁大学出版社,1986年。

的遭遇"。① (1) 身份。也认为是石星,只未说其是否官复原职; (2) 籍贯。明确为广西人; (3) 子嗣。大体相同于《札记》,但错以乡试考取秀才; (4) 任职经历同《札记》。可见文铮版也基本与《札记》相同或不冲突。

其四是意大利原文,综合自宋黎明和夏伯嘉的直接翻译。② (1) 身份。北京的兵部侍郎,本已赋闲却因朝鲜战事而被重新起用,进京管理军务; (2) 籍贯。明确为广西人,靠近肇庆; (3) 子嗣,22岁,因乡试而发疯;③ (4) 任职经历。基本同《札记》。

2. 石星说、孙鑛说和佘立说之争

那么"Scielou"到底是不是石星?事实上,现共有石星说、孙鑛(矿)说和佘立说三种观点。石星说的首次提出为耶稣会士艾儒略所撰《大西西泰利先生行迹》:"而少司马石公者,适就任之京,亦敬爱利子。遂携利子之南都。"④ 又见于德礼贤《利玛窦资料》的考证,是后世学者因袭最多的流行说法。《札记》、台湾版和文铮版三种中译本均沿用石星说。《札记》仅注为石星,未直接译入正文,处理相对谨慎。文铮版虽比《札记》更明确地将籍贯译作广西,但又自相矛盾地注释说:"因此应是河北人,而非利氏所说的广西人。"⑤ 后来,如裴化行《利玛窦评传》⑥、朱维铮《利玛窦中文著译集》等,⑦ 均将此奉为圭臬。孙鑛说最早为林金水《利玛窦与中国》所提出,也被率先用于质疑石星说。林金水以《明史·七卿年表》和《明史稿·石星传》为依据,推出身份官职、起用之事、籍贯任职等多处矛盾,否定石星说。"'孙'(Sun)与'石'(Shi)读音相差不是太远,惟孙鑛于万历二十二年(1594)替代顾养谦,因此亦难断定是孙鑛。"⑧ 林金水虽提出孙鑛说之可能,

---

① [意] 利玛窦著,文铮译,[意] 梅欧金校《耶稣会与天主教进入中国史》第186—190页,商务印书馆,2014年。
② 夏伯嘉《〈利玛窦中国札记〉Scielou人名考》,载《"中央"研究院历史语言研究所集刊》2012年第1期。
③ 宋黎明《"Scielou"无疑为"佘乐吾"——与刘利平教授商榷》,载《汉学研究》(第十四集)第430页,学苑出版社,2012年。
④ [意] 艾儒略著,向达校《合校本大西西泰利先生行迹》第6页,上智编译馆,1947年。
⑤ 《耶稣会与天主教进入中国史》第192页。
⑥ [法] 裴化行著,管震湖译《利玛窦评传》(下册)第636页,商务印书馆,1993年。
⑦ [意] 利玛窦著,朱维铮主编《利玛窦中文著译集》第3页,复旦大学出版社,2001年。
⑧ 林金水《利玛窦与中国》,中国社会科学出版社,1996年。

但认为无法断定而应存疑。再度持孙鑛说者为夏伯嘉,其在著作《利玛窦:紫禁城里的耶稣会士》中已有此说,① 又发表长文《〈利玛窦中国札记〉Scielou人名考》,详细论证孙鑛说。②

相比较而言,佘立说不仅提出最晚,而且尚未引发强烈反响。最早提出该说的为笔名柳风入韵的广西文史工作者。③ 此外,王剑、郭丽娟也有合作的专门文章。④ 按此文作者之工作单位,柳风入韵之文似与其有共同作者。他们赞同夏伯嘉对石星说的否定,但通过任职与子嗣等否定了孙鑛说,并认为佘立在籍贯、任职、发音、子嗣、佐证等方面均与"Scielou"相符。故"Scielou"既不是石星也不是孙鑛,而是佘立。

3. 简评"Scielou"人名之争

石星说的漏洞较为明显,比较容易驳斥。但问题在于该说多见于利玛窦著作中译本,往往被用作为一手文献。例如,与台湾版同属《利玛窦全集》的《利玛窦书信集》(上下二册),内载有1595年8月29日利玛窦致孟三德的信、10月28日致高斯塔神父的信与11月4日致罗马总会长的信,其中利玛窦都有谈及首次从韶州赴南京并退居南昌的经历。译者在翻译时与台湾版一样因袭了石星说。"中国一位有地位的官员赴北京,商谈帝国作战事宜。他就是石星,官职为兵部侍郎,因此我们称呼他为石侍郎。"⑤ 随着诸多中译本流布越广,石星说传播也越多,所造成的误解也越深。

曾率先质疑石星说并提出孙鑛说的林金水,功劳在于前者而不在于后者。在他之后关注该问题的研究者都继续向前推进,不会再落窠臼。至于夏伯嘉,则被指责忽视林金水的前功。⑥ 夏在《利玛窦:紫禁城里的耶稣会士》英文

---

① [美]夏伯嘉著,向红艳、李春园译,董少新校《利玛窦:紫禁城里的耶稣会士》第108页,上海古籍出版社,2012年。

② 夏伯嘉《〈利玛窦中国札记〉Scielou人名考》,载《"中央"研究院历史语言研究所集刊》2012年第1期。

③ 柳风入韵《柳州先贤为"西学东渐"开路引航——明代兵部侍郎佘立佚史钩沉》,载《南国今报》2010年11月25日。

④ 王剑、郭丽娟《也论〈利玛窦中国札记〉"Scielou"之人名》,载《广西地方志》2012年第1期。

⑤ 罗渔译《利玛窦书信集(上)》,载《利玛窦全集》(3)第192页,台北:光启文化事业、辅仁大学出版社,1986年。

⑥ 宋黎明《英文版〈紫禁城的耶稣会士:利玛窦(1552—1610)〉纠误》,载《肇庆学院学报》2013年第4期。

版（2010）提及孙鑛时自称将另撰专文"Who was 'Scielou' in Ricci's Dell'entrata?"予以说明。① 实际迟至2012年方写作《〈利玛窦中国札记〉Scielou人名考》，并更新于专著中文版（2012）。鉴于二者面世的时间与内容差异，他受到如此指责虽不绝对，似也不为过。佘立说方面，柳风入韵之文与王剑、郭丽娟之文发表在地方报纸和刊物上，影响力极其有限。再如王与郭之文，也未留意林金水的前期工作，更直接以人尽可改的百度百科作为参考文献，② 难免有失严谨性与完善性。具有决定性的论争当属刘利平《〈利玛窦中国札记〉"Scielou"人名考辨》（2011）和宋黎明《"Scielou"无疑为"佘乐吾"——与刘利平教授商榷》（2012）。刘文认为三说均非定论，尚待考证。其中佘立说的问题在于佘立官复原职为兵部侍郎和监军朝鲜两处存疑。③ 宋文依照意大利原文对上述问题进行澄清，认定佘立即"Scielou"。④

二、佘立何以为"Scielou"？

根据论争的已有成果，石星说和孙鑛说之谬误已可略去不提，这里仅对佘立说进行系统梳理。一方面，梳理的标准仍在于"Scielou"的身份、籍贯、子嗣和任职经历等四类个人信息，以论证佘立如何与利玛窦记述相符；另一方面，对佘立说进行必要的补充完善，如佘立进京的路线和时间。从而实现对论争的总结，并奠定分析论争背后意义的基础。

1. 佘立的身份与籍贯

佘立（1537—1599），虽曾贵为尚书，但未见列传于《明史》、万斯同《明史》或《横云山人明史稿》。从身份来看，他在1595年前后确实是兵部侍郎。《明神宗实录》万历二十三年（1594）九月："以兵部右侍郎李桢为本部

---

① R. Po-chia Hsia, *A Jesuit in the Forbidden City*: *Matteo Ricci 1552-1610*, Oxford: Oxford University Press, 2010, p. 101.
② 王剑、郭丽娟《也论〈利玛窦中国札记〉"Scielou"之人名》，载《广西地方志》2012年第1期。
③ 刘利平《〈利玛窦中国札记〉"Scielou"人名考辨》，载《汉学研究》（总第十三集）第381—391页，学苑出版社，2011年。
④ 宋黎明《"Scielou"无疑为"佘乐吾"——与刘利平教授商榷》，载《汉学研究》（总第十四集）第428—437页，学苑出版社，2012年。

左。起原任大理寺卿佘立为兵部右侍郎。"① 追溯至十六年七月,尚有佘立所奏太湖平定湖盗善后事宜一条与"南大理寺卿佘立引疾乞休,许之"一条。② 可知该月佘立由应天巡抚转任南京大理寺卿并很快主动退休,符合已经离任退休的状况。另有时人周如砥所撰《兵部侍郎乐吾公墓志铭》:"甲午东北事孔棘,朝廷思得重臣佐司马,即家起公兵部右侍郎。"③ 与意大利原文记述相符。从籍贯来看,他是广西人。《兵部侍郎乐吾公墓志铭》:"其先楚孝感人,六世祖思诚,戍柳州,家焉。"④ 佘氏家族发展至佘立时已成柳州地方绵延百年的望族,连续五代考中举人,连续两代考中进士。乾隆《柳州府志》所载举人相继列有佘干(1474)、佘崇凤(1492)、佘勉学(1513)、佘立(1558)、佘冲之(1621)。进士列有嘉靖二年(1523)癸未科佘勉学、嘉靖四十一年(1562)壬戌科佘立。⑤《明清进士题名碑录索引》除列佘立为壬戌科第二甲第四名外,也载有"佘立,广西柳州卫"。⑥ 佘立是柳州府马平县(今柳州市柳江区)人,又因马平县为府治所在,亦可称为广西柳州人,离肇庆不算远,与"Scielou"情形相符。

2. 佘立的子嗣与任职经历

从子嗣来看,亦存在相符可能。《兵部侍郎乐吾公墓志铭》:"子男五,汲之,官生,娶阳江令赵应祥女。江之,郡庠生,娶雷州判蔡弘宇女。沆之,娶太常卿徐浚女。冲之,娶孝感生员程学大女。泌之,幼未聘。"⑦ 如果以15周岁为平均结婚年龄,且佘立去世时幼子尚未聘娶,那么他的5个儿子出生时间范围为1552—1599年。而"Scielou"之子1595年已22岁,幼子佘泌之可先排除。佘冲之后来中天启元年(1621)辛酉科举人,亦可排除。佘汲之为受父荫的国子监监生,可排除。五子之中,仅佘江之和佘沆之。再看

---

① 《明实录·明神宗实录》第5126页,台北:中央研究院历史语言研究所校印本,1962年。
② 《明实录·明神宗实录》第3769页。
③ (明)周如砥《兵部侍郎乐吾公墓志铭》,载《青黎馆集》(卷三)第293页,四库全书存目丛书·集部一七二,齐鲁书社,1997年。
④ 《兵部侍郎乐吾公墓志铭》,载《青黎馆集》(卷三)第292页。
⑤ 故宫博物院编《乾隆柳州府志》,载《故宫珍本丛刊》(第197册)第177—185页,地理都会郡县广西影印本,海南出版社,2001年。
⑥ 朱保炯、谢沛霖《明清进士题名碑录索引》第2324页,上海古籍出版社,1980年。
⑦ 《兵部侍郎乐吾公墓志铭》,载《青黎馆集》(卷三)第294页。

《濮泉纪游碑》:"同子婿金君弼,侄浚之,子汲之、江之、冲之也。"① 那位乃父不愿提起的佘沈之,似最有可能。

从任职经历来看,他曾在南昌为官,足迹遍及全国许多省份。《兵部侍郎乐吾公墓志铭》载,佘立自1562年考中进士后至任应天巡抚前,先后任户部主事、礼部员外郎兼广东按察司金事、山东布政司参议、山东按察副使、山东布政司参政、贵州按察使、江西按察使、山东右布政使、浙江左布政使等职,足迹遍及多省。又称赞他:"明庆、历间,得古大臣一人,曰左司马粤西乐吾佘公。清贞耿介,其犹行古之道也。"② 《明神宗实录》万历十一年(1583)十二月:"复除原任贵州按察使佘立为江西按察使。"③ 佘立任江西按察使时就在南昌。《柳州府志》载佘立:"在官三十余年,恬淡自持,人罕识其蕴量。"④ 佘立在广西的声望和在南昌的故交由此都可得到解释。

3. 佘立进京赴职的时间与路线

此外,佘立北上赴任兵部侍郎的时间路线亦可敲定。按《明神宗实录》,任命时间为万历二十二年九月丙戌,即1594年10月24日,但他至韶州已是1595年4月左右。估计因万历二十三年春节为1595年2月9日,佘立接到任命后并未动身,而是在家过完年后才出发。他携家带口,又需接受地方官员拜会,所以速度较慢。佘立所作《濮泉纪游碑》言:"今年春,奉命起……次于象……时万历乙未岁二月十九日。"⑤ 万历乙未二月十九日为1595年3月29日,佘立仍在距柳州不远的象州,上说可以成立。另据杨正泰《明代驿站考》附《二京至十三布政司主要驿路图(1587年)》⑥,从柳州至北京的路线至少有两个方向:东北向先从柳州到桂林,再出广西入湖广,沿湘江到长沙,可经洞庭湖至长江再北上;东向先从柳州沿柳江入西江,走水路经梧州与肇庆,再转北向至韶州,翻过南岭至赣州,沿赣江到南昌,可经鄱阳湖至长江再北上。可见佘立没有选择东北向路线,而选择了先东向再北向的路线。

---

① (明)佘立《濮泉纪游碑》,载《象州志》第286页,清同治九年刊本影印版,中国方志丛书第一三号,台北:成文出版社,1968年。
② 《兵部侍郎乐吾公墓志铭》,载《青黎馆集》(卷三)第292—293页。
③ 《明实录·明神宗实录》第2679页。
④ 《乾隆柳州府志》,载《故宫珍本丛刊》(第197册)第223页。
⑤ 《濮泉纪游碑》,载《象州志》第285—286页。
⑥ 杨正泰《明代驿站考:增订本》第112页,上海古籍出版社,2006年。

事实上，佘立说更早更直接的证据是南京教案发生前后耶稣会士庞迪我、熊三拔等所撰《具揭》，其中陈述早期传教经历时提及："移文韶州，蒙府给与河西地土，起盖房屋，暂得息肩。随同俦伴数人，谨持贡物诣京进献。途遇兵部侍郎佘，携历江西省会，旅寓久之。"① 这里阐明利玛窦得以离开韶州暂居南昌的契机在于佘姓兵部侍郎的帮助，明确指向佘立说，可惜一直以来没有受到关注。

三、"Scielou"人名之争的启示与意义

这场论争牵涉范围甚广，不同时代和国家的众多学者都参与其中，最后的水落石出却只是回到庞迪我和熊三拔所处的起点。梳理清楚之后应进一步分析论争的启示和意义，至少包括如下三个方面：人名论争本身的启示、佘立携利玛窦北上的意义、晚明士人和西方传教士的交往模式。

1. "Scielou"人名论争的启示

仅就论争本身而言，断定佘立为"Scielou"是正本清源之举，避免了三说并立对人们视野的混淆。在《札记》等文献的翻译和解读过程中，类似于此的错误肯定还有，需要弥合横亘中西与跨越古今的双重偏差。出现错误的原因是多方面的，至少有如下三点：（1）利玛窦及其他传教士的原因。利玛窦撰写回忆录时已是晚年，记忆可能存在误差。他和传教士们对中国的文化习俗和社会惯例的理解亦可能有缺失之处。再如金尼阁的《基督教征服中国》，对利玛窦原稿改动不少，被认为具有原罪；（2）翻译过程的原因。前面已经介绍过几种中译本，《札记》经历利玛窦（意大利文）——金尼阁（拉丁文）——加莱格尔（英文）——《札记》（中文）的四重翻译过程，其语言、时间、译者个人意志等均存在很大跨度，出错在所难免；（3）因袭错误的原因。译自德礼贤《利玛窦资料》的台湾版和文铮版，均因袭德礼贤的石星说而致使错误放大，甚至出现前文所述文铮版自相矛盾的情况。

那么如何才能弥合这种偏差？应从文本翻译和文献考证两种办法入手。文本翻译即针对多重翻译过程中可能出现的问题。论争最具决定性的环节中，

---

① 钟鸣旦、杜鼎克、黄一农、祝一平等编《徐家汇藏书楼明清天主教文献》第71页，台北：辅仁大学神学院，1996年。

双方(刘利平和宋黎明)不约而同地强调文本翻译的重要性,认为转译产生的错误是引发"Scielou"人名论争的重要原因,并呼唤更忠实于利玛窦意大利原文的中译本能够早日面世。文献考证则是就中国学者来说的。即使如德礼贤那样贯通中西的学者也免不了犯石星说等错误。中国学者如林金水、夏伯嘉、柳风入韵、宋黎明等虽然都发现了错误,但他们通过考证达成的观点是不同的。孙鑛说之所以为不少人所深信不疑,很大程度上是因为他们掌握的文献资料仍不够多。如果立足于更丰富、更全面的文献基础,那么将更容易地发现并解决此类问题。

2. 佘立携利玛窦北上的意义

如果没有佘立携利玛窦北上,耶稣会的中国传教事业将仍局限于华南一隅。但以该年(1595)为分界,此前从1582年利玛窦初至澳门算起为筚路蓝缕的华南十三年,此后直至1610年利玛窦病逝为不断靠近权力中心的北上十五年。佘立助利玛窦开启了北上三部曲。此次去南京的路途充满凶险与坎坷,其结果也未能如愿,利玛窦被迫折返南昌,建立了新的传教基地。南昌虽比不上之后的南京和北京,但传教效果还是远远超过了韶州和肇庆,体现于两方面:一是交往阶层更高,利玛窦首次与明朝宗室贵族进行良性互动;二是学术影响更广,利玛窦与王学门人交往颇多。在南昌,传教士的社交对象、范围、层次与名望等都提升到全新档次。

交往阶层方面,利玛窦得以结识更多上流社会成员,明朝宗室便在此列。广东没有宗藩,仅广西桂林封有靖江王,早前罗明坚曾试图接触但告失败。无独有偶,韶州不仅被传教士视为畏途,宗藩之中也有弃之而去的先例:明仁宗第七子朱瞻墺被封为淮王,宣德四年(1429)初就藩韶州,"以韶多瘴疠,"[①] 于正统元年(1436)移藩至条件相对较好的饶州(今上饶市鄱阳县)。在南昌,与利玛窦有过来往的是建安王与乐安王,均属正德朝朱宸濠之乱后仍得以保留的少数宁藩郡王。"两王中友谊较持久的是建安王,直到他死时又把友谊传给了他的儿子。"[②] 利玛窦还因建安王而作《交友论》。虽然他们是次于亲王的郡王,但毕竟属于血统尊贵的宗室,具有相对崇高的社会地位,

---

① (清)张廷玉等撰《明史》卷一百十九·列传第七,中华书局编辑部编《二十四史》(简体字本)第2402页,中华书局,2000年。

② 《利玛窦中国札记》第211—212页。

也为传教士未来与更多显赫人物结识交往积累了必要经验。

学术影响方面,代表性人物是南昌的学界领袖与王学大师——章潢。利玛窦在瞿太素的前期宣传和帮助下与章潢建立了友谊。虽然利玛窦来华距王守仁逝世已有半个多世纪,但是恰逢王学兴盛的潮流,不能不说是历史的巧妙安排。1584 年与王守仁一同从祀文庙的陈献章也是广东新会人(今江门市新会区)。"利玛窦的传教路线,恰与王学由萌生到盛行的空间轨迹重合。"① 二者均是自南向北,进一步说,随之进行的西学东渐也是自南向北。王学兴盛与解禁是当时的潮流,王学门人如章潢等能与利玛窦友好对话甚至予以接纳,有利于继续拓展天主教与西学,也提供了宽松包容的思想文化氛围。

3. 晚明士人与西方传教士的交往模式

从广泛层面来看,这段交往经历还可以折射出晚明士人与传教士的交往模式。对于佘立而言,与利玛窦的结交主要缘起于为子求医的实际诉求,也包含一定的对西洋传教士的好奇心态;对于当时的利玛窦而言,兵部侍郎已是他来华后所接触级别最高的朝廷大员,此后耶稣会士们持续贯彻这种自上而下的上层传教策略。利玛窦初次尝试进京之所以成行,乃是因为时任南京礼部尚书王忠铭的带领。再度进京也得益于所结交留都官员的正确建议和帮助。同时,利玛窦也有意识地去拜访官员、勋戚等各界名流,建立良好的人际关系。对于一直渴望在中国广传福音的传教士而言,上至皇帝阁老、下至地方官员的权力阶层都是传教最好的护身符和通行证。西学东渐的发生亦是如此,被作为促进传教的手段,以传教为最终目的。二者具备相同的对象和路线,且都离不开与上流社会的交往。令人遗憾的是,这段交往经历并没有使两人建立或延续友谊。究其原因,两人的交往模式是几乎纯实用型的,只为求医问药。利玛窦曾自述:"在广东省,神父们没能摆脱讨厌的和尚称号。"② 虽然那时传教士们已经蓄发着儒服,但仍无法摆脱曾经剃发着僧服而招致的偏见。可以说,佘立眼中的传教士是西僧兼西医的角色。当他发现利玛窦并不能治好其子之病时便反悔了,后者又通过赠送奇货可居的三棱镜才得以继续随附前行,佘、利的交往模式已是相互利用型。③ 后来,两人分处南

---

① 《利玛窦中文著译集》第 13 页。

② 《利玛窦中国札记》第 195 页。

③ 宋黎明《"Scielou"无疑为"佘乐吾"——与刘利平教授商榷》,载《汉学研究》(第十四集)第 435 页。

北而不曾再见面,当利玛窦终于在1601年成功抵达并留居于北京时,佘立已于1599年去世,他们的结交没有为那段特殊的历史谱写更多新篇章。作为对比,徐光启和利玛窦的交游象征着晚明士人与传教士的另一种交往模式。例如在《泰西水法序》中,徐光启阐述了他所赞赏的"泰西诸君子"和西方思想文化体系。"其教必可以补儒易佛,而其绪余更有一种格物穷理之学……格物穷理之中,又复旁出一种象数之学。象数之学、大者为历法,为律吕;至其他有形有质之物,有度有数之事,无不赖以为用,用之无不尽巧极秒者。"[1]从天主教到"格物穷理之学",再到"象数之学""有形有质之物""有度有数之事"等,构成包括精神信仰和学术知识层面的完整体系。因此,徐光启眼中的传教士不是西僧而是西儒,徐、利之交往模式亦非纯实用型或相互利用型,而是体用兼顾型和全面型。

四、结　语

佘立进京赴职途中遇见利玛窦等人并助其北上实属偶然,因为他的儿子精神失常而向传教士求医问药;利玛窦在南昌建立传教基地(1595—1598)亦属偶然,因为他首次前往南京失败而折返;德礼贤编《利玛窦资料》时将"Scielou"错注为石星亦属偶然,因为他未注意到庞迪我和熊三拔的《具揭》。关于"Scielou"人名的论争使这些偶然背后的详情越辩越明,提供了丰富翔实的细节。佘立与传教士的相互利用间接推动天主教东传和西学东渐的进程;利玛窦在南昌的活动构成其来华传奇承前启后的重要一环;德礼贤的无心之失反而为后人创造了重新解读《札记》和晚明士人与传教士交往模式的契机。总之,有关明清之际耶稣会士在中国传教和传播西学的历史,还有许多更精彩也更复杂的故事尚待发掘。

(雷环捷　中国人民大学哲学院博士生,
新加坡国立大学中文系联合培养博士生)

---

[1] 徐光启著,王重民辑校《泰西水法序》,载《徐光启集》(卷二)第66页,中华书局,2014年。

·张西平专栏·

卜弥格：西安大秦景教流行中国碑西传的重要人物

张西平

摘　要：大秦景教碑是中西文化交流史上重要的遗物，只从晚明期间被发现后，引起了来华传教士的注意。第一个把此碑文全部翻译成拉丁文并附有中文原文的是波兰来华传教士卜弥格。本文研究了卜弥格所翻译的这篇碑文在基歇尔所出版的《中国图说》一书上的出版过程，以及这篇译文和中文对照对西方汉学产生的影响。

关键词：卜弥格　景教碑　西传

一

阿塔纳修斯·基歇尔（Athanasirs Kicher，1602—1680）是欧洲17世纪著名的学者、耶稣会士。他1602年5月2日出生于德国的富尔达（Fulda），1618年16岁时加入了耶稣会，以后在德国维尔茨堡（Wurzburg）任数学教授和哲学教授。在德国三十年的战争中，他迁居到罗马生活。在罗马公学教授数学和荷兰语。他兴趣广泛，知识广博，仅用拉丁文写出的著作就有40多部。有人说他是"自然科学家、物理学家、天文学家、机械学家、哲学家、建筑学家、数学家、历史学家、地理学家、东方学家、音乐学家、作曲家、诗人"[①]，"有时被称为最后的一个文艺复兴人物"[②]。

[①] G. j. Rasen Dranz, *Ars dem leben des Jesuite Athanasius leich er 1602-1680*, 1850, vol. 1, p. 8.
[②] G. j. Rasen Dranz, *Ars dem leben des Jesuite Athanasius leich er 1602-1680*, 1850, vol. 1, p. 8.

卜弥格：西安大秦景教流行中国碑西传的重要人物

基歇尔虽然著述繁多，但他 1667 年在阿姆斯特丹所出版的《中国图说》恐怕是他一生中最有影响的著作之一。《中国图说》① 拉丁文版的原书名为"Chia Monumentis qua Saeris quà puofanis, Nec non variis Naturae 8c Artis Spectaculis, Aliarumqe rerum memorabilium Argumetis illustrata"，中文为《中国宗教、世俗和各种自然、技术奇观及其有价值的实物材料汇编》，简称《中国图说》即"China illuserata"②。

在这部书的第一部分中基歇尔介绍了在西安出土的大秦景教碑，共有 6 章，分别从字音、字义、解读三个方面全面介绍了大秦景教碑。并公布了一幅在西安出土的大秦景教碑的手抄临摹本。这是在 17 世纪欧洲出版物中第一次公布这么多的汉字，这个碑文的汉字和拼音在欧洲早期汉学上产生了重要的影响。

在《中国图说》中，基歇尔在谈到大秦景教流行中国碑时说："公元 1625 年，陕西省的大都市西安府的一处建筑因建地基而挖沟。工人挖出一块刻有汉字的石碑。这块石碑经丈量有 9.5 掌长，5 掌高，约 1 掌厚。碑的正面呈尖塔状，上面有一个十字架。研究过这块碑的人说，十字架的两臂状似百合，就像使徒圣多默在 Meliapore 的坟墓上的那样。它也像耶路撒冷圣约翰教团会员 knights of 佩戴的十字架，这种十字架戴在脖颈上，也缝在衣服中。在十字架下面，碑的整个正面刻满了中文。中国人对于非同寻常的事情有很大的好奇心，因此当这块石碑的消息一传开，四面八方的学者都来观看。地方官为这件新奇的事所震动，考虑到石碑年代非常久远，他把碑立在一座寺院的空地上，以便全国各地慕名而来的人参观。碑的上方建了一个顶盖，大小足以保护它不受风雨侵蚀，而参观者能阅读、研究和临摹碑文。在汉字之间的石碑边缘上刻的是中国人不懂的文字，他们急于弄懂这些文字的意思。下面会说到，由于我们传教士的勤勉，中国人在这方面完全得到了满足。归信基督教的一位叫李之藻的官员在全国范围内出版了碑文准确的临摹本，他希望这一举措大大有益于基督教。我们的神父第一次读到这本书时非常振奋，对上帝赞美不尽，因为在基督的葡萄园重新进

---

① 此书已经在大象出版社出版中译本。

② 朱谦之先生在《中国哲学对欧洲的影响》一书中对此书做过介绍，但他将该书第一版出版时间说成 1664 年是有误的。

行种植时，发现这样一块极为重要的碑石有助于异教徒改信基督教。神父们无法克制自己的兴奋，纷纷前往陕西最大的城市——西安府去看这块碑。葡萄牙神父曾德昭（Alvaro Semedo，1585—1658）是第一个亲眼看到碑文的神父。我们把他对此碑的描述详细地摘录在下面。当这位巡游者在罗马时，他把他所看到的一切都讲给了我听，他在《大中国志》一书（意大利文）① 的第158页上也说到此事：

  三年后，也就是1628年，在一位名叫王徵②的信奉基督教的中国官员的帮助下，几位神父进入陕西省。由于这位官员的关怀，这些神父被允许修建一所房屋和一个教堂，以便在西安从事传教活动，在那里，上帝以他无限的恩惠显示：信仰来到这座城市，因而他再次降福，而以他的圣名做礼拜和引进他的福音都成为较容易的事了。我是第一批被允许居住在那里的人，我非常盼望着能有幸见到这块碑。在我到达后，终于看到它了，而未受到任何妨碍。我观察它，阅读它，并在我有空时可以一次又一次地读它。考虑到它的久远，我钦佩它保存的如此良好，以及它清晰的、雕刻得很好的字体。它的上面有许多中国字，其中包括那时的主教和神父的名字。还有其他文字是当时尚未有人认识的，因为它们既不是希腊文，也不是希伯来文。但就我所知，这些文字中包含同样的名称，因而旅行者和陌生人虽然不知道这个国家的语言，也能看懂一些。后来我路过科钦（Coeein），到了克兰加努尔（Cranganor）（以上两地均在印度——中译注），克兰加努尔是滨海地区大主教的住处，在那里，我向我们耶稣会的神父安东尼·费尔南德斯（Anthony Fernandez）请教这个碑的碑文，他对圣多默时代的古代语言很有研究，他告诉我：这些是叙利亚文。③

---

 ① 曾德昭神父《大中国志》（*Reltione della granda monarchia della cina*），1634年，罗马。也参看费赖之神父所著的《在华耶稣会士列传及书目》（*Notices biographiques et bibilographiques sur Les jesuits de lancienne mission dc china*，1552—1773）一书的第143—147页，该书1932年于上海出版。

 ② 王徵，字良甫，号葵心，又号了一道人，支离叟，圣名斐理伯。……乾隆时追谥忠节。陕西泾阳鲁镇人。参阅方豪《中国天主教史人物传》第226页，台湾光启出版社，1967年。中译者注。

 ③ 参阅曾德昭《大中国志》（中文版）第191页，上海古籍出版社，1998年。中译者注。

卜弥格：西安大秦景教流行中国碑西传的重要人物

可是，因为当时在中国没有人完全懂得这些文字，碑文的拓印本就被送到罗马，从而到达我的手中。我相信，在我的《普罗兹罗莫斯·科普图斯》一书中把译文第一次公布出来，是为了以后作较充分的讨论。因为有些页还没到我手中，我因此不能把它们全译出来。随后，一个完整的拓印本送给我，现在正在罗马学院的博物馆中展出。之后我有了一个想法，发表中文和迦勒底文的译文。继曾德昭神父之后，卫匡国神父（Fr. Martin Martini, 1614—1661）① 来到罗马，他不仅亲自向我解释碑文，而且他也在他的《地图》一书的第44页对碑文做了说明。当谈到陕西省时，他写道：

刻有中文和叙利亚文的古老的石碑使陕西省名声远扬，碑文谈到基督的教诲被使徒们的继承者引进中国。在碑上可读到当时的大主教和神父们的名字，可看到中国皇帝赐给他们的恩典与礼品。它虽然简明，但却给基督的教诲以准确的、令人称赞的解释。它是用优美的中国字的字体书写的。根据上帝的意愿，我的《中国历史》（the History of the Chinese）② 一书缩写本的第二卷将对此予以详细的说明。这块石碑是公元1625年在西安城为修筑墙壁挖沟时发现的。当地方官听到此事时，立即前来察看，因为中国人很喜欢古物。他有另外一块同样大小的石碑，也刻有相同的文字。我们的神父在原碑上拓印，这个拓印件今天连同它的译文，在罗马学院我们的博物馆展出。这个石碑的形状像一个伸长的平行四边形，有五掌宽，十掌高，一掌厚。前面是一个像马耳他武士团所用的十字架。如果有人想对这一主题有更多的了解，他会在阿塔纳修斯·基歇尔神父的《普罗兹罗莫斯科普图斯》或曾德昭神父的《中国记事》③ 中找到关于这块碑的报道。有关上帝戒律的知识早已从人们的记忆

---

① 卫匡国神甫，字济泰，意大利人，1643年来华，1661年殁于杭州。参阅费赖之《在华耶稣会士列传及书目》（上册）第260—266页，中华书局，1995年。

② 此书又称《中国先秦史》或《中国上古史》。卫匡国返回欧洲时，1658年和1659年分别在慕尼黑和阿姆斯特丹出版了拉丁文版，原标题是：Sinica hlstoria decas Prima res a gentis Orgine ad christum natum in extrema Asia, Sire Magno Sinarum lmperio gestas complexa。一般简称为：Sinicae Decas Prima。中译者注。

③ Account of Chino，即上面讲的《大中国志》，此书由何高济、李申先生译出，并于1998年12月在上海古籍出版社出版，书名为《大中国志》。中译者注。

中抹掉了，但是，我们耶稣会的神父终于指导它恢复了，为真正的、活着的上帝建立了很多教堂，以极大的虔敬管理着它们。现在在那里的两位神父细心照顾这个新的上帝的葡萄园，而其中的一位神父已在这个大城市定居。另一位神父走遍全省，去宣讲对上帝的崇敬。哪里有需要，他就去哪里为人们做好事。不论是谁提出请求，他都会切开救人的面包。①

最后到来的是卜弥格神父（Fr. Michael Boim，1612—1659）②，他把这个纪念碑最准确的说明带给我，他纠正了我中文手稿中的所有的错误。在我面前，他对碑文又做了新的、详细而且精确的直译，这得益于他的同伴中国人沈安德（Andre Don Sin）③的帮助，沈安德精通他本国的语言。他也在下面的"读者前言"中对整个事情留下一个报道，这个报道恰当地叙述了事件经过和发生的值得注意的每个细节。获得了卜弥格的允许，我认为在这里应把它包括进去，作为永久性的、内容丰富的证明。我还会根据来自中国的拓印本，来记述新的石碑碑文。新的碑文现在可以在我们的博物馆见到，上面有原来的中文和叙利亚文，并有学者的注释。

二

卜弥格所写的一封关于西安大秦景教流行中国碑的一封信，其文如下：

纪念天主教信仰的石碑是在中国一个特殊地方发现的，它用大理石

---

① 卫匡国神父的《中国新地图志》，1654年，安特卫普版。

② 卜弥格神甫，字致远，1649年来华，1659年殁于广西边界。参阅费赖之《在华耶稣会士列传及书目》第274—281页。

③ 费赖之说，卜弥格前往罗马时天寿遣其左右二人随行，一人名罗若瑟，一名沈安德。冯承钧先生认为"罗若瑟原作 JOSEPHKO，沈安德原作 ANDRESIN, KIN，兹从伯希和考证之名改正，而假定其汉名为罗为沈。"参阅费赖之《在华耶稣会士列传及书目》（上册）第275页。此处有误，伯希和认为"此信札题卜弥格名，并题华人沈安德与别一华人玛窦（Mathieu）之名。安德吾人识其为弥格之伴侣，玛窦有人误识其为弥格之另一同伴罗若瑟。惟若瑟因病未果成行，此玛窦应另属一人"。冯承均在译文后加注"其人白乃心神甫之同伴，可参看伯希和评文注26"。冯承均《西域南海史地考证译丛》（第三卷）第158—159页，商务印书馆，1999年。中译者注。

卜弥格：西安大秦景教流行中国碑西传的重要人物

制成，上面刻有中文和被称作"埃斯特伦吉洛"（Estrongelo）的叙利亚文，以及迦勒底神父的签名，这个石碑刻于约1000年前。

不久前，阿塔纳修斯·基歇尔神父在他的《普罗兹罗莫斯·科普图斯》中将碑文译成拉丁文，随后中国教区的曾德昭把它译成意大利文。他亲眼看见过这个纪念碑，这些译文每行都紧跟着中文，但是来自中国神父的叙利亚文刻文，迄今尚未被接受。我很高兴把基歇尔的拉丁文译文（伴以中文）发表出来，并有叙利亚文的铭刻，以及基歇尔的注释与中文资料，作为对天主教信仰的丰富证明。总之，我向全世界的人们展示公元782年刻有中文的这个石碑。任何人由此可以看到：现代天主教的教义1000年前的公元636年在世界的另一边就已经被宣讲了。碑文的原拓本一份保存在耶稣会罗马学院的博物馆中，另一拓本则存放在专门的档案库中。我还带回一本和石碑同一时期的中国学者和官员所写的书，印在书中的字体，其优美程度可同石碑上的字媲美。书的引言劝说所有的中国人到大西去拜访圣师（The Masters of the Great West），正像他们所称的耶稣会士，去聆听这些人对教义的讲解，是否就是1000年前被中国古人和中国皇帝已经接受的准则。在石碑被发现前耶稣会士在中国印刷的书也有着同样的看法。这本书只不过讲述了大理石碑是如何被发现的。

在圣方济各·沙勿略（St. Francis Xavier, 1506—1552）[①]死在上川岛后，可敬的利玛窦神父（Matteo Ricci, 1552—1610）[②]和其他耶稣会士把基督福音带到中国内地，并在少数几个省修建住房与教堂，上帝的信仰在陕西省的传播也取得了进展。在1625年，一位耶稣会士被王微进士请到他在三原的家，给20个人施洗，耶稣会士还和这位进士一块去看石碑。这块石碑是几个月前在西安府附近的盩厔（Cheu che）发现的，当时他们在那里为一个墙挖地基。这个人报告了石碑的发现，后被其他神父证实，这些神父在西安修建住所和教堂，和他们一块劳动的还有基督教徒以及他们的亲戚。他们说这个石碑有5掌宽，它的顶部呈角锥形，较宽的两个边有两掌长，较窄的一边是1掌长。顶端雕刻成一个神圣的十字架，上面刻有浮云。十字架的支架像水仙。在雕刻的中文的左边和

[①] 圣方济各沙勿略，1552年来华，1552年12月殁于广东上川岛。
[②] 利玛窦神甫，字西泰，1583年来华，1610年殁于北京。

下边有叙利亚神父的叙利亚文的名字。即使今天的中国教徒也常常拥有几个名字，一个是他们原来的中国名字，另一个是受洗名，通常以某个圣徒的名字为自己起名。地方长官听说石碑的事情，被这件罕见的事情所震动，并把它看成是一个征兆，因为他的儿子在同一天死了。他还令人写了一篇赞美的文章以庆贺石碑的出土，并用大理石制作了一个石碑的仿制品。他下令将石碑和仿制品供奉在僧人居住的崇仁（Tau Su）寺院里，这个寺院距离西安府的城墙约 1 英里。

随后的若干年中，天主教在中国的许多其他遗物也被发现了，而这正是上帝所想明示众人的时间。因为此时，通过耶稣会所进行的对信仰的宣讲已遍及全中国。过去的和现在的对同一宗教信仰的证据同时出现，福音的真理对每一个人都应是不说自明的。类似的十字架的形象于 1630 年在福建省被发现。1635 年异教徒在甘肃省看见奇异的神光。同样地，1643 年在福建省和泉州（Cyuen Chen）的山上也发现了一些十字架。不仅如此，当可敬的利玛窦神父第一次进入中国时，他听到了"十字教"（Xe Tsu Kiao）这一名称，也就是"十字架学说"（The Doctrine of the Cross）的意思。中国早期的基督教徒被称作"十字架学说的信徒"（Disciples of the Doctrine of the Cross）。在三百年前鞑靼人第一次侵入中国时，基督教徒人数大增，而在马可·波罗时代他来到契丹（或中国）时，那里曾有回教徒、犹太教徒、景教徒以及其他异教徒。

不能肯定的是圣多默还是其他一些使徒向中国人宣讲的福音。金尼阁神父（Nicolas Trigaut, 1577—1628）①从马拉巴尔［Malabar，圣多默的基督教徒称之为塞拉（Serra）］教堂收集证据。据说这位圣徒曾在那里讲道，也在梅里亚玻以前被称作卡拉米纳（Catamina）的地方宣讲过，此地现在被葡萄牙人称作圣多默。②在有关圣多默的资料中，可以看到："由于圣多默的布道，中国和埃塞俄比亚归依真理；圣多默使天国插上了

---

① 金尼阁神甫，字四表，1610 年来华，1628 年殁于杭州。

② 关于圣多默是否到过小国传教是一个尚未定论的问题。穆尔说："关于圣多默到过中国的传说几乎没有超过西嫩休姆（SIENSIUM）（艾伯哲苏斯语），那边的秦纳斯（ULTERIORES SINAS），（阿姆鲁斯浯）和《圣务日课》中的模糊词句。"参阅〔英〕阿·克·穆尔《1550 年前的中国基督教使》第 32—33 页，中华书局，1984 年。中译者注。

翅膀,降落在中国。"① 赞美诗说:"埃塞俄比亚、印度、中国和波斯为了纪念圣多默,向你的圣名提供爱慕之意。"一部老的宗教经典说:"让大的教省,也就是说中国、印度和帕塞斯(Pases)的大城市,都一致赞同。"② 同样,当葡萄牙人到达时,管理塞拉教会的这个人声称他是掌管印度和中国的大主教。可是在仔细考虑证据(这在金尼阁到来后弄清楚了)后,人们还不能就此下结论说圣多默本人曾把福音带到中国。可是当可汗(Heu Han)家族统治这三个王国时,基督教的信仰遍及全国的证据非常清楚了。第三个证据就是现在被称作南京的地方。在江苏省一条河的岸边,人们发现了一个重约3000磅的铁十字架,十字架上铭刻的文字说,它是在开始于公元239年的中国时代被建立起来的,因而基督教徒与传教士应在1415年以前就生活在华南的中国人中间。岁月流逝,忘却的基督教义又被来自大秦(Taeyn)③的犹太人(Judea)或叙利亚人(Syria)在陕西传播开来了,这是在公元636年,唐朝统治时期,正如石碑上所言。当传教士的名字被中国教徒采用时,圣多默或任何其他圣徒的名字却不被使用。

　　因此,事情已很清楚。那些树碑以永恒纪念基督教流传中国的人应该提到圣多默或其他圣徒,那些来自大秦的传教士不知道圣多默或任何其他使徒是否向中国人传过教。因此,人们不能作这样的猜想。说得更准确些,从证据看尚不能下这样的判断。最可能的是:来自圣多默教堂[也称巴比伦(Baby-lon)的教堂,当时受马拉巴尔统治]的神父,正如以后葡萄牙人所发现的,被派出宣教,去建立一个主教辖区,把信仰带给中国人。这是中国基督教徒使用古代叙利亚语言的缘由,这种被称"埃斯特伦吉洛"(Estrangelo)的古代叙利亚语言曾为叙利亚和巴比伦人长期使用。传教士为何称赞圣多默是易于得到解释的,因为由于这位圣徒的功绩,圣多默教堂派出的第一批传教士来到中国并转化了中国信徒,

---

① 使徒们早就在印度和中国宣讲基督教义。奥伊泽比乌斯(Eusebius)说,巴塞洛缪(Bartholmew)是在印度宣讲基督教义(Ecci Hist. V. X. 1-4)。

② Ebed-Jesus, Collect, can, Tract VIII, Cap. XIX. See A. Cuey, "*Le monument Chretine de Sin-gan-fou: son texte et sa signification*" Memoires de Lacademie royale des scienees, des lettres, et des beaux-arts de Belgigue, 53 (1859—1898). p. 106.

③ 这里的"大秦"即"景教碑中的大秦"。中译者注。

中国信徒的转变的功绩也因此归功于他。尽管如此，因为在有关传教的记录中没有提到圣多默或任何其他圣徒，我们不能断定他和任何其他圣徒曾在中国传教。

许多世纪后，人们发现长老约翰的基督教徒，我认为他们就是十字架学说的崇拜者，他们是同鞑靼人一块或在他们以前不久来到中国的。这些来自犹太人（更可能是叙利亚——迦勒底或马拉巴尔）的基督教徒比鞑靼的基督教徒在中国停留的时间更长，因而他们要求他们的追随者被称作"光明学说或金朝（Kin Kiao）的信徒"。我也相信这些传教士不是犹太人，而是叙利亚人，正如他们的叙利亚语言和叙利亚姓名所显示的。他们说自己来自犹太人是因为他们宣讲的理论是从那里诞生的。我们现在把叙利亚神父来自何处以及叙利亚文石刻的问题留给基歇尔神父和他涉猎广泛的评论文章。他在这方面做的事更值得信赖，我把我们的同事——年轻的中国贵族沈安德的一篇书法作品留给他。沈安德（中国人）从一本在全帝国流行的、著名的中国学者印刷的书中亲手临摹了中文汉字，我逐字将其译成拉丁文，并标注上符号。这本书是碑文的准确的印本，被放置在我们的博物馆中珍藏。一起陈列的同时还有我亲自手写的一个证明，以及来自中国的其他文献。

1635年11月4日于罗马
卜弥格神父

（张西平　北京外国语大学教授）

·窗外的风景·

法国浪漫主义前驱作家瑟南古对中国的描述(下)
——19世纪中法文学交流史研究之一

钱林森

摘 要：法国19世纪浪漫主义前驱作家艾蒂安·皮维尔·瑟南古(Étienne Pivert de Senancour) 是18世纪启蒙思想的信徒。他青年时代是在阅读伏尔泰、孟德斯鸠、狄德罗与卢梭中度过的，很早就为其导师所描写的东方国家着迷，尤其是为那个崇尚孔夫子思想的中国着迷。他在文学创作上的成就和建树，除去与歌德《少年维特之烦恼》相比肩的成名小说《奥贝曼》之外，他还撰写了《中国历史概述》《道德与宗教传统历史概述》两部有影响力的中国著作，成为我们研究19世纪初叶中法文学文化关系统不开的课题和主题。本文试图从伏尔泰和卢梭"弟子"瑟南古与中国、《中国历史概述》之中国形象描述、《道德与宗教传统历史概述》之中国道德风俗描述三个方面，厘清、考析塞南古阅读中国、思考中国、描述中国的历史轨迹与风采，揭示这位19世纪法国浪漫派前驱笔下中国形象新的特点和内涵，从而凸显出其中国形象再塑的时代特征和价值意义。

关键词：塞南古 浪漫派前驱 中国形象塑造 19世纪 中法文学交流史

三、瑟南古《道德与宗教传统历史概述》之中国道德风俗描述

瑟南古的《道德与宗教传统历史概述》（*Résumé de l'histoire et des*

Traditions morales et religieuses chez les divers peuples)①，是作者研究中国文化、塑造中国形象的另一部重要作品，是《中国历史概述》的"姊妹篇"，1825年初版，1827年再版。它与《中国历史概述》一样，同属这位启蒙思想导师的"弟子"、19世纪法国第一代浪漫派作家献给同时代法国广大公众读者阅读的概述性的历史读物，是从道德风俗和精神信仰层面，为读者提供中国相关知识的概括性著作。所不同的是，它概述的内容不只是中国的道德与精神信仰传统史述，而是世界各民族的道德与宗教信仰传统史述，但本著只涵盖世界十八个国家和地区的道德与信仰概括性论述。瑟南古为什么要撰写这部《道德与传统历史概述》？为何只涵盖这十八个国家和地区的概括性论述？如此涵盖的概括性论述到底赋予它怎样的特点和意义？对此，作者在本书引言里开门见山地强调，研究"历史的进程应更多地关照人类的归宿、人类积极且受限的责任，以及人类的本质倾向"。而道德真理与宗教信仰的传统，对人类文明历史的发展具有至关的重要性和无可取代的意义，他曾这样明确地表述：

> 在着手研究这些传统时，我们会尽可能避免那些曾被虔诚赞扬、且盲目接受的荒唐教条，要知道，每项传统在它不占主导地位的地方都是被轻视的、被评判的对象。然而，宗教与道德秩序重在遵守，人们总是低估了智慧的永恒性、正直之士在重要观点上的一致性，以及人类的思想统一性。如果说庸碌之辈生活在相似但不同形态的谬误之中，那么无论何处，同样的真理也曾滋养着理性的人们。唯有这些真理曾获得来自人文精神的赞同，唯有它们曾经是人们得以依赖的信仰基础。除了永恒的法则之外，没有法则可以使思想得以普遍信服。被篡改过的教条、人为的思想桎梏都曾不乏拥趸者，但是，无论何时，这些都不能使大多数民众顺从。
>
> 各民族的历史往往就是他们不幸经历的历史。道德传统在各民族、国家面临苦难或灾难时曾起到过重要的作用，所以，对道德传统的概括

---

① 瑟南古《道德与宗教传统历史概述》一书中译名，是简便的译名，或简称，若按原著法文书名"*Résumé de l'histoire et des Traditions morales et religieuses chez les divers peuples*"准确翻译，应为《不同民族的道德与宗教传统历史概述》，或《各民族的道德与宗教传统历史概述》，敬请读者注意。

法国浪漫主义前驱作家瑟南古对中国的描述（下）

性关照能成为整体历史的补充。然而，令人遗憾的是，本书所提供的这种补充只涵盖了有限的内容。我们并不指望能解决学者们的难题，只希望能减少不可原谅的严重错误认识。东方典籍中的知识正在撼动着众多的谬误。通过阅读卢梭、孟德斯鸠、帕斯卡以及一些历史学家们的著作，人们就不难发现，如果没有对古老的东方语言做过研究，就不可能对异国的文化做出正确的评价。仅仅3个世纪前，安德拉达（Andrada）将军的言论还让欧洲人感到不悦，他曾向欧洲人说，在大陆的另一端有一个民族，他们掌握科学、艺术与印刷术，拥有火药、罗盘与近乎完美的农业，这个民族的道德高尚、历史悠久，其法律制度卓越不凡。①

瑟南古熟谙前贤导师的全部著述，精通东西方文明发展史，对古老而悠久的中华文明史有深刻独到的研究。他洞悉道德传统和精神信仰对人类文明进步的历史进程具有极端的重要性，对道德至上的华夏文明和"孔夫子的中国"情有独钟，心仪久矣，因此在《中国历史概述》首版（1824）翌年（1825），便推出其姊妹篇《道德与宗教传统历史概述》，一如有学者所正确指出的，编撰者和"当时发行这两部书籍的勒关特杜雷出版社（Librairie Lecointe et Durey）正试图推出一系列的'历史概述'书籍，其目的在于借此抨击专制王权与教会统治"②。瑟南古之所以要撰写这部道德与宗教传统史述论著，显然，旨在它能成为人类"整体历史的补充"，但稍感"遗憾"的是，本著只涵盖了有限的内容，作者特地在"引言"里加注，着重强调："本书只涵盖对十八个国家和地区的概括性论述，如果涉及范围更广，其观点就会呈现出表面可比，实则相互矛盾的现象。本书采用了更贴近历史研究的分类法，整本著作是由具有独立标题的文章组成。本书是一部为读者提供部分相关知识的概括性著作，其中很少引用学术权威的观点，这一点也是非通俗消遣类读物的通行做法。"③

瑟南古在这部《道德与宗教传统历史概述》中，运用大量的笔墨介绍了

---

① M. De Senancour, *Résumé de l'histoire et des Traditions morales et religieuses chez les divers peuples*. Paris: Libraires Lecointe et Durey, 1827, pp. 3-6.

② Levallois, Jules. *Un précurseur Senancour: avec des document inédits*. Paris: Libraire Honoré Champion, 1897. pp. 138-139.

③ *Résumé de l'histoire et des Traditions morales et religieuses chez les divers peuples*, p. 5.

迷信与神权笼罩下的"幽暗的东方"——迦勒底、埃及、印度等其他东方国家和东亚"道德至上"的中国,却赋予两者以截然不同的形象内涵:前者多与"神权""迷信""停滞"相联系,而后者则以"理性""包容"与"文明"为整体特征体现。我们知道,西方学者对"东方他者"的言说,往往都带有一定的"主观因素",虽然其中不乏包括对"东方"的客观介绍,但这种"言说他者"的叙述之中总伴随着"言说自我"的功能,并在一定程度上反映了当时研究者所处时代的"社会集体想象物"①。反过来看,"言说自我"与"社会集体想象物"也自然会或多或少地决定了西方研究者对"东方"的取舍与侧重,进而作为他们的理论建构和文学创作的一种借镜和材料。本书作者瑟南古也毫无例外,他在本著中不失时机地征引"东方"例证,以迦勒底王国、古埃及和印度的迷信与神权为负面(否定)形象,以崇尚理性、宽容、道德至上的中国为正面(肯定)形象,借他者之镜像,来影射和批判当时法国的宗教神秘主义、教权主义及贵族伪古典主义,这显然是不争的事实。因此,在他的笔下,同属"东方"的迦勒底、埃及与印度却与"东方"的中国呈现出截然不同的"文化他者形象",前者往往与"神权""迷信""停滞"相关联,而后者则更像是"崇尚理性社会与道德至上"的"乌托邦"(Utopia)形象。瑟南古在此言说"东方他者"与审视自我、"言说自我"与借他乡佳酿,浇自家块垒的文化策略和叙事方略,再明显不过了。而我们在本节所要致力探究的,正是要通过对瑟南古这部《道德与宗教传统历史概述》的文本细读,从中理清"东方他者形象"的生成过程,揭示出这位法国浪漫派前驱作家,如何来言说他者,反观自我,以此为镜像,从而塑造出崇尚理性与道德的"乌托邦"中国形象,而这一中国形象正恰恰是这位启蒙思想薪火传承者孜孜以求的心目中的正能量形象。

　　孔夫子的"经书"——古老的中华文明优秀传统的精神支柱。直面人类最悠久古老的中华文明传统,最令瑟南古震撼、深思与深究的首个问题是:中国人到底凭借何种非凡的"魔力"得以使人类最优秀、古老的华夏文明绵延不断,传承至今?他在《道德与宗教传统历史概述》中,通过对同属"东方"的迦勒底王国、古埃及、印度和东方中华帝国所呈现出的截然不同的"文化他者形象"之悉心比较和解读,做出了如是解答:孔夫子的"经书"

---

① 孟华《形象学研究要注重总体性与综合性》,载《中国比较文学》2000 年第 4 期。

法国浪漫主义前驱作家瑟南古对中国的描述（下）

是古老的中华文明的优秀传统绵延至今的精神支柱。他认为，孔子悉心整理的"经书—五经"（《诗》《书》《礼》《易》《春秋》）是中国道德传统和核心价值观的载体，其中的思想熔铸了中国先贤圣哲治国理政的道德准则，体现了文人学士和天下百姓对"理想社会"的憧憬，是长久以来维系中国淳风美俗、支撑中国社会稳定的精神力量。五千年的华夏文明绵延不断，传承至今，中国人凭借的就是这一精神魔力。

瑟南古在《道德与宗教传统历史概述》中谈到，中国人依然怀念过去的黄金年代，"在那个年代，存在众多的繁文缛节，相对于高明的政治思想，人们更愿意关注道德风俗的规范与各个社会阶层的福祉。广厦稀有，舞乐朴素，穷苦人亦有所居所食，富有人自食其力。邻里之间互助，父母和睦，兄弟相亲，鳏寡孤儿由公家赡养。王子的侍从不会被当作牛马，富人们需要展示自己的功绩。人们都崇尚道德，尊重老人，服从法律授予的权利"[1]。然而，自春秋战国开始，世风日下，礼崩乐坏，强大诸侯野心凸显，宫廷阴谋不断，篡逆之事接连不断。这种风气甚至影响了知识界：或放弃对"五经"智慧的探索，转而研究更加实用的学问，或以对鬼魂的恐惧来替代朴素的自然法则。瑟南古清醒地看到，虽有这些迷信思想的干扰，但所幸，中国历朝历代帝王和圣哲之士都对"五经"进行了妥善的保存与研究。他满怀敬意地这样写道："相较而言，孔子则更忠于自己的国家，他通过对古籍的修订，重新唤起了古代教条的仁爱思想。他用其智慧在《春秋》中撰写了历史，使这部经典成了'五经'中的最后一部。孔子之后，其孙孔伋，也称子思子，不断整理他的遗作，继续发扬孔子对古代思想的热忱……在此之后的很多年后，被称为'亚圣'的孟子接过了孔子思想的火把，其著作中透露着严厉，用语也较为复杂。孟子的思想中充斥着力量、才华与热情，其主要观点是突出贵族应该担负的责任。"[2]——在这里我们不难发现，瑟南古笔下的中国并非其师伏尔泰描绘的那么完美，事实上自春秋战国开始，就已发生过礼崩乐坏的现象。但可贵的是，中国人却一直把古代淳风美俗的社会，视为心中的"理想憧憬"。从孔夫子和"亚圣"孟子开始，一代代中国文人在仁爱理想的感召下孜孜不倦地对"五经"

---

[1] Étienne Pivert de Senancour, *Résumé de l'histoire des traditions morales et religieuses*. Paris: Librairie Lecointe et Durey, 1827, pp. 90-91.

[2] *Résumé de l'histoire des traditions morales et religieuses*, pp. 91-92.

进行整理与阐释，正是得益于孔孟圣哲之士的不懈努力才使独立于宗教之外、熔铸中国先贤圣哲的智慧、富有自然哲理的古老思想得以保留永存，为世世代代的中国人所坚守、践行，成为维系中华文明优秀传统的精神支柱。

独立于宗教之外的儒家道德观——中华帝国治国理政的准则。瑟南古将关注点聚焦于对孔夫子"经书"之精神及意义的深度解读、阐释，旨在凸显出儒家道德在维系、推动中华文明优秀传统绵延、发展中的价值意义。他认为独立于宗教之外的儒家道德观，是中华帝国治国理政的核心准则。对于儒家道德观，塞南古主要研究了两个重要思想。首先是仁爱、尊老和孝顺。欧洲老人经常受歧视的处境一直令他很气愤，在《遐想录》中他就揭露过这种现象。仁爱、尊老和孝道，事实上也一直是启蒙先驱导师所关注的话题，伏尔泰就明确写过："孝道是中国政府的统治基础……中国的文职大官被视为城市和省的父母官，而国王则是帝国的君父。这种思想在人们心目中根深蒂固，从而把这个广袤无垠的国家组成为一个家庭。"① 伏尔泰把孝道提到中华帝王治国理政的高度。这一点上，瑟南古分析了仁爱、尊老的家庭道德和政治的联系，表述得更为周详："相比世界的其他国家而言，中国更好地保留了独立于宗教之外的古老思想。在中国，仁爱的秩序、父母的权威、对祖先以及长者的尊重等一系列观念依然存在一定的效力，一方面是获得仁爱的奖赏，另一方面则是相应的惩戒威胁。在所有的国家中，家庭中的父权是最简单的社会阶级从属关系。每个人都会有老去的那一天，所以这种从属关系具有公平性，是对年长者的尊重。"② 自然，他也清醒地认识到孝道在政治生活中的作用，他这样写道："在中国，存在众多对孝道的描写。可以说，孝道是最深入人心的道德观念。因为深知在此观念下蕴含着父亲对孩子的爱，所以人们就把这一观念引入到治国理念中来。作为一部伟大的经典，《孝经》起到了补充政治的作用，并得到了极高的推崇。"③ 显然，在瑟南古的语境中，"孝道"不仅是中国人的道德准则，也是中国人的治国理念，这让古老的中华帝国之淳风美俗更具仁爱和人性化，他为此而与欧洲进行了对比："在欧洲，这种道德层面的权利早已被弱化，现代社会展现出对独立的渴望，'衰老'意味着不

---

① 伏尔泰著，梁守锵译《风俗论》第 249 页，商务印书馆，2009 年。
② *Résumé de l'histoire des traditions morales et religieuses*，pp. 90-91.
③ *Résumé de l'histoire des traditions morales et religieuses*，pp. 94-95.

法国浪漫主义前驱作家瑟南古对中国的描述（下）

再有新的发展，失去了所有人的期待。所以，对老人的抚养应是一项由社会福利所承担的任务，这样就能让每个独立的个人免于牵绊。"①

儒家道德观的另一个主要思想是谦逊和宽恕。谦虚和宽容是中华民族的传统美德，瑟南古似乎在《易经》中找到了这一美德的源头。在他看来，《易经》这本现存最古老的书籍既不是包含天地万物规律的奇书，也不是预言者与法术爱好者的必读手册。"《易经》中似乎也没有包含关于改变或预知未来的内容，但却教会了我们不要惧怕未来，而是要在我们的能力范围之内尽可能地做出调整"②。通过孔子，他巧妙地将《易经》与中国传统美德，谦虚和宽容的道德思想紧密地联系在一起："孔子并没有忽视《易经》的道德意义。在对《易经》的注释中他突出了'谦虚'的道德观。其他国家的古代先民或许也意识到了谦虚的重要性，但是这绝对是人类历史上首次对一个民族如此正式地提出谦虚的要求。2300多年之后的今天，孔子，这位谦虚的伟人变得无比闪耀。他从来没有想要得到荣耀，他的心中只有真诚的美德。即使在最低的社会阶层，也要保持谦虚的姿态。谦虚可以使人克服一切困难，因为这种道德既真诚又符合理性。""在中国，'宽恕'是一个存在已久的道德概念。在波斯的文化中，在谈到"宽恕"概念时，先贤们指出：如果一个人再三冒犯你，而且这个人是个恶人的话，那么他就属于阿里曼（黑暗之神）。你就可以不再爱他，甚至可以报复他。与之相反，孔子认为人们只能以德报怨，这是中国人的信条，他们认为仇恨不会带来幸福，仇恨他人就是不爱自己。"③ 塞南古借此特加注，讽刺基督教自诩建立了新的道德："然而，西方的博士们声称一种区别于世界其他思想的特殊的道德产生了，谦逊和宽容也包括在这些新的训诫之中。"④ 塞南古像伏尔泰一样不忘赞扬希腊、罗马的异教，他们也注重培养所谓的基督教美德。

关于中国语言文字的思考和研究——古老丰富的中国语言文字，一如古老丰厚的中华文明优秀传统，也是令瑟南古极其惊异的课题。对中国语言文字的研究、思考，早在18世纪启蒙运动时期就已开始，并非新的课题，然而在瑟南古时代得到了深刻的探讨。他认为："中国的语言是现存唯一体现原始

---

① *Résumé de l'histoire des traditions morales et religieuses*, p. 418.
② *Résumé de l'histoire des traditions morales et religieuses*, p. 107.
③ *Résumé de l'histoire des traditions morales et religieuses*, p. 108.
④ *Résumé de l'histoire des traditions morales et religieuses*, p. 149.

思想的语言，它是人们的自由表述，而今天一切都是相互抄袭，或许他们可做的事只是在模仿后加以改革。"① 中国语言古老而"丰富，和其他语言很不同"②。亦如欧洲汉学家和思想家，塞南古最为惊叹的是中国的文字系统。中国文字属于"古老的象形文字，它的基本元素，即汉字，数量庞大，不像我们中世纪传下来的字母那样简单，字与字未能合并成词，而是彼此分离，以后又经过很多次变形。这样形成一种具有很强表达能力的语言，但是难学难写，口语很不容易与之协调，给交流造成障碍。尽管中国人相当聪明，为表达思想之需还得统一。另外他们保留了原始的从右到左竖写的方式。"③ 也许塞南古无法理解中国的文字对于中华民族的凝聚力有何裨益，但他却将中国的语言文字置于一系列关于象形文字的研究中，我们曾在英国的渥伯登（Warburton）的笔下和狄德罗（Denis Diderot）的《关于聋哑人的书简》中了解到象形文字的丰富性。瑟南古更倾向于从人类文明发展的历史角度和深度来分析语言文字的形成。他在《道德与宗教传统史概述》中写道："中文无疑是一种难以理解的语种，"五经"对人们来说几乎有不可逾越的理解难度，但是，中文却是一直沿用至今的最古老的文字。"④ "毫无疑问，最初的语言肯定不是由字母组成的。人类一定是先绘出形象的图案，然后才学会分析语言的发音。随后，就会有语言演化的三个阶段：首先，从直观的图画演变为约定俗成的符号；其次，演变为种类繁多的简化符号；最后，演化为字母语言，但是依然普遍保留具有宗教意义的符号。中文大概就属于第二个演化阶段，这也给研究古代铭文的人提供了有力的参考。"⑤ 在瑟南古看来，书写都是从象形文字开始的，这就使解读充满了模糊性。在人们采用确切的符号表达发音和声音之前，古老的语言就已经发生了巨大变化，且无法复原了。在所有还在使用的语言中，只有汉字还带有原始的构思。所以，汉字为研究人类文明发展进程提供了唯一的"鲜活的样本"。

瑟南古在论及汉字生成时，认为汉字最初的生成与《易经》有着千丝万缕的联系，其中折射了中国人的原始世界观。"中文最初并没有今天多达

---

① *Résumé de l'histoire des traditions morales et religieuses*, p. 87.
② Senancour, *Résumé de l'histoire de la Chine*, Paris：Libraires Lecointe et Durey, 1825, p. 363.
③ *Résumé de l'histoire de la Chine*, p. 363.
④ *Résumé de l'histoire des traditions morales et religieuses*, p. 59.
⑤ *Résumé de l'histoire des traditions morales et religieuses*, p. 60.

8.4万个汉字组成，其实其中的约4万个汉字产生于带有任意性的引入。但是，这门语言中依然存在本质的联系。伏羲创造的八卦以及由此引出的六十四卦，既代表了宇宙与人类精神的秩序，也代表了命运的法则。这些八卦的爻产生了两百多个基本字，这些基本字又组成了1200到1300个原始文字。根据发音的不同，他们又将一部词义扩充了60倍，已足够使用。东方文字的特点是简约，重视突出独创性而不太在意准确性。"①

在瑟南古看来，虽然汉字后来的生成过程带有一定的任意性，但推动其发展的原动力一直都是《易经》中所表达的哲理。在中国，《易经》也被称作"生产之书"，记载着万物生成的规律。孔子非常重视对《易经》的研究，后世也将它称为是"六经之首"，中国哲学思想的影响力不言而喻。由此我们就不难看出，汉字的生成史与中国哲学思想发展是相辅相成、一脉共生的。这正是瑟南古对中国语言文字研究、思考的深刻之处。

语言和音乐关系的研究——瑟南古承继并发展了启蒙思想家关于语言的介绍，将语言（言说）跟音乐（曲）连为一体透视，认为原始语言是曲和词的统一。卢梭在《论语言的起源》中精辟地阐述了此观点，而他最初只想论述音乐的起源。心有灵犀一点通，"弟子"瑟南古看到了中国古老语言的含蓄和音乐的朦胧有异曲同工之处，他认定：中国"从前语言的含蓄与音乐的朦胧异曲同工，因此可以视音乐为全世界的通用语言，对于蛮族，甚至动物来说，音乐比话语更好懂。"② 原始中国社会的音乐化语言将成为全球的语言，如同塞南古同时代的开启论者贝莱克（Blake）所梦想的，中国语言将加强人类的团结。瑟南古在《道德与宗教传统历史概述》中还对中国音乐及道德美育的作用进行研究，在他看来，中国古代音乐的韵律中包含着有关万物生成的哲学思想，其中蕴含着数字变化与自然和谐之理，从这一点上说，中国古代音乐韵律与《易经》中的数理变化有异曲同工之妙："中国人有关对数字与和谐力量的观念非常类似于毕达哥拉斯学派。孔子之前，音乐就已经是国家制度不可分割的一部分，孔子本人更是将音乐与诗歌都视为国家事务。在其他的艺术形式发展起来之前，音乐承载着对古老知识的传播作用。在中国的古书《三坟》中存在一些仅由几个字组成的古老格言：这些格言不但与《易

---

① *Résumé de l'histoire des traditions morales et religieuses*, p. 89.

② *Résumé de l'histoire des traditions morales et religieuses*, pp. 102-103.

经》中的六十四相存在着联系，也与现实世界中的各种现象相呼应。三乘八再乘八得出一百九十二句话，数字哲学就包含其中。"①

中国古代音乐中的哲学思想使其形式拥有了区别于西方音乐的特征。所以，瑟南古认识到，东方音乐有着与欧洲音乐大相径庭的含义。他说："在亚洲的文化环境中，北方的作曲者崇尚和谐文化，他们所作的曲子既没有矫揉造作也没有稀奇古怪。灵活多变的曲子往往都显得很肤浅。古人们更偏好音律的和谐与八度音的张力，所以他们的曲子多是符合情感的单调音乐。俄耳甫斯教与毕达哥拉斯学派认为，音乐可以激发美德，使灵魂得到休息。在中国古代，人们也认为音乐具有相同的作用。天下处在一种美妙的秩序之下，祝融氏创作了一种和谐的音乐，它能将和谐之声传到各处，触动人的心灵，平复人的欲望，使人的状态处于平衡，延长人的寿命，并让一切美德和谐共存。当音律与灵魂达成共鸣，内心的欲望得到压制，音乐的效果才会达到完美。此时，和谐之感会由内而外传遍全身。'礼'支配着我们的外在行为，而音乐却能让我们回到自己的内心。音乐可以压制内心的欲望，使人不去越过文明准则的界限。文明应被放在中心位置，但和谐却标志着完美的一致性。"② 这里我们无须指出塞南古对中国音乐知之甚少。他认为中国音乐比欧洲音乐更完美，因为无论采用齐唱还是八度演唱都是单声的，这使人想到布封批评和声技巧的言论："东方音乐与欧洲的主流音乐很不同。亚洲人对北方作曲家深奥的和声的感受是造作和奇怪，这些变化多端的声响精巧而稚气。"③ 对拉莫（Rameur）的攻势又发起了吗？19 世纪初反对和声学的矛头转向德国音乐，在法国，莫扎特和贝多芬遭到与拉莫同样的命运，人们斥责他们的引子中和声过多，技巧过高。这也许就是塞南古在这儿所影射的。中国音乐的和谐是另一回事、并非来自和弦和对位的科学技巧，而是在与天体和数字建立平衡关系，即与宇宙达成和谐统一中所体现的教化作用。那么，我们就不会因为塞南古将中国音乐与毕达哥拉斯的音乐概念相提并论而感到莫名其妙。

瑟南古认为，中国上古音乐具有独特的教化作用，是一种像语言一样的交流方式，所以，在古代的中国，音乐可以激发美德，使灵魂得到休息。"舜

---

① *Résumé de l'histoire des traditions morales et religieuses*, pp. 102-103.
② *Résumé de l'histoire des traditions morales et religieuses*, pp. 103-104.
③ *Résumé de l'histoire des traditions morales et religieuses*, p. 104.

法国浪漫主义前驱作家瑟南古对中国的描述（下）

帝曾经对掌管音乐的长官说，我要你教授王子与公卿大臣之子音乐，这能让他们获得真诚、和蔼、宽容、感恩及严谨的品格。教会他们变得严肃而不苛刻，让他们知是非而不高傲。你要向他们讲解诗中思想以及融合在乐曲中的音律，让他们掌握乐器。"① 中国人追求外部世界与内心灵魂的和谐统一，音乐也就成了达到这一目的的最佳方式之一。用瑟南古的话说："当音律与灵魂达成共鸣，内心的欲望得到压制，音乐的效果才会达到完美。此时，和谐之感会由内而外传遍全身。礼貌准则支配着我们的外在行为，而音乐却能让我们回到自己的内心。音乐可以压制内心的欲望，使人不去越过文明准则的界限。文明应被放在中心位置，但和谐却标志着完美的一致性。"19 世纪欧洲出现的新毕达哥拉斯理论确实重要，瑟南古认为："俄耳甫斯和毕达哥拉斯的弟子们主张音乐应该培养人的美德和性情，同中国人早期的'修身养性'思想相同。"② 中国音乐的教化作用非常吸引塞南古，他在研究音乐的同时还总结了中国神话的主要特征：道德清明，宗教、政治原则简单，乐与词统一。《中国历史概述》中论及的美好原则会随着时代的变迁而被歪曲，塞南古不会不知道这点，然而有一点是肯定的，即在这位启蒙运动后继者的笔下，"中国之于欧洲的影响在 19 世纪初仍很兴盛，并将焕发新的光彩"③。

关于风俗的研究与描述——瑟南古在《道德与宗教传统概述》中除了对中国人的精神坚守、道德美德和淳风良俗进行描述、介绍外，他也介绍了中华大帝国的一夫多妻制、裹足、杀害婴儿、宦官制度，这几个颇受西方（欧洲）争议和诟病的风俗和制度。

先说"一夫多妻"制。在欧洲，人们大多信仰基督教，而基督教的教义是不允许"一夫多妻"的，所以大多数欧洲人对"一夫多妻"持批判态度，认为这是一种"混乱"的做法："在欧洲，人们很难想象二十个女人同时待在同一座后宫之中，人们甚至都不能相信穆斯林的四位合法妻子可以和平共处。"④ 瑟南古从历史、地理与环境因素来观察、分析"一夫多妻"产生的原因，这就使他对中国一夫多妻制的看法具有更多的包容性和理性，他认为："中国的南方地区属于热带，但它们最早并不臣服于中央帝国。即使在这些地

---

① *Résumé de l'histoire des traditions morales et religieuses*, pp. 105-106.
② *Résumé de l'histoire des traditions morales et religieuses*, p. 104.
③ Béatrice Didier, *La Chine d'un Disciple de Voltaire*: Senancour. Australie, 1997. p. 121.
④ *Résumé de l'histoire des traditions morales et religieuses*, p. 97.

区,男女人数的比例也没有人们曾经认为的那样大。拥有多个女人的做法或许是战争的结果,因为战胜者往往会杀死所有男性敌人,而将女人全部留下。这种行为在某些典籍中都有记载。其次,婚姻的永久性、奴隶制,以及热带地区性成熟期女性的放荡行为或许也促进了一夫多妻制。在热带地区,女性的生育周期不长,男性就会成为她们年轻时期的伙伴。也许是为了效仿伟人,一些富人往往也会拥有自己的后宫。某些基督徒也实行一夫多妻,比如非洲的刚果。有些则是实行一种非常混乱的婚姻制度,比如埃塞俄比亚。一些教会的历史学家承认,有些法兰克国王会娶三个、甚至四个妻子。"① 瑟南古认为催生"一夫多妻"的根本原因在于男女比例失调,而造成这种失调的根源是多方面的,既有自然因素也有人为因素。他指出:"值得注意的是,在自然法则下,男女两性人数的比例是远远不对称的。在欧洲,男性的出生比例略高。但是在赤道以及美洲地区女性的出生率却大大超过男性。由此看来,我们有理由相信,日本以及墨西哥也会出现相同的情况。造成女性出生率高的原因可能来自种族与气候两个方面。在中国,9个孩子中大约有4个为男孩,如果在全球范围内都达到这一比例的话,那么每个男人就不可能分到两个女人。但是,男女比例的不平衡会被战争与独身因素放大,这样一来,女人就绰绰有余了,世界上至少一半的男人都能有自己的后宫了。另一方面,奴隶制的废除在一定程度上放缓了一夫多妻泛滥。"② 瑟南古也看到了妻子间地位的差异:"无论是在亚洲还是在非洲,有合法地位的妻子与没有合法地位的妻子之间都存在着差异。中国的皇帝只会将最高地位授予一位女性。只有在皇后没有子嗣的情况下,妃嫔的儿子才有继承王位的机会。"③ 我们看到,瑟南古在分析中国的"一夫多妻"制时总能将这种习俗放到整个文化体系中去观察,用他自己的话说:"如果将一种习俗从它所属的道德体系中抽离出来,那么人们就不能得出准确的判断。"④ 我们不能说瑟南古得出的结论都是无懈可击的,但这种将个别风俗习惯放到整个文化体系中去分析的态度却让他的分析多了几分包容性、科学理性。

再谈备受欧洲人诟病的三种中国习俗裹足、杀害婴儿、宦官制度。在瑟

---

① *Résumé de l'histoire des traditions morales et religieuses*, pp. 95-96.
② *Résumé de l'histoire des traditions morales et religieuses*, pp. 96-97.
③ *Résumé de l'histoire des traditions morales et religieuses*, pp. 97-98.
④ *Résumé de l'histoire des traditions morales et religieuses*, p. 98。

法国浪漫主义前驱作家瑟南古对中国的描述（下）

南古看来，在这三种风俗中，只有宦官制度值得人们批评，虽然"裹足"与"杀害婴儿"的行为非常残忍与不人道，但这也绝不是中国独有的做法，所以不应受到欧洲人过多的指责。瑟南古说道："实际上，在欧洲也有限制青年人甚至母亲身高的传统，大家认为这是对来自切尔克斯或新赫布里底某些野蛮传统的模仿。既然这样，我们又有什么权利去指责与之相比伤害较轻的裹小脚习俗呢？人们总是谴责中国法律允许杀害婴儿的行为。杀害婴儿常被当作是一种犯罪，多数人看来，这至少属于是可恶父母或出于迷信而做出的残忍行为，应当被指责。实际上，历史上某些希腊城邦的法律也是如此，他们甚至会将一些只是表面看上去不健全的婴儿判处死刑。"① 当然，在瑟南古眼中，中国也存在值得人们谴责的地方。那就是宦官对国家管理事务的干预问题。在谈到这一现象时，瑟南古阐述了造成宦官制度的原因。"除了中国以外，人们似乎很难再找到这样贯穿整个人类文明史的丑恶现象。但是，如果大家明白理性最终让位于本能的道理，那么也就不会太感到奇怪了。宦官的出现主要是为了保证皇族血脉的绝对纯洁。其他的男人不能与皇帝的女人一同居住在宫殿之中，这样一来，宦官们就逐渐成了国家事务的实际决策者。"② 但是，瑟南古认为"宦官制度"是一种落后的封建制度，随着历史的发展这一现象必将有所改变。"近些年来，随着对西方的学习，中国几乎摆脱了这种耻辱的现象。对革新的抵触必然会引起长久的弊端。当一系列重大事件与灾难性变革发生到这个古老帝国身上时，他们也只好实行一些务实的改革。道德风俗的混乱必然会引起一定的混乱。虽然人民大众的思想根深蒂固，但是中国的改革者们也在寻找矫正制度的方法：满清王朝终于截断了宦官在国家体制中的上升路径。"③ 如此，林林总总，在瑟南古对中国的风俗的观察、思考、分析和描述中，我们总能感觉到一种清醒眼光和理性精神，也正是这种清醒的眼光和理性精神，使其对中国道德与风俗的论析和描述，呈现出深入、客观的科学理性精神，从而使其笔下的中国形象焕发出新的光彩，这让当时的法国人看到了一个更加真实的中国形象。

（钱林森　南京大学教授）

---

① *Résumé de l'histoire des traditions morales et religieuses*, pp. 99-100.
② *Résumé de l'histoire des traditions morales et religieuses*, pp. 100-101.
③ *Résumé de l'histoire des traditions morales et religieuses*, p. 101.

·法国汉学研究——中法建交55周年专辑·

主持人语：中法比较文学研究之新成果新面孔新风采

钱林森

5年前，2014年春天，《汉学研究》《跨文化对话》，曾先后不约而同地隆重推出"中法建交50周年纪念"特设专栏。《汉学研究》主编阎纯德教授在2014年春夏卷和秋冬卷"卷前絮语"中，曾开宗明义地指出："1964年1月27日，是法国与中国一个历史性的连接点。"这可谓至理名言。这个历史连接点，是由戴高乐将军和毛泽东主席以他们各自的魅力、气魄和政治智慧，代表法兰西和中华民族的独立精神和性格，留在那个时代历史画卷上画龙点睛的一笔，堪称国际关系史上的神来之笔，我们不妨称它是决定国际政治走向的一个关键词，也不为过。这个关键词既是政治的，也是思想的、文化的。阎纯德教授在谈到2014年《汉学研究》两辑特设"中法建交50周年"法国汉学研究专栏时，着重强调，他当年创办《汉学研究》之目的，就是为了要打造一座连接中外的桥梁，旨在"让中国文化通过这座桥走出去，也让外国的优秀文化沿着这座桥走进来"。2014年正值中法两国建交50周年，"法国汉学研究专栏"两辑特设，是为了展示出，中法建交50年来"历史演进中的汉学与中外文化之约"。

中法文化关系源远流长，自明末清初以降，当汉学由孕育、萌发到破土而生，横空出世，走过少年时代，中经"旅游汉学""传教士汉学""经院汉学"（学院派汉学或学术汉学）等几个阶段的蓄势、生长、发展，日趋成熟，至19世纪初期，汉学作为一门专攻的学问、知识与学科，便正式登上西方学术舞台：1814年，经院汉学开拓者，法兰西公学教授雷慕莎（Abel Rémiésat）在法兰西公学首开"汉语——满语语言文字讲座"，这才开启了西方真正的汉学时代。自此，法国便成为西方汉学研究的中心，巴黎成为"汉学之都"。自

主持人语：中法比较文学研究之新成果新面孔新风采

明末清初，18世纪以降，从法国较早的耶稣会士东进开始，西学东渐，中学西传，互示友情后，两个多世纪来，熙熙攘攘往来于中国——法国，沿途只见到汉学家和中国文化人的身影，绵延不断，他们是中法文化交流的架桥人或"摆渡人"，由于他们前赴后继的辛勤耕耘，中法文化交流的长河两岸的景观日益赏心悦目和深入人心，迄今也已整整两个世纪又5年。2019年《汉学研究》"中法建交55周年专辑"秉承5年前"法国汉学研究"专栏的宗旨，旨在展现近5年来我国学者中法关系和汉学研究的新成果，进而展示出西学东渐，中学西传，东西方人类文化交流互动的美丽之约。

本集《汉学研究》"中法建交55周年专辑"所刊发的8篇论文，皆出自近5年来我国汉学研究新秀之于传统汉学、中法比较文学、中法文化文学关系之研究，作者多系学有专攻、专长的"80后"年轻才俊之士，他们相对于"汉学"而言，多属新面孔，但却不乏年轻新锐学者的靓丽风采，将他们这些学有专攻的论作载入此辑特设专栏发表，以飨《汉学研究》海内外广大读者，相信会使大家看到两个多世纪以来中法文化交流互动的新图景，也能从中一窥我国汉学研究界、比较文学界与时俱进的新锐学者生机勃发的风姿。

《法语国家传教会和19、20世纪之交的中国经典翻译——以两个法译本的〈诗经〉为例》一文，系巴黎东方语言学院汉学在读博士赵维纳的《〈诗经〉在法语国家的译介与传播》的阶段性成果，探讨的是《诗经》在法国的传播与接受；这一课题一直是中法文学文化关系和法国汉学研究历久弥新的重要课题。我们知道，自明末清初18世纪以降，榜列"五经"之首的《诗经》，就一直是耶稣会士汉学先驱所热心迻译、推介的首部中华文化经典，虽然他们开初追寻的重心并非是中国文学、诗歌的话题，但当他们一接触到这部经典著作时，却又无法绕过文学和诗歌这个切入点，因而《诗经》便成了法国和欧洲传教士汉学家、学院派世俗汉学家首个关注的经典课题，成了中法一代又一代学人乐意探讨的历久弥新的课题。本文论者仅以19、20世纪之交传教士汉学家顾赛芬（Séraphin Couvreur）、陶福音（Hubert Otto）的两个《诗经》法译本为个例，结合两位译者各自的身世阅历，运用译介学、跨文化比较文学的理论和方法，对这两个《诗经》法译本作深度解读、探讨，将此种解读，置于《诗经》在法国两个多世纪的译介传播，接受与影响的历史大背景和时代语境中进行比较研究，并联系《诗经·郑风》中法译名篇《将仲子》的多家译介高手——韩国英（Pierre-Martial Cibot）、鲍吉耶（Guillaume

Pauthier)、葛兰言（Machel Garenet）等多个法译文本，进行跨文化比较文学研究和诗学解读，皆有真知、识见，值得《汉学研究》广大读者一阅。

《波德莱尔在20世纪20—30年代中国的译介》一文，系杨振教授主持的国家社科基金青年项目"法国文学在民国文学期刊中的译介"阶段性成果之一，是作者近几年来潜心于这一课题个案清理和深度考察的又一篇力作。众所皆知，中法诗歌、诗人之间的相遇、交流，也始终是中法文化、文学关系研究的主题；自18世纪来华传教士马若瑟（Joseph Maria de Premare）神父首译《诗经》8首诗歌打头阵引进法国，中经启蒙思想家伏尔泰（Voltaire）的推波助澜、世俗汉学学者弗雷莱（Nicolas Freret）的诗学解读、18世纪末法国诗人安德烈-谢尼埃（Andre Chenier）的推崇，至19世纪中叶法国象征诗派勃兴，中法两国诗歌双向交流，便成了一时期中法文化文学关系研究的主旋律。象征派鼻祖波德莱尔（Charles Baudelaire）与中国关系考察，遂成了研究近代中法文化文学关系绕不开的重要课题。自20世纪初，中国"五四"新文化运动以降，法兰西象征诗坛执牛耳者波德莱尔"中国之旅"20世纪20—30年间的流布与影响，也便成为我国新文学初期文界、学者的一个热门话题，也是20世纪法国汉学界、中法文化文学关系研究者、中法比较文学研究者所热衷探讨的课题。不过仅据笔者阅读所知，现有发表的相关研究文章，对波德莱尔20世纪"中国之旅"的考察和探索，大多缺乏跨文化深度透视和时代语境的分析，较少触及批评文本的知识来源及彼此间的互文性，也较少将对波德莱尔之评析放置在当时的文学思想脉络中进行深入探讨。2015年5月，我曾有幸应邀参加复旦大学杨振博士主持的"民国时期中法文学相遇"国际论坛，聆听过他在论坛现场所做的精彩报告："病态与颓废的诗人：民国时期波德莱尔批评中的一种趋向探源与反思"，当时就令人耳目一新，印象深刻。4年后的今天，我又读到了如上所述的这篇力作，作者以鲁迅、周作人、田汉、徐志摩、高滔、徐懋庸等中国新文学初期前驱作家、诗人、批评家在20世纪20—30年代对法国19世纪象征诗坛一代宗师波德莱尔的评论为主轴，以文本借用和改写的具体证据为依托，分析上述评论如何接受当时被译介到中国的日本、英国、奥地利、法国批评家，诸如厨川白村、本间久雄、Frank Pearce Sturm、Max Nordau、Théophile Gautier等人的作品的影响，同时又有所取舍。论者还结合当时中国的文学思想语境，对接受个案的原因进行初步分析，提出进一步研究可能的路径。他在对我国现代诗人徐志摩与波德莱尔关

主持人语：中法比较文学研究之新成果新面孔新风采

系的个案考察中，考析徐志摩在翻译波德莱尔《死尸》过程中对其所依据原本的改写，重构徐志摩解读波德莱尔时的期待视野等诸多方面，皆不乏新见与突破。这一切显然皆得益于论者本人中法文化文学知识的积累和中法比较文学研究、"东学"（国学）、"西学"（汉学）的基本功力，和论者对研究对象所拥有的第一手研究资料的日积月累的收集与发掘，因而使之不失为近5年来"东学"（国学）、"西学"（汉学）领域研究难得一见的佳作，值得广大读者阅读。

《生命的慰藉与延续——论谢阁兰关于中国墓葬形式的思考》一文，论及的是20世纪法国"中国诗人"、散文家、考古学家谢阁兰（Victor Segalen）有关中国墓葬形式的描述与思考，出自我国比较文学界谢阁兰研究青年专家邵南博士之手，是论者近几年来专事谢氏系列探索的成果之一，也是我们很久以来难得一见的谢阁兰研究的佳作美文。15年前，我曾读过复旦大学谢阁兰专家黄蓓教授寄赠我的由她主编的一套精美中译谢阁兰文集，其中就有邵南、孙敏联袂合译的谢阁兰《诗画随笔》，那时就给我留下了难忘的印象，我于是记住了从未晤面的年轻才俊邵南这个名字。去年岁末，我又一次读到了他寄来的一篇文章《论谢阁兰笔下人与江河的关系》，方知这位年轻才俊已然成为今日谢氏研究的大家，真让我佩服。谢阁兰在1909—1917年间，曾先后以海军见习译员、医生、客座教授、考古领队等多重身份三度来华，客居中华长达5年。这5年中，他除在北京、天津、南京等地生活、工作外，还与友人结伴，在黄土高原、青藏高原、四川盆地、长江流域等地做过两次为期各半年的观光旅游和考古旅行，足迹遍及大半个中国。这位热心于考古旅行和精神探秘的考古学家，兼诗人、散文家，在中华大地上曾探访过为数众多的墓葬，他从这些星罗棋布的大小墓冢及其附属建筑中，领悟到中国人不同于西方的墓葬观。他从儒家"事死如生"的思想到风水的理念，从农夫与古墓的和谐共存到生者对死者的吞噬，从以死亡为休憩的道家哲学到拒绝死亡的鲜活石兽，多角度地现场观察中国墓葬，思考蕴含其中的哲学思想，并不断从中提炼出对建立自己的生死观体系有用的元素，熔铸到自己的笔端，为后世留下《碑》《诗画随笔》和《中国：伟大的雕塑艺术》等这些诗歌、散文、艺术著作。邵南《生命的慰藉与延续》一文，正是对谢阁兰当年在中华大地上精神遨游、文化探秘的别具慧眼的追踪与解读，亦是对这位以认知超验的存在为己任的西方神秘主义诗人在东方古国精神求索的心路历程，最富洞察力的真实揭示和生动再现。得力于本论文作者对谢阁兰的精深研究与独树一帜的开掘，尤其是得益于论者对谢氏天上人间，上下求索的心路历程独具性灵和诗性的体悟与精准把握，这篇《生命的慰藉与延续》的谢阁兰之探，成为谢氏研究领域难得一见的佳作美文，值得《汉学研究》海内外广大读者和学者阅读、细细品味。

许玉婷博士《化时间为灵动的空间——论中国文化对克洛德·罗阿时间书写的影响》一文，是她多年致力于 20 世纪法国诗人克罗德·罗阿（Claude Roy）与中国文化关系研究系列成果之一。根据我所读过的作者已发表的这一课题相关论作判断，她已是这一领域的专家。我们知道，在构筑中西（中法）文化和文学交流互动的世纪旅程中，中国诗歌一直是打头阵的前哨和旗手。自 18 世纪马若瑟神父首译《诗经》中 8 首诗篇，进入法国和欧洲始，中国诗歌在法国译介、传播迄今已有两个多世纪的旅程，中经 18 世纪启蒙思想家伏尔泰、诗人谢尼埃的推波助澜，19 世纪浪漫主义诗坛伟大诗人雨果（Victor Hugo）、帕纳斯派唯美主义诗人戈蒂耶（Théophile Gautier）、象征派诗人波德莱尔和马拉美（Stéphane Mallarmé）等对中国诗歌的应和与接纳，至 20 世纪初叶东来华土探秘的法国诗人克洛代尔（Claudel Paul）、谢阁兰、圣-琼·佩斯（Saint-John Perse）、米修（Henri Michaux），直面中国文化、中国文学艺术、中国思想、智慧的交流碰撞，中国诗歌在法国的传播已从汉学扩展到文学，从译介传播与接受，进入中法诗歌创作、中法诗人之间直面交流碰撞和相互影响的新阶段，揭开了中法文化文学交流史册新篇章。20 世纪法国诗人罗阿（Claude Roy），正是中国诗歌在法国的传播从汉学进入到文学、从译介传播进入到中法诗歌创作、中法诗人之间直面交流碰撞、相互影响的见证人和实践者，罗阿与中国文化关系研究，便成了中法文化文学关系史研究值得深入探讨的典型课题。本论文作者将研究对象置于中法文化文学交流互动的历史框架中和跨文化比较研究的视野下加以透视，运用跨文化比较文学研究的理论、方法和论者所积累的丰富资料，多层面、多角度地论证了诗人罗阿，无论是在世界观的确立上，还是在诗歌创作上，都深受中国文化、中国思想、中国诗歌的影响，这一深刻影响在诗人创作后期在其对时间的书写上体现得尤为鲜明突出。比如，在道家思想的熏陶下，罗阿如何克服死亡焦虑，坦然接受死亡的逼近，并由此而缓解时间流逝带来的焦虑与晕眩，安住在自然的时间之流中。比如，中国诗歌对人生如梦主题的阐述、中国诗画对散点透视

主持人语：中法比较文学研究之新成果新面孔新风采

的运用，如何给诗人罗阿带来极大的启迪，启发他将散点透视运用到时间书写上，通过如画般的梦境来书写时间，他的时间书写因此具有灵动空间的特性等，都被论者一一加以阐明、论析，使这篇论作成为近十余年来法国诗人罗阿与中国文化关系研究最具突破性的论作，值得推介。

张峻巍《论雷威安对〈西游记〉的翻译与研究》和成蕾、隗波扬《重译与再现：评雷威安〈论语〉翻译》两篇论文，都不约而同地选取同一个汉学家雷威安（Andre Levy）先生作为各自的探求对象，看起来，这也许是有趣的偶然巧合，但从学理、学术层面看来，却是顺理成章的必然巧合和必然选择，其选题是有意义、有学术分量的。众所皆知，雷威安先生是20世纪法国汉学界享有盛誉的著名汉学家、出类拔萃的大翻译家，他在译介中国文化文学经典、特别是译介、研究中国古典小说、古典戏曲方面的建树和成就，有口皆碑。雷威安先生的著作和译作，也因此而成为20世纪法国汉学研究、中法文化文学关系研究的热门话题和研究对象。两篇论作作者分别以雷威安重译《西游记》和《论语》为各自探析的中心主题，集中聚焦于雷威安先生之《西游记》《论语》法译本的跨文化解读和个案分析，并将之置于中法文化关系史、法国汉学史和学术史的背景下加以审视和细究，揭示出这位大翻译家在迻译此两部中国文化文学经典的过程中，究竟有着怎样的译介方略和特点，其移植法译本处于何种高度与限度，取得哪些成就和贡献，由此而展现出一代翻译大家的真实风貌，充分显示出了两位作者不凡的学术眼光和跨文化比较文学研究的扎实功力，因之而使这两篇论作一出手，便成为雷威安研究中不可不读的论作，令人惊喜。有趣的是，两位论者都是"80后"在读博士生，师从我国世界文学比较文学同一名师川大曹顺庆教授，俗话说名师出高徒，果然不错。得益于名师的教诲和传授，得力于两位高手的勤勉和积累，终修正果，促成了这两篇论作的问世，而又正适逢雷威安先生谢世两周年之际，发表于《汉学研究》"中法建交55周年纪念"特设专栏，以飨海内外广大读者，祭献于雷威安先生在天之灵，以缅怀这位为中法文化文学交流事业做出不朽贡献的20世纪法国著名汉学家、天才翻译家和我国学界所深深敬重、怀念的良师益友。

最后，此集张絮和陈恒新的大作，都是精彩之文，限于篇幅，恕我不做介绍。

2019年7月1日，凌晨，南京秦淮河西跬步斋

法国汉学家雷慕沙《太上感应篇》法译本浅析[*]

张 粲

摘 要：雷慕沙是法国经院汉学的鼻祖，他开启了法国关于中国的全方位研究。他在欧洲首次翻译了道教劝善书《太上感应篇》。这个《太上感应篇》法译本在向欧洲介绍道教文化的同时，又体现了明清来华耶稣会士的道教观的遗存和痕迹，反映了19世纪欧洲对于道教缺乏科学认识的时代局限。但总体而言，雷慕沙在19世纪法国汉学的道教研究方面可谓居功至伟。本文拟分析雷慕沙《太上感应篇》法译本的翻译特色，并通过该译本说明雷慕沙对于道教的理解，再现19世纪早期法国汉学对于中国道教的认识及其时代局限。

关键词：法国汉学 雷慕沙 《太上感应篇》 法译本

一、雷慕沙与法国汉学

雷慕沙（Jean Pierre Abel Rémusat，1788—1832）生于巴黎，其父是当时法国国王最为器重的外科医生之一。受家庭影响，雷慕沙本是医学博士，后来因为对中医尤其是《本草纲目》产生兴趣，于是决定自学汉语和满语。经过一段时间的学习后，雷慕沙熟练地掌握了这两种语言，并且在他后来的汉学研究中能够进行熟练的运用。1811年，年仅23岁的雷慕沙发表了让其崭露头角的论文——《中国语言文学论》（*Essai sur la langue et la littérature chinoises*）。

---

[*] 本文系国家社会科学基金项目"道教典籍在法国的译介与传播研究"（16CZJ019）、"中央高校基本科研业务费专项资金"（西南交通大学"中国宗教研究"创新团队建设项目2682018WCX04）的阶段性研究成果。

法国汉学家雷慕沙《太上感应篇》法译本浅析

两年后，雷慕沙又完成了关于中医舌诊的论文，并以此开启了法国的中医研究。

1814年，法兰西学院（Collège de France）首次开设了"汉、鞑靼—满语言文学讲座"（La Chaire de langues et littératures chinoises et tartares-mandchoues）。这是世界上第一个汉学讲座，在法国乃至整个欧洲均是一个创举。由于它标志着"汉学在法国有了独立的学科地位"，并"被视做西方经院式汉学的开始，"[①] 因而具有重要的意义。年轻的雷慕沙出任法兰西学院首任汉学教授，成为法国经院汉学的鼻祖和"首先使汉学成为专门学科的学者"[②]。几年后，他即凭借关于鞑靼语系和中国文学研究的成就而闻名于世。

雷慕沙曾获得法国骑士荣誉勋章，曾任法国皇家图书馆（Bibliothèque royale）的管理人和负责人、法兰西铭文与美文学术院（Académie des inscriptions et belles-lettres）的会员，哥廷根皇家科学院（Société royale des sciences de Gottingue）的外籍合作会员，巴黎亚洲学会（Société asiatique de Paris）的主席。[③] 他曾受命在法国皇家图书馆负责汉文书籍的编目，但遗憾的是，他未能完成这项工作。虽然如此，他的编撰成果后来大多收入《亚洲杂纂》（*Mélanges asiatiques*）和《亚洲杂纂新编》（*Nouveaux mélanges asiatiques*），其中有不少文章研究了亚洲的历史和语言。

雷慕沙开启了关于中国的全方位研究，广泛涉及中国语言、文学、宗教、哲学等。除了汉语教学方面的著作（如《汉语语法基础》，即 *Eléments de la grammaire chinoise*，1822）之外，他还翻译了较多文学和哲学作品，如《玉娇梨》、儒家典籍《论语》《大学》《中庸》等。在宗教方面，雷慕沙对于道教和佛教均有研究。他于1816年翻译了《太上感应篇》（*Le livre des Récompenses et des Peines*），这是该书在欧洲的第一个译本；1823年发表了论文《老子的生平及其学说》（*Mémoire sur la vie et les opinions de Lao-tseu*），文中选译了《道德经》第1、14、25、41、42章，这使他成为19世纪欧洲率先翻译《道德经》的人。在他逝世后出版的《法显撰佛国记》（*Foe Koue Ki ou Relation des Royaumes bouddhiques de Fahien*，1836）被欧洲汉学界视为法国第一部研究佛

---

① 何培忠主编《当代国外中国学研究》第165页，商务印书馆，2006年。
② 许光华《法国汉学史》第102页，学苑出版社，2009年。
③ Antoine-Isaac Silvestre de Sacy, "Notice historique sur la vie et les ouvrages d'Abel Rémusat", *Mémoires de l'Institut national de France*, tome 12, 1839, pp. 375-400.

教的严肃著作。1832年，雷慕沙在霍乱中英年早逝，这是法国和欧洲汉学界的巨大损失。

二、雷慕沙《太上感应篇》法译本翻译特色

《太上感应篇》简称《感应篇》，是著名的道教劝善书，或成书于宋代，作者不详。全书共计1200余字，虽篇幅不长，却流传极广。该书借"太上"（即太上老君）之名，阐述"天人感应"，旨在劝人积德行善、切勿作恶，被誉为"古今第一善书"。所谓"感应"，指善恶报应，意为由上天根据人们的所作所为给予相应的奖赏或惩罚。因此，《太上感应篇》开篇即以"祸福无门，唯人自召，善恶之报，如影随形"16字为纲，宣扬"善有善报、恶有恶报"的因果观念；随后指出人若要想长生多福，必须行善积德，并详细列举了26条善行和170条恶行，作为奖惩的标准，达到劝人"诸恶莫作、众善奉行"的目的。此书作为道教劝善书，同时融合了儒、道、佛三家思想，语言通俗易懂，流传甚广，民间的自愿刊印传播者甚多，到明清时期达到高峰。

雷慕沙于1816年发表的《太上感应篇》的法文译本书名为 *Le livre des Récompenses et des Peines*，意为"关于奖赏和惩罚的书"。该译本分为五部分：（1）告读者（Avertissement）：在该部分中，雷慕沙阐述了他的翻译动机和翻译手法、他对于道教的描述和理解、中国的宗教状况等，并宣布计划翻译中国的哲学及宗教书籍，其中首先是翻译《道德经》，并称它是帮助欧洲人认识道教的重要书籍："只有翻译了《道德经》，我们才能有依据地评论道教"[①]；（2）清世祖爱新觉罗·福临（即顺治皇帝）所作《御制劝善要言序》[②] 的法语译文 (Préface de l'Empereur, pour la *Collection des livres propres à excister à la vertu*) ；(3)《太上感应篇》原刊印者序言的法语译文（Préface de l'Éditeur chinois du *Livre des récompenses et des peines*）；（4）《太上感应篇》正文的法语译文；

[①] Abel Rémusat, Avertissement, *Le livre des Récompenses et des Peines*, Paris：Imprimerie de Doublet, 1816p. 7. 但雷慕沙翻译《道德经》的计划并未完全实现，而是撰写了两篇论文：一是《老子的生平及其学说》(Mémoire sur la vie et les opinions de Lao-tseu, 1823)，二是《关于老子的生平及其学说》(Sur la vie et les opinions de Lao-tseu, 1825)。

[②] 《劝善要言》是顺治皇帝采集的各类劝善格言，大部分采自成语，满、汉文各一卷，《太上感应篇》亦在摘取之列。

(5) 注释（Notes）：该部分共计29条注释，在注释中雷慕沙解释了某些中国传统文化术语，翻译了《太上感应篇》原文所附400余则故事中的16则。

（一）雷慕沙《太上感应篇》法译本的翻译策略

雷慕沙意欲传达《太上感应篇》原作的思想本质，但由于他认为《太上感应篇》的原句往往"单调乏味"（monotone）、"令人扫兴"（rebutante），因此在翻译中根据实际需要对某些句子进行了自由的处理。他指出："若要对本书进行完全的字面翻译（traduction littérale），这是令人难以容忍（insupportable）的。同时，（翻译时）意欲绝对精确的做法既令人厌烦（fastidieuse）、也是没有益处（inutile）的。"① 雷慕沙对《太上感应篇》文本的自由处理有成功的案例，也存在些许误译，以下择其典型者加以分析。

第一，成功的增译案例。由于中国古代文言文往往缺乏主语、谓语等句子成分，因此译者在将文言文翻译为西方语言时，通常需要补足句子成分，以使译文结构完整、行文流畅、合乎逻辑。《太上感应篇》原文"是道则进，非道则退"之后，列举了一系列针对"欲求长生者"的行为规范，从"不履邪径、不欺暗室"到"施恩不求报，与人不追悔"为止。由于这些行为规范紧随"是道则进，非道则退"出现，因此雷慕沙先增译了"On suit la raison"（"人们遵循'道、理性'"）一句，再用多个以"quand, lorsque"（当……的时候）开头的句子形成排比，引出一系列对人的行为所做的规范和要求。如此处理，既能凸显"On suit la raison"一句的提纲挈领的作用，又能通过后面的排比句式营造排山倒海的气势，并能避免译文给读者造成头重脚轻之感。在所有的行为规范介绍完毕之后，雷慕沙用"Alors"（"于是，这样"）作结，翻译"所谓善人，人皆敬之，天道佑之，福禄随之"与前文进行呼应，形成完整的结构。

第二，少数误译。雷慕沙的《太上感应篇》法语译本存在少数的误译情况，究其原因，多因望文生义所致。此处略举几例。如在列举人的不当行为时，有"慢其先生，叛其所事"一句。"先生"在文中本指"教师、老师、师傅"，"慢其先生"意为"轻慢、傲慢地对待老师"，而译文为"Ne point honorer ceux qui sont plus âgés que soi"② （"丝毫不尊重那些比自己年长的

---

① *Le livre des Récompenses et des Peines*, p. 4.

② *Le livre des Récompenses et des Peines*, p. 25.

人")。显然,雷慕沙是将"先生"轻率地理解为"早于自己出生的人",完全背离了原文。

第三,译文中对某些中国古代称谓的处理有失准确。先看"不和其室,不敬其夫"。该句前后分句分别说明丈夫和妻子相互的义务。丈夫应和善地对待妻子,妻子应尊敬丈夫,以言夫妻二人应和睦相处之意。可见"夫"乃指"丈夫"。而雷慕沙将整句译为"vivre mal avec sa femme ; ne point respecter son père"①("与妻子相处不睦,丝毫不尊重他的父亲"),如此翻译,则将整句所指的对象指向一家之丈夫,歪曲了原意;再看"无行于妻子,失礼于舅姑"。此句中的"妻子"指妻子和儿女,"舅姑"在古时多指"公婆",也指"岳父母"。前半句言丈夫对妻子和儿女的态度,后半句言妻子对公婆的义务。《礼记·内则》有云:"妇事舅姑,如事父母";唐朱庆馀有诗云:"洞房昨夜停红烛,待晓堂前拜舅姑。"雷慕沙将"无行于妻子,失礼于舅姑"译为"Ne pas agir vertueusement envers son épouse et ses fils ; manquer au devoir envers ses onlces et ses tantes"②("并不善良或合乎道德地对待他的妻子和儿子们,在舅、叔、姑、姨们面前未履行责任和义务"),明显可见其对"舅姑"的翻译乃基于字面意义上的理解而成。

(二)丰富的注释

雷慕沙所译《太上感应篇》的一大特点是其注释极其详细丰富。该译本总篇幅为79页,其中,注释即占据45页之多,超出总篇幅一半有余,而《太上感应篇》正文的译文仅为14页。注释的篇幅远远超过译文本身。在注释中,雷慕沙参考或征引了《康熙字典》《礼记》《淮南子》《庄子》《孟子》《三藏法数》《石氏星经》等书,体现出深厚的文献功底和学术素养;在必要时,他还讨论了儒、释、道三教思想及其相互关系,尽力向欧洲人介绍中国的传统文化。

对于当时欧洲人感到极为陌生的道教文化,如道教神灵、称谓、事物、节日等,雷慕沙通常先在译文中采取读者容易接受的词语,继而在注释中以详尽的篇幅解释其历史渊源和宗教内涵,兼顾了译文的连贯性和准确性。此处略举二例。

例一:关于"纪、算"。《太上感应篇》云:"又有三台北斗神君,在人

---

① *Le livre des Récompenses et des Peines*, p. 31.
② *Le livre des Récompenses et des Peines*, p. 31.

头上，录人罪恶，夺其纪算。"

译文："Il y a au ciel trois ministres, et le Boisseau du nord, prince des Esprits. Les esprits, placés sur la tête même de l'homme, tiennent un registre exact de ses fautes, lui retranchent en conséquence, soit des périodes de cent jours, soit des espaces de douze ans."①

又云："月晦之日，灶神亦然。凡人有过，大则夺纪，小则夺算。"

译文："Le jour où la lune est privée de lumière, l'esprit du foyer fait la même chose. Quand un homme commet une faute, si elle est grave, on lui retranche douze années de sa vie ; si elle est légère, on lui ôte cent jours seulement."②

"纪、算"是道教术语，是道教对于时间的特有称谓。"纪"指"十二年"，"算"指"一百日"。雷慕沙在译文中先将二者直译为"douze ans""douze années"（"十二年"）和"cent jours"（"一百日"）③，后在注释中分别解释为：

"*Souan*, proprement *nombre*, *calcul*, signifie ici un espace de cent jours. C'est une acception particulière aux *Tao-sse*."④（"'算'，本义指'数'、'计算'，此处指一百天的时间。这是一个道士专用的词语。"）

"*Ki*, espace de douze ans de la vie humaine. C'est encore une acception particulière aux *Tao-sse*."⑤（"'纪'，指人生中的十二年。这也是一个道士专用的词语。"）

例二：关于"三尸"。《太上感应篇》云："又有三尸神，在人身中，每到庚申日，辄上诣天曹，言人罪过"。

译文："Il y a aussi trois larves qui habitent dans le corps même de l'homme. Chaque fois qu'on arrive au cinquante-septième jour du cycle de soixante, elles montent au conseil des magistrats célestes, et y rendent compte des fautes et des péchés de l'homme."⑥

---

① *Le livre des Récompenses et des Peines*, p. 22.
② *Le livre des Récompenses et des Peines*, p. 22.
③ *Le livre des Récompenses et des Peines*, p. 22.
④ *Le livre des Récompenses et des Peines*, p. 35.
⑤ *Le livre des Récompenses et des Peines*, p. 40.
⑥ *Le livre des Récompenses et des Peines*, p. 22.

道教类书《云笈七笺》卷八十一《庚申部》列"三尸三恶门","三尸"分别为"上尸、中尸、下尸","常居人身中,赛人三关之口,断人三命之根,遏人学仙之路"①。《云笈七笺》卷八十二《庚申部》"三尸篇"又记"虫尸互名,参神乱鬼"②。法语中"larve"一词可指"恶鬼、亡灵、鬼魂",也有"幼虫"之意。雷慕沙在正文中用"trois larves"("三个恶鬼、三条幼虫")来翻译道教的"三尸",是恰当的。他随后又在注释中对"三尸"加以解释:

"En chinois *San chi*. *Chi* signifie proprement un *homme couché*, puis la représentation d'un esprit dans un sacrifice, celle d'un parent mort à qui l'on fait des cérémonies funèbres. C'est de ce dernier usage qu'est pris le nom qu'on donne ici aux trois esprits qui habitent en nous ; c'est pourquoi j'ai cru pouvoir le rendre par *Larve*.("汉语作'三尸'。'尸'的本义为'躺着的人',后来它被描述为献祭仪式中所供奉的神灵、或者人们为某位死去的亲人所作的葬礼上所供奉的神灵,此处采取后者之意。'三尸'存在于我们体内,因此我认为可以用Larve一词来翻译。")

　　此类案例还有很多,例如"三台""北斗神君""灶神""仙""天民""五腊日""八节"等。由于篇幅所限,不在此赘述。

　　此外,雷慕沙除了在注释中解释中国传统文化,还翻译了《太上感应篇》所附的某些短小故事。原作《太上感应篇》的每个句子都附以几个短小的故事,作为实例向世人说明:如果遵循《太上感应篇》的训诫,行善积德就会得到奖赏,行凶作恶则会受到惩罚。《太上感应篇》中类似的故事共计400余个,但雷慕沙并没有将之全译,他仅选取翻译了最有代表性的、"其故事内容所反映的风俗和观点能给人最大触动"③的十六则故事,例如:因诸多善行(如不伤昆虫草木、为动物放生、"不拆骨肉"等)而获得各种善报(如疾病立愈、寿比南山、不死成仙、晚来得子、老有所依、职位升迁、子孙入翰林院等);因诸多恶行(如"填穴覆巢"④"伤胎破卵"⑤等)而招致的恶报(如捣毁树上鸟巢而遇蛇摔亡、原本仕途无量但因霸人之妻而毫无升迁、见人

---

① (宋)张君房编,李永晟点校《云笈七笺》(第四卷)第 1841 页,中华书局,2013 年。
② 《云笈七笺》(第四卷)第 1857 页。
③ *Le livre des Récompenses et des Peines*, pp. 5-6.
④ 指填塞虫蚁居住的洞穴,翻倒禽鸟栖息的鸟巢。
⑤ 指伤害动物的胞胎,破坏动物的蛋。

色美心生淫念而招致杀身之祸、"无故杀龟打蛇"而猝死等）。

三、通过《太上感应篇》所见雷慕沙对于道教的理解和态度

雷慕沙对于道教的理解和态度深受明清之际来华耶稣会士的影响。明清时期，大批欧洲传教士来到中国传教，他们大多是饱学多能的耶稣会士。一方面，他们意识到儒家在中国的统治地位而竭力赞美儒家思想及其经典；另一方面，由于其自身的基督教立场，故而视道教和佛教为偶像崇拜，对之多采取批判和贬斥的态度。如意大利耶稣会士利玛窦（Matteo Ricci, 1552—1610）曾嘲笑道教经籍"叙说着各种胡言乱语"①，并认为道教"对于长生不老的追求表明这是一种'伪'宗教"②；法国耶稣会士刘应（Claude Visdelou, 1656—1737）曾将佛、道二教描述为"两种毒恶之源"及"令人生畏的祸患"，并且称它们"每天还在制造很多能够使偶像崇拜骗人信仰构成新错误的骗子"。③可见，当时的传教士站在基督教的立场、从传教的目的出发来认识道教，"不可避免地体现出浓厚的宗教偏见和文化偏见"④。而作为19世纪早期的汉学家，雷慕沙基本沿袭了这些态度，其对于道教的理解也体现了某些局限性。

例如，雷慕沙在《太上感应篇》法译本的"告读者"中指出："在欧洲，道士仅仅以其编造的荒谬传说（fables ridicules）和充满迷信活动（pratiques superstitieuses）的崇拜而为人所知。在欧洲的传教士们用以描述中国僧侣的词语当中，如'无知'（ignorance）、'江湖骗术'（charlatanisme）、'诡计多端'（fourberie）等这类充满斥责的词语中，大部分也用来描述道士"⑤。此外，对于《太上感应篇》所附的短小故事，雷慕沙称它们几乎全都"思想幼稚"（puérilité des idées），故而不必全部译出。透过以上描述道教的贬义词语，雷

---

① [意]利玛窦、[比]金尼阁著，何高济、王遵仲、李申译《利玛窦中国札记》第110页，中华书局，2010年。
② 许明龙《欧洲十八世纪中国热》第63页，外语教学与研究出版社，2007年。
③ [法]谢和耐、戴密微等著，耿昇译《明清间耶稣会士入华与中西汇通》第429页，东方出版社，2011年。
④ 张粲《法国经院汉学鼻祖雷慕沙的道教研究》，载《宗教学研究》2017年第1期。
⑤ Le livre des Récompenses et des Peines, p. 1.

慕沙对于道教的态度一览无余。

此外,雷慕沙还阐述了他对中国宗教状况的理解。他认为,《太上感应篇》属于道士(Tao-sse)的宗派,道教是中国居于显著地位的三种宗教之一,在中国人眼里,虽然这三种宗教宣传的教义完全不同,却都是三种"真教"(trois vraies)。关于佛道关系,他认为,道教和佛教占据了除文人的宗教以外的部分,二者皆以怪诞的胡言乱语(extravagance)在中国取得了巨大的成功。但产生于印度斯坦的佛教要求人们的思想高度集中进行沉思,因此并不适合于所有人。与佛教相比,"道士们的故事和谎言则更适宜于中国的下等贱民(populace Chinoise)"①,人们甚至可以相信,"这些故事本可以确保道教对于佛教的优势地位,但由于佛教那些宏大的宗教仪式、难以理解的咒语、装饰佛寺的怪异塑像(实际上中国的庸俗百姓在这些佛像那里看到的完全不是佛教的譬喻,而是其他的东西),佛教方未被道教超越"②。关于儒道关系,他则认为,道教或许可以因其古老的历史而胜于儒教。从以上论述可见,此时的雷慕沙仅认识到儒释道三教的矛盾和对立,尚未意识到三者的相互融合和借鉴吸收。

但雷慕沙并未深入探讨儒释道三教的关系问题,他只是认为中国很早就有了道教,且"在近公元前5世纪时受到了老子的改革。老子至今仍受到尊敬,他的思想中有着许多不同等级的神灵以及大量的神仙和魔鬼,它们有善的、也有恶的"③,"人们可以通过我翻译的这本书(指《太上感应篇》)得知老子所宣扬的道德伦理思想"④。这或许透露出雷慕沙翻译《太上感应篇》的动机,但这也反映出当时的雷慕沙对于老子思想、道教发展历史、道教与道家的关系等方面的理解并不十分正确。实际上,道教与老子存在千丝万缕的联系,但学术界一般认为,老子是先秦时期道家学派的创始人和代表人物,道家是一种思想文化流派;而道教则是东汉末年兴起的一种宗教,它通过神话老子等道家人物以提高自身的地位。雷慕沙用《太上感应篇》这部后世的道教经典来分析老子的思想,又宣称"老子的思想中有着许多不同等级的神灵以及大量的神仙和魔鬼",确实看到了道教以道家为主要的思想基础这一事

---

① Le livre des Récompenses et des Peines, p. 2.
② Le livre des Récompenses et des Peines, p. 2.
③ Le livre des Récompenses et des Peines, p. 3.
④ Le livre des Récompenses et des Peines, p. 3.

实,却并未区分先秦道家学派的老子和被道教神化后的老子,又将道教和道家完全混淆,抹杀了两者的区别和界限。可见,19世纪早期的欧洲汉学对于中国道家和道教缺乏全面而科学的认识。

四、雷慕沙《太上感应篇》法译本的影响

若从语言和翻译层面评价,总体而言,雷慕沙的《太上感应篇》法译本清晰明了、准确流畅,除了极少量的误译之外可谓做到了忠实于原作。为了适应汉语向法语的翻译和转化,他进行了灵活并恰当的处理,既兼顾了法文的语法结构和表达方式,又解释了中国古代文化,尤其是道教文化,有助于欧洲人理解这部道教劝善经典。

雷慕沙作为法国经院汉学的鼻祖,开启了对于中国的全方位的研究,扩大了法国汉学的研究视野。然而,他对于《太上感应篇》的翻译,以及他对道教的描述和介绍,均显示出他沿袭了明清之际来华传教士的旧见,体现了19世纪早期欧洲对道教及中国宗教缺乏了解的时代局限。

尽管如此,雷慕沙对于欧洲的道教典籍翻译和道教研究仍然做出了重大的贡献。在19世纪早期欧洲对中国缺乏了解的时代背景下,雷慕沙走在了时代的前列,翻译了《太上感应篇》的首个欧洲译本,拉开了欧洲译介道教典籍的序幕,有助于欧洲人通过这部道教劝善书来理解道教的信仰及教义,激发了欧洲人对于道教典籍和道教文化的兴趣和关注。

在法国,雷慕沙直接影响了弟子儒莲(Stanislas Julien,1797—1873)的道教典籍翻译活动,他所开辟的汉学事业得到了儒莲的继承和发扬。与雷慕沙相同,儒莲的道教典籍译介和道教研究亦始于翻译《太上感应篇》,书名亦为 *Le livre des Récompenses et des Peines*(1835),但他认为雷慕沙仅翻译了原作的16则故事是令人遗憾的事情,因此全译了《太上感应篇》的400多个传说和故事,最终成就了一部煌煌译著。儒莲后来成了欧洲三大杰出汉学家之一,这与雷慕沙奠定的基础和影响密不可分。

雷慕沙的《太上感应篇》法译本比英译本早了14年。在德国,雷慕沙的《太上感应篇》法译本产生了极为重大的影响。德国的汉学研究起步较晚,在19世纪上半叶,欲从事汉学研究的德国人往往先去巴黎学习汉语,而他们的老师便是当时最为活跃和权威的汉学家雷慕沙。例如,被誉为"德国汉学家

中研究道教的第一人"① 的克拉普罗特（Julius Klaproth，1783—1835）便是如此。他被雷慕沙的汉学讲座所吸引，到达巴黎后从事汉学研究，并于1828年用法文翻译出版了满语本《太上感应篇》；另一德国学者库尔茨（Heinrich Kurz，1805—1873）亦曾于1827年在巴黎跟随雷慕沙学习汉语，并于1830年翻译了《太上感应篇》，这是"长期以来唯一的德译本"②。可以说，雷慕沙的道教研究直接影响了19世纪早期德国学者对于道教的认识。

综上所述，雷慕沙的《太上感应篇》法译本体现了明清来华耶稣会士的道教观的遗存和痕迹，反映了19世纪欧洲对于道教的认识局限。但雷慕沙作为第一位翻译《太上感应篇》的法国汉学家，通过《太上感应篇》法译本向欧洲介绍了道教典籍和道教文化，开启了19世纪法国汉学的道教研究，实乃功不可没。

（张粲　西南交通大学外国语学院）

---

① 陈耀庭《道教在海外》第201页，福建人民出版社，2000年。
② 郑天星《德国汉学中的道教研究》（一），载《中国道教》1999年第3期。

法语国家传教会和19、20世纪之交的中国经典翻译

——以两个法译本的《诗经》为例

赵维纳

摘　要：19、20世纪之交的中国，法语国家传教会在中法文化交流中占据着举足轻重的地位，这在很大程度上是通过翻译中国经典实现的。本文将要讨论的两个《诗经》法译本，即顾赛芬译本（1896年初版）和陶福音译本（1907年），就是在法国耶稣会和比利时圣母圣心会的支持下出版的。它们对以往传教士翻译中国经典的传统既有继承，也有突破，为西方汉学界提供了第一批完整而准确的《诗经》法译本。

关键词：耶稣会　圣母圣心会　《诗经》　中国经典的法文翻译

19、20世纪之交的中国，法语国家传教会（以天主教会为主）在中法文化交流中占据着举足轻重的地位。彼时活跃在中国的各大派别的天主教会，借助隶属于它们的诸多机构及服务于它们的传教士之力，对中国古代经典进行了大量的翻译。耶稣会作为最早历史最悠久、也最具抱负的传教会之一，它在中国的两大教区——河北献县教区和上海徐家汇教区，都贡献了数目相当可观的汉籍法译本。圣母圣心会进入中国时间较晚，而且活跃地多为中国最不发达的省份——甘肃、内蒙古、新疆等，尽管条件艰苦，仍有以陶福音主教为代表的部分教士对翻译活动给予极大的重视。下文将要讨论的《诗经》的两个重要译本，即1896年的顾赛芬（Séraphin Couvreur）译本和1907年的陶福音（Hubert Otto）译本，就是分别在法国耶稣会和比利时圣母圣心会的支持下，于中国刊印出版的，前后间隔仅11年。

一、法语国家传教会翻译中国经典（以《诗经》为例）的时代背景

西方的汉学，即对中国的学术性研究，是由法国人奠基的。[①] 传教士，尤其是耶稣会士，曾为17、18世纪的法国和欧洲的中国研究做出过巨大的贡献。但进入19世纪后，法国和欧洲的汉学发生了一场颠覆性的变革：非宗教学者逐渐占据了此前一直由耶稣会士牢牢把控的领域，甚至还超越了后者。对于曾经取得过辉煌成就的天主教传教士而言，这一反差多少显得不那么愉快。他们势必要有所作为，试图重建昔日的辉煌。

19世纪中叶，凭借着中国与西方列强签订的一系列不平等条约，传教士们重新踏上了中国的土地，其中就包括法国耶稣会和比利时圣母圣心会两个天主教会。相较其他的基督教传教会，它们在教育和文化方面取得的成就更为突出。

再度进入中国的耶稣会传教士一方面渴望复活其17、18世纪的前辈的"博学"传统，另一方面出于传教布道的需要，热衷于中国经典，尤其是"四书"和"五经"的翻译。新入中国的圣母圣心会士也秉承了以学术传教的传统，重视宗教与中国本土文化的融合和教区的教育，也将中国经典的翻译摆在突出的位置。

不过，尽管有所继承，这批法语国家传教士完成的中国经典的译本，与之前的天主教传教士（马若瑟、韩国英、钱德明等）的译本，还是呈现出不同的面貌，主要体现在以下四个方面。

第一，与在欧洲出版的汉籍法译本——雷慕沙的《玉娇梨》（*Deux Cousines de Rémusat*），儒莲的《西厢记》（*Histoire du pavillon d'Occident*），德理文的《唐诗》（*Poésie de l'époque de Thang*）等不同，这些译本基本都是在中国出版的，并不能立刻被他们的欧洲同胞读到。它们更多的面向"内部"读者，比如驻华的欧洲传教士，比如与传教士联系密切（一般通过书信往来）的欧洲学者，并不面向广义上的读者。

第二，不同于《全志》和《论集》的作者，19世纪的法语国家传教士致力于对中国经典进行全译和精译，而非简单的介绍和碎片化的翻译。一方面，杜

[①] [法] 戴密微著，耿昇译《法国汉学研究史》（*Aperçu historique des études sinologiques en France*），载《中国史研究动态》1980年第1期。

赫德"让中国作证"的观念①——即通过阅读中国人自己的作品,解读中国人的生活与思想,此时已得到了欧洲汉学界的广泛认可,其实现必然要通过翻译。另一方面,18、19世纪出版的好几部字典和语法书,如傅尔蒙(Fréret Fourmont)的《汉法拉丁三语辞典》(*Dictionnaire chinois, français et latin*),雷慕沙的《汉语语法原理》(*Eléments de grammaire chinoise*),儒莲的《汉文指南》(*Syndaxe nouvelle de la langue chinoise*),顾赛芬的《古代汉语词典》(*Dictionnaire classique de la langue chinoise*)则让全译和精译在语言层面上成为可能。

第三,此时的天主教传教士们终于放弃了在故纸堆中找寻所谓的"上帝和基督教的踪迹"(典型的代表是以白晋、马若瑟等人为代表的索引派)的努力,而让翻译回归到了文本本身。就《诗经》的情况看,顾赛芬译本的出众之处正在于其高度的准确性和忠实性(也许在某些情况下过于忠实了),不仅忠于原文本,而且忠于朱熹学派的注解;② 陶福音也在序言中称自己的译本为"忠实的译本",旨在帮助人们发现"关于这本汉语经典的准确概念"③。

第四,这两个由传教士翻译的《诗经》全译本在文学性方面仍相对欠缺。这并不意味着它们从文学的角度看不够优美,而是作品的文学性并不是译者首要考虑的问题。虽说顾赛芬的译文被评价为"无可挑剔的优雅",这位博学的神父在译本的引序言中并不曾强调《诗经》的文学价值。在他眼中,"关于遥远东方的这一古老民族的道德、风俗和信仰,也许《诗经》是最能为我们提供可靠信息的一部书。它引起了伦理学家和历史学家特别的关注,为传教士提供了有用的援助"④。显然,对于《诗经》的基本定位,顾赛芬与17、18世纪的传教士前辈们的看法一脉相承,尽管他的年代要晚许多,表达形式也更为现代化:将《诗经》视为"圣书"。陶福音则直截了当地指出:"有些阅读《诗经》的人热切地追求文学,我对此表示理解;但不管怎样,它都是一部学校的教材"⑤。他强调《诗经》在儿童教育方面的重要性。简而言之,

---

① 关于《全志》的翻译问题,可参阅蓝莉(Isabelle Landry-Deron)著,许明龙译《请中国作证》(*La Preuve Par La Chine*),商务印书馆,2014年。
② 《法国汉学研究史》载《中国史研究动态》1980年第1期。
③ [比]陶福音《炉边几小时,〈诗经〉——中国经典之一》(*Quelques heures au coin du feu, Cheu-king ou le livre des vers, un des Classiques Chinois*)第4页,香港:外方传教会印刷厂,1907年,。
④ Séraphin Couvreur, *Cheu King*. Taiwan:Kuangchi Cultural Group, 2004, pp. 4-5.
⑤ 《炉边几小时,〈诗经〉——中国经典之一》第4页。

不论是顾赛芬还是陶福音,都没有将《诗经》优先当做一部诗集,一部文学作品,这与当今中国人的共识背道而驰:尽管被后世的评论家赋予了这样那样的价值,《诗经》仍然是一部文学作品、诗歌作品。

当然,两个版本的《诗经》法译本尽管在历史背景和文本特征方面有不少共通之处,还是表现出了明显的差异,因为它们的译者来自两个不同的天主教传教会,两人所处的教区环境、个人经历都不尽相同。下面我们将就这几个问题进行探讨。

二、两个《诗经》法译本的差异:从出版环境到译文文本

1. 耶稣会与圣母圣心会在华情况对比(19世纪中叶至20世纪初期)

法国耶稣会在华历史悠久,其成员都是博学而机灵的神父,往往精通很多门科学,来到中国之前就曾在汉语言和文化方面浸淫多年。它的活动范围是中国两个最富庶、最开放、最早被西方列强入侵的地区:上海和直隶。因此,在华耶稣会享有足够的经济和文献资源,能够建立为数众多的教育与文化机构:学校、博物馆、印刷厂和图书馆。相较于其他在华天主教传教会,耶稣会士从事翻译工作时享有诸多优势。

相比之下,比利时圣母圣心会诞生的时间比耶稣会晚得多,知名度也低得多,却是一个极富进取心的传教会。它于1862年由南怀义(Théophile Verbist)创建于比利时,其初衷就是为了在中国传播基督教。圣母圣心会自1865年入华起,势力逐步渗入了中国的西北六省(内蒙古、甘肃、青海、宁夏、新疆和陕西)。这些都是中国最贫穷、最不发达的地区,与耶稣会掌控的徐家汇教区和献县教区不可同日而语。圣母圣心会的传教士们致力于当地的农业水利建设,创办医院和初等学堂,极大地推动了当地的现代化进程,也促进了基督教的传播。

不过,圣母圣心会作为一个年轻的修会,缺乏大批富有经验的神甫,而且由于在华传教工作的急需,神父往往晋铎数月就匆匆入华传教。[①] 同时由于教区的物质条件非常艰苦,圣母圣心会也不得不招募年轻力壮的神甫——他

[①] 具体可参见汤开建、马占军《清末民初圣母圣心会甘肃传教述论(1878—1922)》,载《西北师大学报》(社会科学版)2003年第40卷第3期。

法语国家传教会和19、20世纪之交的中国经典翻译

们的入华年龄往往不超过30岁。① 因此圣母圣心会传教士在汉学方面的素养,自然远比不上那些在来中国之前就有着多年汉语与其他学科学习经历的耶稣会教士。耶稣会和圣母圣心会对传教区的教育问题都十分重视,不过后者将工作重心放在初等教育,而非高等教育上。陶福音在其《诗经》译本的序言中如是写道:"从各个传教会中挑选饱学之士,组建一个——哪怕只是几个月的时间——专门的研究院,拟定一套循序渐进的教学大纲,适合七到八岁、勤勉而努力、致力于母语研究的青少年……传教士们应当多少抱有这样的希望:他们从学校培养出来的不再是精疲力竭的学生,或只能简单讲解'四书'和《诗经》的教师,而是传播信仰的有力帮手。"这在很大程度上解释了陶译《诗经》的动机与方法。

2. 两个《诗经》译本

（1）顾赛芬及其《诗经》译本

顾赛芬的《诗经》译本问世于1896年,由耶稣会在河间府（今河北省）的印刷厂出版。译本出版当年,顾赛芬61岁,已经是一位精通汉语、经验丰富的资深学者。他于1835年1月14日出生在法国瓦雷斯（Varennes）,1853年9月23日加入耶稣会,1867年在瓦尔斯（Vals）和拉瓦尔（Laval）完成哲学和神学研究,成为正式的神甫。顾赛芬主动要求前往中国传教,他在1870年4月30日来到中国,先在河间府学习汉语,后来去了河北省献县,在河间府直隶东南教区传教多年。在此期间,他还担任过天文台的主管。1919年11月19日,顾赛芬在献县去世,享年84岁。

高第（Henri Cordier）赞扬顾赛芬"热爱耶稣会在华之传统,努力追寻先辈的足迹"②,戴密微（Paul Demiéville）则说他是"中国文化的极大爱好者,无论谁胆敢诋毁这一文化,他就必然会挺身而出为之辩护"③。两个人的评价都是非常中肯的。

顾赛芬一生著作颇丰,曾获得过三次（1886年、1891年、1895年）"儒莲奖"（Prix Stanislas Julien）。他先后编纂过《汉拉字典》（*Dictionarium*

---

① 马占军《晚清时期圣母圣心会在西北地区的传教（1973—1911年）》,博士学位论文,暨南大学,2005年。

② Nécrologie, *T'oung Pao*, Henry Cordier, Vol. XIX, Librairie et imprimerie ci-devant, E. J. BRILL, Leide, 1920, pp. 253-254.

③ 《法国汉学研究史》载《中国史研究动态》1980年第1期。

linguae Sinicae latinum, cum brevi interpretatione gallica, ex radicum ordine dispositum, 1877)、《包括最常用的官话表现方式的法汉字典》（Dictionnaire français-chinois contenant les expressions les plus usités de la langue mandarine, 1884)、《北方官话—法英汉会话指南》（Langue mandarine du Nord-Guide de la conversation Français-Anglais-Chinois contenant un vocabulaire et des dialogues familiers, 1886)、《汉法字典》（Dictionnaire Chinois-Francais, 1890 年)、《古代汉语词典》（Dictionnaire classique de la lague chinoise, 1904)。

顾赛芬翻译了大量中国古籍，多以拉丁文、法文双语言对照汉文出版: 1894 年，翻译出版《中国公函、诏令、奏议、觉书、碑文等文选》（Choix de documents, lettres officielles, proclamations, édits, mémoriaux, inscriptions…texte chinois）；1895 年，翻译出版《四书》（Les quatre livres）,包括《大学》（la grande étude）、《中庸》（L'invariable milieu）、《论语》（Entretiens de Confucius et de ses disciples）、《孟子》（Œuvres de Meng Tzeu）; 1896 年，翻译出版《诗经》（Cheu King）。1897 年，翻译出版《书经》（Chou King, les Annales de la Chine）; 1899 年，翻译出版《礼记》（Li Ki, mémoires sur les bienséances et les cérémonies）; 1914 年，翻译出版《〈春秋〉和〈左传〉》（Tch'ouen Ts'iou et Tso Tchouan）; 1916 年，翻译出版《仪礼》（Cérémonial）。

可以看到，顾赛芬的绝大部分译作都集中在儒家最为正统的经典——"四书"和"五经"上，《诗经》的翻译是其中非常具有代表性的一部。这个译本是迄今为止再版次数最多、接受度最高、影响也最为深远的《诗经》法文全译本。

顾赛芬的《诗经》译本于 1896 年在河间府初版之后，分别于 1926 年、1934 年于河间府再版、1966 年、2004 年由台湾光启出版社再版，2010 年美国由 Kessinger 出版社再版，为传教士和汉学界提供了很好的工具书和参考文献。同样翻译过《诗经》的法国汉学家葛兰言指出："顾赛芬的译文准确地反映了我们这个时代对《诗经》的解释，就此而言，它也是有价值的。"他的社会学著作《中国古代的节庆与歌谣》（Fêtes et Chansons anciennes de la Chine），正是以顾赛芬的译本为重要的参考底本，继承和发展了顾赛芬导论对《诗经》文化意义的探索，将人类学引入《诗经》研究。①

---

① 刘国敏《顾赛芬〈诗经〉译本研究》，载《国际汉学》2015 年第 3 期。

顾赛芬《诗经》译本全书分为五部分：序言、导论、地图、正文翻译、字典。

在序言部分，顾赛芬交代了他翻译《诗经》的目的和采用的底本。顾赛芬翻译《诗经》乃至"四书"，旨在让读者了解中国的学校教育。他的《诗经》译本依据的首要底本是《诗经备旨》，同时也参考了《钦定诗经传说汇纂》《十三经注疏·毛诗正义》《诗经体注》等重要诗经学著作。所有这些底本，基本都是围绕以朱熹为代表的新儒家学派对《诗经》的解读展开的，它们奠定了顾译本"忠实"而"正统"的翻译风格。

导论部分介绍了《诗经》的历史、艺术手法和道德寓意，并分50个小标题详细论述了《诗经》里不同地域、不同阶级的民俗文化和审美情趣，阐述了周王朝的产生、兴起、繁荣、富强一直到后来衰败的发展史，周代人民的衣、食、住、行、工业制作、农牧生产等物质生产民俗，社会组织、生活礼仪、人生礼俗等社会生活民俗及神灵崇拜、巫术、禁忌、民间歌舞娱乐习俗等精神生活民俗。顾赛芬的导论对前人（主要有天主教传教士孙璋、"世俗"汉学家毕欧）的成果多有借鉴。在形式和内容上，他参考了毕欧（Édouard Biot）的《从〈诗经〉看中国古代人的生活方式》（*Recherches sur les mœurs anciennes des Chinois, d'après le Chi-king*），继承和发展了毕欧对《诗经》民俗文化的探索。顾赛芬沿袭了毕欧的研究方法，以小标题的形式对《诗经》时代的中国社会进行分类叙述，甚至连标题有很多相同的地方。他也同毕欧一样，在每一条文化知识的后面都做了注，以便查找篇目。在"彩虹——凶兆"一节中，顾赛芬直接引用了孙璋的拉丁文译本（1830年版）中的一段评注。

导论之后是十五国风的地图，该地图摘自《钦定诗经传说汇纂》。这在《诗经》法译本中尚属首例。

正文翻译部分的体例，与稍早（1879年牛津大学出版社）在欧洲出版的理雅各（James Legge）的《东方圣书》（*The Sacred Books of the East*），如出一辙。先是《诗经》原文，原文之下是用拉丁拼音系统为汉字所注的音，所用的拼音系统是顾赛芬自己创立的一套系统[①]，每章翻译之前有对该篇主旨的讲解，然后是《诗经》正文的翻译，最后是拉丁语的译文。在拉丁语的译文中，

---

① 顾赛芬在编写辞书过程中建立了自己的转录系统，1902年，法兰西远东学院开始使用这套拼音系统，沿用至20世纪中期。

掺杂了用法语对某些字、词所做的解释,这些解释是参照官方推崇的释义文本进行节译的。正文之后附有按部首编排的《诗经》里所涉及的常用字小字典。① 顾赛芬作为多部法汉、拉汉辞典的编纂者,在此方面可谓经验老到。

顾赛芬的译本尽管在内容上做到了"忠实"于《诗经》原文与朱熹的《诗集传》,但在形式上却并没有讲求押韵,而是采用了散体的译法,放弃了"诗歌"的外在形式,这与《全志》和《论集》中马若瑟和韩国英采取的翻译方法不谋而合。然而,这并不意味着顾赛芬完全放弃了《诗经》原本的韵律:一方面,他在导论中的"文学创作与《诗经》写作手法"一节中,对《诗经》的韵律进行了简明扼要的讲解;另一方面,他在译文中每首诗的原文下都注有拉丁化的拼音,一来便于读者阅读原文,二来也在某种程度上弥补了韵律的缺失,相较于以词译词的强行押韵,此种方式自有其可取之处。

顾赛芬虽然在翻译过程中参考了以《诗经备旨》为主的诸多底本,但其译文基本还是以《诗经》原文为蓝本的,在正文中添加释译的情况并不算多。尤其是"国风"和"小雅"部分的篇章(共计234篇,占《诗经》总篇章数的七成以上),大都采取逐行对照的释译,很少添加信息,这就使得译文极为简洁、准确。只有对于那些背景相对比较复杂、需要补充说明才能更好地诠释其意义的诗,顾赛芬才在正文的译文中加入括号,在括号里进行注释。

对于某些特殊词汇——主要是带有宗教色彩和中国古代特有文化的词汇,比如"天""(上)帝""君子"等,顾赛芬在前人的基础上既有借鉴,也有创新。以"天"的翻译为例,马若瑟使用的是"Ciel"(天)或"l'auguste Ciel"(威严的天),韩国英使用的是音译"le Tien"或"le Ciel",毕欧使用的是"*thie*, ciel"或"*chang-thien*, haut ciel"(上天,高的天)鲍吉耶使用的是"ciel"或"haut du ciel"。而顾赛芬翻译"天",采用了最平实、也最客观的"天"(le ciel),或者"威严的天"(l'auguste ciel),首字母不大写,而是小写,"天"的宗教意义有所削弱。这似乎表明,17、18世纪的译名之争已逐渐淡出以顾赛芬为代表的19世纪中叶以后的来华传教士的视线,他们在翻译中国典籍时,不再固守前人的传统,那种古朴典雅的宗教性在翻译中逐渐淡去。相反,这个时代的耶稣会士译者越来越注重对原文的准确理解和把握,务求确切地译出原文本来的含义,而努力使

---

① 刘国敏《顾赛芬〈诗经〉译本研究》,载《国际汉学》2015年第3期。

自己的宗教背景在译文后隐身。① 再比如"君子"一词，在《诗经》中含义很丰富，顾赛芬在译文中至少给出了 14 种译法②，并不是刻板地按字面翻译，使得读者对这一在西方人眼中相对陌生的概念有了较为准确的认识。

总结起来，顾赛芬《诗经》译本的特点如下：(1) 较少个人化、创造性色彩，最大程度尊重文本，很少有漏译、添加的情况，对以朱熹为代表的"新儒家"对《诗经》的"正统"释义有所参考；(2) 译文简洁、准确、优雅、顺畅，以散体代韵体，再通过注音的方式弥补音律的缺失；(3) 翻译与介绍、研究并重，图文并茂，注解和注释丰富，引言和导论对《诗经》及其诞生时代进行了详尽的论述；(4) 思想上对 17、18 世纪的耶稣会前辈们的翻译有所继承，但宗教性有所减弱，更注重如实反映中国人本身的文化特质。

对顾赛芬及其译本的介绍和分析就到这里，下面我们将要考察的是陶福音及其译本诞生的情况。

(2) 陶福音及其《诗经》译本

陶福音的《诗经》法译本于 1907 年在香港由巴黎外方传教会印刷出版，此时距顾赛芬的《诗经》的译本初版仅仅过去 11 年。陶福音时任比利时圣母圣心会甘肃代牧区的主教。圣母圣心会入华之后，先在蒙古教区传教 13 年 (1865—1878)，后来为方便向伊犁河地区传教，决定成立新的传教区——甘肃代牧区（包括今天的甘肃、青海两省）。教区的第一任主教是韩默理 (Ferdinand Hamer)，第二任就是陶福音，他的任期从 1891 年 1 月持续至 1920 年，长达 30 年，他的《诗经》译本正是在这段时间翻译、出版的。

陶福音 1850 年 9 月 12 日出生于比利时，1873 年 6 月 7 日晋铎圣母圣心会，1876 年 2 月 21 日被派遣来华，曾在中、东蒙古地区任本堂神父，1891 年至 1920 年任甘肃代牧区主教，1923 年荣休后入驻小桥畔天主堂，传教至 1927 年，1938 年 2 月 26 日以 88 岁高龄病逝于内蒙古归化城。

陶福音担任主教的年龄是 41 岁至 70 岁，《诗经》译本出版时他 57 岁，考虑到当时甘肃代牧区的营养、卫生和医疗条件，此时的陶福音已非年富力强之人，加之他大部分精力都要用来履行主教的职责，主持教区各项事务，

---

① 蒋向艳《让文学还归文学：耶稣会士顾赛芬〈诗经〉法译研究》，载《燕山大学学报（哲学社会科学版）》2018 年第 19 卷第 6 期。

② 刘国敏《顾赛芬〈诗经〉译本研究》，载《国际汉学》2015 年第 3 期。

留给学术研究的时间并不多。不过，难能可贵的是，无论事务如何繁忙，陶福音主教仍然保留了探究中国文化，尤其是儒家经典的热情。

从个人经历来看，陶福音来华之前曾在由圣母圣心会设立的鲁汶大学华语系学习进修，对中国文化有一定的认识基础；来华之后，他深刻意识到私塾启蒙教育对当时中国人的重要性，私塾中使用的教材正是这些以"四书""五经"为代表的儒家经典。他在《诗经》译本的序言中强调："我们应当极其认真地研习中国经典。"陶福音尤其注重教区的教育问题，并为当地师资的缺乏倍感苦恼："我们到哪里去找好老师？秀才只懂文学方面的事务。他们轻视诸如商家掌握的算术等教学工作。在欧洲，我们有师范学校去训练老师。而在这里伙房的功能就相当于师范学校。伙房的厨师可以被传教士培养成为一个问答老师或者教师"①。在《诗经》译本的序言中，陶福音不无遗憾地称自己"没有遇到一个传教士专心攻读《诗经》的"②。序言和结语部分，他两次提及教皇十三世（Pape Léon XIII）③ 在1880年教务会议上的号召，"至少在几年时间内，成立一所由各传教会的教士组成的，培养专业人士的学会，以制定一项适用于七至八岁的中国孩童的教程，如此，这些刻苦而聪慧的孩子就能够全身心投入到中国语言和经典的学习中去"④。陶福音的《诗经》翻译，正是为了该计划的实现而张本。除了翻译《诗经》外，陶福音在1879年还曾编著过中国经典的白话注释，简单明了，对于传教士理解中国文化，从事教学工作都非常有帮助。⑤

陶福音《诗经》译本的出版，还涉及天主教的另一支在华力量——巴黎外方传教会。巴黎外方传教会成立于1664年，属于罗马的传教组织，也是历史上最早全力从事海外传教的天主教组织。从它于1684年第一次进入中国大

---

① Steernackers, "Aperçu sur le Vicariat de la Mongolie Sud-ouest (ortos)", MCC92 (Septembre 1896), pp. 305-309.

② 《炉边几小时，〈诗经〉——中国经典之一》第4页。

③ 教皇列奥十三世，1810年生于意大利，耶稣会士，1831年在罗马的教皇教会学院（Académie pontificale ecclésiastique）取得神学博士学位，1837年晋铎神父，1878年被选举成为罗马教皇，直至1903年逝世。他被认为是一位开明的资产阶级知识分子教皇，他在1885年发布的《政教关系痛谕》承认了西方民主共和政体的合法性，对20世纪天主教在西方政治文化生活中的地位产生了深远的影响。

④ 陶福音《诗经》译本序言。

⑤ 王守礼著，傅明渊译述《边疆公教社会事业》第128页，上智编译馆，1950年。

陆开始，中国天主教事业进入一个全新时期。可以说，巴黎外方传教会是继耶稣会后，对中国天主教事业发展影响最为重要的一个传教团体。① 它在中国开设教堂和修道院，招募神甫，极大地推动了天主教的中国本土化进程，在19、20世纪之交的中国依然扮演着促进中西方交流的重要角色。② 鉴于甘肃代牧区的经济条件和文化状况都极为落后，陶福音的《诗经》译本没有在当地印制，而是由巴黎外方传教会设在香港的印刷所出版。

陶福音的译本全称为《炉边几小时，〈诗经〉——中国经典之一》(*Quelques heures au coin du feu*, *Cheu-king ou le livre des vers*, *un des Classiques Chinois*)，法文中有"炉边谈话"（causerie au coin du feu）的说法，颇类中国之"围炉夜话"，意为在家中随意闲聊，因此陶福音以"炉边几小时"为译本命名，明确了该译本并非类似马若瑟、韩国英、鲍吉耶、晁德莅（Angeli Zottoli）③、顾赛芬那样学术气息浓厚的严肃作品，而是一部轻松的通俗启蒙读物。陶福音说自己花了两年时间，在闲暇之余，以自如、无拘束的方式，一字一句翻阅过《诗经》，从不感到厌倦。④ 有了这样的阅读体验，他在翻译时自觉或不自觉想要传递给读者的感受，也必然是轻松愉快的。

陶福音译本的结构比较简单，仅由三部分组成：开头是一篇简短的序言（3页），中间是216页的正文，最后是寥寥数言的结语（147词）。序言部分的内容，主要包括陶福音翻译《诗经》的初衷和目的，阅读过的《诗经》译本，翻译的方法，对《诗经》的简单介绍，以及自己通过翻译《诗经》支持列奥十三世教皇计划的愿望。

陶福音翻译《诗经》的初衷，是为了让他的天主教教友了解、钻研这部中国人的经典。他指出不论是新教徒还是天主教徒，都在认真研读儒家典籍这一点上达成了共识，而《诗经》在其中的地位是不言而喻的，对《诗经》的阅读能够让他们对中国典籍形成准确的认知。

---

① 汤开建、周孝雷《清前期来华巴黎外方传教会会士及其传教活动（1684—1732）——以该会〈中国各地买地建堂单〉为中心》，载《清史研究》2018年第4期。

② 郭丽娜、陈静《论巴黎外方传教会对天主教中国本土化的影响》，载《基督教研究》2004年第4期。

③ 晁德莅，生于1826年，意大利那不勒斯人，1843年加入耶稣会，1848年入华，著有五卷本的拉丁文、中文双语《中国文学教程》(*Cursus Litteraturae Sinicae*)。

④ 《炉边几小时，〈诗经〉——中国经典之一》第3页。

陶福音阅读过晁德莅和顾赛芬的译本，称它们为"杰出的作品"（beaux travaux）。顾赛芬的译本前文已有详细的论述，此处不提；晁德莅的译本是一个拉丁文译本，出自他的《中国文学教程》，1879年至1883年间出版。由此可见，两个译本在当时的接受度和影响力已经很可观了，它们激发了陶福音对《诗经》"一探究竟"（avoir le coeur net）的兴趣。

《诗经》的阅读让陶福音感觉轻松愉悦又受益匪浅，他希望将这种美好的阅读体验传递给读者，因此在翻译方法上，他表明自己使用的是清晰易懂的法语，对文本进行忠实的翻译，在任何地方都没有曲解或掩饰的企图，坚持按字面意思直译。一方面，他试图弱化《诗经》的文学性，将之首先视为"学校教材"；另一方面，他极力淡化"异教徒学者"（即中国各派儒家学者）对《诗经》所做的种种阐释，还《诗经》以质朴纯真的本来面目，肯定了《诗经》"思无邪"的研究传统。

陶福音对《诗经》的四个部分"国风""小雅""大雅"和"颂"进行了简要的定位：即使最中立的（天主教）中学也不敢采纳"国风"部分的诗歌；"小雅"部分的主题类似古罗马贺拉斯的"不可缺少的饮料"，构成了中国审查官员之行会；"大雅"和"颂"中都是些正统的教谕，它们形成了中国人的国教——祖先崇拜，也就是中国人的礼仪。另外，陶福音指出，若将《诗经》作为孩童的启蒙读物，还可对其进行大幅度精简，他引用清代学者唐彪之言："十五国风与二雅则择紧要者读之"，"剩下的稍微读读就可以了"。导言的最后一段，陶福音怀着对列奥十三世和天主教极大的热忱与虔诚，表达了自己愿意通过《诗经》的翻译和研究，投身列奥十三世设立专科学院的计划，培养优秀的人才，以传播上帝之福音。

正文部分按惯例由"国风"（第一辑）、"小雅"（第二辑）、"大雅"（第三辑）和"颂"（第四辑）。每辑中没有进一步的划分："国风"部分从"周南"首篇《关雎》（编号为1）顺次编号至"豳风"末篇《狼跋》（编号160），中间没有按国别区分"周南""召南"等十五国风；"小雅"部分从《鹿鸣》（编号161）顺次编号至《何草不黄》（编号240），中间没有区分"鹿鸣之什""白华之什"等八个章节；陶福音在"小雅"和"大雅"之间插入了4页的论述，主题是对中国教育的反思，他首先指出了中国教育贫瘠的现状，然后指出主要问题出在两点上——教材和教学方法，最后呼吁教会通过利奥十三世的计划改变这一现状；"大雅"部分从《文王》（编号241）顺次编号至《召旻》（编号271），中间没有区分"文王之什""生民之什"和"荡之什"三个章节；"颂"部分从《清庙》（编号272）顺次编号至《殷武》（编号305）。正文每首译诗的题目前标有顺序编号，标题使用顾赛芬创制的拼音体系进行音译，标题下方是该诗的主题，通常只有寥寥数语。比如《关雎》篇，标题编号为1，拼写作"Koan ts'iu"，主题是"宫廷女子们为文王的未婚妻唱的祝婚诗"。正文除涉及特殊知识或需要特别加以说明的地方外，一般不加注释，而且这些注释一般都比较简短，长的不超过六行。唯一的例外出现在"国风"部分的第一处注释，占了小半页的篇幅，对诗篇题目的由来和"兴"的修辞手法进行了讲解。陶福音的译文使用的也是散体，风格简洁、直白，如同日常讲话一般，使用最通俗的词汇和表达；他没有迎合朱熹等儒家学者的阐释，也不刻意制造文学层面的"优美"，只以令读者无障碍地理解诗篇主题为务。

正文之后是很短的一段结语，内容与序言和"小雅"和"大雅"中间插入的论述如出一辙：希望天主教同侪响应教皇利奥十三世在上海建立专科学校的号召，加大翻译、出版中国典籍的力度。最后以天主教会之格言"Ipsam sequens，non devias"（跟随之，汝将不迷失矣）自勉并激励同侪。总结起来，陶福音《诗经》译本的特点如下：（1）紧扣原文，忠于文本内容，直译为主，没有或很少掺入传统儒家学者对作品的阐释。（2）整体结构简单，没有对《诗经》及其时代背景知识的系统介绍，但对中国教育的弊端进行了独特的反思，字里行间透露出对教会教育事业的热诚。（3）语言简洁朴素，通俗易懂，注释较少，阅读起来颇为顺畅，但缺乏一定的文采。

陶福音的译本初版后未见再版，影响力不大，甚至还不如鲍吉耶译本。究其原因，一是从整体结构上看，该译本过于简单，相较于顾赛芬等人的译本，无论在思想层面和知识层面，都缺乏必要的深度；二是从译文本身来看，该译本过于通俗浅白，《诗经》语言特有的韵律和典雅都没有得到展现；三是从译者的翻译初衷来看，其目的性与宗教性过于浓厚，导致在翻译过程中折损了文本自身的文学性，这一《诗经》最重要的特质，恰恰是译者在极力否认的；最后，正如上文提到过的，陶福音所属的圣母圣心会整体的汉学素养，远低于顾赛芬等人所属的耶稣会，再加上陶福音本人身为甘肃代牧区主教，常年为教内事务奔波，不可能如顾赛芬一般长期浸淫汉学研究，其汉学功底虽在圣母圣心会教士中出类拔萃，却还是难以望顾赛芬之项背。

不论是顾赛芬译本还是陶福音译本，都有一个共同的特质：忠实。这里的"忠实"既针对文本，也针对文化。一方面，作为传教士，他们对上帝、对天主教的忠诚映射到了翻译活动上；另一方面，他们摆脱了前辈充满宗教意味的"索隐派"窠臼，真正将目光放到中国人的文化上来，通过阅读中国人的作品对中国人的思想进行客观的认识。当然，顾赛芬译本和陶福音译本也都有着一个共同的缺憾：文学性的损失或缺失。顾赛芬尽管肯定了《诗经》的文学价值，并对它特有的文学手法"赋""比""兴"及其韵律特点进行了较为详尽的阐述，但最看重的仍然是它作为儒家经典的经学价值，是它作为了解古代中国的一面镜子的社会学价值；他的译文尽管优美、典雅，但依然牺牲了对诗歌来说极其重要的韵律。陶福音在这一点上走得更远，他甚至在某种程度上否认了《诗经》的文学性，将其第一属性的定义为"学校教材"；他的译文更是远没有反映《诗经》那种典雅而充满了音乐美的原貌。

下面，我们将通过两个译本对"国风"中的《将仲子》篇的处理，进一步考查顾译本和陶译本的特点。

三、两个《将仲子》法译本的比较

《将仲子》是《诗经·郑风》中知名度较高的一篇，也是法译本相对较多的一篇。除了顾赛芬和陶福音译本外，还有年代较早的韩国英译本（载《论集》第四卷，1776—1814年），鲍吉耶译本（1867年），以及年代较晚的葛兰言译本（1914年）。

原文：

> 将仲子兮，无逾我里，无折我树杞。岂敢爱之？畏我父母。仲可怀也，父母之言，亦可畏也。
>
> 将仲子兮，无逾我墙，无折我树桑。岂敢爱之？畏我诸兄。仲可怀也，诸兄之言，亦可畏也。
>
> 将仲子兮，无逾我园，无折我树檀。岂敢爱之？畏人之多言。仲可怀也，人之多言，亦可畏也。
>
> ——《诗经·郑风·将仲子》

《将仲子》是"国风"之二的"郑风"中的第二篇。诗中表现了一个年轻姑娘祈求自己的情人在私会时千万要谨慎，不要被她的父母发现——没有后者的允许，她是不允许私见情人的。诗中表达的情感十分复杂：害怕恋情暴露招致父母、兄弟和邻人指责的担忧，未婚女子面对爱情本能的羞涩，以及对恋人无法抑制的激情在女主人公心中碰撞，产生了一种混合着温柔、真诚和痛苦的复杂感情。然而，对此诗主旨的解释历来却众说纷纭。

　　毛苌等人认为这是一首寓言诗，旨在讽刺郑庄公的虚伪与狠毒。《毛诗序》云："《将仲子》，刺庄公也。不胜其母以害其弟。弟叔失道而公弗制，祭仲谏而公弗听，小不忍以致大乱焉。"《毛传》云："仲子，祭仲也。"王先谦曰："三家无异议。"根据《左传》的记载，郑庄公之母姜氏偏爱庄公的幼弟段，积极支持段不断扩充实力，阴谋叛乱夺权，野心逐渐暴露，大夫祭仲等多次或暗示，或直言，要庄公下决心除段。庄公虚伪应对，内怀杀机，坐等时机成熟，"克段于鄢"，直接断送了弟弟的性命。《将仲子》一诗虽明斥祭仲诸臣，而推其本因，则责在庄公，故曰"刺庄公也"。①

　　然而，朱熹等人并不认同毛苌的观点。他在《诗经集传》中说："莆田郑氏谓此淫奔者之辞，无与于庄公之事，《序》盖失之……仲子，男子之字也，我，女子自我也。"认定此诗为"淫奔者之辞"。朱熹说《诗》对后世影响很大，其后许多学者都基本赞同这一解说。

　　明清时代方润玉、崔述、姚继恒等，又将此诗视为"守礼之作"。方润玉在《诗经原始》中写道："女子既有所畏而不从，则不得谓之为奔，亦不得谓之为淫。""讽世以礼自持也……故《左传》子展如晋赋此诗，而卫侯得归。使其为本国淫诗，岂尚举以自赋，而复见许于他国与？此非淫词。"在这里，因为诗被应用于严肃的外交场合，因而不可能是淫词。崔述在《读风偶识》中也认为这首诗表现的是女子对男子的拒绝。姚际恒在《诗经通论》也说："女子为此婉转之辞以谢男子，而以父母诸兄及人言可畏，大有廉耻，又岂得为淫者哉！"

　　但出现在法国的第一个《诗经》法译本，即韩国英神甫的译本，对《将仲子》的解释却不同于以上任何一种。译者认为该诗的主旨是颂扬"孝"，尽管从文本自身来看，它与"孝"并没有明显的关系。为了彰显中国人根深蒂

---

① 梅显懋《将仲子诗旨平议》，载《辽宁师范大学学报》1996年第5期。

固的价值观念，韩国英神甫在"最罕为人知的书中和为民众而作的文集中"寻找"孝"的痕迹。因此，他选取的几首《诗经》中的诗，完全是为"孝"这一主题提供佐证的。这解释了为何他的译本即使不过分牵强，至少也存在着过度解读的现象，为了使诗篇符合"孝"的主题，他在翻译的过程中有意地进行了部分曲解。

后来的鲍吉耶译本似乎也秉承了韩国英译本的立场，甚至走得更远。不过，考虑到鲍吉耶译本很可能是从孙璋，一位耶稣会士的拉丁文译本转译而来的，那么它与韩国英译本一脉相承，也就不足为奇了。相比之下，顾赛芬和陶福音的译本摆脱了这种"功能化"的倾向，更贴近原文本，主题不再有明显的教化色彩。

顾赛芬译本：

1. Je prie Tchoung de ne pas se jeter dans mon hameau, de ne pas casser les saules que j'ai plantés. Est-ce que je tiendrais à ces arbres? Non ; mais je crains mes parents. Tchoung mérite d'être aimé ; mais les reproches de mes parents sont aussi à craindre.（我请求仲子不要跑进我的村子，不要折了我种的柳树。我难道是爱惜这些树吗？不是的；但我害怕我的父母。仲子值得我爱；然而父母的指责也是可怕的。）

2. Je prie Tchoung de ne pas sauter par-dessus mon mur, de ne pas casser les mûriers que j'ai plantés. Est-ce que je tiendrais à ces arbres? Non ; mais je crains mes frères. Tchoung mérite d'être aimé ; mais les reproches de mes frères sont aussi à craindre.（我请求仲子不要跳过我家的墙，不要折了我种的桑树。我难道是爱惜这些树吗？不是的；但我害怕我的兄弟们。仲子值得我爱；然而兄弟们的指责也是可怕的。）

3. Je prie Tchoung de ne pas sauter dans mon jardin, de ne pas casser les t'an que j'ai plantés. Est-ce que je tiendrais à ces arbres? Non ; mais je crains les bavardages du public. Tchoung mérite d'être aimé ; mais les bavardages sont aussi à craindre.（我请求仲子不要跳进我家的花园，不要折了我种的檀树。我难道是爱惜这些树吗？不是的；但我害怕众人的闲言碎语。仲子值得我爱；然而闲言碎语也是可怕的。）

《诗经》第89页

很明显，顾赛芬的译本，比之前两个译本更准确，更贴近原文。事实上，顾赛芬的译本直译成汉语，与中国人出版的《将仲子》现代汉语译本是十分接近的。

下面是周振甫的译本：

  请仲子啊，不要跨进我间里，不要攀折我家的杞。难道我敢爱惜它，怕我爹娘要说话。仲子是可以怀念，爹娘的说话，也是可以害怕。

  请仲子啊，不要跨过我家的墙，不要攀折我家的桑。难道我敢爱惜它，怕我的众兄长说话。仲子可以怀念，众位兄长的说话，也是可以害怕。

  请仲子啊，不要跨进我家的园，不要攀折我家的檀。难道我敢爱惜它，怕旁人多说话。仲子可以怀念，旁人的多说话，也是可以害怕。

顾赛芬以散体译诗，用词优雅，抑扬顿挫，虽说不刻意讲求韵律，但译文诗句的长度还是与原文有着某种对应关系。我们观察到，顾译本每节诗的首句分别由11、12或13个音节构成，对应到原文本的8个音节。译本和原文本的音节数差异并不大。其他句则由8或10个音节构成，对应原文本的4个音节，正好是两倍。诗句长度均匀，构成了音节上的和谐。

我们再来看陶福音的译本：

1. O Tchong, ne te glisse pas dans mon village, et ne gâte pas mes plantations de saules. Non que je tienne à ces arbustes ; mais j'ai peur de mes parents. Tchong mérite d'être aimé : mais il faut aussi respecter les avis des parents.（哦，仲子，不要溜进我的村庄，不要弄坏我栽的柳树。并不是我爱惜这些树，我是害怕我的父母；仲子值得我爱，但父母的看法也当尊重。）

2. O Tchong, ne franchis pas mes murs, et ne gâte pas mes jeunes mûriers. Ce n'est pas que je tienne à ces arbres ; mais je crains mes frères.（哦，仲子，不要翻过我家的墙，不要弄坏我新栽的桑树。并不是我爱惜这些树，我是害怕我的兄弟们。）

3. O Tchong, ne saute pas par-dessus mes haies, n'endommage pas mes plantations de t'ans. Ce n'est pas que je tienne à ces arbres ; mais je crains les cancans des voisins. Tchong est digne d'être aimé, mais il faut éviter les reproches.（哦，仲子，不要跳过我家的篱笆，不要弄坏我种的檀树。并不是我爱惜这些树，

我是害怕邻人的闲话。仲子值得我爱,但别人的指责也当避免。)
《炉边几小时,〈诗经〉——中国经典之一》第 36 页

陶福音的译本除个别词句理解有细微差异外,与顾赛芬译本大体是一致的。然而,他将第二节诗的最后四句删去了:准确的逐句翻译突然让位于自由式翻译。这种现象很奇怪。也许,译者认为第二诗节和第一诗节重复了,"父母"和"兄弟"的作用是类似的。他还在正文末尾加了一个注——而大量加注并不是陶福音的一贯做法。但在这里,陶福音特别提到:一些大学者认为,这首诗是在讲"一位智者抗拒一位急切的朋友",你们可以这样认为,但朱熹对此不屑一顾,他将该诗的主题概括为"一位恋爱中的女子对一位纠缠不休的情人(说的话)"。这说明陶福音尽管并不依赖朱熹等人对诗经的阐释,但对其中的合理成分还是吸纳的。他的译本用词更加浅白通俗,句子平均长度比顾赛芬短,一定程度上再现了该诗活泼明快的风格。当然,两个译本都无一例外地牺牲了诗歌原有的韵律,这不能不说是一大遗憾。

四、结　论

回溯以《诗经》为代表的中国经典的翻译史,19、20 世纪之交的法语国家传教士,提供了《诗经》最早的一批完整而准确的法译本。他们的译本在中国完成、出版,离不开天主教在华传教会的支持。他们的译本在继承 17、18 世纪的传教士翻译传统的同时又有突破,更加忠于文本,更加贴近中国文化,为 20 世纪的西方汉学研究提供了宝贵的财富。

(赵维纳　法国国立东方语言文化学院博士)

波德莱尔在20世纪20—30年代中国的译介*

杨 振

摘 要：本文以20世纪20—30年代田汉、周作人、鲁迅、徐志摩、高滔、徐懋庸等中国批评家对波德莱尔的评论为主轴，以文本借用和改写的具体证据为依托，分析上述评论如何受当时被译介入中国的厨川白村、本间久雄、弗兰克·皮尔斯·斯特姆、马克斯·诺尔道、泰奥菲尔·戈蒂耶等批评家作品影响，同时有所取舍。我们将结合当时中国文学思想语境，初步分析个案接受原因，提出进一步研究可能的路径。我们还将分析徐志摩翻译"死尸"时对原本的改写，重构徐志摩解读波德莱尔时的期待视野。

关键词：波德莱尔 译介 互文性 主体性

波德莱尔在20世纪20—30年代中国的译介早已引起中法比较文学学者的注意。[①] 不过总体而言，现有研究较少触及批评文本的知识来源及彼此间的

---

* 本文为国家社科基金青年项目"法国文学在民国文学期刊中的译介"（项目号：15CWW008）部分研究成果。

[①] 触及这一议题的法文作品有：Michelle Loi, *Roseaux sur le mur. Les Poètes occidentalistes chinois 1919-1949*, Gallimard, 1971；Jin Siyan, *La Métamorphose des images poétiques 1915-1932: des symbolistes français aux symbolistes chinois*, Dortmund, Projekt Verlag, 1997；Haun Saussy, "Les Engagements multiples de la traduction: Baudelaire retransmis par Xu Zhimo, 1924", Isabelle Poulin et Jérôme Roger (éd.), *Le Lecteur engagé: critique, enseignement, politique* (*Modernités*, 26), Bordeaux, Presses universitaires de Bordeaux, 2007, pp. 169-174；Che Lin, *Entre tradition poétique chinoise et poésie symboliste française*, L'Harmattan, 2011；Wen Ya, *Baudelaire et la nouvelle poésie chinoise*, L'Harmattan, 2016；Wen Ya, "La Première Réception de Baudelaire en Chine", *L'Année Baudelaire*, 2017, pp. 195-207. 相关英文研究有：Gloria Bien: *Baudelaire in China: A Study in Literary Reception*, Newark: University of Delaware Press, 2012；Haun Saussy: "Death and Translation", *Translation as Citation: Zhuangzi Inside Out*, New York: Oxford University Press, 2017, pp. 23-44. 相关中文论文有：刘波、尹丽《波德莱尔作品汉译回顾》，载《四川外语学院学报》2008年第2期；杨振《病态与颓废的诗人：民国时期波德莱尔批评中的一种趋向探源与反思》，载《中国比较文学》2016年第4期；卢丽萍《〈恶之花〉的汉译》，载《新文学史料》2017年第3期；文雅《波德莱尔在中国的接受和研究》，载《解放军外国语学院学报》2018年第4期。Haun Saussy教授的 *Death and Translation* 一文从翻译学角度出发，对徐志摩译波德莱尔"死尸"进行了深入细致的讨论。该文中文版即将在《史料与阐释》（陈思和、王德威主编）杂志上发表。

互文性，也较少将对波德莱尔的评介放置在当时的文学思想脉络中进行深入探讨。笔者曾以"病态与颓废"为线索，对部分评论波德莱尔的文字进行探源，并梳理它们之间的互文性。① 本文将在前文基础上，补充介绍具有代表性的评介波德莱尔的文字，并结合部分评论家的翻译实践，揭示20世纪20—30年代中国波德莱尔接受中体现出的主体性，初步分析其原因，以期抛砖引玉。

一、田汉与波德莱尔

1921年，田汉在《少年中国》上发表了《恶魔诗人波陀雷尔的百年祭》一文。在文章第二部分，作者强调诗人故意自我放逐：

> 他虽和许多罗曼主义者一样去求美，然而他于那美中发现了丑之潜伏。他求善反得了恶，求神反得了恶魔，求生之欢喜，反得了死之恐怖。他于是乎苦于人生根本的矛盾。他的悲恫不是普通许多罗曼主义者那样空想的情绪的悲恫，而是由神经之烦闷来的人生之根本来的极深远极深远的悲恫。……他的诗之毅然决然歌颂人世之丑恶者，盖以求善美而不可得，特以自弃的反语的调子出之耳。②

经考证，该段文字来源于生田长江、野上臼川、升曙梦、森田草平的《近代文艺十二讲》③。田汉认为，"神经之烦闷"是颓废象征主义的特色之一，这一派的另一特色是吸食大麻④，"双重室"描写的即诗人在大麻作用下产生的幻觉。田汉这一观点来自于英国诗人与翻译家弗兰克·皮尔斯·斯特姆为 *Baudelaire: His Prose and Poetry* 一书所作的题为"Charles Baudelaire"的序言。⑤

---

① 杨振《病态与颓废的诗人：民国时期波德莱尔批评中的一种趋向探源与反思》，载《中国比较文学》2016年第4期。
② 田汉《恶魔诗人波陀雷尔的百年祭（续）》，载《少年中国》III—5，1921年12月1日。
③ 谢六逸译《法兰西近代文学（译自日本近代文艺十二讲）》，载《小说月报》第15卷号外，1924年。关于此文作者的考证，见杨振《自然主义在中国（1917—1937）——以莫泊桑对福楼拜的师承在现代中国的接受为例》，载《外国语文研究》2011年第3期。
④ 《恶魔诗人波陀雷尔的百年祭（续）》。
⑤ 《恶魔诗人波陀雷尔的百年祭（续）》；Frank Pearce Sturm, "Charles Baudelaire", dans Charles Baudelaire: his Prose and Poetry, éd. Thomas Robert Smith, New York, Boni and Liveright, 1919, p. 23.

田汉还引用了《人工天堂》中的一段文字：

> 官能弄成异常的犀利而锐敏，眼光能贯穿无极，耳朵于甚嚣之中能分出极难分的音。幻觉起了，外界的事物呈怪异的模样，而表现于一种未经人知道过的形态。……最奇异的暧昧语言，最难说明的思想之转换，生出来了。于是我觉得音响会有色彩，而色彩成了音乐。①

田汉的这段文字转译自斯特姆的上述序言。斯特姆借此段呈现波德莱尔在大麻作用下产生的幻觉，田汉则将此段视为"近代主义"的标志：

> 这一种情调，姑无论其为病的与否，总而言之为欲研究"近代主义"Mordernisme（原文如此——引者注）的，尤以欲研究近代"醴卡妩象征主义"Decadent Symbolism 的所不可不知。盖此派文学或谓之神经质的文学，此派的文人大都神经敏锐，官能纤利的人。②

田汉将神经敏锐，特别是嗅觉敏锐视为波德莱尔颓废之表现，并引用"异国的香""云鬓"和"玻璃坛"为例③。田汉的观点和例证均来自奥地利医生、社会批评家 Max Nordau 的 *Degeneration* 一书。田汉对"云鬓"一诗表达爱情的特殊方式似乎格外有兴趣。诺尔道在书中只引用了此诗中的五句，田汉则多引用了七句。④

波德莱尔颓废的另一标志——恶魔主义也吸引了田汉的注意力。他这样写道：

> 他礼拜自己，厌恶自然、运动和生活；他梦想着一种不动性的，永远沉默的，均齐的人造的世界；他爱疾病、丑陋和罪恶；他一切的性癖，都逸出常轨，远异神清气爽之人；媚他的嗅觉者只有腐败的气味；娱他的目者只有臭尸，脓血和别人的痛苦；使他最舒畅的是昏迷瞹曃的秋天；能刺激他的官能的只有不自然的快乐。他新的是可惊的厌倦，和痛楚的感情；他的心充满着愁默的理想，他的理想只与可悲可厌的想象相联络；

---

① 《恶魔诗人波陀雷尔的百年祭（续）》。

② 《恶魔诗人波陀雷尔的百年祭（续）》。关于"情调"作为民国评论波德莱尔的关键词之一，以及田汉对"醴卡妩"概念的文学再现，见杨振《病态与颓废的诗人：民国时期波德莱尔批评中的一种趋向探源与反思》。

③ 田汉文章第三部分绝大部分内容均参考了诺尔道的作品。

④ Max Nordau, *Degeneration*, London, William Heinemann, 1895, p. 293；《恶魔诗人波陀雷尔的百年祭（续）》。

能引他注意使他有趣的只有歹恶——杀人，流血，邪淫，虚伪。他祈祷沙丹（恶魔），欣慕地狱（依英译）。由他这些性质可以推见他那恶魔的人格和恶魔的艺术的大概。①

该段引自 Degeneration 第三卷"巴纳斯主义者与恶魔主义者"一章。诺尔道在原书随后两段中严厉批评了波德莱尔的恶魔主义。他指出，在精神病医生看来，恶魔主义不过是头脑疾病的症候。田汉显然无意从医学角度对波德莱尔进行判断，因此他没有引用诺尔道的这两段文字。田汉将波德莱尔的恶魔主义视为对宗教道德和资产阶级道德的反抗②。

田汉不仅发掘波德莱尔的革命价值，还拷问何为理想的美。在《恶魔诗人波陀雷尔的百年祭（续）》一文末尾，田汉引用诗人"美之赞颂"倒数第二段，证明波德莱尔不仅是颓废诗人，更是在艺术上追求无限的诗人。③

田汉在《恶魔诗人波陀雷尔的百年祭（续）》中引用的作品同时也是当时中国波德莱尔批评家最常参考的作品。比如，上文提到的《近代文艺十二讲》第六章后来被译成中文，冠之以"法兰西近代文学"之名，发表于1924年出版的《小说月报》法国文学专号④。同样发表其上的还有上文提及的 Sturm 研究波德莱尔的文章，译者为张闻天。同一篇文章1929年7月20日由血干重译，发表于《华严》⑤。斯特姆研究波德莱尔的文章之所以在中国如

---

① Degeneration, p. 294；《恶魔诗人波陀雷尔的百年祭（续）》。

② 《恶魔诗人波陀雷尔的百年祭（续）》。

③ Charles Baudelaire, Œuvres complètes I, texte établi, présenté et annoté par Claude Pichois, bibliothèque de La Pléïade, Paris, Gallimard, 1975, p. 25；《恶魔诗人波陀雷尔的百年祭（续）》。

④ ［日］生田长江、野上白川、昇曙梦、森田草平著，谢六逸译《法兰西近代文学》，载《小说月报》1924年第15卷号外。

⑤ 斯特姆在文中犯错时，中国批评家也跟着犯错。比如，他引用了 Barbey d'Aurevilly 的一句话："波德莱尔从地狱中来，但丁往地狱里去。"Barbey d'Aurevilly 的原文是："但丁的缪斯在梦中见过地狱，《恶之花》的缪斯用抽搐的鼻孔嗅到地狱的气息，就像马儿嗅到手榴弹！一个缪斯来自地狱，另一个缪斯往地狱去。"《近代文艺十二讲》第六章的作者们很可能因为受他影响，也声称"檀德往地狱，他来自地狱。"中国批评家们均犯了同样错误。请见 Frank Pearce Sturm, "Charles Baudelaire", p. 23; André Guyaux, Baudelaire. Un demi-siècle de lectures des Fleurs du Mal (1855—1905), PUPS, 2007, p. 196；《法兰西近代文学》；［法］波多莱尔著，邢鹏举译《波多莱尔散文诗》第11页，中华书局，1930年；金石声《欧洲文学史纲》第88页，神州国光社，1931年；高滔《近代欧洲文艺思潮史纲》第338页，著者书店，1932年。邢鹏举的错误源自于 Sturm，金石声和高滔的错误则很可能来自《近代文艺十二讲》第六章。

此有名，很可能因为该文章被收录于 Thomas Robert Smith *Baudelaire：His Prose and Poetry* 一书，这本书当时许多懂英语的中国人都可以读到。比如，1930年4月出版、邢鹏举译《波多莱尔散文诗》即以这本书为底本。邢鹏举在译本引言中提到斯特姆文章对他的影响。①

二、厨川白村、周作人、鲁迅与波德莱尔

厨川白村对波德莱尔的评论大量被留日文学批评家引用。在1921年11月14日发表于《时事新报》的《法国两个诗人的纪念祭——凡而伦与鲍桃来尔》一文中，滕固这样评论波德莱尔"快乐的死者"一诗："死与颓废，腐肉与残血，是他的诗境；是他的恐怖之美。他有名的诗集《恶之花》出版后，人家称他是'地狱之书''罪恶之圣书'。"该段文字照搬了厨川白村在《近代文学十讲》中对该诗的评论。《近代文学十讲》1922年由罗迪先译成中文出版。② 在该书"耽美派和近代诗人"一章中，厨川白村强调波德莱尔提倡为艺术而艺术，但他与社会保持距离的方式与日本隐士不同：

> 近代的诗人，远社会，避脱俗众的生活，不是纯粹厌生的意味；自然也不是日本所谓"俳味"啦"风雅"啦消极的超然的态度的东西。却和此等是正反对的积极的东西，人生的妄执，极端的贪强的欲乐和欢乐 Volupte 的甘味，要求一切的新的感觉，新的刺戟。……不使得人生一切诗的享乐的机会逸脱，尝尽了真味到极底里，由此使他充实丰富精神生活的内容，在这一点，享乐主义 Dilettantism 的态度，确是他们的一面。并且在不自然的人工的空气里生着，贪肉感的兴奋刺戟，都是从这样意义的享乐主义而来的。如果要深知人生，须先爱他，即他们对于人生为热烈的爱慕者一点，和世上所谓厌生家不同，即和东洋流的世外闲人啦、风流人啦，也全然异趣。③

---

① 《波多莱尔散文诗》第2页。
② 滕固《法国两个诗人的纪念祭——凡而伦与鲍桃来尔》载《时事学报·学灯》，1921年11月14日；张大明《中国象征主义百年史》第52页，河南大学出版社，2007年；[日]厨川白村著，罗迪先译《近代文学十讲》第241页，学术研究会丛书部，第2卷，1922年。
③ 《近代文学十讲》第233—234页。

这段引文让人想起周作人对波德莱尔的评论。在 1921 年 11 月 14 日发表于《晨报附镌》的《三个文学家的记念》一文中，周作人指出被压抑的生命力是诗人颓废的根源：

> "波特来耳爱重人生，慕美与幸福，不异传奇派诗人，唯际幻灭时代，绝望之哀，愈益深切，而执着现世又特坚固，理想之幸福既不可致，复不欲遗世以求安息，故唯努力求生，欲于苦中得乐，于恶与丑中而得善美，求得新异之享乐，以激刺官能，聊保生存之意识。"他的貌似的颓废，实在只是猛烈的求生意志的表现，与东方式的泥醉的消遣生活，绝不相同。所谓现代人的悲哀，便是这猛烈的求生意志与现在的不如意的生活的挣扎。①

厨川白村认为，日本隐逸文人与西方颓废主义者不可相提并论。周作人也指出，波德莱尔式的颓废与"东方式的泥醉的消遣生活"不可同日而语。周作人与厨川白村均关注东方国民性。在 1908 年发表的《哀弦篇》中，周作人写道："吾东方之人，情怀惨憺，厌弃人世，断绝百希，冥冥焉如萧秋夜辟，微星隐曜，孤月失色，唯杳然长往而已。"②

周作人感叹当时中国"民向实利而驰心玄旨者寡，灵明汨丧，气节消亡，心声寂矣"。相比之下，"情怀惨憺，厌弃人世，断绝百希"的东方国民性证明古代中国人具有精神性追求。周作人此处构建的东方国民性尚非负面形象。而在 1917 年发表的《欧洲文学史》中，东方国民性在古希腊国民性的映衬下呈现出负面色彩：

> 盖希腊之民，唯以现世幸福为人类之的，故努力以求之，遒行迅迈，而无挠屈，所谓人生战士之生活，故异于归心天国，遁世无闷之徒，而

---

① 仲密《三个文学家的记念》，载《晨报副镌》，1921 年 11 月 14 日；钟叔河编订《周作人散文全集 2（1918—1922）》第 476 页，广西师范大学出版社，2009 年。
② 周作人《哀弦篇》，载《河南》1908 年第 9 期；《周作人散文全集 1（一八九八——一九一七）》第 131 页。

与东方神仙家言,以放恣耽乐为旨者,又复判然不同也。①

此处对东方国民性的论述与周作人 1921 年评论波德莱尔时的相关论述一脉相承。厨川白村对周作人 1908 年以来国民性论述转变的影响值得深究,该影响直接形塑了周作人解读波德莱尔的视角。

厨川白村同时也影响了鲁迅。后者翻译了厨川的两部作品:《苦闷的象征》和《出了象牙之塔》,译文分别于 1925 和 1931 年出版。在《苦闷的象征》中,厨川白村将波德莱尔的作品视为生命力的表达:

> 如果(文艺——引者注)是站在文化生活的最高位的人间活动,那么,我以为除了还将那根柢放在生命力的跃进上来作解释之外,没有别的路。读但丁(A. Dante)、弥耳敦(J. Milton)、裴伦(G. G. Byron),或者对勃朗宁(R. Browning)、托而斯泰、伊孛生(H. Ibsen)、左拉(E. Zola)、波特来而(C. Baudelaire)、陀思妥夫斯奇(F. M. Dostojevski)等的作品的时候,谁还有能容那样呆风流的迂缓万分的消闲心的余地呢?②

厨川白村强调,作家和读者要以严肃态度对待文学,用文学反思社会对个体的束缚,但文艺不是解决社会问题的工具,真正的艺术家应当像嬉戏的孩童,不关心行动的实际效用,仅表达被社会压抑的个体生命力。然而在现实社会中,人往往因名利而忽视个体自由的价值。厨川认为,只有能够自由思考、充分表达生命力的人,才能够体会到生的真正乐趣。③

在《苦闷的象征》讨论艺术与道德的关系部分,厨川白村再次提到波德莱尔:

> 在文艺的世界里,也如对于丑特使美增重,对于恶特将善高呼的作家之贵重一样,近代的文学上特见其多的恶魔主义的诗人——例如,波

---

① 周作人《欧洲文学史》第 68 页,"北京大学丛书",商务印书馆,1933 年。
② [日]厨川白村著,鲁迅译《苦闷的象征》第 28 页,北新书局,1926 年。
③《苦闷的象征》第 1、2、4、6—13 页。

特来（波德莱尔）而那样的"恶之华"的赞美者，自然派者流那样的兽欲描写的作家，也各有其十足的存在的意义。①

厨川认为，恶魔主义是被压抑的人性的一部分，因此它对于作家和读者都具有吸引力。② 文学是普遍被压抑的生命力的象征，每位读者都有可能从艺术作品中发现自己的影子，通过阅读他人作品丰富自身，获得愉悦。阅读即读者借助作家提供的象征符号，再创造属于读者自己作品的过程。③ 厨川指出，波德莱尔的散文诗"窗"正是对这一观点的文学再现：

烛光照着的关闭的窗是作品。瞥见了在那里面的女人的模样，读者就在自己的心里做出创作来。其实是由了那窗，那女人而发现了自己；在自己以外的别人里，自己生活着，烦恼着；并且对于自己的存在和生活，得以感得，深味。所谓鉴赏者，就是在他之中发现我，我之中看见他。④

在《出了象牙之塔》中，厨川白村进一步论述波德莱尔的颓废。厨川指出，波德莱尔厌倦了善与美，希望体验罪恶乃至人生的所有面向，通过培育恶之花制造新的颤栗。⑤ 我们不应对波德莱尔的恶之花施以道德批判，因为道德源于生活中的即时目的，天才创造则源于人类生命最深处的需求。人需要超越各种限制，"看人生的全圆"，才能深刻体会何为人性。像波德莱尔这样勇于跨越道德藩篱、赞美恶的艺术家，可谓具有深刻人性之人。⑥

厨川白村的分析反映出反抗道德和功利主义约束的意愿，其产生背景是厨川对日本人国民性的批评。厨川白村指出，日本人热衷追求即时功利，忽视发展内心生活，凡事追求中庸妥协，缺乏追究到底的认真态度，因而无法成就纯粹的美。厨川认为，这种精神状态不利于文化进步。

---

① 《苦闷的象征》第112—113页。
② 《苦闷的象征》第114页。
③ 《苦闷的象征》第49、50、51、57—59、60页。
④ 《苦闷的象征》第64页。
⑤ [日] 厨川白村著，鲁迅译《出了象牙之塔》第25—28页，北新书局，1935年。
⑥ 《出了象牙之塔》第80—83页。

波德莱尔在20世纪20—30年代中国的译介

厨川白村对日本国民性的批判在很大程度上适用于中国社会,让中国读者发现波德莱尔式的颓废对于解决中国功利主义问题的效用。这也是鲁迅翻译厨川白村的原因之一。在《出了象牙之塔》后记中,鲁迅写道:

> 著者所指摘的微温,中道,妥协,虚假,小气,自大,保守等世态,简直可以疑心是说着中国。尤其是凡事都做得不上不下,没有底力;一切都要从灵向肉,度着幽魂生活这些话。凡那些,倘不是受了我们中国的传染,那便是游泳在东方文明里的人们都如此……但我们也无须讨论这些的渊源,著者既以为这是重病,诊断之后,开出一点药方来了,则在同病的中国,正可借以供少年少女们的参考或服用,也如金鸡纳霜既能医日本人的疟疾,即也能医治中国人的一般。①

如上所述,鲁迅于1925年翻译出版了厨川白村的《苦闷的象征》。此前数月,1924年10月26日,鲁迅在《晨报附镌》中发表了该书的部分章节,其中包括散文诗"窗"的译文。对比《苦闷的象征》单行本和《晨报附镌》节译本中"窗"的译文,我们发现,鲁迅在出版单行本时对该诗译文进行了多处修改。这说明1924年下半年,鲁迅对波德莱尔作品,特别是散文诗"窗"的思考持续深入。② 此后一段时间,波德莱尔继续吸引鲁迅的注意力:1927年4月10日,鲁迅主编的《莽原》杂志刊登了波德莱尔《理想》(*L'Idéal*)和《美》(*La Beauté*)中译文;1927年底至1928年底,鲁迅担任《语丝》主编期间,石民在其上发表了三篇波德莱尔作品译文:《圆光之失却》(*Perte d'auréole*)、Any Where out of the World 和《愉快的死者》(*Le Mort joyeux*)。

如果说翻译出版《苦闷的象征》前后的鲁迅将波德莱尔的颓废视为生命力和反抗道德约束的象征,1930年起,鲁迅对波德莱尔的态度发生变化。1930年3月1日,鲁迅在发表于《莽原月刊》的《非革命的急进革命论者》一文中这样评论波德莱尔:

---

① 《出了象牙之塔》第252页。
② 鲁迅对"窗"的解读深受厨川白村影响。在某种程度上,"颓败线的颤动"可以被视为鲁迅在厨川白村影响下对"窗"的续写。对此笔者将另外撰文讨论。

  法国的波特莱尔（波德莱尔），谁都知道是颓废的诗人，然而他欢迎革命，待到革命要妨害他的颓废生活的时候，他才憎恶革命了。所以革命前夜的纸张上的革命家，而且是极彻底，极激烈的革命家，临革命时，便能够撕掉他先前的假面，——不自觉的假面。①

  鲁迅在此文中这样描述波德莱尔式的颓废者："自己没有一定的理想和无力，便流落而求刹那的享乐；一定的享乐，又使他发生厌倦，则时时寻求新刺戟，而这刺戟又须利害，这才感到畅快。革命便也是那颓废者的新刺戟之一。"② 颓废在这里变成缺乏真正理想的标志。这时的鲁迅似乎背离了厨川白村的理论。厨川认为，以波德莱尔为代表的颓废者们拥有真正的理想，即丰富自己的生命体验。

  其实我们可以推测，鲁迅与厨川白村乃至波德莱尔之间的裂痕，早在1924年便已埋下伏笔。诚然，鲁迅和波德莱尔都强调想象的重要性③，但富有现实关怀精神的鲁迅，是否真的能够同意诗人在"窗"末尾所言："在我以外的事实，无论如何又有什么关系呢，只要它帮助了我生活，感到我存在和我是怎样？"④ 这是值得进一步研究的问题。

三、徐志摩与波德莱尔

  徐志摩选择从道德角度理解波德莱尔。在1929年12月10日发表于《新月》的"波特莱的散文诗"一文中，徐志摩以"寡妇"（Les Veuves）、"穷人的玩物"（Le Joujou du pauvre）和"穷人的眼"（Les Yeux des pauvres）为例，

---

  ① 鲁迅《非革命的急进革命论者》，载《鲁迅全集》（第 4 卷）第 232 页，人民文学出版社，2005 年。

  ② 《非革命的急进革命论者》。

  ③ 1924 年的西安之行让鲁迅深切感受到对于文学家而言，想象比现实更重要。见孙伏园《杨贵妃》，载《鲁迅先生二三事》第 39—40 页，作家书屋，1944 年；《致山本初枝》，载徐文斗、徐苗青选注《鲁迅选集·书信卷》第 227 页，山东文艺出版社，1991 年。关于波德莱尔对想象的部分论述，可见 Charles Baudelaire, Œuvres complètes II, texte établi, présenté et annoté par Claude Pichois, bibliothèque de La Pléiade, Paris, Gallimard, 1976, pp. 114-116, 120-121.

  ④ 《苦闷的象征》第 63 页。

证明波德莱尔将人类最简单的感情，特别是对穷苦人的同情予以升华。①

徐志摩如此强调波德莱尔的同情心并非偶然：同情是20世纪20年代徐志摩作品的重要主题。他在作于1922年8月的"康桥再会罢"一文中写道："人生至宝是情爱交感，即使／山中金尽，天上星散，同情还／永远是宇宙间不尽的黄金。"② 徐志摩指出，学会爱会让中国人变得更具精神性：

> 爱就像宗教一样（宗教本身也是神圣的宇宙的爱），是超趣，是纯化，由于被那种神秘的力量所纯化，人凡俗的眼睛就能看见属于精神领域的图景，这种图景是实际眼光通常无法看到的；人的耳朵将充满庄严崇高的音乐，像浩瀚的海浪自天际滚滚而来。③

徐志摩将泰戈尔视为最完美的爱的代言人。面对中国青年对泰戈尔神秘主义的指责，徐志摩反驳道："我们的诗人，虽则常常招受神秘的徽号，在事实上却是最清明，最有趣，最诙谐，最不神秘的生灵，他是最通达人情，最近人情的。……他到处要求人道的温暖与安慰，他尤其要我们中国青年的同情与情爱。"④

在1924年12月1日发表于《晨报六周年纪念增刊》的《落叶》一文中，徐志摩赞美释迦牟尼和耶稣的慈悲心。他这样评论两位圣人的丰功伟绩：

> 真的感情，真的人情，是难能可贵的，那是社会组织的基本成分。初起也许只是一个人心灵里偶然的震动，但这震动，不论怎样的微弱，就产生了及远的波纹；这波纹要是唤得起同情的反应时，原来细的便并成了粗的，原来弱的便合成了强的。⑤

除人道主义维度外，徐志摩也强调波德莱尔作品揭示的灵魂深度：

---

① 徐志摩《波特莱的散文诗》，载《新月》II-10，1929年。
② 徐志摩《康桥再会罢》，载徐志摩著，韩石山编《徐志摩全集》（第4卷）第63页，天津人民出版社，2005年。
③ 徐志摩《艺术与人生》，载《徐志摩全集》（第1卷）第187—188页。
④ 徐志摩《泰戈尔》，载《徐志摩全集》（第1卷）第446页。
⑤ 徐志摩《落叶》，载《徐志摩全集》（第1卷）第455页。

在19世纪的文学史上，一个佛洛贝，一个华而德裴特，一个波特莱，必得永远在后人的心里唤起一个沉郁，孤独，日夜在自剖的苦痛中求光亮者的意象……但他们所追求的却不是虚玄的性理的真或超越的宗教的真。他们辛苦的对象是"性灵的抒情的动荡，沉思的迂回的轮廓，天良的俄然的激发"。本来人生深一义的意趣与价值还不是全得向我们深沉，幽玄的意识里去探检出来？①

徐志摩用"特异的震动""微妙的，几于神秘的踪迹""瞬息转变如同雾里的山水的消息"等短语描写这一深刻而神秘的意识。他将艺术创作比"一支伊和灵弦琴（The Harp Aeolian）在松风中感受万籁的呼吸，同时也从自身灵敏的紧张上散放着不容模拟的妙音！"②

早在1924年为其译文《死尸》撰写的引言中，徐志摩便对该诗的音乐性表现出格外敏感：

我自己更是一个乡下人，他的原诗我只能诵而不能懂；但真音乐原只要你听：水边的虫叫，梁间的燕语，山壑里的水响，松林里的涛声——都只要你有耳朵听，你真能听时，这"听"便是"懂"。那虫叫，那燕语，那水响，那涛声，都是有意义的；但他们各个的意义却只与你"爱人"嘴唇上的香味一样——都在你自己的想象里。③

在徐志摩看来，正如在爱情中，双唇的接触不过是灵魂结合的象征，诗歌的音乐性也比诗歌的所指更重要，因为比起后者，前者更微妙、更深入地触及读者灵魂。徐志摩声称不仅能听到有声的音乐，还能听到无声的音乐：

我不仅会听有音的乐，我也听听无音的乐（其实也有音你听不见）。我直认我是一个干脆的Mystic。为什么不？我深信宇宙的底质，人生的底

---

① 《波特莱的散文诗》。
② 《波特莱的散文诗》。
③ 《波特莱的散文诗》。

质,一切有形的事物与无形的思想的底质——只是音乐,绝妙的音乐。天上的星,水里的沤的乳白鸭,树林里冒的烟,朋友的信,战场上的炮,坟堆里的鬼磷,巷口那只石狮子,我昨夜的梦……无一不是音乐做成的,无一不是音乐。①

对徐志摩而言,相较于俗世之人的雕虫小技,捕捉到宇宙的音乐性是大智慧的体现。徐志摩指出,宇宙之乐与灵魂之乐紧密相连。要想听到宇宙之乐,必须学会聆听自己内心的声音。为达致这一目标,必须放弃功利心态,真诚面对自己的内心需求。在这一点上,徐志摩与厨川白村不谋而合。后者在《苦闷的象征》"自己发现的欢喜"一节指出,生命力无处不在,作为生命力最明显象征的节奏律动也无处不在。②

然而,《苦闷的象征》译者鲁迅却将徐志摩关于神秘音乐的言论斥为荒唐之言。在发表于1924年12月15日的"音乐"一文中,鲁迅针对徐志摩的"死尸"前言极尽讽刺之能事,他写道:"我不幸终于难免成为一个苦韧的非Mystic了,怨谁呢"。③鲁迅将徐志摩比作叽叽喳喳的麻雀,在文末感叹道:"只要一叫而人们大抵震悚的怪鸱的真的恶声在那里!?"④鲁迅所谓"真的恶声",是指具有独立思考能力和批判精神的思想家针对社会流弊发出的正义之声。

在发恶声问题上,鲁迅对徐志摩显然相当不公平。就在《死尸》译文发表同年,即1924年,徐志摩曾多次表达用恶声唤醒民众的意愿。在1924年3月10日发表于《小说月报》的《给抱怨生活干燥的朋友》一文中,他写道:"(夜鹰)虽则没有子规那样天赋的妙舌,但我却懂得他的怨忿,他的理想,他的急调是他的嘲讽与咒诅:我知道他怎样的鄙蔑一切,鄙蔑光明,鄙蔑烦嚣的燕雀,也鄙弃自喜的画眉。"⑤

---

① [法]波德莱尔著,徐志摩译《死尸》,载《语丝》No.3,1924年。
② 《苦闷的象征》第57页。
③ 鲁迅《"音乐"?》,载《鲁迅全集》(第7卷)第56页。
④ 《"音乐"?》。
⑤ 徐志摩《给抱怨生活干燥的朋友》,载《徐志摩全集》(第1卷)第421页。相关主题另见徐志摩1924年2月21日致英国汉学家Arthur Waley的信,载《徐志摩全集》(第6卷)第451页;《汤麦司哈代的诗》,载《徐志摩全集》(第1卷)第406页;《毒药》,载《徐志摩全集》(第4卷)第167页;等等。

不过，仔细研究徐志摩翻译《死尸》的过程，我们发现徐志摩确实有将波德莱尔神秘化的倾向。在徐志摩宣称参考的《死尸》的几个英译本中①，我们发现他切实阅读过弗兰克·皮尔斯·斯特姆的译文。以下为两个证据：

波德莱尔原文	斯特姆译文	徐志摩译文
Et le ciel regardait la carcasse superbe Comme une fleur s'épanouir	The sky smiled down upon the horror there As on a flower that opens to the day	青天微粲的俯看着这变态， 仿佛是眷注一茎向阳的朝卉。
On eût dit que le corps, enflé d'un souffle vague, Vivait en se multipliant. Et ce monde rendait une étrange musique, Comme l'eau courante et le vent.	It seemed as though a vague breath came to swell And multiply with life The hideous corpse. From all this living world A music as of wind and water ran	转像是无形中有生命的吹息， 巨万的微生滋育。 丑恶的尸体。从这繁生的世界， 仿佛有风与水似的异乐纵泻。

比较波德莱尔原文、斯特姆和徐志摩的译文，我们发现在翻译"Quand vous irez, sous l'herbe et les floraisons grasses"（当您走向，野草和盛开的花朵之下时）时，徐志摩用"泥"代替原诗的"花朵"（floraisons），而斯特姆的译文则忠实于原文。

徐志摩还刻意夸大尸体腐烂程度。在翻译原诗第一段最后一句时，徐志摩没有采用英译文"A loathsome body lay"，而是将"loathsome"（"令人厌恶的"）换成"溃烂的"。再比如，斯特姆将第十段第一句诗译成"And you, even you, will be like this drear thing"。徐志摩似乎觉得"drear"（"阴郁的""阴沉的"）一词不够味，将其换成"腐朽"。

徐志摩希望在翻译中建构一种充满张力的氛围。波德莱尔原文描写了一只"nous regardait d'un œil fâché"（用一只生气的眼睛望着我们）的忧心忡忡的母狗。斯特姆笔下的这条母狗看人的眼神虽也怒气冲冲，却又有些忧郁："A homeless dog behind the boulders lay / And watched us both with angry eyes for-

---

① 《死尸》，载《语丝》No. 3。

lorn."徐志摩则删去"forlorn"(忧郁的)一词,将这句诗译成"在那磐石的背后躲着一只野狗,它那火赤的眼睛向着你我守候"。

以上种种表明,徐志摩试图通过翻译增强波德莱尔原诗阴森恐怖、充满张力的氛围,由此塑造了一个神秘的波德莱尔形象。

四、本间久雄、高滔、徐懋庸与波德莱尔

1928年8月,本间久雄《欧洲近代文艺思潮论》中文版面世。该书直接或间接借用马克斯·诺尔道、泰奥菲尔·戈蒂耶和波德莱尔自己的作品,分析波德莱尔作为颓废作家的特质:"自己崇拜""偏重技巧""无感觉""偏重'恶'"①。在1932年出版的《近代欧洲文艺思潮史纲》中,高滔参考了本间久雄的作品②,同时有所调整,突出时代的作用。对比以下两段可资证明:

本间久雄:

使波特来耳的文学家价值垂于永久的,是他37岁时发表的诗集《恶之华》(1857年)。这本诗集的内容包含长短诗篇八十,因为和表题所示同样,他的感觉和普通道德的感觉离开得太远,一般社会以为他故意的以病态的不健全的感情和情绪来描写故意的病态的和不健全的题材……《恶之华》的确是以从来诗坛上所不能看到的病态的不健全的事象为题材的作品。但是,这绝不是可以从普通的思想感情的见地而加以非难的作品。因为这种作品的内容,实在是太深刻了!

高滔:

波多莱而藉以永垂不朽的,乃是1857年所发表的诗集《恶之华》(Les Fleurs du Mal 英译为 The Flowers of Evil)。这本书含有长短诗篇八十首,都是以病态的不健全的感情和情绪来描写病态的和不健全的题材的,

---

① [日]本间久雄著,沈端先译《欧洲近代文艺思潮论》第290—293页,开明书店,1928年;Baudelaire. Un demi-siècle de lectures des Fleurs du Mal (1855-1905), pp. 492-493, 505; Charles Baudelaire, Œuvres complètes II, texte établi, présenté et annoté par Claude Pichois, bibliothèque de La Pléïade, Paris, Gallimard, 1976, p. 319.

② 证据见《欧洲近代文艺思潮论》第292、295—299页;《近代欧洲文艺思潮史纲》第323—324、336、338、339、341—342页。

其感觉也和普通道德的感觉相距太远；……有人说，"但丁是向地狱里去的，波多莱而是从地狱里来的"，实则波氏的生活经验，因为时代先后与环境变异的缘故，较之但丁复杂得多了。①

本间久雄认为《恶之花》是一部深刻的作品，高滔则强调波德莱尔的深刻来自于"时代"与"环境"变异。

对比本间久雄与高滔对让·玛丽·居友《社会学视角下的艺术》中同一段落的评论，更能凸显高滔对波德莱尔与外部世界关系的强调。在该段中，让·玛丽·居友批评颓废派作家淫乱、悲观、做作，将他们比作垂死之人。本间久雄这样评论让·玛丽·居友的论断：

> 苟育所论，对于颓废派文学的特质，确是有些中肯的地方，但是将这种文学看作活力衰颓的老衰文艺，而加以非难，却不是对于颓废派有理解的见解。②

高滔则这样评论居友的论述：

> 这种批判与非难虽然有些道着是处，却没有认清时代，及其必然的产物。颓废派不是凭空掉下来的，乃是有着他时代的背景。寻求异常不得则易陷于烦恼，痛苦悲哀摇着他们的心则易流于没落，这自是他们的缺点；然而我们一忆及没落的时代必产生没落文学时，也就奈何它不得了。③

高滔所谓"没落的时代"即资本主义时代。他引用马克斯·诺尔道的《变质论》证明，生活在资本主义社会中的人们在竞争、投机及各种重担压迫下，不得不借助烟酒甚至毒品来缓解疲惫、镇定神经，波德莱尔即其中一例。④

---

① 《欧洲近代文艺思潮论》第 296 页；《近代欧洲文艺思潮史纲》第 338 页。
② 《欧洲近代文艺思潮论》第 299 页。
③ 《近代欧洲文艺思潮史纲》第 341—342 页。
④ 《近代欧洲文艺思潮史纲》第 301 页。

1936年出版的《文艺思潮小史》也参考了本间久雄作品关于颓废五种特质的论述①，同时也采用唯物主义立场。作者徐懋庸将颓废作家视为非革命的改良主义者。他指出，颓废文学反抗社会，但不彻底否定资本主义。颓废作家试图通过艺术地处理现实生活中的恶，在资本主义社会内部创造一种新生活。②

　　20世纪20—30年代中国对波德莱尔的评论折射出这一时期影响中国的不同思潮：对功利主义的反抗、对自由的追寻、对人道主义的呼唤、对为艺术而艺术的赞美，以及马克思主义文学批评观。英文、日文评论波德莱尔的文字构成中国波德莱尔评论者的主要知识来源。不过后者并没有完全照搬外文文献，而是有选择性地引用部分片段，以构建符合他们期待的波德莱尔形象。

（杨振　复旦大学外文学院法文系副教授）

---

① 徐懋庸《文艺思潮小史》第98—101页，1936年。
② 《文艺思潮小史》第97页。

重译与再现：评雷威安《论语》翻译*

成 蕾 隗波扬

摘 要：比起雷威安对中国古代俗文学作品的翻译，他对《论语》的翻译受到的关注并不多。雷威安对重译经典有自己独特的见解，同时，他的《论语》法译本形象且典型地再现了两个人物形象：其一，《论语》中的孔子形象；其二，译者身为深谙中国文化的法国文学家身份。

关键词：雷威安 《论语》翻译 形象 文学性

雷威安（André lévy）在汉学史上以翻译中国古代小说、戏曲而著名，他的《金瓶梅》《西游记》《聊斋志异》《牡丹亭》等法译本，在世界汉学史上留下了浓墨重彩，对中国古代文学在法国的传播功不可没。在他逝世之时，他曾经指导过的学生、法国汉学家皮埃尔·卡泽尔在哀悼文章中写道："雷威安于10月3日溘然长逝的消息让所有忠实的读者们都陷入了深深的悲伤，7年前谭霞客的逝世已经给法国汉学界带来了巨大损失，如今雷威安的离去又留下了一块空白。他们两人为喜爱中国古典文学的法国读者奉上了中国小说和古代散文中一个不容忽视的部分。"① 可以看出，学界对雷威安的关注主要集中在他对中国俗文学的翻译和介绍之上，而对他的译著之一《论语》的关注很少。包括研究雷威安翻译的学者，常常都容易忽略他对这部可谓中国典籍之首的作品的翻译。

---

* 国家社科基金青年项目：法语世界的孔子形象研究（项目编号：17CW W003）的阶段性成果。
① 陈嘉琨《法国汉学家雷威安：他的身体和灵魂里装着整个中国文明》，载《文艺报》2018年1月15日第007版"外国文艺"。

重译与再现：评雷威安《论语》翻译

一、翻译之缘起

雷威安的《论语》法译本于1994年首次由法国著名的弗拉马利翁（Flammarion）出版社出版，这也是唯一一次出版。说到自己对《论语》的翻译，雷威安自己表示："我是在一家出版社的再三要求下才翻译了孔子的《论语》的，在这之前，他们曾着手出版孟子的重译本，最终放弃了。这已经是几年当中《论语》的第三个法译本了，我认为既无益处，也无必要。尽管如此，我仍然兴致勃勃地采用了一些新的译法，不知道是否恰当，并用中文撰写了一篇译后记。……孔子这个名字在法国家喻户晓，是输出中体面的陈列品；……"[①]

对于一部自己认为重译"既无益处，也无必要"的作品，译者"仍然兴致勃勃地采取了一些新的译法"，从这番回答中足见雷威安在其实已浸染了儒家的谦逊之道，同时更照见了他对于中国文化深厚的感情与执着的追求。遗憾的是，笔者未能寻得上文中雷氏提到的那篇用中文撰写的译后记，因为它并未被收录在1994年出版的译本中，此后也并没有得到出版。由此也可窥见雷威安《论语》的翻译并未得到太多重视，但尽管如此，我们至少能从这段简短的访谈录中看出雷威安谈到自己的译本时一种非常自谦的态度，以及他对儒家文化的理解。雷威安最终答应翻译《论语》的原因，应该出自于他对儒家文化的深刻理解，以及作为一位"身体和灵魂里装着整个中国文明"[②]的法国人，对《论语》地位和价值的充分认识。

雷威安首先认为，《论语》对其他国家的影响很大，国际地位很高。他在译本导言中指出，20世纪80年代在法国出现了程艾兰（Anne CHENG）和李克曼（Pierre Ryckmans）的两个经典译本，其他各种语言的译本也多达30来个。正是由于这些译本，《论语》便一跃成为仅次于《道德经》的西方人翻译最多的中国作品。[③] 除了谈及译本语种之多、同一语种的不同译本之多以

[①] 雷威安、钱林森，傅绍梅译《中国古典文学在法国的接受——法国著名汉学家雷威安一席谈》，载《中国文学研究》2001年冬卷（总第34期）。

[②] 陈嘉琨《法国汉学家雷威安：他的身体和灵魂里装着整个中国文明》，载《文艺报》2018年1月15日第007版"外国文艺"。

[③] 参见：Les Entretiens de Confucius et de ses disciples, introduction, traduction, notes et commentaires par André LÉVY, Paris: Flammarion, 1994, p. 7.

外，他还对《论语》的研究情况有具体的了解。由于雷威安也是日本文学研究的专家，他熟知《论语》在日本的被接受状况。他提到，日本在几十年前的一次某杂志上针对"全世界最美的书"这一问题做调查时，很多答案都是《论语》，尤其在日本最出色的学者群体中，如历史学家宫崎市定，《论语》的受欢迎程度非常高。

雷威安非常肯定翻译在各国各民族间文学文化交流的关键作用。因此，他在导言开篇便提出一个疑问：对于一部已经被多次译为法文的中国古代典籍，有必要再翻译吗？译者的答案自然是肯定的。在他看来，要将这部深深打上了中国文化烙印的作品翻译成其他语言，难度可见一斑。但这是雷威安重译《论语》的第二个原因，笔者认为也是最重要的原因。首先他认为，如果要将这部作品译为法文，那么翻译的难度同时存在于对中文原文的理解和法文译文的表述中。尽管已经存在大量的注释和评论，但这些注释或者含混晦涩，或者曲解原文，对于理解原文的有用价值很有限；更何况，研究者对《论语》的关注不应该以研究注释为目的，而应该回归《论语》本身。① 基于此，雷威安认为每一次新的翻译，就意味着一次对原文全新的、鲜活的阅读，即使得不出什么新的见解，但只要在阅读中引发了感受，就是好的。② 因此可见，雷威安十分关注在对原典进行翻译和研究过程中，阅读原文的必要性和重要性，因为不同的读者对原文的理解是不相同的，尤其是对于《论语》这样一个文本。③ 这一态度贯穿体现于《论语》译文的始终，略举一例如下："子夏曰：'虽小道，必有可观者焉；致远恐泥，是以君子不为也。'"（《论语·子张篇》）

雷威安对此章句的法语译文为：" Bien qu'art mineur, cela mérite sûrement d'être pris en considération, dit Zixia, mais à le pousser trop loin on risque de s'y embourber ; c'est pourquoi l'homme de qualité ne s'en mêle pas."

---

① 参见：*Les Entretiens de Confucius et de ses disciples*, introduction, traduction, notes et commentaires par André LÉVY, Paris: Flammarion, 1994, p. 8.

② 参见：*Les Entretiens de Confucius et de ses disciples*, introduction, traduction, notes et commentaires par André LÉVY, Paris: Flammarion, 1994, p. 8.

③ 作者认为，"中国古代文言文是一种令人生畏的语言，对此，《论语》功不可没。"见 *Les Entretiens de Confucius et de ses disciples*, introduction, traduction, notes et commentaires par André LÉVY, Paris: Flammarion, 1994, p. 25.

这段译文可回译为:"子夏说:'即便是小诀窍也值得重视;但将之过多推敲引申,却又难免陷入泥潭,因此君子避免卷入其中。'"可见,雷威安的译文语言准确凝练,对原文的理解和呈现清晰到位。

又见杨伯峻的《论语》评注本《论语译注》中对此章句的白话文译文:"子夏说道:'就是小技艺,一定有可取的地方,恐怕它妨碍远大事业,所以君子不从事于它。'"① 撇去法语和中文白话文语言层面的差异,单从译文对典籍原文的阐释来看,不难看出,雷威安和杨伯峻对此句中"致远恐泥"一句的理解是有差异的。雷威安将"致远"理解为"(将小诀窍)推敲引申",而杨伯峻认为是"远大事业"。这一例直观体现了雷威安看重的重译典籍的意义,这也是译者在翻译活动中审美乐趣的体现。

二、译本中的孔子形象

雷威安对翻译经典的态度是开放的,这与他看待儒家典籍中所呈现的孔子形象的观点相同。在译本导言中,谈到《论语》中的"孔子形象"时他说:"读完《论语》,不断回响在我们耳边的是这位与众不同的人物鲜活、丰富的话语,而其人物形象并非是凝固僵化的。孔子形象为何不可因读者个人体会而异呢?毕竟,最好喝的柠檬水是自己榨汁制作的。"② 可以看出,雷威安充分肯定阅读活动中读者的主体性,那么,他解读到的孔子形象是怎样的呢?

在同是译者和读者的雷氏看来,细读《论语》,最惊讶的是发现孔子其实是个普通人,或者说"崇尚自然的人"(naturel),他的思想体系并非崇尚某种超自然的神力。为了阐明自己的观点,雷威安从几个方面展开论述。

第一,对孔子思想最核心的概念"仁"字的理解。他认为,孔子传授给弟子们的皆为人类简单自然的、朴实的道理,例如其思想中的核心概念"仁"字。相比之前欧洲诸多汉学家对其含义不尽相同的剖析解读,雷威安认为其含义应该就是简单且朴素的 la bonté,即"善良"。由于孔子思想中这种对人

---

① 杨伯峻《论语译注(典藏版)》第289页,中华书局,2015年。
② 作者自译,原文见:*Les Entretiens de Confucius et de ses disciples*, introduction, traduction, notes et commentaires par André LÉVY, Paris: Flammarion, 1994, p. 14.

之天性的崇尚，他甚至大胆地加以引申，认为"孔子思想或许是道家思想的萌芽"①。

第二，孔子对"神"的态度。雷威安认为，孔子所坚持倡导"道德上的完善"（le perfectionnement moral）能使人拥有与"神"平等，甚至是高于"神"的能力。这里雷威安所指的"能力"（le pouvoir），应该是指人达到道德至善之时所到达的这种道德境界。因此雷威安认为，孔子所持的这种"彻底的人本主义思想"（un humanisme radical）可以证明这位伟大的思想家是一个无神论者，他也引用了《论语》多处章句来推断出这一点。例如："季路问事鬼神。子曰：'未能事人，焉能事鬼？'曰：'敢问死。'曰：'未知生，焉知死？'"

"太宰问于子贡曰：'夫子圣者与？何其多能也？'子贡曰：'固天纵之将圣，又多能也。'"太宰问于子贡曰：'夫子圣者与？何其多能也？'子贡曰：'固天纵之将圣，又多能也。'子闻之，曰：'太宰知我乎！吾少也贱，故多能鄙事。君子多乎哉？不多也。'"雷威安列举此章句并认为，身为"士"这一阶层，孔子时常谈及自己普通甚至贫苦的出身，认为自己是一介"凡人"；同时他也坚守士大夫阶层的使命，即投身政治，辅佐君王。但雷威安认为孔子却并不倡导"英雄主义（l'héroïsme）"，这里所指的"英雄主义"，更多指的是如同欧洲骑士精神中对其封建君主的军队效忠的那种固守坚持。

雷威安引用《论语》中孔子与子贡谈论管仲的著名章句来证明："子贡曰：'管仲非仁者与？桓公杀公子纠，不能死，又相之。'子曰：'管仲相桓公，霸诸侯，一匡天下，民到于今受其赐。微管仲，吾其被发左衽矣。岂若匹夫匹妇之为谅也，自经于沟渎而莫之知也？'"

因此可以看出，孔子认为士大夫阶层肩负的使命并非效忠某一位君王，而是行天道，为天下。

译者眼中孔子最典型的形象，便是这样一位讲述着朴实的人伦道理的平常人。但是也正如译者所言，每一次对《论语》原文的阅读都可能产生一个不同的孔子形象，又加之古代汉语语言含义的不确定性，导致了"意图将它独特的风格原滋原味地翻译出来，将那种皮埃尔·李克曼所说的'粗糙又滑

---

① 参见：*Les Entretiens de Confucius et de ses disciples*, introduction, traduction, notes et commentaires par André LÉVY, Paris: Flammarion, 1994, P15.

头'的简洁翻译出来，是一种让人绝望的尝试"①。

三、翻译策略："新的译法"

如同挑战与机遇并存，雷威安认为《论语》难以揣摩的语言也造就了翻译中对原文阐释的多重可能性。他的译本最先彰显的还属他的文学家身份。雷威安的写作以优美的文学性语言见长，法语读者提到他，无一不为他深厚的语言功底所折服。这一特点体现于整部译作之中，本文中笔者谨以对《论语》各章标题的翻译为例。不同译本对标题的翻译各有风格，也典型地代表了该译本特色。雷威安的翻译方式别具一格，这一点应该也是他评价自己译本时所说的"兴致勃勃地采用了一些新的译法"的体现。

在译本导言中译者就提到了自己对标题的翻译策略。《论语》原文中各章均采用了第一句的前两个字作为本章标题，他在翻译时采取了相同的方式，但并不是翻译这两个字本身，而是翻译了这两个字在这章中的含义。指出这一点之后，雷威安又非常谦虚地表示，大家可以对他的这种处理方式持保留意见，因为如果翻译的是这两个字的含义，那无疑会显得是对这一章中某句话的重复。② 下面就以具体的例子来看译者的处理方式。

中文标题	法语译文
学而篇第一	Etudier
为政篇第二	Gouverner
八佾篇第三	Huit rangs de danseurs
里仁篇第四	Demeurer dans l'humanité
公冶长篇第五	Il ferait un bon mari
雍也篇第六	On l'inviterait à se tourner au sud, tel un prince

---

① 原文见：*Les Entretiens de Confucius et de ses disciples*, introduction, traduction, notes et commentaires par André LÉVY, Paris：Flammarion, 1994, p. 25.

② 参见：*Les Entretiens de Confucius et de ses disciples*, introduction, traduction, notes et commentaires par André LÉVY, Paris：Flammarion, 1994, p. 12.

续表

中文标题	法语译文
述而篇第七	Je transmets mais ne crée point
泰伯篇第八	On peut dire qu'il parvient à la vertu suprême
子罕篇第九	Le Maître ne parlait que rarement
乡党篇第十	Dans son village
先进篇第十一	Commencer par
颜渊篇第十二	Du sens suprême d'humanité
子路篇第十三	Zilu, son disciple
宪问篇第十四	La honte
卫灵公篇第十五	Le duc Ling de Wei
季氏篇第十六	Le chef du clan des Ji
阳货篇第十七	Yang Huo
微子篇第十八	Sieur Wei
子张篇第十九	Zizhang
尧曰篇第二十	Yao dit

雷威安对标题的翻译大体可以分为三类。

第一类，对于有些章的标题。如"学而篇第一""为政篇第二""八佾篇第三""里仁篇第四"等，中文标题在中文中可以独立成词。这一类标题在翻译的时候，比较容易找到对等的法语词，因此译者对这一类标题采取了直译的方式。如雷威安将"学而篇第一"翻译为 Étudier，这个法语词是"学习"的意思，译者选取了"学而"中的"学"字来翻译，略去了没有实际含义的"而"字。"为政"二字可以理解为一个动词，译者将这个标题译为 Gouverner，这个法语词是"管理、统治、治理"的意思，译文和原文可以完全对等。"八佾"被翻译为 Huit rangs de danseurs，意思是"八列舞者"，译文和原文也完全对等。"里仁"被翻译为 Demeurer dans l'humanité，意思是"居住于仁德之中"，译文也与原文的意思基本相同。采取相同翻译策略的标题还包括"乡党篇第十""尧曰篇第二十"等。

第二类，对以人名为标题的翻译。译者对人名的翻译策略又可以分为三种：第一种是直译；第二种是概括本章内容提到的其人特点；第三种是用章句主题替代人名的方式。其中第二种和第三种是雷威安译本的独特处理方法。第一种的例子包括"子路篇第十三"被翻译为 Zilu, son disciple, "卫灵公篇第十五"被翻译为 Le duc Ling de Wei, "季氏篇第十六"被翻译为 Le chef du clan des Ji, "阳货篇第十七"被翻译为 Yang Huo 等。其中有些除了直译人名外，另外加上了人物身份的解释，如"子路"后面加上了解释 son disciple, 意为"他（孔子）的学生"。

第二种翻译策略被认为是雷威安的创新之处，例如"公冶长篇第五"被翻译为 Il ferait un bon mari, 这句译文的意思是"他会是一个好丈夫"。《公冶长篇第五》的第一句是："子谓公冶长，'可妻也。虽在缧绁之中，非其罪也'。以其子妻之。"意思是说，孔子谈及公冶长时，说可以把女儿嫁给他，因为他虽然曾经被关在监狱之中，但不是他的罪过，然后便把女儿嫁给他了。译者并没有将"公冶长"的名字作音译，只是用人称代词 il（他）来称呼，用"会是一个好丈夫"来概括此句中他的突出特点。"子曰：'雍也可使南面。'"意思就是，孔子说："冉雍这个人，可以让他南面而坐，做一个地方的长官。"对"雍也"的翻译方式与"公冶长"一样，用人称代词 il（他）来称呼，译文直接翻译了第一句的内容。这也是雷威安在导言中自谦的评价中所提到的，有些标题是对篇章句子的重复。相同的翻译策略还可见于对"泰伯篇第八"等。

第三种，用篇章主题代替人名。如"颜渊篇第十二"。此标题被译为 Du sens suprême d'humanité, 意思是"探讨'仁'的深刻含义"。译者没有将"颜渊"这一人名音译，也未采用第二种策略，概括人物特点作为标题，因为《颜渊篇第十二》中第一章是探讨颜渊与孔子探讨"仁"，其中并未涉及颜渊本人的人物特点："颜渊问仁。子曰：'克己复礼为仁。一日克己复礼，天下归仁焉。为仁由己，而由人乎哉？'"而此篇接下来的各章依次是"仲弓问仁""司马牛问仁""司马牛问君子"等。因此，不仅开篇第一章主题为关于"仁"深刻含义的讨论，此篇中各章大都是关于"仁""君子"等主题的探讨，因此，译者在处理的时候就以篇章主题作为标题。第三类基本可以概括为将标题与篇章内容结合的意译，这类标题的特点为第一个章句前两个字并不能独立成词，也不是人物姓名，所以在翻译起来不能直接在法语中找到对等的词，属于标题翻译中较难处理的一种类型，如"子罕篇第九""宪问篇第十四"等。"子罕"被译为Le Maître ne parlait que rarement，意思是"孔子很少说"。这个法语是一个完整的句子，单看这个标题，读者的理解会是"孔子寡言少语"。此篇第一章内容为："子罕言利与命与仁。"关于这一句的含义，中国历代的注疏家们本就意见不一。杨伯峻先生认为此句是说，"孔子很少（主动）谈到功利、命运和仁德"。金人王若虚在《误谬杂辨》、清人史绳祖在《学斋占毕》中都认为这句话应该断句为"子罕言利，与命，与仁"，他们认为这句话的意思是"孔子很少谈到利，却赞成命，赞成仁"①。黄式三在《论语后案》中认为"罕"应该读作"轩"，意思是"显"，整句应理解为"孔子很明显地谈到利、命和仁"②。杨树达先生在《论语疏证》中认为，"所谓罕言仁者，乃不轻许人以仁之意，与罕言利命之义似不同。试以圣人评论仲弓、子路、冉有、公西华、令尹子文、陈文子之为人及克伐怨欲不行之德，皆云布置其仁，更参以《儒行》之说，可以证明矣。"③

雷威安将这一句译为："Le Maître ne parlait que rarement d'intérêt, que ce soit à propos de la destinée ou du sens de l'humanié."这句译文可回译为："孔子很少谈论利，不管在探讨关于命还是关于仁的时候。"首先，雷威安对这句原文的理解与以上列举的几种主要诠释都不一样，他将"与"理解为"关于"（à propos de）。再者，就此篇标题的翻译，译者与《论语》原文相同的标题方式，选取了法文译文的头几个单词来作为标题，这样的处理方式，在形式上看来与原文基本达到了统一，但由于法语与中文完全不同的语言系统，法语读者会因为这个标题完整的句子呈现的完整的意思，误认为"孔子很少说话、寡言少语"。因此笔者认为这一处的处理方式未能在形、神两方面达到完美。再如，对"宪问篇第十四"的翻译。《宪问篇》第一句是："宪问耻。子曰：'邦有道，谷；邦无道，谷，耻也。'"这一句原宪向孔子请教如何叫"耻"，句首的两个字为此篇标题。雷威安将标题"宪问"译为La honte（耻，耻辱）是以主题代替人名的译法。这种译法与上文第二类归纳的人名翻译策略相同，采取了保留"意"而舍弃"形"的做法。

综合以上对《论语》各篇标题翻译的探讨可以看出，雷威安译本对标题

---

① 《论语译注（典藏版）》第128页。
② 《论语译注（典藏版）》第128页。
③ 《论语译注（典藏版）》第128页。

翻译的特色体现在更追求"意"的传递,在"意"和"形"两者不可兼得之时,他往往都采取求原文"意"而舍原文"形"的策略。但是,尽管原文的形未能在译文中得以保留,但单从法语译文来说,其中呈现出的法语语言和形式两方面都十分流畅自然,同时也可以照见雷威安是从文学性的出发点来看待《论语》的特点,从而对各篇标题进行翻译的。

四、结　语

《论语》是一部充满矛盾的作品:它在中国文化史上的地位毋庸置疑,然而围绕着它的似乎又满是疑问和谜团:内容似乎稀松平常,语言多处模棱晦涩。300多年来,各个时期都有经典的《论语》法语译本产生,每个译本都有其独有特色。雷威安的《论语》翻译,记录了一位出身在中国、深谙中国文化的法国文学家对中国文化经典的热爱,他用自己的解读方式对《论语》其文、孔子其人进行了颇具文学性的再现。

（成蕾　西南交通大学外国语学院教师；隗波扬　广州华立科技职业学院国贸学院副院长）

论雷威安对《西游记》的翻译与研究

张峻巍

摘　要：自小说《西游记》传入法国起，法国汉学界对于这部作品的翻译和研究持续了100多年。但由于时代和视野所限，这一进程十分缓慢。直到第二次世界大战以后，法国汉学界才重新开始重视中国古典小说的研究。在此背景下，雷威安对《西游记》的翻译和研究扩大了该书在法语世界的影响力，极大地提升了法国学界的相关研究水平。本文首先分析了雷威安翻译《西游记》时采用的策略，然后梳理了雷威安对《西游记》主旨、成书、作者等方面的研究。最后从法国汉学史的角度分析他学术研究的得失，并指出雷威安的翻译和研究范式是法国汉学在第二次世界大战之后转型的一个缩影，兼具进步和保守两重性。

关键词：雷威安　法国汉学　翻译　《西游记》　吴承恩

一、概　述

雷威安（André Lévy，1925—2017），法国著名汉学家，先后翻译了《西游记》《金瓶梅》《聊斋志异》等多种古典小说，并出版多本有关中国古典文学的论著。他是第二次世界大战以后法国汉学界古典小说研究的代表人物。他为法语世界贡献了完整的百回本《西游记》全译本，并且大大推进了法国的《西游记》研究。在此要说明的是，本文所述《西游记》专指推定为吴承恩所做的百回本小说《西游记》，已知最早版本是1592年的世德堂本。

纵观《西游记》在法国的译介历程，大致可分为三个阶段：

第一阶段是片段式翻译，从19世纪中叶一直持续到20世纪中叶。据雷威安考察，最早《西游记》法语译文出现在1839年，刊于汉学家泰奥多尔·

论雷威安对《西游记》的翻译与研究

巴维 (Thédore Pavie) 编辑的《故事与短篇小说选》(*Choix de Contes et Nouvelles*, Dupart, Paris) 中。作者将《西游记》书名译为：*Sy-Yeou-Ky*, *Voyage dans l'Ouest*。该书概述了小说第九回到第十一回的情节。随后在华传教士戴遂良 (Léon Wieger)、驻华外交官苏利埃·德·莫朗 (George Soulié de Morant)①、留法中国学者吴益泰、徐仲年等都相继翻译过《西游记》的片段。这些译文篇幅大多比较短小，对《西游记》的介绍也十分简略甚至偏颇。不过上述译作通过一个世纪的传播，使得《西游记》在法国逐步为人所知。

第二阶段是节译本时期，从20世纪50年代至80年代，法语世界出现两种重要的《西游记》节译本。首先出现的是乔治·德尼克 (Geogrge Deniker) 的《猴行者或西行朝圣记》(*Le Singe Pèlerin ou Le Pèlerinage d'Occident*, Paris, Payot, 1951) 出版。该书是英国汉学家阿瑟·韦利 (Arthur Waley) 英译《西游记》节译本《猴》(*Monkey*) 的法译本。韦利的译本历来评价很高，雷威安认为，韦利的缩写本是迄今最伟大的《西游记》译本之一。②德尼克的译本在体例结构和遣词造句上都忠实再现韦利的英语译文，因此在法语世界也有很大影响。全书共分为三十个章，情节分别是百回本的第1—15回、18—19回、22回、37—39回、44—49回、99—100回，以孙悟空的成长经历为主线。随后法国人路易·阿弗诺尔 (Louis Avenol) 所译的 *Si Yeou Ki ou le Voyage en Occident* 由巴黎瑟伊 (Seuil) 出版社于1953年出版。这是首个百回本的法语译本，其底本是1909年上海文成书店的石印本，配有简单的注释，但内容有大幅删节。雷威安肯定了阿弗诺尔译本的开创性，认为此书完整地体现了百回本的故事架构。③该译本仍有明显不足，正如汉学泰斗戴密微 (Paul Demiéville) 所言：对这本译作，人们还是留有遗憾的，其不足之处，可以为将来留下重译的空间。④

第三阶段是全译本时期。1991年，雷威安译《西游记》(*La Pérégriantion*

---

① 莫朗曾在1924年出版《西游记》节译本，题为 *Le Singe et le Pourceau. Aventures magiques chinoises du XIIIe siècle*，全书篇幅较短，译者对原著的理解不深，且误译、改写频繁，在西方影响不大。据此笔者仍将该译作归为第一阶段。

② André Lévy, *La Pérégriantion vers l'Ouest*, Paris: Gallimard, 1991, p. LXXXI.

③ *La Pérégriantion vers l'Ouest*, p. LXXXVII.

④ Paul Demiéville, "Wou Tch'eng Ngen. Si Yeou Ki ou le voyage en Occident by Louis Avenol", *T'oung Pao*, Second Series, Vol. 46, Livr. 3/5 (1958), p. 432.

vers l'Ouest）由法国伽里玛出版社出版，收入"认识东方"丛书。全书注释详尽，附有译者亲自撰写的长篇导言、回目梗概、有关中国文化的说明，另外还附上《大唐三藏取经诗话》的法译等，内容之丰富堪称《西游记》的百科全书。这是真正意义上的百回《西游记》的完整译本。翻译的底本主要来源于1949年后的几版人民文学出版社的《西游记》，并参考了民国时期和台湾出版的几种《西游记》百回本。

如今在法语世界，韦利/德尼克译本（以下简称"德氏译本"）、阿弗诺尔译本（以下简称"阿氏译本"）和雷威安译本（以下简称"雷译本"）奠定了小说《西游记》在当代法国传播的基本格局。

二、雷威安译《西游记》的翻译策略和文本特征

众所周知，《西游记》在中国文学史上有几个鲜明的特色，首先是描绘了一个光怪陆离的奇幻世界；其次是塑造了一批形象鲜明的神、魔、人角色；第三是糅合三教，尤其是佛道两教的丰富内涵①。美国汉学家浦安迪（Andrew H. Plaks）曾总结了雷译本的几个特点：一是创造了一种韵文的叙事风格和对话，二是混合地运用传统说书中的"套语"（topos），三是巧妙地翻译人名、地名等，四是对原著韵文的高超翻译，五是对佛道术语的深入理解与翻译②。结合上述分析，本文通过对比原著与阿弗诺尔译本、德尼克译本以及雷威安译本的异同，从以下四个方面考察雷威安的翻译得失：对原著叙事风格的再现；对人物形象的再现；对神魔人角色的再现；对佛道和传统文化的再现。

（一）对原著叙事风格的再现

《西游记》作为古典章回小说，在叙事风格上主要呈现出以下体式特征③：分回标目的形式划分叙事段落；继承"说话"艺术的叙事方式；白话夹杂诗词的叙事语言等。这将是考察雷译文叙事风格的主要视角。

---

① 袁行霈主编《中国文学史》（第四卷）第162—174页，高等教育出版社，2003年。
② Andrew H. Plaks, "La Pérégriantion vers l'Ouest (Xiyouji) by Wu Cheng'en and André Lévy," *T'oung Pao*, Second Series, Vol. 79, Fasc.. 1/3 (1993), pp. 182-187.
③ 有关中国小说的体式特征，参见李修生、赵义山主编《中国分体文学史》（小说卷）第217—219页，上海古籍出版社，2014年。

论雷威安对《西游记》的翻译与研究

首先是回目标题，雷威安对此十分重视。从形式上来说，他所译的一百回标题基本保持了句式上的对仗；在内容上，他的策略是直译，基本保留了标题中的隐喻内涵。比如原著①第一回的标题："灵根育孕源流出，心性修持大道生。"雷威安译作"De la gestion de la racine mystique sortent les sources originelles, De la constante culture du cœur et de l'espritnaît la grande voie"；阿氏译文"La merveilleuse naissance et la source jaillissante. Propension naturelle dans la pratique de la grande Doctrine"。

首先可知，雷威安的句式完全按照原著体例，上下句对仗十分工整。这种翻译策略贯穿了雷译本的所有回目标题。其次对比两者的译文，雷威安对原著理解更加透彻，所用句式更清晰，用词更妥贴。阿氏的译文则相形见绌，不仅对仗比较勉强，而且措辞过于具体，没有把握住原著贯穿全书的隐喻的风格。比如后半句，propension naturelle 的意思是天然的倾向、本质的嗜好，doctrine 的意思是教义、学说，阿弗诺尔分别对应"心性""大道"。须知这两个词在中国古典文学的语境中，具有十分重要和丰富的内涵。结合《西游记》成书的背景和主旨，"心性"无论是从禅宗的"明心见性"还是宋明儒家的心性研究，其含义都远胜过所谓的天性范畴，雷氏使用的 cœur 对应的中文便是"心"，既有"心脏"之意，也有"品性、内心世界"等抽象含义，而"大道"在《西游记》的语境中，显然不是"学说"一词可以包涵的。结合原著第一回所述混沌初开，天地造化，此处的"大道"完全可以理解为《道德经》所言的"有物混成，先天地生。寂兮寥兮，独立不改，周行而不殆，可以为天地母。吾不知其名，字之曰道"。"大道"既是万物的本源，也是宇宙终极的方法论。雷威安所用的 la grande voie，既表示"广阔的道路"也表示"宏大的方法"。作为辅证，汉学大师戴密微（Paul Demiéville）就建议将"心性"译为 propensions spirituelles、"大道"也是 la grande voie②，而《西游记》英译者，华裔汉学家余国藩，则直接将"大道"译作 the Great Tao。

其次，正如浦安迪所言，雷译的特点之一是保留了说书时的叙事"套语"。类似地，德氏译文也保留了一部分，而阿氏译文则将套语基本删去了。

---

① 本文参照的《西游记》底本是人民文学出版社 1980 年版。

② Paul Demiéville, "Wou Tch'eng Ngen. Si Yeou Ki ou le voyage en Occident by Louis Avenol", *T'oung Pao*, Second Series, Vol. 46, Livr. 3/5 (1958), p. 428.

纵观德氏译文与雷译文，前者主要保留了套语中的结尾，而雷氏则基本完整保留了从篇首诗词、入话到结尾的大部分叙事套语。以第五回为例，主要的叙事套语有七处，德尼克只保留了一处"好大圣"的翻译，以及结尾一句。

与之相比，雷威安则译出六处，仅有"不题"一处省略，其他六处都完整译出。如"话表"Comme le récit l'a exposé，"好大圣"Le Brave Singet 等。由此可见，三位译者对待叙述套语的态度并不相同：德尼克是挑选重要的译出，部分保留原著特色；阿弗诺尔是完全删去，以西方小说叙事风格翻译；雷威安的策略则尽量译出，只有在偶尔无法兼顾法语表述逻辑时才会删去。

下面再来看雷威安如何体现原著多样化的叙事语言。《西游记》的叙事语言大致可分为三种：一是白话散文体，构成全书最为主要的叙事语言；二是不严谨的骈体，三八句、四六句、四七句等皆有，大多可以做到前后句对仗，但结尾句经常不合格式，比较随意。原著中用以表达对话、打斗、环境等；三是诗词体，最多的是五言和七言诗，此外还有一些词，大多用来描写人物、环境等。限于篇幅，本文以原著十分重要的诗体为例说明。翻译古典小说中诗词体历来是难点，许多的译者都采取回避或删减的态度。雷威安则迎难而上，译出了原著大多数诗词且都保持了较高的质量。比如原著第七回，孙悟空以一首诗向如来自报家门。它是少数被三个法译本都完整收录的诗歌，我们在此将逐个对照进行对照：

原著： 天地生成灵混仙，花果山中一老猿。 水帘洞里为家业，拜友寻师悟太玄。 炼就长生多少法，学来变化广无边。 因在凡间嫌地窄，立心端要住瑶天。 灵霄宝殿非他久，历代人王有分传。 强者为尊该让我，英雄只此敢争先。	雷威安译文： Né du cielet de la terre, Le vieux singet du mont des Fleurs, Qui d'une grotte fit sa demeure Et chercha le suprême Mystère. Maints procédés de longue vie Et transformations j'ai appris ; Je trouve le monde trop petit Et vieux vivre au ciel trop infini, Qui ne dure pas plus que ça ; Se succèdent hommes et rois. Que les puissants cèdent devant moi ; Le héro s'est celui qui ose !

论雷威安对《西游记》的翻译与研究

续表

德尼克译文：	阿弗诺尔译文：
Né du cielet de la terre, Immortel miraculeusement conçu, Je suis le vieux Singe du Mont des Fleurs et des Fruits. Dans la Cave-du-Rideau-d'Eau, je conduis mes affaires. J'ai trouvé Maître et Ami, qui m'ensaigna le Grand Secret. J'ai su me rendre parfait dans mainte spratiques d'Immortalité. J'ai appris à me changer, sans fin et sans limites. Las des Médiocrités du monde des humains, Rien ne saurait me contenter, sinon vivre dans le Ciel de Jade-Vert, Pourquoi les Palais du Ciel auraient-ils jamais qu'un seul maître? Dans les dynasties terrestres, un roi succèdent à l'autre, Le fort, au plus fort, doitcéder place et préséance. Iln'est de vrai héros que qui tient le pouvoir suprême.	Le Cielet la Terre sontmespère et mère; Je suis très vieux gibbon de la verte montagne des Fleurs et des Fruits. J'habite la caverne des Stores d'Eau et mes talents sont extrêmes; J'ai trouvé un Maître dans les pays de l'Ouest et j'ai acquis de grands pouvoirs. Par la vie de réformeet de purification, j'ai obtenu la longévité au même degréque le soleil et la lune; Je puis me transformer à mongré et soumettre les Esprits malins. Trouvant la terreet le séjour des hommes trop étroits pour moi, J'ai décidé de monter dans la Région supérieure, pour m'y asseoir sur un trône fleuri. Je n'accepte pas de me soumettre aux vicissitudes de la terre, Je leur préfère le trône du Cielet le gouvernement des Trois Régions. A celui qui possède la vertuet le talent, conviennent les hautes dignités, Ceux qui lui sont inférieurs doivent lui laisser la place.

由上可知，雷译诗词尽量保持韵脚，采用法语诗歌常用的 AABB 韵。这一点是德尼克和阿弗诺尔都没有做到的。从措辞达意的角度而言，我们再对照"强者为尊该让我，英雄只此敢争先"一句进行比较：雷威安译作"那些有权势的人应该在我面前让步：英雄是那些敢作敢为的人！"译者直接以冒号表达前后句关系，逻辑上略显生硬，但保留了原著中孙悟空的霸道、狂傲之气；阿弗诺尔译作"对于有德有才者应该能配上最高的地位，那些低于有德有才者的人应该让出他们的位置"，译者将上下句改为了并列关系，变成了孙悟空说理的口吻，与原著情境不符；韦利/德尼克译作"强者要向更强者让出位置和优先权，只有真英雄才能拥有最高权力"，相较前两个版本，孙悟空的

表达既理性也自信,有美化孙悟空的倾向。

纵观三个译本,雷威安对诗词的翻译策略是尽量平衡形式与内容,以简练的词句直指核心内容,略去了"花果山"等具体名词。而阿弗诺尔的翻译策略是将诗句用陈述句方式解释出来,因此显得冗长。韦利/德尼克的翻译策略介于雷威安和阿弗诺尔之间,他们的译文首先立足于表达诗句含义,然后再考虑向诗体靠拢。此外对于德尼克而言,他的法译既遵照了韦利的英译形式和内容,又与中文原著保持了较好的一致性,遗憾的是诗词数量太少。

(二)对人物形象的再现

《西游记》刻画人物之生动,历来备受赞誉。下面将从人物的语言、动作、神态等方面来对比三个法译本,以分析雷威安的翻译策略。原著的讽喻特征经常体现在角色的神态细节描写上。比如第 37 回,乌鸡国王托梦求助唐僧,唐僧三次开口回应,每次都有不同。第一次的是"三藏欠身道……",显得冷漠迟疑,当得知对方是乌鸡国王时,态度马上变得谦恭,原文是"三藏见了,大惊失色,急躬身厉声高叫道……",随后得知对方是鬼魂时,又十分害怕,"唐僧见说是鬼,唬得筋力酥麻,毛骨悚然。没奈何只得将言又问他道……"。作者的描写满含嘲讽意味,鲜明体现了唐僧性格中懦弱、媚权、虚伪的侧面。对此三位译者的处理也各不相同:

德氏译文:

⋯Tripitaka se redressasur son siège et lui dit⋯

Tripitaka fut saisi d' étonnement; aussitôt il se proterna, et àvoix haute⋯

Au mot de fantôme, Tripitaka, se mità trembler de peur. Il sentit ses jambes flageoler sous lui et ses cheveux se dresser sur sa tête. A la fin, il parvint à reprendreses esprit et dit⋯

阿氏译文:

Assurément, dit San Ts'ang, vous êtes un monstre! Vite! Fuyez!

San Ts'ang, épouvanté, seprosterna et demanda⋯,

San Ts'ang comprenant qu'ilavait affaire à un fantôme, se sentit défaillir de terreur; avec effort, il demanda⋯,

雷氏译文:

⋯lui demanda Tripitaka en faisant mine de se lever⋯

A cette version, Tripitaka pâlit de saisissement et s'inclinant précipitamment, s'écria…

A l'entendre se déclarer fantôme, le moine se sentit défaillir, jambes molles et poilshérissés. Il ne put faire autrement que de lui adresser à nouveau la parole：…

通过对比我们可以明显看出，德氏译文更细致地还原了三藏的动作和神态变化，在这些细节上并不吝惜笔墨。阿氏译文则将原著大大简化，仅旨在陈述场景。而雷译文的信达雅程度都胜过阿氏译本，对比德氏译本也毫不逊色，生动还原了原著的神韵。

综上可知，就表现人物形象而言，雷威安的译文最为忠实，也能较好传达了原著的人物特点；德尼克的译文虽有删减，但基本保持了原著神韵；而阿弗诺尔过于重视叙述整体情节，却疏于体现原著中各种精妙的细节，这使得译本中人物形象单薄，原著的讽喻风格被明显削弱。

（三）对神魔角色和宗教内容的再现

《西游记》最大的特点就是塑造了一个奇幻的超自然世界，因此对神魔角色翻译也是再现《西游记》的重要环节。对于《西游记》这样一部融汇儒释道思想的作品，解读其隐喻是把握主旨的关键步骤。首先看来自道教的隐喻系统——唐僧师徒与五行的对应。依据比较主流的说法，唐僧属水；悟空属金，原著以"金公"指称；八戒属木，以"木母"代称；沙僧属土，代称"黄婆"；白龙马属火[1]。全书提得比较多的是"金公""木母"和"黄婆"[2]。除去诗词中，上述代称多次出现在回目标题中。对于这一套隐喻，雷氏译文较完整地保留下来，悟空译作金公 Duc du métal，八戒译作木母 Mère du bois，沙僧译作黄婆 Femme-jaune。与此相对，阿弗诺尔选择将这套隐喻遮蔽，而韦利/德尼克的版本由于删去了所有回目名和大多数诗词，因此也回避了这套隐喻。

比如原著第86回"木母助威征怪物，金公施法灭妖邪"，雷氏译作"Où Mère du bois apporte son prestige dans la campagne contre l'ogre, Et le Duc du métalemploie la magie pour détuire la perversité"，阿氏译作"Pa Kiai coucourt à l'expédition contre les monstres. WouK'ong use de son pouvoir pour anéantir ses ennemis"。

雷威安在注释中详细解释了金公、木母的含义：神秘学术语，依据其汉

---

[1] 徐传武《试谈《西游记》的五行说思想》，载《山东大学学报》（哲学社会科学版）1990年第1期。

[2] 参见人民文学出版社1980年版《西游记》第22回和第23回的相关注释。

语字形而得，木母指的是汞，依据地支顺序是猪；"金公"指的是铅，依据地支顺序指的是猴。另外，金公、木母还有雌雄的含义①；对"黄婆"的解释是"黄颜色的女人"，与土和胆汁相对应，此处是沙僧的丹药学隐喻②。

其次，《西游记》还存在一套"心学"的隐喻系统。"心学"作为一种儒家思潮，广泛吸收了佛教和道教的思想，并在明中后期的知识分子和市民阶层中获得了广泛认同。其核心思想来自王守仁的"心即是理"，即最高的道理不需外求，而从自己心里即可得到。诚如浦安迪所言：在"心学"这一范围内，这三家（儒释道）所运用的术语最为融洽。③ 用心学阐释《西游记》，取经之途便可以理解为唐僧师徒克服心魔的过程。在原著的心学系统中，作者将悟空称为"心猿"，唐僧称为"禅"。同时，这套隐喻还常与五行隐喻并用。比如第85回标题"心猿妒木母，魔主计吞禅"。雷威安在注释中如此解释："心"（cœur），在远东，意指安放心智（mental）与精神（esprit）的地方。④ 因此雷威安将心猿译作 le Singe de l'esprit，另外他将禅译为 Méditation，意为冥想、静默，而非"禅宗"的 zen，更强调了佛教之外，唐僧对于内心状态的追索。所以雷译上述标题译为：Où le Singe de l'esprit se montre jaloux de Mère du bois, Et le prince des démons ruse pour avaler Méditation。还有一例，比如在第一回中，描述须菩提祖师所在地是"灵台方寸山"，雷威安将之译为：Ce montagne se nomme mont de la Terrasse-des-Dieux d'un pouce carré，随后他专门添加了一句：C'est-à-dire le cœur，这便是"心"。由此可见，雷威安着力向读者展现原著中关于"心"的隐喻。

与之相比，阿弗诺尔选择遮蔽了这套隐喻，他将上述标题译为：Le Singe trompe Pa Kiai. Le roi des monstres cherche le moyen de s'emparer du maître. 其他有关"心"的内容，也基本依据字面意思直译或者忽略，并没有特别进行注释或标出。再以回目标题为例，第23回"四圣试禅心"、第33回"元神助本心"，雷威安分别将其中的"心"译作 l'esprit de Méditation 以及 l'esprit-en-soi。而阿氏则直接忽略"心"的意象，只进行情节概述，后半句分别译作"Les

---

① La Pérégriantion vers l'Ouest, p. 423.
② La Pérégriantion vers l'Ouest, p. 427.
③ [美] 浦安迪著，沈亨寿译《明代小说四大奇书》第210页，生活·读书·新知 三联书店，2006年。
④ La Pérégriantion vers l'Ouest, p. 1061.

quatre Saints éprouvent voyageurs" 以及 "WouK'ong tente l'échange des vases"。而韦利/德尼克由于删节严重，也未能体现出"心学"隐喻。

佛教内容在《西游记》原著中虽占据显著位置，但学界普遍认为作者对于佛教的理解并不深入。因此涉及佛教的词语大多比较浅，如何翻译就体现出译者的不同理解，尤其是神祇名称的称呼。

依据以下表格可见，雷威安与德尼克多用梵语翻译神祇名。而阿弗诺尔则多用音译，一些生僻的名词还会附上注释来表述这些内容。下表是三个译本中主要的佛教神祇、人物译名。

原著	雷威安译	阿弗诺尔译	德尼克译
如来佛祖	Bouddha/Bouddha Sakyamuni	FouTsou/Che Kia Jou Lai	Bouddha /Cakyamouni / Bouddha-le-Père
须菩提祖师	Patriarche Subhûti	le Grand Maître de la P'ou Ti	Patriarche Soubodhi
南海观音菩萨	Guanyin Bodhissattva	Kouan Yin Bodhissattva	Kouan-yin Bodhissattva/Bodhisattva de l'Océan du Sud
文殊菩萨	Bodhisattva Manjusri	Bodhisattva Mandjou	无
地藏菩萨	Bodhisattva Ksitigarbha	Ti Ts'ang Wang	Kchitigrabha
燃灯古佛	Vieux bouddha Qui-Rallume-la-Lampe	Jan Teng Bouddha	Dîpankara/ le Bouddha du Passé
阿傩尊者、伽叶尊者	Ananda, Kasyapa	NgaNan, Kia Ye	Ananda, Kaçyapaçrî
惠岸行者/木吒	le novice Hui'an/ Moksa	Houei Ngan/ MouT"ouo	Houei-yen/ Mokcha
三藏	Tripitaka	San Ts'ang	Tripitaka

尤其值得注意的是三位译者对几位菩萨的翻译策略。在三个译本中，观音菩萨一律的"观音"一律是音译，菩萨都使用梵文 Bodhissattva。而"文殊菩萨""地藏王菩萨"的翻译则很不一致，只有阿弗诺尔坚持使用音译，并在注释中具体解释。这种差别体现了三位译者对佛教中国化不尽相同的认知。所谓中国化，是指外国文化进入中国后的一种变异。这种变异主要体现在传播国文学本身的文化规则和文学话语已经在根本上被中国所本土化，成为中

国文学和文化的一部分。①

就这一案例而言,如果译本使用中文的法语音译,则表示译者认可这些神祇已经属于中国文化范畴了。若使用梵文,则表示这一词汇的外来特征依然明显。雷威安对此的认知游移不定,他一边在注释中说道:"观世音"的名称来自汉化的梵文 Avalokitesvara,这一形象传入中国后被逐渐女性化,终成中国信众最广泛的信仰对象②。一边又希望用自己的印度学知识,规范《西游记》中的神祇翻译,他认为文殊菩萨与地藏王菩萨还保留着较多的印度特征,因此可以用梵文名来代表。但实际上,这种处理忽视了汉语语境中"文殊"与"地藏王"的含义。众所周知,在汉传佛教中,"文殊菩萨"是大智慧的象征,因此在翻译时用了"文"。类似地,"地藏菩萨"掌管幽冥界,其汉语名称也是有确切含义的,依据《地藏十轮经》所言:谓其"安忍不动,犹如大地,静虑深密,犹如秘藏"。此外由于原著的佛教世界观并非严格依照佛经,用梵文规范《西游记》的神祇名,无疑是缘木求鱼。比如在原著中,地藏王与冥界判官、十代阎王一起被纳入天界系统,不属于佛教系统。所以用梵文翻译佛教角色包括三藏的名字,显然扭曲了佛教在明朝时已经完全中国化的事实,让法国读者产生了佛教在中国仍属于外来文化的错误认知。由此观之,阿弗诺尔的音译不但简洁、灵活、贴近原著,而且如实地反映了《西游记》原著所体现的佛教中国化的成果,值得肯定。

雷威安曾自述翻译《西游记》的宗旨:只求向公众揭示这部中国作品更加真实的面目。③ 因此,他的翻译策略总体上倾向忠实,力求巨细靡遗地反映出原著所体现的深厚文化背景;在具体操作上会依据不同的翻译内容采取灵活的归化或者异化处理,虽然其译本在文化背景上虽然存在一些误读,但瑕不掩瑜。雷威安曾如此说道:翻译需要使用不同的策略,以让读者喜欢;他认为翻译存在一条中庸之道,并且取决于翻译的对象④。雷译《西游记》获得了学术界的认可,浦安迪曾如此评价:雷威安最伟大的胜利在于成功地塑造了一种非韵文体的叙事风格和对话,这非常贴合汉语原著的灵活语言表达

---

① 参见比较文学概论编写组编《比较文学概论》第 132 页,高等教育出版社,2015 年。

② *La Pérégriantion vers l'Ouest*, p. 1061.

③ *La Pérégriantion vers l'Ouest*, p. XII.

④ Jean Bertrand, *Traducteurs au travail*, Entretien, p. 6, 来自 http://www.translitterature.fr/media/article_ 51.pdf。

方式，他的译作是一件十分出色的手艺人作品①。

三、《西游记》研究的深入

自从《西游记》传入法国以后，学者对这部巨著的研究便不断深入。最早的译者巴维将《西游记》视为"佛教"小说，认为其"能忠实地展示出中国的风俗"②。他选译了"太宗下地狱"这一片段，以体现全书的魔幻风格和佛教的轮回思想。20世纪初的戴遂良将《西游记》定位成民俗学读物，展现出异教徒的风俗与道德。③ 上述观点基本代表了当时法国人对《西游记》的理解。直到20世纪30年代，吴益泰参照了鲁迅"出于游戏"的观点，反对从宗教或是哲学角度进行解读，主张"要从文学角度领略其价值"④。自此以后，法国学界对《西游记》的文学性有了更多关注。

1951年德尼克的《猴行者》出版时附上了韦利所写的序言。在此文中，韦利首先认为《西游记》是一部长篇神话故事（énorme conte de fées）。对于小说的特质，韦利的认识是矛盾而混杂的，他认为全书结合了荒诞之美和深刻的无意义，也包含了民俗、隐喻、历史、讽刺官僚和诗学。天庭的官僚做派更多的是讽刺宗教而非现实中的官僚主义。⑤

1957年，阿弗诺尔在《西游记》的译者自序中说道：在中国，《西游记》无所不包，包含精神、文学、灵魂中展现的风景以及其他中国的内容。他认为取经的意义，即小说的"中心主题"是：在这个团队中，所有的精神和身体力量都来自于意愿。它与努力一道，驱动大家前进。这个团队，只有摆脱了生存状态的人性时，才能达到目标。最后译者总结道：无论是在去途和归途，真理都不只属于取经人。⑥ 可见译者将其视作一本讲述精神修炼的小说。

综上，可以看出20世纪50年代以来，法语世界对于《西游记》的关注

---

① "La Pérégriantion vers l'Ouest（Xiyouji）by Wu Cheng'en and André Lévy".
② Thédore Pavie, *Choix de Contes et Nouvelles*, Dupart, Paris：1839, p. 12.
③ Léon Wieger S. J., *Folklore Chinois Moderne*, Imprimerie de la mission catholique, Hien hien, 1909, p. 9.
④ OU I-taï, *Le Roman Chnois*, Éditions Véga, Paris, 1933, p. 38.
⑤ *Le Singe Pèlerin ou Le Pèlerinage d'Occident*, Wou Tch'eng-En, Payot, Paris, 1951, pp. ii-v.
⑥ Wou Tch'eng Ngen, Trad. Louis Avenol, *Si Yeou Ki ou le voyage en Occident*, Paris, Editions du Seuil, 1968, tome 1, pp. 2-47.

点已经超越了题材归类，而是深入到了小说的角色性格和作品主旨上。尤其是阿弗诺尔，他关注到了原著"破心中贼"的核心隐喻。而依据韦利对原著的删减而言，显然他将《西游记》的主旨简化为孙悟空的个人成长。由此可见，以上两位译者仍然试图在西方文学的框架内理解《西游记》的主旨。

随后的几十年，中国和海外的《西游记》研究都有了飞速发展，这些成果都被雷威安所吸收，并体现在他先后出版的《中国的古代经典文学》（*La Littérature Chinoise Ancienne et Classique*, Paris, PUF, 1991）,《西游记》的全译本中以及几年后的《中国文学辞典》（*Dictionnnaire de Littérature Chinoise*, Paris, PUF, 2000）等著作中。尤其是雷威安在全译《西游记》时所写的导言（以下简称《导言》），内容详尽，旁征博引，论题广泛。但他对于若干重要问题的见解却表述暧昧，这既是由于《西游记》研究现状所局限，也是他写作的一贯风格所致。雷威安对《西游记》研究，大致可以分为主旨研究以及《西游记》的成书研究、版本研究和作者研究等几大课题。

雷威安首先认为《西游记》"是世界文学中最奇特的作品之一"①，并且认为它在"四大奇书"中无疑最受 17 世纪粗通文墨者的欣赏，它承载着讽刺和粗犷。② 胡适曾指出：《西游记》至多不过是一部很有趣味的滑稽小说、神话小说；他并没有什么微妙的意思，他至多不过有点爱骂人的玩世主义。③ 在《导言》中，雷威安对此观点表示有保留地赞同。随后他考察了历代的各种《西游记》序跋，着重分析了《西游记》"崇道"说在明清时期的发展历程。他认为陈元之的《西游记序》以及袁于令的《西游记题词》将《西游记》的主旨归于道家或是佛道融合。雷威安认为前者强调了在原著中，"'道'这一主旨被笑声、讽刺和隐喻包围"；而后者，雷氏认为袁于令对"心"的强调在佛道两家的思想中是重合的，但是佛道在"涅槃和永生的问题上有不可调和的碰撞"。因此这种分歧决定了无法用佛道相融的方式提炼小说的主旨。随后雷威安分析了《西游真诠》《西游原旨》两部"崇道说"文本，认为前者太过牵强，后者过度解读。此外他还推测，清朝时还有《西游证道书》之类的版本将道人邱处机视作小说的作者，这也是"崇道说"流行的另一个主要原因。④

---

① André Lévy, *Dictionnnaire de Littérature Chinoise*, Paris, PUF, 2000, p. 351.
② *La Pérégriantion vers l'Ouest*, p. VII.
③ 陈文新主编《〈西游记〉学术档案》第 30 页，武汉大学出版社，2013 年。
④ *La Pérégriantion vers l'Ouest*, pp. LVIII-LXVII.

论雷威安对《西游记》的翻译与研究

针对《西游记》中的道教内容，雷威安的理解是：《西游记》是一部世代积累型作品，不同编辑者依据自己立场增补内容，其中既有讽刺道教的，也有宣扬道教的，因此最终成型的《西游记》就呈现出对于道教的矛盾态度。

《西游记》"崇儒"说也曾流行一时。清代张书绅在《新说西游记总批》中，详细论证了"《西游》一书，古人命为证道书，原是证圣贤儒者之道"的看法，否定了"崇道说"，而确立了"崇儒说"。但雷威安并不赞同"崇儒说"，认为其十分牵强。在梳理了"崇道说"与"崇儒说"之后，雷威安认为在《西游记》中"佛教影响占据优势"，但小说表达的主旨却是与佛教相反的，佛教终极追求是凌驾于理性之上的，而《西游记》的主旨却是在克服 tanha（佛教术语：爱欲）的过程中修成正果。同时雷氏也未完全否定"崇道说"与"崇儒说"的价值，认为"这些批评不乏洞见"。至此，我们可以看出雷威安在论述中十分克制，以求呈现各种阐释中儒释道争鸣的状态。

随后雷威安着重分析了1949年以来《西游记》的主旨研究历程。在他看来，在马克思对文艺表态的基础上，发展出了"革命浪漫主义"加"社会主义现实主义"的话语，随后它成为毛时期文艺创作的基本纲领，此外还加上苏联日丹诺夫主义中的重要概念——"民族性"（narodnost），传入中国以后转变为"人民性"，即《西游记》体现出的中国人民的创造性。最后毛泽东以及众多官方评论家对于《西游记》的评论促成了1949年后《西游记》研究话语的最终走向。雷威安列举了若干史实，尤其是1961年，文艺工作领导人郭沫若写了《七律·看〈孙悟空三打白骨精〉》，随后毛泽东写了《七律·三打白骨精·和郭》，这一事件在当时广为传播。由此，雷威安试图说明官方对于《西游记》主旨的阐释起到了怎样的指导性作用。

但雷威安继而指出，毛泽东时期中国学者对于《西游记》主旨的理解依然是混乱的。1954年张天翼在《西游记札记》中认为：孙悟空是一个革命的叛徒，取经的主题围绕着捍卫"封建正统"而展开。但仅仅几年之后，毛泽东却写下了"金猴奋起千钧棒，玉宇澄清万里埃"的诗句，孙悟空又俨然变成了英勇的正面形象。1960年版的《中国小说史稿》也认为"孙悟空在前七章对天宫掀起的大风浪，充分反映出中国人民彻底的反抗精神与革命理想"，并称赞《西游记》是"我国古典小说发展中积极浪漫主义的巅峰"[①]。这种混

[①] 北京大学中文系1955级编辑委员会编《中国小说史稿》第234页，人民文学出版社，1960年。

乱甚至延续到了新时期伊始，雷威安在此指出了毛时期批评话语在分析孙悟空形象上遭遇的尴尬，总结起来便是：如果大闹天宫反映了人民的战斗性，那么如何理解孙悟空后来的皈依呢？如果"皈依"是放弃"阶级斗争"，那么孙悟空如何能成为"社会正义力量的化身与人民美好愿望的代表"？或者将孙悟空视作"两面派"，是"上升的资产阶级"化身，他的反抗是工商业发展的折光反映，表达了资产阶级企图打破封建主义的多重枷锁。如此反复，最后的结论不过是："《西游记》具有深刻的社会性。"① 回顾1949年以来前30年的《西游记》的阐释史，雷威安认为可以将之概括为从"机械的阶级分析"到"现实生活变形"的转变，前一阶段是完全是将文学进行社会学或是政治学解读。而后者虽然本质没有变化，但给予《西游记》更大的阐释空间，但就效果而言，雷威安认为：对长期以来试图还原它的各种系统性阐释，《西游记》都使它们一一落空。② 笔者认为，这一结论是对"游戏说"的再次呼应，即雷威安认为，对于《西游记》这部巨著而言，无论是"阶级分析说"还是"生活变形说"这种宏大叙事都无法把握其全貌。

在《导言》的最后，雷威安概括了自己对《西游记》的理解。首先从诞生背景而言，他认为《西游记》是中国封建社会"面临深重危机下的产物"，在内容上，他认为是中国与印度文化交流的产物。对于创作者而言，他认为此书是文人企图摆脱了僵化的科举，而创作的具有大众趣味的小说。对于《西游记》的主旨，雷威安如此理解：将《西游记》视作讽刺之作太过狭隘，它其实是一部性情之书，活力之书。在众多冒险作品中，它以对抗理性的姿态为反潮流唱赞歌。《西游记》嘲笑理性的悖谬，在于截然不同的印度文明碰撞中，它的中国特质愈发鲜明。③ 从中可见，雷威安抛开了中国学者自清朝至毛时期孜孜寻求的微言大义，在胡适的"游戏说"的基础上包容其他的主旨阐释。所以他仅能在审美范畴给出《西游记》概略的、风格上的描述。事实上，纵观《西游记》在法国的译介史，法国学者对原著的译介愈加深入，对《西游记》的描述也愈加多元而全面。

同时在国内学术界，《西游记》的解读也呈现出百花齐放的现状。据竺洪

---

① 《西游记研究》第190页，江苏古籍出版社，1984年。

② *La Pérégriantion vers l'Ouest*, p. LXXIII.

③ *La Pérégriantion vers l'Ouest*, p. LXXXIII.

波的研究,自20世纪80年代起,学者们"力图挣脱庸俗社会学方法的束缚,使对主题的认识逐渐回归到文学研究的轨道上来"①。由此看来,因此雷威安从审美角度把握全书是明智之举。这既与当时中国文学批评的"向内转"趋势不谋而合,也还原了《西游记》丰富而驳杂的思想内涵。雷威安研究的另一个主要课题是《西游记》的成书研究。其内容不仅包括小说《西游记》的成书历史,还延伸到版本考证、作者研究等领域。

在《西游记》传入法国的前100年里,法国学者对于成书问题基本是一笔带过。直到20世纪30年代徐仲年和吴益泰才对此进行了论述,但基本依照鲁迅的观点,故不再赘述。在随后的阿弗诺尔和德尼克译本中,对这些问题依然不甚重视。在前两个译介阶段中,研究者大多认为《西游记》的作者是吴承恩。直到雷威安的论著问世,才改变了这种局面。

雷威安首先指出:《西游记》对于《大唐西域记》等史实有许多变异。随后他追溯了小说《西游记》成书前的诸种西游故事文本。最初源头是北宋的《太平广记》,其中第92卷《异僧六》就有最早将玄奘取经传奇化的文本——丑僧授《心经》。然后雷威安将研究的重点放到《大唐三藏取经诗话》(以下简称《诗话》)。他认为其重要性在于:首先它是西游记题材文学中最古老的存世文本;其次它也是迄今确凿的最重要的百回本小说成书的依据;第三《诗话》表明了在玄奘西行仅两三百年后,小说《西游记》的故事情节就已经萌芽了。《诗话》中出现了"猴行者"占花果山、偷蟠桃、护唐僧取经的情节。但雷威安也指出《诗话》的情节与小说多有出入,比如《西游记》中的观音角色在《诗话》中是北方守护神等。雷威安依据大部分回目标题中,在地名后都加上一个"处"字(如《入九龙池处第七》),猜测这本《诗话》的用途是说书者的备忘录。

接下去,雷威安援引了众多20世纪的《西游记》成书考据成果,推测元朝时可能存在"平话"形式的西游记题材文本,因为依据《永乐大典》中《斩泾河龙》的文体特征,可以推断存在一个诗体的分章回的文本。随后他参考韩文的《朴通事谚解》,继续推测在14世纪中期,存在一本西游记题材的小说,内容可能包含了百回本《西游记》的主要几个部分情节:开始是孙悟空的故事,其后是太宗游冥府,接下来是取经平诸难等。在考证过程中,孙

---

① 竺洪波《四百年〈西游记〉学术史》第287页,复旦大学出版社,2006年。

悟空形象的来源也是小说成书的重要线索。早在《诗话》中，就有了猴行者这一形象。雷威安的看法是：从《诗话》以及之后发现的文本、壁画，乃至瓷枕说明：从公元10世纪后期，直到百回本问世，这只神猴都是西游记题材中不可或缺的角色。对于它的起源，雷威安综合了胡适的"印度起源说"和鲁迅的"中国起源说"，并认为，孙悟空与印度史诗《罗摩衍那》中的神猴哈努曼确有许相似之处，但是哈奴曼是怎样逐步从《诗话》中的孙行者变为小说《西游记》中的孙悟空的，国内学者依然拿不出有力的证据。

对于孙悟空的中国源头，雷威安指出孙悟空可能有两个来源："一个是抢夺妇女的妖怪，一个是性格鲜明的反叛者"①。前者指的是中国文学中常出现的"猴子劫匪"的形象，它们经常劫持妇女，比如《补江总白猿传》中的白猿等，后者则主要来自民间传说中的水怪无支祁。鲁迅认为它是孙悟空形象的来源。雷威安仔细考证了中国民间传说中的无支祁：它是淮河流域的水怪，后被禹王将其封印在淮阴龟山脚下。佛教兴起后，民间又有了高僧僧伽降"水母"无支祁的传说，唐代李肇的《唐国史补》以及12—13世纪的杂剧中都有类似的故事。对此雷威安总结道："无支祁的故事汇集了本土文化基础上的各种情节"，并且认为"无支祁的特点被百回本小说所抹去，并且明显地将这些特质精心地分散到了三个徒弟身上"②。对于猪八戒这一角色，20世纪上半叶中日学者一个重要观点是：它起源是印度的摩利支天菩萨（Marīcī）。猪八戒或是他的坐骑，或是他在道教中变形，与象征北斗星的"斗姆"有关。在元代《西游记杂剧》中猪八戒便自称是"御车将军"。雷威安进一步指出：该剧中既有"孙行者抢婚"也有"猪八戒抢婚"的情节，至此好色的特质逐步与猪八戒相关。到了百回本《西游记》中，猪八戒依然保留了"斗姆"的特征，他曾掌管天河。此外，沙僧这一角色从《诗话》中源于沙漠的深沙神到《西游记杂剧》中盘踞流沙河的水怪，有可能是受到了无支祁水怪身份的影响，这一特征也被百回本《西游记》所保留。

接下去，雷威安考证了明朝三个版本的《西游记》的关系，即杨致和的四十一回本《西游记传》（以下简称"杨本"）和朱鼎臣的十卷本《唐三藏西游释厄传》（以下简称"朱本"）以及世德堂百回本《西游记》（以下简称

---

① *La Pérégriantion vers l'Ouest*, p. XXXIX.
② *La Pérégriantion vers l'Ouest*, pp. XLIII-XLIV.

"世本")。对于这三个版本的关系历来众说纷纭,雷威安先是整理中外各家的观点,随后从现代通行的百回本《西游记》"陈光蕊赴任逢灾,江流僧复仇报本"这插入章着手,寻找线索。受郑振铎《〈西游记〉的演化》一文的启发,雷威安的着眼点在两处,一是插入回合的内容,二是这段回目是何时并入的。这一回在世本中并不存在,但在朱本中却有,清汪象旭在《西游证道书》中,将此回独立成篇。就内容而言,该回文笔拙劣,不像是原作者的手笔。雷威安由此推测,在朱本与世本之间还有一个未知的版本,或者这一回是某位书商所增补。同时雷威安也指出"大部分人都支持将这一回与世本并在一起"①,可见他无意颠覆现有的《西游记》内容研究格局。与版本紧密关联的课题是《西游记》作者的考证。雷威安将这个课题细化为两支:一是确认作者的身份,二是对作者在《西游记》成书过程中的评价。对于第一个问题,雷威安认为,世本中陈元之的序言隐匿了出版《西游记》的资助人。而当代学者太田辰夫与章培恒推测此人是嘉靖至万历年间的鲁恭王朱颐坦,在他的资助下,某位文人出版了一本《西游记》,暂且称为"鲁府本"。②雷威安受这一观点启发,认为所谓的"鲁府本"可能是一部小范围流传的书稿。与之相对,"邱处机创作说"显然毫无根据。随后由胡适提出的"吴承恩作者说"也被雷威安所怀疑,他认为虽然《淮安府志》等证据有价值,但是无人能确证这些档案记载的吴承恩作《西游记》就是百回本的《西游记》。

随之,雷威安引入郑振铎的观点,后者在《〈西游记〉的演化》开篇曾指出:吴承恩本的《西游记》是创作,还是将旧本加以放大的?③雷威安遵循这一思路总结道:就目前掌握的作者与版本线索,若将其纳入中国小说发展的整体框架中,或许并不矛盾。雷威安认为:现有材料无法确认世本、杨本、朱本的承续关系以及吴承恩的作者身份。因此目前非黑即白的求证结果意义不大,他认为这一问题可以用动态的视角去理解,即在明朝古典小说逐步成熟的背景下,研究《西游记》各种版本是如何互相影响,以及各版本的作者是如何承前启后的。百回本的作者在雷威安看来,应该是"最后的编者"④。

纵览雷威安的《西游记》研究,他以宽广的视野详细梳理了中日以及欧

---

① La Pérégriantion vers l'Ouest, p. LI.
② [日]太田辰夫著,王言译《西游记研究》第12页,复旦大学出版社,2017年。
③ 《〈西游记〉学术档案》第52页。
④ La Pérégriantion vers l'Ouest, pp. LVI-LVII.

美汉学界的主要研究成果,比较全面地还原《西游记》研究的复杂性。若横向比较英语世界的《西游记》研究,雷威安并未像杜乔德、浦安迪一般提出富有争议的新概念。事实上,雷威安并不十分赞同浦安迪的"奇书文体"说,他认为"四大奇书"的确由文人加工定型,但是小说文本中所体现的反讽并不只是为了迎合文人趣味,而是大众与精英两种文化碰撞的结果;对于浦安迪的津津乐道的回目数字分析也不置可否①。雷威安的研究策略整体上沿用了韦勒克的外部、内部相结合的研究范式,但更偏向于实证性的外部研究,他擅长使用逻辑推理得出结论。但因为在分析中过于追求逻辑正确,因此其结论缺乏延展性。比如对作者的考证,国内学者蔡铁鹰、李时人都从《射阳先生存稿》的文体风格来佐证吴承恩的作者身份②。但雷威安在熟知这部《存稿》的情况下,并不愿意讨论文体风格与作者身份的关系,体现出他对审美研究的质疑态度。

四、反思与启示

从法国汉学史角度来看,雷威安拥有专业汉学家典型的教育背景:在法国东方语言文化学院与河内的法兰西远东学院接受正统的汉学训练,广泛游历东亚地区。上述经历让他对盛极而衰的法国汉学有了深刻的思考。当时的西方学术界已经开始反思"汉学"这一说法,并且逐渐以"中国研究"来更新这一学科的内涵,在研究内容上不再厚古薄今。具体到文学上,便是学界重新提起了对俗文学的重视。虽然专业汉学奠基者雷慕沙(Abel Rémusat)本人就热心于翻译中国小说,但这种翻译的作用是"风俗画",即满足法国读者的猎奇心理并衬托法兰西文学的优越性。发展到了沙畹(Edouard Chavanne)这一辈学者,对于文学的观点已经和中国士大夫一样,认为"文"是非常正统的东西,不可以掺杂感官刺激成分,也不应该娱乐读者③,由此中国小说的

---

① André Lévy, "The Four Masterworks of the Ming Novel Ssu ta ch'i-shu by Andrew H. Plaks", *T'oung Pao*, Second Series, Vol. 76, Fasc. 1/3 (1990), pp. 100-105.

② 蔡铁鹰《吴承恩与〈西游记〉》第104—105页,中州古籍出版社,2018年,以及李时人《西游记鉴赏辞典·前言》第8—9页,上海辞书出版社,2017年。

③ 雷威安、钱林森,傅绍梅译《中国古典文学在法国的接受——法国著名汉学家雷威安一席谈》,载《中国文学研究》2001年冬卷(总第34期)。

译介逐渐边缘化。不过上述观点在第二次世界大战后被逐步抛弃。提携雷威安的伯乐是比较文学理论家艾田蒲（Réne Etiemble）。作为一个世界主义者，后者的观点比较激进：他反对比较文学法国学派，也反对西方中心主义，应当建立一种跨文化的比较诗学，让东西方文明可以平等深入交流。① 雷威安之后的弗朗索瓦·于连（François Jullien）以及程抱一等学者也受此启发，都站立于中国文化的立场上反思法国文化，为法国人提供了"以他观我"的视角。与之相比，雷威安的治学方法相对传统，他对中国文学的观照视角仍然是法国式的，他强调《西游记》是中印文化交流的产物，但忽略了中国文化对于佛教的改造。其治学方法仍然以实证研究为主，他曾表示：当某些作品之间的关系在历史上未曾得到证实的时候，对其进行比较研究就有些冒险了。他还认为，中国俗文学能够传播到周边国家，是因为有相同的文化源头②。可见，他的比较文学观念仍深受法国学派影响。

雷威安对《西游记》的翻译与研究策略，是第二次世界大战后法国汉学转型的一个缩影。这种转型体现出了法国汉学界进步和保守的两重特征。进步之处在于，汉学家/中国学学者在文学研究中放弃了原有的"纯文学"理念，将小说等俗文学以及宗教、民俗等内容都纳入了文学研究的范畴之中；将中国古典文学视为独立发展的文学体系，认可其独特的生产模式和审美特征；在翻译时尊重原著文本的异质性，灵活使用归化、异化翻译的策略，兼顾精英与大众的阅读品位等。这些举措都大大拓展了中国文学研究的深度与接受度。保守之处在于：当西方中心主义的模式被逐渐抛弃后，东西方文学的跨文化研究路径并未完全打通，研究视角依然是"以我观他"，由此产生了不必要的误读；过去的实证主义方法依然占据绝对主流，新出现的研究视角接受度有限，这导致古典小说研究仍旧过分依赖史料。上述因素都限制了法国的中国文学传播与研究。尽管如此，我们依然要肯定雷威安的杰出贡献，他使《西游记》等古典小说大大加重了在"世界文学"这一范畴中的分量。

（张峻巍　四川大学文学与新闻学院博士研究生）

---

① 钱林森《光从东方来——法国作家与中国文化》第406—416页，宁夏人民出版社，2004年。
② 《中国古典文学在法国的接受——法国著名汉学家雷威安一席谈》。

化时间为灵动的空间
——论中国文化对克洛德·罗阿时间书写的影响[*]

许玉婷

摘 要： 无论是世界观还是诗歌创作，法国诗人罗阿均受到中国诗歌、中国文化的影响，这一点尤其体现在他对时间的书写上。在道家思想的熏陶下，罗阿克服死亡焦虑，坦然接受死亡的逼近，由此缓解时间流逝带来的焦虑与晕眩，安住在自然的时间之流中。中国诗歌对人生如梦主题的阐述、中国诗画对散点透视的运用给罗阿带来很大的启迪，启发他将散点透视运用到时间书写上，通过画般的梦境来书写时间，他的时间书写因此具有灵动空间的特性。研究中国文化对罗阿时间书写的影响，有利于我们更好地理解罗阿的思想与创作来源，更深入地考察罗阿与中国的关系，也有利于我们管中窥豹、以小见大，了解新时期法国诗人接受中国文化的新情况。

关键词： 罗阿 时间书写 中国文化

克洛德·罗阿（Claude Roy, 1915—1997）是 20 世纪法国著名诗人，生前即以《诗集》(Poésies, 1970)、《你可知道我们离大海还很远吗》(Sais-tu si nous sommes encore loin de la mer, 1983)、《在时间的边缘/秋天之旅》(A la lisière du temps/ Le voyage d'automne, 1990) 三次入选伽利玛出版社著名的诗歌丛书 (Poésie/Gallimard)。生前即能在该丛书出版诗集的诗人为数不多，罗阿与圣-琼·佩斯、苏波、阿拉贡、雅克·卢波、尤瑟纳尔等人同享这份殊荣。[①] 尽

---

[*] 本文系江苏省高校哲社基金项目"论克洛德·罗阿对中国文化的接受"（项目号：2018SJA0200）与 2017 年南京工业大学教育教学改革研究课题"大学法语课程中的文化教学研究"阶段性成果。

[①] Collection Poésie/Gallimard http://www.gallimard.fr/Divers/Plus-sur-la-collection/Poesie-Gallimard/(sourcenode)/1162352018-12-31 查阅

化时间为灵动的空间

管罗阿很早就开始创作诗歌,被同行认为是能够调制出最优美的法语诗歌韵律的魏尔伦式的诗人①,然而在1949年,他将1939年以来创作的诗结集出版,略带嘲讽地自题为《二流诗人》(*Poète mineur*)。罗阿曾经自述,中国诗人影响了他的文风,促使他在晚年写出更好的作品②,人们也一致认为,要理解罗阿20世纪80年代以来的诗歌创作,就要好好研究中国诗歌及中国文化对他的影响③。的确,罗阿属于大器晚成的诗人,在生命后期迸发出蓬勃的想象力和创作欲望,创作了一生中最重要的作品,而这与中国诗歌及其承载的中国文化不无关系。此外,在历经时代与人生的重大事件以后,罗阿最终从中国文化中找到精神出路,借此解除精神危机④,这是罗阿世界观受到中国文化影响的重要体现。罗阿的世界观受到中国文化的影响,罗阿从中国诗歌中汲取创作灵感,这是相辅相成、互为因果的两件事。而时间观是世界观的核心部分,"对人们的行为方式和思维方式等有着决定性的影响"⑤。

时间是罗阿吟哦不止的诗歌主题。在题为《我一直在重弹老调》(*Je dis toujours la même chose*)的诗中,罗阿如此概括自己的诗歌主题:"我的诗浅显易懂,我一直在重弹老调,诉说着生、爱、死与时间。"⑥ 此外,罗阿的诗人朋友、法兰西学院院士埃克托·比安西奥蒂(Hector Bianciotti,1930—2012)指出,时间是罗阿最喜爱的主题。⑦ 随着年事增长、阅历丰富,时间在罗阿作品中的分量越来越重。罗阿于1979年首次出版的《你可知道我们离大海还很远吗》是有关宇宙起源的哲理长诗,除了荷马、赫拉克利特、恩培多克勒、弗洛伊德等名人,时间也是贯穿始终的重要人物。罗阿先后于1984年、1987年出版《在时间的边缘》(*A la lisière du temps*)、《秋天之旅》(*Le voyage du temps*),分别以"时间""秋天"为题,时间主题的分量不言自明。仔细

---

① 转引自 Hector Bianciotti, "Claude Roy le poète", *La Nouvelle Revue française*, No. 545, 1998.
② Jean-Michel Quiblier, "Claude Roy: la poésie est un dépasse-temps", *Quoi lire magazine*, No. 3, pp. 15-16.
③ 见许玉婷《论法国诗人罗阿的中国诗歌翻译》,载《跨文化对话》2015年第33辑。
④ 笔者撰写了《克洛德·罗阿:从中国文化中寻找精神出路》,该文已经被《跨文化对话》录用,拟刊载于第40辑。
⑤ 左飚主编《冲突·互补·共存:中西文化对比研究》第410页,上海外语教育出版社,2009年。
⑥ Claude Roy, *Poésies*. Paris: Gallimard, 1970, p. 130.
⑦ Hector Bianciotti, "Claude Roy le poète".

梳理罗阿诗作中的时间书写,可以看出他后期的时间观受到中国道家思想的影响。罗阿对时间的书写借鉴了中国诗画艺术,从而赋予时间更多的空间特性。研究中国文化对罗阿时间书写的影响,有利于我们更好地理解罗阿的思想与创作来源,更深入地考察罗阿与中国的关系,有利于我们管中窥豹、以小见大,了解新时期法国诗人接受中国文化的新情况。

一、对时与机的顺应与把握:道家思想的影响

罗阿对时间进行描述、思考,最早见于《时间》(Le temps) 一诗,该诗最晚作于20世纪50年代①。时间仿佛具有可怕的生命,它的行走如此机械化,如此不可抵挡,它弄脏一切,破坏一切,让人心生恐惧,却避无可避,逃无可逃。诗歌及诗歌写作成了被时间嘲弄的对象,爱情也无法阻挡时间粗暴庸俗的步伐。诗人只能以幽默为武器,以嘲弄的口吻描绘时间笨拙前行的动作,将时间描绘为被附体的病态的人,不顾一切往前冲②。总之,诗人表达了线性直行、不可逆转的时间的飞逝带给他的恐惧、焦虑与憎恨。后来,在《你可知道我们离大海还很远吗》中,诗人试图反抗时间的不可逆性,他将时间之矢翻转过来,让时间从未来流向现在,而不是从过去流向未来。然而,时间之矢虽然改变了方向,却没能改变事情的结局,也没能缓解诗人的焦虑③,人依然是时间的匆匆过客④。时间之所以让人焦虑,是因为它最终导向死亡。对死亡的自觉引发了对时间的自觉,时间焦虑正源于死亡焦虑。诗人意识到,死神与他"形影不离、亦步亦趋"⑤,死亡紧紧相随让诗人极度不适,死亡焦虑甚至让诗人无暇顾及生命中的美好事物。在发表于1953年的诗作《提问题的人》⑥中,诗人意识到自己总是要死的,生命成为一种惊讶。

---

① 这首诗1979年首次发表、1983年收录于伽利玛出版社"诗歌"丛书的《诗集》,为该诗集作序的 Pierre Gardais 和 Jacques Roubaud 说这次诗集囊括了1939年到1953年创作的诗作,也就是罗阿到访中国之前的诗。转引自 Hector Bianciotti, "Claude Roy le poète".

② *Poésies*, pp. 116-117.

③ Claude Roy, *Nous*. Pairs: Gallimard, 1972, p. 340.

④ *Nous*, p. 343.

⑤ *Nous*, p. 335.

⑥ *Poésies*, p. 94.

比如，小猫无缘无故在他的膝盖上打呼噜，天空辽阔无边真是毫无道理，一阵大风粗暴地摇动小榆树，之后又莫名其妙地平静下来。如此看来，自然万物似乎都不曾进入罗阿的生命，生命与死亡好像完全脱节。

翻译中国诗歌①无疑是罗阿死亡观发生改变的一大契机。罗阿曾说，进入中国诗歌，就是进入大自然。他意识到，自然对于中国诗人来说不仅仅是栖身、闲散之地，还是精神导师。中国诗人随时随地可以与山水、花鸟、虫鱼等自然万物沟通、交流，从它们身上获得生命哲学与死亡智慧②。通过翻译中国诗歌，自然万物真正进入罗阿的生命，给予他更多的生命启迪与死亡教导。20世纪80年代，罗阿病愈期间，在乡下度过了很多时间，与大自然有了更多的亲近，《在时间的边缘/秋天之旅》也把更多的诗篇、情感投注给了自然万物。在《与一只奇怪动物的交谈》(Conversation avec un original)③ 中，罗阿描写他在去湖边钓鱼的路上遭遇一只弗吉尼亚鹿。与这只弗吉尼亚鹿无声的交流给罗阿留下温馨的回忆。在写给埃克托·比安西奥蒂的题为《遇见一只弗吉尼亚鹿》(Un chevreuil rencontré)④ 的诗中，诗人再现了他与鹿的邂逅："我"在秋天的森林里散步，一只黑色闪亮的鹿惊讶地注视了"我"很长时间，之后转身消逝在树林里。鹿与"我"的对视，让"我"想起死亡与"我"的对峙：在"我"与死亡的对视中，谁会坚持得更久？"我"是否能够像鹿那样，率先转过身，活蹦乱跳地漫步于尘世，继续快乐自在地生活呢？

死亡—"我"—鹿的关系就像中国古话所说的"螳螂捕蝉，黄雀在后"："我"对于鹿来说是猎人，而死亡对于"我"来说也是猎人。那么一场猎杀究竟从什么时候拉开帷幕呢？虽然谁也不知道确切的时间，然而这场猎杀不可避免。在这首诗中，人与鹿遭遇着相似的命运；死亡似乎一点也不可怕，它只是宇宙自然生死循环中的一个环节而已。罗阿的这一番感悟与中国科学史家吴国盛对中国思想的观察遥相呼应："中国思想家的所谓生命首先不是指

---

① 1952年，罗阿访问中国，开启了他长达40年的中国诗歌翻译生涯，于1967年发表了《中国诗歌宝库》(Trésor de la poésie chinoise)，该书于1980年再版；1991年罗阿发表了《盗诗者：盗自中国的250首诗》(Le Voleur de poèmes：Chine, 250 poèmes dérobés du chinois)。

② Claude Roy, "Introduction", Le voleur de poèmes, Chine, 250 poèmes dérobés du chinois. Paris：Mercure de France, 1991, p. 69.

③ Claude Roy, A la lisière du temps/Le voyage d'automne. Paris：Gallimard, 1990, p. 92.

④ A la lisière du temps/Le voyage d'automne, p. 195.

个体生命，而是指宇宙之中到处充盈着的旺盛的活力，所以，死只是宇宙大化之中的一个插曲。"① 从死亡焦虑到坦然面对死亡，罗阿无疑领悟了中国思想的特质，能够顺应自然而然的生命历程，又能够"安于蕴含在人生历程中的自然的时间之流"②，能够欣赏宇宙生命的生长变化，又懂得掌握和运用各种时机成就自我。在写给朋友的一首诗中，罗阿表明了自己面对滚滚向前的时间，希望保持泰然自若的心态，颇有道家以不变应万变的风度，显然已经摆脱时间流逝带来的焦虑与晕眩："时间的车轮滚滚向前/甚至使人迷失方向/然而我只想葆有轮毂般的平静。"③ 这时候罗阿心境更加清明，反而认为自己有的是时间，可以安安静静、从容不迫地在"正确的时机"④做自己想做的事，思考将来要做的事。

二、以如画梦境书写时间：人生如梦与散点透视的启迪

道家思想改变了罗阿的时间观，中国诗歌对人生如梦这一主题的阐释、中国诗画对散点透视的运用则影响了罗阿书写时间的方式。1952年，罗阿在著名学者、诗人罗大冈的陪同下参观西湖，在一片石碑林立的空地上看到如下佛经名言："一切有为法，如梦幻泡影，如露亦如电，当作如是观。"这几句话所表达的对命运的屈服与顺从令罗阿无比震惊。罗阿起初以为，怀着这样的人生观念，中国人的生活必定充满悲愁、忧伤。的确，生命脆弱又短暂，这个事实已经足够令人沮丧的了，中国人还要时常把它挂在嘴上，这似乎不是明智的做法。后来他发现，习惯了人生的无常与短暂，反而能够拥有平和的心绪，这样的人生观念"也许不会给人带来快乐，但是至少可以让人坦然面对一切处境"⑤。中国古代很多诗人受到佛教、禅宗的影响，他们的诗歌充满了"处世若大梦，胡为劳其生"（李白《春日醉起言志》）的观点，深深吸引了罗阿的注意。在《盗诗者》"人生如梦"这一主题下，罗阿还大量翻译了元稹、梅尧臣、苏东坡、晏殊等人记梦的诗词。罗阿领悟到，对中国人

---

① 吴国盛《时间的观念》第28页，北京大学出版社，2006年。
② 赵仲牧《时间观念的解析及中西方传统时间观的比较》，载《思想战线》2002年第5期。
③ *A la lisière du temps/Le voyage d'automne*, p. 121.
④ *A la lisière du temps/Le voyage d'automne*, p. 64.
⑤ Claude Roy, *L'ami qui venait de l'an mil, Su Dongpo*. Paris: Gallimard, 1994, p. 19.

而言,人生如梦"不是抽象的教理,不是佛陀的教导",而是"一种具体的经验,一种心理现实,是一种日日夜夜都能证明的事实"①。

确实,早在东周战国时期,道家学派主要代表人物庄周就以自己做的梦为基础,提出一个哲学命题:到底是庄周梦中变成蝴蝶,还是蝴蝶梦中变成庄周。此后,这个寓言故事被历代诗人反复演绎,逐渐形成了"人生如梦"的观点,这种观点在佛教传入中国以后得到强化,从而植入中国人的集体意识中。庄周梦蝶向罗阿揭示了梦与真实之间的模糊关系,这个富有哲理的寓言让罗阿产生浪漫的想象力,他的《谁梦见谁?》(*Qui rêve à qui?*②)可以说是对庄周梦蝶的改写。"我"在池塘边、柳树下睡了很久,柳树的梦与"我"的梦重叠在一起,"我"于是晃动着满是枝叶的身子,驱赶啄着树干的啄木鸟。而当"我"回到学校,女教师像护士那样戴着口罩,"我"只能看见她的眼睛。带着同庄子一样的疑惑,诗人追问:到底是柳树梦见自己成了小学生,还是"我"为自己穿上了树干、树枝和晃动的树叶?抑或是生活把柳树和"我"的梦混淆在一起了?中国诗歌中"人生如梦"的主题之所以让罗阿特别感兴趣,一方面是因为他曾经追随超现实主义诗人,关注德理文、弗洛伊德等人有关梦的研究,另一方面与他晚年的经历有关。1982夏天,罗阿确诊癌症,"差点失去地球居住证"③。康复期间,回忆与梦填满了病房的寂静与无眠的黑夜,梦与回忆构成他生活中重要的一部分,让他深深体会到,往事如烟、人生如梦,他也只能在梦与回忆中品味人生。对罗阿来说,过去、现在、未来之间的界限似乎已经被打破了,梦与现实融为一体,梦即现实,现实即梦。罗阿晚期诗作中所呈现的时间观念淡漠了许多,诗人更能安于当下,同时借由当下向过去、梦境穿越,以不自由的躯体获得自由的精神。

王维是被罗阿最喜欢的中国诗人,也是中国文人山水画的开山鼻祖,其诗画艺术被苏东坡赞为"诗中有画、画中有诗"。由于笃信佛教,王维有"诗佛"之美誉,然而他的诗歌中依然有道家思想的存在,尤其体现在他的山水田园诗中。在《盗诗者》中,王维是被罗阿翻译最多的诗人,罗阿翻译的王维诗作除了个别思乡、送别诗以外,大多为山水田园诗。毫无疑问,王维诗

---

① *Le voleur de poèmes*, *Chine*, 250 *poèmes dérobés du chinois*, p. 325.
② *A la lisière du temps/Le voyage d'automne*, p. 168.
③ 见 *Permis de séjour* 封底: Claude Roy, *Permis de séjour*, 1977-1982. Paris: Gallimard, 1983.

作和庄子哲学一道构成罗阿接受中国道家思想的重要来源,罗阿对时间的书写也受到王维诗歌艺术的影响。罗阿体会到,王维的诗像画一样可以观赏,让人"得以观看乡间风光、四时佳景"①。《盗诗者》收录罗阿的王维译诗不下四十种,其中包括《欹湖》(吹箫临极浦,日暮送夫君。湖上一回首,青山卷白云。)的三种译本。②《欹湖》是中国古典诗歌的典型代表,诗中省略了代词,没有明确是谁"吹箫",是谁"送夫君",又是谁"湖上一回首"。翻译成法文时,要为引号中的动词增添相应的主体,还是直接以没有主语的动词原形呈现出来?这些动词分属不同主体,还是属于同一主体?罗阿对以上问题的不同回答导致不同的翻译结果。笔者认为,王维的这首诗运用了中国画中"散点透视"的空间处理方法,因此深深吸引了罗阿,并影响了罗阿对时间的书写方式。

众所周知,绘画是空间艺术,讲究透视效果,西方画家的透视是焦点透视,也就是说,画中只有一个视点(即人的视角),画面呈现的是画家从某个固定视角看到的景象,这也符合人类观察外部世界的实际状况;而中国传统绘画的透视是散点透视,"画家的视角是随意移动的",这样就可以"打破时间和空间的局限,从多个角度描绘客观景物"③。王维巧妙地将散点透视运用到《欹湖》的创作中,大大拓宽了该诗的表现空间与读者的审美视野。原诗前两句出自一个人的视角,我们可以假设为诗人,后两句出自另一个人的视角,即诗人所送朋友。那么这首诗就可以这样理解:(一开始是诗人的视角)诗人吹箫到水边,日暮时分送别朋友。朋友登舟而去,(视角转移到朋友这边)到湖中央的时候,(朋友)一回头,已经看不到湖边送行的诗人了,只看到远处青山卷着白云。整首诗由此构成以散点透视观察和表现出来的山水人物画。罗阿所译的《九月九日忆山东兄弟》④ 采用同样的艺术手法:诗人在异乡思念兄弟,而千里之外的兄弟登山、插茱萸的时候也在想念着诗人。诗人将距离千里之遥的诗人与兄弟拉到眼前,让他们以思念的眼神彼此搜寻,诗人与兄弟的视点在诗中灵动流淌。通过翻译中国诗歌,罗阿意识到,中国

---

① *Le voleur de poèmes*, *Chine*, 250 *poèmes dérobés du chinois*, p. 119.
② *Le voleur de poèmes*, *Chine*, 250 *poèmes dérobés du chinois*, pp. 125, 141, 144.
③ 于修国主编《建筑素描表现与创意》第146页,北京大学出版社,2009年。
④ 译诗见:*Le voleur de poèmes*, *Chine*, 250 *poèmes dérobés du chinois*, p. 132.

古诗,不仅应该作为时间上的艺术来欣赏,还必须作为"空间上的动画"①来观赏。因此罗阿后期的诗歌创作由此带上绘画的维度,变成"邀请读者凝视"②。他将时间当作梦境、画境来描述,将散点透视移植到时间书写上,他的时间书写因此具有灵动空间的特点。

三、《在时间的边缘》:化时间为灵动的空间

如果说中国文化的影响是外因,罗阿本人的人生经历、思想历程则是内因,在二者的共同作用下,《在时间的边缘》诞生了,这正是一部以如梦画境书写时间、化时间为灵动空间的杰作。1982年,罗阿罹患重症,在生死关头,他得以"触及生存的边界""看到生活的真面目"③,而在长达两年的康复期内,他的身体被禁锢在病床与康复椅上,但是他的心依然自由飞翔,探索起由黑夜、梦幻与寂静组成的世界,创作了100多首诗,这便是发表于1984年的《在时间的边缘》。1990年,《在时间的边缘》和《秋天之旅》结集出版,题为《在时间的边缘/秋天之旅》,收入伽利玛出版社"诗歌"丛书,罗阿的朋友、诺贝尔文学奖获得者、墨西哥诗人、王维诗作译者奥克塔维奥·帕斯(Octavio Paz)为之作序,标志着这部诗集成为法国诗歌史上的经典。正是凭借这部诗集,罗阿分别于1985年和1995年被授予首届龚古尔诗歌大奖和第五十七届阿波利奈尔诗歌大奖。这两个奖项是法国最权威的诗歌奖项,它们的颁发堪称法语文学界、法语诗歌界的重要事件。罗阿曾经如此介绍自己的这部代表作:

  《在时间的边缘》110多首诗,大部分写于1982年春天到1984年初。在那个时候,我与时间起了争执。我在时间与非时间的边缘等待签证。当我的居住证最终得以延期的时候,我的生活也失去了平衡,我不得不面对种种异常状况:眩晕,昏厥,身体不适,虽然不至于丧命,但是很不舒服。我时而在麻醉中昏睡、做梦,时而半睡半醒,时间不怀好意,

---

① Claude Roy, *Clefs pour la Chine*. Paris: Gallimard, 1953, 5e édition, p. 257.
② Hector Bianciotti, "Claude Roy le poète".
③ Octavio Paz, "Préface", in Claude Roy, *A la lisière du temps/Le voyage d'automne*. Paris: Gallimard, 1990, p. 7.

时而中断，时而晃荡。爱与诗帮助我战胜了困境。我写下这部"诗歌日记"，是为了调整自己的呼吸。我不能确定自己的目标是否已经实现，为了忘掉那些不愉快的事情，我首先求助于温情，而后不管怎么样都要歌唱，有时候总归要幽默一点。①

病危期间，罗阿甚至感觉自己跌出时间之外。这时候的时间"时而中断，时而晃荡"，人生不同阶段的多个回忆、梦境同时出现，仿佛时光的褶裥铺展开来，随后迅速折叠在一起②。时间像一条走廊，一条道路，有拐角，有斜坡，有时崎岖，有时平坦，但是处处有风景，冷不丁就遇到从前的自己、梦中的朋友。总之，人可以在各个瞬间来去自如，游玩观赏，时间就像精神的寓所，罗阿因此自名为"时间的居住者"③。将一个个回忆、梦境用词语固定下来，成为罗阿捕捉时间的一个尝试。罗阿的诗集《在时间的边缘》包含一首同名诗作，在这首诗中，晚年诗人在时间的边缘散步，突然，童年的回忆如烟雾一般向上升腾，浮现在眼前：燕子鸣叫着飞过学校的操场，小船静静横卧在河面上，落日擦着水面沉下去，在小卖部购买的玩具将手弄得黑乎乎、油腻腻的……④时间变成灵动的空间以后，罗阿可以在过去、现在甚至未来之间任意穿梭。在罗阿题为《一个梦》（*Un rêve*⑤）的诗作中，60多岁的老人倚着枕头睡得正香，在挂钟钟摆的摆动中他梦回童年，看见年幼的自己在树上摘樱桃，听见樱桃掉落地上的声音；而树上的小孩透过树枝，倾听老人在枕头上睡觉的呼吸声……罗阿梦回童年，让我们不禁想起辛弃疾的"醉里挑灯看剑，梦里吹角连营"，以及陆游的"夜阑卧听风吹雨，铁马冰河入梦来"，而童年时代的罗阿侧耳听见老年时代罗阿沉睡的呼吸声，老年时代的罗阿看着童年时代的罗阿摘樱桃，这两种视点的交织与互动更让我们想起王维的《欹湖》与《九月九日忆山东兄弟》。

同样地，罗阿可以在梦境与现实之间来回切换。罗阿做了个奇怪的梦，

---

① *A la lisière du temps* 首次出版封底：Claude Roy：*A la lisière du temps*. Paris：Gallimard，1985.
② *Nous*，pp. 336-337.
③ *Nous*，p. 335.
④ *A la lisière du temps/Le voyage d'automne*，p. 13.
⑤ *A la lisière du temps/Le voyage d'automne*，p. 52.

记录在《梦见在城中走散》(Le rêve d'être perdu dans une ville①)。"我"即诗人罗阿,"你"指他的爱人罗蕾。"我"在伦敦国王十字大街和牛津广场之间将"你"丢失,原路返回也找寻不到,情急之下睁开眼睛挣脱梦境,终于看到"你"在身边沉睡。这时候"你"也睁眼对"我"微笑,说:"我梦见在伦敦与你走散,只好睁开眼睛来找你。"罗阿与罗蕾其时正在巴黎家中安睡,可是居然做了同一个梦,梦见自己与对方走散,都想跑出梦境找到对方。梦就像长廊,这长廊像地铁线一样,将世界各地的城市如巴黎、伦敦、北京、纽约等地联结起来,人们一旦进入梦乡,便可以在任何城市相会。有时候,罗阿一边做梦,一边清醒地知道自己在做梦。比如《梦中的雨》②。诗人梦见在下雨,他和罗蕾在屋里避雨,听得见外面雨水汇入海湾潺潺流动,漫天雾气,预示着大海就在附近。诗人拿出木柴,将报纸卷成一团,升起火来烧水。他想和罗蕾喝杯茶。罗蕾就要跨进门来,诗人已经听见她的脚步声慢慢靠近。这时候,一个小偷蹑手蹑脚走进来,利索地将诗人的梦卷起来放进一个大包里,转身就走,和来时一样没有发出任何声音。诗人惊醒过来,发现自己身处医院病房。没有下雨,没有烧火,没有沸腾的水,大海在很远的地方,罗蕾也不在身边。梦或许是以另一种形式出现的生活吧,是更加丰富多彩的一种生活吧。

四、结　语

　　法国作家与中国文化的交流由来已久,20世纪上半叶法国作家(其中以保尔·克洛岱尔、谢阁兰、圣-琼·佩斯和亨利·米修四位诗人最为独特)更是致力于"中国题材的拓展及精神探索的开发","极大地丰富了法国文学的表现领域",但是"并未获得人们所期待的广度和深度"③。因为他们在20世纪上半叶亲临中国的时候,面对的是衰弱、破败、腐朽的旧中国,因此他们尽管身在中国,却无法关注当下的现实的中国,他们主要通过想象"对中国进行了不同程度的描绘与重构,进而生成了特定时空中的中国知识和图像"④。

---

① *A la lisière du temps/Le voyage d'automne*, p. 79.
② *A la lisière du temps/Le voyage d'automne*, p. 41.
③ 钱林森《和而不同·中法文化对话集》第469—470页,南京大学出版社,2009年。
④ 赵小琪、张益伟《法国现代主义文学想象中国的方式论》,载《安徽大学学报》,2014年第3期。

相比之下，20世纪下半叶的法国诗人有更多的机会、更大的热情直面真实的中国，而且他们"通过翻译和交流，直接或间接从中国文化（包括哲学和诗歌、艺术）中吸取灵感和诗情"[①]，罗阿无疑是其中的"典型个案"[②]。通过探讨中国文化及中国诗画艺术对罗阿时间书写的影响，我们可以看出，这位法国诗人不仅将中国文化作为创作的灵感源泉，而且将中国文化内化为自己思想的一部分，对中国诗画艺术也有了更加深入的理解与体会，从而在更深、更广的层面接受中国文化的滋养，这无疑反映了新时期法国作家与中国文化交流的新倾向。

（许玉婷　南京工业大学外国语言文学学院讲师）

[①] 程抱一《法国当今诗人与中国》，载《20世纪法国作家与中国：99'南京国际学术研讨会》第17页，钱林森、克里斯蒂昂·莫尔威斯凯主编，南京大学出版社，2001年。程抱一将这篇文章题献给克洛德·罗阿。

[②] 许玉婷《论法国诗人罗阿的中国诗歌翻译》，载《跨文化对话》2015年6月第33辑。

生命的慰藉与延续

——论谢阁兰关于中国墓葬形式的思考

邵 南

摘 要：法国作家谢阁兰热衷于考古旅行，在中华大地上探访过为数众多的墓葬。从这些星罗棋布的大小墓冢及其附属建筑中，谢阁兰领悟到中国人不同于西方的墓葬观。由此，从"事死如生"的思想到风水的理念，从农夫与古墓的和谐共存到生者对死者的吞噬，从以死亡为休憩的道家哲学到拒绝死亡的鲜活石兽，谢阁兰在旅途中多角度地观察中国墓葬，思考蕴含其中的哲学思想，并不断从中提炼出对建立自己的生死观体系有用的元素。

关键词：谢阁兰 中国墓葬 坟冢 石雕

作为一个出生于虔诚的天主教家庭而又背弃了宗教的西方文人，谢阁兰（Victor Segalen，1878—1919）需要自己重建一个生死观体系作为安身立命的精神基础。因此，他以极强的意愿和极大的热情——正如他背弃宗教时一样——去填补这个危险的空洞。与此同时，虽然这种忧虑本身不无宗教意味，谢氏又不试图以皈依另一种宗教来解决问题。这是因为一切宗教总不免包含着厌弃此生，追求彼世的思想，而这是谢阁兰所最不能容忍的。他懂得单一思想的危险，转而从"多异"（Divers）中寻找灵感。正是如此，谢阁兰以开放的心态接受各种文化的养料，借以构建自己的生死观。由于他对禁欲的宗教普遍地存有戒心，他如此长时间地逗留于中国这个无神论主导、多宗教并存的国家也就并不奇怪了。而中国传统文人对生死问题的思考，也就成了于他生死观的构建最为宝贵的养料。

数千年来，中国文人对生死问题的思考或传诸文字，或形诸实物，实物中最易见的便是遍布华夏大地的累累墓冢。而且中国人历来重视丧葬，致使不仅坟墓形式复杂，配套设施繁多，而且随历史的演进而愈加多样。谢阁兰在中国的考古旅行中，探访最为频繁的即坟墓，足可见他对这一问题的特别关注。与此相应，谢阁兰也阅读了不少和中国墓葬文化相关的文献，由此他对于中国墓葬文化的理解并不停留在表象，而是往往深入而及于哲学的领域、精神的范畴。

事实上，中国的墓葬文化虽然随时代和地域不同而各异，但大致上仍有一些贯穿始终的原则，谢阁兰也注意到了。其一便是儒家"事死如生"的观念："丧礼者，以生者饰死者也，大象其生以送其死也。故事死如生，事亡如存，终始一也。"（《荀子·礼论》）谢阁兰大概没有读过《荀子》，然而他至少应当读过顾赛芬神父（Séraphin Couvreur）所译的《礼记》①，其中说到"文王之祭也，事死者如事生，思死者如不欲生"。（《礼记·祭义》）说的固然是祭祀礼仪而非坟墓，其原则仍当是相通的。而且，在一次又一次的考古活动中，他将不断巩固这种理论认识，这可以从我们下面的分析中明显地看出。

另一个与墓葬文化密不可分的理念同样为谢氏所重视，那就是风水。既然要"事死如生"，那么生者择地卜居的标准，自然也应适用于死者。我们这里所谓的"风水"并非狭义上始于晋唐、盛于明清的风水学，而是上与《易》、阴阳家、舆地之学一脉相承的在自然环境中择地卜居的学问和文化传统。谢阁兰同样深知两者的区别，而对后者情有独钟。1914年2月20日，他在西安府给文化部官员卡萨尼亚克（Paul de Cassagnac）写信汇报秦始皇陵的现况时说："倘若我们由北朝南眺望，便能够看出大山如何的为之辅翼：山岭的波涛左右对称，将它荫蔽，而整个空间，天与地的分判，只是它的布景，特意为它选定。这正是一种非常古老的习俗：相地，神化。"② 谢阁兰所谓"相地"（géomancie）者，即是风水，因为在他几乎同时写给妻子的信中，他描述秦始皇陵说"……而且整个山谷的风水（fong-chouei）符合史书的描绘"。③

建立在这些基础上的中国墓葬文化，原则上必当是追求人际和谐、天人

---

① 在《碑》的手稿页边，亦可见谢氏多次抄录《礼记》的原文或法译文，足见他对此书是熟悉的。

② Victor Segalen, *Correspondance*, tome II, p. 319, Paris：Fayard, 2004.

③ Victor Segalen, *Correspondance*, tome II, p. 311.

和谐的。谢阁兰对于墓葬的实地观察和深入思考,正以这些认识为根基。

一、生者与死者

在中国,生者与死者栖身于同一片土地,"事死如生"的传统墓葬观使得他们的居所颇为近似,这与欧洲的情形是大为不同的。这样的"同住"模式自然足以引发来自欧洲的旅行者的关注,其中就有克洛岱尔(Paul Claudel)和谢阁兰。然而,这两个几乎同时来到中国的欧洲文人对此的印象却迥然不同,甚至截然相反。在散文集《认知东方》(Connaissance de l'Est)里的《坟墓-絮语》(Tombes-rumeurs)一篇中,克洛岱尔如此记述:

> 在中国,死和生具有旗鼓相当的地位。一个死者,当他一旦离世,即变为某种重要而可疑的东西,一个与人为恶的——阴郁的保护神,他在那儿,人们需要和他搞好关系。生者与死者的关系不佳,各种仪式长期存在,代代相传。……接下来人们才小心翼翼地建立起死后的居所,唯恐鬼魂在里面难以安居,四处游荡。人们在山的侧边,在坚实而原始的土地中开挖墓穴。而正当那些苦难的大多数,那些生者,在沟壑深处,在低洼的平原挤作一团的时候,死者们却占据了佳位,在开阔的山原,让他们的居所迎向日照和长空。①

克洛岱尔的描述自然有一定的真实性,它反映了农村的迷信观念中对死者、对鬼魂的惧怕,也忠实地绘出了死者之墓葬与生者之居住地的位置关系。② 但饶有意味的是,在此基础上,克洛岱尔选择了以戏剧性的笔法突出了生者与死者的对峙。第一,两者实力相当:"死和生具有旗鼓相当的地位。"

---

① Paul Claudel, *Connaissance de l'Est*, p. 124, Paris: Mercure de France, 1973.

② 事实上,这一习俗的历史也是极为悠久的。青海乐都的柳湾史前墓地开辟于约 5600 年前,延续千年之久,正在湟水畔的高台之上,人则世代居于河谷之中。后世则关中的西汉诸陵、洛阳之邙山诸陵,都建在水畔的高台之上,人则沿渭水、伊洛而居。这些景象与克洛岱尔的描述毫无二致。但是究其原因,生者之所以居于河谷,主要不是源于惧怕,更重要的是因为河谷接近水源且交通便利;死者之所以居于高地,主要也非出于生者的谦让,而是高地干燥,尸体不易腐烂之故。从这一点上来说,克洛岱尔的曲解是显然是个人意愿的投射。

第二，两者之间具有紧张的冲突关系：死者"与人为恶"，而生者需要不断地"和他搞好关系"，以至于催生了各种各样的仪式。第三，生者与死者争夺"居住"空间，而生者总是处于下风：生者"挤"在狭窄低下的"沟壑深处"和"低洼的平原"，而死者则占据着更为理想的"开阔的山原"。死者的强势、生者的懦弱，以及双方的敌对关系经由诸多相反的概念和图像而得到清晰的表现。

克洛岱尔意在突出生者与死者的对立和冲突，谢阁兰眼中的生者与死者却完全呈现出另一种关系。在《碑·丧葬诏书》(*Edit funéraire*) 一诗中，且看皇帝如此安排自己的陵墓：

> 立一座五间的牌坊，截断整条山谷：自此经过者将得升华。
> 开拓长长的神道以示敬意：——野兽；鬼怪；人像。
> 那头，筑起带雉堞的高城。在大山中腹钻一道坚固的洞穴。
> 我的住所很牢固。我进去。我在里面了。那么重新关上门，将门前砌死。把活人拦在外边。①

诚然，"将门前砌死"，"把活人拦在外边"，生者与死者的空间表面上看来仍然是隔离了。但是，在这几行诗中，作者采用了一个边指挥营建边缓缓步入墓穴的皇帝的视角。当我们跟随诗行，跟随"皇帝"，从牌坊经由神道而来到高城（明楼），穿过甬道而深入墓穴，整个过程可谓一气贯通。而且，通过一系列命令式②的运用，谢阁兰暗示一切隔离的努力尽皆出于人为，尤其是出于死者的意愿。这足可见在谢阁兰心目中，生者与死者空间的隔离既不是自然的，也不是绝对的，更不是如克洛岱尔所谓，是由于生者的畏惧。这种生死共处的模式，和西方宗教里的天堂、人间、地狱是完全不同的。天堂和地狱和人间截然分开，活人决然无法到达，而陵墓内部则只是人间的一角。建牌坊，拓神道，立翁仲，筑高城……这一切属于仪式，为着激发访客的敬意，并未真正给活人进入陵园增加难度。只有到最后，经过"重新关上门，

---

① Victor Segalen, *Œuvres complètes*, tome II, p. 60, Paris：Robert Laffont, 1995.
② 在原文中，"截断"（barrez）、"开拓"（étendez）、"筑起"（levez）、"钻"（percez）、"重新关上"（refermez）、"砌死"（maçonnez）、"拦在外边"（murez）一连七个动词全都用了命令式。

将门前砌死。把活人拦在外边"以后，陵墓内部才成了一个与外界隔绝的、属于死者一人的空间。

然而真的如此隔绝，如此孤独吗？谢氏并不认为如此，或者是他不愿如此设想。"让那边的小农庄活下去吧。我愿呼吸他们在夜晚燃起的炊烟。我还将倾听话语。"这进一步暗示了生与死不过是毗邻的两个空间而已，即使"将门前砌死"，仍有相互沟通的可能。事实上，在古希腊也好，在古中国也好，人们都认为鬼神能歆享活人提供的祭品（即"呼吸……炊烟"），并听取他们的祝告（即"倾听话语"）。因此，谢阁兰的这一设想本身是颇符合中国的传统观念的。

事实上，在旅途笔记中，谢氏曾多次记下生者与死者和谐共处的情形。例如在秦始皇陵前，他如此描绘眼前的景象：

> 温和的原野，起伏如微波，遍植果树；一个小径纵横的美丽果园……再就是黄土筑就的阶梯墓冢……覆满了冬天枯黄的草；农夫二人，附在它身侧，挠着土……①

又如在陕西兴平县（今兴平市）的茂陵一带，面对一望无际的累累荒城，谢氏写道：

> 那是一片波澜起伏的开阔地带，可以驾马整日整日地驰骋其间，一片广袤的庄稼遍布的土地，生者罕居，却点缀着数以百计的累累墩台，筑就它们的泥土和地面全无分别，那些便是墓冢。②

谢阁兰明言这片旷野"生者罕居"而墓冢累累，看来有如克洛岱尔所说的那种"开阔的山原"，属于"占据了佳位"的死者们。那么生者是否被他们挤走了呢？并非如此。且看"庄稼遍布"，不属于生者又属于谁？而且谢氏特地点明那些墓冢的"泥土和地面全无分别"，其实隐含着生者与死者血脉相通、和谐共存的意思。

---

① Victor Segalen, *Œuvres complètes*, tome I, p. 992.
② Victor Segalen, *Œuvres complètes*, tome II, p. 761.

另一些场景中，生者非但不受死者的驱赶和挤压，反而"侵入"死者的地盘。1917年7月22日，谢阁兰第二次造访南京东郊的萧景墓神道辟邪，发现石兽脚下的庄稼已经高及其肩①：

  萧景不再浴于泥中，而是为绿色的涡流所攫取；——它在那儿，稻田中央，想要凑到它的面前，必得经由一些羊肠小径，像走钢丝一般过去。……毫不夸张，它从稻田里冒出头来，它游泳，那些柔软的大草波澜起伏，那是稻茎，大浪如今已淹及它的两肩，回想春天的时候，几乎可以一直描画到它的腹部。②

有趣的是，谢阁兰在此直接用墓主萧景的大名代替了石辟邪，仿佛直接将石辟邪认作死者的化身。诚然，萧景墓已无存，墓前仅余一辟邪与一华表。华表顶上虽有一小辟邪，但主要是铭文的载体；辟邪所模仿的则是有生命的兽，更容易令人联想起墓主的生平。也就是说，死者萧景最后的有形的踪迹③正在受到生者的威胁——"攫取"（prise）一词充分凸显了农作物的进攻性。不过，虽然受到严重威胁，萧景墓前的石辟邪仍然基本完好。而四川渠县农田里的一座汉代石雕，其残躯更显无助，四周的庄稼更显凶猛：

  人的作品在那儿，哪怕遭到遗弃，哪怕四周的庄稼张牙舞爪，令人窒息，有甚于莽莽荆丛、匝匝雨林。石兽呼喊着，为着受到抛弃……为着遗忘。④

石兽是"人的作品"，亦即死去之古人的遗痕。当它穿越时光的风雨，肢体残缺不全，而柔弱的庄稼作为新一代人生命的象征，其侵略性胜过那些天生粗鲁的野树。显然，庄稼在这里并非代表自然界的植物，而是代表《碑·一万年》（《Aux dix milles années》, Stèles）中所谓的一代代"缓慢的人，延续的人"。在《中国：伟大的雕塑艺术》（Chine. La grande statuaire）中，谢

---

① 谢阁兰第一次造访萧景墓前辟邪是同年3月初，当时辟邪脚下泥土中庄稼尚未发芽。
② Victor Segalen, Œuvres complètes, tome II, p. 1249.
③ 自然，萧景作为梁武帝萧衍贤能的兄弟之一，生平事迹见于史书，是为其无形的踪迹。
④ Victor Segalen, Chine. La grande statuaire, p. 126, Paris: Honoré Champion, 2011.

阁兰如此概括中华大地上这种生者不断吞噬死者的情形：

> 一方神圣的土地（指墓园——笔者注），人们不敢侵犯，也不敢挖掘，而只是在上面小心耕种，如此吞噬着死者。正是这样，大多数的墓穴遭到耕种，坟冢夷平，陵园损毁。在上天眷顾的四川尤其如此，那里土色微紫，深沉醇美，一年可以收割三次……①

然而谢氏接着解释说，生者不得不在祖先头上耕种，乃是因为人口激增：

> 并非因为中国人不敬祖先……不过要知道在中国，无论如何，今天，当下，生命正在繁衍，人丁日益兴旺。还要知道，一个活人除了依靠土地的出产，别无生路。②

至此，我们不禁怀疑，这与克洛岱尔所谓"在沟壑深处，在低洼的平原挤作一团"以为死者腾出空间的人们，究竟是否同一个民族？当同一时代的两个作家观察中国生者与死者之间的关系，竟得出如此相反的结论，岂不令人诧异！我们自然可以说，克洛岱尔足迹所及仅限于中国沿海地区，而谢阁兰则深入中国腹地，因而谢氏所见应当更加全面可信一些。但是克洛岱尔所见毕竟也有相当的真实性，尤其是当生者面对与自己同代或稍前的死者，惧怕与避让也是常见的态度。其实，倒不如说是二人的不同眼光和精神需求导致了这种面对类似风景的不同阐释。克洛岱尔作为虔诚的基督教徒，意在批判不信上帝的中国人的"世俗"生死观；谢阁兰在宗教之外寻找关于生死的安慰，也就格外倾心于生者与死者和谐共存的风景了。

二、生之劳苦，死之安逸

死者与生者既然比邻而居，血脉相连，那么我们就不应用异样的眼光看

---

① Victor Segalen, *Œuvres complètes*, tome II, p. 789. 此等景象在中国文人笔下亦常见，如李白《梁园吟》："昔人豪贵信陵君，今人耕种信陵坟。"

② Victor Segalen, *Œuvres complètes*, tome II, p. 789.

待死亡了。不仅如此,坟冢不再是恐怖的尸骨腐烂之地,而是安详的居住场所。我们看到,在《碑》中的《丧葬诏书》(《Édit funéraire》)一诗里,作者用了一连串词语来描述死亡如何舒适:"温馨""快乐""快乐且崇高且温馨",然后是"我"在其中的惬意感受:"不愿回转""没有遗憾""我毫不呻吟""住着很舒服""我自得其乐"等等。如此众多表示主观及客观之惬意的短语堆叠在一起,甚至显得有点夸张。(谢氏反复强调死亡如何舒适,或者其中正不无对死亡的焦虑?)诗中除了"死亡"一词本身,便别无其他表示悲哀的词语。布依埃在为此诗作的简短评论中说:"死亡的悲剧性被抹去了。"① 这是非常恰当的。卫斯连大学(Wesleyan University)的详注版《碑》中指出,作这首诗时谢氏可能已经知道了《庄子·至乐》里对死亡的正面描写,或者是日后才意识到其中的暗合。② 在《至乐》里,庄子梦见髑髅告诉他说:"死,无君于上,无臣于下,亦无四时之事,从然以天地为春秋,虽南面王乐,不能过也。"事实上,《丧葬诏书》一诗初稿作于1911年9月15日,另外它的一些散文版雏形早在1909年就已出现,当时谢氏应当至少未曾读过《庄子》全书。但是不管怎么说,谢氏以生为劳苦,以死为安逸的观点颇为符合道家思想。而且,如果说在《丧葬诏书》的终稿里,作者只谈死亡之安逸,似乎并未直接将其与生之劳苦作对照,那么在该诗的散文版雏形之一——《砖与瓦》(*Briques et tuiles*)里的《十三陵》(*Les Treize Tombeaux*)——中,这层意思反而表达得更明晰,更直接。该文约作于1909年9月初,开头是这样的:

> 那个把兄子赶下皇位的人曾渴望在那里休息。……他懂得圣贤之死乃是何等深沉的休憩(那些一辈子左冲右突,东奔西走,上蹿下跳的人,那些外国人,他们不懂这些),他曾渴望坟墓中浩瀚无垠的静谧与安详。③

由此,在这一段里,谢阁兰直接把生之劳苦与死之安逸作了对比,且明言"外国人"不懂这个道理,即是将此作为西方所无的新鲜事物——中国思想来引介的。也就是说,作者表示这是他所赞同的中国观点,并不是自己的

---

① Victor Segalen, *Œuvres complètes*, tome II, p. 60.
② Timothy Billings; Christopher Bush, *Stèles, Chinese sources and contexts*, p. 49, Middletown: Wesleyan University Press, 2007.
③ Victor Segalen, *Œuvres complètes*, tome I, p. 868.

创造。那么他从何得知这种观点呢？须知这带有浓郁的道家气息，而1909年以前面世的法译道家经典只有斯坦尼斯拉斯·于连（Stanislas Julien）译的《道德经》（1842）一种而已。但是《道德经》里并无此种观点，倒是《庄子》和《列子》中不乏类似思想的表达。在《庄子》中，除了《至乐》篇以外，《大宗师》篇也说："夫大块载我以形，劳我以生，佚我以老，息我以死。故善吾生者，乃所以善吾死也。"这里，庄子以生为劳而死为息，立意在于赞美大地之兼善万物。《列子》则更突出了圣贤与愚人对生死的认识不同：

> 子贡倦于学，告仲尼曰："愿有所息。"仲尼曰："生无所息。"子贡曰："然则赐息无所乎？"仲尼曰："有焉耳，望其圹，皋如也，宰如也，坟如也，鬲如也，则知所息矣。"子贡曰："大哉死乎！君子息焉，小人伏焉。"仲尼曰："赐！汝知之矣。人胥知生之乐，未知生之苦；知老之惫，未知老之佚；知死之恶，未知死之息也。晏子曰：'善哉，古之有死也！仁者息焉，不仁者伏焉。'死也者，德之徼也。古者谓死人为归人。夫言死人为归人，则生人为行人矣。行而不知归，失家者也……唯圣人知所与，知所去。"（《列子·天瑞》）

这一段除了表达生之劳苦与死之安逸以外，重点分析了君子和小人对于死亡的不同认识，归结到"唯圣人知所与，知所去"的观点。谢阁兰把"圣贤"和"外国人"关于生死的不同理解并举，与此处的"君子"（或"仁者"）和"小人"（或"不仁者"）正相对应，甚至两种不同理解的具体内容亦各自相近，岂其冥契之深一至于此乎！

而谢阁兰明言自己读《庄子》译本，是在1914年1月11日致戈梯埃（Jules de Gaultier）的信中：

> 中国文献翻译工作的误打误撞到底把最古老的"道家宗师"们——列子和庄子——的文字交给了我们（戴遂良译，河间府，以及吉尔莫特（存疑），梅济耶路，巴黎）。至于译文，我持保留意见，那阿尔萨斯布道师①油滑不恭的态度为之平添了许多沉重。然而，倘使我们整理（拉尔蒂

---

① 指戴遂良神父。

格和我打算将来做这个工作,但愿有时间)倘使我们把这些思想原原本本整理出来,那是多么深刻而具有讽刺意义的人类价值观!①

戴遂良此译出版于 1913 年下半年,且属于二书在法语世界的首译,因此在 1914 年 1 月前,谢阁兰应当至少没有读过《庄子》和《列子》的全文,②且以谢氏的中文水平,完全不借助翻译阅读二书的原文应是不大可能的。

无论如何,谢阁兰本人是常常怀有一种"对休息的渴望"的。早在旅居中国之前,谢阁兰就从兰波的《醉舟》(*Bateau ivre*)里别具只眼地读出一种"厌倦了大海,渴望静止"③的心态:

甚至早在他经受苦难之前,先于他的失败,当他还满腔热血向往生活与行动的时候,他就窥见了这个唯一值得渴望的目标:休息。④

而在致戈梯埃的同一封信中,在对戴遂良译本和道家思想作了上述评论之后,他多年前在兰波身上发现的那种情结随之浮现:"我将以十个月的勉力奔波为代价,寻求我个人蜷身而息,以及长久无欲无求,凝神静思的权利。"⑤ 这绝非偶然,而必当是道家思想激起了他由来已久的隐秘愿望。从这个角度来说,死亡作为休息的极端形式,也就具有了某种魅力。诚如包世潭在《谢阁兰与中国石刻:考古与诗》中所言:"由此他感到死者休息的土地是某种迎候他的场所,散发着母爱,人们自发地渴望回归那里……"⑥ 在散文《在黄土地的甬道中,暗夜降临》(*Défilé dans la Terre Jaune, par une tombée de nuit obscure*)的最后,谢氏感到土地足可信赖,毫无保留地自托于"土地之黑暗":

然而它们幻灭了,唯余黑夜:我存在于黑暗之中;而今体内身外无

---

① Victor Segalen, *Correspondance*, tome II, p. 292.
② 他此处不提《老子》,再一次印证了他先此读过于连译的《道德经》。
③ [法] 谢阁兰著,邵南、孙敏译《诗画随笔》第 22 页,上海书店出版社,2010 年。
④ [法] 谢阁兰著,邵南、孙敏译《诗画随笔》第 22 页。
⑤ Victor Segalen, *Correspondance*, tome II, p. 292.
⑥ Philippe Postel, *Victor Segalen et la statuaire chinoise:Archéologie et poétique*, Paris:Honoré Champion, 2001, p. 285.

非同一(幽昧)……我背弃了最后的日影,我拒绝运用双眼,不复晕眩与热血,我深深自投于大幽昧。

于是一切改观:我的脚步顿时翩然:日间的劳累减轻,消退,溶解在漆黑的空气里;我的耳听见了不可言说;我圆睁的眼在暗黑的丝绒里伸展视线……我随波逐流,没有涯岸,没有岩礁……而我的前额,无所复惧,终于确信而坚定地在黑夜里穿行:我自托于你,黑暗![①]

三、"更鲜活的生命"

然而,同样如包世潭所言,"在死亡中居住"也好,对休息的渴望也好,在谢阁兰那里都只是某些场合中的想法,说不上一贯的信念。在《出征》第九章里,他就将休息比况大江之死,作为生命力消逝的时刻而加以拒斥。[②] 尤其是到了晚年,为了抵抗抑郁症,他更是成了工作狂。而在这个时候,中国墓葬再次为谢氏提供了精神依托和灵感源泉。

谢阁兰的一生总共只有短短的41年。在他去世前,眼看西欧文明在一战的炮火中破碎不堪,他尊敬的师友又纷纷离世,尤其是1918年以来他的抑郁症渐趋沉重,他的精力无可挽回地日益衰颓下去——在那些日子里,他主要进行着三部作品的创作,其一就是《中国:伟大的雕塑艺术》。如该书1972年版的序言作者埃立赛夫(Vadime Elisseeff)指出的那样,按照谢氏的计划,这只是七卷"中国艺术史"的第一卷,而之后的六卷还将分别探讨中国的书法、绘画等艺术门类。由此,《中国:伟大的雕塑艺术》乃整个系列的发端,其重要性可想而知。事实上,撇开最开始关于中国历史和中国雕塑艺术的概述,正文谈到的第一个石雕便是霍去病墓前的"马踏匈奴"石刻。从正文开始到引出"马踏匈奴"为止的数页可以说是谢阁兰全部作品中气魄最宏大,构思最精彩,感情最深挚的片段之一,值得我们细细品味。在正文的开头,谢氏先是为读者描绘了汉武帝时的盛世景象,从疆土到财富,从农业到艺术,随后渐渐聚焦于征伐匈奴的战争:

[①] Victor Segalen, *Œuvres complètes*, tome I, p. 875.

[②] Victor Segalen, *Œuvres complètes*, tome II, p. 290.

那些将军不仅需要懂得中国传统的兵法,还需善于在远离祖先的疆域的地方,在敌人的土地上,用敌人的武器作战。大地无垠:"出天山二千余里。"那是一次次没有程期的远征、逃离与回归。①

此地"天山"虽为地名,却暗含着"天"和"山"的意象,与"大地"至为连贯。从"传统"到"远离祖先的疆域",从"大地无垠"到"出天山",且看作者的视野愈来愈广,愈来愈远,既是随着霍去病的军队神游于中国历史,更是梦回自己在中华大地的游历,在这个过程中"远离祖先"——法国与欧洲——"的疆域"。"没有程期的远征"正如他自己远离家国,在陌生的中华大地上所做的考古旅行。"逃离"则更像是他自己的投射,而非对汉朝军队的客观描述。此地,逃离并非贬义:逃离常轨,如高更栖身海岛一样,是为着追求异域的美。但是最终仍需回归:如今他已经重回法国。而汉朝军队远征的成果是丰硕的:

这一切行动的最后,便是合围,杀戮,大规模的斩首。一场大战,七万颗人头落地。此乃轻骑兵的大捷,率领他们的是那些年轻魁梧的大刀将军。随后,他们倘不是带回那些人头,至少会把战争斩获制成详细的清单献捷于天子。②

谢阁兰确曾从中国带回一颗佛头,是为小说《头》(*La Tête*)所本。除此,他几乎没有带走其他文物,然而确曾把考古的收获"制成详细的清单"——《西部考古记》③——上交法国文化部门。另一份留给文人艺术家的"清单"正是《中国:伟大的雕塑艺术》。接着,谢阁兰写到霍去病回到长安的景象:

---

① Victor Segalen, *Chine. La grande statuaire*, p. 80.
② Victor Segalen, *Chine. La grande statuaire*, p. 80.
③ 此处沿用冯承钧译本译名,直译当为"中国西部考古成果报告之第一篇"(*Premier exposé des résultats archéologiques obtenus dans la Chine occidentale*),作于 1914 年。关于该考古报告的作者,前人(包括冯氏)俱认为系谢阁兰,布依埃亦将其收入他所编的《谢阁兰全集》,但近年学界已基本认定其非谢氏手笔,实际撰者当是同行的华森(Gilbert de Voisins)。但无论出于何人之手,其作为谢氏考古活动之成果"清单",起着"献捷"之功用,则无可怀疑。

生命的慰藉与延续

  当征服者凯旋长安,天子亲率百官郊迎,向他伸出手来,那时他的脑海中一定浮现出最甘美的胜利时刻——他的骏马踏住了倒地的蛮卒,将他牢牢地攥在四蹄中间。①

  长安,汉朝的首都,亦即中央帝国的中央,亦即自我帝国的中心。皇帝又象征着中央之中央的灵魂。征服者如今从最远的远方,回到中央的中央,直面"灵魂",回忆起自己胜利的时刻。这种回归与回忆让我们想起《一条大江》(*Un grand fleuve*)的末尾:"唯独在下一道河湾,当它恢复了宁静,平息了暴怒,仅仅当速度重新变得均匀,归于平衡;——大江回忆起先前的搏斗,于是明白,那一刻已成过往。"② 老子曰:"孰能动以静之徐清?"(第四十章)当人们不再震荡自己的精神,宁静重归心灵,正如水之徐清,于是过往顿时显现。霍去病面对帝国的灵魂,实为达到了"宁静"的极致,于是回忆起那决定性的一刻——远征匈奴之霍去病,实犹新龙滩之于大江。不过,回忆虽然美丽,却也不甚可靠,而会随着生命的变化而成为陈迹,正如《碑·记事珠》(*Joyau mémorial*, *Stèles*)里的"我"所经历的教训——除非如《碑·瞬间》(*Moment*, *Stèles*)里所写的那样,将记忆在迅速腐烂之前勒碑刻铭。幸而这一胜利的时刻也在艺术中凝固,且看:

  这一搏斗中决定胜负的动作,化成最简单却是最精炼的雕刻元素,凝固成这座西汉艺术中唯一遗存至今的石雕。在迄今发现的所有石雕中,它以最古的年代(西元前117年)宣告开启了整个中国圆石雕塑的纪元。这就是"马踏匈奴",在霍去病的墓前。③

  "马踏匈奴"是否为霍去病生前亲自指挥匠人雕刻的,我们无从确知。这

---

① Victor Segalen, *Chine. La grande statuaire*, pp. 80-81.

② Victor Segalen, *Œuvres complètes*, tome I, p. 837.

③ Victor Segalen, *Chine. La grande statuaire*, p. 81. 随着考古发掘的不断进行,今天已知最早的大型圆石雕塑已不再是"马踏匈奴"一件。一是20世纪70年代发现的十余件一组的霍去病墓群雕,和"马踏匈奴"为同时之作。二是于汉昆明池遗址发现的牛郎、织女雕像,推定为西元前120年之物,则早于"马踏匈奴"三年。但无论如何,"马踏匈奴"仍是中国最古老的大型圆石雕塑之一。

一切细节出于谢氏的想象，自然也颇合情理。不过更重要的是，霍去病这个历史人物借由"马踏匈奴"石雕而复活，在谢阁兰脑海中成了一个有喜怒，有欲望，有回忆的血肉之躯。虽然这种"复活"的形象未必切合史上的真人，但是终归是大有关联的。诚然，一部艺术史的撰写总须从最古老的作品开始，《中国：伟大的雕塑艺术》从他所知的最早的石雕"马踏匈奴"写起，本属天经地义。一般的雕塑艺术史大约也须从"马踏匈奴"入手，不过仅限于客观地描述一番"马踏匈奴"而已。谢阁兰则不然，他从宏观处着笔，从一个时代的社会、艺术、战争入手，纵横捭阖，洋洋洒洒，随之镜头不断拉近，聚焦到霍去病这个代表时代精神的人物……故事戛然而止，一座朴素的石雕取代了这一切。而我们在上面的分析中已经看到，谢氏在写霍去病事迹的过程中倾注了大量个人情怀，或者从某种意义上说，他自比于霍去病。如此说来，期盼霍去病复活，岂不正是期盼自己的复活？正如霍去病的复活倚赖"马踏匈奴"石雕，谢氏的复活将要倚赖这本《中国：伟大的雕塑艺术》——也就是说，这纸面的石雕。

事实上，在《中国：伟大的雕塑艺术》的第一章里，谢氏将中国石像生的总体特征归纳为四点："起纪念作用""属丧葬文化""具帝王风范"和"有史为证"。其中，关于"属丧葬文化"这一点，谢氏特地说明这和西洋人心目中的"丧葬"图景完全不同：

> 但是，此地所谓"丧葬"者，并不影射，也不应引起西方式的联想，即"躺倒"的枯骨，以及地狱里的种种花样。那些带翅膀的巨兽、俊秀的战马、狮、豹，或者白虎，都是古代中国常见的镇墓兽，它们身上毫无死亡气息。……正是如此，一座坟墓，从最小的细节里，从最精微的场景描绘里，仿佛并非告诉死者他死了，而是在一砖一石中为他复原既随生命消逝的一切。因此，各位将要看到的所有那些石像生物，它们不关心任何神——不论是死后变成的神，传说中的神还是死而复生的神——而是更鲜活的生命之写照。①

由此，谢氏认为，在中国的墓葬文化中，墓地不是用来开启来世的荣辱，

---

① Victor Segalen, *Chine. La grande statuaire*, p. 61.

生命的慰藉与延续

而是旨在纪念逝去的生命,而装饰墓地的石雕艺术使这种纪念比生命本身更鲜活,更生动,更凝固,更恒久。其实在这里,"更鲜活的生命"何尝仅仅代表逝者的亲人对逝者的哀思和纪念,它也透露出谢阁兰在生命力渐趋消退的日子里对生活的恋恋不舍,以及对命运的激烈反抗。当他谈及散落各地的气韵生动的东汉石刻时,他的表达更显情绪化:

  正是在一片广袤无垠的田地里,散落着那些纪念石雕,数量众多,让他们(指墓主人——笔者注)复活,战斗,起舞,抗争,奔跑,——活着;疯狂地活着……①

从"复活"到"活着",再到"疯狂地活着",谢阁兰对生命力的呼吁不可谓不热切。且看凝重的石雕带上了疯狂的色彩——恐怕不是石雕本身疯狂,而是观看者的疯狂罢。然而,他的生命力已渐渐远去,而今他只能盼望,像那些墓主人依靠石雕而"疯狂地活着"一样,在自己书写的雕塑艺术史里"复活,战斗,起舞,抗争,奔跑"。怀着石化的意志,遭禁的欲望,喑哑的呐喊,谢阁兰移情于那副被庄稼团团围困的石兽的残躯:

  在田地中央尚存一头鲜活而伤残的石兽,张着口,那两千年来石质的吼声,被口中的小球堵死……它奋起狂怒的身姿,雨水尚未将那轮廓冲刷殆尽。……石兽呼喊着,为着受到抛弃……为着遗忘。②

由此,《中国:伟大的雕塑艺术》包含着诗人对命运的最后呼喊与抗争,以及对正在消逝的生命力的眷恋。从这个意义上说,这部以生命之纪念物为题材的书,正是谢氏为自己已逝的生命力建起的纪念碑。

四、结　语

谢阁兰怀着超越死亡的梦想,为自己设计的救赎之路非止一途。谢氏曾

---

① Victor Segalen, *Chine. La grande statuaire*, p. 118.
② Victor Segalen, *Chine. La grande statuaire*, p. 126.

设想，当一个人死去，他会变成某种生动的图像，以类似"吸血鬼"的形式留在生者心中，以此延续自己的存在。而以墓穴为居所，在死亡中寻找休憩，更以生动的石雕凝固自己曾经鲜活的生命，并使之代替肉身穿越历史的长河，是为他在中国墓葬形式中寻得的另一条超越之路。在生命的最后时刻，他致力于撰写《中国：伟大的雕塑艺术》，描绘墓前的石雕——生活之象征，全情投入地书写它们的历史，仿佛在自己的坟前竖起一座石雕般的纪念碑。

然而这一纪念碑不再是圆石雕就的，而是文字筑成的。作为诗人，他很明白自己在中国文化传统中的地位要远逾雕刻家。自从最初构思《中国：伟大的雕塑艺术》之时起，他就看到了这一点：

> 或许我应当承认，中国人是不甚屑于用石块来自我表达的：他们偏爱音律、诗歌，尤其是书法写就的不可捉摸的"文"，还有从中衍生出的绘画。①

因此，一旦石雕带上了铭文，其重要性也就上了一个台阶。谢阁兰在考古旅行中多曾发现，相比无铭文的石雕，同为石质的碑刻在中国受到的保护要好很多。谢氏熟知中国文化，自然得多多借重诗人的特权。于是，在中国的墓葬文化中，碑，到了谢阁兰笔下，也就成了寄托诗人之灵魂的终极象征。

（邵南　北京外国语大学法语学院博士后）

---

① Victor Segalen, *Œuvres complètes*, tome II, p. 742.

法国国家图书馆藏《周易》类稀见汉籍考述*

陈恒新

摘 要：法国国家图书馆藏经部易类汉籍有 100 余种。明郭子章著《郭氏易解》、明李廷机纂《易经讲义会编遵注大全》等孤本，具有很高的学术价值。法图所藏汉籍主要是由西方传教士带回法国。伯希和 A 藏 B 藏中易类文献多为丛书零种，古恒目录下 9080 种汉籍中的易类文献多与明清科举考试有关。

关键词：法国国家图书馆 经部易类 郭氏易解 孤本

法国国家图书馆（以下简称法图）所藏易类汉文古籍（以下简称汉籍）大部分为明清善本或丛书零种，其中，作为明代后期的易学代表作之一郭子章的《郭氏易解》，自从四库馆臣为其撰写《提要》后，一直不受关注；李廷机（九我）是在明清科举史上具有重要影响力的人物，受举业影响，他的著作在明末清初广为流传，而《易经讲义会编遵注大全》至今未有专文考述。

本文采用版本和文献考据的方法，首先全面考述法图藏易类文献的整体概况及其其特点，在此基础上，重点考述《郭氏易解》《易经讲义会编遵注大全》《五经旁训内附忠孝二经》《郑孔肩先生家传纂序周易说约本义》《辨志堂新辑易经集解》《易经直解》等书的版本价值和学术价值。

2016 年 2 月至 10 月，笔者在法图从事馆藏汉籍的中文目录编纂工作，得以亲见法图藏易类汉籍。法图藏易类汉籍主要有：明末清初陈长卿刻本《五经类语》八卷，清嘉庆戊寅《芥子园重订监本易经》四卷，明末清初毛晋汲古阁刻本《十三经注疏》，清阮元校刻本《重刊宋本十三经注疏附校勘记》，

---

* 本文系 2019 年度山东省社会科学规划研究项目"法国国家图书馆藏汉籍的来源与稀见版本研究"（19DTQJ03）阶段性研究成果。

清康熙十九年刻本《通志堂经解》，清道光九年广东学海堂刻本《皇清经解》，清嘉庆二十二年环翠山房藏板本《五经句解》二十一卷，明万历间刻本《七经图》七卷，清康熙间内府刻本《钦定篆文六经四书》，清康熙二十二年内府刻本《日讲易经解义》十八卷，清道光十一年醉经楼重刻本《周易洗心》十卷，清康熙间内府刻本《御纂周易折中》二十二卷，清康熙元年礼耕堂刻本《六经图考》六卷，清康熙四十八年宜阳官署刻本《朱子六经图附四书图》十六卷，清乾隆元年国朝宗室德沛刻本《易图解》，清刻本《易胃》十卷，清晚香主人刻本《先天易数》四卷等，清乾隆四十七年刻本《周易洗心》，清乾隆二年《周易传义合订》，清康熙庚申映雪堂刊后印本《水镜集约篇》四卷，清乾隆间雅雨堂丛书本《李氏易传》，清武英殿聚珍版福建刻本《周易口诀义》《易说》等，清嘉庆间湖海楼丛书本《周易郑注》，清古经解汇函本《郑氏周易注补遗》《陆氏周易述》等，清清芬堂丛书本《古周易》《周易举正》，清新镌经苑本《温公易说》《吴园周易解》等，清古逸丛书本程颐撰《周易》，清粤雅堂丛书本《易图明辨》《周易新讲义》等，清别下斋丛书本《周易集传》，清涉闻梓旧本《易学滥觞》，清小万卷楼丛书本《易学滥觞》，清惜阴轩丛书本《玩易意见》等，清湖北丛书本《易领》等，清船山遗书本《周易内传》等，清岭南遗书本《周易本义注》，清积学斋丛书本《周易考占》等。

法图藏易类文献，除了王重民和法国汉学家古恒等编纂的目录①之外，相关研究极少。本文主要考述以下七种法图藏稀见易类汉籍：

一、《郭氏易解》考述

《郭氏易解》十五卷，明郭子章撰，明刻本。框高21.6厘米，宽14.4厘米，半页10行，行22字，小字双行同，白口，四周单边，单黑鱼尾，版心上镌"易解"，中镌卷次，下镌页数。

卷十末题"吉水廖国英写"，据《明代刊工姓名索引》，廖国英为江西吉

---

① 王重民《王重民于1935—1939年编写——伯希和A藏B藏目录》（*Catalog des collectiongs Pelliot A et B rédigé par Wang Tchong-min 1935-1939*），手稿本，巴黎，1935—1939年。

水人，书工兼工人，写刻过王思宗《象考疣言》不分卷①，考明刻本《象考疣言》书前有宋鉴嘉靖庚戌年（1550）序文，卷末题"吉水廖国英写并刻"②，可知廖国英为明代后期刻工。《郭氏易解》书前黄养正序曰："岁在丁巳，始脱稿，正读之，见其折衷群儒，直探四圣。"可知，此书成书于明万历丁巳（1617）年。据刻工与黄养正序，可知此书是明万历丁巳初刻本。

郭子章，字相奎，号青螺，又自号曰蠙衣生，泰和人。明隆庆辛未进士，官至兵部尚书。读书博赡，著述甚富，涉猎天文、地理、文学、哲学、医学等多个领域。著作有《豫章诗话》《黔类》《蠙衣生粤草》《博集稀痘方论》《蠙衣生剑记》等。《四库总目》所提到郭子章的著作共21种，四库馆臣为其撰写提要的多达14种。③ 郭子章现存与《周易》有关的文献有来知德《易经集注》书前的序文及《郭氏易解》。

此书学术价值主要体现在以下两个方面：其一，融汇汉学和宋学之长，开启清代朴学之风。郭子章"幼习《易》，先君手书《程传》《朱义》而口授之"，家学传承程朱之学。程颐易学，将易学与现实人事结合在一起，四库馆臣论郭氏易学曰："往往牵合时事，或阑入杂说"。朱子易学从训诂入手，兼重义理与象数。郭氏易说，遵奉程、朱之学的同时，广泛征引《子夏易传》、京氏易、春秋纬、礼纬、扬雄、陆绩等汉魏易说，同时兼重文字训诂。其二，会通理学与心学。郭子章主张学易"入手在洗心"，"洗心"为心学易的核心思想之一，郭子章论"洗心"曰："吾心之神与蓍之神一也，吾心之智与卦之智一也，吾心之易与爻之易亦一也。"心本神，心本智，心本易，心与万物为一。洗心说源自程颐，为阳明心学所继承，发展为心一体论。禅学与心学思想内核是一体的，进而会通心学与禅学，"故儒、禅之论生一也"。

郭子章序称作《易解》"以训子弟"，说明此书是为子侄辈讲解易学，以备科举所作。遍检《中国古籍总目》《四库存目标注》《中国善本书提要》《美国哈佛大学哈佛燕京图书馆中文善本书志》《日藏汉籍善本书录》《日本藏先秦两汉文献研究汉籍书目》《易学书目》《易庐易学书目》等海内外目录未见著录，及海内外图书馆未见馆藏。据现有目录和馆藏著录而言，此书为

---

① 李国庆《明代刊工姓名索引》第925页，上海古籍出版社，1998年。
② 东北师范大学图书馆古籍部编《古籍善本书目解题》第5页，东北师范大学图书馆，1984年。
③ 据清光绪七年郭子仁所做统计，郭子章著作当时犹存92种。赵平略《郭子章的生平与著述》，载《王学研究》（第2辑）第165页，2013年。

孤本，具有重要的版本价值和学术研究价值。

二、《易经讲义会编遵注大全》考述

《易经讲义会编遵注大全》四卷，李九我纂，清康熙间刻本。匡高22.1厘米，宽12.6厘米，半页上栏25行、行20字，中栏25行、行4字，下栏9行、行17字，小字双行同，白口，四周单边，版心上镌"易经讲义会编遵注大全"，再下镌小题及卷次，下镌页数。

书前清康熙丙午古吴邓迈序曰："先生之书甚富，其最为当世珍稀者，无如《易经会编遵注》，一书囊为苍须左先生刊行宇内矣，人无不著龟奉之久，且益贵家唯韫匮而不轻以示人，以故今时人少见之者。余携之行笥十数年矣，复何敢私之而不公之天下。"可知此书初刻本为苍须左刻本，邓迈据家藏本重刻。

李廷机，号九我，福建晋江人，明万历十一年的榜眼，累官至礼部尚书，是明代著名的文章家，他的著作在科举考试中大受追捧，如《五经纂注》《续文章轨范评林注释》《新刻九我李太史校正大方性理全书》《新锲翰林李九我先生左传评林选要》《春秋左传纲目定注》《新锲李太史订正四书详明讲意龙腾集注》《新刻九我李太史校正古本历史大方通鉴》《正文章轨范评林》《续文章轨范评林》等。明代中后期，心学盛起，理学衰微，唯"闽学独撑朱学门户"，李廷机是明代后期闽学的代表人物。福建易学尊程、朱，重视象数之学，李廷机是苏浚的门生，苏浚是明万历元年解元，郭子章是这一年福建地区的主考官，李廷机之学，近承苏浚，远承郭子章。书前有《周易本义字画辨疑》，此书以阐发《周易本义》之旨为主，阐发其义，兼重象数与义理，并归之人事。此书是以阐发程、朱理学精义形式，为参加科考者提供帮助。

此书的学术价值主要体现在以下四个方面：

其一，汇集了明万历间进士之易学观点。易学观点为此书所引用的进士有：李之藻，字振之，浙江仁和人，明万历二十六年进士。孙鑛，字文融，浙江余姚人，明万历二年甲戌进士。左光斗，字遗直，安徽桐城人，明万历丁未进士。李光缙，号衷一，福建晋江人，明万历十三年乡试第一。杨道宾，字惟彦，福建晋江人，明万历丙戌进士，翰林院编修。陆可教，字敬承，号葵日，浙江兰溪人，明万历丁丑进士，翰林院编修。钱麓屏即钱士鳌，明万历十四年进士。吴默，字因之，吴江七都人，明万历壬辰进士，是万历年间有名的八股文高手。陶石贵，明代公安派代表人物，等等。可考者都是明代万历间进士。李廷机为万历癸未进士，其所纂辑之《易经会编遵注》广引明万历间进士之易学观点。

其二，以程朱理学为主，广采三圣以来易学研究成果。明代中后期，图书印刷业相对繁荣，书籍的获得相对容易，为易学研究者遍引历代易学研究成果提供了很大便利。且此时受复古思潮影响，易学著作广求古注，进而影响到科举考试。此书以"会编遵注大全"命名，征引相当完备，上至三圣之说，中至汉、宋诸说、下至明代易学，无所不包，正如书前序所言，"《易》自羲皇一画以后，三圣人为之阐发，汉唐诸公为之衍导，程、朱二贤为之订释分注，无遗义矣。今京、焦、郑、王之所学，云峰（胡炳文）、双湖（胡一桂）之所论著，以及伊川、考亭之所考异而致同者，无不备载。《大全》《说统》《本义》诸书内与先生会编有不影表相依，水乳相合者乎。"科举考试用书中胡广《五经大全》最为畅销，同时政府宣扬程朱理学，此书广征博引的同时"以传、注为主，而参以《大全》《说统》诸说"。

其三，对于研究清代科举的历史变迁和李廷机在清代科举史上的影响具有重要意义。《易经讲义会编遵注大全》书前清康熙丙午邓迈序曰："今圣天子独摅藻鉴，临轩策士，专尚六经，兼以性理史鉴诸书拔取经济理学真才，而士亦不敢诡异争奇，又命刊九我李先生《大方纲鉴》，颁行中外，此不过重先生之理醇、学正、有裨政治、有切名教也。"康熙皇帝颁布诏令刊印李廷机《大方纲鉴》，可见李廷机作品在清初尚属官方指定科举用书之列。但是，在乾隆年间修《四库全书》的时候，被纳入禁毁之列。但是他的著作，在民间依然很受欢迎，考上海图书馆藏清嘉庆十五年抄本《周易折衷讲义》，此书是李廷机编，余寅、周汝励、苏濬、郭子章、沈一贯、周策①参订。清林大中据明万历石泉堂刻本②重新辑出，清嘉庆十五年顾宝珠据

---

① 书前顾宝珠序曰"周易讲意一书出于九我李氏七贤所编，曒邑厚堂林氏原辑"。苏濬、郭子章、沈一贯等都是明代重臣，在科举考试中具有声望之人。

② 卷端题"同学王世招笃斋氏、舒其才石泉氏校梓"，舒其才，明万历间人，书坊名石泉堂，以刻印科举考试用书为主，曾刻印过李廷机辑《常郡新刻李会元先生性理书抄》八卷、蒋一葵辑《皇明历科状元全策》12卷等。此书是林大中从明万历间坊刻本辑出。林大中，字协君，一字厚堂，号惕庵，江苏嘉定人。生于清康熙三十五年（1696），卒于清乾隆二十四年（1659）。

林氏家藏本抄录①。可见,即使朝廷下令禁毁,他的著作仍然在民间以抄本的形式流通,李廷机的作品在科举考试中的声望与地位由此可见一斑。

其四,有助于考察明代中期以后科举制影响下的书坊、编纂者和市场之间的关系和状态。《易经会编遵注》与李九我的上述易学著作一样是为科举而作,法图藏本书名页题"状元史及超订,易经讲义会编遵注大全,李九我先生纂",李九我是万历十一年的榜眼,此乃书坊主借状元史及超和榜眼李廷机的名气以重宣传,其他如《新刻占魁高头分章分节易经》《新锲会元纂著句意句训易经翰林家说》等亦然,可见明代中后期书坊根据读者崇拜状元、会元、翰林的心理,在书名和封面上大做文章以提高销量的目的。另一方面,明代中后期科举考试要以八股的形式,精练的表述经传义旨,还要讲究文辞;同时,经义的阐发要以二程、朱熹、胡传的观点为依据,不能违背圣人的原义。而李九我是明代有名的理学家和文章学家,其书"理醇、学正、有裨政治、有切名教",契合其时科举考试的要求,因此,他选编的举业用书受到追捧,成为书商争抢的对象。

三、《五经旁训内附忠孝二经》考述

《五经旁训内附忠孝二经》,明高其昌删定,明崇祯间武林黎照阁刻本。匡高20.6厘米,宽15.3厘米,半页7行,行20字,小字双行同,白口,左右双边,版心上镌分册书名,中镌卷次,下镌页数。书名页题:"五经旁训内附忠孝二经,高吉生先生新订,武林黎照阁梓行。"《易经旁训》前有"伊川易传序";卷首首行题"易经旁训卷之一",次题"武林高其昌吉生删定,高象辰我共、高象琦我献较订"。此书还含《孝经旁训》《忠经旁训》《书经旁训》《诗经旁训》《礼记旁训》《春秋旁训》。避"校"为"较",不避"玄"讳,"圣"字等明讳提行,说明此书刊刻于明代;高其昌任三水知县后,被举荐至延安郡任职,书前《合刻孝经忠经序》云:"使穷乡僻壤、咸知有学……圣明化民成俗。"当时广东三水为荒凉之地,盖有感于这个地区未受儒家忠

---

① 书前有清嘉庆庚午顾宝珠序,序后题"娄东居士顾宝珠蕴宫氏书于曝邑崇明之旅舍"。林大中,嘉定曝邑人;卷端钤四方朱文印:"林氏藏易""林氏遵雄""遵雄曾经读过""陋室居士",说明此书据林氏家藏本抄录。在书序作于清嘉庆庚午(十五)年,说明此书为清嘉庆十五年顾宝珠抄本。

孝、礼乐教化而刊刻此书，以宣扬儒家忠孝、礼乐之道，由此可以初步判断，此书初刻于三水县（今三水区），后来在他的家乡浙江杭州重刻。

高其昌，号吉生，天启元年辛酉科进士，崇祯十一年任三水知县，捐献俸禄修《三水县志》，修建书院、表彰儒学；后被举荐至延安郡任职，备受两地人民爱戴。

该书的学术价值主要体现在以下两个方面：其一，由此书也可窥见科举考试和参考书编纂的互相影响。高其昌序云：'博采先正遗书，取其明悉而简易者，旁训之以便觊指识归。'此书对程颐的《尹川易传》、蔡沈的《书集传》等科举考试用书加以训解、点题，方便读者迅速掌握科考要领，为科举考试者提供了便利。其二，如前所引序文中之言，可以考见明末士大夫在中国边疆推广礼乐教化情况。书前《合刻孝经忠经序》云："使穷乡僻壤、咸知有学，……圣明化民成俗"，广东三水当时为荒凉之地，盖有感于这个地区未受儒家忠孝、礼乐教化，而刊刻此书。自汉代，中国士大夫就身肩推广礼乐教化的使命，至明代，可见中国士大夫具有崇高的责任感和使命感。

《中国古籍善本书目》《中国古籍总目》及"台湾图书馆中文古籍联合目录""日本所藏中文古籍数据库"等未见著录，据现有目录和馆藏著录而言，此书为孤本，具有重要的版本价值和学术研究价值。

四、《郑孔肩先生家传纂序周易说约本义》考述

《郑孔肩先生家传纂序周易说约本义》四卷，清康熙七年友古堂刻本。书名页题"康熙七年新镌，友古堂合参易经全旨说约体要，梁铺发行"；书名页钤有朱方印"友古堂梓"。前有戊戌郑寿昌"叙周易说约"。

此书分上、下两栏，上栏卷首首行题"郑孔肩先生家传纂序周易说约本义"，次题"虎林郑寿昌寿子、郑铉玄子辑，同社缪沅湘芷、陆位时与偕、朱天璧子玄、虞汝翼异羽、范骧文白订，门人曹广、曹序、沈奇生、陈淏子、吴四嚚参"；下栏为朱熹《周易本义》。

同社，指复社。郑铉，字玄子，为复社成员。复社由杭州社等十几个社团组成。"同社"在这里是指"杭州读书社"，"明崇祯时期，四方文社最盛，而杭州有读书会，时钱塘人张峻然、江浩、虞宗玖、冯宗及郑铉，称为钱塘

五子,皆入读书社。"① 可见,复社成员的文章,在清康熙年间影响依然很大。复社成立于崇祯二年,在清顺治九年被取缔。说明此书初刻于明崇祯间。日本加贺市图书馆藏明末文治堂刻本,法图本第一页及卷端第一页,版心下镌"文治堂",此书盖据明末文治堂刻本递修重刻。

该书学术价值主要体现在以下两个方面:其一,汇集历代著述之易学观点。香港中文大学藏本书名页题"兹有郑孔肩先生家藏秘本,复肯寿子先生手定,博采注、疏、大全,备辑名儒新解,且节有旨注,有释字,有标异,有辨阐,绎里谛广励后学,觉者须认原本珍之"②。此书遍辑程、朱、五经大全等科举考试用书,并标注主旨,解释文字。其二,考见复社对明末清初科举考试的影响。复社的建立和发展与科举考试密切相关。崇祯年间,复社成员考取进士者多达400余人③。此书在清康熙七年仍然继续刊刻,说明复社所评选的文章对科举考试影响之深远。日本加贺市图书馆藏明末文治堂刻本、日本内阁文库藏明末清初刊本④,《香港中文大学图书馆古籍善本书录》著录有清初金阊书林刻本,四者属同一版本系统,中国大陆未见。

五、《辨志堂新辑易经集解》考述

《辨志堂新辑易经集解》,万经辑,清康熙丙寅刻本本。书名页题"辨志堂新辑易经集解,甬上万授一辑,西夷堂梓行,汇集注、疏、程传、朱子全书、宋元语录、蒙存通典广义会解诸书"。此书分上、下两栏,上栏卷首首行题"辨志堂新辑易经集解",次题"甬江万经授一辑,新安吴本立令树同辑,同里钱中盛又起同参"。

万经,字授一,浙江鄞县(今浙江宁波)人,清康熙四十二年进士,授编修。此书美国哈佛燕京图书馆有藏,国内未见,具有一定的版本价值。

该书的学术价值主要体现在以下三个方面:其一,汇集历代著述之易学观点。《凡例》曰:"汇集注、疏、程传、朱子全书、宋元语录、蒙存、通典、

---

① 王恩俊《复社与明末清初政治学术流变》第91页,辽宁人民出版社,2013年。
② 《香港中文大学图书馆古籍善本书录》著录有清初金阊书林刻本,卷端与法图本相同,板式行款相同,说明二者为同一版本系统。
③ 刘大培《钱塘拾遗》(下册)第398页,杭州出版社,2014年。
④ 严绍璗《日藏汉籍善本书录》(上册)第33页,中华书局,2007年。

广义、会解诸书。"其二，通过此书所辑佚的万斯祯的易学著作，考见万家的家学传承。万经是万斯大长子，家学渊源深厚，"世学《易》，先王父晦庵公以《易》起家，大伯父绳祖于《易》解网罗最富，每为经陈说，多所指授。三伯父正符，辑《参义》一书，采择汉唐宋元有明《易》说甚备，其研悉义理，直抉天人奥旨，实与传、注表里，以卷帙多繁重，未能即梓"①。此书即从万斯祯《周易参义》一书中辑出，可以考见万经的家学传承。其三，考见万氏家族刻书的情况。《例言》曰："是坊友以《易解》来商，经即于《义参》中，取其尤切举业者，辑成是书。"可见，此书是为科举取士而作。《例言》又载："《毛诗解义》，已与范子稼轩商榷成书，方付剞劂，不日即可问世。而壁经正在编辑，亦当嗣出，以质高明。"可知万经所辑之书，不仅包括《周易》，还有《尚书》《毛诗解义》等。

六、《易经直解》考述

《易经直解》十二卷，明张居正重订，清陈枚辑，清顺治间文治堂刻本。匡高21.4厘米×12.4厘米，上栏21行12字，下栏13行25字。白口，四周单边。版心上镌"衷旨"，中镌"易经直解"卷次，再下镌小题，下镌页数。书名页题"易经直解，张泰岳先生原订，铭新斋藏板"，卷端书口下题"文治堂"，书前有清顺治庚子史大成序。此书分上、下两栏，上栏卷端首行题"易经衷旨原本"，次题"新安汪士魁伯伦父辑，武林郑渊元澄、韩张文朝来父校"。下栏卷端首行题"周易直解上经卷一"，次题"江陵张泰岳先生订定，武林陈枚简俟甫辑，缪树胤德深甫参"。

《中国古籍总目》著录有清顺治间文治堂刻本，浙江图书馆藏。经查《浙江省图书馆古籍善本书目》二者板式、行款相同，为同一版本。国内仅浙江省图书馆一家藏，在国内较为稀见。

该书的学术价值主要体现在以下三个方面：其一，可以考见汪士魁、张居正等人的易学观点。明汪士魁《易经衷旨原本》、张居正的《易经直解》国内较为稀见，通过此书可以重识二人的易学观点。其二，可以考见张居正

---

① 万斯年、万斯程、万斯祯、万斯昌、万斯选、万斯大、万斯同，均以学显名，在文学、史学、经学等方面都有很高造诣。

在其时及清代科举考试中的重要影响。书前史大成序曰:"得其意者,盖惟张江陵以经术为帝者师,神宗时《直解》经书以进。"张居正著有《诗经直解》《书经直解》《四书直解》《通鉴直解》《武经直解》《张陆二先生批评战国策抄》等,这些书都是为科举考试而作,在明末清初广为流传。其三,可以考见张居正易学观点在科举考试和中外文化交流中的接受和传播。张居正的《易经直解》不仅在科举考试中广受欢迎,且被明清之际传教士引用,用以介绍、传播中国易学文化,这应该和该书内容简明、易于理解有关。

七、明德寿堂刻本《周易传义大全》考述

《周易传义大全》二十四卷,明胡广等辑,明陈明卿参订,明后期德寿堂刻赠言堂印本。框高20.4厘米,宽14.4厘米,11行22字,小字双行同,白口,四周单边,单黑鱼尾,版心上镌书名,中镌卷次,再下镌页数,下镌"德寿堂梓"。书名页题"易经大全,陈明卿先生参订,赠言堂藏板"。

胡广所编《性理大全》问世后,成为科举考试必备,这种影响一直持续到清代。所以不断再版或递修重印,且传本较多,而陈仁锡参订德寿堂刻本较为稀见。据《中国古籍总目》,国内仅河南省图书馆藏有卷一至二十二残卷,法图所藏为海内外唯一全本。加之陈仁锡是明代后期重要的刻书家,所刻之书较为精良,因此具有重要的版本价值。

胡广所编《五经大全》不仅在中国影响大,而且在越南等地也具有很大影响。法图藏越南刻本《五经节要·易经节要》四卷,(越南)裴辉璧节要,越南刻本。框高20.6厘米,宽14.3厘米,半页8行,行22字,小字双行同,白口,四周双边,双对黑鱼尾,版心上镌"易经"及卷次,下镌页数。卷端首行题"易经卷之一"。

《五经节要·书经节要》书名页题"裴氏原本,五经节要,多文堂"。法图藏有《新刊补正少微通鉴节要大全》二十八卷,明命二十一年(1840)多文堂刻本。据此推知《易经节要》刊刻时间当在1840年前后。《五经节要》为越南科举考试而编撰的儒家经典节要书籍,裴辉璧为越南著名学者,其所编著的《五经节要》在当时具有很大影响力。

法图藏科考易类文献,包括万氏家族等家刻本,书商坊刻本,复社等社会团体的编刻本,李廷机、张居正等重臣编纂本,朝廷正式颁行者,以及海

外越南等地的科举用书等，可见科举用书在明清刻书史具有重要地位。

八、结　语

《易经讲义会编遵注大全》《易经直解》《友古堂合参易经全旨说约体要》《辨志堂新辑易经集解》等书，有如下共同点：均为清初坊间刻本；均分上、下两栏或上、中、下三栏；中国本土已经亡佚、残缺或稀见，海外藏本为仅存；均与中国科举考试有关；均以程朱理学为主而汇集历代或各家易学学说。这种共同点的形成与清初的社会状况和科举考试情况有关。一方面，清朝初立，历经战乱，书籍损毁严重；另一方面，科举考试以程朱理学为主，但没有形成统一的标准。这就使明代和当时知名的学者，如张居正、李廷机、万经等所编纂的举业用书，受到书商和举子的一致追捧。这样既满足了科举应试者的需求，又满足了书坊的经济利益。这种情况也从侧面反映了清初科举考试和书坊刻书的相关情状，有助于我们考察科举考试和刻书业的相互影响。随着乾嘉时期官方刻书的兴盛，以及科举考试的规范化，加之往往字体较小，不便阅读，这部分书逐渐亡佚。然而，这部分书保留了当时著名学者，如郑孔肩、李廷机的易学研究成果，对易学和易学研究史的研究具有重要意义。

法图所藏易类文献，大部分为欧洲传教士藏书，法国有图书呈缴制度，传教士所得图书大都呈缴法国国家图书馆。之所以科举考试用书数量较大，一方面是由于明清之际，科举取士盛行，内府刻本和坊间科举类文献颇多，而传教士学习汉语，首先考虑的是实用价值，因此，与科举考试有关的汉籍购置颇多；另一方面是由于传教士要融入中国的士人阶层，必须了解他们接受的教育和传习的典籍，而这往往都是从科举开始或和科举有关的。伯希和的情况略为特殊，因为他汉学家，选择汉籍时首先考虑学术价值，所以伯希和 A 藏 B 藏易类文献，多是易学史经典研究著作。这部分藏书在中国精英阶层流传甚广，所以在版本学方面价值较小，但对于法国汉学研究意义重大。

（陈恒新　山东理工大学文学院）

·美国汉学（中国学）研究·

论费正清的人类整体文明观[*]

黄 涛

摘 要：费正清是哈佛东亚研究中心创始人，美国最负盛名的中国问题观察家，美国中国近现代史研究领域的泰斗，曾是美国政府雇员、社会活动家、政策顾问。在近60年的中国问题研究生涯里，笔耕不辍，硕果累累。在这些惊人的学术成果和广泛的社会实践中，费正清呼吁和践行着人类整体文明观，把美国文明看成是人类文明整体的一个重要组成部分，而不是凌驾于人类之上的普世文明，同时强调中美文化关系和战略合作关系的可持续性，对当前全球化和不同文明间交流与共存共荣具有积极而深远的文化意义和政治思想启蒙作用。

关键词：费正清 中美关系 全球化 人类整体文明 文明共存共享

费正清（John King Fairbank，1907—1991）是哈佛大学终身教授，哈佛东亚研究中心创始人，美国最负盛名的中国问题观察家，美国中国近现代史研究领域的泰斗，"头号中国通"，著名历史学家。生前历任美国远东协会副主席、亚洲协会主席、历史学会主席、东亚研究理事会主席等重要职务，还曾是美国政府雇员、社会活动家、政策顾问。费正清在近60年的中国问题研究生涯里，笔耕不辍，硕果累累。但其作品之多，难以完全统计。不同研究者的统计结果多不一致。1989 年，加拿大学者保罗·埃文斯（Paul M. Evans）和斯蒂芬斯（George H. Stevens）合编《费正清著述出版目录

---

[*] 本文是国家社会科学基金项目《美国中国学巨擘费正清研究》（项目批准号 16BZS065）的阶段性成果之一。

(1924—1989)》，收录了费正清至 1889 年 6 月中旬以前的大部分著作的名录。该目录现藏于哈佛大学普塞图书馆。后来，又在费正清1991 年逝世时的讣告里说他著有 65 余本书和 450 篇历史方面的文章（含合著）。[1] 这些来源于历史思考和实地考察的不朽的学术篇章，蕴藏着费正清宽宏大量的国际化胸襟和人类文明普惠性观念。尽管费正清还算不上圣人，他的国家信仰和文化视角局限了他的精神升华，但这并不妨碍他成为一代伟人，一个名副其实的地球人。列宁曾经说过：我们"判断历史的功绩，不是根据历史活动家没有提供现代所要求的东西，而是根据他们比他们的前辈提供了新的东西"[2]。从这个意义上来讲，研究费正清的人类整体观，不仅在于展示他的学术成果的可超而不可越性，而且在于探明他的普世性贡献是"地球村"时代的人类生存与发展的哲学价值。正如费正清所瞻望的中美关系是文化交流和战略合作，而非冲突和对抗的前景那样，21 世纪的中美战略竞争关系是在全球化新时代中不同国力发展阶段的两个大国之间所形成的一种不对称的而非全面性的、具有合作潜力而非冲突本质的"新型竞争关系"，其发展的前景应是走向"建设性合作"，实现大国合作"双赢"的新局面。[3] 由此引申开来，"地球村"的所有国家或民族都应学会文明共享而非文明冲突，因为全球化将人类合为一体，同生共死了。

一

费正清与历史有缘，与中国有缘，似乎成为他是一个复杂且多争议的历史人物的最抽象的解释。不可否认，自 20 世纪 30 年代涉足中国外交史的学术领域以来，费正清就有一种改写人类历史和改变人类历史的宏大规划。因为，他很早就相信意大利著名的历史学家贝内德托·克罗齐的"一切（真）历史都是当代史"的著名论断。贝内德托·克罗齐（Benedetto Croce, 1866—1952）是意大利著名的学术大师之一，他不仅是哲学家、美学家，还是 20 世纪意大利著名的文学批评家、政治家，更是享誉西方的历史学家和史学理论

---

[1] Paul Evans, "Obituary of John Fairbank", *Pacific Affairs*, Winter 1991, 64: 4, p. 462.
[2] 列宁《评经济浪漫主义》，载《列宁全集》（第二卷）第 154 页，人民出版社，1984 年。
[3] 梁茂信主编《美国社会发展与中美交流》第 447 页，中国社会科学出版社，2003 年。

家。由中国社会科学出版社出版的《克罗齐史学名著译丛》五种,首次将克罗齐经典的史学理论和史学著作直接从意大利文翻译,系统地译介给中国的学者与读者。"译丛"包括两卷历史理论著作和三卷史学著作,分别为:《历史学的理论和历史》《作为思想和行动的历史》《那不勒斯王国史》《1871—1915年意大利史》和《十九世纪欧洲史》。"一切真历史都是当代史"是他在1917年提出的一个著名命题。1947年1月,朱光潜先生在《克罗齐的历史学》一文中对克罗齐的这一命题作了阐发:"没有一个过去史真正是历史,如果它不引起现实的思索,打动现实的兴趣,和现实的心灵生活打成一片。过去史在我的现时思想活动中才能复苏,才获得它的历史性。所以一切历史都必是现时史。着重历史的现时性,其实就是着重历史与生活的连贯。"① 对于历史学家来说,失去了当下的语境,历史可能真的一无所用,甚至可能无法存在下去。克罗齐正是基于这样的史学思想,将"历史"和"编年史"进行了严格的区分,他说:"历史是活的历史,编年史是死的历史;历史是当代史,编年史是过去史;历史主要是思想行动,编年史主要是意志行动。一切历史当它不再被思考,而只是用抽象词语记录,就变成了编年史,尽管那些词语曾经是具体的和富有表现力的""当生活的发展逐渐需要时,死历史就会复活,过去史就变成现在的。罗马人和希腊人躺在墓穴中,直到文艺复兴欧洲精神重新成熟时,才把他们唤醒";"因此,现在被我们视为编年史的大部分历史,现在对我们沉默不语的文献,将依次被新生活的光辉照耀,将重新开口说话"②。在20世纪20年代末决心致力于中国外交史研究以来,费正清便将克罗齐的史学论断作为其治学思想的最基础的理论导向,以至于他能在半个多世纪的中国研究过程中创下了著作等身的学术成就,从而谱写了以他为代表的一代美国人心中的"中国历史":"对费正清来说,所有的历史都是当代史。华盛顿的决策者们可以因为很多原因被人蔑视,并不仅是因为他们不了解明朝的历史。在课堂和图书馆里,中国和西方的未来关系危如累卵。那些作茧自缚,一味强调职业教育重要性,埋头于历史专业研究的人毫无前

---

① 朱光潜《克罗齐的历史学》,转引自冯朴《历史教育教学:求索于历史与现实之间》,载《中国历史教学参考》2008年第5期。

② Benedetto Croce, *Ogni storia e la storia contemporanea*, Teoria e storia della storiografia, Laterza, Roma-Bari, 1976, p. 3. 译文见[意]克罗齐著,田时刚译《一切历史都是当代史》,载《世界哲学》2002年第6期。

途,但费正清不是这样的人。加拿大多伦多大学曾授予费正清荣誉学位,该校负责人在总结为什么提名费正清时,从《论语》中摘引了'温故而知新,可以为师矣'。没有一个人能像费正清这样,为了让对过去的深入了解,来阐明并改良在现实中的目的意图而不知疲倦地努力工作。"①

当代史就意味着我们应该要看到人类的现实和将来,看到人类社会一体化的进程和地球村的未来。同样,这更就意味着发展,意味着联合,意味着无所不在的相互支持:"就我自己而言,我认为,所有从事中国问题研究的人均可以称为同行和潜在的朋友,我可以给他们每个人以可能的帮助。我会毫不犹豫地对那些学术上比我更强的人们表示赞赏和鼓励。我觉得我们每个人都需要道义上的支持。……我们都坚信,只有不断发展才能拯救世界。那种把发展视为真正威胁的顽固思想是我们坚决反对的。发展得越多越好,至少在我们个人的领域是这样,即使在总体上趋向恶化的地方。我们真正的得救无疑应在于更好地组织和更好地合作,把我们的大网撒到全世界,使之联成一体。"②

或许费正清并不是明确提出"全球化"的西方学者,但他对人类文明"全球化"趋向是深信不疑的,世界主义远比本国主义更具有"大同"的文明美景。关于"全球化"这一术语的起源,人们或可把它追溯到加拿大的电子通讯理论家麦克卢汉(Marshall McLuhan,1911—1980)。60年代初,他提出电视等现代电子媒体将造就出所谓的"地球村"(Global Village)的看法。但那时候,人们只是把它当作"地球缩小了"的一个形象化的比喻,思想理论界并未给予太大的重视,如丹尼尔·贝尔这样的著名社会学家,直到70年代中期仍对这一提法大不以为然。而进入80年代以后,世界资本主义经历了一番结构性的调整和发展。在以高科技和信息技术为龙头的当代科学技术上升到一个新的台阶之后,商业资本的跨国运作,大型金融财团、企业集团和经贸集团的不断兼并,尤其是信息高速公路的开通,不仅使得经济、金融、科技的"全球化"在物质技术的层面成为可能,而且的确在很大程度上变成了一种社会现实。越来越多的国家加入到一个联系越来越密切的世界经济体

---

① [美] 柯文、戈德曼主编,朱政惠等译《费正清的中国世界——同时代人的回忆》第103页,东方出版中心,2000年。

② 费正清著,黎鸣等译《费正清自传》第475页,天津人民出版社,1993年。

系之中，国际货币基金组织、世界贸易组织等世界性经贸联合体都实行统一的政策目标，各国的税收政策、就业政策等都逐渐统一化，技术、金融、会计报表、国民统计、环境保护等也都实行相对统一的标准，等等。可是"全球化"在西方思想理论界真正奏响高八度的音调，却是在进入 90 年代之后，这背后的政治上的原因是毋庸讳言的。苏联和东欧"实存社会主义"的解体，令许多西方知识精英从此相信，"全球化"——也就是"西方化"——最大的政治障碍已经消除，理论构想很快就会变成现实的可能。因此，他们在谈论"全球化"的话题时，实际上总是多少有一种按捺不住的兴奋。西方发达国家在经济和科技方面的领先地位，使他们自信在未来的"全球化"的格局中牢牢掌握着主动。① 这里，或许不须深究费正清是否坚持"全球化"就是"西方化"的论调，但他对于"全球化"或世界主义有着一种本能的向往。他曾在 1982 年出版的自传中对其助手兼好友的林德贝克教授赞誉有加，认为自己和林氏都具有一种"全球性观念"。这种世界主义观点，在他看来就是以一种有别于战争制约的世界现实，而是相互了解、学习和互惠的生存与发展的观点。他写道："据林德贝克的报告《理解中国：对美国学术资源的评估》的预测，在 1958—1970 年用于中国问题研究的来自各大专院校以外社会机构的投资约计 4000 万美元。与五角大楼庞大的军事开支比较起来，这点投资尚不足九牛一毛。据说，在地球上曾经生存过的动物中，最庞大的莫过于恐龙，可是它的大脑却只有豆粒那么点儿大。虽然这里的结论可以不言而喻，但我仍感到有些踌躇难决。我曾六次访问过华盛顿国家军事学院（the National War College），在我的印象中，那些士官生们的智力水平都相当高，但要他们在短短几星期内，只需几次集中阅读讨论，就能够大体描述出当前世界权力政治的梗概，这却不能不是难题。我想，问题的关键还在于，人的时间和才智在体力活动设施与脑力活动设施之间的分配比例失调的问题。"② 因此，他终生致力于中国研究，基础目标是平衡体力与脑力的训练，终极目标就是美中和谐共存、世界各文明共存："我们认为革命的中国加入国际社会是一个世界性的重大问题，深信美国对中国问题的研究将有益于包括欧洲在内的世界上其

---

① 倪世雄《多元文明的双重内涵——经济全球化如何影响世界文明格局》，载刘海平主编《文明对话：本土知识的全球意义：中国哈佛—燕京学者第三届学术研讨会论文选编》第 367—368 页，上海外语教育出版社，2002 年。

② 《费正清自传》第 467 页。

他地区。"①

毋庸置疑，人类的将来就是全球化，"地球村"在未来的出现，则颇具中国古语"分久必合"的韵味。因此，"当人们在最宽阔的范围内观察费正清的使命时，人们会发现，这是基于他敏锐和早期的感悟，他认为我们现在正在进入全球社会。在这样的社会里，我们都不可避免地要相互涉及、影响。这种陈述，现在看来是老生常谈，常常以一种鼓舞人心的调子，暗示人类的协调一致即将到来。无论他的最后希望是什么，费正清对直接的前景的洞察无疑是清醒的。我们可以一点也不关心什叶派教徒和逊尼派教徒之间的不同，然而我们再也负担不起无视这些不同教派的责任。当费正清谈到理解一种外国文化时，他并非说我们必须喜欢我们所理解的东西，正如拉丁人说'我并没有发现任何人相异于我'，并不等于说我们因此要喜欢所有人。我们不仅要学会理解其他人，我们还须学会注视和详察我们自己，以及我们自身的局限。这是费正清教诲中的又一项内容。"②

二

常言有道"时势造英雄"，费正清无疑是时代的幸运儿，只不过他的幸运也是其"英雄造时势"下的一种产物。费正清的学术生涯伴随着特殊的挑战，他经历了20世纪的世界性的急剧变革，也体验了中美关系的顿挫抑扬，更超越了人类文明冲突的阵痛嬗变，因而成为名副其实的美国人、热爱中国文化的美国人、关注全球命运的美国人。这样的美国人，是时代的，也是地球的，同时也是值得信赖的。而且，费正清是站在中国的文化氛围里，将中美关系视作人类文明的最重大事件，孜孜以求地探究其中的是非曲直，以期为人类福祉所用。这种胸襟是一般人所难以做到的，因而更值得后世敬仰和彪炳史册。

费正清在中国研究事业上的视域同样是全球性的，他不仅是现代中国学的开创者和奠基者，而且是中国研究的全球性学术研究的身体力行者和热忱推广者。他曾经说道："开拓者的优势就在于，他不仅对该领域的形势总体有

---

① 费正清著，陆惠勤等译《费正清对华回忆录》第454页，知识出版社，1991年。
② 《费正清的中国世界——同时代人的回忆》第35页。

一个了解，而且能首先发现最具价值的采掘点，从而准确地选择最有希望的地方开展工作。对于近代中国研究，我一直为一种根深蒂固的想法所左右，即应该从尽可能广博的领域去研究它、把握它，用一个恰当的比喻，就好像是撒尽可能大的网去捕鱼。"① 在自传体回忆录《魂系中国》的后记中，费正清又语重心长地警醒中国学家的终极工作是要正视黑暗和厄运，克服消极倾向，当然还要继续尽力理解中国和我们自己。他认为，作为一个民族，我们必须更尽力地研究我们（美国）的问题，要将"宗教信仰视为动机，而不是视为救世的重要途径"。他这些对别人的要求，也是他自己尽心尽力和本着良心研究的信条。获取知识并付诸实施，对费正清来说是一种宗教般的责任。如果我们无法理解 15 卷本的《剑桥中国史》是怎样细致地叙述一个人道世界，我们至少可以明白，对他来说，"学问"是被视作宗教式追寻人文和人道的途径。这样的追寻永无止境：他更多地信仰个人的理性，而不是技术层面和意识形态的信条。中国和美国，是他的世界中的两极，是被最终构筑在他的人文故事中的——就像它们所应该的。②

如果把费正清的全球意识看作是与生俱来的品性，似乎有些牵强，但是，他在毕生的中国研究中贯彻整体性文明的信仰，则是更美的闪光点。可以推想，如果人类越来越多的具备费正清似的品格与个性，"地球村"将变得越来越和谐，全体人类生活就将越来越幸福。一位曾在哈佛大学攻读历史学博士学位的学生马文·卡尔布（Marvin Kalb）在求学期间选修了费正清关于中国的课程，毕业后成为美国哥伦比亚广播公司驻莫斯科新闻记者，在 1960 年结识了前往莫斯科参加世界东方学大会的费正清夫妇，开始了与这位伟大学者的零距离接触："我们不再是教授和学生，我们是朋友、学者和记者；而且从那开始一直到他去世我们都是这样"，"当我在 1987 年离开美国全国广播公司，接受哈佛大学肯尼迪学院的教授职位的时候，费正清和威尔玛是我所要打电话和拜访的第一批人。费正清看起来是那么高兴，毕竟他的又一个学生回家了。他对哈佛行政系统的旁门左道提出劝告，在教学上提出建议（听听你的学生的话），给全体教员提供洞察力的火花（你们将发现他们就在这儿），而且最重要的是，他还提供友谊"。对此，马文充满了感激，并以记者般的职

---

① 《费正清自传》第 474 页。
② 《费正清的中国世界——同时代人的回忆》第 109 页。

业惯性，写下了这样的疑问："费正清——每次我走过温斯洛普大街那栋黄色房子的时候都会想起他，而且想：为什么所有的教授都不能像他一样？所有的人为什么不能都像他一样？"①马文的最后提问是值得令人反省的，在全球化的经济主导思想之下，人们或许更应该谈点或实践点人道主义和精神境界之类的事情，甚至越来越需求的正是后者。在展望人类未来的同时，我们也不能回避曾经有过的、现在正在出现的、将来人间涌现的各种矛盾，关键的言行不是唏嘘这些矛盾的出现，而是要努力寻找解决方法，合作趋势日益成为各国的首要选择。因为，国际交流、环境问题以及经济全球化趋势决定了没有一个国家能够完全将本国的人才和思想限制在国内。此外，共同的问题也困扰着各个国家，包括全球气候变化、森林衰退、沙漠化、传染病防治（特别是艾滋病）以及农业可持续发展的问题。许多美国学者认识到，要想解决未来人类的问题，中国这一占世界人口 1/4 的大国的角色不可小视。在以后的 10 年中，中国将成为二氧化碳排放量最多的国家，中国采取的措施将直接影响治理世界温室效应的结果。艾滋病和吸毒也在中国东南地区有所出现。大多数国际合作需要通过技术手段，其途径将包括自然科学、机械学以及法律制约，经济与商业的共同作用。要想了解世界趋势对中国的影响、中国的对策以及对世界趋势的反作用，需要中外社会科学与自然科学的广泛合作。中国的经贸、计划生育、国际金融、轻工业贸易及煤炭等各个领域的专家也必然成为国际交流的一部分。中国在国际组织如世界银行、国际货币基金组织、世界贸易组织中的活动也进一步加强了同国际社会的联系。可见，国际关系与美中关系是美国的中国学界考虑的重要问题，预示着一种必然国际化的合作现实和未来时空。

20 世纪 60 年代中期到 70 年代中期的两件大事：越南战争和中国"文化大革命"，它们将 20 世纪人类遭受的两次世界大战的惨象进行思想和文化上的再反思行动，在很大程度上已经向世界预告了纷争之上的合作需求，尤其是和平解决越南问题预兆着一种新的国际关系的出现，而政治民主和民生远景的世界性难题在中国"文化大革命"中提上人类共同面临的亟须解决的日程上。费正清对这两场影响深远的历史事件自然进行了自我反思。在他的思想深处，一些原则性的东西贯穿始终。作为一个人道主义者，他珍重生命，

---

① 《费正清的中国世界——同时代人的回忆》第 226—227 页。

珍重美国人的生命，也爱惜其他国家人民的生命。他重视美国的国家利益，重视美国与其他国家之间的和平共处，承认其他国家人民的生存权利。越南战争不仅夺去了 5.6 万多名美国青年的生命，而且把一个亚洲国家变成了屠宰场。现代化武器的破坏使美国在越南的政策和军事卷入失去了道义的基础。对生命的珍惜最终唤起他的勇气，公开谴责自己的政府和军队对越南的所作所为。① 作为一个自由主义学者，他拒绝接受任何政治的教条，善于以批判的眼光来观察事物。他既有一般美国公民的民族忠诚，却更有普通美国人所不具有的现实深度和历史眼界，意识到了美国生活方式本身和其中包含的价值观念的危险，希望用和平的方法，实现世界范围内的共存共荣。1946 年 2 月 3 日，第三次身在中国的费正清致信他的学生芮玛丽，明确地表明了他对学者的膜拜和自豪："两年前，我在重庆受到了一点激励，从那以后我便感到有些进入了临战状态，确实不像一个对双方的公平判断都慷慨大度的旧式学者。这个世界有许多可恶的家伙，而一个人唯一的职责是通过受自己的或是自己这一派的思想支配的工作来与这些可恶的家伙抗衡。这种战斗处处都有，而学术成就或是这种战斗的一个组成部分，或对这种战斗毫无意义。我仍打算做一个学者，而这就需要有所作为。"② 作为学者，费正清需要慎言慎行，尊重事实。虽然深受美国政府的遏制以及中国政策的影响，但他依然能从冷战的大背景下，看到了美国利益的真正方向，而这种方向不仅有利于中美关系的解冻，也有助于中苏关系的缓和，一个新的世界秩序将取代冷战，即资本主义与社会主义的绝对对抗。他相信，共产主义不适合美国，但却适合中国，而且在中国的共产主义并非与苏联的共产主义一模一样，民主主义跟共产主义的结合只是在特定的历史条件下产生的现象。中国人独立自主的民族精神和艰苦奋斗的文化传统，为共产主义理论增添了新时代的元素，并非是对世界文明的威胁，反而是一种历史性的推动力量。因此，中美邦交不仅具有时代性的战略意义，对于缓和或结束冷战的严峻状态裨益良多，而且更会对包括中美两国在内的世界发展做出更大的贡献。费正清成功地看到了中美邦交后的良性发展态势，尤其在 1979 年访华时期所看到的中国改革开放的初步成果。

---

① 邓鹏《费正清评传》第 195 页，天地出版社，1997 年。
② ［加］保罗·埃文斯著，陈同等译《费正清看中国》第 80 页，上海人民出版社，1995 年。

三

在 20 世纪存活和思想的费正清，虽然无法看到 21 世纪人类的 "全球化"的端倪和越来越明显的发展趋势，但他的聪颖和远见，已然让他在生命的最后时段看到了人类的可持续发展的必要性和紧迫性。从渴望和平的意愿和敦促中美邦交的实践中，他向世人明证了中国崛起的未来事实，而美国也同样负有服务世界的义务。这两个大国就像一驾马车的两个车轮，只有并驾齐驱，才能福音世界。在人类开始迈入信息社会和知识经济的时刻，经济全球化是当今世界的一个基本特征。知识经济、信息化和新的技术革命，特别是以信息技术和生物技术为内涵的新技术革命推动了世界经济的全球化，带来了不可逆转的全球化进程。同时，全球化进程又在反哺知识经济，不断加速其发展，国家、区域、行业和企业之间的竞争，其核心已不单纯是对自然资源、资本和廉价劳动力的争夺，而越来越多地表现出对知识资源、智力资源乃至人才资源的竞争。因此，全球化的复杂性，以及它会对世界产生怎样的影响，很难进行大规模的预测，即便是严肃的公开的讨论也难以勾勒出它的发展图景，只是在实践中不断探索和总结。显然，全球化趋势是在不公正、不合理的国际经济旧秩序没有根本改变的情况下发生和发展的，势必加大强国与弱国的差距，激化固有矛盾，增加新的冲突。作为一把双刃剑的全球化，同样需要人类发挥见仁见智的 "仁"和 "智"的力量，构建公正合理的国际新秩序，推动人类文明的可持续发展，维护世界的和平与稳定。"实践和人类社会的进程将会越来越证明，经济全球化、政治多元化、文化多元化和南北的平衡发展是 21 世纪取得和平与稳定的四大支柱。这好比一张桌子的四条腿，有了四条腿，桌子才能稳定。有了和平与稳定的前提，世界才能可持续发展。在这个复杂多变和富有挑战性的时代，加强国际交流与合作和促进共同发展，是大势所趋，是时代赋予我们的使命。"[①] 因此，我们不妨假想，在通往全球化和世界各国合作共赢的康庄大道上，费正清就是一尊摆在正中心的方石，

[①] 章新胜《全球化与文化多样性的对策思考》，载刘海平主编《文明对话：东亚现代化的涵义和全球化中的文化多样性——中国哈佛燕京学者第四第五届学术会议论文选编》第 25 页，上海外语教育出版社，2006 年。

至死不渝地发热发光，而且由于因材施教而来的庞大学生群体的添砖加瓦更使得这条大道清洁无尘。在两大方面，费正清让人缅怀久远。作为一位大学者和教育家，他是实至名归的。正如他的得意门生柯文所言："迄今为止，没有哪一位西方学者对近代中国的研究的影响可以超过我们的老师费正清。作为一名教授、良师益友、行政负责人、公众教育家、顾问人员、历史学家，他影响了好几代的学者、政府官员，以及新闻记者和企业经营者。他的影响不仅在美国，而且通过他的著作，在欧洲和世界的许多其他地方，广为人知。他在哈佛大学执教几乎有50年的历史，他个人的专著、与人合作的著作及其主编的著作有几十本之多，还撰写了数百篇的学术论文和书籍评论。第二次世界大战期间，他离开哈佛到华盛顿和中国的政府机构工作。在他的漫长研究生涯中，他的建议和忠告赢得了政府高级人士的重视。"[1] 柯文先生的评价绝非溢美之词，相当审慎且客观真实，这在他的师生关系的思想中亦可得到验证。1967年5月，当100多位中国问题专家为他举行六十大寿庆祝会之后，费正清饱含深情地写下了一份公开信《在我的六十寿辰的日子里》，其中谈到了师生关系的原则，颇具感染力："我们应该承认在促进学术研究机构持续运转过程中重要的人的因素，即共同从事探讨的师生之间情谊的价值。这种观念在目前显示出这样一种特点：师生之间的关系往往带有一种偏向，这种偏向使教师更感兴趣，教师似乎总处于施予者的地位，他无形中使学生在内心有一种承恩受惠的负债感，这种负债感有时甚至会变成学生的一种沉重的负担。但实际上，我们应该把一切都奉还给我们的社会，对于那些想回报老师以培育之恩的学生，我要说：'不应为回报多作思虑，相反，你们应该继续把知识传播开去。'……但愿他们都成为真正的中国问题专家。"[2]

作为一位品质高洁的文化人，费正清死得其所，身后美名远扬。毛泽东曾经在《为人民服务》一文中写道："人总是要死的，但死的意义有不同。中国古时候有个文学家叫作司马迁的说过：'人固有一死，或重于泰山，或轻于鸿毛。'为人民利益而死，就比泰山还重；替法西斯卖力，替剥削人民和压迫人民的人去死，就比鸿毛还轻易。"[3] 如果能从跨文化的通情意义上而论，费

---

[1] 《费正清的中国世界——同时代人的回忆》（中文版序）第1页。
[2] 《费正清自传》第567—568页。
[3] 毛泽东《为人民服务》（1944/9/8），载《毛泽东选集》（第3卷）第1003页，人民出版社，1965年。

论费正清的人类整体文明观

正清也是在"为人民服务"的岗位上勤勉一生的。如果非要确实地将其品性细分缕析的话,笔者认为,毛泽东在《纪念白求恩》一文中所提的五种人,是非常适合评价费正清,因为费正清就是这五种人的综合体:"白求恩同志毫不利己专门利人的精神,表现在他对工作的极端的负责任,对同志对人民的极端的热忱。每个共产党员都要学习他。……我们大家要学习他毫无自私自利之心的精神。从这点出发,就可以变为大有利于人民的人。一个人能力有大小,但只要有这点精神,就是一个高尚的人,一个纯粹的人,一个有道德的人,一个脱离了低级趣味的人,一个有益于人民的人。"① 有了这样的五种人合体的胸怀和视界,自然不会拘泥于美国单一文化的桎梏,而是悉数兼容,同化成圣,运筹帷幄,决胜千里,在现实境遇和未来时空中蹁跹遨游,地球就是越来越缩小的家园,人丁兴旺、百花斗艳、生生不息。"人类已经跨入21世纪,多元文明和共识对话成为无可阻挡的文化主流,因此'文明对话'作为人类文明交通方式的一种概括,被赋予强烈的现实性格。在全球化和合作发展均已深入开展、现代性中的传统愈益突出、西方现代强势文明被证明难以主导人类文明的情况下,文明对话具有前所未有的必要性和紧迫性。而文明对话的启动和良好运转,归根结底是需要多元文明并存和达成共识愈多,只有这样方能维护全球化的新世纪的普遍渴望的自由和平等。我们相信,在人类历史上,强调和平、对话、融合的思想一定会比强调斗争、对抗、分裂的思想更有活力、更能久远,因为我们毕竟要在地球这个人类唯一的家园里共同生活下去。"②

总之,费正清不仅是一位人情味十足的大学者,也是一位政治观点和学术思想质朴而深沉的生活能手。他看世界和人生的视角和立场,显然有别于一般人,而这并不是将他与一般人隔离起来的根本理由。根本因为他是一位著名中国学家,亦有着传统汉学家所具备的历史作用。在学术领域里,费正清确实取得了巨大的成功,著作等身。哈佛大学的费正清东亚研究中心、费正清讲座教授头衔的设立,1968年美国历史学会设立的费正清最佳东亚著作奖等都是他不朽的丰碑见证。在政治思想和社会进步领域里,费正清确实是

---

① 毛泽东《纪念白求恩》(1939/12/21),载《毛泽东选集》(第2卷)第653—654页。
② 钱满素《多元背后的共识》,载刘海平主编《文明对话:东亚现代化的涵义和全球化中的文化多样性——中国哈佛燕京学者第四第五届学术会议论文选编》第176页,上海外语教育出版社,2006年。

一位魂系中国、心怀天下的伟人。他的"魂系中国"具有中美关系和世界大同的珠联璧合的意味，却也应有策略地通过影响政府政策和大多数公众信念来达到上述两大目的，"不管在费正清个人身上有什么难解的现象，他在学术领域和公开场合都始终坚持知识意味着行动的实用观点。1977年，费正清退休后不久曾对一位来访者说：'我认为那种有价值的成就是个人十分聪慧而又注重实际的一种平衡。他不是仅仅提出一个伟大的思想，而是还要有所实施'。这一陈述恰如其分地表明了他在哈佛大学所进行的创业活动的特性，也适用于他所坚持的把中美冲突的历史和文化的起因与现时政策问题联系在一起的尝试。"[①] 费正清远离我们而去了，但费正清的影子依旧鲜活，在历史书中，也在我们现实生活中。一位世界级的大学者，其显赫身份并不在于生前的炫耀，而在于后世的敬仰和青出于蓝。山不在高有仙则灵，仙人愈多世界更明。费正清远离我们而去，更多的费正清式的人也将远离而去，但我们还是坚信，将有越来越多的费正清式的人物出现在人类文明建设的舞台上，各尽所能地发挥作用。有理由相信，当地球人都能站在文明整体的立场上看待国际关系，这个世界就有希望，全球化和文明共享就能成为造福当代和子孙后代的伟大成果。因此，研究一代伟人费正清的文明整体观，至少能够收获到一种人生感悟：从过去看到现在与未来，是睿智的！从现在想到历史和将来是明智的！而从现在把握现在，乃是高明的！

（黄涛　江西师范大学瑶湖校区
历史文化与旅游学院副教授）

---

① 《费正清看中国》第7—8页。

美国汉学家芮乐伟·韩森与中国古代历史研究[*]

陈 晶

摘 要：美国汉学家芮乐伟·韩森（Valerie Hansen）是耶鲁大学历史系教授、东亚研究中心主任，美国学界中国古代史、丝绸之路研究的中坚力量。她主要研究中国古代史，长期关注传统中国、丝绸之路，有着丰硕的学术成果。芮乐伟·韩森擅长通过分析文献材料和考古文物来讨论世界历史、传统中国的社会生活、丝绸之路的社会史等。本文拟通过详细梳理韩森的专著及文章，讨论其中国古代历史研究的特色。

关键词：芮乐伟·韩森　美国汉学　中国古代史　历史文献

美国汉学家芮乐伟·韩森（Valerie Hansen）是美国耶鲁大学历史系教授、东亚研究中心主任，有着历史学家、汉学家、作家的多重身份，长期对世界历史、中国历史和丝绸之路的关注使得她在这一领域成果丰硕、新见频出，是美国学界中国古代史、丝绸之路研究的中坚力量。本文拟通过详细梳理韩森的专著及文章，讨论其中国古代历史研究的特色。

一、芮乐伟·韩森的著作

韩森的学术思考涉及了历史学、考古学、艺术学等广阔的学科领域，积累了丰硕的学术成果。她的第一部专著是《变迁之神——南宋时期的民间信

---

* 本成果受教育部人文社科研究青年项目"唐代丝绸之路上的外来绘画研究"资助（项目批准号：19YJCZH012），北京语言大学院级项目"唐代社会生活与中外文化交流"资助（中央高校基本科研业务费专项资金），项目编号为19YJ150001。

仰》（*Changing Gods in Medieval China*，1127—1276）①，这本书讨论了南宋时期的民间宗教信仰。无论哪个时代，思想的变迁总是与社会和经济的发展密不可分。书中强调民间宗教和百姓生活的各个方面息息相通，讨论了以下问题：第一，作为普通信仰者的南宋百姓，并未对儒、释、道进行区分，而是根据自身需要信仰具有不同功能的神灵，"是否灵验"是百姓选择信仰神灵的核心标准。人们的神灵崇拜显得简单直接：他们崇拜创造奇迹的神灵，抛弃忽视他们祈祷的神灵。第二，处于不同社会阶层的人们依据自己的生活内容对神灵的灵异事迹进行解释，通过塑像等方式对神灵灵迹进行肯定。第三，南宋政府通过敕封民间神祇介入地方民间宗教事务。第四，以长江中下游的湖州为例，利用借助方志和碑铭资料，介绍了不同地域环境下人们所信仰的不同神灵。第五，考察了五显、梓童、天妃、张王在不同区域的祭祀情况，认为商业革命带动了区域性祭祀。韩森指出"惟灵是信"是中国民间宗教最主要的文化特征。在英文版中，韩森提出了先有民间经济形态，然后才会反映到神灵世界，南宋的宗教变迁是建立在经济变迁和社会变迁的基础上的这一论断，得到了当时学界的肯定。但在 1999 年中文版的序言中，她对此论断进行了反思，表示宗教变迁可能先于经济的发展。这也表明，在对历史面貌的追寻认识是一个动态而持续的过程，需要反复思考。

美国伊利诺伊大学厄巴纳——尚佩恩分校历史系伊沛霞（Patricia Ebrey）教授②在书评③中谈到，这是一本少有的研究中国日常文化的书籍，对神的崇拜是普通人生活的核心部分。韩森利用了南宋文学家洪迈的《夷坚志》等材料，专注于普通人是如何理解神灵。这本书提出了许多值得深入思考的问题，如人们是怎么设想奇迹的？出身平民的神灵的特征对他们社会政治地位的排序有何影响？此外，国家和地方士绅在标签、奖励和赞助当地寺庙中所扮演的角色也值得思考。韩森的第二部专著叫作《传统中国日常生活中的协商：

---

① Valerie Hansen, *Changing Gods in Medieval China*, *1127-1276*, Princeton: Princeton University Press, 1990. 这本书的中译本为包伟民译《变迁之神——南宋时期的民间信仰》，分别于 1999 年由浙江人民出版社和 2016 年由中西书局出版。

② 本文中提到的作者单位，均为作者英文刊物原文中所留作者单位。部分作者之后任职于其他单位。

③ Patricia Ebrey, "Review: *Changing Gods in Medieval China*, *1127-1276* by Valerie Hansen", *The Journal of Asian Studies*, Vol. 50, No. 4, 1991 (Nov.), pp. 909-910.

中古契约研究》(Negotiating Daily Life in Traditional China: How Ordinary People Used Contracts, 600—1400)①。在这部专著中,韩森的研究主要分为老百姓之间互相协商并订立的现世契约和老百姓与神鬼之间的冥世契约这两大部分,涉及社会生活的各个方面。书中分析了现存的用于购买、出售、出租、交换、借用等的各种契约,综合运用了文学作品、法律文书、戏剧作品、考古材料等,讨论中古时期的普通人是如何理解法律的。公元600年至1400年,对应的是中国历史上的隋朝到明朝,时间跨度达800年。官府对老百姓之间订立的现世契约的态度,经历了从不承认到并存到契合的演变过程。冥世契约则展现了老百姓对死后世界的理解:随着死者入土的"买地券"表明死者对墓地的所有权不受侵犯;阴间有着和阳间一样的司法体系,死者可以起诉和被起诉。可以看出,中古时期中国的官府、百姓、鬼神三者存在着错综复杂的关系,契约精神在社会变迁中不断增强。

加拿大艾伯塔大学历史与古文献系谢慧贤(Jennifer W. Jay)教授在书评②中认为,这本书的核心关注点在于重建中世纪中国普通人的日常生活,对来自敦煌和吐鲁番的出土文献的运用颇见功力。美国哥伦比亚大学历史系曾小萍(Madeleine Zelin)教授在书评③中谈到,韩森搜集了来自吐鲁番和敦煌的约500份契约。在中国经济发展中,契约所扮演的角色也是我们了解中国发展的关键线索。在文学作品和官方文件中的契约,表现契约和法律知识渗透到了大众文化中。从宋代开始,国家对土地交易和税务登记的控制力下降,导致对百姓之间的契约合法性的承认上升,这是一个我们进一步理解中国文化的新维度。美国亚利桑那大学东亚系马伯良(Brian E. McKnight)教授在书评④中说,这本

---

① Valerie Hansen, *Negotiating Daily Life in Traditional China: How Ordinary People Used Contracts, 600-1400*, New Haven: Yale University Press, 1995. 这本书的中译本为[美]韩森著,鲁西奇译《传统中国日常生活中的协商:中古契约研究》,分别于2008年和2009年由江苏人民出版社出版。

② Jennifer W. Jay, "Review: *Negotiating Daily Life in Traditional China: How Ordinary People Used Contracts, 600-1400* by Valerie Hansen", *The Journal of Asian Studies*, Vol. 55, No. 3, 1996 (Aug.), pp. 718-719.

③ Madeleine Zelin, "Review: *Negotiating Daily Life in Traditional China: How Ordinary People Used Contracts, 600-1400* by Valerie Hansen", *The Journal of Interdisciplinary History*, Vol. 28, No. 1, 1997 (Summer), pp. 173-175.

④ Brian E. McKnight, "Review: *Negotiating Daily Life in Traditional China: How Ordinary People Used Contracts, 600-1400* by Valerie Hansen", *The American Historical Review*, Vol. 102, No. 4, 1997 (Oct.), pp. 1204-1205.

书的重心在唐代。因为唐代的契约较多，大多数来自中国西北和毗邻的东亚地区，这些契约的变化条件值得深入研究。而书中提供的唐末五代的契约、宋代元代的契约都是对中国传统法律生动的补充材料。英国剑桥大学圣约翰学院的周绍明（Joseph P. McDermott）教授在书评①中谈到，这部书几乎是近二十年来第一个借助吐鲁番和敦煌发现的中世纪资料来研究中国的社会历史的著作，以往的研究中，日本人和近期的中国人对英语世界的敦煌研究做出了贡献，韩森的研究丰富了这个领域的研究，有助于我们了解敦煌与中亚的社会经济史。法国国家科学研究中心的童丕（Éric Trombert）教授在法文书评②中谈到，600到1400年契约的法律地位值得探究。这部著作利用了从汉到唐，从吐鲁番到华东，吐鲁番和敦煌的藏品，使用大量文献，勾勒了私人契约，唐初对土地的控制，均田制，交易征税的成功，宋元国家设法干涉个人契约等情况。这部著作的第二部分专门讨论了一种特别的契约：买地券，颇有新意。他还指出，这部著作关注到了司法缓慢和官员腐败不是地球世界的特权、祭司的角色、现实世界和死后世界两个世界等问题，但没有对明清时期的讨论，略为可惜。

《开放的帝国：1600年前的中国历史》（*The Open Empire*：*A History of China to* 1600）③ 这本书是韩森根据耶鲁大学中国古代史课程讲稿修改而成的，是为研究中国历史的学生所写的教材，内容丰富且较为直白。④ 韩森利用

---

① Joseph P. McDermott, "Review: Negotiating Daily Life in Traditional China: How Ordinary People Used Contracts, 600-1400 by Valerie Hansen", *Harvard Journal of Asiatic Studies*, Vol. 58, No. 1, 1998 (Jun.), pp. 282-287.

② Éric Trombert, "Review: Negotiating Daily Life in Traditional China. How Ordinary People Used Contracts, 600-1400 by Valerie Hansen", *T'oung Pao*, Second Series, Vol. 85, Fasc. 4/5, 1999, pp. 463-470.

③ Valerie Hansen, *The Open Empire*: *A History of China to* 1600, New York and London: W. W. Norton, 2000. 2015年，这本书的英文版第二版出版，为 Valerie Hansen, *The Open Empire*: *A History of China to* 1800, New York and London: W. W. Norton, 2015. 书中把讨论的范围拓展到了1800年，新增了清帝国这一部分，讨论清朝到现代中国的诞生这一时期的中国历史。这本书的第一版中译本为梁侃、邹劲风译《开放的帝国：1600年前的中国历史》，2009年由浙江人民出版社出版。2016年，第一版中译本作者名字改为全名，为梁侃、邹劲风译《开放的帝国：1600年前的中国历史》，由社会科学文献出版社出版。

④ 这本书的英文版和中文版还被作为2008—2009学年北大—耶鲁联合本科项目的教材。

美国汉学家芮乐伟·韩森与中国古代历史研究

考古资料、文学作品、艺术史料等,谈及了贵族、平民、妇女、学生、作家、叛军,勾勒他们的日常生活、家庭关系、社会等级等,把中国的重大历史事件与社会文化变革关联,介绍公元前 1200 年至公元 1600 年的中国历史。书中的核心概念是"开放的帝国",和较为流行的对传统中国的封闭印象相左,韩森提出,中国在漫长历史中始终对外界持开放的态度,受到外界的影响。中国历史被韩森分为了三个阶段:公元前 1200 年至公元 200 年是构建中国时期。古代中国不同族群并存,汉民族最终完成确立中国框架。公元 200 年至 1000 年是面向西方时期。道教兴起,佛教传入中国并繁荣起来,中国开始面朝西方,面向印度和中亚。公元 1000 年至 1600 年是面向北方时期。10 世纪到 17 世纪,大部分时间中国处于北方游牧民族的统治之下,统治者的偏好影响了整个帝国,中国文化加入了更多异域色彩,同时统治者也受到中国传统文化的影响。

韩森并未采用传统史学研究的王朝模式,浓墨重彩勾勒历朝的现状,也不认为政治是中国历史进程的唯一主导因素。她既把视角放在每一个王朝,也未忽视王朝更迭的过渡时期,还更关注影响中国的那些非政治的因素,比如佛教的传入与兴盛,妇女在文学作品中的形象转换,丝绸之路上中外文化的交流,民众对死后世界认识的变化等,这些因素在潜移默化中推动着中国历史。美国学者、故宫博物院顾问姜斐德(Alfreda Murck)女士为这本书撰写了书评①,她谈到,在中国历史中,人民和周边的人民是互动开放的,受到近期考古的启发,可以看到中国的文化、经济、宗教、语言等方面受到的外来影响,韩森对公元前 1200 年至公元 1600 年的中国历史进行了内容介绍,展现了个体文化的多样性,我们也可以从这本书中发现韩森对少数民族的关注。

韩森还和加州州立大学长滩分校的历史教授肯尼斯·R. 柯蒂斯(Kenneth R. Curtis)合著了《在世界历史中航行》(*Voyages In World History*)②,这是美

---

① Alfreda Murck, "Review: *The Open Empire: A History of China to 1600* by Valerie Hansen", *Journal of the Royal Asiatic Society*, Third Series, Vol. 13, No. 2, 2003(Jul.), pp. 269-272.

② Valerie Hansen, Kenneth R. Curtis, *Voyages In World History*, Wadsworth, 2010. 这套教材广受欢迎,持续再版。2010 年出版第一版,2013 年出版第二版,2016 年出版第三版。分为 *Voyages In World History, Brief Edition* (Chapters 1-32),*Voyages In World History, Volume I: To 1600* (Chapters 1-16),*Voyages In World History, Volume II: Since 1500* (Chapters 15-32)。这套教材还配有练习册和电子资源包。

国圣智学习出版公司出版的世界历史教材。这套教材的设计独具匠心，运用人物、思想和商品的旅行来展现历史不同时间段的人物、地点和重大事件。每一个章节讲述了一个旅行者在这一章的时间段和地区旅行的故事。从肯纳威克曼人大约 8400 年前走向新世界开始，到纳尔逊·曼德拉的 21 世纪之行结束，揭开不同文明的历史面纱。

《丝绸之路新史》（*The Silk Road：A New History*）① 是韩森于 2012 年出版的丝绸之路研究专著，和主要关注艺术的丝绸之路研究专著不同，本书以出土文书为核心，考察了楼兰、龟兹、高昌、撒马尔罕、长安、敦煌藏经洞、于阗七个丝绸之路上重要城市的情况，勾勒了丝绸之路上的历史文化现状。

宾夕法尼亚大学的艾米莉·格罗索兹（Emily Grosholz）教授在书评②中写道，人类文化沿着河流聚集，废纸、木头、丝绸、皮革上的文献蕴含着古老的文化印记。在韩森的著作中，丝绸之路并不是一条真正的道路而是一个路网，横跨大片沙漠和山脉，沿着这个危险的路线运输的货物很少，但确实改变了东西方的文化。在丝绸之路的沿线城市塔克拉玛干、波斯、突厥、印度、希腊、罗马、拜占庭、蒙古、中国文化交织在一起，佛教、印度教、基督教、拜火教、犹太教、苏非派和伊斯兰教 在那不勒斯共存。我们可以从书中探寻这些文化互动和融合。美国新泽西学院历史系刘欣如（Xinru Liu）教授的书评③则谈到，这本书利用出土文献揭示了语言、宗教传播、贸易、移民背景下丝绸之路沿线重要地区文化的复杂性，但把中亚部分归为伊朗文化有点武断，

---

① Valerie Hansen, *The Silk Road：A New History*, Oxford University Press, 2012. 这本书 2016 年以 *The Silk Road：A New History with Documents* 为名由牛津大学出版社出版英文版。这本书的中国台湾译本为芮乐伟·韩森著，黄庭硕、李志鸿、吴国圣译《丝路新史：一个已经逝去但曾经兼容并蓄的世界》，台北：麦田出版公司，2015 年。这本书的中译本为张湛译《丝绸之路新史》，2015 年由北京联合出版公司出版。

② Emily Grosholz, "Painting the Rivers：Travel Books about the Yangtze, Nile and Indus, *River Town：Two Years on the Yangtze* by Peter Hessler; *Down The Nile：Alone in a Fisherman's Skiff* by Rosemary Mahoney; *Empires of the Indus：The Story of a River* by Alice Albinia; *The Silk Road：A New History* by Valerie Hansen", *The Hudson Review*, Vol. 66, No. 1, Literature and The Environment, 2013（Spring）, pp. 175-182.

③ Xinru Liu, "*Silk Road：A New History* by Valerie Hansen", *The Journal of Asian Studies*, Vol. 72, No. 4, 2013（November）, pp. 993-995.

且不应该忽略中亚草原的游牧民族角色。

二、芮乐伟·韩森的文章

截至 2019 年 4 月 18 日，韩森发表了 29 篇论文和 18 篇书评。

29 篇论文（以发表时间先后为序）：（1）"Inscriptions: Historical Sources for the Song"① （2）《宋代的买地券》② （3）"Gods on Walls: A Case of Indian Influence on Chinese Lay Religion?"③ （4）"Why Bury Contracts in Tombs?"④ （5）"The Qingming shanghe tu: A Black-and-White Reproduction of the Beijing Qingming Scroll"⑤ （6）"The Mystery of the Qingming Scroll and Its Subject: The Case Against Kaifeng"⑥ （7）"The Law of the Spirits"⑦ （8）"Introduction:

---

① Valerie Hansen, "Inscriptions: Historical Sources for the Song", *The Bulletin of Sung-Yuan Studies*, 1987 (19), pp. 17-25.

② [美] 韩森《宋代的买地券》，载邓广铭、漆侠主编《国际宋史研讨会论文选集》，河北大学出版社，1992 年，第 133—149 页。

③ Valerie Hansen, "Gods on Walls: A Case of Indian Influence on Chinese Lay Religion?", in Patricia Buckley Ebrey and Peter N. Gregory eds., *Religion and Society in T'ang and Sung China*, Honolulu: University of Hawaii Press, 1993, pp. 75-113.

④ Valerie Hansen, "Why Bury Contracts in Tombs?", *Cahiers d'Extrême-Asie*, 1995 (8), pp. 59-66. 这篇论文的中文版为韩森自译，《为什么将契约埋在坟墓里》，载朱雷主编《唐代的历史与社会》，武汉大学出版社，1997 年。

⑤ Valerie Hansen, "The Qingming shanghe tu: A Black-and-White Reproduction of the Beijing Qingming Scroll", *Journal of Sung-Yuan Studies*, 1996.

⑥ Valerie Hansen, "The Mystery of the Qingming Scroll and Its Subject: The Case Against Kaifeng", *Journal of Sung-Yuan Studies*, 1996 (26), pp. 183-200. 这篇论文的中文版为韩森自译《〈清明上河图〉所绘场景为开封质疑》，载田馀庆主编《庆祝邓广铭教授九十华诞论文集》，河北教育出版社，1997 年。又载辽宁省博物馆编《〈清明上河图〉研究文献汇编》，万卷出版公司，2007 年。

⑦ Valerie Hansen, "The Law of the Spirits", in Donald S. Lopez ed., *Religions of China in Practice*, Princeton Readings in Religions, Princeton: Princeton University Press, 1996, pp. 284-292. This same essay also appears in Howard M. Spiro, Mary G. McCrea Curnen, and Lee Palmer Wandel eds., *Facing Death*, New Haven: Yale University Press, 1996, pp. 142-147; and in Donald S. Lopez ed., *An Anthology of Asian Religions in Practice*, Princeton Readings in Religions, Princeton: Princeton University Press, 2002.

Turfan as a Silk Road Community"① (9) "The Path of Buddhism into China: the View from Turfan"② (10) "A Brief History of the Turfan Oasis"③ (11)《均田制的废弛对日常生活的影响》④ (12) "Niya xue yanjiu de qishi (What We Can Learn from One Hundred Years of Studying Niya)"⑤ (13) "The Astonishing Finds from the Turfan Oasis: What They Reveal about the History of the Silk Road"⑥ (14) "The Hejia Village Horde: A Snapshot of China's Silk Road Trade"⑦ (15) "Religious Life in a Silk Road Community: Niya During the Third and Fourth Centuries"⑧ (16) "How Business was Conducted on the Chinese Silk Road during the Tang Dynasty, 618—907"⑨ (17) "The Impact of the Silk Road

---

① Valerie Hansen, "Introduction: Turfan as a Silk Road Community", *Asia Major*, Third Series, vol. 11, 1998 (No. 2), part 2, pp. 1-12.

② Valerie Hansen, "The Path of Buddhism into China: the View from Turfan", *Asia Major*, Third Series, vol. 11, 1998 (No. 2), part 2, pp. 37-66. 这篇论文的中文版由黄士珊所译,《中国人是如何皈依佛教的？——吐鲁番墓葬揭示的信仰改变》,载季羡林等主编《敦煌吐鲁番研究 第四卷》,北京大学出版社, 1999 年。又以《中国人是如何皈依佛教的——吐鲁番墓葬揭示的信仰改变》为名载《新疆通史》编撰委员会编《新疆历史研究论文选编 宗教卷》,新疆人民出版社, 2008 年。

③ Valerie Hansen, "A Brief History of the Turfan Oasis", *Orientations* 30. 4, 1999 (April), pp. 24-27.

④ [美] 韩森《均田制的废弛对日常生活的影响》,载敦煌研究院编《1994 年敦煌学国际研讨会文集——纪念敦煌研究院成立五十周年：宗教文史卷（下卷）》,甘肃人民出版社, 2000 年。

⑤ 韩森《尼雅学研究的启示》,载 [美] 巫鸿主编《汉唐之间文化艺术的互动与交融》,文物出版社, 2001 年。

⑥ Valerie Hansen, "The Astonishing Finds from the Turfan Oasis: What They Reveal about the History of the Silk Road", in the catalog for The Glory of the Silk Road exhibition at the Dayton Art Institute, 2003, pp. 32-41.

⑦ Valerie Hansen, "The Hejia Village Horde: A Snapshot of China's Silk Road Trade", *Orientations* 34. 2, 2003 (February), pp. 14-19.

⑧ Valerie Hansen, "Religious Life in a Silk Road Community: Niya During the Third and Fourth Centuries", in John Lagerwey ed., *Chinese Religion and Society: The Transformation of a Field*, Hong Kong: Chinese University Press, 2004, pp. 279-315.

⑨ Valerie Hansen, "How Business was Conducted on the Chinese Silk Road during the Tang Dynasty, 618-907", in William Goetzmann ed., *Origins of Value*, New York: Oxford University Press and the Yale International Center for Finance, 2005, pp. 43-64.

trade on a local community: The Turfan Oasis, 500—800"① (18) "The Tribute Trade with Khotan in Light of Materials Found in the Dunhuang Library Cave"② (19) "What is a Map?"③ (20) "The Kitan People, the Liao Dynasty (916—1125) and their World"④ (21) "The Place of Coins and their Alternatives in the Silk Road Trade"⑤ (22) "Acknowledgements"⑥ (23) "Introduction"⑦ (24) "How the Residents of Turfan used Textiles as Money, 273—796 CE"⑧ (25) "The Transportation of Tax Textiles to the North-West: as part of the Tang-Dynasty Military Shipment System"⑨ (26) "Introduction, Part 1 Evolving Approaches to the Study

---

① Valerie Hansen, "The Impact of the Silk Road trade on a local community: The Turfan Oasis, 500-800", in Etienne de la Vaissiere and Eric Trombert eds., *Les Sogdiens en Chine*, Paris: Ecole Francaise d'Extreme Orient, 2005, pp. 283-310.

② Valerie Hansen, "The Tribute Trade with Khotan in Light of Materials Found in the Dunhuang Library Cave", Bulletin of the Asia Institute 19, 2005, pp. 37-46.

③ Valerie Hansen, "What is a Map?", in Philippe Forêt and Andreas Kaplony eds., Boston: Brill, 2008, pp. xxvii-xxxi.

④ Valerie Hansen, "The Kitan People, the Liao Dynasty (916-1125) and their World", *Orientations*, 42.1, 2011 (Jan./Feb.), pp. 34-42.

⑤ Valerie Hansen, "The Place of Coins and their Alternatives in the Silk Road Trade", 上海博物馆编《丝绸之路古国钱币暨丝路文化国际学术研讨会论文集》，上海书画出版社，2011年。这篇论文的中文版由王锦萍翻译，同样收入《丝绸之路古国钱币暨丝路文化国际学术研讨会论文集》。

⑥ Helen Wang, Valerie Hansen, "Acknowledgements", *Journal of the Royal Asiatic Society*, Third Series, Vol. 23, No. 2, Special Issue: Textiles as Money on the Silk Road, 2013 (April), pp. 151-152. 这篇论文也被收入《丝绸之路古国钱币暨丝路文化国际学术研讨会论文集》。

⑦ Valerie Hansen and Helen Wang, "Introduction", *Journal of the Royal Asiatic Society*, Third Series, Vol. 23, No. 2, Special Issue: Textiles as Money on the Silk Road, 2013 (April), pp. 155-163.

⑧ Valerie Hansen, Xinjiang Rong, "How the Residents of Turfan used Textiles as Money, 273-796 CE", *Journal of the Royal Asiatic Society*, Third Series, Vol. 23, No. 2, Special Issue: Textiles as Money on the Silk Road, 2013 (April), pp. 281-305. 这篇论文的中文版为［美］韩森、荣新江《高昌居民如何把织物当作货币》（公元3—8世纪），载孟宪实、朱玉麒主编《探索西域文明——王炳华先生八十华诞祝寿论文集》，中西书局，2017年。

⑨ Masahiro Arakawa, Valerie Hansen, "The Transportation of Tax Textiles to the North-West: as part of the Tang-Dynasty Military Shipment System", *Journal of the Royal Asiatic Society*, Third Series, Vol. 23, No. 2, Special Issue: Textiles as Money on the Silk Road, 2013 (April), pp. 245-261.

of the Liao"① （27） "International Gifting and the Kitan World, 907—1125"② （28） "Erratum: The Transportation of Tax Textiles to the North-West: as part of the Tang-Dynasty Military Shipment System"③ （29） "The Devotional Use of Buddhist Art in Ennin's Diary"④

18篇书评：（1） "Review: Seeds of Destruction: Nationalist China in War and Revolution, 1937—1949 by Lloyd E. Eastman"⑤ （2） "Review: Court and Family in Sung China （960—1279）: Bureaucratic Success and Kinship Fortunes for the Shih of Ming-chou by Richard L. Davis"⑥ （3） "Review: Neo-Confucian Edu-

---

① Valerie Hansen, François Louis, "Introduction, Part 1 Evolving Approaches to the Study of the Liao", *Journal of Song-Yuan Studies*, Vol. 43, 2013, pp. 1-9.

② Valerie Hansen, "International Gifting and the Kitan World, 907-1125", *Journal of Song-Yuan Studies*, Vol. 43, 2013, pp. 273-302.

③ Masahiro Arakawa, Valerie Hansen, "Erratum: The Transportation of Tax Textiles to the North-West: as part of the Tang-Dynasty Military Shipment System", *Journal of the Royal Asiatic Society*, Third Series, Vol. 23, No. 3, 2013 （July）, p. 494.

④ Valerie Hansen, "The Devotional Use of Buddhist Art in Ennin's Diary", *Orientations* 45. 3, 2014 （April）, pp. 76-82.

⑤ Valerie Hansen, "Review: Seeds of Destruction: Nationalist China in War and Revolution, 1937-1949 by Lloyd E. Eastman", *The Annals of the American Academy of Political and Social Science*, Vol. 477, The Insanity Defense, 1985 （Jan.）, p. 154. 易劳逸专著的英文版为 Lloyd E. Eastman, *Seeds of Destruction: Nationalist China in War and Revolution*, 1937-1949, Stanford, CA: Stanford University Press, 1984. 分别于1984年和2002年由斯坦福大学出版社出版。这本书的中译本有3种，分别为［美］易劳逸著，王建朗、王贤知译《蒋介石与蒋经国》，中国青年出版社，1989年；［美］易劳逸著，王建朗、王贤知、贾维译《毁灭的种子：战争与革命中的国民党中国（1937—1949）》，江苏人民出版社，2009年；［美］易劳逸著，王建朗、王贤知、贾维译《毁灭的种子：战争与革命中的国民党中国（1937—1949）》，江苏人民出版社，2010年。

⑥ Valerie Hansen, "Review: Court and Family in Sung China （960-1279）: Bureaucratic Success and Kinship Fortunes for the Shih of Ming-chou by Richard L. Davis", *The Journal of Asian Studies*, Vol. 46, No. 4, 1987 （Nov.）, pp. 902-903. 戴仁柱专著的英文版为 Richard L. Davis, *Court and Family in Sung China （960-1279）: Bureaucratic Success and Kinship Fortunes for the Shih of Ming-chou*, Durham: Duke University Press, 1986. 这本书由戴仁柱的博士论文《南宋朝廷的史氏家族：中国宋朝的社会政治变迁面貌》整理修改而成，中译本为戴仁柱著，刘广丰、惠冬译《丞相世家——南宋四明史氏家族研究》，中华书局，2014年。

cation: The Formative Stage by Wm. Theodore de Bary, John W. Chaffee"① (4) "Review: *Fortune-tellers and Philosophers: Divination in Traditional Chinese Society* by Richard J. Smith"② (5) "Review: *The White Lotus Teachings in Chinese Religious History* by Barend J. Ter Haar"③ (6) "Review: *Ordering the World: Approaches to State and Society in Sung Dynasty China* by Robert P. Hymes, Conrad Schirokauer"④ (7) "Review: *Body, Subject and Power in China* by Angela Zito, Tani E. Barlow"⑤ (8) "Review: *The Enlightened Judgments, Ch'ing-ming Chi, The Sung Dynasty Collection* by Brian E. McKnight, James T. C. Liu"⑥ (9)

---

① Valerie Hansen, "Review: *Neo-Confucian Education: The Formative Stage* by Wm. Theodore de Bary, John W. Chaffee", *The Journal of Religion*, Vol. 72, No. 1, 1992, (Jan.), pp. 149-151. 美狄培理和贾志扬编著的英文版为 Wm. Theodore de Bary and John W. Chaffee, eds, *Neo-Confucian Education: The Formative Stage*, Berkeley and Los Angeles: University of California Press, 1989. 中译名为狄培理、贾志扬编《新儒学教育形成的舞台》，暂未见中译本。

② Valerie Hansen, "Review: *Fortune-tellers and Philosophers: Divination in Traditional Chinese Society* by Richard J. Smith", *The Journal of Asian Studies*, Vol. 51, No. 3, 1992 (Aug.), pp. 658-659. 理查德 J. 史密斯专著的英文版为 Richard J. Smith, *Fortune-tellers and Philosophers: Divination in Traditional Chinese Society*, Boulder, Colo: Westview Press, 1991. 中译名为理查德 J. 史密斯《预言家和哲学家：传统中国社会中的占卜》，暂未见中译本。

③ Valerie Hansen, "Review: *The White Lotus Teachings in Chinese Religious History* by Barend J. Ter Haar", *T'oung Pao*, Second Series, Vol. 79, Fasc. 4/5, 1993, pp. 367-374. 田海专著的英文版为 Barend J. Ter Haar, *The White Lotus Teachings in Chinese Religious History*, Leiden: E. J. Brill, 1992. 这本书的中译本为［荷］田海著，刘平、王蕊译《中国历史上的白莲教》，商务印书馆，2017 年。

④ Valerie Hansen, "Review: *Ordering the World: Approaches to State and Society in Sung Dynasty China* by Robert P. Hymes, Conrad Schirokauer", *The Journal of Interdisciplinary History*, Vol. 25, No. 4, 1995 (Spring), pp. 767-768. 韩明士和谢康伦编著的英文版为 Robert P. Hymes and Conrad Schirokauer, eds, *Ordering the World: Approaches to State and Society in Sung Dynasty China*, Berkeley: University of California Press, 1993. 中译名为韩明士、谢康伦编《燮理天下：走近宋代的国家与社会》，暂未见中译本。

⑤ Valerie Hansen, "Review: *Body, Subject and Power in China* by Angela Zito, Tani E. Barlow", *Philosophy East and West*, Vol. 47, No. 1, Human "Nature" in Chinese Philosophy: A Panel of the 1995 Annual Meeting of the Association for Asian Studies, 1997 (Jan.), pp. 81-83. 司徒安和白露编著的英文版为 Angela Zito and Tani E. Barlow, eds, *Body, Subject and Power in China*, Chicago: University of Chicago Press, 1994. 中译名为司徒安、白露编《中国的身体、主体与权力》，暂未见中译本。

⑥ Valerie Hansen, "Review: *The Enlightened Judgments, Ch'ing-ming Chi, The Sung Dynasty Collection* by Brian E. McKnight, James T. C. Liu", *The Journal of Asian Studies*, Vol. 59, No. 2, 2000 (May), pp. 414-416. 马伯良和刘子健译作的英文版为 *The Enlightened Judgments, Ch'ing-ming Chi, The Sung Dynasty Collection*, Albany: State University of New York Press, 1999.

"Review: *Prosperity, Region, and Institutions in Maritime China: The South Fukien Pattern, 946—1368 by Billy K. L. So*"① (10) "New Work on the Sogdians, the Most Important Traders on the Silk Road, A. D. 500—1000"② (11) "Review: *Pour une histoire de la Srinde: Le manichisme parmi les peuples et religions d'Asie Centrale d'aprs les sources primaires by Xavier Tremblay*"③ (12) "Review: *The Water God's Temple of the Guangsheng Monastery: Cosmic Function of Art, Ritual, and Theater by Anning Jing*"④ (13) "Review: *Khotanese Manuscripts from Chinese Turkestan in the British Library: A Complete Catalogue with Texts and*

---

① Valerie Hansen, "Review: *Prosperity, Region, and Institutions in Maritime China: The South Fukien Pattern, 946-1368 by Billy K. L. So*", *The Journal of Economic History*, Vol. 61, No. 4, 2001 (Dec.), pp. 1130-1131. 苏基朗专著的英文版为 *Prosperity, Region, and Institutions in Maritime China: The South Fukien Pattern, 946-1368*, Cambridge, MA: Harvard University Asia Center, 2000. 这本书的中译本为苏基朗著、李润强译《刺桐梦华录: 近世前期闽南的市场经济 (946—1368)》, 浙江大学出版社, 2012 年。

② Valerie Hansen, "New Work on the Sogdians, the Most Important Traders on the Silk Road, A. D. 500-1000", *T'oung Pao*, Second Series, Vol. 89, Fasc. 1/3, 2003, pp. 149-161. 魏义天专著的法文版为 De La Vaissière, Étienne, *Histoire des marchands sogdiens*, Paris: Collège de France, Institut des Hautes Études Chinoises, Bibliothèque de l'Institut des Hautes Études Chinoises, Vol. XXXⅡ, 2002. 英译本为 De La Vaissière, Étienne, James Ward trans., *Sogdian Traders: A History*, Leiden: Brill, 2005. 中译本为 [法] 魏义天著, 王睿译《粟特商人史》, 广西师范大学出版社, 2012 年。荣新江的专著为荣新江《中古中国与外来文明》, 生活·读书·新知三联书店, 2001 年。

③ Valerie Hansen, "Review: *Pour une histoire de la Srinde: Le manichisme parmi les peuples et religions d'Asie Centrale d'aprs les sources primaires by Xavier Tremblay*", *Journal of the American Oriental Society*, Vol. 123, No. 1, 2003 (Jan.-Mar.), pp. 239-241. 童普雷专著的法文版为 Xavier Tremblay, *Pour une histoire de la Srinde: Le manichisme parmi les peuples et religions d'Asie Centrale d'aprs les sources primaires*, veröffentlichungen der Kommission für Iranistik, no. 28, Vienna: Österreichische Akademie der Wissenschaften, 2001. 中译名为童普雷《西域史专题研究——根据原始材料研究中亚民族和宗教中的摩尼教》, 暂未见中译本。

④ Valerie Hansen, "Review: *The Water God's Temple of the Guangsheng Monastery: Cosmic Function of Art, Ritual, and Theater by Anning Jing*", *Artibus Asiae*, Vol. 64, 2004 (No. 1), pp. 121-123. 景安宁专著的英文版为 *The Water God's Temple of the Guangsheng Monastery: Cosmic Function of Art, Ritual, and Theater*, Leiden: Brill, 2002. 中译名为景安宁《广胜寺水神庙: 艺术、仪式和戏剧的宇宙论功能》, 暂未见中译本。

Translations by Prods Oktor Skjærvø, Ursula Sims-Williams"① (14) "Review: *Women and Society in the Tang and Song Dynasties* by Deng Xiaonan"② (15) "Review: *Emperor Huizong and Late Northern Song China: The Politics of Culture and the Culture of Politics* edited by Patricia Buckley Elbrey and Maggie Bickford"③ (16) "Review: *The Chinese State at the Borders* by Diana Lary"④ (17) "Review: *La steppe et l'empire, La formation de la dynastie Khitan (Liao), IVe-Xe siècle* by Pierre Marsone"⑤ (18) "Review: *Multicultural China in the Early Mid-*

---

① Valerie Hansen, "Review: *Khotanese Manuscripts from Chinese Turkestan in the British Library: A Complete Catalogue with Texts and Translations* by Prods Oktor Skjærvø, Ursula Sims-Williams", *Journal of the American Oriental Society*, Vol. 124, No. 2, 2004 (Apr.-Jun.), pp. 380-382. 施杰我和厄修拉·辛姆斯—威廉姆斯专著的英文版为 Prods Oktor Skjærvø, with contributions to Ursula Sims-Williams, *Khotanese Manuscripts from Chinese Turkestan in the British Library: A Complete Catalogue with Texts and Translations*, Corpus Inscriptionum Iranicarum, Part Ⅱ: Inscriptions of the Seleucid and Parthian Periods and of Eastern Iran and Central Asia, volume V: Saka, Texts Ⅵ, London: The British Library, 2002. 中译名为施杰我、厄修拉·辛姆斯—威廉姆斯《大英博物馆所藏中国土耳其斯坦的于阗语手稿：包含文本和翻译的完整目录》，暂未见中译本。

② Valerie Hansen, "Review: *Women and Society in the Tang and Song Dynasties* by Deng Xiaonan", *Nan Nü: Men, Women, Gender in Early Imperial China*, 2004 (Oct.), Vol. 6, Issue 2, pp. 283-300. 邓小南的编著为邓小南主编《唐宋女性与社会》，上海辞书出版社，2003 年。

③ Valerie Hansen, "Review: *Emperor Huizong and Late Northern Song China: The Politics of Culture and the Culture of Politics* edited by Patricia Buckley Elbrey and Maggie Bickford", *Journal of Chinese Studies*, 2008, Vol. 48, pp. 517-518. 伊沛霞和毕嘉珍编著的英文版为 Patricia Buckley Elbrey and Maggie Bickford, eds., *Emperor Huizong and Late Northern Song China: The Politics of Culture and the Culture of Politics*, Cambridge, MA and London: Harvard University Asia Center, 2006. 中译名为伊沛霞和毕嘉珍主编《宋徽宗与北宋晚期：文化政治与政治文化》，暂未见中译本。

④ Valerie Hansen, "Review: *The Chinese State at the Borders* by Diana Lary", *The International History Review*, Vol. 30, No. 3, 2008 (Sep.), pp. 599-601. 戴安娜·拉里编著的英文版为 Diana Lary, ed., *The Chinese State at the Borders*, Vancouver, BC: University of British Columbia Press, 2007. 中译名为戴安娜·拉里编《中国边境地区》，暂未见中译本。

⑤ Valerie Hansen, Valentine Leys, "Review: *La steppe et l'empire, La formation de la dynastie Khitan (Liao), IVe-Xe siècle* by Pierre Marsone", *Annales, Histoire, Sciences Sociales*, 66e Année, No. 4, 2011 (octobre-décembre), pp. 1114-1116. 马颂仁专著的法文版为 Pierre Marsone, *La steppe et l'empire, La formation de la dynastie Khitan (Liao), IVe-Xe siècle*, Paris: Les Belles Lettres, 2011. 中译名为马颂仁《草原与帝国：契丹王朝的形成（辽）》，暂未见中译本。

dle Ages by Sanping Chen"①

三、芮乐伟·韩森中国古代历史研究的特色

韩森的中国古代历史研究展现了她广博的研究视野和深厚的文献功底,她的中国古代历史研究,也具有鲜明的个人特色。

首先,韩森的研究呈现了对宋代社会生活的偏好和多面思考。《变迁之神——南宋时期的民间信仰》以民间信仰为切入点来考察宋代的经济文化社会生活,《传统中国日常生活中的协商:中古契约研究》中也用了大量篇幅来描写宋代的契约,还重点讨论了"买地券"。在她的论文和书评中,可以看出她对宋代历史研究学术前沿的关注。她关注宋代的官僚体系、佛教、国家社会、思想变化、法律文献、商业革命、外来文化等,为这些相关专著撰写了书评。她自己则选取新颖的角度,由小见大,从现象出发,深入探析宋代的社会生活及考察影响宋代社会生活的原因。其次,韩森的研究立足于实地考察,展现了对文献的娴熟运用。《变迁之神——南宋时期的民间信仰》利用了洪迈的《夷坚志》等材料,《传统中国日常生活中的协商:中古契约研究》利用了来自敦煌和吐鲁番的出土文献,《开放的帝国:1600年前的中国历史》也用了大量的文献材料。韩森的丝绸之路相关研究多建立在实地考察的基础上,如2004年她曾到中国西安实地考察了北周史君墓等粟特墓葬。韩森善于结合历史文献和出土材料分析问题,如她利用吐鲁番墓葬揭示中国人如何皈依佛教,根据敦煌藏经洞发现的材料考察和田的贡物贸易,利用何家村遗宝来考察丝绸之路贸易等。再次,韩森的研究,不拘泥于学界固有观点,敢于提出具有冲击性的论断。如《开放的帝国:1600年前的中国历史》中,韩森得出了一个令人震撼而有趣的结论:并不是只有在稳定统一的局面下帝国才走向繁荣鼎盛,实际上,从长远来看,分裂、战乱、外族入侵等同样给帝国带来了文化冲击、技术进步和经济繁荣。又如人们对丝绸之路的固有印象多为"笔直

---

① Valerie Hansen, "Review: *Multicultural China in the Early Middle Ages* by Sanping Chen", *The American Historical Review*, Vol. 117, No. 5, 2012 (December), pp. 1558-1559. 陈三平专著的英文版为Sanping Chen, *Multicultural China in the Early Middle Ages*, (Encounters with Asia), Philadelphia: University of Pennsylvania Press, 2012. 中国台湾译本为:陈三平著,夏莫譯《木蘭與麒麟:中世紀初期的多元文化中國》,臺北:八旗文化,2018年。

而通畅""丝绸是丝绸之路上的主要贸易品"等,但韩森在《丝绸之路新史》中,颠覆了这个印象,认为丝绸之路是一个庞大的路网,而这个路网由于地理条件的限制危险重重。丝绸之路上丝绸的贸易量实际上不是很大,当地居民多以以物易物的状态来维持生计。

总之,韩森在宋代历史研究、丝绸之路相关研究中已经取得了许多重要成果,她关于中国历史的思考也启发着我们以不同的角度来看待中国古代社会生活。

(陈晶　北京语言大学中华文化研究院/首都国际文化研究基地)

浅谈汉学翻译*

——读富路德《中华民族简史》中译本

刘彩艳　孟庆波

摘　要：近十年来，随着中外文化交流及海外汉学研究的发展，汉学翻译已然形成较大规模。通读富路德《中华民族简史》中译本，我们认为汉学翻译应慎重选择翻译对象，着重对海外汉学的名家名篇进行译介；翻译过程中在人名等专有名词的处理和典籍的回译上夯实规范性及准确性；译者应强调翻译的文化本位，站在中国学术的立场上对汉学作品提出批判与对话；国内出版界也应加强协调与合作，规范汉学翻译作品的策划与出版。

关键词：汉学　翻译　《中华民族简史》

如果从沙勿略（Francois Xavier，1506—1552）、罗明坚（Michele Ruggieri，1543—1607）、利玛窦（Matteo Ricci，1552—1610）等耶稣会士东来算起，中西方的直接文化接触以及西方有关中国文化的记载已逾四百余年。这些记载逐层沉积，构成了西方有关中国知识的演进史。在这个演进史中，我们看到了中国形象在西方人眼中时而辉煌、时而暗淡，期间有着众多的渐进、突变和反转。21世纪，中国越来越走向世界舞台的中心，中国文化也越来越彰显出世界意义。在这种时代背景下，国内学界义不容辞地要力推中国文化"走出去"；而另一方面，了解西方已有的关于中国的记忆与认识，可能是我们在"走出去"之前更应提早完成的一项工作。文化的传播有被动、主

---

* 本文系江苏省教育厅高校哲学社会科学项目"美国汉代研究的学术史"（2015SJD428）、中国矿业大学双一流建设项目"中国文化的海外传播与外国文化的中国本土化互动研究"（2018WHCC06）的阶段成果。

动之分。被动传播有如明清时期的中国文化西传,主要靠的是西方传教士,而不是中国人这一中国文化的承载体;而主动传播则是文化传播方依靠其政府、知识界、文化界有组织、有计划的系列工程,自主地将目标文化推介出去。显然,在这种主动推介"走出去"之前,必须事先了解对方的知识语境、对自己的已有认识、接受能力,才能制定适当的文化传播策略,从而达到较好的效果。

汉学是西方文献和学术界对中国历史、文化、经济、社会等的记述与评价。汉学的研究对象是中国,但它却生发于西方的学术体系之内,其问题意识、理论框架和话语体系自成脉络,与中国学术大有不同。可以说,汉学是西方社会对中国历史文化记忆的精华,一方面它始终是西方学术的一部分,假道中国解决着西方的理论和现实问题;另一方面,它也承载着西方的中国观,对西方的政府和民众发挥着重大影响。一些汉学作品笔调轻快,成为畅销书后影响就更为重大。据报道,汉学家卫思韩(John E. Wills, Jr.)的《1688 年,当中国走向世界》①曾连续 35 周高踞《纽约时报》畅销书排行榜前 10 名。② 这些汉学作品研究了中国历史文化的哪些问题?以怎样的方法进行了研究?得出了怎样的结论?产生了怎样的后续影响?这些问题都需要我们对西方汉学作品进行翻译进而研究之后,才能一一进行解答。

美国汉学家富路德(Luther C. Goodrich, 1894—1986)的代表作《中华民族简史》,首版于 1943 年,其写作方法和具体观点独具特色。该书的内容上起中华民族之初始,下至中华人民共和国成立,并未完全局限于中国的朝代史,而是着眼于中华民族的政治形态,分为初始期、帝国初期、政治分裂期、重新统一期、再次分裂期以及再次统一期共六个大的历史时段进行叙述。在写作立意上,该书也体现了西方汉学相对注重四裔之学以及中外交通的学术特征,将中华民族的历史置于世界史的语境进行关照。另外,与中国历史书写传统中的政治史倾向相异,该书将更多笔墨用于介绍中国物质文化的进步、中外艺术的交流,也使其成为一部信而有征的社会史、艺术史。因此,该书被称为是 20 世纪以来美国汉学界出版的有关中国通史的最重要著作。③

---

① John E. Wills, *1688: A Global History*. New York and London: W. W. Norton & Company, 2001.
② 《上海法治报》,2013 年 12 月 25 日,B02 版。
③ Hu Shih, "Review A Short History of the Chinese People by L. Carrington Goodrich", *Pacific Affairs*, 17 (1994).

2017年12月，西北大学出版社出版了《中华民族简史》的中译本，[①] 译者为华东师范大学马克思主义学院的吴原元副教授。该中译本的出版进一步让我们了解美国汉学的分析视角和叙述方式，了解另一种视角下的中国历史。该译本属于名家名篇，可称得上是我国汉学翻译的一个里程碑。因作者知识视野及所处的外语学科所限，本文不针对原著及译本中的本体内容进行讨论，而仅就汉学翻译，结合此《中华民族简史》的中译本谈一些感想，求教于国内方家。

一、汉学翻译要慎重选择翻译对象

如前所述，西方汉学已有400余年的历史，各语种的汉学文献保守估计也应该在数万种以上。在这些文献中，不乏有真知灼见者，但也有很多立论材料源自道听途说、立场结论有失公允之作；作者群体包括了东来的商人、探险者、外交官、传教士，也包括欧美各研究机构和高校的教授学者以及植根海外的华裔学人，学术精湛者有之，缺乏基本规范者亦有之。面对浩瀚的文献及庞大的作者群体，译者在从事具体的汉学翻译之前一定要清楚地把握西方汉学史，知晓在西方汉学的谱系内，中国历史文化研究的侧重点、学术流派、学术组织、会议、论战、名家、名篇等。只有知识视野足够开阔，才能有较大的选择余地和足够的鉴别力，也才能确保所翻译的对象确实具备重大学术价值。

国内对海外汉学的关注仅有40年左右的历史。虽然目前学界热捧对西方汉学的研究，但实际上我们对海外汉学的研究仍处于一个较为初级的阶段，尚不完全清楚汉学与东方学的互动关系，也无法整合文字、文学、历史、思想、经济、社会等具体领域的研究，理出汉学的整体学术史，更无法和海外汉学展开全面、深入的对话。我们认为，现阶段的汉学翻译，还是应该夯实学术基础，以最基本的典型汉学家、典型汉学作品为翻译对象。

《中华民族简史》的原作者富路德1894年出生于北京通州，是著名传教士富善（Chauncey Goodrich，1836—1925）之子。他1945年受聘为哥伦比亚大学丁龙汉学讲座教授，担任哥伦比亚大学东亚语言文化系主任长达30年，

[①] [美]富路德著，吴原元译《中华民族简史》，西北大学出版社，2017年。

负责过该校与美国亚洲研究会合作的明史研究计划,也曾任美国东方学会会长、美国亚洲研究会会长。富路德的学术成就受到中外学界的关注。他1934年获得博士学位,其学位论文《乾隆时期的文字狱》①受到曾任清华学校历史学教授的麻伦(Carroll B. Malone, 1886—1973)、清华大学雷海宗以及武汉大学郭斌佳等中外学人的瞩目;富路德与房兆楹合作主持的明史研究计划,组织了各国70余位汉学家,积14年之功完成了《明代名人传》,②获得西方汉学领域最高奖项——法国的儒莲奖。因为富路德的突出学术贡献,学界赋予他"美国汉学界杰出学者"的美誉。③

《中华民族简史》作为富路德的代表作之一,该书甫一出版就受到学界关注,赖德烈(Kenneth S. Latourette, 1884—1968)、柯睿格(Edward A. Kracke, Jr., 1908—1976)、施赖奥克(John K. Shryock, 1890—?)、宓亨利(Harley F. MacNair, 1891—1947)等权威汉学家都写作书评,胡适、杨联陞、邓嗣禹等中国(华裔)学人也发文评鉴,学术影响可谓贯通中西。柯睿格对该书能够兼顾非专业人士和汉学家的读者群体表示赞赏;施赖奥克也认为该书无论是作为研究中国文化的入门手册还是大学教科书,都具有重要价值;胡适称赞该书为"西方语言最优秀的中国史著";而以严谨学术态度著称、被誉为西方汉学界"学术警察"的杨联陞也认为该书是西方学界最优秀的中国综论。这部《中华民族简史》自1943年由美国Harper出版社出版后,先后于1951年、1959年、1969年出版修订本;1944年曾被改编成教科书《中国历史自学手册》④;英国伦敦George Allen & Unwin出版社自1948年出版该书后,亦于1957年、1969年出版修订本。此书还曾分别于1950年、1961年、1968年被翻译成西班牙语、瑞典语、泰语等出版,并且这些西班牙语、瑞典语、泰语版后来也相应出版了修订版。值得一提的是,美国纽约Dover出版社于2002年、Sturgis出版社于2007年再次出版了此著。吴原元副教授早年师从海外中国学研究的开创者之一、华东师范大学的朱政惠先生,以史学史的方

---

① Luther C. Goodrich, *The Literary Inquisition of Ch'ien-lung*, Waverley Press, Incorporated, 1935.

② Luther C. Goodrich, Chaoying Fang, *Dictionary of Ming Biography*, *1368-1644*. New York: Columbia University Press, 1976.

③ "Edwin G. Beal Jr.. L. Carrington Goodrich". *Journal of East Asian Libraries*, 82 (1987).

④ Luther C. Goodrich, *History of China: A Self-teaching Course, Based on " A Short History of the Chinese People"*. The United States Armed Forces Institute, Madison: Harper, 1944.

法研究美国汉学及中美文化交流，是该领域青年研究群体中的佼佼者。将《中华民族简史》作为翻译对象，属于出自名家之手的名篇，译者可谓独具慧眼。

二、汉学翻译尤其要注重专有名词的处理

这首先体现在汉学家的人名处理上。一般来讲，国内翻译外国人的人名，有专门的词典可以查询，只需音译即可。但汉学家的人名翻译切不可鲁莽音译。原因就是汉学家的汉名不一定与发音完全对应，并且他们的汉名基本采用固定的汉字，以体现他们对中国文化的认知和情怀。如果在翻译之前不做功课，对原文中出现的汉学家名字一律音译，极有可能会出现重大失误，如将费正清（John King Fairbank）译为"费尔班克"，将史景迁（Jonathan D. Spence）译为"斯宾塞"等。

考究汉学家的汉名与其原名发音的对应关系，主要分为以下几种类型：第一类是汉名完全对应其姓氏，如庄士敦（Reginald Fleming Johnston）、白乐日（Étienne Balazs）、白桂思（Christopher Beckwith）、考狄（Henri Cordier）、戴密微（Paul Demiéville）、劳佛（Berthold Laufer）；第二类是汉名部分对应其姓氏，如戴仁柱（Richard L. Davis）、德效骞（Homer H. Dubs）、傅恩（Lios M. Fusek）、高延（J. J. Maria de Groot）、顾立雅（Herrlee G. Creel）、卜松山（Karl-Heinz Pohl）；第三类是汉名只对应其名字，如张磊夫（Rafe de Crespigny）、罗杰瑞（Jerry Norman）、戴梅可（Michael Nylan）、毕梅雪（Michele Pirazzoli-T'Sertevens）、司马安（Anne B. Kinney）、欧达伟（David Arkush）、林德威（David Branner）；第四类汉名对应的是姓氏加名字，符合这类对应方法的汉学家最多，如高本汉（Klas Benrhard J. Karlgren）、安乐哲（Roger Thomas Ames）、顾赛芬（Séraphin Couvreur）、李度南（Donald Leslie）、丁爱博（Albert E. Dien）、西门华德（Walter Simon）、牟复礼（Frederick W. Mote）、傅吾康（Wolfgang Franke）、慕阿德（Arthur C. Moule）、翟林奈（Lionel Giles）、柯马丁（Martin Kern）；其余的对应类型还包括姓氏加教名，如鲍大可（Athur Doak Barnett）、卜立德（David Edward Pollard）；姓氏加名字再加教名，如费正清、梅维恒（Victor H. Mair）；音译加意义的组合方式，如柯蔚南（W. South Cobin）、杜德桥（Glen Dudbridge）、宾板桥（Woodbridge

Bingham)等。

除上述汉名与原名发音具备对应关系的以外，还有一些汉学家的汉名则与其原名完全没有关系，需要格外注意。如庄延龄（Edward H. Parker）、邓为宁（Victoria Cass）、田笠（Stephen L. Field）、吴德明（Yves Hervouet）、谭雅伦（Marion Horn）、司马宫（Richard Joseph）、王志民（John H. Knoblock）、王安国（Jeffrey K. Riegel）、顾从义（Claude Larre）、宇文所安（Stephen Owen）等。

一些华裔汉学家的英文名字因采用邮政式拼音，与现代汉语拼音不完全对应，如翟楚（Chai Ch'u）、陈汉生（Chad D. Hansen）、陈荣捷（Chan Wing-tsit）、李珍华（Joseph L. Lee）、张光直（Chang Kwang-chih）、赵元任（Chao Yuen Ren）、瞿同祖（Chu Tung-tsu）、何炳棣（Ho Ping-ti）、萧公权（Hsiao Kung-chuan）等。有些华裔学者的英文名字仅将姓氏写全，而名字则以大写首字母代表，尤其难以处理。例如，1942 年伦敦灵格风（Linguaphone Institute）出版社请伦敦大学的 C. H. Lu 以北京方言为汉语教科书《国语罗马字华语入门》①灌制了磁带。笔者联系了伦敦大学以及国内的相关学者，都无法确定这位学者的汉语名字，甚至连他到底是姓陆、鲁、路、卢还是吕都无法肯定，只有中央民族大学的吴应辉教授在邮件中猜测他可能是卢建勋。

令人欣慰的是，除去一些偶然性的排版及修订失误以外，此中译本中的汉学家人名翻译符合学界规范。有关原作者的译名问题有必要多讨论一下。作为美国汉学的权威人物，L. Carrington Goodrich 的大名久已为中外学界所知。因原作者未曾亲笔写下自己的汉名，故造成国内学界的人名译法始终未能统一，有富路德、傅路德、富路特②等多种写法。但考究作者的父亲富善在中国传教多年，深谙中国文化，作者自小在中国长大，也自当懂得"子随父姓"的道理。吴原元副教授将原作者汉名译成富路德，自然更合逻辑。中译本人名翻译的失误略有几处，如第 151 页的 G. Ecke（艾锷风）误作戴密微；第 195、219 及 222 页有关 William of Rubruck（鲁布鲁克）的汉名不一致等。另外，第 20 页出现了毕晓普，第 39 页出现了毕士博，译者特地注上了姓氏，

---

① *Chinese Sentence Series Records*, London: Linguaphone Institute, 1942.

② Chengzhi Wang, Su Chen, *Archival Resources of Republican China in North America*, Columbia University Press, 2016, pp. 84-85.

显示出行文的犹疑。笔者特就此考证如下：毕士博，原名 Carl Whiting Bishop，1881 年 7 月 12 日生于日本东京，1942 年 6 月 16 日卒于弗吉尼亚州的阿灵顿，是以东亚研究见长的美国考古学家、人类学家。1914—1918 年、1923—1927 年、1929—1934 年曾率考古队来中国考察，与中国考古学家李济有密切学术合作，著有《东方文化起源简介》①《东亚文化的发源》②《古代中国的象和象牙》③ 等作品。需要格外注意的是，毕士博在大陆、中国台湾以及美国学界也有毕安祺的译法。毕晓普，原名 John Lyman Bishop，1913 年 9 月 25 日出生于菲律宾马尼拉，1974 年 3 月 24 日卒于美国马萨诸塞州的南塔基县。曾任哈佛大学远东语言讲师，主要研究白话小说及古典诗歌，曾出版英语学界研究中国白话短篇小说的第一部著作《中国的短篇白话小说：以〈三言〉为研究对象》，④ 1965 年其文集《中国文学研究》⑤ 被列为哈佛大学燕京学社丛书的第 21 辑出版。而中译本第 20 页讨论的内容事关中国考古，因此笔者怀疑此处的毕晓普是误译，实为毕士博。

  除了汉学家的人名处理需要谨慎外，汉学作品中相关专有名词的回译尤其考验译者的文史通识。稍早之时有译者曾将 Mencius（孟子）译成"门修斯"、将 Chiang Kai-shek（蒋介石）译成"常凯申"、将 Sun Tzu（孙子）译成"桑卒"、将 *The Art of War*（《孙子兵法》）译成《战争的艺术》，近来又有人将 Sun Yat-sen（孙中山）译成"双鸭山"，都是前车之鉴。面向学术界的汉学翻译自然更容易被行家里手挑出错误。美国历史学家伊佩霞（Patricia Ebrey）的《内闱》⑥ 中译本就是明显一例。2005 年《博览群书》就曾专门刊文，⑦ 从人名翻译、文献名称翻译等角度指出译本中有关回译的诸多问题。如果说汉学作品的中国人人名回译有难度，那么有关中国历史文化的术语以及

---

① *The Origin of Far Eastern Civilizations：A Brief Handbook*，Washington D. C.：Smithsonian Institution，1942.

② *The Beginnings of Civilization in Eastern Asia*，Washington D. C.：Smithsonian Institution，1941.

③ "The Elephant and Its Ivory in Ancient China"，*Journal of the American Oriental Society*，1921，Vol. 41.

④ *The Colloquial Short Story in China：A Study of the San-Yen Collections*，Cambridge，Mass.：Harvard University Press，1956.

⑤ *Studies of Chinese Literature*，Cambridge，Mass.：Harvard University Press，1965.

⑥ *The Inner Quarters：Marriage and the Lives of Chinese Women in the Sung Period*，Berkeley：University of California Press，1993.

⑦ 莉苇《〈内闱〉一书的译名问题及其他》，载《博览群书》2005 年第 11 期。

汉籍原文则对译者形成巨大挑战。在《学术翻译的软肋——对欧美汉学论著之中译诸问题的思考》①一文中，南京大学程章灿教授就曾指出《内闱》中译本在回译洪适《盘州文集》及刘克庄《后村先生大全集》中出现的失误。几位学者的批评下，该中译本中的回译失误可谓触目惊心。这警告我们，在文史专有名词及中文原文的回译问题上，译者必须有深厚的文史知识储备和严谨的态度，切不可怀有侥幸心理。

《中华民族简史》也同样涉及文史名词的回译。在人名回译上，除了第173页的 M. Hsitien Lin、第182页的 K'ou Tsung-shih、第207页的 Kuo K'an 等少数人名无法查证以外，其余人名，甚至如平常少见的傅弈、智顗、张敬地等，在译本中均有正确回译；中译本也将绝大多数中文原文进行了回译，查找了《礼记》《史记》《后汉书》《三国志》《魏书》《旧唐书》《茶经》《大业杂记》《南齐书》等进行了原文对照，标注了版本及页码；对于一些查无出处的古籍内容，中译本也作了如实交代，如第194页第二条页下注、237页第二条页下注、241页第一条页下注等。需要指出的是，此中译本在文献名称的翻译上也偶有值得商榷之处。例如，施赖奥克曾把《人物志》翻译成"A Study of Human Abilities"，译本直译的《人类能力研究》不如回译为原名；赛珍珠的《水浒传》英译本名为"All Men Are Brothers"，直译为《所有人都是兄弟》不如译为《水浒传》或采用国内通用的《四海之内皆兄弟》；翟理斯的"A Chinese Biographical Dictionary"汉语书名为《古今姓氏族谱》，并非《人物传略词典》。

三、汉学翻译要体现出译者的文化立场和批判意识

严绍璗先生曾提出从事汉学研究的人必须既具有本国文化的素养，又具有特定对象国的文化素养；既具有关于文化史学的科学理论素养，又具有两种以上语文的素养。②汉学翻译与汉学研究密不可分，前者甚至是后者的基础和前提。与严先生的主张类似，我们认为从事汉学翻译的学者还要具备如下素养：

---

① 程章灿《学术翻译的软肋——对欧美汉学论著之中译诸问题的思考》，载《文史哲》2011年第4期。

② 严绍璗《国际中国学（汉学）的研究范畴和研究者的素质》，载《中华读书报》2000年7月19日。

第一,在原文的研究主题上,要对西方汉学有整体的学术史了解。

在近代与中国学术产生交织与互动之前,西方汉学几乎成为一个脱离于中国而自主运行的独立体系。学院派汉学研究的开创者雷慕沙(Jean P. A. Rémusat,1788—1832)①和被称为"英国第二代汉学家中的精英"的韦利(Arthur D. Waley,1889—1966),他们的学术经历均可以佐证。法兰西学院于1814年设立西方第一个汉学讲席,雷慕沙成为该讲席的首任教授。他从未到过中国,但之前却在传教士汉学著作的基础上写出了有关中医的博士论文《论舌诊》。②韦利曾翻译及研究中日两国的古代典籍,译著和专著数量高达200余种,被授予"女王诗歌勋章",③然而韦利担心他对中国的想象受到亲身经历的冲击,终生没有到过中国。

西方汉学相对于中国历史文化的独立性,使得国内学界在对汉学的翻译及研究中不能套用中国学术的治学方法,而必须进入西方的学术体系。进一步说,西方汉学体系庞杂,主题分散,译者在翻译汉学作品之前应对该主题的西方汉学史有较为清晰的把握。吴原元副教授的《中华民族简史》即是如此。我们从《译后记》得知,译者在翻译这本中国通史之前,对西方汉学的中国通史著作已经做了深入细致的调查研究,指出了赖德烈、拉铁摩尔(Owen Lattimore,1900—1989)、温福立(Gerald F. Winfield,1909—1984)、艾伯华(Wolfram Eberhard,1909—1989)等汉学家同主题著作在内容架构、出版发行等方面的缺憾,进而明确了《中华民族简史》相对于其他汉学著作的特点和学术价值。

第二,对原作者的学术生涯要有较为深入的把握。

任何作品都是作者学术思想的一个侧面体现,都体现了作者学术思想的特定发展阶段或成熟程度。只有对原作者的学术生涯有着全面深入的把握,译者才能选择最具代表性或最具节点意义的作品进行翻译。

杨联陞曾言,继劳佛之后,在中西交通与物质文明的进展方面知识最渊博的美国人就是富路德了。④作为美国汉学的权威性代表人物,富路德的学术

---

① 雷慕沙的译法乃取自业内通称。但笔者在雷慕沙编著 Élémens de la Grammaire Chinoise(《汉文启蒙》)的封面上,见其汉语署名为"阿伯尔小子"。

② 李慧《欧洲第一位"专业汉学家"雷慕沙》,载《国际汉学》2015年第1期。

③ 张晓《论英国汉学家韦利的〈楚辞·九歌〉》研究》,华中师范大学2010年硕士论文。

④ 转引自《中华民族简史》,第416页。

视野广阔,在写作主题上总体呈现出由局部而整体、由物质而精神的渐变。例如,富路德的汉学研究以中西交通史起步,如 1927 年出版《在华的美国天主教》①、1929 年出版《美国天主教在华十年》② 等;三四十年代,他更趋向于关注中国的物质史,如 1937 年的《番薯入华考》③、1943 年、1944 年及 1945 年的《中国鼻烟》④《中国棉花》⑤《中国烟花的早期发展》(与冯家升合作)⑥ 等;中年时期,富路德逐渐涉足中国通史,继 1929 年出版了《中国文明和文化史纲要》⑦ 之后,1943 年及 1947 年又写出了《中华民族简史》和《中国的文化源流》⑧。这种学术经历体现出富路德在汉学研究中重物质、重交通,由四裔之学向中国本体通史、由物质发展史向民族整体史逐渐过渡的特征,而这本《中华民族简史》正是富路德学术兴趣过渡的典型作品。

第三,对原作主题的中国史实要有较为深入的把握。

汉学并非凭空而生,它源于中西之间的文化接触与交流,其研究对象和论证材料均来源于中国。尽管研究的出发点与归宿都属于西方,但其论述的途径、方法却是中国。因此,在某一研究主题上的中国史实,对于汉学及汉学翻译来讲就成为知识论上的根基。在汉学翻译中,译者甚至应当成为该主题在中国历史研究上的内行人。

首先,对中国史实的详细掌握有助于汉学翻译的规范性。西方汉学对中国历史名词的处理,多为意译,有时标注拉丁文拼音、邮政式拼音或现代汉语拼音;但如果不标注读音,译者则很难从字面上看出专有名词的本来面目。例如,chancellor 的字典意思为"总理、大臣或校长",但在汉代对应的官职是"相国";magistrate 的字典意思是"地方法官、治安官",而在汉代这一官

---

① *American Catholic Missions in China*, Peking: Express Press, 1927.

② "A Decade of American Roman Catholic Mission in China", *International Review of Missions*, 18 (1929).

③ "The Introduction of Sweet Potato into China", *China Journal*, 27 (1937).

④ "Snuff in China", *China*, 18 (1942).

⑤ "Cotton in China", *ISIS*, 34 (1943).

⑥ "The Early Development of Firearms in China", *ISIS*, 36 (1945-46).

⑦ *A Syllabus of the History of Chinese Civilization and Culture*, New York: China Society of America. 1929. 与芳亨利(Henry C. Fenn, 1894-1978)合著,芳亨利提供了相关地图,此书又在 1934 年、1941 年、1947 年、1950 年、1958 年再版。

⑧ "Some of China's Cultural Resources", *National Reconstruction Journal*, 8 (1947).

职叫作"令"。其次,掌握中国史实可以补充汉学原作中某些未予指明的内容。吴原元副教授出身中国史专业,其知识背景使译本中的补充性译注成为该译本的一大亮点。例如,在论述中国马具的发展时,原作提到一位出生于河南的官员在其传记中首次提及马镫。如果译文依循原文的模糊表述,则读者对于这位官员的身份不明就里。吴原元查找《南齐书》证实此人即张敬地,并引用《南齐书》对此人进行介绍。又如,第 71 页描述江苏徐州的一座佛塔时,译者遍访史籍,判断出原文所载基本与《三国志·吴书四·刘繇太史慈士燮传第四》中所记的佛陀雕塑浴佛情形相符。毫不夸张地说,译者有如此文史功夫,确实令人佩服。

第四,有能力在必要之处亮明观点,对汉学进行批判与对话。

汉学异于中国学术,这在有关中国的民族、疆域和历史阶段划分上体现得尤为明显。甚至可以说,西方汉学中总是有或隐或现的意识形态或者立场问题。葛兆光先生曾说:"海外汉学在本质上是外国学……所以我们第一步就应该把'中国学'还原到它自己的语境里去,把它看成该国的学术史、政治史、思想史的一个部分,不要以为他们和我们研究的是一回事。"① 汉学体现的是西方人对中国的认识,而汉学翻译是将这些西方观点引介给中国学界,服务于中国学术。在汉学翻译中,我们一方面力求将西方汉学的问题、方法、结论完整地介绍进来,另一方面,我们也不应忘记中国学术的价值本位,在必要之处要对西方汉学提出商榷。

此《中华民族简史》中译本首先注意到原文的知识性错误,在译文中添加了译者注,指出并予以更正。原文在第 56 页引用了司马迁的《史记·货殖列传》,以说明汉代贸易中心的货品种类,"通邑大都,酤一岁千酿,醯酱千瓨,浆千甑……"。此处的"千"字是量词,属于汉语的名量结构,并不特指数字 1000。译者此处在译者注中指出,英文原文将"千"翻译成数字 1000,是犯了知识性错误。又如,原文第 148 页在谈到北宋周边强敌环伺时,将西夏写为藏人政权。译文在页下注中也指出西夏乃为党项人所建,并非藏族。与具体的知识性错误相比,西方汉学的立场或方法性错误更值得译者警惕。出于中西文化及政治理解的巨大差异,西方人在看待中华民族、中国疆域、思想体系等问题时,其出发点经常与中国观点相左。尽管(汉学家)作者对于中国文化常怀有

---

① 葛兆光、盛韵《海外中国学本质上是"外国学"》,载《文汇报》2008 年 10 月 5 日。

深厚的,有时甚至是偏爱的感情,但"考虑到国内的具体话语规则",刘东先生就曾对汉学作品进行过删节。① 在《中华民族简史》中译本中,译者也发现了原文在立场与方法上的错误。如在译本第 55 页,原文在注解乐浪出土的古代化妆品时,出现了"中亚楼兰"的提法。楼兰位于新疆境内,从政治及地理来讲都属于东亚的中国;而将其归于中亚,则可能使读者受到误导,认为楼兰不属于中国。译者此处添加了译者注,指出国外部分学者曾将楼兰作为中亚区域进行表述,批判了原作者的这一提法并不符合客观事实。

四、汉学翻译工程的协调合作问题

随着汉学研究在国内学术界明显的趋热态势,中国的出版界也组织了数种大规模的汉学翻译及研究丛书。

开展时间较早、规模较大的,有中国社会科学出版社的"国外中国研究""外国研究中国""国外中国近代史研究"丛书和"中国近代史研究译丛"、青海人民出版社的"国外中国学研究译丛"、吉林教育出版社的"日本学者中国文学研究译丛"、商务印书馆的"海外汉学研究丛书"、江苏人民出版社的"海外中国研究丛书"、大象出版社的"国际汉学研究书系"、学苑出版社的"列国汉学史书系"、花城出版社的"中国文学在国外丛书"、新疆人民出版社的"西域探险考察大系"、中华书局的"中外关系史名著译丛"、上海古籍出版社的"海外汉学丛书"、浙江人民出版社的"中日文化交流史大系"、国家图书馆出版社"亲历中国丛书"、中国人民大学出版社的《清史译丛》、山西教育出版社的"中国文化在世界丛书"、辽宁教育出版社的"当代汉学家论著译丛"、时事出版社的"西方视野里的中国形象丛书"、光明日报出版社的"'西方人眼中的中国'名著译丛"、国际文化出版公司的"认识中国系列"、东方出版社的"外国人眼中的中国人"、广西师范大学出版社的"西域游历丛书"、山东画报出版社的"西方发现中国丛书"、江西人民出版社"东方文化丛书"等大型书系。② 而规模较小、更具主题针对性的丛书则有中华书局的

---

① [美]郝大维、安乐哲著,何刚强译《先贤的民主:杜威、孔子与中国民主之希望》第 242 页,江苏人民出版社,2004 年。

② 何培忠《国外中国学研究的发展与意义》,载《中国社会科学院院报》2008 年 6 月 26 日;崔玉军《80 年代以来大陆的国外中国学研究:历史与展望》,载《国际关系学院学报》2006 年第 3 期。

"法国西域敦煌学名著译丛"、新华出版社的"外国人看中国抗战丛书"、中国矿业大学出版社的"中国矿业大学国际汉文化比较研究丛书"、上海三联书店的"海外中国现代文学研究译丛"等。

上述书系彰显了国内学界对汉学翻译与研究的关注热度，并且切实推动了国内相关学术领域的进步。但冷静分析，它们存在的问题不少：上述书系并非全部有始有终，部分书系是虎头蛇尾或者昙花一现；各书系的译本质量良莠不齐，在翻译界和学术界的口碑不一；更重要的是，这些书系彼此杂错，从主题上缺乏明显的界限与分工。这一状况表明，国内学术界需要在汉学的翻译与研究领域设立某种协调与合作机制，一是可以避免作品冲突及人力浪费；[①] 二是可以统筹合作，共同完成西方汉学大型丛书的翻译与研究；三是可以合理分工，全方位考察西方汉学在人文科学与社会科学等不同领域的学术成果，助力中国学术与西方汉学开展全面对话。

与上述书系相比，西北大学出版社的这部《中华民族简史》中译本显得有些孤单冷清，处于散兵游勇的状态。如不能形成一个相近主题的书系，则此译本的学术影响和价值会受到影响。我们希望西北大学出版社能以此中译本的出版为契机，结合出版社的区位特点和学术力量，在中外交通史、海外汉学丛书的出版上做大做强，形成完整的作品体系。另外，在当今的学术环境下，翻译及译作的出版一直处于较为尴尬的地位：一方面国内学术的进步、中外学术的交流离不开翻译，研究总是以翻译为先导；另外一方面译著却被认为"译者并无学术创造"，很少被认定为研究成果，而学术翻译的出版也大多出现"叫好不叫座"的情况。如此情形下，吴原元副教授能积数年之功完成此次翻译，其学术理想令人敬佩，我们期待他的下一部译作；而西北大学出版社能不计一时之得失出版此《中华民族简史》中译本，也是匡扶学术、嘉惠士林的壮举。

（刘彩艳　中国矿业大学外文学院讲师；
孟庆波　中国矿业大学外文学院比较汉学研究所所长）

[①] 如英国汉学家伟烈亚力（Alexander Wylie, 1815-1887）的名著"Memorials of Protestant Missionaries to the Chinese"，2011年广西师范大学出版社出版了倪文君的《1867年以前来华基督教传教士列传及著作目录》译本；2013年天津人民出版社出版了赵康英的《基督教新教传教士在华名录》译本。

美国学者毕嘉珍的墨梅研究

史常力

摘　要：美国汉学家毕嘉珍对于中国传统文人画特别是墨梅进行了专门深入的研究，她略带编年史性质的研究成果重点论述了墨梅在宋元时期的出现与成熟。在论述墨梅的同时，也涉及文人画的诸多特点，这使得她的研究具备了更加广阔的学术视野。实际上，她的研究再向前一小步，就将窥看到文人画之所以重情感表达而轻绘画技法的本质——这是一种文人团体主动搭建的文化壁垒，借此彰显其审美情调和文化地位。

关键词：美国汉学　毕嘉珍　墨梅　文人画

美国汉学家毕嘉珍（Maggie Bickford）是布朗大学（Brown University）艺术与建筑史系教授，致力于中国画的研究。《墨梅》（Ink Plum：The Making of a Chinese Scholar-Painting Genre）一书，于1996年由剑桥大学出版社出版，获得过美国亚洲研究学会的列文森图书奖，2010年由孙红翻译，中国美术学院出版社出版（书名为《文人墨梅》），2012年又由陆敏珍翻译，江苏人民出版社再次出版。这本书是毕嘉珍研究中国文人画的代表作，考虑到她在整个美国中国美术研究领域的地位和影响力，将这部著作中的相关论述视为美国汉学界对中国文人画的代表性研究，也并不为过。

从所涉及的知识范围来看，《墨梅》至少包含有以下主要门类：文学、绘画、历史、文化学，可见作者对中国文献扎实的掌握以及深厚的学术功力。具体的论述基本上以时序编排，虽然不是"墨梅"艺术严谨的编年史，但还

---

* 本成果为深圳市哲学社会科学规划项目"中国早期史传文学批评研究"（项目批准号：SZ2019D036）的阶段性成果。

是非常清晰地将这一传统发展过程中的标志性人物以及节点性的创造置于一个时序性很强的发展链条之中。

作为一位美国汉学家,毕嘉珍的墨梅研究一大特点就是并没有引入西方的美学观点,不仅研究对象是中国的,研究方法也更接近中国传统。中国学者研究国画,同样特别重视题画诗的研读,同样重视背后的文化背景,甚至同样重视画作中所反映历史现象的考索,如李晓愚讨论到元代画家钱选的《秋瓜图》时,就考察过西瓜传入我国以及大量种植食用的历史。

一

毕嘉珍论述的重点在于进入中国文人画审美视野中的梅花,绝大部分篇幅都集中在宋、元文人画开始形成并逐步成熟的阶段,比如确认林逋为"梅诗鼻祖"、考察南宋大众文化中的梅花意象,在墨梅发展路径中细致论述扬无咎、王冕等的贡献。她的论述直接从南朝写起,重点又在宋之后。但是梅花作为中国土生土长的植物,被人们认识、使用的历史仅从文学资料来看至少可以追溯到先秦时期。被孔子认为能够"多识于鸟兽之名"的《诗经》就有好几首诗涉及梅。① 《召南·摽有梅》共有三章,每章均以树上梅子起兴,从"其实七兮""其实三兮"到"顷筐塈之",以梅子不断成熟来暗示时间推移。《陈风·墓门》第二章第一句"墓门有梅",与首章"墓门有棘"并举,棘与梅均指枝叶不舒展甚至难看的灌木,与本诗辛辣讽刺意味相配合。《曹风·鸤鸠》第二章有"其子在梅"句,与后两章"其子在棘""其子在榛"对举,自朱熹后学者多不同意毛诗关于此诗为刺诗的说法,此诗中的"梅""棘"很可能并无《墓门》那种强烈情感倾向。尽管出现了"梅",但是以上几首诗歌中的"梅"却都不是"梅花",只是梅子或梅树。《小雅·四月》描写一位滞留南方的士人诉说苦闷之情,有诗句"山有嘉卉,侯栗侯梅",② 从"嘉卉"一词推断,这里的梅为"梅花"的可能性较大,这也是比较确定的"梅花"而不是"梅子""梅树"进入文学描写的开端。但正因为只是开端,而

---

① (魏)何晏集解,(宋)邢昺疏《论语注疏》,《十三经注疏》第 2525 页,中华书局,1980 年。
② 本段所引《诗经》见于(唐)孔颖达正义《毛诗正义》,《十三经注疏》第 291、378、385、462 页。

且只存孤例,"梅花"这一自然界并不起眼的小小花朵距离负载丰富的情感内涵还要等待很长时间。中国最早的梅花故事见于西汉中后期刘向编纂的《说苑》第十二卷《奉使》,"越使诸发执一枝梅遗梁王",越国使臣将一枝梅花作为礼物赠予梁王,在受到梁国大臣的尖酸质疑之下,越国使臣诸发运用雄辩口才将其辩倒,维护了越国的利益。① 从这一记载来看,越国郑重其事地将梅花作为国礼,那么梅花在其主要生长地区也就是吴越之地很可能已经具备了相当程度的文化内涵,当地人已经开始将其作为正式礼物;但从梁国君臣起初对于越国赠梅的愤怒来看,简单的一支梅花恐怕在当时的北方还难以被认可为恰当的礼物。从这条记载来看,在汉代,梅花还远未形成稳固的审美内涵,在中国文化中距离成为情感蕴含深刻的植物意象还有待宋代。就是在唐代,这个中国古代诗歌发展的顶峰时期,梅花也还没有成为诗人们咏叹的主要对象。据统计,《全唐诗》中标题含有"梅"的共有119首,诗句中含有"梅"的则为882首,② 这一数量相对于《全唐诗》近五万首的总数来讲,确实并不多。

  宋代是中国哲学思维最发达的时代,伴随着中国文化中心的逐渐南移,越来越多的文人士大夫迁入原本属于断发纹身之地的江南一带,梅花开始进入文人审美视野,细小的梅花与枝干遒劲的老梅树在冰雪尚存之时形成的醒目对比这种独特审美被人们逐渐发现。中国文人群体对于梅花以及梅花绘画背后的意蕴展开了一场独特的审美创造和精深的思考,这场创造和思考的结果就是在文学领域梅花成为抒情咏志常见的意象,③ 在绘画领域诞生了墨梅这一典型的文人画表现对象。《墨梅》最大的学术贡献就是细致考察了这一过程,并通过扎实的文献收集功夫和逻辑严谨的论证,将这一过程形象、完整地呈现在读者面前。梅花作为一种植物,其蕴含的精神以及象征意义,无疑都是人们主观情感的投射,这种投射在宋元时期最终完成,却是一个渐进累加的文化发展过程。毕嘉珍的著作如果要谈到不足的话,应当在于结构方面,

---

① (汉)刘向撰,向宗鲁校正《说苑校正》第302—303页,中华书局,1987年。
② 庞晓蒙《唐诗中的"梅花"意象探微》,载《时代文学》(上半月)2013年第4期。
③ 根据南京师范大学程杰的统计,收诗25万首的《全宋诗》中,咏梅之作4700多首;收词2万多首的《全宋词》中,咏梅之作共1120多首。另据南京师范大学2001届博士毕业论文《宋词题材研究》做出的横向统计,宋词咏花之作共2000多首,咏梅之作居首,占比一半以上。可见梅花在宋代已经成为诗词表现的重点对象。

对于这种过程的描绘未能全面完成。这可能是一部未完成的墨梅艺术史，除了以上谈到的未能将梅在中国文化中的早期发展做出哪怕是简略的考察论述之外，对于墨梅发展的论述也戛然止于元末的王冕，这个被作者定义为"现代墨梅传统的奠基人"的著名画家兼诗人。但"现代墨梅艺术"奠基之后，发生了哪些新变，又出现过多少大家，又有哪些分支流派，只能遗憾地付之阙如。比如"扬州八怪"的李方膺，他的墨梅图被郑板桥誉为"冰魂"，具有似冰如雪、孤寂冷傲的审美特点，常将两三点瘦梅置于苦寒背景之下，对于中国传统的墨梅绘画开拓较大。

二

从仲仁和尚到扬无咎，再到王冕，这是一条清晰的发展线索，以至大多数学者论到这一问题时都会得出基本一致的结论，毕嘉珍的论述同样如此。在她的学术眼光中，仲仁和扬无咎不仅应当属于墨梅的奠基者，而且还是整个中国文人画发展过程中至关重要的两位画家。仲仁是一位开拓者，他尽管赢得了诸如黄庭坚这样当代著名文化人的赞扬，却注定了理想化的命运，他的创作"不能在日常的实践中模仿，也不能通过持续的绘画传统得到传承"。① 毕嘉珍在讨论到北宋仲仁和尚对墨梅流派的奠基性创造时，还牵涉同时代的文人画家，引用了当时著名画家米芾的一段话并分析说：

> 米芾在《画史》中对黄筌与徐熙做了一番辛辣的比较，他说："黄筌画不足收，易摹；徐熙画不可摹。"他又说，仅在苏州便有 30 余幅徐熙的鹈鹕图，彼此没有什么差别。米芾发现，当时画院中的黄派屏风画已经难以辨别。……米芾真正慨叹黄派的地方是，黄派的画千篇一律，"易摹"——这是黄派风格为什么会在北宋早期与中期成为院派画家的固定模式的实践原因。他真正赞美徐熙的地方是，徐熙的画"不可摹"——这是徐熙的画在群体实践活动中最终被取代的关键因素，因为他的画是不可复制的。②

---

① ［美］毕嘉珍著，陆敏珍译《墨梅》第239页，江苏人民出版社，2012年。
② 《墨梅》第238页。

米芾在中国文化史上虽然最为重要的身份是一位著名书画家,他凭借恩荫入仕,并不是典型的文人,但他对黄、徐二人的评价,却是站在文人画的角度得出的。也就是说,尽管徐熙和仲仁的风格在当时并不流行,甚至有"被取代"的危险,但正是因为其鲜明的个性特征,重视自我心理抒发的情感表达手段,使其基本确立了文人画的审美特征。

当然,从大的时代背景来看,文人画的普及成熟,与宋代文人受到优渥待遇密切相关。宋代统治者优遇文人,文人集团上升途径通畅,物质生活富足,来自统治者的压力较小,有条件、有精力去追求多种方面的审美享受,也就有条件去主动创造属于自身团体专属的绘画风格。"所谓宋型文化,则是一种相对封闭、相对内倾、色调淡雅的文化类型。有宋理学者着意于知性反省,造微于心性之间;……宋代瓷器、书法、绘画脱略繁丽丰腴,尚朴淡、重意态。"① 墨梅艺术的出现与成熟,与宋代这种大的文化背景息息相关。另外毕嘉珍强调:"14世纪的中国,墨梅欣赏以及墨梅大师们更多的是吸收了儒家的价值观念,后来则是道家的思想,然后才是禅宗的思想。"② 但是为何墨梅大师们将儒、道、释(禅)在重要性方面做出如此排列,毕嘉珍却没有给出具体解释。但考之宋代文化发展情况,禅宗发展迅猛,文人普遍倾心禅宗,文人画那种强调意境,隐去技法的风格又正与禅宗崇尚自然、无念的基本理念契合。美国著名中国美术史学家高居翰(James Cahill)在其名著《图说中国绘画史》中就专设一章:《宋代文人画及禅画》,其实就是看到了文人画与宋代风行一时的禅宗之间密切的关联。当然这属于大的文化背景方面的问题,在讨论仲仁这一位画家时未必作为主要因素由背景进入讨论的核心。

另一位奠基者扬无咎的作品从后代完美文人画的标准来看则有着明显缺陷,或者说在他的作品中典型地反映着旧方式的遗留,这就是题画诗与绘画作品本身之间的关系。毕嘉珍敏锐地看到了这种诗与画配合方面的变化,她指出,即使如扬无咎这样划时代的画家,他的作品中诗与画在配合上也存在裂缝:"在形式上多么令人满意,实际上,它们与图画是相分离的。……这些题词可能会增强其含义,强化图像的外观,但是其对形式的整合却并非是必

---

① 冯天瑜《中华文化史》第634页,上海人民出版社,1990年。
② 《墨梅》第237页。

要的。"① 南宋著名词人刘克庄对于扬无咎的词学成就推崇备至，考虑到他本人这种高超的文学修养，那么似乎可以看出他的墨梅图的这种欠缺并不完全是技术层面的问题。

扬无咎未能完善的问题，在后代得到了解决。"但宋代之后的墨梅画中，图像与题词几乎是不可分割的，否则会造成不可挽回的损失。到 14 世纪中叶，墨梅已经成为图像与题词的结合体。"② 扬无咎之后的文人画画家们在绘画中抬升题词重要性的做法，其实就是一种筑高文人画壁垒的有效手段。诗词写作对于古代文人来讲是再熟悉不过的日常行为，这方面的技艺远超专业画家，在打着提升画作品位、审美的旗号下，文人画也变得更加专业化，相对于更加专业更加强调技法的院本画，原本线条简单、只需要基本技法的"业余作品"逐渐从另外的非关绘画本身的方面变得专业起来。到了后代，一幅优秀的文人画，更是演变为一种综合艺术，需要"诗书画印"并擅，但细究起来，"诗""书""印"全为文人将自身所擅长的方面主动附加在"画"之上，起到的都是搭建、筑高文化壁垒的作用。"文人似乎找到了适合本阶层进行不需要长时间艺术培训，不需要深厚艺术功底，仅以'遣兴''畅神'为目的，进行偶尔艺术创作的绘画主题，并且在其中增加了适合本阶层的文化深意。"③ 将本身所擅长的且充满文人趣味的技巧注入绘画，这是使得文人画诞生后又进一步"文人化"的最好方式。

文人画追求意境，淡化技巧最好的例子来自一幅著名的文人画：《李白行吟图》。这幅画的画家为梁楷，他的经历非常特殊，而且对于讨论文人画的特点也足够典型。他本身为一位画院画家，后来逃遁归隐，作为一位受过专业训练的职业画家，他在表现"诗仙"李白这一对象时，完全舍弃了繁复的技巧，转而去拥抱文人画注重风神、强调情感抒发的风格，使用了极简化的、甚至粗看上去是业余风格的线条去表现诗仙那种不拘一格、潇洒散淡的精神风貌。至少在这幅画中，专业画家选择丢弃精熟的技巧，转而使用拙朴的方式进行艺术表现。人物肖像画并不是文人画最擅长表现的对象，但这幅画是如此成功，以至于成为中国古代最为经典的李白画像。文人画降低了技巧方

---

① 《墨梅》第 313 页。
② 《墨梅》第 314 页。
③ 倪葭《宋代梅谱研究》，载《中国书画》2013 年第 1 期。

面的要求,能够容纳受过较少训练的非专业画家使用这种绘画方式表情达意,却在另外的方面,提升着文人画的要求,将这种绘画变为专属于文人的一种艺术。高居翰明确指出文人画的特点:"文人画家认为,作品的品质反映了画家本人的品质;表现内容来自画家的心灵,画家或观画人对被描绘的物形有什么看法或感觉,并不一定和表现内容本身有什么关系。……由毛笔画出的特殊线条和形式,都透露了画家一部分自己,透露了他正在创作时的情绪。"①

文人画一经产生,就形成了自身的壁垒。这种壁垒并不是技术上的——实际上,文人画就绘画技巧层面来说,要低于同时代的专业画家,更低于院本画。这种壁垒来自中国文人长久形成的维护自身文化纯粹度的自觉意识,而这种维护自身文化纯粹性的意识又来自文人对文化修养的骄傲以及由此带来某种程度上对于世俗王权制衡的自矜。这种壁垒当然是文人有意为之才形成的,一个典型的例子在于欣赏者也主动使用这种带有壁垒的眼光来评价一幅画。台北故宫博物院藏有一幅宋代佚名《草虫瓜实图》,上有清代嘉庆皇帝的题诗:"草虫栖叶爱清香,瓜实含芬引蔓长。佳种东门宛形肖,如闻逸韵味甘芳。"嘉庆的这首题诗使用了一个典故,"佳种东门"典出《史记·萧相国世家》,秦国东陵侯召平,"秦破,为布衣,贫,种瓜于长安城东,瓜美,故世俗称之'东陵瓜',从召平以为名也"。②因为西瓜与石榴、荔枝、白菜等瓜果一样,都有吉祥富贵方面的象征意义,属于典型的民间画喜好之物,作为欣赏者的嘉庆故意回避了世俗的看法,使用典故赋予这幅画更加属于文人画的内涵,力争将这幅画与对民间世俗吉祥画的理解中甄别出来,以达到"如闻逸韵"的欣赏效果。可见,在文人画的创作技艺、品评视角已经臻于完善的清代,已经成为"文人群体"的自觉选择——这一"文人群体",既包含画家,也包括欣赏者在内,都力争表现出、体会出梅花背后的文化内涵。这正如郑午昌所说:"人们画梅花并不局限于描绘梅花本身,而是要传达出其内在品性和艺术家的人格修养。对于欣赏者而言,体会作品中的文化内涵才是关键。"③

墨梅是文人画成熟的加速器,同样具有这种作用的还有墨牡丹。这种画

---

① [美]高居翰著,李渝译《图说中国绘画史》第99页,生活·读书·新知三联书店,2014年。
② (汉)司马迁《史记》第2017页,中华书局,1959年。
③ 郑午昌《中国画学全史》第193页,上海古籍出版社,2001年。

法可以追溯到北宋的尹白，苏轼还专门为其写过一首诗。李晓愚分析墨牡丹画法创新意义时曾指出两个重要影响，一是更加符合文人的审美趣味，二是以墨画牡丹，画法更加简洁，便于文人这种业余画家掌握。① 这种分析同样适用于墨梅的产生和流行。但与墨牡丹不同的是，同样作为一种带有文化含义的植物，牡丹的指向偏向于富贵这种世俗化的审美内涵，而梅花则天生偏向于孤傲坚贞这种文人化的审美倾向，所以墨梅相比于墨牡丹，从文化审美、心理归属层面来讲，更容易被文人所喜爱。就是在世俗理解中，与纯粹象征富贵而容易流于俗艳的牡丹不同，梅花也是一种具有淡雅味道，蕴含着坚韧力量的植物，而且这种认识非常普遍，"在哲学家、算命者、农民、守门人和文人画家中均是如此。"② 所以对于梅花，无论是底层民众，还是文化精英，基本不存在理解上的偏差，这也是墨梅能够成为文人画最典型代表奠定了基础。所以当文人们依照传统的据说来自孔子教诲的"比德为美"的美学观念来抬升梅花的地位时，③ 梅花本身也是一种拥有良好群众基础的植物，梅花已经成为拥有固定意义内涵的审美对象，无论是精英文人还是普通民众都拥有同样的共识：画梅花是为了表达高洁品质，咏梅花其实就是咏人。

（史常力　深圳大学师范学院副教授）

---

① 李晓愚《化俗为雅：论文人画家对花果题材的处理》，载《文艺研究》2017年第3期。
② 《墨梅》第19页。
③ 《荀子·法行》记载："孔子曰：……夫玉者，君子比德焉。温润而则，仁也；……《诗》曰：'言念君子，温其如玉。'此之谓也。"见王先谦《荀子集解》第535页，中华书局，1988年。

·俄罗斯汉学研究·

沃斯克列辛斯基对《肉蒲团》与《唐璜》的比较研究[*]

李逸津

摘 要：俄罗斯汉学家德米特里·沃斯克列辛斯基为他翻译的《肉蒲团》俄译本撰写的长文《中国唐璜的命运——关于李渔长篇小说〈肉蒲团〉及其主人公的札记》，将中国情色小说主人公未央生与西方文学中著名的浪子唐璜作比较，提出了一些颇具参考价值的见解，但也存在着选择对象不典型，评价过高，不符合实际的问题。中俄两国文学工作者和翻译家要密切合作，防止中国文学海外译介中的谬传，帮助世界正确地理解中国。

关键词：沃斯克列辛斯基 肉蒲团 唐璜 比较

早在苏联时期的中国古典文学研究中，对俄语称之为"Эротика"的中国古代情色文学的译介与研究，虽算不上大热门，但也是比较热衷的题目。1991年底苏联解体，政治动荡与经济衰退使苏联时期传统的科研与出版体制受到严重冲击，在新的市场经济条件下的俄罗斯汉学，为了自身的生存和发展，必须关注选题的现实性、迫切性和适俗性，必须考虑科研成果的市场卖点。在这一社会背景下，适时随俗的研究选题开始大行其道，出现了俄罗斯译介研究中国古代情色文学的一个小高潮。正如俄罗斯圣彼得堡国立大学东方系常务副主任 А. А. 罗季奥诺夫（Алексей Анатольевич Родионов，汉名罗流沙，1975—）在不久前给笔者的一封电子邮件中所说："90年代初黄色

---

* 基金项目：2016年度国家社科基金重大项目"20世纪西方文论中的中国问题研究"（16ZDA194）。

小说特别受欢迎，那个时候很多人觉得，思想是假的，肉感是真的。"（2018年9月20日）这中间发行量较大、比较引人注目的成果有莫斯科正方（Квадрат）出版联合体1993年出版的由А. И. 科博杰夫（Артем Игоревич Кобзев，汉名科雅琼，1953—）① 编选并任主编的《中国色情》（俄译名：Китайский эрос，印数5万册），以及莫斯科古契亚尔-波列斯（Гудьял-Пресс）出版社于2000年出版的Д·И·沃斯科列辛斯基译明代情色小说《肉蒲团》（俄译名：Полуночник Вэйян или Подстилка из плоти，印数5000册）。《中国色情》在其第三部分"春宫小说"中收录了由老汉学家德米特里·沃斯克列辛斯基译并注《肉蒲团》的第三回（道学翁错配风流婿 端庄女情移薄情郎）和第六回（饰短才漫夸长技 现小物贻笑大方）。两回之前附录了沃斯克列辛斯基写的一篇长文《中国唐璜的命运——关于李渔长篇小说〈肉蒲团〉及其主人公的札记》②。这篇文章后来成为2000年版《肉蒲团》俄译单行本的序言。这里就以这篇序言为据，介绍沃斯克列辛斯基对《肉蒲团》和《唐璜》的比较文学视角研究。

德米特里·尼古拉耶维奇·沃斯克列辛斯基（Дмитрий Николаевич Воскресенский，汉名华克生，1926—2017）③ 是译介中国中世纪小说的专家，早在20世纪60年代即致力于中国古代话本小说的翻译与研究，曾于1989年

---

① 阿尔觉姆·伊戈列维奇·科博杰夫，1953年出生于莫斯科一个诗人家庭。1975年毕业于莫斯科大学哲学系。自1978年起任当时的苏联科学院（现俄罗斯科学院）东方学研究所研究员、高级研究员。1998年起任莫斯科物理科学与技术学院人文科学系主任，历史学教研室主任（1998—1999）和文化学教研室主任（1999年）。2004年起任俄罗斯科学院东方学研究所中国意识形态与文化部主任，2011年起主持俄罗斯科学院东方学研究所中国部工作。他于1979年3月获得哲学副博士学位，论文题为《王阳明的哲学》，1989年9月以论文《中国古典哲学的方法论（数字逻辑学和原逻辑学）》获哲学博士学位，1999年晋升为教授。曾于1990—1991年在我国北京大学进修。现任俄罗斯"中国学 Sinologiya. ru"网站主编，撰有中国哲学、科学和文化史方面论文800多篇，出版4部个人专著。参与编辑大型百科全书《中国精神文化大典》。自2004年起为北京国际易学协会理事会成员。

② 《中国色情》第393—407页，莫斯科：正方出版联合体，1993年。

③ 德米特里·尼古拉耶维奇·沃斯克列辛斯基，1926年生于莫斯科，1945年毕业于航空仪表制造中等技术学校，同年进入军事外语学院学习汉语。军事外语学院毕业后到部队教汉语。1956年在莫斯科大学语文系研究生班毕业，随后被派往中国，1959年毕业于北京大学中文系研究生班。自1958年起在莫斯科大学任教，同时在苏联外交部外交学院、科学院远东研究所、俄罗斯国立人文大学文学院等单位兼职。逝世前为莫斯科大学亚非学院功勋教师和高尔基世界文学研究所教授。

沃斯克列辛斯基对《肉蒲团》与《唐璜》的比较研究

出版中国话本小说俄译选集《懒龙的把戏——25篇16—17世纪中篇小说》，其中选译了冯梦龙《警世通言》《醒世恒言》，凌濛初初刻、二刻《拍案惊奇》中的25篇小说，并为这个译本撰写了题为《16—17世纪中国城市小说》的序言。① 他为《肉蒲团》俄译本撰写的研究札记，反映了20世纪80—90年代苏联解体前夜社会科学和文学研究中的总体思想导向与学术动向。

以往我国学者对《肉蒲团》一书评价不高，如我国性文化专家、上海大学教授刘达临先生在他的《中国古代性文化》一书中说："此书无论是内容、主题思想等方面都是不可取的。"② 但鲁迅先生曾称此书"意想颇似李渔"，为同类书中"较为出类而已"③。近年来国内也有学者对其某些方面做出了肯定性的评价④，故沃斯克列辛斯基的评论尚可供我们参考。

沃斯克列辛斯基评论《肉蒲团》的一个最大亮点，是他把《肉蒲团》放到比较文学的视角下来进行考察和研究。他拿来与《肉蒲团》中的主人公未央生进行比较的西方文学人物就是号称西方文学四大不朽典型人物⑤之一的唐璜，故他的论文式札记题为《中国唐璜的命运》。

在世界文学的典型人物画廊中有很多好色之徒，沃斯克列辛斯基在他文章的一开头就列举了一系列西方和俄罗斯文学中荒淫无耻的登徒子形象，如荒淫的吉尔·布拉斯⑥或厚颜无耻的洛夫莱斯⑦，以及俄罗斯民间故事中的萨

---

① 笔者在《沃斯克列辛斯基论中国16—17世纪话本小说的民间文学特质》（载王晓平主编《国际中国文学研究丛刊》（第五集）第239—255页，上海古籍出版社，2017年）一文中对此有介绍。
② 刘达临《中国古代性文化》（下卷）第811页，宁夏人民出版社，1993年。
③ 鲁迅《中国小说史略》第155页，人民文学出版社，1976年。
④ 如韦玲娜文《略论〈肉蒲团〉中的人物形象》，载《艺术探索》1998年第3期；胡金望文《〈肉蒲团〉的叙事策略》，载《明清小说研究》2006年第3期；周江洪文《〈肉蒲团〉性描写的文化学批判》，载《学习与实践》2006年第3期。
⑤ 即哈姆雷特、堂·吉诃德、浮士德和唐璜。
⑥ 吉尔·布拉斯是法国作家阿兰-列内·勒萨日的长篇小说《吉尔·布拉斯》的主人公，他出身低微，只学了一点基本文化，但他聪明机灵，勤奋肯干，善于随机应变。为了冲破封建社会的种种障碍，他学会了混世的本领，侍候了一个又一个主人，终于爬上首相秘书的位子，最后被封爵成为乡绅。
⑦ 罗伯特·洛夫莱斯爵士是塞缪尔·理查森写于1748年的书信体小说《克拉丽莎》中一个帅气的贵族青年，他阴险地诱惑了16岁的女主角克拉丽莎，使其郁愤而死。克拉丽莎的亲戚莫登上校与洛夫莱斯决斗并杀死了他，替她报了仇。

瓦·格鲁岑①等等。沃斯克列辛斯基指出："当爱情考验问题被作者从道德、更多是从宗教观点（如在中世纪文学中）来研究的时候，它通常是在谴责主人公和他的行为的标记下提出的。"②他说："假如唐璜生在但丁的时代，那么伟大诗人就会谴责他，毫不犹豫地把他像其他好色主人公一样，放到一个不祥的罪人圈子里，在那些'在欲望的控制下背叛了理智'的人中间被撕裂和折磨。"③作者写道："不仅在西方，在东方，中世纪道德也把欲望和私通如此严厉和无情地归属于罪恶。关于这一点，尤其是通过佛教教义的信条，这是在东方（中国，日本和其他国家）中世纪人们生活和行为方式的最重要的伦理基础之一。"④他说，无论是西方还是东方，"在这一个和那一个案例中，对一种现象的评价是相似的，甚至诱惑来源同样地被称为：'魔鬼'和'鬼蜮'"⑤

然而，事情到拜伦笔下的唐璜⑥那里就发生了变化。沃斯克列辛斯基写道："拜伦的唐璜，即被诗人赋予了许多积极的特点，因此他可能被认为是命运和环境的受害者，而不是有罪的诱惑者。诗人，就像是偶然做了错事的主人公的友好的责备者。"沃斯克列辛斯基指出："拜伦的主人公不是被宠坏和被腐化的，他经常像孩子一样的天真和纯洁，努力（是否真实这是另一回事）保持自己爱情的忠诚对象。对身体快乐的渴望使他离去奔向第二个目标，而对第一个还表示与某种理想妻子精神上亲密的浪漫梦想。"⑦

唐璜本是西班牙民间传说中的人物，自西班牙剧作家蒂尔索·德·莫里

---

① 萨瓦·格鲁岑故事是17世纪古代俄罗斯文学一部旨在教益人的作品，主人公萨瓦·格鲁德岑是商人之子，由于贪图享乐与魔鬼签订了一张出卖灵魂的字据，后来被魔鬼折磨得苦不堪言，最终幡然悔悟，在修道院剃度开始了苦修的生活。

② ЛИ Юй；Полуночник Вэйян, или Подстилка из плоти. Москва：изд. Гульял-Пресс，2000. c. 5-6. 李渔《肉蒲团》第5—6页。

③ 《肉蒲团》第6页。

④ 《肉蒲团》第6页。

⑤ 《肉蒲团》第7页。

⑥ 唐·璜是一个生活在15世纪的西班牙贵族，他诱拐了一个少女，随后又把那少女的父亲谋杀了。这样一个作恶多端的人本来是不会名留青史的，无奈他启发了后代许多诗人、作家、音乐家的艺术灵感。英国诗人拜伦写了一首题名为《唐璜》的长诗；奥地利音乐家莫扎特以唐璜为题材创作了一部歌剧；英国戏剧家萧伯纳也借用唐璜的故事写了一部讽刺式舞台剧。

⑦ 《肉蒲团》第7—8页。

沃斯克列辛斯基对《肉蒲团》与《唐璜》的比较研究

纳（1571？—1648）的戏剧《塞维利亚的浪荡子》（1630）将其搬上舞台，他最初的形象就定位为一个丧尽天良，专门勾引妇女的无耻之徒。而到了19世纪上半期欧洲浪漫主义繁荣时代，社会氛围与时代精神驱使其杰出的诗歌代表拜伦对唐璜形象做出了新的解读。拜伦笔下的唐璜超脱了单纯的肉欲沉迷，而进入理性追求自由意志的狂欢化高级阶段。沃斯克列辛斯基注意到，不仅是拜伦，这一时期欧洲其他作家笔下的唐璜，如德国作家 E-T-A. 霍夫曼①的《唐璜：一个旅游爱好者的不寻常遭遇》，其"好色的男主人公有时获得许多积极的功能"，他"不是沉溺于暧昧激情的人，而是与命运——能够打倒和摧毁人的残酷与黑暗的力量抗争的战士"。沃斯克列辛斯基写道："霍夫曼的唐璜天生是'赢家和统治者'，自由思想者，他甚至试图为自己的幸福而与厄运（事实上是与天）交手。他希望'通过爱，通过对眼前的、尘世的女人的享用，能够实现在自己的心中活得像预想到的非尘世的怡然自得……'"②而在普希金那里，"唐璜也没有被剥夺讨人喜欢的特点"。③

由欧洲文学中这样一个并非单纯追求肉欲，而是有自己"精神追求"的多情种子，沃斯克列辛斯基联想到了中国小说《肉蒲团》中的未央生。在论析这位中国情色小说主人公之前，作者按照以往苏联文艺学研究的惯例，首先介绍了作品"主题和主人公发展的氛围"。他写道："在16至17世纪（首先要说这个时代是中国历史的一个特定隘口），中国社会及其精神生活经历了一个密集和动荡的发展时期。在这个时代许多具体特点中间，特别要注意与城市大规模发展、市民阶层（有自己特点的第三等级）成长相联系的生活的广泛民主化，他们有自己的习惯和口味，自己的喜好和审美需求，这不可能不影响到文学。因此并非偶然，例如，在文学中明显的情节的'接地气'，叙事语言相对简单，形象的乔装性，人物与生活描写的自然主义，以及其他许

---

① 恩斯特·西奥多·阿玛迪斯·霍夫曼（Ernst Theodor Amadeus Hoffmann, 1776-1822），简称 E-T-A. 霍夫曼，德国作家及作曲家，浪漫主义运动重要人物。

② 原文引自 E-T-A. 霍夫曼《雄猫穆尔的人生观：小说和故事》第394页，莫斯科，1961年。见《肉蒲团》第8页。

③ 普希金于1830年秋去乡下接受其父亲分给他的产业，因瘟疫被滞留在波尔金诺。在这三个月滞留期间，他写成了四小悲剧，都是源自异域的传说故事。其中有根据唐璜传说改编而来《石客》。描写唐璜杀死骑士团长之后，又去勾引他的遗孀唐·安妮，但没有成功。他开玩笑地邀请骑士团长的雕像与寡妇见面，没想到被突然复活的石头雕像在握手时掐死。

多特点。这表现了作者反映社会趣味和情绪的努力,使文学诗学更贴近普通大众审美需求的愿望。"他说:"此时的文学(特别是小说)的一个特别特征,是享乐主义和感性的调子,坦率的色情,在当时发出特别强大的声响。"沃斯克列辛斯基指出:"人物和生活现象描绘的这种特征是许多体裁的所共有的,但首先是叙事散文,长篇小说和故事。日常生活和礼仪的自然主义描写即使不是常见的,也是许多文学作品的一个非常普遍的特征。出现了其中是肉体乐趣的主题的文学范本,从这里出发鲜明表现出在作品诗学中发挥巨大作用的人物的享乐主义。"① 他说:"在这个时代有这样一些非常著名的大作,如《痴婆子传》《如意君传》,以及其他许多作品(注意,顺便说一句,我们小说的主人公们都在读上述作品)。在著名的冯梦龙(《三言》)和凌濛初的(《拍案惊奇》,初刻、二刻)的许多故事中都可以看到公开的色情。其中类似的形象当然出自最大的道德题材作品《金瓶梅》,和它著名的放荡主人公西门庆,以及几十年后出现的李渔小说《肉蒲团》,其中'唐璜主题',或者准确地说是感性享乐的主题,非常响亮地发声,但又各自带有细微的差别。"②

沃斯克列辛斯基介绍《肉蒲团》的基本情节说:"小说的情节很简单。它以一个出奇淫荡的书生——秀才未央生(一个中国的唐璜)独特的冒险故事而展开,他为自己定下目标,通过爱的乐趣和品味肉体享乐的甜头了解生活的趣味。"沃斯克列辛斯基认为:"李渔这部作品也可以被称为是一部独特的具有冒险和爱情元素的道德小说。但是,这可以说只是作品的外在特征。"他说:"李渔的小说更深入,因为它涉及许多激动同时代人的重要问题。……他有自己为一定哲学意蕴、他的态度所造成的观念。通过丰富多彩的爱情冒险包络起人类命运、人类存在和人的最终本质的重要主题。小说涉及极不简单的道德和哲学(宗教)问题,这些问题同样使同一时期的西欧作家感到忧虑。"③

沃斯克列辛斯基写道:"主人公不乏很多有吸引力甚至可爱的特征:他聪明,有教养,有魅力,真诚。他的自私冲动和玩世不恭只会在一段时间后才会显露出来。起初,他计划的罪恶并不明显,相反,它们似乎有点轻浮,但

---

① 《肉蒲团》第9—10页。
② 《肉蒲团》第10页。
③ 《肉蒲团》第10—11页。

还是很有意义。毕竟，他只是想找到一个在精神上与自己亲近的人（妻子或女朋友），以使他爱的对象符合他对理想女性的看法。"沃斯克列辛斯基问道："这有什么不好？他的设想并没有多少浪漫情调。顺便说一句，在中国文学中，类似的想法可以在关于'才子佳人'多愁善感的著作中找到反映，它们的主人公都在寻找自己的生活理想。"同时，沃斯克列辛斯基又说："追求'心仪的女人'——只是他愿望的一个方面。另一方面是企图认识生活，感受尘世现实的多样性和丰富多彩，从而了解人的本质与自己本身。"①他认为："这是作者的一个严肃观念，对理解作品的意义很重要。但在主人公的意图中隐藏着未来不幸的种子。"②

沃斯克列辛斯基指出："与僧人的对话变成了一场关于生命意义的哲学争论。（笔者按：即《肉蒲团》第二回《老头陀空张皮布袋　小居士受坐肉蒲团》中孤峰和尚与未央生的对话）和尚从自己的学说出发，对主人公说，认识生命和人的道路实际上要通过对宗教真理的理解（在这里是佛教真理——禅），并且快乐的道路充满了不幸，因为乐趣是没有限制的。最后，等待这个人的是付出代价。"而"主人公的断言则相反：生命的意义在于一个人理解生命的全部乐趣，其中包括肉体的快乐。"沃斯克列辛斯基写道："似乎作者站在了主人公的一边，因为僧人失败了——他仍然无法说服主人公。生命的感性方面战胜了僧人的宗教伦理纲领。但是，主人公的胜利很快就清楚了，那是虚幻的。"沃斯克列辛斯基指出："这场对话的思想——是小说哲学概念的重要特点。"③

沃斯克列辛斯基写道："在中国唐璜面前开启了他所梦想的生活，来自无数爱情关系的无穷无尽的快乐与乐趣。但证明了所有这些乐趣都是没有止境的。（和尚是正确的！）"他说："我们的主人公在一个女人（第一个牺牲品就是他的妻子玉香）之后尝到了滋味，接下来是另一位，在她后面是新的和更新的。"于是"他需要某些不寻常的东西。"④这些"不寻常的东西"，就是"春宫画""春药"和其他促进性生活快感的药物与工具等等。但小说主人公未央生还不满足，正如沃斯克列辛斯基所说："普通快乐的饱和感使他的激情

---

① 《肉蒲团》第11页。
② 《肉蒲团》第11—12页。
③ 《肉蒲团》第12页。
④ 《肉蒲团》第12页。

更加肆无忌惮。将快乐带到最高限度的愿望最终导致狂欢者想到需要通过外科手术改变自己的肉体。"那就是由一个江湖术士把狗鞭植入他的下体。沃斯克列辛斯基写道:"改变和扩大生理能力使其肉体的快乐倍增,但同时将其降低到动物状态……未央生不再能够在他的爱欲蹂躏中停下来,而肉欲的快乐也是无穷的。这样精明僧人的话成真了。在随后的画面中,他险恶命运的黑暗阴影更加鲜明地显露出来,并且响起了关于身体幸福的短暂性和虚幻性以及接近清算的话语主题。"沃斯克列辛斯基指出:"在小说中,首先是未央生本人的命运中揭示了。他似乎已经实现了他想要的一切:他找到了他寻求的美女,他知道了他想要的所有生活乐趣。但没有尝到满足感。相反,由于他最初计划的崩溃,他感到非常失望。他意识到他的愿望是虚幻和空洞的,所以它们变成了不幸。"① 于是"在行动之前的恐怖,对未来的恐惧,更加残酷的命运惩罚使得主人公走向了一个可怕的行为——自阉。这是他在生活中等候到的报应"。②

沃斯克列辛斯基指出:"不同类型的清算等待着与未央生命运有关的所有人。""他们的生活在这种或那种程度上编织进主要人物的命运。所有这些人都经历了严峻的考验或死亡,因为他们像阴影一样触及未央生的命运。作者——道德主义者想再次说,滋养这种生活哲学的想法是邪恶的。"③ 这里,沃斯克列辛斯基比较了中西文学对待淫荡主人公的异同:中西文学都谴责淫行,其主人公也都要受到惩罚。虽然在西方文学中,"淫荡总是与恶魔的枷锁纠缠在一起",而中国小说主人公未央生,"他的爱情痛苦和欲望"也是"来自邪恶的"。但西方文学是直接对主人公"对身体快乐的渴望"进行谴责并使其受到惩罚,而中国小说主人公却是"体现了佛教的'因果'观念,即符合西方宗教观念的为罪恶行为付出"。④ 沃斯克列辛斯基认为:"在中国的主人公(主人公们)中,佛教法则'因果'是无所不能的和永恒的,因为羯磨(俄译 карма,因果报应)的强大法则是永恒的,它通过内在关系与之相连,因此主人公注定要灭亡。"他说:"'后果'——'果'——作为宗教二元中不可或缺的一个元素,在一个人的命运中获得了特殊的意义。这是人类生活道路上的终极关卡,在

---

① 《肉蒲团》第 13 页。
② 《肉蒲团》第 14 页。
③ 《肉蒲团》第 14 页。
④ 《肉蒲团》第 15 页。

沃斯克列辛斯基对《肉蒲团》与《唐璜》的比较研究

它后面,延伸着未来实现的神秘空间,其特征由'原因'——'因'所构成的前生所决定。一个人的道路可以扩展到千条路径,因此他的行为是无限的,但最终它们的结果又是可以预测的。"比如,"在未央生的生命中,爱情冒险最终导致他走向命运多舛的结局。未央生失去了妻子、情妇、力量、健康。这是对其一个或一些激情的不可估量的清算。这就是他的'果'"。[①]

沃斯克列辛斯基指出,如果说西方文学中的淫荡主人公都是受魔鬼驱使而无可救赎,其"主人公向天的呼唤——这最终是撒旦本人的呐喊";那么中国的主人公却是可以"设法'回头'(也就是'醒悟')"[②]的。他引用《肉蒲团》第七回一位匿名者的点评[③]写道:"我们的主人公看到了他的'救赎之物',他度过了自己生命的重要部分,对自己的人生目标感到失望,意识到自己的微不足道和虚幻。"[④] 沃斯克列辛斯说:"事实证明,命运的打击可能会被削弱,你可以巧妙地避开它。""因此,未央生与他那死于欲望激情的前辈西门庆不同,他能够'豁然开朗',虽然付出了太高的代价——自阉。"[⑤]

沃斯克列辛斯基接下来分析了《肉蒲团》的两个标题,他说:"主人公的'堕落'和'醒悟'反映在小说的两个标题中。其中一个(肉蒲团)一方面暗示了主人公所走的肉体快乐道路,另一方面暗示了在这条道路的尽头俯就给他的启示,一种自我认知。"他写道:"'垫子'(蒲团)这是领悟真理的旁观、清洁活动的隐喻形象,(在小说中,这就是禅)。坐在蒲团上的遵守教规者(圣僧,苦行僧),理解生存的意义和生命的所有秘密。这部小说还有另一个标题:'觉后禅',意思是'带来醒悟的启蒙'。在中文文本中,'启蒙'和'醒悟'的概念分别由象形文字'禅'(佛教的启蒙,醒悟)和'觉'——'感觉、意识'来表达。换句话说,第二个标题意味着'有意识的醒悟',它作为一种命运的指令而来到一个人身上。"沃斯克列辛斯指出:"'自我觉悟'和'自我毙命'是两种不同的最终报应点。它们最终既是西方的也是东方主人公的道路。"[⑥]

---

① 《肉蒲团》第15页。
② 《肉蒲团》第15页。
③ 《肉蒲团·第七回》评曰:"可见极恶之人,一念回头,即是彼岸。"
④ 《肉蒲团》第16页。
⑤ 《肉蒲团》第16页。
⑥ 《肉蒲团》第16页。

在文章临近结尾的时候，沃斯克列辛斯基提出了这样一个问题："如果一个好色主人公生活道路的最终结局一般是预先确定的……那为什么要如此引人入胜地描写他的恶劣生活画面？为什么作者（李渔或其他作者）如此形象地和鲜明地描绘恶习的画面，他如此高兴甚至狂喜地描画了狂欢生活的场景？"① 对此，沃斯克列辛斯基给出了三点解答。他说："第一：这是希望通过强化的色情场面来展示恶习——好色本身的邪恶性质。"② 他指出："在西欧和东方（包括中国）的文学经典中，即使是正人君子的生活也常常充斥着'可憎的淫乱'，这样读者就能清楚地看到这种罪恶的令人恶心的属性，而最重要的是，了解报应的必然性。"而"作品的这一训诫性质也是中国小说作者所力图强调的。"③

沃斯克列辛斯基指出："这类作品中类似描写的第二个特点是由当时文化的一个特定特征来解释的。"他说："小说的读者应注意这样一个事实：它经常说'养身'和'养心'等等，也就是与那个时代心理生理和卫生学说相联系的概念。"④ 他写道："在这一学说的框架中非常重要的是建立人与他周围各方面的和谐，达到机体内所有主要元素的平衡，建立最重要力量、首先是自然元素——'阴'与'阳'（黑暗和光明的原初因素）的和谐统一。"沃斯克列辛斯基认为："在所有这些问题中，起最重要作用的就是两性之间的关系，包括性实践（性行为样式，旨在建立阴阳元素之间和谐的必要的药物，等等）。"⑤ 他指出："这个特征不容忽视，因为它在人的文化和精神生活中占据的地位不亚于气功或武术——不仅是体育锻炼，还包括精神生活的形式。"⑥

沃斯克列辛斯基认为，关于文学作品中大量出现色情描写的第三个原因是"一个纯粹的由活生生的现实本身的特殊性来说明的特点……中国作家对现实画面采取色情描写，是因为他想说，感性、色情在文学作品中具有存在的权利，比如贞操或禁欲，因为它们存在于生活本身，是存在的产物，是存在的一个组成一部分。因此，文学典籍中相关场景的出现完全不是出自于

---

① 《肉蒲团》第 17 页。
② 《肉蒲团》第 17 页。
③ 《肉蒲团》第 18 页。
④ 《肉蒲团》第 18—19 页。
⑤ 《肉蒲团》第 19 页。
⑥ 《肉蒲团》第 20—21 页。

沃斯克列辛斯基对《肉蒲团》与《唐璜》的比较研究

(如儒家卫道士或宗教教条守护者所喜欢说的)作者的恶毒倾向,而是来源于这些是人类的本能。"他指出:"《金瓶梅》或《肉蒲团》一类的作品在社会上层被禁止……但在城市底层中它们非常受欢迎,不仅是由于它们的狂欢内容,而且因为描写的特征(包括色情)吸引了读者并以巨大的商业利益而受益。"他说:"让我们回顾一下作者关于橄榄和枣的话①——毕竟,他们正是在谈论文学的这种特殊性。他们把橄榄放在一个甜枣中,以便一个人吃两个,但读者的'口味'仍然更集中于甜蜜的枣。作者在他的小说中反映了读者(公共)品味的独特性,当然也反映了社会习惯和道德。"②

沃斯克列辛斯基对中国色情主人公未央生与西方浪子典型唐璜所做的比较,对于辨析东西方情色文学产生的历史文化背景、宗教哲学理念的异同,有一定的启发意义。尤其他对中国明清两代情色文学繁荣原因所做的分析,有不少可取之处。但是,他选择用来与西方浪漫运动时代主人公唐璜比较的中国人未央生,却是不典型的。作为中国封建社会末期没落阶级失去对社会发展前途的希望与信心,丧失理智和廉耻,疯狂追求肉欲满足的一个畸形形象,把他说成是"企图认识生活,感受尘世现实的多样性和丰富多彩,从而了解人的本质与自己本身"的浪漫才子,是对未央生不合实际的美化。因为书中所表现的未央生对他所遇到的女子的态度,包括他的结发妻子玉香,都并没有什么发自内心的真情,只是把她们当作满足自己淫欲、施展自己淫行技巧的对象。这里没有情感的交流,没有灵魂的沟通,有的只是动物式的性本能吸引。这样的丑恶形象是中国文学人物中的痈疽和毒瘤,是不能与世界浪漫主义文学不朽的典型人物同日而语的。俄罗斯中国古典文学译介与研究中出现这样的适俗甚至媚俗的选题,主观随意、不切实际的美化评价,貌似褒扬,实为歪曲和误导,反映了苏联解体后俄罗斯汉学研究的窘迫与滑坡。如何向海外传播真正的中国文学精品,并给予科学公正的评论,是今后中俄两国文学工作者和翻译家共同的使命与责任。

(李逸津 天津师范大学文学院教授、国际中国文学研究中心副主任)

① 《肉蒲团》第一回篇末云:"其中形容交媾之情,摹写房帏之乐,不无近于淫亵,总是要引人看到收场处,才知结果识警戒。不然就是一部橄榄书,后来总有回味?其如入口酸齑,人不肯咀嚼何?我这番形容摩写之词,只当把枣肉裹着橄榄,引他吃到回味处也莫厌。"

② 《肉蒲团》第21页。

切尔卡斯基的译诗原则与艺术追求
——以徐志摩诗歌《我不知道风是在哪一个方向吹》为例

刘志强

摘　要：切尔卡斯基是俄罗斯乃至世界著名的汉学家、评论家，更是一位卓越的翻译家。切氏翻译了大量的古代、现当代诗歌，为俄罗斯汉学界、中俄文学关系以及中国文学在世界的传播做出了巨大的贡献。徐志摩的诗歌《我不知道风是在哪一个方向吹》是切尔卡斯基译诗的代表作之一，译诗中切氏精准地传达了原作的诗意，巧妙地运用了俄文诗歌的韵律和乐感，契合俄罗斯读者对诗歌的审美需求，有利于徐志摩诗歌在俄罗斯的传播与接受。

关键词：切尔卡斯基　徐志摩　翻译文学　中国新诗

列·叶·切尔卡斯基（Л. Е. Черкаский，1925—2003，中文名字车连义）是俄罗斯乃至世界著名的汉学家。他不仅是文学家、文学评论家，更是公认的卓越的翻译家、诗人。作为20世纪著名的俄罗斯汉学家，切尔卡斯基翻译的中国诗歌（古代、现代和当代）无疑是俄罗斯翻译文学中的瑰宝，对俄罗斯翻译文学、比较文学、中俄文学关系乃至中国文学在俄罗斯甚至在世界的传播有着巨大的贡献。切尔卡斯基以其渊博的学识和对中国文化的深入研究，将中国诗歌更好地以俄语形式呈现在世人面前，他的译诗不仅语言准确，同时传达了诗人的真实情感，而且在形式、节奏和韵律上也非常严谨，这使更多的俄罗斯人了解中国诗歌，更是激发了俄罗斯人对中国诗歌的兴趣，这在很大的程度上促进了中国诗歌在俄罗斯的传播与接受。

切尔卡斯基出生于苏联的一个犹太家庭，父母都是医务工作者，他本人

切尔卡斯基的译诗原则与艺术追求

早年也曾做过军医，1951年毕业于莫斯科军事翻译学院汉语专业，毕业后从事翻译工作并发表过诗选。1962年在其导师、研究中国唐诗的著名汉学家艾德林的指导下，以《曹植诗歌研究》为题出色地完成了副博士学位论文。车连义的副博士论文虽然是关于中国古典诗歌的，然而以后的学术经历却显示他的研究兴趣很快转移到了中国现当代诗歌，并于1971年以论文《中国新诗论》获得博士学位。之后切尔卡斯基一直在俄罗斯科学院东方学研究所工作，直到1992年移居以色列。从1993年起切尔卡斯基在以色列大学任教，2003年离世。车连义既是苏联作家协会会员（1970年起），也是以色列作家联盟成员（1993年起）。切尔卡斯基一生著作丰硕，而对中国新诗的钟爱使其在"1960年至1980年间几乎是苏联唯一翻译中国现当代诗歌的俄罗斯学者"①。

尽管切尔卡斯基对中国诗歌翻译领域具有卓越的贡献，但是对于切氏诗歌的翻译无论是国内还是国外研究的还不多。从翻译的角度来讲，尤其是文学翻译，诗歌翻译，翻译活动和美学思想有着不可分割的必然联系，文学翻译就是用一种语言将不同语言创造出的文学作品的艺术意境传达出来，使读者在读译文的时候能够像品读原著一样获得感动和美的感受。由于俄语和汉语分属于不同的语言体系，因此，在翻译过程中需要克服语言、文字以及思维模式等跨文化障碍，一方面最大限度地再现原作的思想与情感，另一方面考虑到接受者的文学审美特点。切尔卡斯基凭借严谨的学术态度和灵活的翻译方法形成独特的翻译理念，从翻译学的视角解决了制约文学翻译的文学传统、翻译心理、原文形象、民族传统诸多翻译理论与翻译实践问题。通过对探索切尔卡斯基对中国现代诗歌的翻译分析研究，确定切尔卡斯基翻译中国诗歌的特点，确立其诗歌的翻译基本类型，是本文需要解决的关键问题。

俄罗斯著名学者柴可夫斯基（Р. Р. Чайковский，1939—2017）于1997年出版的著作《诗歌翻译的现实性》（《Реальности поэтического перевода》）②一书中曾推出9个评定诗歌翻译的基本类型，分别为（1）等价译（Адекватный перевод）；（2）意译（Вольный перевод）；（3）重原作音韵译（Стихотворение на мотив оригинала）；（4）仿译（Подражание）；（5）忆

---

① Век перевода-русский поэтический перевод XX-XXI веков ［EB］ http://www.vekperevoda.com/1900/cherkassky.htm.

② Чайковский Р. Р. Реальности поэтического перевода（типологические и социологические аспекты）. -Магадан：Кордис，1997.

译（Перевод-реминисценция）；（6）贬译（Перевод-девальвация）；（7）逐字译（Подстрочный перевод）；（8）散文译（Прозаический перевод）；（9）适译（Перевод-адаптация）。2013 年在新著《诗歌翻译：类型和多样性》(*Перевод поэзии: типология и множественность*)① 一书中，以上述 9 个评定诗歌翻译类型为基础，柴可夫斯基在介于"等价译"和"意译"之中，添加了一种新的评定诗歌翻译的类型"变译"（перевод-вариация）。

"等价译"（адекватный перевод）类型的主要特点为，翻译基本上还原了最重要的原作特点，如艺术主题，诗歌思想，中心意义，题材特点，抒情诗歌的感情色彩；诗歌节奏，诗歌类型，诗节，韵脚，韵律；语言特点-如词汇，句法，语言风格等。除此之外，最重要的一点，是译文应具有原作的诗歌力量，通常此类翻译是凌驾于翻译家心灵的感受是非常接近于原作的。而"变译"则不然，此类型在保留原文最重要的特点之外，对原作做出相应地改变，但是这种改变并不是翻译家刻意为之，这种改变的出现时基于原文和译文具有较大的对抗性，对要达到"等价译"翻译类型具有很大的阻力。比如，汉语和俄语属于完全两种不同的语系，所以在翻译的过程中，有些汉语的特点很难在翻译中呈现出来。

回顾切氏的翻译活动，其最主要的贡献莫过于翻译了大量的中国现当代诗歌。他的翻译几乎涵盖了整个中国新文学。许多著名的译著都代表着中国诗歌发展的一个时代，如《中国说》（Китай говорит, 1954）②、《红潮》（Красный прибой, 1964）③、《雨巷》（Дождливая аллея, 1969）④、《五更天》（Пятая стража, 1975）⑤、《40 位诗人》（Сорок поэтов, 1978）⑥、《蜀

---

① Чайковский Р. Р. Перевод поэзии: типология и множественность: учеб. пособие для студентов-филологов / Р. Р. Чайковский, Е. Л. Лысенкова. -М.: ИИУ МГОУ, 2013. -194 с.

② Китай говорит: [сб. стихов кит. поэтов] / сост., пер. и предисл. Л. Е. Черкасского. -М.: Читин. кн. изд-во, 1954. -72 с.

③ Красный прибой. Поэзия 《4 мая》: [сб.] / пер. Л. Е. Черкасского. -М.: Наука, 1964. -98 с.

④ Дождливая аллея: китайская лирика 20-30-х годов: [сб.] / пер. Л. Е. Черкасского. -М.: Наука, 1969. -199 с.

⑤ Пятая стража: кит. лирика 30-40-х гг.: [сб.] / пер. Л. Е. Черкасского. -М.: Наука, 1975. -128 с.

⑥ Сорок поэтов: кит. лирика 20-40-хгг.: [сб.] / пер. Л. Е. Черкасского. -М.: Наука, 1978. -342 с.

道难》(Трудны сычуаньские тропы，1983)① 等，单凭年代便可看出，切氏翻译的广泛性，为俄罗斯读者展现了中国现当代诗歌的整体画面。在所有上述译诗集中，几乎都有译徐志摩的诗歌，如译诗集《雨巷》(Дождливая аллея，1969) 中翻译了 14 首徐志摩的诗歌，《40 位诗人》(Сорок поэтов，1978) 翻译了 11 首徐志摩诗歌。恰恰是通过切尔卡斯基的翻译活动，徐志摩的诗歌如《为要寻一颗明星》《毒药》《灰色人生》《这是一个怯懦的世界》《去吧》《最后那一天》《云游》等脍炙人口的佳作得以展现在俄罗斯读者面前。需要强调的是，切氏如此倾心徐志摩诗歌绝非偶然。他曾写过两部关于中国诗人的专著，一部是诗人艾青评传《太阳的使者》(Ай Цин-Подданный Солнца)②，另一部则是切尔卡斯基的压卷之作《徐志摩：在梦幻与现实中飞行》(Сюй Чжимо: полёты во сне и наяву)③，两部著作都是由著名学者，翻译家，文学家泰安学院教授宋绍香先生所译。有所差别的是，前者有俄文原著，曾在俄罗斯公开发表出版过，后者与俄罗斯读者却无缘相见。车连义曾在《愿与根茎连》(Я рядом с корнем душу успокою)④ 一书中提过已经即将完成此书的撰写，彼得罗夫也曾跟切尔卡斯基提及过，让切氏为读者开启徐志摩诗人的奥妙所在，并写了一首诗赠予车连义：

…Сдавай в печать за томом том
И гонорары множь,
Открой нам тайны Сюй Чжимо,
Ответь, чем он хорош…

回译：

---

① Трудны сычуаньские тропы: из кит. поэзии 50-х и 80-х годов / пер. Л. Е. Черкасского. -М.: Радуга, 1983. -199 с.

② Черкасский Л. Е. Ай Цин-Подданный Солнца: (Книга о поэте) / Л. Е. Черкасский; РАН. Ин-т востоковедения. -М.: Наука, 1993. -233 с.

③ Л. Е. 切尔卡斯基著，宋绍香译《徐志摩：在梦幻与现实中飞行》第 288 页，天津大学出版社，2015 年。

④ Черкасский Л. Е. Я рядом с корнем душу успокою: монологи востоковеда / Л. Е. Черкасский. -Иерусалим: Скопус, 2001. -239 с.

出版译著一部接一部
得到的稿酬多多，
为我们揭示诗的奥秘，
徐志摩何其出色……

  从翻译总量来看，切氏译诗千余首，涉及五四以来的中国现代诗歌包括不同社团不同流派代表诗人的代表作品，选择诗歌之广、诗人之全、诗篇之准、质量之精，堪称世界之最。切尔卡斯基在诸多译集中并不单单扮演着翻译家的角色，更以一位资深的学者展示在俄罗斯读者面前。每一部译集都有一篇精湛的论文序言。切氏都会对所翻译的诗人进行全面的介绍，以译集《雨巷》（Дождливая аллея，1969）为例，在谈及徐志摩的创作时，切尔卡斯基称之为"极具天才的诗人"。徐志摩诗歌的创作特点主要表现在，"他的抒情诗具有冥想性，深思性，对于存在本质的思考是非常深刻的"。除此之外，车连义着重强调了诗人的创作发展历程，认为徐志摩是一位极具浪漫主义情调的诗人，他的思想是极其乐观的，但在现实的打击下这些思想很快便褪色枯萎。切尔卡斯基指出，徐志摩的早期作品具有社会、人文特质。在此时期，徐志摩是一位内心怀有理想主义漫步在地球上的诗人。所以他的诗歌常与残酷的现实相互碰撞，因此诗人经常写在战争中牺牲的士兵，丢失孩子的母亲，为生病母亲而乞讨的女孩，在黑暗道路中一位疲惫的车夫等①。

  切尔卡斯基强调，所有徐志摩所描述的情况引起诗人创作的危机，所以徐志摩此时处于迷茫状态，诗人不知道"风往哪个方向吹"。该诗句恰恰就是从徐志摩的诗"我不知道风是在哪一个方向吹"而来。因此，切氏断定，这首诗歌对于徐志摩的意义格外重大。切氏选择这首诗歌进行翻译，是有理可寻的。在中国，这首诗歌也非常受读者欢迎。萧疆认为，徐志摩的这首诗诗律优美谐调，诗体自由而整伤，浑然天成，诗歌的内在情感起伏与诗节的音乐性高度统一②。闻一多认为，该诗具有音乐的美，绘画的美，建筑的美，音乐的美指音节，绘画的美指辞藻，建筑的美指章句③。在切氏译集中在切氏

---

① Дождливая аллея. Сборник стихов. Китайская лирика 20-30-х годов. Пер. Л. Е. Черкасский. -М.：Наука, 1969. C. 86.

② 萧疆《徐志摩诗歌代表作辨析》，载《山东师范大学学报》1995 年第 6 期。

③ 萧疆《徐志摩诗歌代表作辨析》，载《山东师范大学学报》1995 年第 6 期。

切尔卡斯基的译诗原则与艺术追求

译集中并没有选择现代文学教程中的《再别康桥》《沙扬娜拉》等诗歌作为翻译对象,而是选择了《我不知道风是在哪一个方向吹》,此首诗歌恰恰是徐志摩发表于《新月》创刊号(1928年3月10日)上的压卷之作,所以笔者同意萧疆的观点,恰恰是此首诗真正全面的体现诗人灵魂及艺术成就,因此在诸多译集中切氏的选择此诗进行翻译并不为奇①。

在分析整首译诗之前,首先,我们来看一下切尔卡斯基翻译这首诗歌的标题:

徐志摩	切尔卡斯基的译文	回译
我不知道风是在哪一个方向吹	Я не знаю, куда ветер дует	我不知道风往哪个方向吹

从上述切氏翻译的诗歌标题可以清晰地看出,切氏在翻译中相应的改变了词的顺序,这一点恰恰与俄语语言特点密切相关,因为在俄语中疑问词要放在句首,词的顺序是自由排列的。除此之外,切尔卡斯基的译文中,我们能够感觉到在某种程度更加明确了风的去向。从字面我们可以看出,切氏着重强调了风的方向性,因为疑问词куда表示方向,而在原著中,徐志摩则强调了主人公原则上不清楚风的具体位置。

接下来,我们来对比分析整首诗:

徐志摩	切尔卡斯基的译文	回译
我不知道风 是在哪一个方向吹—— 我是在梦中, 在梦的轻波里依洄。	Я не знаю, Куда ветер дует, - Я в мечтах витаю, В лёгких волнах грёз кружу я.	我不知道 风往哪个方向吹, 我是在梦中, 我在梦的轻波里依洄。
我不知道风 是在哪一个方向吹—— 我是在梦中, 她的温存,我的迷醉。	Я не знаю, Куда ветер дует, - Я в мечтах витаю, Ласкова она, и я ликую.	我不知道 风往哪个方向吹, 我是在梦中, 我沉醉于她的温柔。
我不知道风 是在哪一个方向吹——	Я не знаю, Куда ветер дует, -	我不知道 风往哪个方向吹,

---

① 萧疆《徐志摩诗歌代表作辨析》,载《山东师范大学学报》1995年第6期。

续表

徐志摩	切尔卡斯基的译文	回译
我是在梦中， 甜美是梦里的光辉。 我不知道风 是在哪一个方向吹—— 我是在梦中， 她的负心，我的伤悲。 我不知道风是在哪一个方向吹—— 我是在梦中， 在梦的悲哀里心碎！ 我不知道风 是在哪一个方向吹—— 我是在梦中， 黯淡是梦里的光辉。	Я в мечтах витаю, Красоты сияние найду я. Я не знаю, Куда ветер дует, - Я в мечтах витаю, Холодна она, и я тоскую. Я не знаю, Куда ветер дует, - Я в мечтах витаю, Муки грёз -от них в бреду я! Я не знаю, Куда ветер дует, - Я в мечтах витаю, Мрак-сиянье грёз, туда иду я.	我是在梦中， 我将找到美丽的光辉。 我不知道 风往哪个方向吹， 我是在梦中， 我伤心她的冷漠。 我不知道 风往哪个方向吹， 我是在梦中， 我漫步在梦的痛苦中。 我不知道 风往哪个方向吹， 我是在梦中， 我走向梦的黯淡的余辉。

首先，我们从诗歌的形式来看，一目了然，切尔卡斯基译文中的诗行、诗节的长短与徐志摩的原作是完全符合的。从诗节来看，原著有 6 个诗节，以四行诗的形式呈现，在每个四行诗中前三行是以叠句呈现。原著韵脚是在每节末行-hui、zui、hui、bei、zui、hui，以交叉韵 abab 形式呈现。从切尔卡斯基的译文我们可以看出，所有原作的诗歌形式都完整地保留下来，重复的叠句，四行诗 6 个诗节，以及韵脚 abab 的特点也完整地给予再现。

我们继续分析诗步和格律。俄语中只有重音和非重音音节，而汉语诗歌则是由四个声调来调节韵律。所以，译文从客观的角度来讲在某种程度上是不能够完全还原原文的。俄语诗格律的主要因素有音节、音步、诗行、韵式。音步包括双音节音步和三音节音步，双音节音步分为"抑扬格"和"扬抑格"，三音节音步分为"扬抑抑格""抑扬抑格""抑抑扬格"。严谨的格律诗一般都会选定一种格律，比如四音步抑扬格，三音步扬抑格，或者四音步扬抑抑格，通常不会双音节音步与三音节音步混合使用。格律图示，一般用"-"表示扬，即重读音节，用"∪"表示抑，即非重读音节。请看下表：

切尔卡斯基的译诗原则与艺术追求

徐志摩	切尔卡斯基的译诗
我（3）不（4）知（1）道（4）风（1）是（4）在（4）哪（3）一（1）个（4）方（1）向（4）吹（1）—— 我（3）是（4）在（4）梦（4）中（1）， 在（4）梦（4）的（0）轻（1）波（1）里（3）依（1）洄（2）。	Я не знаю, -U-U Куда ветер дует, - U --U-U Я в мечтах витаю, -U-U-U В лёгких волнах грёз кружу я. -U-U-U-U

从诗歌节奏画面来看，徐志摩诗歌中具有很强的音乐性，平仄交替使用，使诗歌更具有音乐美感。笔者认为，切尔卡斯基译文中不但再现原作中的音乐美感，译作中一轻一重的交替使用使切氏的诗歌更具有节奏性，尤其最后两句扬抑格格律有规律地交替使用更为切氏译诗的节奏性和音乐美感增添色彩。在诗歌中，除元音会影响音乐画面效果外，辅音也有一定的影响作用。如在原作叠句中，徐志摩经常使用的"风""吹""洄"等。这些象声词，能够给读者一个很好的听觉和视觉享受，能够使读者脑海中浮现风吹的画面。而在切氏的翻译中此种场景也有很好的体现，我们从切氏译诗中的词汇，如"ветер"，"волнах"，"витаю"便能感受到，仿佛"风吹""波浪""梦中徘徊"让人陶醉的景象仿佛浮现在读者眼前。

从抒情情节的构建来看，诗歌运用了对照的原则。从前三节我们可以看出主人公的美好愿望："在梦的轻波里依洄""她的温存，我的迷醉""甜美是梦里的光辉"；但是从第四节开始，诗歌中则出现了主人公悲伤失望的场景："她的负心，我的伤悲""在梦的悲哀里心碎""黯淡是梦里的光辉"。总体来看，切尔卡斯基译文中几乎完全再现了诗歌情节框架：前三个诗节为："我在梦的轻波里依洄"（"В лёгких волнах грёз кружу я"），"我沉醉于她的温柔"（"Ласкова она, и я ликую"），"我将找到美丽的光辉"（"Красоты сияние найду я"）；后三个诗节为："我伤心她的冷漠"（"Холодна она, и я тоскую"），"我漫步在梦的痛苦中"（"Муки грёз-от них в бреду я"），"我走向梦的黯淡的余辉"（"Мрак-сиянье грёз, туда иду я"）。

分析原作与切氏译诗我们能看出一个微妙的差别，我们回顾一下，在前两个诗行叠句中，所使用的诗句是整首诗歌的标题《我不知道风是在哪一个方向吹》。在我们开始分析诗歌题目的时候，已经强调了切尔卡斯基在译文中做了相应的修改。切氏的译文并没有像徐志摩原文中一样，主人公似乎不是停留在很广阔的艺术空间。徐志摩诗中的主人公主要表现在围绕诗人身边风的具体位置是不清楚的，而切氏译诗中的主人公则直指诗人迷离状态，并不知道风的具体方向，这个方向是从主人公旁边所吹去的风向。

切氏译文中，这种抒情诗歌中主人公高频度的出现并不单单表现在叠句中有体现，在每个诗节的末句我们能够清楚地看到切氏译文与徐志摩原文的区别。切氏主要把读者的注意力引导到了主人公身上。我们在看一下原文的每节末行："在梦的轻波里依洄""她的温存，我的迷醉""甜美是梦里的光辉""她的负心，我的伤悲""在梦的悲哀里心碎""黯淡是梦里的光辉"；而切尔卡斯基的诗句为："我在梦的轻波里依洄"（В лёгких волнах грёз кружу я），"我沉醉于她的温柔"（Ласкова она, и я ликую），"我将找到美丽的光辉"（Красоты сияние найду я）；"我伤心她的冷漠"（Холодна она, и я тоскую），"我漫步在梦的痛苦中"（Муки грёз-от них в бреду я），"我走向梦的黯淡的余辉"（Мрак-сиянье грёз, туда иду я）。在这几个诗句中，徐志摩在叙述已经存在的事件，而切氏的译文中主要强调的则是感受这种悲伤的从高兴到绝望的主体"我"。我们可以推测切氏这种做法的目的，其一，是为了让译文更有节奏性；其二，是为了在更大程度上保留原著的韵脚特点。从切氏译文中明显地看出，在稍改词序和主体"我"的出现，便还原了徐志摩的韵脚。切氏这一做法也恰恰契合了著名俄罗斯文学翻译理论家、著名学者埃特金德（Е. Г. Эткинд, 1918—1999）《诗歌和翻译》（Поэзия и перевод）[①]一书中作者所强调的观点：诗歌是最高的美感艺术，在翻译诗歌的时候，还原原作的所有特点是极其不现实的，好的翻译家，能够保留2至3个原著特点已经非常厉害了。除此之外，笔者认为，切尔卡斯基决定这样翻译更重要的因素，是因为他已经走进了徐志摩的内心世界。篇首我们便提到，徐志摩内心美好的愿望与残酷的现实相碰撞时，致使诗人陷入迷茫状态，因此不知道"风到底往哪吹"，切氏译文恰恰契合了这一要点，反映了徐志摩最真实的内心感受。

---

① Эткинд Е. Г. Поэзия и перевод / Е. Г. Эткинд. -М.; Л.; Сов. Писатель, 1963. -429 с.

切尔卡斯基的译诗原则与艺术追求

切尔卡斯基深知押韵是汉语诗歌固有的本质特点,所以他既重视节奏,又主张押韵。这一观点在译徐志摩这首诗歌中表现得淋漓尽致。切尔卡斯基像读者呈现了节奏感和音乐美感。除此之外,在切氏译文中最重要的一个特点体现在他的内心是极其接近于徐志摩的内心世界的。因此,结合埃特金德(Е. Г. Эткинд,1918—1999)的诗歌翻译理论和柴可夫斯基(P. P. Чайковский,1939—2017)翻译类型,我们可以做出结论,切尔卡斯基所翻译的徐志摩诗歌《我不知道风是在哪一个方向吹》属于"等价译"。

(刘志强　江苏科技大学外国语学院文学博士)

·德国汉学研究·

德国汉学家德博的唐诗译介与研究贡献述略*

张 杨

摘 要：德国汉学家德博是 20 世纪下半叶德语世界唐诗传播最重要的代表人物之一。本文从唐诗译介和研究两个方面，对德博的主要贡献进行梳理和呈现。凭借其扎实的汉语功底和优美的德语表达，德博的译文既追求内容上的准确性，又兼顾唐诗的形式特色；凭借其对时代背景、诗人特色和诗歌特色的深入思考和体悟，他的研究既宏、微观结合，又不乏能给人以启发的中西对比之笔。

关键词：德博 唐诗 译介

引 言

1827 年，德国文学巨擘歌德（Johann Wolfgang von Goethe，1749—1832）根据汤姆斯（Peter Perring Thoms，1791—1855）英文译作《花笺》（*Chinese Courtship*）的"传记"① 部分创作出了四首德文组诗，并以"中国作品"（Chinesisches）为题于同年 5 月发表在杂志《艺术与古代》（*Über Kunst und Alterthum*）上，其中就涉及唐代梅妃所作的《谢赐珍珠》以及开元宫人的《袍中诗》。这或许可被视为唐诗在德国传播的滥觞。时至今日，唐诗在德国

---

* 本文系国家社科基金西部项目"唐诗在德语世界的译介与研究"（项目编号：17XZW025）的阶段性研究成果。

① 根据汤姆斯自己的介绍，"传记"内容摘于乾隆三十二年出版的《百美新咏》，参见 Perring Peter Thoms, *Chinese Courtship*, London/Macao, Parbury, Allen and Kingsbury/The Honorable East India Company's Press, 1824, p. 249.

的传播已有近两百年的历史。随着中德两国建交以及两国在各个层面互往交流的日益频繁和深入,不少新一代汉学家都将译介和研究重心放到了中国现当代文学上,继续从事中国古典诗歌译介和研究的学者屈指可数。尽管如此,就译介和研究的系统性和深入性而言,我们也可以说,唐诗在德国的传播和接受自 20 世纪中期以来已经进入了成熟期。德国汉学家德博(Günther Debon, 1921—2005)正是这一时期的杰出代表之一。

一、德博的唐诗译介贡献述略

德博自 1948 年起在慕尼黑学习汉学,同时也对日文和满文产生了兴趣——他对遥远东方的着迷并非源发自然,而是肇始于在英国战俘营时与汉学的亲密接触。此外,他还在英国结识了亚瑟·韦利(Arthur Waley, 1889—1966)和韦尔纳·施派泽(Werner Speiser, 1908—1965)这两位汉学家;取得博士学位后,曾数年在科隆大学进行教学和研究,于 1959 年获得教授资格,1968 年获得海德堡大学汉学教授席位,并出任该大学汉学系主任一职,直至退休前一年(1985 年)。① 在其汉学研究生涯中,德博一直对中国诗歌有着极其浓厚的兴趣,同时亦倾心于德国文学,倾心于"自在"(an sich)诗歌创作以及语言之美,因而其译作中常常能看出这位汉学家游刃有余驾驭德语进行诗歌创作的功底。② 德国当代著名汉学家顾彬(Wolfgang Kubin,生于 1945 年)也曾对德博的译诗不吝赞誉之辞,称德博在诗歌翻译方面是一个"伟大的榜样",是"德语大师",认为他如此厉害,以至于自己的翻译尝试亦难出其右。③

自 20 世纪 50 年代以来,德博笔耕不辍,先后出版了 8 本中国诗歌集④:其中与唐诗相关的译本主要有:《李太白诗歌选集》(*Li Tai-bo Gedichte*:*Eine Auswahl*, 1962)、《中国唐代诗人》(*Chinesische Dichter der Tang-Zeit*, 1964)、《道由白云尽:中国抒情诗上下三千年》(*Mein Weg verliert sich fern in weißen Wolken*:*Chinesische*

---

① Roderich Prak, "Günther Debon (1921—2005)", *Zeitschrift der Deutschen Morgenländischen Gesellschaft*, Band 157, Wiesbaden, Harrassowitz Verlag, 2007, p. 7.

② "Günther Debon (1921-2005)", p. 8.

③ Wolfgang Kubin, *Die chinesische Dichtkunst*:*von den Anfängen bis zum Ende der Kaiserzeit*, München, Saur, 2002, p. viii.

④ Zhengxiang Gu, *Anthologien mit chinesischen Dichtungen*, Stuttgart, Anton Hiersemann Verlag, 2002, p. XVIII.

Lyrik aus drei Jahrtausenden，1988)、《幽居近物情：中国诗歌上下三千年》(*Mein Haus liegt menschenfern doch nah den Dingen: Dreitausend Jahre chinesischer Poesie*，1988)、《渌水明秋月：中国唐诗》(*Herbstlich helles Leuchten überm See: Chinesische Gedichte aus der Tang-Zeit*，1989)。根据笔者的统计，共涉及唐代诗人 55 位，李白是被译介得最多的诗人，其次是杜甫、王维、白居易等。究其原因，或许一方面因为李白及其诗歌本身在中国诗歌史上就具有难以被撼动的特殊地位，另一方面，也因其传奇生平及诗歌内容和特色更符合西方读者的阅读趣味和审美，再者，曾在欧洲大陆盛行一时、频繁被作为唐诗翻译参考译本的两个现象级法译本《唐诗选》(*Poésies de l'époque des Thang*，1862) 和《玉书》(*Le Livre de Jade*，1867) 中，李白诗歌都明显备受青睐。下面我们就选择德博的两本唐诗译诗集——《中国唐代诗人》和《渌水明秋月：中国唐诗》来介绍其译介贡献。

德博在《中国唐代诗人》前言中提到，该诗歌集以李攀龙 (1514—1570) 的《唐诗选》为基础，并认为，李氏诗歌集的一大贡献在于收录了一些知名度不太高、但符合其唐诗理念的诗人作品；不过，白居易和李贺这两位重要诗人的诗歌却并未入选，此外，当时已有声名的诗僧寒山的作品也未入选；但在德博眼中，寒山和李贺的诗作与普通唐诗相比独具特色，因此在他自己所译的诗歌集中，收录了不少寒山和李贺的作品。① 下面我们以寒山诗歌为例，来对德博的译文进行展示：

德博译文·例一②	笔者对其译文的再翻译	寒山原作
Vor dreißig Jahren trat ich ein ins Leben;	三十年前步入人世；	出生三十年，
Zehntausend Meilen sind seitdem durchmessen.	自此已行游千万里	尝游千万里。
Grün zog die Flur sich hin entlang dem Fluß;	沿江而行绿意绵延	行江青草合，
Rot aber stieg der Staub auf den Pässen.	踏入塞上红尘纷纷	入塞红尘起。
Ich schmolz-umsonst-das Elixier des Lebens;	我曾炼过长生药——空徒劳	炼药空求仙，
Ich las, hab Helden im Gedicht beschworen.	我曾读过书，并咏怀诗中的英雄	读书兼咏史。
Nun bin ich eingekehrt im Han-schan-Berg;	而今，我归隐寒山	今日归寒山，
Den Bach als Kopfgestell, wasch ich mir rein die Ohren.	以溪流为枕，我将双耳洗净	枕流兼洗耳。

---

① Günther Debon, *Chinesische Dichter der Tang-Zeit*, Stuttgart, Phillip Reclam jun., 1964, p. 9.
② *Chinesische Dichter der Tang-Zeit*, p. 75.

在对应的译诗左侧,德博首先对寒山进行了简要介绍:他是作为佛僧而为世人所知,在浙江天台山寒岩旁搭建了自己的隐庐;其诗歌艺术特色在于"与通常所理解的唐代诗歌相比,(寒山)的作品一方面有着宗教诉求,另一方面——也正因如此——有着浅显且偏口语化的语言风格"[1];但寒山并未破坏严格的对仗艺术,这也证明了他是唐代诗人。[2] 例诗用寥寥数语便展示了诗人从步入尘世到归隐寒山的人生轨迹。在德博的译文中,几乎通篇都使用了尾韵"-en",很好地展示了律诗的押韵特色;特别是对"行江青草合,入塞红尘起"一联的翻译,更是近乎完美地体现了唐诗中常常要求的上下两句对仗整齐的特点:"grün"对"rot"(颜色词相对),"zog sich hin"对"stieg auf"(动词相对),"Flur"对"Staub"(名词相对),"entlang"对"an"(介词相对),"Fluß"对"Pässe"(名词相对),这不仅显示了译者对唐诗特色的准确把握,也展示了其在德语表达上的推敲功夫。

此外,在寒山原诗中,出现了不少需要读者具有相关背景知识才能理解的地方,例如"江"所指为何?"炼药"何用?"枕流""洗耳"当作何解?针对这些理解上的困难,德博采取的策略是在原文译文左侧添加相关注释或评注来帮助德国读者理解。例如就"枕流兼洗耳"一句,德博解释说,中国人以前用木制或瓷制的支撑物作为睡枕,并不惜笔墨讲述了诗人所引用的晋代典故:后来成为太守的孙楚,年少时曾有过成为隐士的愿望,他想要对朋友这样夸赞自己的未来生活:"我将把石头作为头枕,在溪流边漱口(当枕石漱流——笔者注)。"但他却出现了口误,说道:"我将把溪流作为头枕,用石头来漱口(当漱石枕流——笔者注)。"孙楚懂得如何规避失误,就说:"以溪流为枕,可以清洁我的双耳;用石头漱口,可以磨亮我的牙齿。"换句话说,即净听慎言。孙楚自己也是引用了当时对一则旧寓言的加工版本:传说中的尧帝(据说生活在公元前3000年)想要将其位禅让于智者隐士许由。许由前往最近的一条溪流,以便从耳中洗掉这个过分要求。寒山的心愿亦如此:远离世间的污秽俗务,度过余生。[3]

通过以上注解,德博把"枕流兼洗耳"一句的用典——甚至典中典——

---

[1] *Chinesische Dichter der Tang-Zeit*, p. 72. 若未特别说明,均由笔者自行翻译。
[2] *Chinesische Dichter der Tang-Zeit*, p. 72.
[3] *Chinesische Dichter der Tang-Zeit*, p. 74.

都解释得非常清楚,并据此评价了诗人的用典之意。这一注解虽然占据了不少篇幅,但对于对中国历史和文化并不熟悉的德国读者来说却是一个非常重要的理解支柱,同时,也显示了德博自己对诗句用典的准确理解和把握。

在诗歌集《渌水明秋月:中国唐诗》中,德博亦谈及唐诗的用典特色以及自己的翻译策略:由于唐诗中的用典对于异文化读者来说几乎都是以难以感知的方式隐匿起来的,所以诗歌集附有尾注,这样"可以清楚地展示,一首中国诗歌的含义比其文字所表露的含义更为丰富"①。下面我们来看看德博对杜甫《游龙门奉先寺》一诗的翻译:

德博译文·例二②	笔者对其译文的再翻译	杜甫原作
Ich wandere zum Fong-siän-Kloster beim Drachentor	我漫游至龙门奉先寺	游龙门奉先寺
Vom Ort der Mönche war ich ausgegangen;	已从寺僧之处出来	已从招提游,
Am Ort der Mönche kehr zur Nacht ich ein.	夜晚又在寺僧之处投宿	更宿招提境。
Aus dunklem Tal rauscht Orgelton des Leeren,	幽暗的山谷里传来虚空的管风琴之音	阴壑生虚籁
Und klare Schatten wirft der Mond im Hain.	月儿在林中投下其清晰的影	月林散清影。
Vorm Himmelstor, dicht bei Planet und Sternen,	在天门前,紧挨着星宿	天阙象纬逼
Lieg ich im Wolkenbett, die Kleider kalt.	我躺在云床之上,衣衫冰凉	云卧衣裳冷。
Und halb erwacht, hör ich die Morgenglocke;	半醒之时,听见晨钟敲响	欲觉闻晨钟,
Geheiß, mich selbst zu prüfen, das da hallt.	那响起的,是让我自省的命令。	令人发深省。

在尾注中,德博首先解释道,诗题中的"龙门"(Drachentor)是位于唐代东都洛阳城西南的一个著名石窟,傍伊河而成,奉先寺就坐落于龙门北岸,并提到该诗属于杜甫传世诗歌中的初期作品,或许也因其内容,通行的杜诗

---

① Günther Debon, *Herbstlich helles Leuchten überm See: Chinesische Gedichte aus der Tang-Zeit*, München, R. Piper GmbH & Co. KG, 1989, p. 6.

② *Herbstlich helles Leuchten überm See: Chinesische Gedichte aus der Tang-Zeit*, p. 25.

版本都将该诗置于卷首。① 在这首五律中,首联以几近平铺之笔,将游寺过程一笔带过,点出"更宿"之情景;颔、颈联着笔于夜宿时的所见所闻,塑造出一个虚白高寒之境;尾联从"晨钟"到"深省",给人以意有所得、禅家顿悟之感。在翻译时,德博依旧赋予译诗以韵脚,以"-en"韵为主,兼有"-ein""-t"双韵,使译文读起来朗朗上口。原诗三四句状风月之佳,五六句见高寒之极,极为精彩,却亦为难译之处。德博将具有佛、道意味的"虚籁"译为"Orgelton des Leeren(虚空的管风琴之音)",并在尾注中给出如下解释:

  Vers 3. Orgelton: lai, die flötenden Laute der Natur. Siehe *Dschuang-dse*, Kapitel 2, Abschnitt I.

  -Leere: sowohl im Daoismus wie im Buddhismus der Inbegriff letzter Wahrheit, die eben nicht wahrzunehmen ist.②

  第三行诗句,Orgelton:"籁",吹出来的自然之音。参见《庄子》第二篇第一段。-Leere:在道家和佛教中均是那个恰恰不可感知的终极真理的化身。注释中所提到的"籁"的出处,是《庄子·内篇》第二篇《齐物论》的"女闻人籁而未闻地籁,女闻地籁而不闻天籁夫!"③;原诗中的"籁"特指"天籁",即自然的箫声,万物因其各自自然而然状态而产生的自鸣。德博在翻译中所使用的德语词"Orgelton"原义为"管风琴之音"。被莫扎特誉为"乐器之王"的管风琴,音域之宽广居众乐器之首,其音响辉煌磅礴,音色优美华丽,非常适合营造出教堂所追求的庄严肃穆的气氛。因而,管风琴成了欧洲宗教音乐中长期占据统治地位的乐器,并被赋予了浓厚的宗教色彩,"当庄严宏大的音乐响彻整个教堂,信徒会感到一种无与伦比的宗教力量包围着自己,甚至在音乐停止以后,音乐的旋律仍盈耳不息,人们的祈祷会随余声缭绕的音乐而延续,心灵也由此得到净化与安顿"④。"Orgelton"关乎宗教,天籁之音始发自然,二者皆有让人摆脱尘世烦扰、净化心灵的作用。将具有浓厚中国文化含义的"籁"用为德国读者所熟知的"Orgelton"形象传递出来,这也让他们能够更容易理解原诗语词的言外之意、弦外之音。

---

① *Herbstlich helles Leuchten überm See: Chinesische Gedichte aus der Tang-Zeit*, p. 79.
② *Herbstlich helles Leuchten überm See: Chinesische Gedichte aus der Tang-Zeit*, p. 79.
③ (清)郭庆藩撰、王孝鱼点校《庄子集释》第 45 页,中华书局,2013 年。
④ 蒋述卓《宗教艺术论》第 304 页,暨南大学出版社,1998 年。

此外，原诗颈联"月林散清影，天阙象纬逼"中"散"和"逼"这两个动词也用得极为传神，"散"描绘了月光下风吹树木疏影动的生动画面，"逼"则道出了在高处仰望星空时点点繁星扑面逼近的那种压迫感。德博在译文中以动词"werfen"（投、掷）来译这个"散"字，将"月"作为了主体，月儿投下其影，虽也有动态之感，却少了原诗中林木与月影之间的活泼互动；"逼"这一动词德博则用德语中的形容词"dicht"译出，也以独词再现繁星逼近之情景，亦显译者的用词功力。

二、德博的唐诗研究贡献述略

在翻译唐诗的基础上，德博也展开了对时代背景、诗人及其诗歌特色的研究，其研究成果在上述两本译诗集中均有体现。现在从以下几个方面进行总结。就唐诗的时代背景而言，德博引用严羽《沧浪诗话》中的"盛唐"一词，借以展示当时的文化气象。为了让德语读者获得更直观的认识，他还进行了中西对比：公元7世纪，当时唐王朝的皇家藏书就已达37万卷（Kapitel oder Bücher）之多，即便是在"安史之乱"之后，皇家藏书也恢复到了12.6万卷；而作为当时欧洲最大图书馆之一的圣加仑修道院图书馆（Bibliothek des Klosters St. Gallen），在公元9世纪的藏书也就大约仅有400整卷（Bände）①，由此，当时东西方的文化教育落差（Bildungsgefälle）可见一斑。②

针对唐代诗人的鲜明特征，德博总结道，第一，他们几乎都是官员，只有孟浩然未曾入仕，李白则或许因其嗜酒天性而无法长期驻留于皇宫之中；第二，正因当官，诗人们都声明自己属于儒家学派，然而心之所向却是道家以及彼时方兴未艾的佛教，特别倾心于道、佛所提倡的"净"（Reinheit）和"静"（Stille）；第三，诗人均受过良好教育，其作品中用典随处可见，而用典或许正是中式写作中最重要的结构元素。③

---

① 通过括号中给出的原文可知，这里"卷"和"整卷"两个量词并非完全一致，后者指的是"完整装订成册的卷"，因而这里的比较并非是绝对的，而是有所保留和限制。以上结论源自德博的学生——德国当代汉学家吕福克（Volker Klöpsch，生于1948年）的电子邮件答复。

② *Chinesische Dichter der Tang-Zeit*, pp. 3-4.

③ *Chinesische Dichter der Tang-Zeit*, p. 6.

此外，德博还对唐诗的主要特色进行了总结：第一，以律诗为代表的近体诗在唐代诗歌创作实践中得以日臻完善和流行，初唐诗人沈佺期与宋之问均为完善律诗的体制做出了开创性贡献；第二，律诗共八句，有五律（每句五字）和七律（每句七字）之分，在律诗创作中，普通话中的四声仅被归为平仄两大组，诗中每一个字的平仄都是事先有所规定的，并由此产生了诗歌的韵律；第三，律诗有明确的对仗要求，即颔联和颈联的上下句应构成思维上的对仗（Parallele/Antithese），如"户外一峰秀，阶前众壑深"［（唐）孟浩然《题大禹寺义公禅房》］，汉语诗歌创作中没有跨行（Enjambement）① 现象，这就更有利于实现律诗的对仗要求；第四，唐诗中常常出现用典这一艺术形式，且用典主要来自诗歌创作明显受道家思想影响的晋代，也正因如此，对于外国读者来说，很难找到不加评论注解就能理解的唐诗。②

除了从微观层面关注唐诗及诗人的特色之外，德博也从宏观角度对唐诗发展史进行了研究，其成果集中体现于他所著的《中国诗歌：历史、结构、理论》（Chinesische Dichtung：Geschichte，Struktur，Theorie）一书，全书主体部分由"历史概况""术语索引"和"附录：补充例诗"组成。在"历史概况"中，德博以近四页的篇幅，分四个时期——初唐（T'ang-Frühzeit，618—712）、盛唐（T'ang-Blütezeit，713—766）、中唐（T'ang-Mitte，766—835）和晚唐（T'ang-Spätzeit，835—907）对唐诗发展史进行了概述③。初唐由"四杰"——王勃、杨炯、卢照邻和骆宾王拉开序幕，在其诗歌中已经能看得出"近体"特征。沈佺期和宋之问被视为近体诗的完成者以及律诗的创立者。陈子昂承袭汉魏朝那种阳刚朗练的风骨，所作诗歌已接近于盛唐风格。唐高宗统治时期将撰写诗歌纳入进士考试，为接下来的诗歌繁盛做出了不容小觑的

---

① 跨行，一作"移行"，指的是诗行结束在一个词组没有完的地方，有时甚至把一个实词和虚词分开在两行里，以起到特定的修辞、音韵、节奏或语义的效果。这是西方诗歌创作中的一种重要修辞手法。参见张纪鸽《简析英语诗歌中的跨行及其翻译》，载《延安大学学报》（社会科学版）2006 年第 1 期。

② Chinesische Dichter der Tang-Zeit，pp. 6-8.

③ Günther Debon，Chinesische Dichtung：Geschichte，Struktur，Theorie，Leiden，E. J. Brill，1989，pp. 5-8. 根据该书"唐诗，分期"（T'ang-Dichtung，Periodisierung）词条的释义可知，德博对唐诗发展史的分期参考的是从严羽《沧浪诗话》、经杨士弘《唐音》到高棅《唐诗品汇》发展而成的"现行分期法"。参见 Chinesische Dichtung：Geschichte，Struktur，Theorie，p. 170.

贡献。此外，王绩的诗歌创作以陶渊明的质朴之风为榜样；杜审言受女皇武则天的赏识和庇护；宫体代表、咏物诗大师李峤以及诗僧王梵志也受其支持。

盛唐是中国文化的黄金时代和鼎盛时期。李白和杜甫是盛唐时期的领军性代表诗人。王维和孟浩然的诗歌有时被合称为"王孟诗派"，形式上偏向于五言诗，内容上多涉及对自然的流连忘返，以"远"（Fernhaftigkeit）、"淡"（Blässe）为特征，在这两位诗人的作品中均找不到安史之乱的痕迹。王维是首位画家诗人。储光羲或许可被称作"王孟诗派"的第三位代表人物。而以高适和岑参诗歌为代表的"高岑诗派"则以七言诗和阳刚的边塞诗为主，也可将"二王"——王昌龄和王之涣归入该诗派。李颀喜作古体七言诗。崔颢创作出了那首最好的七律①。这一时期其他著名诗人还有王翰和常建。

中唐时期的诗歌特色是通俗和写实，或许其原因就是人们已经认识或感觉到，诗歌创作此前就已经达到了尽善尽美的程度。在画家、诗人和书法家顾况身上，中唐已经有着一种具有道家特色的超自然独立精神。这一时期令同代诗人相形见绌的诗人是白居易，其作品有着广泛影响力。在日本，白居易很快就成了首次被提及的中国诗人；在欧洲，他属于被译介得最多的诗人之一，其对百姓疾苦的同情激发了艾伦斯坦（Albert Ehrenstein）和布莱希特（Bertolt Brecht）的仿作热情；以白居易及其好友元稹为代表的元白诗派以"俗"（gewöhnlich）和"庸"（trivial）为特征。白居易的另一位好友刘禹锡的特色则主要在于其政治讽刺诗和模仿民歌的诗作。另一对友人组合是韩愈和孟郊，前者是毫无争议具有极大影响力的中国散文家和值得尊敬的诗人，后者在文学评论中被冠以"寒"（frostig）之名。刘长卿、韦应物和柳宗元继承了"王孟诗派"，而王建和李贺则将诗歌作为语言上的艺术品来加以发挥。特别是26岁就辞世的李贺更是清楚地表明了，如果中国诗歌摒弃陈规俗套的话究竟能有何种潜力。他的诗歌创作天才有时甚至敢超越学者圈的理解能力，被中国文学评论贴上"诡异"（seltsam-bizarr）和"鬼魅"（dämonisch）的标签，未被收录进标准诗集中。同时，他也预先展示了一些表现主义的东西。卢仝因其奇诡的诗风也常常跟李贺一起被提及。僧诗的代表有皎然，其凭借诗学著作《诗式》和《诗评》而传名于后世。僧人无本在韩愈的劝说下还

---

① 此处指《黄鹤楼》。

俗，并用其名"贾岛"创作了最受欢迎的一首绝句①。

受元白诗派影响的杜牧将唐诗创作引向了晚唐时期。带着政治末世之感，这一时期的诗人都转向了浪漫—幻想主义，李商隐和温庭筠就是这种辞藻华丽、阴柔绮艳的"西昆诗派"的宗师。晚唐时期，词已经取得了突破性发展。源自闺情风月环境的词，在李白、白居易和刘禹锡那里就已留下了痕迹，而晚唐的温庭筠和韦庄则为词的发展助了一臂之力。"最后一位唐代诗人"司空图主要因其作品《二十四诗品》而闻名于世。凭借这些诗品及其基于诗学理论、体现道家和禅宗精神的两封信札②，司空图让一种超象之思（Gedanke einer Transzendenz）在中国文学评论中获得了一席之地。晚唐时期的其他诗人还有皮日休和陆龟蒙这对友人，以及韩偓和杜荀鹤。

三、结　语

在众多唐诗德译本中，我们大致可观察到三种翻译风格：第一，以准确性为最高原则的行间对译（Interlinearversion），力图准确传递内容，却难以再现诗歌的形式美，奥地利汉学家察赫（Erwin Ritter von Zach, 1872—1942）是其杰出代表；第二，带有强烈创作色彩的仿作（Nachdichtung），提炼原诗的意象、情景进行再创作，以诗歌形式再现，但往往内容与原诗相差甚远，如德国诗人贝特格（Hans Bethge, 1876—1946）和克拉邦德（Klabund, 1890—1928）；第三，内容与形式兼顾的折中风格，译诗内容尽可能地接近原诗，且尽可能地将内容用带有中国诗歌特色的形式呈现于读者面前，有着扎实中文基本功以及优美德语表达的德博则是这一风格的典型代表。特别值得一提的是对唐诗中对仗——如"行江青草合，入塞红尘起"——的处理，他在准确传递内容的同时亦将对仗形式用德语丝丝入扣地译出，可谓在翻译技巧上的一大创新。作为译者，他也深知，唐诗中的丰富用典既是其特色，却也构成了翻译的一大障碍。为了尽可能准确传达唐诗用典的特色，德博采用注解的方式来对典故进行补充说明，以帮助德国读者理解典故之含义以及诗人用典之意图，从而帮助他们理解全诗旨趣，在一定程度上也可以增加阅读中

---

① 此处指《寻隐者不遇》。
② 即《与李生论诗书》和《与极浦书》。

国古典诗歌的趣味性。这一方法，或许能够为我们在探讨中国文学海外传播时中提供一些启示和借鉴。

"古诗之妙，专求意象"①，"独照之匠，窥意象而运斤"②，在唐诗中，有着大量的人、物、事、景、俗的意象，它们往往以高度凝练的语言传递出易在同源文化受众中唤起共同联想和情感的文化内涵。正因意象与各民族的文化相融相生，语际间的意象传递和翻译对于译者来说往往是棘手之处，却亦是文学翻译中引人入胜的"桃花源"。在前文作为例子的译诗中，德博使用"Orgelton（管风琴之音）"来译"（天）籁"这一饱含浓厚中国文化含义的意象，或许算得上是一种文学"他国化"③策略，借助德语已有的表达手段，让一个源自中国哲学的意象在普通德国读者那里也能产生与在中国读者心中类似的联想和感受，如此贴切的意象替换非对两种语言和文化的驾轻就熟而不能为之。此外，他在注释中还给出了"籁"的原义及出处的说明，这又能让读者在理解意象联想意义的同时去观照在源语文化中的对应词汇表达项，从而完成对原著意象的整体理解。这一"顾此而不失彼"的方法或许也可为我们在从事或探讨文学作品的意象翻译时提供一种可借鉴的视角。

如果将德博对唐诗的研究视为其对时代背景、诗人特色、诗歌特色等的一种理解和阐释的话，那么根据以伽达默尔（Hans-Georg Gadamer）为代表的诠释学观点，在德博身上也发生着"视域融合"（Horizontverschmelzung）。"视域"的存在是因为"前见、前理解"（Vorverständnis）的客观存在，它不是封闭的、孤立的，而是理解在时间维度上进行交流的场所；理解者/解释者的任务就是实现"视域融合"，即扩大自己的视域，使其与其他视域相交融，这种融合兼具历时性和共时性，在视域融合中，历史和现在、客体和主体、自我和他者构成了一个无限统一整体。④这样的融合，很明显地体现在德博行

---

① 胡应麟《诗薮》，载郭绍虞主编《中国历代文论选》（中册），中华书局，1962年。
② 刘勰著、周振甫注《文心雕龙注释》第295页，人民文学出版社，1981年。
③ "他国化"是我国学者曹顺庆在比较文学变异学基础上提出的一个学术概念，认为应该"对文学作品的语言、某些文化事物/意象，以及根据接受国读者的兴趣进行适当地他国化处理，使其更容易实现在接受国文化语境中的软着陆，更容易在接受国培育中国文学和文化的受众和接受环境"。参见董首一、曹顺庆《"他国化"：构建文化软实力的一种有效方式》，载《当代文坛》2014年第1期。
④ ［德］汉斯-格奥尔格·伽达默尔著，洪汉鼎译《诠释学Ⅰ：真理与方法》第viii、ix页，商务印书馆，2016年。

文中不时出现的中西对比和中西关联之笔上,如通过唐王朝的皇家藏书与欧洲圣加仑修道院图书馆藏书的对比来展示当时唐朝文化之盛,亦通过提及白居易诗作在海外的传播情况来说明其作品影响范围之广,在李贺的诗歌中看到了"表现主义"的痕迹,给晚唐诗歌贴上了"浪漫-幻想主义"的标签。换句话说,他在理解和阐释时,也许无意识地就融入了自己的"前见",从而完成了相关认知任务。而这种视域融合却往往能给受众提供一些新的视角和切入点,甚至为我们提供可以"攻玉"的"他山之石"。

(张杨 文学博士,西南交通大学外国语学院讲师)

德国汉学家甲柏连孜"一经一纬"语法体系与中国古代的"体用"思想[*]

魏兆惠

摘 要："体用"是中国古代的哲学概念。明代杨慎汉字的"四经二纬"说、清代戴震的"四体二用"说和段玉裁"体用同称"及今人张猛训诂研究的"四类八则"说概括了文字和训诂系统中的体和用。19世纪德国甲柏连孜《汉文经纬》分析和综合"一经一纬"思想也与体用思想巧合，也对吕叔湘形式和表达双系统及汉语研究与教学产生了间接的影响。

关键词：甲柏连孜 一经一纬 体用

一、中国古代哲学及小学研究中的"体用"思想

"体"与"用"是中国古代产生的一对重要范畴，各历史时期的理解略有不同。《荀子·富国》有"万物同宇而异体，无宜而有用为人"，体是形体，用是功用。王弼（226—249）《老子注》中"虽德盛业大富而有万物，犹各得其德，虽贵以无为用，不能舍无以为体"，体是本体，用是现象。唐代经学家崔憬（生卒年不祥）《周易探元》"植物以枝干为器为体，以生性为道为用"，体是器，用是道。清末洋务派提出"中学为体，西学为用"，体是原本，即中国伦常经史之学，用是应用，即西方科技之术。总的来讲，体是第

---

[*] 本文曾在第四届文献语言学国际学术论坛（2018年，北京）上宣读，是北京社科基金项目"600年间北京官话副词研究"（17YYB007）的阶段性成果，并受北京语言大学院级项目（18YJ010005）和教育部后期资助项目"明清北京话副词及相关问题研究"（19JHQ033）资助。

德国汉学家甲柏连孜"一经一纬"语法体系与中国古代的"体用"思想

一性的,用是在体基础上产生的。

语言也是万物之一,也有体有用。中国古代学者研究汉字、训诂的过程中都不约而同地意识到了"体用"双系统的存在。

明代杨慎(1488—1559)在《古音后语》中提出了汉字的"四经二纬"说,指出六书中能够造字的象形、象事、象意、象声谓之四经,不造字的假借和转注谓之二纬。杨慎敏锐地认识到人们所造之字是有限的,但所用之字是无限的,"四象以为经,假借转注以为纬,四象之书有限,假借、转注无穷也"(《六书索隐》)。汉字的六书经纬交织,构成了汉字系统。清代戴震(1724—1777)更是对前人将六书通看作造字法的陈说提出挑战,在杨慎的基础上进一步提出了"四体二用"说,直接指出了象形、指事、会意、形声和转注、假借之间的体、用关系,前四者造字法,后二者为用字法。这种创见对后世的影响深远。

中国传统训诂学也存在体用双系统。清代段玉裁(1735—1815)在《说文解字注》中多次使用"体""用"和"体用同称"的概念,如他举例说"器曰梳,用之理发,因亦曰梳,凡字之体用同称如此"。一个名词如果能兼用作与这个名词意义相关的动词,就是"体用同称"。张猛进一步揭示出汉语的词在用、义、音、形四个方面的八种情况,一词两用,四类八则。这"四类八则"可根据本(体—笔者注)用和活用划分为两个相对独立又相互作用的系统,一个是本(体)用系统,一个是活用系统。① 文章提到词的本(体)用的系统:

> 本用、本义、本读和本字,相互关联,属性稳定,具有唯一性,由此构成了汉语词汇的核心部分,其存在的客观性由汉字的本字字形体现。这个兼具用、义、音、形的系统可称之为汉语词汇的静态系统。

文章又提到活用的系统:

> 活用、引申、破读、假借,皆随用而生,应变而成。由此构成了汉语词汇中最有活力的、应用的部分。这一部分,以汉语应用中"活的"

---

① 张猛《训诂和汉语体系的关系》,载《北京大学学报》(哲学社会科学版)2015年第1期。

语句为依据，可称之为汉语词汇的动态系统。

要想真正的解决汉语的问题，除了搞清楚汉语的词汇的本性、本义，更要清楚活用系统打来的"干扰"。以"十个人吃了一锅饭""一锅饭吃了十个人"为例，这两句话之所以成为公案句，多年来在学界讨论不休，是因为人们只关注到了主语是施事还是受事的问题，主宾可以互换的问题，却没有注意到动词"吃"的词义问题。在古代汉语中，"吃"用"食"来表示，"食"字有二用：a. 音 shí。饭食（名词）；吃饭（动词）。b. 音 sì（饲，动词）。给人吃；供养。"十个人吃了一锅饭"中的"吃"是食的 a 义，"一锅饭吃了十个人"中的"吃"是"食"的 b 义。从破读后的意义以及"食"和"吃"的继承关系来解释这个主宾互换的合理性，问题就迎刃而解了。

本（体）用的系统是汉语理论研究的基础，而活用的系统则会给汉语带来干扰，旨在解释汉语应用中的问题。前者是本，是汉语基本理论的基础，后者是源，是汉语共时研究面临的语言现实。同时关注两者才能对汉语词汇有全面准确的解释。

二、德国汉学家甲柏连孜的"一经一纬"语法体系

汉语的语法体系也可分为体和用两个系统。最早有类似见解的不是中国人，而是19世纪的德国汉学家、语言学家甲柏连孜（Georg von der Gabelentz，1840—1893）。他1881年出版的汉语文言语法著作《汉文经纬》（*Chinesische Grammatih mit Ausschluss des niederen Stiles und der beutigen Umgangssprache*）将语法分析分为分析系统和综合系统两大系统。书名中"经纬"的含义即"以综合为经，以分析为纬"。这种分析和综合"一经一纬"的论点与早他四百年远在中国的杨慎的"四经二纬"论真是不谋而合，尽管一个是论述语法，一个是论述汉字。

甲柏连孜出生于德国的葆史魏孜堡（即今天的阿尔腾堡），不仅会荷兰语、意大利语，也在莱比锡大学学习了汉语、日语和满语。莱比锡大学是19世纪后期历史比较语言学的重要据点，在甲柏连孜的倡导下，莱比锡大学设立了东方语言学教授席位，他也成为担任这一席位的首位教授。甲柏连孜之前的欧洲，曾有人大谈汉语没有语法，这种武断的论述被证明是错误的，

德国汉学家甲柏连孜"一经一纬"语法体系与中国古代的"体用"思想

西班牙传教士瓦罗（Francisco Varo，1627—1687）在《华语官话语法》（*Arte de la Lengua Mandarina*，1703）就对此提出批评：

> 过去和现在，总有一些教士认为，中华帝国的通行语言即汉语没有语法和规则可言，其形式也不适合优美的文体。他们对此深信不疑，并以种种陈词滥调和轻蔑的嘲弄来断定这一点。……但也有一些教士听到这些人的谈论时，把他们看作无识之人，并告诫他们收敛一点。①

即便是认识到汉语有语法的瓦罗，也同诸多的汉学家、传教士们一样，对汉语语法的研究是基于"拉丁语视角"，这种研究视角对《马氏文通》及20世纪以后的中国人影响极大极深。甲柏连孜却与众不同，他意识到"每一种语言都是一种真实的存在（ein Daseiendes），在其存在的每一个阶段、每一个瞬间，一种语言都是一个自在自为的整体"②。他的《汉文经纬》共三卷。第一卷"导论"概述了汉民族的起源、语言、汉语的历史分期和地理分布（方言）、汉语汉字的一般特点，汉语学习的方法和目的，等等。第二卷和第三卷分别称之为"分析系统"和"综合系统"。

第二卷分析系统包括句子成分与句子之间的相互关系的确定、词类的定义、句子和句子成分的界限等内容。第三卷综合系统主要内容是句子成分、单复句和包括韵律和对仗在内的文体学。

分析系统主要讨论了词的组合、语序、词类、句子成分等内容，要回答的问题是："应该怎样从语法上理解汉语？即，汉语有哪些语法现象，其意义何在？这类语法现象必定遵循汉语结构的基本规律，需要根据这些基本规律来把握，予以有机的梳理。"③ 综合系统看似和分析系统内容有重合，也分析了词类的构造，句子成分的扩展，数量的表达，人称的表达、情态的表达，表达思想之内在逻辑关系的手段，以及与韵律、修辞有关的文体学方面的问题。但和"分析系统"目的不同。甲柏连孜指出："第一系统即分析系统的任

---

① ［西］弗朗西斯科·瓦罗著，姚小平、马又清译《华语官话语法》第3页，外语教学与研究出版社，2003年。

② 姚小平《甲柏连孜译后记——甲柏连孜其人其学》，参见［德］乔治·冯·德·甲柏连孜著，姚小平译《汉文经纬》第915页，外语教学与研究出版社，2015年。

③ 《汉文经纬》第149页。

务在于，根据各种现象的内部联系和多样化的意义来解释一种语言中的现象。"① "主要目的在于教学生读懂汉语文本，这一系统地归整和解释了客观的句法事实，即词序和小词，汉语利用它们来决定一个词属于哪个词类，不带标点的汉语文本也依靠它们来断句"②，而"综合系统的任务则在于，指出一种语言拥有哪些手段来达到自己的目的"③。"……这一卷里，语言不再被视为聚积成堆的辞格和事实，而是被理解为一座工具的库藏，即一种说话和交流思想的手段。"④

以定语的分析为例。分析系统指出，形容词或数词位于名词之前，便构成定语，如"人身、小天地"；两个形容词或者一个形容词加一个数词，构成名词性复合词，第一个成分是定语，如"大千、大黄"。这一部分用大量的例证来切分句子、辨别名词、形容词或数词构成的定语，梳理事实，并解释现象，最终目的是教会学生理解汉语的定语构成规律；而综合系统指出，表示某种性质的有或无，某种属性或状态的强或弱，事物的存在或消亡常常使用定语，定语表示量的大小、尺寸、强弱，也可以表述属性，如"匠人、门人、两人、死路、活路"等。这里对定语的分析从功能和意义入手，在使用定语的过程中，词序规则和虚词起着重要的作用。如果说分析规则学生能理解定语的构成规律，学完综合卷，则会判断哪些是定语，并会使用定语。汉语的规则是有限的，定语的位置是相对固定的，但定语与其中心语的组合方式，表达的意义是多种多样的。简言之，分析系统是对汉语语法事实的客观描写和分析，是"少数几条汉语结构的规则"，是可以记忆的，"作用在于说明既成言语的语法现象，以达到理解的目的"⑤，综合系统则是阐释这些规则的多种多样的组合方式，是靠强大的逻辑能力去理解的，而不是记忆，"作用则在于教人如何选择、运用语法手段，以达到表达思想的目的"。二者是静态和动态的关系，是"体"与"用"的关系。

---

① 《汉文经纬》第519页。
② ［德］甲柏连孜《论汉语新语法》第五届国际东方学家大会印欧语言及东亚语言组论文与报告集，柏林，1881年9月。又见《汉文经纬》（附一）第808页。
③ 《汉文经纬》第519页。
④ 《汉文经纬》第519页。
⑤ 姚小平《〈汉文经纬〉与〈马氏文通〉》，载《当代语言学》1999年第2期。

三、"一经一纬"语法系统对中国汉语研究的间接影响——《中国文法要略》的词句和表达系统

（一）《中国文法要略》的词句与表达系统

吕叔湘（1904—1998）的《中国文法要略》（以下简称《要略》）是中国20世纪影响最大的语法著作之一。《要略》分上下两卷。下卷谈概括了汉语的九种语法范畴。"语法范畴"是希腊语法学家所发明的术语，其来源是亚里士多德的"范畴论"。房德里耶斯（J. Vendryes，1875—1960）的《语言论》（Vendryés J. Le language，1921）指出，人们用语法范畴这个名称去指明由语法形式表达出来的概念。① 因此，语法范畴是语法中的语法意义而不是语法形式，是同类语法形式在语法意义上的统一或总和。光有语法形式的语法是死的语法，是就语法而研究语法。"像俄语这样富于形态变化的语言，讲语法以形式为纲还有一定的理由，汉语说不上有多少形态变化，大可不必亦步亦趋。"② 将语义引进语法研究中，就使语法成为活的语法。杨成凯评价说"表达论"以意念范畴为纲统摄语句组织形式，阐述全面，使《要略》在中国语法学史上成为独一无二之作。③

比如，上卷的词句论指出，实词与实词之间的关系有联合关系、组合关系和结合关系三种。两个同类的词联合起来，就是联合关系，分为名词联合，如"姊妹、妯娌"，形容词联合，如"丰满红润"，动词联合，如"拱手作揖、平起平坐"。也可以有"而、且、又、与"等连词构成联合关系。在下卷的表达论又指出了在语言运用中事物与事物之间有离合和向背两种关系。联合关系分为比较紧密和比较疏松两种，前者是狭义的联合，如"不敢从，亦不敢言。"（《左传·僖公二十二年》）后者是前者关系的加强，如"子谓韶，尽美矣，又尽善也。"（《论语·八佾》）表达论里详细讨论了古代汉语和现代汉语中的各类联合关系，各种连词隐现对联合关系的影响。同样是谈联合关系，上卷重在讲形式、规则，可谓"体"，下卷则重在意义、运用，可谓

---

① ［法］房德里耶斯著，岑麒祥、叶蜚声译《语言论》，商务印书馆，1992年。
② 吕叔湘《致郭绍虞》，《吕叔湘全集》（第19卷）第204—205页，辽宁教育出版社，2002年。
③ 杨成凯《吕叔湘先生的语法学思想》，《吕叔湘先生九十华诞纪念文集》，商务印书馆，1995年。

"用"。

正如龚千炎所讲，上卷按照传统分析词、语、句的成分、类别和用法，由外到内，意在说明词句结构是怎样用来表达思想的，帮助人们理解话语（听）和阅读文章（读）[①]。而下卷《表达论》说明观念的各种范畴和事情之间的各种关系各是通过哪些表达形式表达的，打破了词、语、句的类别和界限，集中地归纳不同范畴、不同关系的表达手段，由内到外。上卷讲的形式是"体"，下卷是引进语义，意在帮助人们组织话语（说）和写作文章（写），则是"用"，解决了"怎样用有限的格式去说明繁简多方、变化无尽的语句，这应该是语法分析的最终目的，也应该是对于学习的人更为有用的工作"这样的问题。

(二)《要略》和《汉文经纬》体用思想的比较

跟《汉文经纬》"综合系统"（体）的篇幅略小于"分析系统"（用）不同的是，《要略》的"表达论"（用）部分占全书篇幅的三分之二，材料丰富、分析细致。尽管如此，《要略》和《汉文经纬》无论从结构布局还是语法思想都有一定的一致性。

《要略》中的"词句论"主要论述词的种类和配合，《要略》将词分为七类：名词、动词、形容词（前三类是实义词）、限制词、指称词、关系词、语气词（后四类统称为辅助词）；实义词之间存在联合关系、组合关系和结合关系，如名词联合、动词联合、形容词联合等；《汉文经纬》中第二卷"分析系统"中词序规律包括静词和静词，动词和动词，静词和动词，副词和其他词，词的叠音和重复，主语谓语宾语的排列顺序。《汉文经纬》的"分析系统"中"词序规律"，静词和静词的关系有"并列关系""定语关系""同位关系"和"主谓关系"等四种，《要略》"词的种类和配合"部分有"联合关系""组合关系""结合关系"三种，分别可对应于《汉文经纬》的"并列关系""定语关系""主谓关系"。

《汉文经纬》"综合系统"也提到了数量、情态、否定、心理等，这些和《要略》中"表达论"中的"范畴"也多有相似，后者提到了数量、指称、方所、时间、正反、虚实、传信、传疑、行动、感情等范畴。在《汉文经纬》的"复句和句子的组合"中，也提到了"表达思想之内在逻辑关系的手段"，

[①] 龚千炎《中国语法学史》（修订本）第121页，语文出版社，1997年。

这些和《要略》中的"表达论"的"关系"的内容不谋而合。

《汉文经纬》的"综合系统"中,"数词"和《要略》中的"数量"几乎可以对应,"代词"可以和《要略》中的"指称（有定）"和"指称（无定）"对应,"情态"包括"肯否""原因、打算、意欲、希望等、命令、请求等"又和《要略》中的"正反、虚实、传信、传疑、行动、感情等"对应。再如,《汉文经纬》"分析系统"第一章描写出"代词"系统,有第一人称、第二人称代词、第三人称和指示代词、疑问代词、反身代词和限定代词、不定代词,并简单举例说明;"综合系统"里框架几乎相同,但是却进一步分析了代词的"格",如"我"用为主格和宾格,"吾"用为主格和属格,"予"用于所有格位;同义代词的频率,如"予"比"余"更常用;感情色彩,如"予"比"吾、我"更谦逊,"窃、余"都是谦逊的表达。《要略》在上卷"词的种类"里称代词一类,包括三身指称、确定指称、无定指称、数量指称（作者按：即数词）、单位指称（按：即量词）等五类,下卷"范畴"第十章和第十一章有"指称（有定）"和"指称（无定）",只讲了三身指称和疑问指称这个指称范畴,而"数量称代词"和"单位称代词"则归入数量范畴里。和《汉文经纬》一样,这里提到了文言中第一人称"吾、我、余、予"的功能、频率等,如"吾"多用作主语和加语,或用作变次的止词,用作词的差不多可以说是没有,"我"字则大多数用作止词,用作主语和加语的较少。

语法结构规则和逻辑的、意义的运用,是二者对汉语语法分析的两个面。

现代德国学者贾腾（Klaus Kaclen）更明确指出《汉文经纬》的"综合系统"探讨的语法领域"表示状态和变化的词、否定和否定结构、表示情态的词（必须、应该、能够、计划、想要、期望）、比较（也、还、只是、像、比较级、最高级）、句型（命令、请求、疑问、感叹）、数字、由连词表达出的内容"这些抽象的范畴,就是现今汉语语法研究中的"语法范畴"。[①] 龚千炎评论《要略》的"范畴论"说："这在中国语法学史上是前所未有的。"[②] 国内学者写的中国语法学史上的确没有先例,殊不知在《要略》早半个多世纪

---

① [德]贾腾（Klaus Kaden）《从分析和综合的视角论述语法以及撰写汉语教课书》,载［日］江汉建之助编《研究主义语言学：柏林第二届东西方学术研讨会会议资料》,德国图宾根：君特·纳尔出版社,2002年。

② 《中国语法学史》（修订本）第121页。

的德国有《汉文经纬》导夫先路。可以说，甲柏连孜和吕叔湘都抓住了汉语这种非形态语言的语法特点，从语法范畴（语义）的角度来寻找语法形式，比直接从语法形式上找特征更加准确，更容易操作。

分析和综合可以看作一个思维过程的两个方面，只分析不综合，或只综合不分析是不可能的。形式和表达也是同一语言的两种表现，只重形式不符合汉语的特点，只重表达显然失去了基础。甲柏连孜和吕叔湘的语法系统的体用两面都是相互统一、彼此联系的。

（三）《要略》的思想来源——德国语言学界的间接影响

吕叔湘在回忆《要略》的写作过程时说，从写作意图上看："语法书可以有两种写法：或者从听和读的人的角度出发，以语法形式（结构，语序，虚词等）为纲，说明所表达的语法意义；或者从说和写的人的角度出发，以语法意义（各种范畴，各种关系）为纲，说明所赖以表达的语法形式。这两种写法各有短长，相辅相成，很难说哪一种写法准比另一种写法好。"前者是"从外到内"，后者是"从内到外"。《要略》是国内学者中第一次实践对汉语语法"从内到外"和"从外到内"结合起来描写的。学界盛赞《要略》中"表达论"的创新价值，吕先生却坦言，这本书的写作受到法国学者勃吕诺（Ferdinand Brunot）《思想和语言》（*La pensée et la langue*，1922）一书的启发："如果说我的书里有什么创造，那也只是在个别章节的细节上，至于全书的布局，我是不敢掠美的。"①

法国哲学家和语言学家勃吕诺和汉西·弗雷（Hensi Frei）合著的《思想与语言》也提到了"行为、施动、受动、时间、方所、判断、感情、意愿、修饰、关系"等一般的意念范畴，《要略》没有采用"人称、性、数、无定和有定、语态、语式"等印欧语常见的通过语法形式表达的语法意义，而是根据汉语自身的特点把语义分为"范畴"和"关系"两部分，这是吕先生的创造。

法国语言学研究和德国语言学研究历史上都是互相影响的。甲柏连孜除了受德国洪堡特（Wilhelm von Humboldt，1767—1835）和斯塔恩塔尔（Heymann Steinthal，1823—1899）的语言学哲学思想的影响之外，也受到法国汉学家马若瑟（Joseph de Premare，1666—1736）、雷慕沙（Jean Pierre Abel

---

① 《致郭绍虞》。

Rémusat，1788—1832）和儒莲（Stanislas Aignan Julien，1797—1873）的影响。甲柏连孜所在的莱比锡大学的语言研究也影响了法国。法国的房德里耶斯的《语言论》在语法研究中，从句子分析出发，探讨人类的思维规律，认为人类通过语言而产生的精神活动包含两个连续的过程：分析过程和综合过程。"以语言为前提的这种心理行为包括两个连续的过程，一个是分析过程。"① 比如大脑摄入了一匹马在奔跑的视觉印象，意识首先分析这个印象的构成成分（"马"和"跑"）并确定它们之间的关系（"跑"是"马"的动作），这是分析的过程。意识又把自己所辨认和分析出来的成分组成"马跑"这样一个语像，这是综合过程。这个分析和综合过程和甲柏连孜的分析系统和综合系统有相通之处。

可以说，吕叔湘先生的形式和表达的思想直接的来源是中国传统的体用的哲学思想，间接上又受到了法国语言学思想的熏陶，可能也受到了包括甲柏连孜在内德国语言学思潮的影响。当然，"只是接受一种想法，所确立的范畴和关系，所归纳的各种表达方式，都完完全全是来自丰富的汉语材料的。这种新的语法格局对我们很有启发，它说明语言和思想互为表里，学习语言应该既能理解又会表达，以往的语法著作不免陷于片面"②。

四、余论：甲柏连孜"一经一纬"语法体系在汉语研究和教学的意义

中国古人对语法不重视，或者只意会，重"综合"，不分析，即所谓"此在神而明之耳，未可以言传也"。《马氏文通》批评说："此岂非循其当然而不求其所以然之蔽也哉？"高名凯作为房德里耶斯的学生，其《汉语语法论》也受到房氏的影响，兼顾分析和综合是其语法思想的重要表现。书中认为，语言是表达思想的，语言表达思想，可以有两个方式，"一是由词汇成员的实词来表达思想上的某一个概念，一是由语法的结构来表达"③。如表示"所属"，既可以用"这本书是我的"来表示，也可以用概括化的符号来表达，如

---

① 《语言论》。
② 《中国语法学史》（修订本）第121页。
③ 高名凯《汉语语法论》第103页，开明书店，1948年。

"我的书"。他认为，语法范畴是语法意义的概括，逻辑范畴是概念的概括，两者有密切的联系，研究语法就是要研究思想范畴的表达，看这些范畴到底有多少语法形式去表现。

  21世纪初，张斌主编的《现代汉语描写语法》前十章是对汉语形式和语法规则的描写，包括词法和句法两大部分。从第十一章开始，论述了空间范畴、时间范畴、数量范畴、指称范畴、重叠范畴、语气范畴、语序范畴共7大范畴，这样就构成了从结构到范畴，从分析到综合，从描写到解释的语法体系。① 沈家煊也直接指出分析的作用是找出整体各组成部分的差异，以把握整体的性质，综合的作用在于还有掌握语言自身独立于部分的整体的性质，二者应结合起来考虑。② 当然，汉语可综合为多少语法范畴，目前还没有统一的看法，但是这些研究的共同之处在于："都是从意义入手寻找形式，力求建立一个形式与意义相互验证，整齐完备的语义范畴。"③ 与其说甲柏连孜的《汉文经纬》是一部语法书，不如说是一部理论和实践相结合的汉语语法教材，甲柏连孜处处都在为学习者如何高效地学习汉语考虑。汉语语法从结构和范畴，从分析到综合的研究，对于今天的对外汉语教学也有积极的作用。汉语的意义范畴对句法有一定的约束作用，语法有规则但是又有一定的选择性。留学生虽然需要了解汉语的语法规则，但他们不可避免地要受到来自母语的影响，各种语言之间的基于意义的语法范畴大体相同，只是表现形式不同，从意义范畴入手，从语言的共性入手，发现汉语的特点，比从形式入手更符合汉语的实际。房玉清的《实用汉语语法》对汉语的动态范畴、数量范畴、时空范畴、语气范畴等语法范畴的研究非常有特色，该书将"空间"和"时间"放在"时空范畴"中研究。④ 张斌《现代汉语描写语法》对于对外汉语教学也有同样的作用，王珏举例说数量范畴，强调的就是量，指称范畴，强调指称，现代汉语没有定冠词、不定冠词，从范畴的角度看汉语的指称怎么指称的，跟英语的形式怎么去区别？这些都能引起留学生的思考和探究，也能调动学生学习的积极性。⑤

---

① 张斌《现代汉语描写语法》，商务印书馆，2010年。
② 沈家煊《语法研究的分析和综合》，载《外语教学与研究》1999年第2期。
③ 周红《语篇知识建构与对外汉语写作教学研究》第295页，上海人民出版社，2016年。
④ 房玉清《实用汉语语法》，北京语言学院出版社，1996年。
⑤ 王珏《〈现代汉语描写语法〉与汉语教学》第201页，载《对外汉语研究》2013年第9期。

五、结　论

　　世界万物，皆有体用。在汉语研究领域，无论是文字、训诂还是语法，有定规，也有变化，语言的本体是有限的，对本体的运用是无限的。本体的存在使语言有规律可循，对本体的运用又使语言丰富多变，因而语言的规则虽然是有限的，但对语言的研究却会永无止境。了解了汉语语言各个要素的"体用"关系，无疑使语言研究与哲学研究结合起来，这对进一步认识汉语的本质大有裨益。在语法研究领域，甲柏连孜"一经一纬"体系与中国古代哲学、小学及语言学的体用思想不谋而合，其在汉语语法领域所开的先河对后人的汉语研究和教学都意义深远。

（魏兆惠　北京语言大学人文社科学部，
北京文献语言与文化传承研究基地教授）

一部为培养汉学家而编纂的现代汉语教材

——《标准国语教本》(1939) 识小

李雪涛

摘 要:《标准国语教本》是由德国波恩大学教授石密德与中国讲师陆懿合编的一部现代汉语(国语)教材,1939年在上海出版。本文从一手的文献资料出发,对两位编者的生平进行了钩沉,同时对其编写这部教材的学术理念、国情认知以及文化间认知等进行了分析。作者认为,从整体上来讲,这部教材是成功的,堪称当时中德合作编纂此类教科书之典范。不过,教材也体现了当时西方"文明化"和"进步"的观念主宰着汉学研究的时代特征。

关键词:国别汉语教材编写 《标准国语教本》 德国汉学史 石密德 陆懿

一、石密德教授与陆懿合编的汉语教材①

1937年2月波恩大学汉学系教授石密德(Erich Schmitt, 1893—1955)与当时在汉学系的编外讲师陆懿(Lou Y, 1910—1938)合编了一部德文的汉语教科书——《标准国语教本》(*Einführung in das moderne Hochchinesisch. Ein Lehrbuch für den Unterrichtsgebrauch und das Selbststudium nebst chinesischen Zeichenheft*),但

---

① 有关这部汉语教科书有上海师范大学的硕士论文:何玉洁《石密德、陆懿〈标准国语教本〉研究》(指导教师:王澧华),2016年4月。这篇硕士论文,主要从语音、语法、词汇等教学方面,对这部教科书的内容进行了详细的分析。而其中有关陆懿生平的介绍尤为简略,仅有半页的篇幅。(第5—6页)包括陆懿的出生年等,都存疑。本文主要从中国文化史和中德文化交流的方面,对这部教材的内容做一些分析。

一部为培养汉学家而编纂的现代汉语教材

一直到1939年春季才得以印刷出版。1937年夏季的时候,这部教材原稿的一部分就在上海的一家出版社/印刷厂排印了,石密德教授也做了一校的工作。由于中日战争逐渐临近,出版社及时地将原稿的排印转移到了日内瓦的中国国际图书馆(Bibliothéque Sino-Internationale),当时图书馆已经同意接收这家出版社了。七七事变之后,在欧洲要找到一家能印汉字的印刷厂几乎是不可能的。而在中国本土也不可能找到一个愿意接纳这本德语中文教材的出版商。因此这部教材的原稿保留在日内瓦,一直到陆懿在波恩完成了他的博士论文,决定1938年7月初回中国。在此之前的6月底,石密德教授还专程赶赴日内瓦制作了一个副本,原稿由陆懿带往中国去找一家印刷厂印刷。由于陆懿死于日军的扫射,书稿也毁于一旦。一直到1938年12月中旬,只能由石密德教授本人带着书稿副本亲自从汉堡赴上海找一家印刷厂印刷此书。①

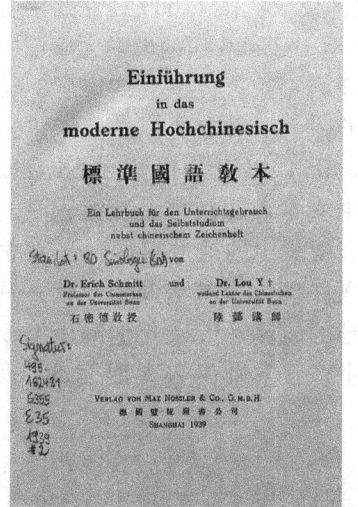 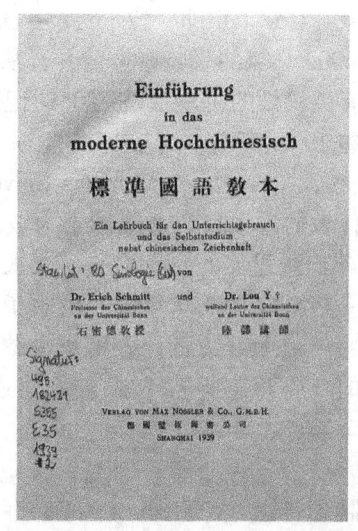

1939年版本的《标准国语教本》及《标准国语教本汉字练习册》,由德国璧恒图书公司(上海)印制。波恩大学图书馆藏

---

① Erich Schmitt u. Lou Y, *Einführung in das moderne Hochchinesisch.* 標準國語教本 *Ein Lehrbuch für den Unterrichtsgebrauch und das Selbststudium nebst chinesischen Zeichenheft.* Shanghai: Verlag von Max Nössler & Co., G. M. BH. 德国璧恒图书公司, 1939. Geleitwort, S. I-II.

这部教材应当是 1936 年 4 月在陆懿做了波恩大学汉学系的中文编外讲师之后，在授课的过程中，用了不到一年的时间，与石密德教授共同编写的。其中的一些编写理念，包括学术理念、汉语学习目标理念、国情认知理念，我认为基本上是石密德教授多年来从事汉学的汉语教学所总结出来的。陆懿则在语言认知，特别是当时"国语"中的北京话方言，以及国情认知，主要是中国文化史的知识方面，发挥了重要的作用。

二、石密德与陆懿

尽管波恩大学（全名为"波恩莱茵弗里德里希－威廉大学"（Rheinische Friedrich-Wilhelms-Universität Bonn）早在 1818 年就已经建立了，但直到威廉时代的 1913 年，普鲁士文化部（Kultusministerium）才决定在波恩大学设立东方学系（Orientalisches Seminar）。最初文化部仅仅提供了 600 马克的年度预算以及 6000 马克的采购基金。并且从 1914 年至 1925/26 年的大学大事记中没有任何有关汉学的讲座或练习课的记载。直到第一次世界大战结束后，确切地讲是在 1926/27 年，才在东方学系中设立了一个中文专业，并且聘任此前在柏林大学（Friedrich-Wilhelms-Universität Berlin）以无薪讲师（Privatdozent）身份任教的汉学家石密德博士为波恩大学中文专业的教授。石密德博士早在 1916 年出版过他的博士论文《天人合一观点视域中的道教宫观》，[1] 在学界产生过一些影响。1927 年他又出版了一部有关中国人及其信仰的专著——《中国人》。[2] 在翻译方面，石密德也做出了卓越的成就，1924 年他翻译出版了一卷本的《聊斋志异》。[3] 此外，他还翻译过"五十则出自太原府的歇后语"

---

[1] *Taoistische Klöster im Lichte des Universismus*，Berlin 1916. 本书系石密德在柏林大学高延（Jan Jakob Maria de Groot，1854-1921）教授的指导下完成的博士论文，主要是对《图书集成》中的"神异典"的第 279 卷的《太和宫》的翻译和从高延著名的"天人合一"（Universismus）的观点进行的阐释。石密德于 1916 年 3 月 2 日通过他的博士考试，他所学的专业为：汉学、阿拉伯语和哲学。获得博士学位的日期为 1916 年 5 月 19 日。此外，这篇博士论文是作为《柏林大学外国学院通讯》"第一系：东亚学研究"（Mitteilungen der Auslands-Hochschule an der Universität Berlin，Erste Abteilung：Ostasiatische Studien，1916）特刊由在柏林的帝国印刷厂（Reichsdruckerei）印制的。何玉洁《石密德、陆懿〈标准国语教本〉研究》（第 5 页），将石密德的此书翻译为《宇宙明灯里的道观》，不知道依据为何？

[2] *Die Chinesen*, Religionsgeschichtliches Lesebuch. 6, Tübingen：Mohr, 1927.

[3] Erich Schmitt（Übers.），*Seltsame Geschichten aus dem Liao-chai*, Berlin, 1924.

(*Fünfzig Hsieh-Hou-Yu aus Tai-Yuan-Fu*),刊载在 *Asia Major*(《泰东》)杂志上。石密德所主持的波恩大学汉学系主要开设以汉语为重点的研究课程,同时兼顾中国文化史的研究。他在 1955 年去世之前,还出版过一本简明中国文化史的小册子。① 石密德的著作大都不是严格意义上的学术著作,而是面向广大普通读者的读物。

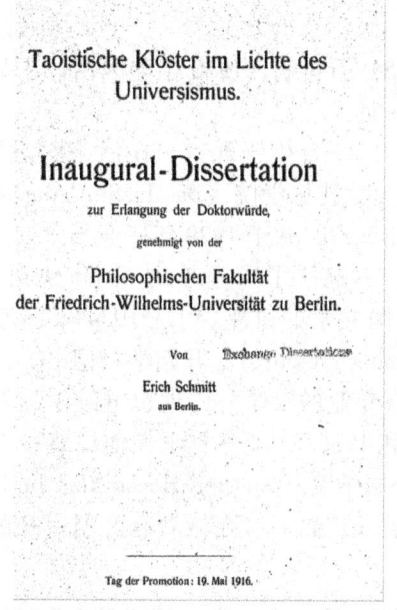

1916 年石密德的博士论文《天人合一观点视域中的道教宫观》扉页

石密德教授一生到过中国三次:第一次是在 1930—1931 年,他此行的主要目的是收集歇后语(Hsieh-Hou-Yu)。他大约收集了 1200 条歇后语,但并没有全部翻译出版;第二次是在 1938—1939 年,他来到上海,出版了他与陆懿合编的这部《标准国语教本》;第三次是在 1941—1947 年,此次他想要编

---

① Erich Schmitt, *Kleine chinesische Kulturgeschichte*. Butzon & Bercker, 1951.

一部标明书面语和口语的汉德词典。1942—1945年,他在上海的德国医学院教授中国文学和历史,并于1946年被任命为德语教授。

石密德教授的学术声誉并不高,司马涛(Thomas Zimmer,1959—)认为:"石密德是某一类汉学家的代表,他们不属于出名的学者,只是在某段很短的时期在某一专业领域有过一点小作为,随着时间的流逝,他们的名字最终被淹没在了漫漫人海之中。"①

陆懿系民国著名中医陆仲安(1882—1949)之子。② 陆仲安祖籍北京,世医之家,曾任上海神州医学总会常务委员、上海中西疗养院常务董事。他曾为孙中山(1866—1925)看过病,1920年他因治好了胡适(1891—1962)的心肌炎和肾炎而名噪一时。③

陆懿于1910年2月28日生于北京。在后来的北平市立学校毕业之后,1926年他考上了中法大学孔德学院(das Institut Auguste Comte der Universität Franco-Chinoise von Peiping),并于1929年毕业于该校。1931年9月陆懿在上海东方大学继续深造,并通过了毕业考试。同年他到了法国,在索邦(Sorbonne)大学听有关法国文学的讲座。④ 从1934年起他转到德国弗莱堡大学(Albert-Ludwigs-Universität Freiburg),开始学习德语。自1935年起他在波恩大学注册,除了作为主修专业的汉学外,他也继续学习罗马族语言文学和语音学。1936年夏季学期和1936/37年冬季学期他任波恩大学中文讲师。1937年3月初他也在柏林的外国学院(Ausland-Hochschule Berlin)任汉语讲师。在柏林和波恩作讲师的时候,陆懿一直在做着有关温庭筠的研究,这也是他之所

---

① 司马涛《前路的借鉴:被遗忘的汉学家石密德的生平和著作》,收入张西平、郎宓榭(Michael Lackner)编《德国汉学的回顾与前瞻——德国汉学史研究论集》第48—54页,此处引文见第54页,外语教学与研究出版社,2013年。

② "上海名医陆仲安之子陆懿,留德学成回国。"李北涛《胡笔江、徐新六飞渝殉难经过》,收入:蔡登山主编,李北涛等原著《民初银行大亨》第309页,台北:秀威资讯科技股份有限公司,2015年。

③ 衣萍著《窗下随笔》第24页,北新书局,1930年。

④ 期间于1933年著名京剧表演艺术家程砚秋(1904—1958)赴欧访学时,在意大利威尼斯见到了"陆仲安之子",所见到的应当是陆懿:"3月7日。到威尼斯水城。砚秋在一张印有威尼斯圣马可广场教堂门前像的明信片上,背书:意大利教堂前所照,戴帽者是陆仲安之子,一是中法大学秘书。陆有两个儿子在法国研究戏曲同教学,其好。"(程砚秋著,程秋红整理《程砚秋日记》第206页,时代文艺出版社,2010年)可惜,这幅照片今天看不到了。

以后来能够提交相关博士论文的原因。陆懿在自己附在博士论文后的简历中专门提到，他在波恩大学期间，还听过库尔提乌斯（Curtius），门策拉特（Menzerath）等教授的课程。这是他在简历中唯一提到的两个人名，对他一定非常重要，或者他本人对他们的成就非常认可。

陆懿博士论文最后一页所附的简历，这是有关他生平最详细且权威的资料。波恩大学图书馆藏

陆懿于1938年12月6日获得博士学位，之前他于1936年4月30日—1937年任波恩大学编外讲师，在汉学系教授汉语。[1]"编外讲师"德文用"außerplanmäßiger Lektor"（简称：apl. Lektor），对这些教师，大学本身既没有其位子，也不提供经费，可能汉学系会出适当的费用来补偿讲师。实

---

[1] *Verzeichnis der Professoren und Dozenten der Rheinischen Friedrich-Wilhelms-Universität zu Bonn 1818-1968.* Herausgegeben von Otto Wenig. Bonn: H. Bouvier u. Co. Verlag. Ludwig Röhrscheid Verlag, 1968. S. 346.

际上，1936年1月已经在波恩担任过3年多汉学系编外讲师的王光祈（1891—1936）突然病逝，作为王光祈较为亲近的晚辈朋友，① 从1936年4月夏季学期（Sommersemester）开学的时候陆懿便接替了他在波恩大学汉学系的位子。

石密德在上述《标准国语教本》的前言中写道：

> 两位作者在1937年的春天已经完成了这本书的编写工作，接下来便是要找一家出版社。1938年夏陆懿决定将手稿带往中国，在那里找一家印刷厂。这年8月底的一天，陆博士从香港飞往汉口，他所乘坐的客机起飞没多久在香港附近就被日本战斗机击落。陆博士在此次空难中身亡，手稿也一并遗失。②

1938年陆懿8月24日所搭乘的中国航空的"桂林号"航班从香港飞往重庆（而不是飞往汉口），在起飞不久就被日军战斗机击落在珠江口的中山县（现中山市）。陆懿也因此遇难。

三、《标准国语校本》的基本内容

1939年这部由在上海的德国璧恒图书公司出版的这部教材共分两部分：1.《标准国语教本》（*Einführung in das moderne Hochchinesisch. Ein Lehrbuch für den Unterrichtsgebrauch und das Selbststudium nebst chinesischen Zeichenheft*）；2.《标准国语教本汉字练习册》（*Chinesisches Zeichenheft zur Einführung in das mod-*

---

① 左舜生等撰《王光祈先生纪念册》（1936年12月，王光祈先生纪念委员会编印），收入沈云龙主编《近代中国史料丛刊》（188），台北：文海出版社，1968年，其中之《王光祈先生逝世情形及遗骸遗物之处置》中提及："陆懿君：陆君与王君平时较为接近，但亦不详其生前各事，惟深信其却无债务。在王君生前时，曾托其代换登记马克一宗，约有一百八十马克，系国内寄到之稿费。未及换到，王君已故。事后中德学生，亦各捐五十马克；连同前项，共有二百余马克。驻留波恩同人，拟以此款代立墓石一块，其余则留为日后培修坟墓之需。"第95页。

② Erich Schmitt u. Lou Y, *Einführung in das moderne Hochchinesisch.* 標準國語教本 *Ein Lehrbuch für den Unterrichtsgebrauch und das Selbststudium nebst chinesischen Zeichenheft*. Shanghai：Verlag von Max Nössler & Co., G. M. BH. 德国璧恒图书公司，1939. Geleitwort, S. I.

erne Hochchinesisch)。① 在"导论"（Einleitung）的最后，两位作者提到"中文课文的德文翻译正在准备之中",② 其实后来并没有出版。由于众所周知的原因，从1949年至20世纪70年代初基本上没有西方人能够到中国大陆学习中文，当时大部分的西德汉学家所从事的也仅仅是中国古代文化的研究，他们大都学习古代汉语。一直到1969年，在西德希德斯海姆（Hildesheim）的Georg Olms Verlag出版社还在影印这部《标准国语教本》，将课本和练习册合在一起影印，以便于当时的汉学学生学习现代汉语之用。③

这部教材的中文名字是"标准国语教本"，而德文书名的译名为《现在标准汉语入门：课堂及自学用课本，并附有汉字练习册》（*Einführung in das moderne Hochchinesisch. Ein Lehrbuch für den Unterrichtsgebrauch und das Selbststudium nebst chinesischen Zeichenheft*）。也就是说，这部教材不仅仅是课堂用书，同时也供自学之用。两位编者在前言中指出，如果使用者能认真地研读全书，并掌握其中的句法规则、词汇和各种表达法的话，那么就可以借助于词典的帮助，阅读自己所喜爱的任何国语读物了。④

当然这样的一部教科书并非凭空产生的，两位作者提到了他们参考的外文汉语教材及其他材料：C. W. Mateer, *A Course of Mandarin Lessons* 官話課本. Revised Edition, Shanghai 1900。⑤ 他们认为作为北长老会传教士狄考文

---

① 这两部教材由于是在当时中国出版的，所以也被收入了《民国时期总书目》的第0953条中："《标准国语教本》，[德] 石密德（E. Schmitt）、陆懿著，上海：德国璧恒图书公司，1939年初版，36页，21开。《教写中国字的的字帖》，有德文说明。"北京图书馆编《民国时期总书目》第216页右栏，书目文献出版社，1994年。

② Erich Schmitt u. Lou Y, *Einführung in das moderne Hochchinesisch.* 标准国语教本 *Ein Lehrbuch für den Unterrichtsgebrauch und das Selbststudium nebst chinesischen Zeichenheft*. Shanghai：Verlag von Max Nössler & Co., G. M. BH. 德国璧恒图书公司, 1939. S. X.

③ 在版权页署的是：Reprografischer Nachdruck der Ausgabe Shanghai 1939. Mit Genehmigung von E. Obenaus, Inhaber der ehemaligen Buchhandlung Max Nößler & Co., Shanghai. Printed in Germany. Herstellung：Druckerei Lokay, 6101 Rheinheim/Odw. Best. -Nr. 5102 459.

④ Erich Schmitt u. Lou Y, *Einführung in das moderne Hochchinesisch.* 标准国语教本 *Ein Lehrbuch für den Unterrichtsgebrauch und das Selbststudium nebst chinesischen Zeichenheft*. Shanghai：Verlag von Max Nössler & Co., G. M. BH. 德国璧恒图书公司, 1939. Geleitwort, S. IV.

⑤ *Einführung in das moderne Hochchinesisch.* 标准国语教本 *Ein Lehrbuch für den Unterrichtsgebrauch und das Selbststudium nebst chinesischen Zeichenheft*, S. IV.

1969年由西德希德斯海姆（Hildesheim）的 Georg Olms Verlag 出版社重新影印出版了这部《标准国语教本》。波恩大学图书馆藏

（Calvin Wilson Mateer，1836—1908）的这部教材尽管在语言材料方面有些过时，并且经常仅仅引用传教士观念领域的一些引文，但其根据语法重点而设计的整体结构还是很有价值的。1912年在青岛出版的《汉语通释》也是他们编写《标准国语教本》的基础：Ferdinand Lessing und Dr. Wilhelm Othmer, *Der Lehrgang der nordchinesischen Umgangssprache* 漢語通釋. W. Weber, Berlin W. 8, Buchhandlung und Antiquariat. Tsingtau 1912。两位编者认为，这部早期的教科书在语法方面也给予了一些启发。此外还提到了雷兴（Ferdinand Diedrich Lessing，1882—1961）有关句法比较的一篇重要论文：Ferd. Lessing,"Vergleich der wichtigsten Formwörter der chinesischen Umgangssprache und Schriftsprache. Ein Versuch"（汉语口语和书面语最重要的几个小品词之比较），in: *Mitteilungen des Seminars für Orientalische Sprachen zu Berlin*, 1925. S, 58—138。

一部为培养汉学家而编纂的现代汉语教材

整本教材的正文可以分为三个部分：第一部分（第 1—20 课）借助于例句来说明汉语的句法（Syntax）结构，从简单的陈述句，朝比较复杂的语法句子过渡。所谓的"课文"（Text）实际上是没有关联性的例句组成的，尽管这些都是现实生活中的真实句子，但基本上都是为了解释相关的语法现象而选出的。第二部分（第 21—30 课）补充以语法材料，并且构成了不同主题的短文，这些主题包括：旅行、邮局、电报、银行、剧院、电影院、艺术、中小学教育和大学、医院、现代科学和技术、家庭和书信的撰写。第三部分（第 31—36 课）是为语言学习者编选的短篇选文集（Chrestomatie），这包括当时最有名作家的优秀文学作品的选篇，也有部分学术论文或小说，这样能让学习者了解不同的文体。这一部分所选的文章有：胡适的《建设的文学革命论》，周作人的《苦雨》，鲁迅的《狗的驳诘》《自叙传略》，落华生（许地山）的《落花生》《梨花》，冰心的《古国的音乐》（选自《山中杂记》），茅盾的《机械的颂赞》等 8 篇。作为附录的第四部分实际上是一个词汇表，是将在课文中所有出现的字按照部首排列，并标出了当时的德式拼音和所在的课文数。

整体来看，第一二部分是要求所有学习者主动掌握的内容，这两部分所强调的是以语法知识为主线，系统、全面地在教材中展示了"国语"的结构。除了语言知识之外，也加入了很多的国情知识。这样才能使语言使用者在适当的情境中能自由运用所学到的语言知识。从实际语言使用中抽出来的例句，不仅提供了知识，更重要的是提供给学生自由组合与使用的素材。而第三部分的课文实际上是简单的范文，需要学习汉学的学生被动掌握，亦即读懂即可。所选的文章涉及中国的传统与现代、人生、审美、科技与生活等，充分显示出了"国语"表达的丰富性。

四、国情认知的处理

在国情知识方面，第二部分的"课文"（Text）中也已经涉及一些北京的名胜古迹，例如第 12 课就出现了"万寿山""玉泉山""八大处"等名称，例句中也有"8. 若是明天天气好，我们就到西山去，在道路上可以看见五塔寺。"① 其中第 29 课"一天日记"，不仅记录了一个大学生当时一天的饮食起

---

① *Einführung in das moderne Hochchinesisch.* 标准国语教本 *Ein Lehrbuch für den Unterrichtsgebrauch und das Selbststudium nebst chinesischen Zeichenheft*, S. 33.

居情况,还介绍了故宫博物院:王羲之、颜真卿的墨迹,宋朝的名瓷,殷周的青铜器("据说殷朝人如同罗马人似的,非常好酒,喝得太凶了,以致君暴民昏,乱得不可开交。周朝平定中国之后,周公作酒戒。喝酒之风在中国才渐渐地消灭了。殷朝酒器之多于此又给我们一个佐证。"①),古玉,董其昌、顾恺之、赵孟頫的名画等。有专门介绍中国的教育制度(第24课),在谈到北平的大学的时候,课文写道:"那里最有名的大学有几所,以北京大学,清华大学,燕京大学,中法大学为办理的最好。"② 这里专门列举了中法大学(生词表中的注音和翻译为:$Dschung^1\ Fa^4\ Da^4$-$Hsüä^2$ Chinesisch-Französische Hochschule),一定与陆懿是这所大学的毕业生有关。在介绍中国大学生的生活时,课文中也提出了问题:"本来大学生的生活是最堪羡慕的,一方面可以有求高深学问的机会,一方面也可以尽量享受青春的好时光。不过目下中国的大学生常常为政治问题分去他们游玩的心情。他们并不十分享乐的。这未免是件可惜的事。"③ 1931年,侵华日军发动九一八事变后,完全侵占中国东北,并建立了伪满洲国,此后陆续在华北、上海等地制造事端、挑起战争。在关系民族生死存亡的艰危环境中,如何摆脱危机,为中国寻求一条政治出路,成为当时人们特别是大学生们关注的焦点。也正是在这个意义上来讲,陆懿认为"目下中国的大学生常常为政治问题分去他们游玩的心情"。

由于陆懿本人出生在北京,在北京上的大学,他对北京的风土人情可谓了如指掌。除了对那里的一些名胜古迹,特色的剧种——京剧等的介绍外,在课文和例句中,也可以看到很多"儿化音"例子:第23课的生词中有"电影儿",④ 第29课中有"杏儿",⑤ 等等。

国情知识不仅仅限于中国文化知识,也包括中德之间的交流。在第28课

---

① *Einführung in das moderne Hochchinesisch.* 标准国语教本 *Ein Lehrbuch für den Unterrichtsgebrauch und das Selbststudium nebst chinesischen Zeichenheft*, S. 80.

② *Einführung in das moderne Hochchinesisch.* 标准国语教本 *Ein Lehrbuch für den Unterrichtsgebrauch und das Selbststudium nebst chinesischen Zeichenheft*, S. 67.

③ *Einführung in das moderne Hochchinesisch.* 标准国语教本 *Ein Lehrbuch für den Unterrichtsgebrauch und das Selbststudium nebst chinesischen Zeichenheft*, S. 67.

④ *Einführung in das moderne Hochchinesisch.* 标准国语教本 *Ein Lehrbuch für den Unterrichtsgebrauch und das Selbststudium nebst chinesischen Zeichenheft*, S. 63.

⑤ *Einführung in das moderne Hochchinesisch.* 标准国语教本 *Ein Lehrbuch für den Unterrichtsgebrauch und das Selbststudium nebst chinesischen Zeichenheft*, S. 78.

的"例句"(Einzelsätze)中,有:"17. 我的伯父从前在中国国立同济大学做解剖学的教授。现在他回到德国来了。"① 注释中,专门提到了1907年由德—中双方共同建立的"同济大学","其校址原来在上海的吴淞,由于当前的中日战争,而迁到了中国内地去"。并且解释了"国立"一词的含义。② 实际上,这里只是一个简单的介绍。1907年德国医生宝隆(Erich Paulun,1865—1909)在上海所建立的德文医学堂设在白克路(今凤阳路),次年才改名为"同济德文医学堂"。一直到1917年北洋政府宣布对德断交,改组董事会,同济由国人收回自办,才租了吴淞中国公学校舍,由教育部定为"同济医工学校"。1927年在国民政府大学院院长蔡元培(1868—1940)的支持下,同济才改为"国立",定名为"国立同济大学"。1937年"七七事变"后,"八一三"淞沪抗战爆发,吴淞校区全部毁于日军炮火,同济师生开始分期前往内地。③ 1937年2月石密德与陆懿在编完这部教材的时候,淞沪战争尚未爆发,因此淞沪校区尚未遭到破坏,因此这一部分的解释一定是后来石密德补上的。

除了古典的文化之外,两位编者也常常会在课文中介绍当代的通俗文化。在介绍完新式话剧、昆曲和京剧(二簧)之外,还专门介绍了两位著名的京剧演员:"有名的角色中,以梅兰芳,程砚秋二人为声誉最盛,程砚秋的戏剧学校,也是最理想的一个组织。"④ 对于程砚秋的了解,基于陆懿与他的直接交往。有关电影,课文这样写:"电影事业在中国也渐渐发达了。明星中以黄柳霜、蝴蝶为最有名。他们实在是两位美貌多才的姑娘。"⑤ 实际上,两位编者已经开始有意识地介绍中国当时的当代文化了。

---

① *Einführung in das moderne Hochchinesisch.* 标准国语教本 *Ein Lehrbuch für den Unterrichtsgebrauch und das Selbststudium nebst chinesischen Zeichenheft*, S. 77.

② *Einführung in das moderne Hochchinesisch.* 标准国语教本 *Ein Lehrbuch für den Unterrichtsgebrauch und das Selbststudium nebst chinesischen Zeichenheft*, S. 77.

③ 请参考:同济大学宣传部编、陆敏恂主编《同济老照片》(增订版),同济大学出版社,2007年。

④ Erich Schmitt u. Lou Y, *Einführung in das moderne Hochchinesisch.* 標準國語教本 *Ein Lehrbuch für den Unterrichtsgebrauch und das Selbststudium nebst chinesischen Zeichenheft*. S. 65.

⑤ *Einführung in das moderne Hochchinesisch.* 标准国语教本 *Ein Lehrbuch für den Unterrichtsgebrauch und das Selbststudium nebst chinesischen Zeichenheft*, S. 65.

五、时代特征与文化间认知

从1919年五四运动时"赛先生"（Mr. Science）的引入，中国社会逐渐进入一个崇尚近代自然科学法则和科学精神的社会。到了20年代，中国思想文化领域发生了一场以张君劢（1881—1969）、梁启超（1873—1929）为代表的玄学派和以丁文江（1887—1936）、胡适（1891—1962）、吴稚晖（1865—1953）为代表的科学派之间展开了科玄论战。在石密德与陆懿合编的这部"国语"教材中，依然能够看到教材具有普及科学知识的使命。在有关科学的中文话语中，第25课专门谈到了科学与迷信的关系："一切学问，皆由怀疑而来。如果我们相信雷是雷神打下来的，那就无所谓物理学了，更谈不上什么发明电灯，电话，无线电了。"① 这样的观点是与当时的时代精神相符的。

作为一本教授德国人学汉语的教材，其中肯定会有一些中德文化差异方面的解说，这也是近年来汉语教材编写的"国别化"的要求。例如当时即便是在中国的德国银行，也会遵照中国的风俗习惯使用图章："我接到了德华银行的一封信，我知道我的母亲汇了五百块钱给我。我就去取。一个行员来招待我，他说，你的护照在身边么。你有图章么。我说，我是德国人，我只会签字，我并没有图章。他说，在中国支钱非得有图章不可。我只好暂时不支用这笔款子。"② 当时德国要求签名，中国要求图章，的确不一样。我刚工作的时候，每次发工资还需要盖上自己的图章。"德华银行"（生词表中的注音和德文翻译为：$Dö^2\text{-}Hua^2\ yin^2\text{-}hang^2$ Deutsch-Asiatische Bank）③，1889年成立于上海，由德国十三家大银行联合投资组成，属德国海外银行系统，为德国资本在华活动的中心机构。当时在上海、北京等大城市生活的德国人的大部

---

① *Einführung in das moderne Hochchinesisch.* 标准国语教本 *Ein Lehrbuch für den Unterrichtsgebrauch und das Selbststudium nebst chinesischen Zeichenheft*, S. 69.

② *Einführung in das moderne Hochchinesisch.* 标准国语教本 *Ein Lehrbuch für den Unterrichtsgebrauch und das Selbststudium nebst chinesischen Zeichenheft*, S. 72.

③ *Einführung in das moderne Hochchinesisch.* 标准国语教本 *Ein Lehrbuch für den Unterrichtsgebrauch und das Selbststudium nebst chinesischen Zeichenheft*, S. 71.

分业务都是这家银行代理的。① 课文中还讲述了中国的邮局跟德国的不一样的地方："中国的邮局里不包含着电报或是电话。另外有电报局，电话局管这种事的。"② 也就是说，当时在德国，邮局除了寄信、寄包裹之外，电报、电话等业务也全都可以办理。此外，在这篇小课文中，还提到了"1935年国民政府实施废除银本位货币改革"："从前中国所有的银行，都可以自行发行纸币的，自从1935年10月以后，中国放弃银本位制度后，只有中央银行发行纸币了。中国现在流行的通货是纸币与辅币，银币已经在市场上看不见了。国民党执政以后，中国的币制的管理上有极显著的进步与以前的杂乱的局面已经大不相同了。"③ 明朝以来的以白银做本位货币的货币制度，即所谓的"银本位"在1935年落下帷幕。1934年5月，美国国会通过罗斯福（Franklin D. Roosevelt，1882—1945）提议的"购银法案"（The Silver Purchase Act），高价收购白银，投机者们将中国的白银大量运往美国，从而使得中国的经济遭到空前的打击，国民政府于1935年10月宣布废除银本位货币制度，结束了白银与中国货币几百年来的内在联系，从而使当时的中国经济暂时摆脱了危机。这是上述课文当时所能看到和预料到的结果，其实法币本身的特性是可任意发行，这同时为后来发生恶性通货膨胀埋下了隐患。

这部给德国年轻汉学家使用的汉语教材，其使用者一般来讲均为成年人，作为编者的石密德和陆懿的观念是与学习者进行对话。因此不论是在课文之

---

① 20世纪30年代末生活在北平的德国汉学家傅吾康（Wolfgang Franke，1912—2007）在他的回忆录中记录了当时他在"德华银行"支付八大胡同妓女费用的逸事："有一个小插曲与此相关，在当时的北京它很典型，大概也只可能发生在北京。有一天夜晚红妹在我这儿，我没有现金，就给她在公使馆区的德华银行里我帐户的一张支票。当天上午，为了有现金，我自己也要去那里一趟。在银行里，离我不远的另一个窗口边上，一个年纪大的女人正在给红妹兑换支票。因为她说南方话而引起了银行职员的注意，他们问她是否是八大胡同来的，当她肯定地回答以后，他们又问她，这张支票是否是客人的过夜费，她也同样作了肯定的答复，其实那正是我的支票。银行职员鉴别了我的姓名，看我站的离她不远，就笑了。这个事情立刻使我感到难堪，不过，接着我也笑了。"傅吾康著，欧阳甦译，李雪涛等校《为中国着迷：一位汉学家的自传》第100页，社会科学文献出版社，2013年。德华银行在当时在华德国人的生活中扮演着很重要的角色。

② *Einführung in das moderne Hochchinesisch.* 标准国语教本 *Ein Lehrbuch für den Unterrichtsgebrauch und das Selbststudium nebst chinesischen Zeichenheft*, S. 72.

③ *Einführung in das moderne Hochchinesisch.* 标准国语教本 *Ein Lehrbuch für den Unterrichtsgebrauch und das Selbststudium nebst chinesischen Zeichenheft*, S. 72.

中，还是在例句之中，都充满着各种各样有意思、有内容的观点。例如第 29 课的例句，就有很深刻的内涵："8. 西洋人生活的中心支柱是耶稣的道德训条，中国人生活的中心是孔夫子的道德训条。这些虽然不同，但也很相像。我们希望我们两方面都能保存我们祖宗几千年遗留下来的盛事。使他不被机械的文明破坏了。"① 这实际上是在现代社会中如何传承传统信仰的问题。诸如此类的问题，一直到今天我们依然在讨论着。这样，这部教材不仅交给学习者一些知识，同时也具有很强的思想性。

第 27 课的课文是一位到北平工作去的德国人写给他在柏林的中国友人的信。信中谈到了对中西文明的认识问题：

> 论到中国，那就不同了。你们有你们自己的古文化。你们与我们有不同的根源，所以发展来的结果也极不相同，绝不相同。在这绝不相同的古国的故都里，我认识了一个绝不相同的宇宙。我认识了真理的两方面。东方与西方是绝然不同的两个东西。三十年前的中国人看不起过我们，但是今天你们明白了你们的错误。我希望我们不重演这出滑稽戏。我们应当虚心地去了解这四千年文明的古国。你们与我们不同，但不同，并不是说你们就是错误。今天的中国人非常佩服我们，对于德国的近二百年的努力，尤其是称不绝口的。离去祖国，我才认识祖国。到了东方，我才认识西方。这是我三个月来的所获得的一个经验。②

这里所提到了"三十年前的中国人"所指的应当是义和团时代的中国人吧！这里既有旅行的经验，也有对东西方不同文明的认识，同时也有一位"文明人"对"落后"民族的指手画脚。我想，陆懿本人很认可这一观点，因此他将这一部分用行书写成了范本，主要供学汉学的学生能够被动阅读中国人的笔迹。③ 这样的训练对于汉学家来讲是非常重要的。

---

① Einführung in das moderne Hochchinesisch. 标准国语教本 Ein Lehrbuch für den Unterrichtsgebrauch und das Selbststudium nebst chinesischen Zeichenheft, S. 82.

② Einführung in das moderne Hochchinesisch. 标准国语教本 Ein Lehrbuch für den Unterrichtsgebrauch und das Selbststudium nebst chinesischen Zeichenheft, S. 74.

③ Chinesisches Zeichenheft zur Einführung in das moderne Hochchinesisch, S. 33-36.

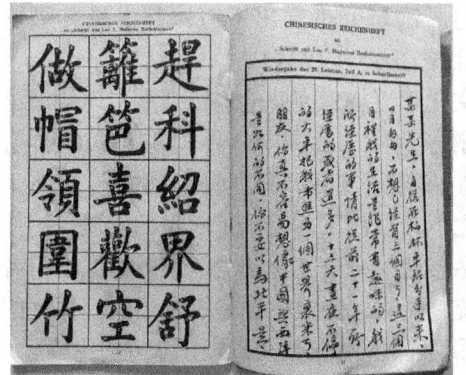
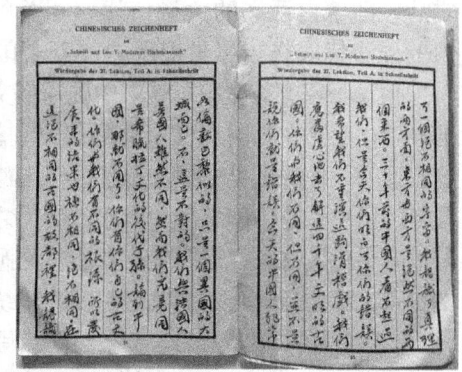

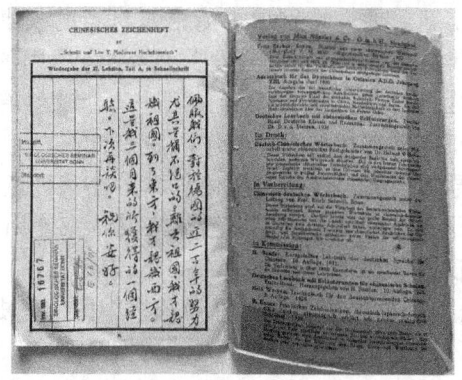

《标准国语教本汉字练习册》中这一部分用行书写成的书法范本

六、结　　论

　　进入民国之后,"经学"文言文的教学依然在中国占据着统治地位,白话文的教育一直到 1920 年才得到官方的正式认可。在新文化运动的影响下,第一套系统的小学白话文教科书《新体国语教科书》1919 年才得到出版。[①] 这

---

　　① 庄适编,黎锦熙等校《新体国语教科书》(国民学校用,春季始业八册),商务印书馆,1919 年。相关研究见王丽平《商务版近代中小学语文教科书探究(1904 年—1937 年)》第 16 页,河北师范大学硕士学位论文,2009 年。

之后，随着白话文的大量使用，相关的语法研究也层出不穷，其中最具影响力的语法代表作当属黎锦熙的《新著国语文法》（1924）。①

由于石密德教授很早就对中国通俗文化感兴趣，因此他也特别重视现代汉语的教学，而这在当时以文言文的研究和教学为主的欧洲汉学界，显然是少见的，这也证明了他的远见卓识。石密德与陆懿在编纂这部汉语教材时，"国语"仅有十几年的历史。在中国学者和作家的努力之下，现代汉语得到了长足的发展。一部好的本土化教材，既需要编纂者非常熟悉当地的语言文化历史，准确把握学习者的难点，深刻理解当地的教育制度和传统，同时也要对中国传统和当下有很好的把握。因此由中德双方的学者来共同编写教科书的做法，可以发挥双方的优势。

两位编者在以往汉语教材编写的基础之上，又结合着"国语"使用的实际情况和特点推陈出新。他们特别重视活语言材料的收集，其中"例句"中的句子，大都是此类的语料。此外，他们也会结合中国的国情，让学习者尽快熟悉当时的中国社会。并且从今天的角度来看，这些有关民国时期的重要资料，对文化史的研究也有相当的参考作用。

由陆懿与他的导师合编的《标准国语教本》在某种意义上来讲是成功的，也是中德合作编纂此类教科书之典范。给未来汉学家使用的此类本土化教材，是所谓"学术用途汉语"（Chinese for Academic Purposes）教材编写的早期尝试。从内容上来看，《标准国语教本》涉及很多中国文化史的内容，是德国人了解中国文化的入门，现在读来依然让人觉得兴致盎然。19世纪学术汉学在欧洲建立以后，汉学家对中国乃至汉语的研究都给我们留下了丰富的学术遗产。这笔遗产不仅对于研究欧洲汉学史有着重要的意义，而且对于汉语本体的研究，对于比较文化史、比较语言学史的研究，乃至对今天汉语国际教育的发展，都具有重要的意义。不过，从今天的角度来看，这部教材也同时体现了西方"文明化"和"进步"观念所主宰着汉学研究的时代特征。两位编者认为，在编写此类的教科书时，他们当然具有推广文明化的使命。这同时也说明了，任何的理解和阐释都是具有"历史性"（Geschichtlichkeit）的。从阐释学（Hermeneutik）的角度来看，所谓固定和最终的理解是不存在的。

（李雪涛　北京外国语大学教授，全球史研究院院长）

---

① 黎锦熙《新著国语文法》，商务印书馆，1924年。此书至1959年已经出版了24版。见黎泽渝、刘庆俄编《黎锦熙文集》（上）第1页，黑龙江教育出版社，2007年。

·荷兰汉学研究·

西方汉学家对中国传统民俗认知的文学化投射

——论高罗佩《大唐狄公案》中的民俗文化书写

王 凡

摘 要：高罗佩的小说《大唐狄公案》多方面地反映了中国传统民俗。书中的民俗书写在氛围基调的渲染、人物形象的彰显、情节悬念的建构等方面都凸显出特殊的艺术功效。该书注重以民俗为轴心来展示中国文化的不同方面，并折射出作者自身的创作意识和文化旨趣。高罗佩以通俗文学形式来为西方读者感性化地展示中国民俗文化的创作诉求已基本实现，并投射出其积极、自觉的文化传播意识，这不仅对探究高氏及其作品具有重要的意义，也为认识西方作家、学者对于中国传统民俗的独特阐释与传扬提供了一定的参考。

关键词：《大唐狄公案》 民俗文化 高罗佩 文化传播

高罗佩（1910—1967），荷兰著名汉学家。作为职业外交官的他毕生痴迷于中国文化，并利用业余时间进行汉学研究，著述颇丰，其最著名的作品当属以西方侦探小说理念创作的系列公案小说《大唐狄公案》。该书在讲述唐代名臣狄仁杰推理断案故事之时，也对中国传统民俗进行了细腻的描绘，这不仅投射出中国传统文化对这位汉学家的潜在影响，也令西方读者能够更为全面地认识和感受古代中国社会、文化的独特风貌。

一、中国传统民俗的多元呈现

中国是一个具有丰厚民俗文化底蕴的国家，传统民俗不仅是中国社会生活的具象化反映,而且也具有其特殊的历史渊源与文化意涵。作为一部以古代中国为背景的小说,《大唐狄公案》对中国传统民俗进行了多维度的生动呈现,这主要表现在以下几个方面:

(一)节庆民俗书写。中国传统佳节的一个重要内容便是形式多样的民俗活动,这些民俗活动实际上已成为传统节日的文化构成要素。高罗佩在以通俗文学形式为西方读者展示中国传统节庆文化时,体现出借节庆民俗来凸显传统节日的自觉文化意识,这从《御珠案》中的"赛龙舟"描写就可见出:

> 今天正是五月初五,是一年一度的龙船节。午后日头转戾,浦阳城的百姓犹如流水般涌出了南门,熙熙攘攘挤拥在运河岸边的彩台下——龙船赛的终点,彩台上披红垂绿,旗幡猎猎。①
>
> 两叶扁舟从岸边驰出,在彩台前的运河中分开扎下了锚,船上的仲事官展开了一面大红旗。远处鼓声隐隐,船虽是尚未见到,但由此可知已是逼近了河湾。人群乱糟糟呼喊起来,九号船已转过了河湾。狭长的船身内十二个桨手,两两并排,应着船中央的大铜鼓的节奏拼命地划着。一条大汉宽胸阔肩,袒露着上身,扬着两个鼓槌疯狂地擂着大铜鼓。舵手则把住长长的尾舵,向桨手们大声吼叫。刻画着龙头的船首仰头翘起,河里白浪飞溅,岸头吼声震天。②

赛龙舟一直以来都是端午节的重要民俗活动,相传是为纪念爱国诗人屈原,顾张思《土风录》言:"端午节有龙舟之戏,相传以吊三闾大夫。"③ 中国古时的端午龙舟赛场面盛大,普通百姓、乡绅仕宦乃至闺阁女子都会竞相前来观赛。《御珠案》中的上述描写既展现了龙舟赛的基本规制,如诸人划桨、鼓手擂鼓、舵手掌舵及龙舟外在形制,又展现了龙舟划手奋力划行,龙舟劈波斩浪、竞相追逐的比赛场景,同时也渲染了百姓欢呼雀跃、群情激昂的观赛气氛,从而通过对龙舟竞渡和观赛场景的双重描写将端午节的传统节庆氛围传递给读者。

---

① [荷]高罗佩著,陈来元、胡明等译《大唐狄公案》(下)第534页,海南出版社,2008年。
② 《大唐狄公案》(下)第538页。
③ (明)顾张思著,曾昭聪、刘玉红校点《土风录》第5页,上海古籍出版社,2016年。

西方汉学家对中国传统民俗认知的文学化投射

总体上看,传统节日"是许多文化活动的集合体,是民族文化的一种展览会"①,其中的节庆民俗包含并反映了历史、宗教、伦理、艺术等多重社会、文化蕴涵。然而诚如钟敬文先生在论及节庆民俗时所说:"它带有生活的气息和趣味,并不纯粹是那种抽象的、思辨的干泉秃木。而且在历史过程中,由于人们的社会生活和智力的发展,它的大部分不知不觉已经净化了。那由于愚昧无知所产生的部分被抛弃,而这些富于生活情趣的、无害乃至多少有益的部分却被留在筛子上。现在清明放风筝(南方),谁再想到'放晦气'的古代法术呢?端阳划龙船,谁还理会到那驱逐瘟疫的固有意义呢?中秋儿童玩兔儿爷的土偶,哪里还会想到供奉月里的神仙的事呢?"②高罗佩实际上也通过《大唐狄公案》的节庆民俗书写对上述观点给予了高度认同和形象化的诠释。《御珠案》中的端午龙舟赛描写更多的是着眼于这一节日民俗赛事给社会各阶层所带来的欢庆气氛,重在展现他们过节时轻松愉悦、举家同庆的生活场景。可以说,高罗佩对中国传统节庆民俗的呈现和诠释有意淡化了这些民俗所附着的复杂历史、文化意涵,而是侧重通过这些民俗彰显的节日"狂欢"色彩来为西方读者展现古代中国社会的黎庶生活情趣和市井俚俗气息。

(二)丧葬民俗书写。丧礼是指"人结束了一生后,由亲属、邻里、友好等进行哀悼、纪念、评价的仪式,同时也是殓殡祭奠的仪式。"③正因其是人生最后一个重要礼仪,故而历来受到人们重视。中国古代的丧葬礼俗相对繁复,其大致都可分为"初死""告丧""入殓""做法事(道场)""出殡""守孝"等几个基本仪式步骤。《柳园图》就通过狄仁杰吊唁京都首富梅亮的情节为西方读者展现中国传统丧葬礼俗,其中重点反映了"做道场"的仪式:

> 梅府正做着隆重的功德道场,追奠梅先生。殿堂里烛火高烧,香烟缭绕,白幡低悬,孝幢排列,一派哀穆的气氛。普恩寺来的一班高僧正围着梅先生的棺柩摇响灵杵,打动鼓钹,宣扬讽诵,咒演法华经,一面捻动着脖子上挂下的佛珠儿,一面敲着木鱼。念经祈祷毕,唱喝发牒,请降三宝,证盟功德,礼佛献供,召亡施食,不必细说。宾客吊唁者都

---

① 钟敬文《钟敬文文集:民俗学卷》第320页,安徽教育出版社,2002年。
② 《钟敬文文集:民俗学卷》第317页。
③ 乌丙安《民俗学丛话》第291页,长春出版社,2014年。

立在外厅，黑簇簇人头攒动。①

"延请僧道做法事，曰做道场。"② 具体说来，"作为民间葬礼的重要组成部分，道场仪式在整个丧葬仪式中起着为往生者超度的作用。它由一系列的象征性符号组成，比如法器、经文、祭品，这些由象征性符号组成的仪式环节，以超度往生者为中心，以解罪、供奉、衣钵传承以及哀悼为主题，向人们阐释着孝道的宗教规则"③，其中的"解罪"主要是通过念经、佩戴孝帕、结节、绕棺、拜经等环节来实现的。可以说，《柳园图》在此主要呈现了丧葬道场仪式中的念经及绕棺这些环节。值得注意的是，作品通过上述情节并未揭示附着于道场仪式的佛教因果报应观念、儒家伦理孝道思想，传统丧葬道场仪式的完整过程乃至中国古代丧葬民俗的诸多环节亦未能被全面展现，但从总体上看，这种管中窥豹的表述思维实际上已经将丧葬道场仪式中诵经念佛、超度亡灵、祈祷冥寿的程式、目的表现了出来。

"停灵"作为逝者去世后遗体被停放待葬的一种传统习俗也被多次穿插表现于《大唐狄公案》中。在中国古时，停灵的场所或是设在家中，或是寺庙、道观等宗教域所。《大唐狄公案》也表现了这一情节，《黄金案》《湖滨案》展现了暂厝寺观的习俗，《飞虎团》则描写了俗舍佛堂停灵的习俗。值得注意的是，"佛堂"本身就是佛教信徒在家中用于诵佛念经的虔诚之所，将亲人的遗体暂厝于此也是为使逝者能够获得佛祖庇佑，安然超度。"做道场"则是脱胎于佛、道二教的宗教仪式。因此，"停灵""做道场"都折射出民间丧葬习俗与宗教的微妙联系。以此来审视《大唐狄公案》中的丧葬民俗描写，高罗佩无疑更加注重反映中国传统丧葬礼俗所潜隐的浓郁宗教色彩。虽然限于作品题材、篇幅，高氏未能揭示这些丧葬礼俗与宗教的具体内在关系，但其却通过一种"以点带面"的书写方式使西方读者对中国传统丧葬民俗的概况形成了一种初步的认知印象。

（三）饮食民俗书写。"饮食民俗主要是指人们对各类食物和饮料在加工、制作、食用过程中所形成的风俗习惯和礼仪常规。"④ 中国古人历来重视饮食，

---

① 《大唐狄公案》（下）第 531 页。
② 《土风录》第 5 页。
③ 伍娟《民间葬礼中的道场仪式》，载《中国宗教》2011 年第 3 期。
④ 张士闪、耿波《中国艺术民俗学》第 122 页，山东人民出版社，2008 年。

正所谓"食味和羹,不敢草略"。①《大唐狄公案》对于中国传统饮食民俗也进行富于生趣的艺术描绘。书中的这类民俗描写主要表现在宴饮民俗和传统菜肴两方面,其中宴饮民俗具体表现于《紫光寺》中狄仁杰之妻的寿宴描写方面。中国人一向重视生日的庆贺,并逐渐形成了寿诞宴饮的传统民俗。古人做寿时常在家设寿堂,在寿堂正中贴有"寿"字及祝寿对联,燃烧寿烛,并设有供桌、备下酒席,邀亲朋好友来贺寿。这些寿宴民俗内容在《紫光寺》中的狄夫人寿宴情节中基本都得到了反映。这一情节既呈现了寿宴场所的摆设装饰习俗及敬酒祝寿、觥筹交错的喜庆场景,也在一定程度上反映了寿宴所折射出的中国家庭伦理意识和传统孝道观念。

与《紫光寺》中的寿宴书写重在场面描绘、气氛渲染相比,《四漆屏》则对宴饮菜品、馔食进行了具体的展示。这篇作品在表现县衙总管潘友德与马荣酒馆用饭时,就特意展示了这次宴请的菜肴名称:"姜汁鲜烩、烤雏鹧、烤鱼翅、熏火腿、葱拌羊肉、鹌鹑蛋汤"②,可谓荤素兼有、水陆八珍。中国素以美食见称,烹饪方式多种多样,食品样式也是品类繁多。高罗佩在此选取了最富代表性、最具艺术审美色彩的菜肴来表征中国传统饮食文化,其虽未对这些菜肴的样式、色泽、口味进行细描,更未追溯这些菜肴的烹饪方法、历史渊源,但通过列举这些菜肴的名称,不仅令西方读者能间接地感受到中国传统菜肴丰富的食材、多样的烹炒方式及独特的口味,更可由此一瞥源远流长、繁盛至今的中国饮食文化,并借此营造了中国古代特有的市井生活情趣。正如学者保罗·弗里德曼所言:"美食体现了一个族群的世界观与审美观。"③《大唐狄公案》所展示的传统寿宴和各色菜品虽无法表征包罗万象的中国饮食文化,却昭示了林林总总的宴饮习俗和令人眼花缭乱的菜肴,实际都包蕴着中华民族融贯古今的生活智慧,并投射出中国古人的养生意识和审美思维。

(四)游艺民俗书写。娱乐消遣、竞技休闲的民俗活动通常被视为是游艺民俗。《大唐狄公案》也十分生动地展现了多种游艺民俗,《御珠案》中的"打骨牌"、《广州案》中的"斗蟋蟀"、《飞虎团》中的放风筝、《柳园图》

---

① (宋)孟元老著,王永宽注译《东京梦华录》第87页,中州古籍出版社,2010年。
② 《大唐狄公案》(上)第157页。
③ [美]保罗·弗里德曼编,董舒琪译《食物:味道的历史》第2页,浙江大学出版社,2015年。

中的木偶傀儡戏与市井童谣、《铁钉案》中的"七巧板"与角抵术尽属此类。可以说，书中的游艺民俗既有民间口头文学，也有民间娱乐游戏，既囊括了民间竞技项目，亦不乏民间杂艺活动。与节庆、丧葬和饮食等方面的民俗书写相比，该书对游艺民俗的表现更显丰富。正是通过展现这类民俗活动，该书不仅反映了中国传统文化的多样性与包容性，也可更为直接地观照陶情怡性、移风易俗的社会内涵。

总体上看，《大唐狄公案》的中国民俗书写呈现出一种择类细描、以点带面、逐渐微缩的结构特征：在中国传统民俗中，重点择取了节庆、丧葬、饮食及游艺等几方面，而在这几方面中，亦凸显出由宏观到具体这一"微缩"化的书写思维。以此来看，该书并非是着眼于全面、完整地呈现中国传统民俗的方方面面，这不仅是受全书篇幅长度所限，也与传统民俗的种类繁多不无关系。但该书在展现民俗文化的过程中，实际上已将多种民俗熔于一炉，从而构成了一幅多层次、立体化的民俗生活画卷，而高罗佩特意选取的节庆、丧葬、饮食及游艺等几方面的民俗内容不仅体现出中国传统民俗的典型特征，基本涵盖了中国古代社会生活的主要方面，亦令西方读者能够借此感受、认识到中国传统民俗的多样形式与生活韵味。

二、民俗书写的审美功效

《大唐狄公案》在多方面展现中国传统民俗的同时，还通过情节叙事的巧妙设计来使这些民俗文化书写承载着诸多的审美、表意功能，这主要表现在以下几个方面：

（一）氛围基调的渲染。这既体现于民俗对于社会文化氛围的营造和市井生活气息的渲染，更体现在民俗对作品叙事基调的铺垫，《红阁子》对于中元节的呈现即是如此。"中元节"为每年夏历的七月十五日，原为佛、道二教的宗教节日，后逐渐演变为民间追祭已故亲人或先祖的特殊节日，历来受到百姓的重视。《红阁子》一方面在开篇伊始展现了古代中元节时人们以食物、冥物祭亲祀祖的独特民俗景象，另一方面又有意通过"红阁子"发生的自杀、"闹鬼"等蹊跷之事来对"中元节"的"鬼节"气氛加以渲染，从而为这篇作品奠定了幽秘诡谲的整体叙事基调。而在《飞虎团》的狄仁杰黉夜开棺验尸这段情节中，作者则是巧妙利用了"佛堂停灵"的丧葬习俗来渲染特殊的恐惧氛围。

（二）人物形象的塑造。在《大唐狄公案》中，民俗书写对于人物性格特征的多侧面彰显也起到了重要作用，这集中体现在主人公狄仁杰的身上。该书在对野外骑射、狩猎这类古代民俗活动加以呈现的过程中，巧妙赋予其凸显狄仁杰智慧形象的特殊功能。在《铁钉案》的少女廖莲芳被害案中，狄仁杰之所以能够将案犯锁定为富商朱达元，其依据之一便是精熟骑射之术的朱达元因作案时手部染毒肿痛，以致野外狩猎屡射不中，《莲池蛙声》亦有利用狩猎民俗来凸显狄仁杰智慧的相似性情节。故此可见，骑射、狩猎民俗虽未能在书中得到细腻、直观的呈现，但高罗佩却借此巧妙、含蓄地凸显了狄仁杰勘案如神的形象特征。此外，民俗书写对于狄仁杰的其他性格侧面亦不乏潜在的突出功效。《跛腿乞丐》与《除夕疑案》两部短篇作品即是以传统节日为背景，展现了狄仁杰虽处佳节，却仍不忘解民之忧这一黾勉政事、忠于职守的形象特征。可以说，《大唐狄公案》中的传统民俗书写对于狄仁杰清官智者的形象起到了特殊而重要的辅助、烘托作用。

（三）情节悬念的建构。悬念是指文学、戏剧作品中一种通过营造悬而未决、不可预知的叙事情境来引起读者、观众心理期待的表现手法。在以西方侦探小说思维创作的公案小说《大唐狄公案》中，民俗书写不仅为西方读者展现了丰富多元的中国传统民俗，而且还对该书的悬念设计起到了重要的作用。

《铁钉案》是以平行叙事线索展现了朱达元骗杀廖莲芳案及陈宝珍通奸杀夫案的侦破过程，"七巧板这一主题物在小说中串联两起命案，不仅使故事情节更加扑朔迷离，还使情节构架有主有次、层次分明"。[①] 被害的侠士蓝大魁被在弥留之际，用"七巧板"摆了一幅图形来暗示凶手的身份，作品由此将案犯身份这一悬念隐伏于图形的具体含义中。由于"七巧板"是"以薄木一方，截成七块，可合成种种模型"[②]，耍玩者依据自己拼构、组合的不同构思即可将其拼成完全不同的图形，这些图形只是基本形似，却无法毫发毕显地呈现所拼对象，令人无法对所拼对象的具体信息做以准确的辨识，高罗佩正是利用"七巧板"的这类特点来巧设悬念，使这一中国特有的民俗事象融入

---

① 施晔《高罗佩小说主题物的汉文化渊源》，载《文学评论》2011年第6期。
② （清）徐珂《清稗类钞》第6063页，中华书局，1986年。

侦破情节中，成为重要的叙事元素。除此以外，《御珠案》中的龙舟赛、《黑狐狸》中的焰火表演等民俗书写也都体现出相似的艺术功能。

高罗佩在《大唐狄公案》中不仅利用民俗来铺设情节悬念，也同样巧借民俗来化解悬念。《跛腿乞丐》一方面借孩童在元宵节玩耍灯笼的传统民俗向西方读者呈现了灯笼这一具有喜庆意味的民俗器物，另一方面又将其与悬念的设计有机结合。《跛腿乞丐》叙述了狄仁杰看到疑似"冤魂"之物映于墙上，由此构成了一个潜在的悬念，而在破获一起精心策划的杀人移尸案后，他也骤悟出所谓的"冤魂"实为灯笼彩绘的墙上倒影，灯笼在此成了"冤魂"情节悬念化解的特殊媒介。此外，《飞虎团》中狄仁杰利用风筝传信解除匪患、《御珠案》中狄仁杰通过骨牌遗失揭破奸人谎言等涉及民俗的情节也都不乏类似的艺术功能。这类构思既使得作品整体情节更显腾挪顿挫、峰回路转，也是高罗佩利用传统民俗物件来设计情节、化解悬念的匠心独运之处。

三、民俗书写中的文化想象与创作意识

高罗佩在以《大唐狄公案》生动展现中国传统民俗之际，亦以此为桥梁来立体呈现中国文化，并将自己特殊的文化旨趣寄寓其中，从而令传统民俗在一定程度上成了承载作者创作主旨的重要意象。

该书的《黑狐狸》主要叙述了狄仁杰在受邀参加金华诗会期间侦破一起连环凶杀案的曲折故事，小说也于其间细腻展现了中秋传统民俗。作为中秋节的主要民俗活动，赏月之事源远流长。孟元老《东京梦华录》载："中秋夜，贵家结饰台榭，民间争占酒楼玩月，丝簧鼎沸。"① 《黑狐狸》中翠玉崖诗会的活动内容之一便是众人赏月。而品食月饼也是中秋节重要的饮食民俗，正如明人田汝成所说，"八月十五日谓之中秋，民间以月饼相遗，取团圆之意"②，其具有阖家团圆的美好象征之意。在此次诗会接近尾声之际，小说亦提及与会者食用月饼之事。在此，高罗佩通过赏月、月饼这两类最具代表性的中秋民俗事象向西方读者传递了中秋节的节庆氛围和文化韵味。与此同时，小说亦通过中秋诗会的与会者、诗会的具体活动内容等细节彰显出多元化的

---

① 《东京梦华录》第158页。
② （明）田汝成《西湖游览志馀》第293页，上海古籍出版社，1998年。

中国社会、文化元素：

（一）通过诗会活动折射中国古代诗歌文化。德国汉学家顾彬曾说："诗歌使中国文学史几乎变成一部诗歌史，而与此遥相呼应的是，它使中国变成一个未被超越和不可超越的诗的王国。"① 纵观中国文学发展史，诗歌可谓是最具生命力和代表性的文学样式。《黑狐狸》的情节是以中秋诗会为中心，主要涉案人也几乎都是诗人，深谙中国文化的高罗佩在此通过"诗会"来为西方读者展现中国古代诗歌文化。在中国古代，所谓的诗会，一般是指诗人临时聚结、吟诗作诗的一种文学活动，其实质是诗社的原初形式。《黑狐狸》所表现的诗会是以中秋节为契机所进行的一次切磋诗艺、诗作唱和的活动，与会者是受罗县令之邀，他们并非是定期聚结，亦未形成固定组织及一致化的创作纲领，因此这一诗会实际上更似为一种临时邀约的诗歌唱和活动。通过这一描写，高罗佩向西方读者呈现中国古代诗人这类在共同志趣的驱使下相约集会、吟诗作赋的风雅活动，令其能够领略这类文学活动投射出的文化韵味和审美意趣。此外，《黑狐狸》还通过若干情节展现了中国古代诗歌的不同创作倾向以及众多风格、流派及诗词唱和的传统等其他一些有关中国古代诗歌的文化内容。

（二）由女诗人玉兰辐射中国古代青楼文化。《大唐狄公案》展现了中国古代绚丽多姿的社会生活画卷，其中亦不乏对秦楼楚馆的描写和青楼女子的形象刻画。在《黑狐狸》中，高罗佩就通过玉兰曾因感情失落和生活无着而沦落烟花这一特殊经历展现了有关青楼文化的内容，揭示了中国古代女性身陷风尘的多重原因。中国古代女性沦落为妓有着复杂的社会根源，"为生活所迫自愿为妓""因婚姻不幸而被迫为妓""受人引诱而误堕风尘""被人掠卖而做娼妓"② 均是造成这一社会现象的内在因由。玉兰曾先后两次为妓，前一次是因家业陵替、被父所卖，后一次则缘于爱情背叛与经济窘迫。可以说，作品通过玉兰这一人物将中国古代女性沦为娼妓的复杂原因曲折地揭示了出来。虽然《黑狐狸》涉及"青楼"的情节内容远不及同书中的《红阁子》那样丰富，但亦可使西方读者通过玉兰的经历一窥古代中国的青楼文化风貌。

---

① ［德］顾斌著，刁承俊译《中国诗歌史：从起始到皇朝的终结》第5页，华东师范大学出版社，2013年。

② 余和祥《中国传统性风俗及其文化本质》第150—153页，商务印书馆，2014年。

（三）狐文化的渲染与呈现。在中国传统文化视域中，狐狸是一个特殊的文化符号。其既有"女为狐媚害却深，日增月长溺人心"①的淫邪色调，又不乏"遇暴不失节，殉人以至死"②的正面形象特质。中国传统文化针对狐狸的这种正反两面解读也同样在《黑狐狸》中得到反映，如通过书生宋一文遇害后，人们传言其为狐仙所害的情节含蓄地反映了狐狸虐物害人的反面特征，而如意法师所言的"这狐狸可非同一般禽兽，它同人一样有灵感和智慧，而且还更敏锐更强烈。它会变作美女迷惑人，但它的心是善良的，因此往往自己受骗，被人遗弃，被人宰杀。但它的阴魂是不让人的，它会托梦给清官诛邪扶正，为它复仇"③之语则展现了狐狸机敏灵动、心地善良、复仇除奸等正面特征。更为重要的是，《黑狐狸》中连环凶案表面为"狐妖作祟"，实则另有元凶的情节设计也折射了高罗佩的特殊创作理念。对于狐文化，"高罗佩常将其限制在烘托氛围、制造悬疑的范围之内，最终给予合理科学的解释。这样不但切合故事本身的中国背景，也不会与西方侦探小说崇尚理性的本质相冲突，以真实可信的中国故事和紧张悬疑的流行手法来吸引西方读者"④。由此可见，高氏一方面欲向西方读者展现在他们看来遥远陌生却又极富神秘色彩的中国狐文化，另一方面又秉持着自己一贯的西方理性思辨精神。

综上而论，从文化传播的角度来对《黑狐狸》加以解读的话，高罗佩实际上是以中秋节为基点，既呈现了与该节日相关的民俗文化活动，又间接地辐射了中国古代文学（诗歌）、中国神秘文化（狐文化）乃至中国古代市井文化（青楼书写）。这种以传统节庆民俗活动为轴心来串联、并置其他文化元素的艺术构思反映了《大唐狄公案》的民俗书写不仅在局部情节里发挥了审美艺术功能，更具有统摄作品整体文化观照的全局性功用。这种将多维度的文化内容灌注于小说情节中，令作品被赋予多元文化指涉的创作思维无疑有力地印证了高罗佩对于中国文化的由衷热爱与不懈传扬。

除了以民俗书写为中心对中国传统文化进行多元展示外，高罗佩还在若干传统民俗中寄寓着自己特殊的文化旨趣。《大唐狄公案》在集中展现节庆、

---

① （唐）白居易著，朱金城笺注《白居易集笺注》第255页，中华书局，1988年。
② （宋）李昉等《太平广记》第3697页，中华书局，1961年。
③ 《大唐狄公案》（上）第522页。
④ 张萍《高罗佩：沟通中西文化的使者》第189页，中华书局，2010年。

丧葬、饮食及游艺等民俗的同时,也对涉及室内陈设、布局的居家生活民俗有所反映,如《四漆屏》中县令夫人银莲的梳妆间及其室内铜镜、花瓶、圆桌等陈设,与之相比,《迷宫案》中的书斋陈设描绘因与传统士人生活紧密相连而更显特殊。"书斋是一个集看书、藏书和写书于一体的文化空间,但是,它所包括的绝不只是书籍和书房用具等外在的物质,而是中国传统文化的一片天地。"①高罗佩对书斋也有着自己的体悟:"在中国,书房具有比其他任何地方更深刻的含义。文人在他们视为圣地的书斋里写作、读书,度过一生中的大部分时光。他们深信身边书架上那些字斟句酌、条分缕析的词句,已足以概括外部社会的一切知识。"②他还指出:"历史上,人们形成了一种对于书斋的固定传统,这种传统细致入微地描述了一些文人们时刻应该置于手边的物品。即在文人的书斋中,书案之上应陈放着一方砚台、一块香墨(置于特制的笔架上)、一只花瓶(内有精心挑选并着意插放的花)、一口古制的笔洗(用于清洗笔架)、一个笔架(用于搁放湿毛笔)、几条纸镇、数方朱红等等;一张小桌上应摆有棋盘,另一张几案上应设有香炉;书房四角应立着书架,空闲的墙壁上应挂着名家的书画。"③

高罗佩在对书斋布局、陈设的基本特征加以归纳时,亦不忘通过自己的小说来对此加以具象化描绘。在《迷宫案》中,高氏就借孤坐书斋、冥思案情的狄仁杰的视点展现了丁虎国府内书斋的陈设布局,室内的书架及架上的书籍、墙上的字画卷轴、刻有书斋名号"自省斋"的横匾以及书案上的端砚、湘妃竹笔筒、红瓷墨缸、玉雕笔托、徽墨与两方刻有对联的镇纸等先后映入其眼帘。由此,高罗佩已成功地通过犹如影像镜头推拉摇移式的游动视角将自己有关传统书斋的抽象化、理论化认识转化为了小说中形象化、感性化的古代书斋"实景"。作家叶灵凤曾说:"书斋的生命,是依赖书的本身来维持的。"④但高罗佩在此似乎并未将笔墨完全集中于传统书斋的核心物象——书籍及书架,而是将叙事视角聚焦于书籍之外的书斋器物陈设上,其对字画、匾额、"文房四宝"的细腻描绘,更是透露出传统书斋的中国文化意绪。可以说,高罗佩在此将中国传统书斋的基本陈设和特有布局展现于西方读者的眼

---

① 朱亚文、王明洪《书斋文化》第1页,学林出版社,2008年。
② [荷]高罗佩著,宋慧文、王建欣等译《琴道》第16页,中西书局,2013年。
③ 《琴道》第17页。
④ 叶灵凤《叶灵凤文集(第四卷):天才与悲剧》第530页,花城出版社,1999年。

前，令他们在享受悬疑侦破情节所提供的心理愉悦时，更能管窥中国传统生活民俗视野中富于儒家精神和士人风尚的书斋概貌及其基本特征。

值得玩味的是，高罗佩在小说中展示关涉士人生活习俗的传统书斋陈设实际上还寄寓着其本人有关中国传统文化的特殊旨趣，正如何满子先生所说："书斋是文人主体精神的某种外化。"① 可以说，"书房是中国文人的精神栖息地，而书法、名画、古琴、文房四宝等无不寄托着他们的灵魂及审美情趣。作为外交官，高氏一生辗转五洲四海，其无论在哪里栖身，他都会想方设法为自己营造一个'图书满架、落叶满床'的中式书房，供上文房诸宝，琴香字画，这些雅器便是高氏士大夫情结的物化彰显"。② 他在《迷宫案》中对于书斋的描写也是如此，这一描写实际上投射出其对中国传统士人的书斋生活、内在修养、审美意趣、处世哲学等诸多方面的由衷企慕。对于传统书斋及其陈设的细腻描刻一方面可视为是对中国传统居家生活民俗的鲜活呈现，另一方面更潜在地实现了其本人有关中国士人精神认同的文化想象，曲折地映射了其对于中国传统士文化的高度认同、对于"随分琴书适性情"③ 这一士人生活意趣的精神追慕。故此，有关传统书斋陈设的生活民俗书写在无形之中成了其自身文化审美情趣的特殊载体。

结　语

高罗佩的《大唐狄公案》对中国传统民俗进行了生动的呈现。该书并未以一种后殖民主义的文化视角将民俗处理成为吸引西方读者的单纯猎奇性元素，而是在相对客观的文学书写中，使其在氛围基调的渲染、人物性格的彰显、情节悬念的建构等方面凸显出特殊的艺术功效，从而使其巧妙参与到情节推进、人物塑造中，成为作品强化叙事张力、丰富人物性格、提升审美品格的重要手段。与此同时，该书更以民俗为轴心来辐射中国文化的多个方面，并在民俗呈现中投射出作者自身的文化旨趣。该书虽未能全面展现传统民俗的整体面貌，其对民俗事象的文化蕴含亦未深入开掘，但不可否认的是，高

---

① 见何满子为《书斋文化》一书所作的序言。
② 施晔《荷兰汉学家高罗佩研究》第48页，上海古籍出版社，2017年。
③ （宋）陆游著，钱仲联校注《陆游全集校注：剑南诗稿校注》（第四卷）第12页，浙江古籍出版社，2016年。

罗佩却通过曲折跌宕的小说情节将中国传统民俗生动地展现于西方读者眼前，为他们开启了认识中国古代社会、历史的特殊文化视角，其以通俗文学形式为西方读者感性化地展示中国民俗文化的创作诉求也已基本实现，投射出其积极、自觉的文化传播意识。这些不仅对探究高氏及其作品具有重要的意义，也为认识西方作家、学者对于中国传统民俗的独特阐释与传扬提供了一定的参考。

（王凡　山东师范大学文学院博士生）

·西班牙汉学研究·

西班牙汉学研究的演进历程与发展趋势

李秋杨

摘　要：西班牙传统汉学面临着学术研究的当代转型，传统汉学包容、吸纳当代中国研究，并实现二者融合发展，成为重要的现象和趋势。本文从西班牙汉学研究的历史渊源出发，概括总结西班牙当代汉学研究机构和代表人物，分析当前西班牙汉学研究的主要特点和发展趋势，我们认为西班牙汉学研究应进一步扩展到包括政治和文化等在内的综合研究，包括中国的外部经济关系、与欧盟的贸易和外国直接投资、政治制度、法律制度、社会变迁、社会流动等更加广泛的内容。随着中国国际地位的持续提升，以中国学研究为中心的独立学科领域将逐渐形成和发展。

关键词：西班牙汉学　历史脉络　汉学机构　汉学家

中国的崛起和中国在国际社会中所发挥的作用日益成为学者们关注和研究的焦点。由此，汉学在海外也愈发成为一门"显学"，成为一种世界性的学术场域。历史上的西班牙汉学曾经显要一时，曾经出现多位著名汉学家，曾为15至16世纪欧洲国家了解中国开启过大门。然而随着历史浮沉，其对中国的研究曾一度陷入不振的状态。随着中国的崛起，西班牙境内汉学研究逐渐受到西班牙学者的重视，从"断层"期走出来的西班牙汉学融合了中国现当代历史和古代历史研究、语言文化与哲学研究、政治经济与国际关系研究以及当代中国社会问题研究等。此外，中国与拉美关系的积极进展，客观上也对西班牙的汉学研究起到了推动作用，西班牙对中国崛起后的文化建构亦充满期待。目前西班牙汉学研究正在经历从传统汉学向当代中国研究的学术演变过程。在这一过程中，所涉及的学科领域不断扩大，同欧洲国家汉学研究相似的是①，西班牙汉学正从传统的人文研究逐渐过渡到具有西班牙国别特征的社会科学研究，诸多学科和领域相互组合并相互渗透，它所遵循的研究范式也正随之发生根本性的变化。

一、西班牙汉学研究的历史脉络

16 世纪，天主教信徒弗兰西斯科·哈比尔（Francisco Javier）首先在日本和印度传教的过程中开始了对中国的了解，为后世传教徒进入中国奠定基础。西班牙人发现美洲后，到达并占领菲律宾，在此期间派传教士到达菲律宾，并对中国开展贸易往来，在菲律宾的马尼拉同中国人进行贸易活动，马尼拉也成为 16 世纪西班牙汉学开始的起点站②。修士胡安·高母羡（Juan Cobo，1546—1592）是第一位将汉语翻译成西方语言的汉学家，首次用拉丁字母和罗马字母记录马尼拉地区居住华人使用的闽语。他在 1588 年翻译了范立本于 1393 年编写的《明心宝鉴》，他和中国没有直接交往，而是通过马尼拉地区的华人居民来了解和学习汉语言文化。高母羡的记录使西班牙政府初步对中国人的教育、文化和语言状况以及政治和军事状况有所了解，也让那些对中国一无所知的西班牙皇家贵族们对现实中的中国有一个更为清醒的认识③。另外一位著名的西班牙汉学家马丁·德·拉达（Martin de Rada，1533—1578），也是西班牙派往中国的第一位大使，他第一个指出马可·波罗笔下的"Cathay"就是中国。他在赴任期间撰写了《中国语言的艺术和词汇》（*Art and Vocabulary of the Chinese Language*），这是西方第一部描写记录中国语言的著作。拉达在 1575 年跟随西班牙考察队前往中国，并撰写了极具影响力的《关系》（*Relation*）一书来记录此次旅行，该书对于欧洲最初认识和了解中国起到了重要作用，拉达也因此经常被一些学者和利玛窦对中国的研究进行比较。

胡安·冈萨勒斯·德·门多萨（Juan Gonzalez de Mendoza，1545—1618）

---

① 侯且岸《从学术史看汉学、中国学应有的学科定位》，载《国际汉学》2004 年第 10 期。
② 雷梦笃（José Ramon Álvarez），"The State of the Field of Chinese Studies in Spain"，载《国际汉学》2007 年第 1 期。
③ [西] 劳尔·拉米雷斯·鲁伊斯（Raúl Ramírez-Ruiz）著，魏京翔译《2010—2015 年西班牙"中国学"研究现状与趋势》，载《国际汉学》2016 年第 3 期。

在 1586 年出版的《中国大帝国史》(History of the Most Rerharkable Things, Rites and Customs of the Great Kingdom of China) 以百科全书式的视角全面、客观和真实地介绍了 16 世纪中国历史、文化、宗教以及政治、经济概况，该书成为当时欧洲认识中国的窗口，为了解 16 世纪中国与西方世界的交流提供了较为原始的记录。该书记录了晚明时期中国社会和经济状况，为研究 16 世纪中国所处的外部环境提供了依据。该书到 1700 年已经由包括西班牙语、意大利语、法语、英语、德语、荷兰语及拉丁语在内的几十个版本，它开启了欧洲对中国充满神秘色彩的"想象"，被誉为"18 世纪以前所有有关中国著作可供比较的起点和基础"①。

该时期另外一位重要的西班牙汉学家迪亚哥·德·庞迪我（Diego de Pantoja，1571—1618）是一位"融入中国文化的西方儒者"②。他把西方科技引入中国，测量了广州和北京的经度，继续利玛窦对历法的研究，向中国明代学者徐光启介绍西方医学。在语言方面，它将中文撰写成语音文字系统，基于北京方言，对其语音进一步进行描述。在他 1604 年的信件中向欧洲人清楚地描述了 16 世纪中国的社会面貌，是当时欧洲有关中国现实最出色的记载。他对中国的记录和研究是对 Ricci 最好的延续。被认为"在中国与西方的文化交流中曾起到一个先驱者的作用"③。在传教史上，他常被人与利玛窦并称。将天主教义和儒家学术相融合，采取"适应策略"融入中国社会文化，由他撰写的《七克》尝试对中国哲学思想中与西方基督教文化这两种异质文化在伦理道德上的差异着力弥补，以推进传教工作的进展成为来华耶稣会士天主教事业。庞迪我努力钻研典籍，广泛结交士大夫阶层，凭借古代哲学思想著书立说，成一家之言。中国天主教学界泰斗方豪先生更是称庞迪我为"最伟大的西班牙汉学家"④。为避免中国人对《七克》所渗透的基督教义产生反感，庞迪我在著作中阐述的观点总是以人类普世的思想为前提，尽量模糊基督教义和儒家学说之间的界限，甚至着意寻找两者之间的契合点。庞迪我广交明

---

① ［西］劳尔·拉米雷斯·鲁伊斯（Raúl Ramírez-Ruiz），"An Overview of Spanish Sinology"，载《中国学》2016 年第四辑。

② 张铠《庞迪我与中国》第 197 页，大象出版社，1997 年。

③ 朱幼文《"道德战"与文化汇通——析庞迪我的〈七克〉》，载《华东师范大学学报》2001 年第 2 期。

④ 方豪《中国天主教史人物传》，宗教文化出版社，2007 年。

末士大夫阶层，其思想在明末知识分子群体中影响较大。

16世纪和17世纪的西班牙汉学可以称为是传教士汉学，伴随着西班牙武力扩张和传教布道而来，在此期间产生的著作被译成拉丁语、意大利语、英语、德语和葡萄牙语多国语言，为欧洲汉学研究起到了重要的奠基作用。17世纪中后期和18世纪，随着西班牙政治经济的逐渐衰退，对中国的发展计划逐渐失去重要性。以往菲律宾作为西班牙了解中国的窗口的重要性逐渐减退，英国和荷兰则取而代之逐渐兴起了汉学研究。这一时期的西班牙汉学家弗朗西斯科·巴乐义·古来乐（Francisco Varoy Guerrero）《中国语言的艺术》介绍了中国官话的音调；佩德罗·德·皮乌艾拉（Pedro de Piuela）《中文艺术》(Art of the Chinese Language in Chinese and Castilian) 是在中国印刷的第一本中文语法书；卡斯塔艾达（B. Castaeda）《中文广州方言基本语法》(The Basic Grammar of the Chinese Language, Cantonese Dialect) 等①。

二、西班牙汉学研究机构

目前西班牙有关亚洲研究的范畴，数所公立大学都有不错的开端，他们不只开设中国语言课程，更进一步研究中国的历史、政治、哲学、文化和经济等各方面。以下为西班牙当下汉学机构：

（一）巴塞罗那自治大学（Universida Autonoma de Barceleona）

巴塞罗那自治大学于1989年成立"中国研究中心"和"日本研究中心"。其翻译学系在同时期开设汉语和日语课程，该翻译学院成立后，这两个研究中心合并到翻译学院之中，并于1999年成立"国际文化交流研究中心"（Estudios Internacionales e Interculturales），于2012年更名为"东亚研究中心"（Centro de Estudios e Investigación sobre Asia Oriental）。该中心在90年代期间曾多次举办有关东亚研究的讲座、论坛和会议，并招收博士研究生。现有30多位来自翻译学院及其他学院的教授和研究员从事东亚研究。2001年，"国际文化交流研究中心"开设了学士学位课程，并于2003年和庞贝法布拉大学（Universidad Pompeu Fabra）联合在翻译学院开设了由西班牙教育部认

---

① 张小溪《西班牙汉学：从先驱者到被遗忘》，载《中国社会科学报》2012年8月1日，A04版。

可硕士学位课程。自 2009 年起,翻译学院开设四年制的"东亚研究"欧洲学位,并于 2006—2007 年,开设"当代东亚研究"的硕士研究生学位。2012 年,正式开设"欧盟与中国关系:文化与经济"方向的研究生学位。2007 年开设的"翻译与跨文化研究"博士学位点的设立也将巴塞罗那自治大学的东亚研究推向了更高的一个平台。该校将"东亚研究"作为跨学科视野下的一个重要研究领域,内容涉及人文、社会科学以及语言等诸多方面。巴塞罗那自治大学将汉语、日语和韩语纳入东亚研究范畴内,是目前西班牙提供学士、硕士和博士研究生学位的几所大学之一。

(二)庞培法布拉大学(Universidad Pompeu Fabra de Barcelona)

位于巴塞罗那的庞培法布拉大学早在数年前就已在文学院设有东方研究系,提供东方历史课程,1996 年创办东亚研究学院(Escuela de Estudios de Asia Oriental),该中心设有中国语言及文化的博士课程,1999 年在中文和现代中国历史课程的基础上,开始国际贸易硕士课程。在此期间召开了中国学研究会议(Congreso de la Asociación Europea de Estudios Chinos)。庞贝法布拉大学开设的中国学研究从当代和跨学科的视角出发,提供中国经济、文化、国际关系、历史和语言等方面的研究型和就业型课程,由 Manel Ollé 教授担任该学位负责人。

(三)格拉纳达大学(Universidad de Granada)

格拉纳达大学作为西班牙研究中国的先驱之一,从 1987 年至今已增设了多种与中国有关的课程。格拉纳达大学于 1992 年成立翻译系,从之前的翻译专业发展为一个独立院系。其口笔译专业创办了学术期刊 *Sendebar*(*Revista de la Facultad de Traducción e Interpretación*)。该刊物曾刊载西班牙语和汉语比较的论文。该学院和中国合作出版了《红楼梦》(*Sueño en el pabellón rojo*)译作。开设硕士专业,为以中国和日本为代表的东亚国家社会、政治、经济和社会环境研究提供全面的视角。格拉纳达大学同时设有东亚研究硕士学位,以中国和日本研究为主,教授包括语言、翻译、文学、政治、经济等在内的多门课程。Alicia Relinque Eleta、Pedro San Ginés Aguilar、Gabriel Garcia-Noblejas 等人为该学位点教授。

(四)马德里自治大学(Universidad Autónoma de Madrid)

1992 年,马德里自治大学创办"东亚研究中心"(Centro de Estudios de Asia Oriental),其前身为"亚非研究中心"(Instituto de Estudio Orientales y Africanos)。其目标是为促进以中国和日本为代表的东亚国家在不同社会、文化、经济和政治领域方面的研究和教学。目前,东亚研究中心在中国和日本设有研究人员和专业教师,与伊比利亚美洲东亚研究研究网络和其学术期刊的各种组织合作。该亚洲研究中心有 Alicia Relinque Eleta、Pilar Gonzalez Espana、Leila Fernandez Stendridge 和 Gladys Nieto 等著名的中国学研究学者。

(五) 萨拉曼卡大学 (Universidad de Salamanca)

萨拉曼卡大学 1987 年成立语言中心,设置汉语教学。2008 年社科学院提供东亚研究硕士课程,2009 年文学院开设日本研究硕士课程。2012 年将东亚研究和日本研究课程合并,形成独立的东亚研究专业。该课程得到卡斯蒂利亚莱昂大学系统质量办事处 (ACSUCYL) 大学理事会认可,自 2013 年由社科学院负责东亚研究硕士培养,响应对东亚地区以中国和日本为代表的世界经济体以及韩国、新加坡、马来西亚、泰国等新兴经济体的学术和研究需求。随着跨文化和国际交流需求的增长,该研究生课程侧重对东亚社会学、政策研究、国际关系和国际贸易研究,学位负责人为 David Doncel 博士。

(六) 塞维利亚大学 (Universidad de Sevilla) 和马拉加大学 (Universidad de Málaga)

在经济和文化全球化的新背景下,东亚作为一个有影响力的地缘政治区域,是一个不可回避的研究领域,安达卢西亚地区意识到东亚国家在国际框架中发挥的重要作用,从多学科角度出发,塞维利亚大学联合马拉加大学一起于 2011 年开设东亚研究本科专业,通过东亚的多学科方法的培训和准备来满足在知识社会和发展中应对新领域和新兴市场的挑战。该专业课程内容包括文化特征(艺术、宗教、文学、哲学)、语言(中国、日本和韩国)、其政治制度和背景的演变、历史发展、地域组织(城市体系,区域结构)、经济和商业条件等。

(七) 西班牙东亚研究协会 (Asociación Española de Estudios de Asia Oriental)

西班牙东亚研究协会 (AEEAO) 是一个全国性非营利组织,旨在鼓励,促进西班牙全国范围东亚研究的发展。2006 年起,西班牙一些学者与专家开始举办西班牙亚太研究论坛(简称 GEIAP),每两年一次,其主要目的是为从事东亚和太平洋地区研究学者构建一个学术成果共享及学术工作讨论交流的平台,为研究人员了解行内现状提供便利。十余年来,该论坛共举办了五届,已成为西班牙全国东亚学教学与研究领域内最活跃的学术论坛之一,得到了教学与研究人员的广泛认可。2016年西班牙东亚研究协会成立,该协会接管了西班牙亚太研究论坛的工作,同时为其注入新的活力,将论坛范围扩展至国际范围。协会于2018年6月在西班牙马拉加召开西班牙东亚研究协会第一届国际会议,并将于2020年召开第二届会议。

除了以上大学和研究协会之外,另外还有马德里大学在原历史地理学院曾开设亚洲研究课程,学校为增强对亚洲的认识和了解,在1993年成立了马德里亚洲研究中心(Instituto Complutense de Asia),该中心在组织文化活动的同时,也进行学术研究,例如创办《亚洲研究》(Revista de Estudios Asiaticos)等刊物和杂志。阿里坎特大学(Universidad de Alicante)于自1998年起成立的东方研究中心(Centro de Estudio Oriental),组织和教授有关中国、日本和中国语言、文化和经济的课程、会议、展览。巴亚多里德大学(Universidad de Valladolid)、国王卡洛斯大学(Universidad de Rey Juan Carlos)也成立了亚洲研究中心,开设研究生课程。

从2007年开始,8所孔子学院在西班牙陆续成立,也为中国研究起到了重要的推动作用。巴塞罗那孔子学院、马德里孔子学院、格拉纳达大学孔子学院、瓦伦西亚大学孔子学院、莱昂大学孔子学院、拉斯帕尔马斯大学孔子学院、卡斯蒂利亚拉曼查大学孔子学院、塞拉戈撒大学孔子学院在传播汉语言文化的同时,主办并参与当地大学的各类中国学研究活动,创办汉学研究刊物。如瓦伦西亚大学孔子学院创办杂志《孔子学院》,推介中国文化并介绍全球孔子学院活动;莱昂大学孔子学院于2015年创办学术刊物《西班牙新汉学》,邀请阎纯德教授、Dolors Folch、白乐桑、阿克曼等多位中外著名汉学家担任顾问,逐渐成为西班牙中国学研究成果的重要平台。目前,该刊物已为西语国家和地区检索系统DIALNET、LATINDEX、MIAR、REDIB、CARHUS等收录,逐渐受到西班牙国内汉学研究领域的重视。2018年5月由该孔院主办的"东西方接触与对话:中国学国际研讨会"顺利召开,来自12个国家的120位中国学研究学者参加了此次会议,会议邀请了西班牙、中国和英国语言、文化、历史、社会等领域的专家学者进行主旨发言并与会学者交流。2019年莱昂大学出版社即将出版由多位中国学研究学者撰写的中国学研究系列丛书,内容涉及历史、文化、政治、经济以及语言等多个方面。海外孔子学院进行的多项学术活动为振兴西班牙汉学研究做出了重要贡献。

四、当代西班牙主要学科领域及代表人物

(一) 历史学

当代西班牙汉学中的历史学研究从明代时期中西往来历史考证与研究出发,关注16世纪西班牙与中国往来关系,它是当代西班牙汉学研究中的一个重要领域。它以广阔的16世纪西方学科知识为视角,为西班牙传教士开启的宗教狂热与伊比利亚国家军事扩张为中心的西班牙汉学研究注入了强劲动力。一直以来西班牙中西关系的历史研究都是西班牙传统汉学研究的代表领域,而这一领域中以庞贝发布拉大学教授 Dolors Folch Fornesa 和 Manel Ollé Rodriguez、马德里自治大学教授 Andreas Janousch、加泰罗尼亚-奥贝尔塔大学副教授 David Martínez Robles、Ana Busquets Alemany 和 Carles Braso Broggi、胡安卡洛斯大学历史系副教授 Raúl Ramiz Reiz 最具代表性。

1. Dolors Folch Fornesa

Dolors Folch Fornesa 是北京外国语大学西班牙历史研究所教授,庞培法布拉大学人文学院院长、东亚研究所所长,巴塞罗那自治大学、庞培法布拉大学终身教授,欧洲中国研究协会委员会的成员。曾在国际商务学校教授中文、当代中国社会,任巴塞罗那海事博物馆"郑和"主题大型展览委员。Dolors Folch 教授的研究兴趣主要在于欧洲视角的中国研究:"西班牙图书馆的中国藏书(1993—1994)""16世纪末西班牙和中国的相互了解(1995—1996)""中国与外部世界(1996)""中国在西班牙:1555年至1900年关于中国的西班牙语数字化语料库的建立(2000—2003)""汉学研究门户的创立(2002—2003)""创建汉学研究全球指南(2002—2004)"等主题和项目。其近10年主要著作有:《儒学之前:从16世纪的卡斯蒂利亚看中国宗教法度》(2008)、《伟大的郑和航海》(2008)、《马丁德拉达传记》(2009)、《中国社会与文化》(2009)、《中国人会读会写?西班牙十六世纪文献中的中国文字、语言和教育》(2010)、《走过的路径:16世纪到20世纪中国与西班牙的关系》《从这里到永恒:西安兵马俑之谜》(2012)、《中国人的到来:在大学里引进汉学的挑战与困难》(2012)、《在陌生的世界里:卡斯蒂利亚对东亚的最初认识》(2013)、《马尼拉大帆船》(2013)、《一个被低估的证词:16世纪中国明代在和卡斯蒂利亚的关系》(2013)、《犯罪与偏见:16世纪西班牙

文献中有关中国明朝时期司法状况的研究》（2017）、《西安兵马俑》（2017）、《冈萨雷斯·德·门多萨的选择：赞扬、修饰、压制》（2018）、《马丁德拉达之书》（2018）等。

2. Manel Ollé Rodriguez

Manel Ollé Rodriguez 是庞培法布拉大学人文系现代和当代中国历史和文化的终身教授和中国学研究硕士学位的负责人。他的主要研究方向是海上中国，16 至 17 世纪中欧之间的关系以及中国侨民在东南亚的历史。他是最高科学东亚研究组 CSIC（Consejo Superior de Investigaciones Científicas）成员。曾赴北京外国语大学中国海外汉学研究中心、清华大学历史研究所，与西班牙庞培法布拉大学共同研究 16 和 17 世纪南欧地区有关中国的史料。其近年来代表著作包括《多明戈德萨拉萨尔：马尼拉第一主教和菲律宾群岛居民的捍卫者》（2013）、《马切拉塔与紫禁城：利玛窦交友论（Jiaoyou Mon）（1595）》（2016）、《中国大运河：河流中的河流》（2017）等。

3. David Martínez Robles

David Martinez Robles 是加泰罗尼亚-奥贝尔塔大学（Universitat Oberta de Catalunya）艺术与人文研究学院副教授，19 世纪和 20 世纪和中文语言计划负责人，同时也是庞培法布拉大学中国研究专业硕士中国当代历史副教授。曾参与多项与中国有关的科研项目，例如："危机、身份与再现""中世界历史和中国现代史的相互影响（2004—2005）""中国门户网站：关于中国的网站注释索引的建立（2003—2004）"等。他的研究领域为 19 世纪和 20 世纪欧洲帝国主义国家在中国的作为。代表作有加泰罗尼亚开放大学东亚文化研究专业东亚史 II；《汉语历史符号与语境》（2007）、《讲述中国：小说宇其他形式非文学研究》（2008）、《现代中国的西方代表：东方主义，文化主义和史学批评》（2008）、《重写历史：中国在西方史学的话语策略》（2009）、《19 世纪西班牙对澳门的干预》（2009）、《19 世纪西班牙参与在中国的殖民地欧洲公司》（2010）等。

4. Andreas Janousch

Andreas Janousch 1990 年开始在剑桥大学修中国学研究博士学位，之后在剑桥大学教中国历史和古典中文。其研究领域主要在中国历史、宗教以及中国古代科技。Andreas Janousch 在德国蒂宾根大学进行了对中国宗教和盐产业的研究项目。他自 2004 年以来在马德里自治大学教授中国历史和宗教，为东亚研究中心成员，并从 2009 年起担任亚非研究专业负责人。近期研究成果包括：《对过去的翻译：中国古代的史书和宗教》（2009）、《西方镜像中的中国宗教》（2009）、《汉朝历史与史书》（2010）、《中国帝王时代的大学》（2010）、《御史的碑：宗教，盐产业与在山西南部盐湖神殿的劳动力》（2011）等。

5. Raúl Ramiz Reiz

Raúl Ramiz Reiz 是胡安卡洛斯大学历史系副教授，中国新汉学项目资助学者，曾多次赴中国华东师范大学、上海外国语大学、人民大学、北京大学和山西吕梁大学进行学术讲座。其主要研究方向为中国现代史和中欧关系。史著有《中国的历史、思想与文化》《中国崛起：复杂的国际新力量》《习近平的"中国梦"：中国第五代领导人的执政纲领》《非洲的中国企业：从欧洲的角度看中国》等。劳尔教授近年也致力于汉学研究，著有《西班牙的汉学研究：拓荒与忘却》《欧洲汉学：帝国、观念与印象》等。

6. Carles Braso Broggi

Carles Braso Broggi 是北京外国语大学、上海社会科学院、华东师范大学和香港大学访问研究员，曾在上海进出口和奢侈品行业工作，现任加泰罗尼亚—奥贝尔塔大学副教授，同时担任多个与中国相关的机构和公司顾问。研究方向为中国历史经济和中国棉花产业发展。他曾参与"中国在西班牙：1555 年至 1900 年关于中国的西班牙语数字化语料库的建立"、巴塞罗那的温州移民的"归程，返回之旅""西班牙的亚裔社区"等项目。其近年来主要研究成果包括：《棉花战争：经济大萧条时期中国的纺织行业》（2008）、《工厂在中国的起源》（2009）、《上海和中国的棉花产业——以大丰公司为例》（2010）、《大丰公司和上海的棉花产业化》（2011）、《亚伯拉罕·克列斯克和第一张中国地图》（2010）等。

（二）文学、翻译学

西班牙汉学研究的另一重要领域是语言研究，包括以语言学为基础的古代汉语、现代汉语以及语言对比研究，中国古典文学和现当代文学与翻译研究。这一领域中最为著名的代表人物是马德里自治大学东方研究中心的达西安娜·菲萨克教授、格拉纳达大学翻译学院同时也是格拉纳达孔子学院院长阿丽西亚·雷林科·埃莱塔教授以及加泰罗尼亚奥贝尔塔大学副教授 Carles Prado Fonts。

1. 达西安娜·菲萨克（Taciana Fisac Badell）

达西安娜·菲萨克是马德里自治大学东亚研究专业中国语言文学方向教授，东亚研究所所长，著名汉学家，同时也是北京外国语大学名誉教授。曾赴斯坦福大学、牛津大学、莱顿大学、北卡罗琳大学、中国社科院、北京大学、北京外国语大学等多所大学和研究中心做访问学者。其主要研究方向为中国文学与政治控制之间的关系。其近10年来主要研究成果包括：《21世纪中国文学》（2008）、《文化在西班牙与中国经济关系中的重要性》（2008）、《毛泽东时期中国的文学，政治控制和文本改写》（2009）、《权力话语》（2015）、《阎连科：致力于文学和当代中国的作家》（2015）、《当代中国的革命，政治和宣传》（2016）、《欧洲文化能激励中国作家吗？》（2017）等。她还翻译了大量中国现当代文学作品，包括鲁迅、巴金、钱钟书、铁凝、毕飞宇、阎连科等作家作品。

2. 阿丽西亚·雷林科·埃莱塔（Alicia Relinque Eleta）

阿丽西亚·雷林科·埃莱塔是格拉纳达大学教授、格拉纳达大学孔子学院外方院长及东亚研究硕士学位负责人、西班牙著名汉学家。自20世纪90年代起，开始致力于翻译中国古代文学理论专著、小说以及元、明代戏剧家的作品，主要译作包括《文心雕龙》、《中国戏曲三部集》（《西厢记》《赵氏孤儿》《窦娥冤》）、《金瓶梅词话》、《牡丹亭》等。近10年主要研究成果包括：《西班牙历史翻译字典》（2009）、《千年中国》（2009）、《中国国代权力建筑》（2009）、《龙、云和诗歌：帝国的写作》（2010）、《明清（1636—1912）时期散步经典小说中汉西委婉语对比与翻译》（2016）等。

3. Carles Prado Fonts

Carles Prado Fonts 是加泰罗尼亚—奥贝尔塔大学（Universitat Oberta de Catalunya）艺术与人文研究学院副教授，在2009年至2015年期间担任东亚研究项目的负责人。其主要研究领域为文化研究、翻译理论和比较文学，主要从跨文化和跨学科视角下，关注全球语境下现当代中国文学。巴塞罗那自治大学翻译理论和跨文化研究博士，加州大学亚洲语言文化博士，曾在北京语言大学学习中国语言和文化。他近年来的研究成果包括《小说的焦虑：老舍早期小说再现》（2014）、《我是旗人，但旗人也是中国人：老舍〈茶馆〉中满族身份》（2015）、《中国与战争期间欧洲小说中国的跨文化政治再现》（2017）、《二手中国：现代西班牙中的间接性和文化交汇》（2018）。

（三）社会人类学

随着 20 世纪中期西班牙中国移民现象的出现，一些西班牙学者开始关注中国移民问题。他们从社会学和人类学角度，深入中国浙江等地区进行实地考察来自中国沿海地区移民现象，并从中国当代社会现实出发，开始对西班牙中国移民进行跨文化、跨地域的多层面考察。在这一领域中最具代表性的是马德里自治大学东亚研究中心副教授 Gladys Nieto Martínez 和巴塞罗那自治大学翻译与东亚研究系副教授 Joaquín Betran Antolín。

1. Gladys Nieto Martínez

Gladys Nieto Martínez 为马德里自治大学东亚研究中心副教授、现任马德里孔子学院院长。马德里自治大学社会人类学博士，北京外国语大学和阿根廷国立科尔多瓦大学客座教授。曾在中国社科院、上海社科院、中国妇联、浙江师范大学进行研究工作。参与多个欧洲和西班牙学术研究项目，其主要研究方向为人类学、中国移民、亚洲性别和价值观。近年来主要研究成果包括：《本土化冲突：殖民主义和中国人类学的非殖民化》（2007）、《西班牙的中国移民》（2007）、《现代化的背景下中国父权制秩序》（2008）、《中国移民的休闲时间和体育活动（2008）》、《西班牙的中国移民——与中国紧密相连的西班牙社区》《对"亚洲价值观"的限制：中国的人权和男女平等问题》（2010）、《企业家和年轻人做好准备：对西班牙华人研究的思考》（2015）等。

2. Joaquín Betran Antolín

Joaquín Betran Antolín 是巴塞罗那自治大学翻译与东亚研究专业副教授和负责人，巴塞罗那自治大学亚洲问题研究团队研究员，曾任巴塞罗那孔子学院外方院长。他在亚洲侨民研究方面拥有丰富的经验，并从理论上发展了差异和跨文化的概念。他还从事过东亚人口、种族多样性、全球化和跨国主义问题研究。其近 10 年主要研究成果包括：《西班牙的亚洲社区：边境地区的跨国流动》（2010）、《从无形到壮观：在西班牙四十年的中国移民》（2013）、《中国社会和文化》（2013）、《危机后中国实地调查》（2014）、《不可预见的领域：东亚民族志》（2014）、《经济危机前西班牙的中国工人和企业家（2007—2013）》（2014）、《中国境外：华人社区在国外的自组织和跨国主义》（2015）等。

五、西班牙汉学研究发展趋势

第一，从西班牙汉学历史脉络来看，和其他欧洲国家相似的是，都以传教开始，经过商人及外交官协助，发展到各个学术领域。早期西班牙汉学是在伊比利亚民族传播天主教和进行军事扩张活动基础上产生的。对中国的研究是供国王和宗教领袖参考军政决策，这一特点决定了早期西班牙汉学具有武力征服和和平传教的双重特征。早期西班牙汉学是西班牙政教合一背景下传教士到中国或菲律宾对中国进行传教活动的产物，也是西班牙教会历史的缩影。在西方国家中，伴随西班牙武力征服和扩张的脚步，其汉学研究起步最早，16世纪的汉学家及其汉学研究著作为欧洲汉学研究奠定了重要基础。以庞迪我为代表的传教汉学家学习儒家经典，广结中国文化志士，没有后来西方传教士普遍存在的以基督文明拯救东方蛮族的居高临下的姿态，而是秉持文化融入的心态，对东西方文化交流持有客观平等意识。胡安·冈萨勒斯·德·门多萨把中国文化较为全面和真实的介绍给欧洲，为了解16世纪中国与西方世界的交流提供了较为原始的记录。

第二，当代西班牙汉学为迎合潮流，其研究方向也在发生转变，即从"古典"的中国古代史、古代哲学、古典文学和古代汉语逐渐转向"现代"的政治、经济、现代汉语、文学研究。但与英、法、美、德等其他欧洲国家略有不同的是，西班牙汉学中的传统力量仍然十分雄厚，基础十分牢固。以上提到的当代西班牙汉学家中的一些著名学者，如 Dolors Folch、Taciana Fisac、Alicia Relinque、Raúl Ramírez Ruiz 等均以中国传统文化、历史和古典文学研究见长，而且成就卓著。相比之下，西班牙对当代中国研究相对薄弱。自21世纪以来，西班牙对中国的研究呈现回暖上升趋势，研究成发展态势。西班牙传统汉学正逐渐接纳当代中国研究，开始向中国学研究的结构性变化过度。传统的汉学研究在继续保留其固有的学术传统的同时，开始出现对当代中国经济贸易、社会政治、语言文化等方面的关注。在以 Joaquín Vedran、Gladys Nieto、Raúl Ramiz Reiz 等新一代汉学家的参与下，正逐渐向更为广阔的汉学研究领域发展。随着中国国际地位的持续提升，以中国学研究为中心的独立学科领域将逐渐形成和发展。从现有的西班牙大学研究机构内设置的中国学研究课程来看，除了作为汉语言学习之外，有多所学校在翻译院系内开设了汉西、西汉专业，以解决语言文化交流的最基本问题。其所培养的毕业生也多从事与语言翻译相关的工作。

另一方面，西班牙对中国研究的重点集中在对中国明清时期历史的研究，因为该时期对应西班牙历史发展的辉煌时期，也正是传教士到中国布道传教的重要时期,菲律宾华裔商人和西班牙人之间的贸易往来的繁盛时期。另外,中国历史较为受西班牙汉学家关注的阶段是鸦片战争到第二次世界大战期间。相关对比研究成果和从事该领域研究的汉学家及学者比较多。社会学领域中,与中国移民的生存状况以及中国移民赴欧洲(西班牙)发展取得商业成功的相关社会问题研究也是西班牙学者关注当代中国的一个重要表现。

第三,西班牙的中国学研究模式是"区域研究",跨学科和跨领域的综合性研究不多。从目前汉学研究机构设置来看,没有独立的汉学系或中国学研究系,西班牙一些大学设有东亚语言与文化系或研究中心,其中包括对日本和韩国的研究;从研究人员来看,中国学研究学者有以下特点:首先,多数中国学研究学者具有在中国学习和工作的经历,或在世界著名汉学研究机构获得汉学或中国学研究学位;其次,每一个中国学研究的相关科系,在其他院系方面,从历史学到社会学,会有作为中国研究的学者。再次,西班牙汉学研究处于新老交替阶段,但受到西班牙近年来不景气经济状况影响,汉学研究的投入和新一代研究型学者的培养和成长都在一定程度上受到阻碍。从汉学机构分布地域来看,设有中国学研究中心、院系和学科课程的大学分布在西班牙各个地区。目前来看,巴塞罗那、马德里和格拉纳达的一些大学研究质量和数量最高,其他学校尚处于创建阶段,时间较短且研究人员较少。

第四,随着中国经济崛起,中国在社会、文化、政治等各方面都发生了深刻变化,但由于历史和现实等诸多方面的影响,西班牙学术界对当代中国的认识存在局限性和滞后性。从研究成果的内容来看,主要集中在翻译学、历史学两大方面,近期一些经济方面的成果多处于对中国经济崛起的关注而缺乏系统研究和梳理。而在对中国当代语言文化、社会状况、国际关系、政治方面的研究成果无论从数量还是质量上看都存在研究缺位和解释能力不足的问题,表现出刻板化和模式化特点,与快速发展和急剧变化的当代中国现实存在较大距离。我们认为,西班牙的中国学研究应进一步扩展到包括政治和文化等在内的综合研究,包括中国的外部经济关系、与欧盟的贸易和外国直接投资、政治制度、法律制度、社会变迁、社会流动等更加广泛的内容。

(李秋杨　湘潭大学外国语学院副教授)

西班牙第一位汉学家马丁·德·拉达研究

李兴华

摘　要：马丁·德·拉达早在 16 世纪后半期便完成了西方第一部有关中国语言文字的著述《中文语法与词汇》以及西班牙第一部基于中国典籍、访华见闻而完成的汉学著作《中国纪行》。他留下的文献资料虽在小范围内流传，但影响了西班牙早期汉学学者，为西班牙早期汉学研究奠定了文献基础，进而对整个西方汉学史产生了间接但不可忽视的作用。

关键词：西班牙汉学　马丁·德·拉达　胡安·冈萨雷斯·德·门多萨

随着 1565 年墨西哥—菲律宾贸易航线的开辟，"马尼拉大帆船"贸易时代到来，这为中国与西班牙进行真正意义上的文化交流带来了契机。马丁·德·拉达（Martín de Rada）作为这一时代的见证者，不仅在菲律宾殖民史中占据重要地位，更为西方早期汉学研究做出了重要贡献。中国学者张凯、英国学者博克舍以及西班牙中国史研究专家罗斯·弗尔克（Dolors Folch）都曾对拉达进行过研究，但对他的中国观、其著作《中国纪行》对西方早期汉学的贡献以及《中国纪行》与《中华大帝国史》之间的文献关系，并未做出全面的论述。鉴于此，本文在前人的研究基础上，基于西班牙语原始文献，对上述问题进一步展开，进行全面的分析。

一、《中国纪行》

拉达最初的中国知识主要来自菲律宾华人。在宿务岛期间曾有一名叫康克（Canco）① 的中国人在其家中停留半年，拉达通过他对中国的疆域、度量、明朝的行政体系，即两京、十三布政使司、军队等情况进行了初步了解。

---

① 也有学者认为该中国人的原名应为 Guan Gao。

1571年菲律宾殖民当局将统治据点从宿务岛搬迁至马尼拉，拉达也随之移居此地。行政中心的变化加大了拉达与中国人接触的机会与频率，于是他开始学习中文，并写了西方第一部有关中国语言文字的著述《中文语法与词汇》(Arte y vocabulario de la lengua china) 一书①。

拉达汉学研究的转折点是"林凤事件"。1574年11月明朝廷调动兵力围剿武装走私集团领袖林凤，他突围后逃至马尼拉，后退至吕宋岛邦阿西楠。不久后明朝官员王望高带兵前来围剿林凤，与西班牙殖民当局达成协议，西班牙方面承诺会将其交至明朝廷，而中方则答应返程时带西班牙使节入华，商议传教与贸易往来事宜。1575年6月12日拉达与赫罗尼莫·马琳（Jerónimo Marín）两位奥古斯丁会传教士以及官兵米格尔·洛阿尔卡（Miguel de Loarca）和佩德罗·萨尔米恩托（Pedro Sarmiento）组成的使团带着菲律宾总督写给福建官员和一封给中国皇帝的书信访华。

使团入华后受到中国当局监视，每次出行均有官兵陪同，无法自由行动。然而，拉达还是尽可能对能触到的一切事物进行细致入微的观察。更重要的是，他回程时带回100多部中国典籍②，并基于此完成《中国纪行》一书。

该书分为两部分，第一部为"有关神甫马丁·德·拉达与其同伴赫罗尼莫·马林以及西班牙陪同官兵从访华到回到马尼拉期间的事情"（De los que les sucedió a los padres Martín de Rada y fray Gerónimo Marín en su embaxada de China hasta que bolvieron a Manila con los Capitanes españoles que los acompañaron），讲述了拉达借助林凤事件入华的始末，以及使团在福建地区的行程与受到的礼遇。第二部分题为"有关大明，即中国以及尊敬的奥古斯丁会神甫马丁·德·拉达1575年在福建观察与所体验到事物的实录"（Relación verdadera del reyno de Taibin, por otro nombre China, y del viage que a él hizo el muy reverendo padre fray Martín de rada, provincial que fue del orden de San Agustin, que lo vio y anduvo, en la provincia de Hocquien, año de 1575 hecha por el

---

① 原著已遗失，未流传下来。目前，在欧洲发现多个同名作品，分别藏在法国国家图书馆、大英博物馆图书馆、巴塞罗那大学图书馆以及罗马传信部档案馆。由于它们均为17世纪的匿名书稿，其原作者是否确为拉达无从而知。

② 有关这些书籍的信息目前记载于胡安·冈萨雷斯·德·门多萨（Juan González de Mendoza）的著述《中华大帝国史》第三卷第17章中。然而，有关它们的具体名称目前还无从考证。

mismo 1577），共计 12 章，主要对明王朝的疆域、行政区域与体制、兵力与武器、人口、税制、历史、百姓的品貌与服饰、饮食与宴会、建筑特征、农业、矿产、宗教等多个领域进行了论述。《中国纪行》实为该著述的简称，以下简称《出使福建记》和《记大明的中国事情》。

张铠先生在其著作《西班牙的汉学研究》中称①："马丁·德·拉达写作《中国纪行》一书的目的，其实就是给西班牙最高统治当局提供武力征服中国的依据"，将《中国纪行》与拉达的政治主张联系起来，说明拉达武力征服中国的主张是其进行汉学研究的重要动因。然而，张铠先生未提及拉达这一政治主张的成因。实际上，1569 年拉达在给墨西哥总督的书信已对这一问题进行了解答②。信中拉达对菲律宾的情况作了汇报。他提到菲律宾地域广阔，不仅产香料还具有丰富的金矿。他以此煽动墨西哥总督对菲律宾进行经济援助并支持他们征服菲律宾。其次，他说到菲律宾人与外地商人（中国人）进行买卖时，仅在金矿开采所需金子以供支付。经过在菲岛的观察，他认为该地整体文明程度较低，人们只考虑最基本的生活需求，对财富也没有过多的贪恋。另外，他还特地说明菲律宾并没有国王、封建领主和法律的束缚，尚未形成一个全国性的行政体系。鉴于上述几点，他认为无须对此地投入兵力进行武力征服，派驻西班牙人在此地生活可自然而然地收获黄金、香料等物资，不仅如此，在他看来该地人民也较易于被基督教化。因此，他认为在低下的生产水平和认知水平下新思想或宗教理念的灌输是较为容易的，主张和平征服菲律宾。然而，中国文明在他看来却与之形成了鲜明的对比，相比之下，中国已拥有较为完善的统治体系，是一个文明程度较高的国家，中国人很难冲破原有的思想和统治体系自然接受西班牙的文化与信仰，须借助武力强行征服才可将之基督教化。

在这样的政治主张下，即便《中国纪行》的第二部分《记大明的中国事情》基于中国典籍而完成，是专门论述中国事物的专业性汉学著述，但向世人传达了拉达较为偏激和片面的中国观。

拉达赞叹源远流长的中华文明，惊叹中国庞大的人口与城镇规模以及每年

---

① 张铠著《西班牙的汉学研究》第 79 页，中国社会科学出版社，2017 年。

② Carta del P. Martín de Rada al Virrey de México, dándole importantes noticias sobre Filipinas. Cebú, 8 de julio de1569. AGI, Aud. de Filipinas, 79, CHE. 目前，有关拉达的书信仅存 15 封，原信的转写稿现存于 Dolors Folch 与其科研团队建立的"中国在西班牙"（La China en España）网络资料库中。

上缴的税赋数量。在他看来中国幅员辽阔,物产丰富。然而,在拉达看似客观、古板,不夹杂个人情感的文风中仍能看出他不经意间流露出的个人情感。拉达首先对中国的科学发展水平予以了全面的否定。他在《记大明的中国事情》开篇名义中便提到:"中国人对地理、几何甚至是算数懂得极少,地图制作得十分粗陋,就连对道里行程的描述都是错误的,在多个地方都不一致。"这也是他对中国疆域进行重新计算的根本原因。类似的评价也出现在其他章节中。他在描述中国文字时,因中国文字可以为所有方言所解读,对其凝聚力予以了肯定。然而,他说:"中文是已知文字中最不开化且最难的,因为它是字体而不是文字。所有词或事物都有不同字体,所以一个人即便认得一万字也不能什么都读懂。因此识字最多之人便是他们中最博学的人。"① 他在阅读过中国有关占星学、天文学、数学、医学等领域的书籍后,认为中国人只知事物的皮毛,其他一无所知。他将中国科学知识水平的落后归咎于中国的文字体系。因为,在他看来,中国人将全部精力都放在文字上,无暇顾及其他学科。这一主张与庞迪我以及在秘鲁传教的何塞·德·阿科斯塔(José de Ascota)的见解趋于一致。② 由此可见,西班牙早期主流的汉学学者对中国科学发展滞后的原因看法是相同的。

关于明王朝的军事力量,拉达对当时的步兵和骑兵数量进行了具体计算,他震惊于明朝庞大的官兵数量。尽管如此,他又立即表示:"中国人的炮,至少我们所见到的而言,都是用铁制造的低劣的小铁炮,尽管我们在福州只进入一家军械库。"③ 关于航海,他则认为中国人造的船行驶缓慢,制造低劣;没有航海图,仅有些水手们的手抄本航线图;虽然有罗盘,但远远落后于西班牙人所造的。④

关于中国人的民族性,他在描述中国人的品貌、风俗以及服饰时提道:"除自以为是的官员外,他们是平易、谦恭和厚道的民族。"⑤ 他虽对中国平

---

① 《记大明的中国事情》原文转写稿,第9章。《中国纪行》的原文转写搞同样存于Dolors Folch与其科研团队建立的"中国在西班牙"(La China en España)网络资料库中。本文中所有有关《中国纪行》的译文均译自笔者。

② José de Ascota, *Historia natural y moral de las Indias*, Biblioteca Virtual Universal, tomo vi, capítulo 5-6.

③ 《记大明的中国事情》的原文转写稿,第4章。

④ 《记大明的中国事情》的原文转写稿,第9章。

⑤ 《记大明的中国事情》的原文转写稿,第7章。

民阶层予以不错的评价,但中国官员们在他眼里却是极尽奢华且傲慢的。这与他访华期间的经历与接触到的官员有关。

整体上,他对整个中国人的好感度并不高。他认为中国人小时候面容姣好,但长大后却变丑;中国人虽注重礼仪,但繁文缛节过多让人厌烦,连吃相都丑陋;中国的女人不仅地位极其低下还有裹脚的陋习,而男人则把一只手的指甲留的很长,且引以为傲;他们愚昧无知,迷信,崇拜神明,惧怕鬼神,惯于占卜。

拉达笔下的中国地大物博、物产丰富、行政体制较为完善且人口庞大,然而,自然科学与航海、造船技术以及兵器制造水平却很低下。两者之间鲜明的对比说明了中国并不具备与西班牙抗衡的条件,且能为西班牙带来诸多利益。其次,他还通过对中国人祭拜鬼神、求签、算命等现象的描写,指出中国人民极为迷信。对于天主教国家而言,这些庞大的中国人口毫无疑问是一群亟待解救的异教徒,因此加深了天主教国家在中国传教的愿望。在征服战争与传教事业紧密相连的时代,不难看出拉达在1569年通过书信说服墨西哥总督入侵中国失败后,始终未放弃武力征服中国的主张。《中国纪行》在某种意义上是他对武力攻占中国可行性的论证书,因此在既定的政治意图下他对中国的认识也自然有了一定的倾向性。

二、拉达对西方汉学研究的贡献

区别于西方早期以马可·波罗为代表,基于访华见闻而完成的游记类著作,拉达的《中国纪行》是专门论述中国事物的专业性汉学著述。关于西方在拉达以前出版的汉学著述,博克舍如是说道:"1569—1570年在恩渥拉复印的《中国志》,可以公正地被视为欧洲出版的第一部专述中国的书……葡萄牙史家费尔隆·罗柏斯·德·卡斯特涅达(Fernão Lopes de Castanheda)、若望·德·巴洛斯及达米奥·德·戈额斯(Damião de Goes)在他们记葡萄牙势力在亚洲增长的通史中,已经刊布了对中国的记载,但这些记载和收入耶稣会年鉴的盖略特·博来拉及他人的记录一样,不是专谈中国的书,仅仅部分涉及到中国。"① 由此以来,《中国纪行》是西方继葡萄牙多明我会修士加斯

---

① [英]博克舍著,何高济译《十六世纪中国南部行纪》第36页,中华书局,2002年。

帕·达·克路士（Gaspar da Cruz）完成的《中国志》后的第二部汉学著作。

《中国志》相较《中国纪行》而言，内容上更丰富，涉及诸多拉达未提及问题。他频繁提到中国以外亚洲各国的概况以及它们与中国的关系，对广州、中国的监狱、工匠和商人、中葡贸易关系等多个方面也都列了章节进行专门论述。而《中国纪行》对西方汉学所做出的主要贡献在于，它解决了诸多《中国志》未提及和未解答的问题，所展现的中国知识更为系统、确切。

首先，自马可·波罗后"契丹"与"中国"是否为同一国家是西方一直疑惑的问题。克路士在第一章谈到中国的名称时，仅提道："中国（China）之名不是该国人民的正式名字，也不是该国本身的名字，该国更没有普遍提到这个名字……这个国家的正式名字是大明……该国百姓的名字是大明人。"① 明显地，克路士对中国名称的认识并不深刻，对"契丹"的问题也只字未提。后来的利玛窦对该问题也仅仅简单道："这个远东最遥远的帝国曾以各种名称为欧洲人所知悉。最古老的名称是 Sina②……后来，马可·波罗这位最初使欧洲人颇为熟悉这个帝国的威尼斯旅行家，则称它为 Cathay③"。因《中国纪行》的核心内容，即介绍中国概况的第二部分直到19世纪才出版问世，学界多通过《利玛窦中国札记》才得知"契丹"与"中国"实为同一国家，鲜少有人知晓拉达在他之前便对此进行过更为详细的解答。他在记《记大明的中国事情》开篇名义中道："我们通常称之为中国的国家，威尼斯人马可·波罗称之为契丹王国，或许在当时的鞑靼语中是如此称呼的，因为他1312年来到此地时由鞑靼人统治……但是它现在的本名为大明，就如同在之前不同时期所拥有的不同名称：汉、唐、宋……。"拉达不仅是解决"契丹"问题的第一人，还进一步说明中国的名称（国号）实际上是随着王朝的更替而变化的。

其次，当路克士对中国疆域进行描述时，仅对与中国接壤的国家有所说明，对中国的疆域并未进行明确的描述。与之不同，拉达直接计算出中国的方圆和范围的具体数字，对其大小给予了直接的说明。他道："大明王朝长约一千里格，宽四百里格，四周长近两千五百里格……这个王国的海岸线约八百里格。"④ 不仅如

---

① 《十六世纪中国南部行纪》第45页。
② 这应为支那之译因。
③ ［意］利玛窦、［比］金尼阁著，何高济译《利玛窦中国札记》（上）第42页，中国旅游出版社，2017年。
④ 《记大明的中国事情》的原文转写稿，第1章。

此，他还将中国各大主要城市所对应的纬度也进行了说明。这就当时而言，是对中国疆域最为详尽、系统的论述。不仅如此，克路士虽谈及中国的两京、13省的设置，但将明朝省以下府、州、县以及具体规模介绍给西方，并对人口进行了解之余，将其量化的，拉达当数第一人。同时，拉达还首次对中华历史进行了综述，通过对王朝世系的追溯，从盘古开辟天地说到朱元璋建立明朝，将中国几千年的历史进行了较为系统的梳理。

《中国纪行》虽非首部西方汉学著作，但在整个西方汉学史上的学术价值不言而喻，奠定了拉达在西班牙第一位汉学家的地位。同时，该著作也标志着西班牙汉学的肇端，是西班牙汉学进入16—17世纪黄金时期的开始。

三、拉达在西方汉学传承谱系中的作用

《中国纪行》通过对中国概况进行详尽的描述，为中华文明的传播做出重要贡献外，在西班牙乃至整个西方的汉学研究传承谱系中也发挥着重要作用。奥古斯丁会教士门多萨的著作《中华大帝国史》便是佐证。

《中华大帝国史》是《据中国典籍以及造访过中国的传教士和其他人士的记述而写成的关于中华大帝国最负盛名的事情、礼仪和习俗的历史》（*Historia de las cosas mas notables, ritos y costumbres del gran Reyno de Chinas, sabidas assi por los libros delos mesmos Chinas, como por relacion de Religiosos, y otras personas, que an estado en el dicho Reyno*）的简称，于1585年出版。在其问世仅仅十余年间便被翻译成了拉丁文、意大利文、英文、法文、德文、葡萄牙文、荷兰文等多种语言，在西方世界广泛流传，是利玛窦以前最具影响力的汉学著作。该书相较于《中国纪行》而言，对中国概况、自然环境、人文、社会风俗、礼仪等方面的描述更为详尽系统，章节分布也更为规范合理。《中华大帝国史》作为对当时西方中国知识的汇编，文献来源多元、复杂，但拉达所留文献材料是其中最为重要的组成部分。张铠先生认为《中国纪行》是对门多萨帮助最大的著述[1]，尔博克舍则说："两部[2]都被修士胡安·冈萨雷

---

[1] 张铠著《西班牙的汉学研究》第93页。
[2] 指《中国纪行》的两部分：《出使福建记》和《记大明的中国事情》。

斯·德·门多萨为修撰《中华大帝国史》所使用①。"《中国纪行》似乎被学界认为是门多萨所参考的主要文献之一。然而，多罗斯·弗尔克（Dolors Folch）在对原始文献进行分析后，对此提出了疑问，认为门多萨所参考的应为拉达所留的其他手稿与文献②。对于此，我们对原始文献进行了考证。

　　首先，拉达在《中国纪行》中指出明朝15省下设390城（155府、235州）与1155县③，《中华大帝国史》中的记录则为591城和1593县④。门多萨所记载的数字远比拉达的多。其次，关于军队规模的大小，《中国纪行》中指出大明王朝拥有步兵4178500人、骑兵780000人⑤，而门多萨则指出1577年拉达及其同伴进入中国时的步兵人数为5846500人，骑兵948350人⑥，且开列出的每省的兵员数目与《中国纪行》也大不相同。最后，两位作者关于明朝人口规模的记录也并不一致。拉达认为当时的中国税赋制度为按户纳税，户内再分若干人，据此统计出15省共记9676246户，纳税人数为60187047人⑦。然而门多萨并未指出这点，仅以省为单位开列出纳税人数，共计41101000人⑧。从上述两组数据可知，两部著作中的记载十分矛盾。

　　实际上，《中国纪行》和《中华大帝国史》并非西班牙16世纪后半期记载中国中国城镇数量、纳税人数以及军队规模的唯一文献。1575年与拉达一同入华的官兵米格尔·德·洛尔卡（Miguel de Loarca）也写有《实录》（Verdadera relación）⑨一书，对此次中国行与中国概况进行了记载。经文献考证发现，洛尔卡所记载的数据与拉达、门多萨也均不相同，却提供了导致西班牙

---

① 《十六世纪中国南部行纪》第49页。
② Dolors Folch，"Biografía de Fray Martín de Rada, Huarte de San Juan". *Geografía e Historia*，2008（15），p. 60.
③ 《记大明的中国事情》的原文转写稿，第3章。
④ 《中华大帝国史》原著影印本，第一部，第一卷，第8章。《中华大帝国史》原著的影印本，下载于网络。
⑤ 《记大明的中国事情》的原文转写稿，第4章。
⑥ 《中华大帝国史》原著影印本，第一部，第三卷，第6章。
⑦ 《记大明的中国事情》的原文转写稿，第3章。
⑧ 《中华大帝国史》原著影印本，第一部，第三卷，第6章。
⑨ Miguel de Loarca. Relación del viaje que hezimos a la China desde la ciudad de Manila en las del poniente año de 1575 años, con mandado y acuerdo de Guido de Lavazaris governador i Capitan General que a la sazon era en las Islas Philipinas, Academia de la Historia.

早期汉学文献记载不一的线索。书中明确记载，拉达带回的中文典籍中所记载的疆域四周为69556里，转换成西班牙度量后为3000里格。这一记载与门多萨："这个大国四周约69516里……转换成西班牙的度量约3000里格，"① 基本一致。然而，洛尔卡进一步指出，拉达作为优秀的数学家，认为中文典籍中的测量数据是完全错误的，是由所有省份的四周长度相加后得出的结果，经他重新计算后得出的数据为2500里格。这一数字也正是《中国纪行》中的记载。拉达表示他曾参考过七部不同时期、不同作家以及不同版本的中文典籍，由于错误过多，他将这些书籍进行比对后对中国城镇数量、纳税人数和军队规模等数据重新进行了计算，后得出《中国纪行》中的相关数据。《实录》中指出，这些中文典籍经过菲律宾华人翻译后拉达才得以阅读。这说明拉达有可能对上述七本中文典籍的翻译文本进行过研究和度量的转换。

造成上述早期西班牙汉学著作内容有所矛盾的原因与当时作者参考的文献不同有关，因此对这一问题的探索也是了解西班牙早期汉学文献传承与积累的关键。根据上文提到的线索，当时洛尔卡与门多萨所参考的文献资料可能通过以下两个途经获得。其一，经拉达整理、研究过的翻译文本以及其他汉学研究资料很可能成为了同在菲律宾的官兵洛尔卡的参考资料，而部分资料则有可能通过菲律宾-墨西哥贸易航线辗转运至墨西哥成为门多萨的参考资料。其二，拉达与洛尔卡从福建回到菲律宾后，分别寻找华人对拉达带回的中文典籍进行翻译。门多萨也可能通过华人对后期被传教士们带至墨西哥的中文典籍进行过翻译，因为他本人证实他曾在墨西哥见过拉达从中国带回的中国典籍②。因翻译人员与其文本把控能力不同、转写错误，加之所参考的典籍也未必是七部相关典籍中的同一部，最后获取的信息也自然有所不同。当然，他们也有可能对上述两种文献都进行过参考。但无论如何，洛尔卡与门多萨参考的应为《中国纪行》的前期资料，即拉达所留中文典籍的翻译文本或他带回部分中国典籍，因此所记载内容与《中国纪行》有所不同。

拉达所留文献资料同时影响了其他传教士，凸显了其在西班牙早期汉学传承谱系中的重要作用。奥古斯丁会传教士赫罗尼莫·罗曼（Jerónimo Román）在1595年完成的著作《世界各国志》（*República del mundo*）中提到，

---

① 《中华大帝国史》原著影印本，第一部，第一卷，第6章。
② Dolors Folch, "Los libros de Martín de Rada", *Sinología Hispánica*, 2016（1）：p. 15.

他手中曾有一份有关拉达中国行的文章,然而被借走后未归还,因此拉达的哥哥应他要求寄去一份拉达的手稿资料使他得以参考,并在该著作第三部分,讲述中国的章节中进行参考①。不仅如此,拉达简明记录福建行过程的信件还被修士加斯帕·德·圣奥古斯丁(Gaspar de San Agustín)收录于《菲律宾群岛的征服》(Conquistas de las Philipinas)一书。这些线索再一次证明,除《中国纪行》外,拉达留下过不只一份有关中国的报告或相关研究资料,它们是影响西班牙乃至整个西方汉学,并在小范围内流传主要文献资料。

《中国纪行》作为西班牙第一部汉学巨著,其相关原始文献对以门多萨为代表的西班牙传教士产生了直接影响,使西班牙汉学一开始便有了较为值得信赖的文献资料,为西班牙汉学赋予了一定专业性。拉达作为西班牙第一位汉学家,不仅是西班牙汉学的奠基者,更是西班牙16—17世纪汉学黄金时期的开拓者。此外,尽管《中国纪行》较同时期的汉学著述而言更为杰出,因当时并未出版,没能在西方世界产生涟漪。它对早期西方汉学史的影响主要是间接但不可忽视的,主要通过影响以门多萨为代表的西班牙传教士完成。

小　　结

拉达首先是传教士,其次才是汉学家,这决定他进行汉学研究的根本意图是维护宗教利益。拉达自来到菲律宾起就为获取在华的传教权而努力,说服西班牙政府武力征服中国是他达到这一目的手段。因此,拉达更加注重对中国概况的了解以对武力征服中国带来的利弊做出评估,而不像后期的利玛窦、庞迪我等有机会在华传教的传教士一般,主要关注在华的传教策略,因此更加注重对中华文化的研究。这是《中国纪行》对中国概况的记载更为翔实且极具专业性的重要原因。也使拉达的著述与所留原始资料成为西方早期汉学极具参考性的文献,对西班牙乃至整个西方汉学做出重要贡献。

(李兴华　南开大学外国语学院讲师)

---

① Jerónimo Román. *República del Reyno de la China*. Ordenada por Fray Hieronymo Roman frayle professo de la orden de San Agustin y su Choronista, 1595, BC.

·意大利汉学研究·

新世纪以来意大利学术机构的中国文学研究现状调查[*]

周 睿

摘 要：21世纪以来，伴随着时代风潮与重心的转移，西欧诸国的传统汉学（Sinology）出现了新的发展态势和研究方向。就地理版图上西欧（包括英国、法国、西班牙、葡萄牙、荷兰、比利时、爱尔兰、德国、奥地利、瑞士和意大利）的中国文学研究和翻译现状展开调查，能够清晰展现中国文学研究在欧洲汉学界的传承与新变、反思和困境。本文专以意大利为例，抽样25家学术机构、40位研究学者为样本，专论意大利学界的中国文学研究和翻译详情，总结出意大利汉学界独有的时代特征，以期在研究全球共享与想象中的学术共同体的建构中，将意大利汉学的关注和推介以又一重要的参考系的身份，推动中国本土学术界的学术转型与参与中国学术的大叙事话语中来。

关键词：欧洲汉学 意大利汉学 中国文学研究

新世纪的海外汉学研究出现了诸多转向，其中颇令学界瞩目的现象之一，是传统汉学和中国文学研究的重心已从欧洲转移到北美。尽管欧洲汉学研究在欧洲汉学学会（EACS）的联络下依然遍地开花，在传统的语文学（philology）及其相关的文献学、哲学、历史学、宗教学等研究领域，欧洲诸国的汉学家们以其多年的沉淀底蕴和传统厚度，仍具有领先的话语权，但无

---

[*] 基金项目：重庆市社科规划项目《基于语料库的杜诗英译规范研究》，2016YBWX073；中央高校基本科研业务专项基金《海外唐诗的交互传播与术语规范》，SWU1509468；教育部社科规划项目"英语世界中国古代文学史书写研究"（19YJC751077）。

可否认的是，在中国文学研究领域，欧洲汉学家们的研究成果则已经明显为北美学界所赶超，甚至有难乎为继的尴尬和困境。国内学界目前对欧洲汉学的留心与绍介，多停留在 20 世纪及之前的学术史清理阶段，而对当今活跃在海外中国文学研究与翻译领域的现阶段学者则欠缺系统梳理。本文先有英、法、荷、比、西、葡、德、瑞、奥西欧诸国的学术机构现状调查报告，此处以意大利高等教育和学术机构中的中国文学研究学者为研究对象，梳理和总结意语系汉学在新时代的时代特征和发展趋向。

马可·波罗（Marco Polo）可谓是意大利对神秘东方古国进行探索的第一人，而利玛窦（Matteo Ricci）则是意大利乃至整个欧洲"西学东渐"的第一人，至今台湾图书馆所建利玛窦太平洋研究室收录外文与国际汉学文献，香港国泰航空飞行常客计划取名"马可孛罗会"，皆以此为宗。1732 年马国贤神父（Matteo Ripa）在那不勒斯建立中国学院，是意大利前汉学的真正开端。尽管历史传统源远流长，但是目前的意大利汉学是在二战之后才真正重建学院体制化，研究也渐与欧洲汉学同谱共系。在欧洲的汉学体系中，相比起法国、德国、英国甚至西班牙、荷兰等西欧传统汉学大宗来说尚有差距，但意大利的中国文学研究有着自身的偏好取向与发展趋势，目前意大利有三十余所高校建有汉学相关专业，中国文学研究学者集中在罗马、那不勒斯和威尼斯三个中心，他们在意大利汉学学会（AISC）、意中协会（IIC）、亚洲高等研究所（CESMEO）等学术平台联络下组织学术对话。

一、罗马地区

罗马曾拥有一所与伦敦大学亚非学院（SOAS）、法国国立东方语言文化学院（INALCO）相类似的研究机构——意大利亚非研究院（Istituto Italiano per l'Africa e l'Oriente, IsIAO），它于 1995 年由意大利中东与远东研究所（IsMEO）和意大利非洲研究所（IIA）合并而成，但 2012 年却被关闭。与之近似的现存学术机构是国际地中海与东方研究学会（ISMEO），从事促进地中海诸国与亚洲非洲国家的文化交流的活动。罗马最重要的中国文学研究基地是罗马大学（一大）意大利东方研究院（ISO, Sapienza U-Roma），2010 年由东方研究系和东方研究所整合而成，挂靠文哲学院（FLF），致力于亚非国家的语言、文化与文明研究，拥有一间自 1905 年建立的东方图书馆（意大利四大东方图书馆之一），出版学术期刊《东方研究学刊》（RSO）。罗马大学汉学研究历史可追溯至 1876 年汪瑟士（Carlo Valenziani）被授予首任汉学教职，此后有东方学院奠基人之一的诺全提尼（Ludovico Nocentini）、身兼数学家和科学史家身份的华嘉（Giovanni Vacca）、IsMEO 的创立者图齐（Giuseppe Tucci）、《利玛窦全集》的编者德礼贤（Pasquale D'Elia）、撰写首部意大利语版《中国文学史》的白佐良（Giuliano Bertúccioli）、《明清研究》杂志创办者史华罗（Paolo Santangelo）等学者先后在此任职。前院长马西尼（Federico Masini）毕业于罗马大学和那不勒斯东方大学，也曾在北京语言大学和北京大学学习，曾在中国外交部和意大利驻华大使馆工作，此后一直在罗马大学任教。他的主攻领域是词汇学、汉语教学及意中文化交流史，文学研究有《凌濛初笔下的尼姑与妓女》（*Monache e concubine*, Cafoscarina, 1999），汉学史研究合著包括《意大利与中国》（白佐良，*Italia e Cina*, Laterza, 1996；中译本，商务印书馆，2003）、《匡卫国研究》（陆商隐，*Martino Martini Opera Omnia*, U Trento, 2010；中译本，华东师范大学出版社，2012）、《梵蒂冈图书馆藏明清中西文化交流史文献丛刊》（张西平，大象出版社，2014）、《中外文学交流史：中国-意大利卷》（张西平，山东教育出版社，2015）等，梳理早期中国语言文学通过传教士在意大利传播的情形。与他研究领域极相近的是在本校毕业工作的德保罗（Paolo De Troia），其尤为关注意大利在华传教士、明代地名学与当代传媒用语，译有艾儒略《职方外纪》（*Geografia dei paesi stranieri alla Cina*, F. C. Bresciana, 2009）及《吴门画舫录》（1999）等。现任院长艾丽（Alessandra Brezzi）毕业于那不勒斯东方大学，曾在乌尔比诺大学工作，研究清末女性书写出版，其代表作《单士厘意大利见闻录》（*Note per un dono segreto: Il viaggio in Italia di Shan Shili*, L. E. Orientalia, 2012）着眼于晚清使节夫人的欧洲闻见游记。本校毕业工作的费琳（Casalin Federica）专注于中国语言文学教学，特别留意明清文献中的意大利形象，在 *Sulla via del Catai* 杂志上发表长文《狼与龙：意大利王国与清帝国关系》（*Il lupo e il Dragone: i rapporti fra il Regno d'Italia e l'Impero Qing*, 2012）、《三国演义：中国文学中的经典军事思想》（*Il pensiero militare classico nella letteratura cinese: il Romanzo dei Tre Regni*, 2014）等，精编白佐良《中国文学》（*La letteratura cinese*, L'Asino d'Oro, 2013）。罗马三大（Roma Tre-U）是 1992 年新建的公立大学，发展势头迅猛，文哲学院外国语言文学文化系（LLCS, FLF）

设有中国语言文学课程，负责人是就读过罗马大学、南京大学、香港科技大学等的龙巴迪（Rosa Lombardi）。她的主要研究范围包括中国诗歌小说翻译、中国现当代文学、台湾当代诗、20 世纪中国游记文学等，她还编过一些中文学习手册以及一本《中国文学在意大利》(La letteratura cinese in Italia, Tielle-media, 2007)，有研究沈从文、苏童、王朔、韩少功、席慕蓉以及夏侠（Leonardo Sciascia）及其他意大利作家在中国的接受等论文，译有莫言《红高粱》(1994)、苏童《罂粟之家》(1995)、虹影《背叛之夏》(1997)、王朔《一半是火焰，一半是海水》(1999)、吉狄马加诗选（2015）、席慕蓉诗选（2016）等，译介成果引人瞩目。罗马除了教育科研机构和罗马大学东方图书馆之外，还有两处汉籍馆藏丰富的图书馆，一是梵蒂冈宗座图书馆（BAV），一是罗马国立中央图书馆（BNCR），后者东方部收录汉籍超过 1500 种 15000 册，还整合了 IsIAO 图书馆，这三家图书馆提供中国文学研究的重要文献资源。

二、那不勒斯地区

那不勒斯以东方大学（Università degli Studi di Napoli L'Orientale）一家独秀，其前身是马国贤于 1832 年建立的、被誉为意大利乃至欧洲大陆的汉学祖庭的中国学院（Collegio dei Cinesi）；意大利统一之后，1868 年调整为皇家亚洲学院（Real Collegio Asiatico）；2002 年改为现名，现在仍然是意大利当代中国研究的龙头，曾有高察（Filippo Coccia）、兰侨蒂（Lionello Lanciotti）、白佐良、马泽（Franco Mazzei）、马茜（Edoarda Masi）、史华罗、卡萨齐（Giorgio Casacchia）等汉学家在此工作，出版期刊《那不勒斯东方大学年刊》（AION）以及《明清研究》（Brill 出版），东方部图书馆（Corigliano）拥有早至 16 世纪起的中国古籍善本和早期中国学院藏书，现有中文图书超 2000 种。该校中国文学研究特别是翻译比较活跃，主要集中在亚非及地中海研究学院东亚系（DAAM），前辈诸如马茜译《红楼梦》、唐传奇、《猫城记》、《野草》，卡萨齐译《今古奇观》《古典白话小说集》，都是优秀的意大利语译本。现任首席中国语言文化教授齐莉娅（Maria Cigliano）在那不勒斯土生土长，曾在北京语言大学、香港中文大学学习，文学研究方面侧重明清文学，主持过明清游记文学中的云南形象、明清性别文学等研究项目，发表了关于杨慎、黄娥、杨士云、梁孟昭等论文。另一中国语言文化教授，专攻中国现当代文学的马可福（Marco Fumian）毕业于威尼斯大学，曾在博洛尼亚大学工作，研究兴趣在当代中国文化生产和文学文本的意识形态、"80后"写作与职场小说，专著《当代中国的文学、社会与意识形态》（Figli Unici：Letteratura, società e ideologia nella Cina contemporanea, Cafoscarina, 2012）关注后社会主义中国的教育、文学和市场的转向，还有关于郭敬明、小说《杜拉拉升职记》、电视剧《奋斗》等论文；此外，他还将虹影《上海王》（Garzanti, 2007）、沈从文《边城》（S. A/N. E, 2008）、阎连科《柳乡长及其他短篇小说》（Atmosphere Libri, 2017）译为意大利文，参编《卢特利奇中国现代文学指南》、意文版《中国文学导论》（Guida alla letteratura cinese）等工具书。中国史教授盖达（Donatella Guida）毕业于本校，曾在IsIAO和罗马大学工作，专长是以文本分析研究明清史兼东南亚史，出版《爱恨情仇：中华文明中的情感问题与主题》（Love, Hatred, and Other Passions：Questions and Themes on Emotions in Chinese Civilization, Brill, 2006）、《明代的南洋形象》（Immagini del Nanyang：Realtà e stereotipi sul sud-est asiatico nell'impero Ming, Dante & Descartes, 2012）等系列历史学著作，文学方面则研究和翻译《镜花缘》（Obarrao, 2016），主持过《儒林外史》研究项目。瓦莱丽（Varriano Valeria）也从本校毕业工作，主要研究20世纪90年代以来中国电视中的人物形象以分析电视传媒在社会政治上的作用，著有《电视：九十年代的中国镜像》（La televisione in Cina：Uno specchio convesso sulla realtà degli anni Novanta, Nuova Cultura, 2006）。白蒂（Carioti Patrizia）本校毕业，曾在莱顿大学、厦门大学、东京大学、罗马大学、马切拉塔大学工作，研究东亚及远东历史与文明，除了早年一本《郑成功》（1995）之外，基本未涉文学研究。魏浊安（Vitiello Giovanni）毕业于罗马大学和加州伯克利大学，一度在伯克利大学和夏威夷大学任教，研究兴趣包括明清白话小说、情色小说、性别研究等，著有《耽美之友：明清时期的同性恋与男子英气》（The Libertine's Friend：Homosexuality and Masculinity in Late Imperial China, Chicago UP, 2011），译有晚明同性情色小说《宜春香质》（Le avventure di un ragazzo brutto, Orientalia Libri, 2016），编有《意大利汉学书目》（Bibliografia sinologica italiana, AISC, 1988），还有多篇明清性别与文学文化的论文，在这一领域的研究成果堪称瞩目。此外还有两位合约教授，一是卡斯蒂耶洛

(Floriana Castiello)做贾平凹研究,翻译其商州系列作品(*Con la testa a Qin e la coda a Chu: Quattro storie dallo Shangzhou*, CUEN, 2010);一是蓝宝拉(Giulia Rampolla)关注当代文学文化,特别是底层文学叙事,著有《二十一世纪中国三代作家比较》(*Stridente armonia: Tre generazioni di scrittori cinesi del XXI secolo a confronto*, Dante & Descartes, 2016),译有魏微《拐弯的夏天》(*L'estate della svolta*, 2018)。总之,基于雄厚的研究和翻译传统,东方大学依然保持着强大的动力与活力。

三、威尼斯地区

威尼斯亚非与地中海研究系(DSAAM, Ca' Foscari U-Venezia)的前身是印度与远东系,如今研究涵盖语言与文学、宗教与哲学、考古与艺术、经济与政治等四大领域,提供本硕博学位,东亚图书馆拥有中日韩图书超四万册,出版《威尼斯东方年刊》(*Annali di Lingua-Serie Orientale*)、威尼斯中国丛书(Sinica venetiana)等学术辑刊。兰侨蒂曾任该系主任,前主任是本校培养、研究中国语法学和语用学的阿比亚蒂(Magda Abbiati),现任主任是马可(Marco Ceresa):他毕业于威尼斯大学和那不勒斯东方大学,兼任威尼斯大学孔院外方院长,研究中国社会文化史,尤其是茶文化研究,译有陆羽《茶经》(*Il canone del tè*, Quodlibet, 2013),还有诸如关于《真腊风土记》等一些古典文学研究论文。副系主任桂赛麟(Federico Alberto Greselin)就读于本校,曾在都灵大学工作,研究鲁迅、现当代流行文化与视觉艺术、中外文化交流史等,出版《作家与小事:鲁迅在中国比喻手法上的现实转向》(*Artisti e piccole cose: Lu Xun e la svolta realistica nell'arte figurativa cinese*, Cafoscarina, 1984)以及其他论文,偏于文化研究。曾担任过系主任的李集雅(Tiziana Lippiello)是莱顿大学博士,威尼斯中国丛书主编,研究中国古代哲学与宗教文化,著有《儒》(*Il confucianesimo*, Mulino, 2009)、《中国古代不死灵药与〈太上灵宝芝草品〉》(*Le droghe dell'immortalità nell'antichità cinese e il Taishang Lingbao zhicao pin*, Cafoscarina, 2007)、《汉魏六朝符瑞研究》(*Auspicious Omens and Miracles in Ancient China: Han, Three Kingdoms and Six Dynasties*, Monumenta Serica, 2001)、《沈约〈符瑞志〉研究》(*Shen Yue, Trattato sui prodigi*, Cafoscarina, 1997)等,多涉文学领域,长于文献文本分析。一直在本校服务的费龙佐（Fiorenzo Lafirenza）偏于现代文学的翻译及翻译理论研究，著有《王蒙〈坚硬的稀粥〉：90年代的文学个案研究》（*Dura la pappa di riso, Signor Wang Meng! Un caso letterario nella Cina degli anni '90*, Cafoscarina, 1998）及其作品翻译（Marsilio, 1999），即将与同事裴尼柯（Nicoletta Pesaro）合作出版《中国文学翻译理论与实践》（*Teoria e Pratica della Traduzione Letteraria e Settoriale dal Cinese*），翻译有鲁迅《故事新编》（Sellerio, 2019）、《贫嘴张大民的幸福生活》（Atmosphere, 2018）、王蒙《成语新编》（Cafoscarina, 2004）、苏童的枫杨树故事选（Neri Pozza, 2000）、陈源斌《万家诉讼》（Theoria, 1992）等。裴尼柯毕业于罗马大学，他还即将合作推出《20世纪中国小说：流派、主题与作家》（*The twentieth century Chinese fiction: currents: themes and authors*, Carocci）。艾蒂（Attilio Andreini）毕业于本校和那不勒斯，曾在都灵大学工作，研究中国古文字学和思想史，也翻译《道德经》（2004/2018）、《孙子兵法》（2011）以及研究杨朱哲学（2000）的著作。白丹烨（Daniele Beltrame）毕业于本校，曾在维罗纳、贝加莫大学工作，研究兴趣是朦胧诗，翻译过《百家姓》《千字文》故事等汉办项目（2013）。DSAAM的中国文学研究呈现出有序稳健的梯队式建设的特征。威尼斯大学之外，乔治契尼基金会比较文化文明研究中心（CSCSC, Fondazione Giorgio Cini）的前身是成立于1958年的威尼斯与东方研究所（Istituto Venezia e l'Oriente），由白佐良创建的图书馆馆藏丰富，以购得北平图书馆善本书微缩胶片和道藏经典最为突出，出版威尼斯东方丛书（Orientalia Venetiana），举办汉学讲座和国际学会，兰侨蒂亦曾担任所长多年。目前的中心主任是比利时天主教鲁汶大学的Francesco Piraino。

四、中心之外

（一）北部：三大中心之外，在北部意大利以博洛尼亚、都灵、米兰和维罗纳为副中心。博洛尼亚大学是西方最古老的大学之一，挂靠在历史文化文明学院的东亚研究系（Orientali, DISCI, U-Bologna）的建系是仅晚于三大中心的汉学研究机构。鲍夏兰（Claudia Pozzana）毕业于威尼斯大学，曾多次前往中国学习生活，学术兴趣集中在20世纪中国文化领域的知识分子和当代中国诗的研究与翻译，尤其是民工诗人作品，代表译作包括《李大钊文选》（*Li*

Dazhao:*Primavera e altri scritti*,Pratiche,1994)、《中国新诗人》(*Nuovi poeti cinesi*,Giulio Einaudi,1996)、杨炼诗集《大海停止之处》(*Dove si ferma il mare*,Libri Scheiwiller,2004)、《六四诗选》(*Meng Lang*,*Sull'educazione*:*Un diario poetico su Tian'anmen 1989*,Damocle,2017),还有《以文字的形式》(*In forma di parole*)特刊四辑介绍翻译北岛、舒婷、芒克等中国当代诗人作品(1986—1999);研究著作有《追问中国当代诗》(*La poesia pensante*:*Inchieste sulla poesia cinese contemporanea*,Quodlibet,2010)等。

都灵大学人文学系的亚非地中海研究组(AAM,StudiUm,U-Torino)也是意大利较早的汉学机构,史芬娜(Stefania Stafutti)先后就读于北京语言大学、威尼斯大学、那不勒斯东方大学,曾在中国国家汉语国际推广领导小组办公室和驻华使馆工作,现为都灵大学中国语言文学教授、都灵孔子学院外方院长、西西里中部自由大学(Kore)兼职教授,以研究胡适步入学界(*Hu Shi e la Questione della lingua*,Le Lettere,1991),关注现当代中国文学文化,独立或合作著有《杀一儆百:理解中国的口号与密码》(*Colpirne uno per educarne cento*:*Slogan e parole d'ordine per capire la Cina*,Einaudi,2008)、《女性中国:中国文化中的妇女角色》(*La Cina al femminile. Il ruolo della donna nella cultura cinese*,Aracne,2013)、《中国:文明古国的历史与遗产》(*Trésors d'une civilisation ancienne*:*Chine*,White Star,2008;英译本,2014),译有蒋子龙、沈从文、贾平凹、邓友梅、顾城等作家作品以及收录包天笑、穆时英、刘呐鸥、施蛰存、张天翼、叶灵凤作品的《上海组曲》(*Shanghai Suite*,Atmosphere,2014);乐洋(Barbara Leonesi)毕业于都灵大学、巴黎七大和EHESS,研究中国现代文学与戏剧以及文学翻译,著有《在天朝和罗马的斯巴达克斯》(*Spartaco a Roma e nel celeste impero*,U-Torino,2009)及一些汉语教材,翻译新加坡诗人英培安(Yeng Pway Ngon)小说《画室》(Metropoli d'Asia,2013)、史芬娜主编《上海组曲》中施蛰存《鸥》、穆时英《夜总会里的五个人》等。都灵还有两所亚洲研究机构,一是国际亚洲高等研究院(CESMEO),出版包括史芬娜的胡适研究专著的东方丛书系列(Orientalia),一是挂靠都灵大学孔子学院的当代中国高等研究所(CASCC)。

米兰有四所院校所开课程与中国文学文化有关:米兰国立大学(U-Milano)在《文心雕龙》《灵山》《金锁记》等意文版的译者兰珊德(Alessandra Lavagnino)荣休之后后无来者,语言学与跨文化研究系中国研究由研究语言教学和当代问题的贝蒂娜（Bettina Marta Rosa Mottura）担纲；同城的博科尼大学（U-Bocconi）语言中心提供汉语教学课程，当代中国研究所（CSCC）着重于当代政治研究，但均未见中国文学研究的学者。比可卡大学（U Milano-Bicocca）教育学院马可波罗人文学系中设有中文学科，马振国（Giorgio Francesco Arcodia）侧重语言学，马力罗（Roberto Malighetti）偏向人类学，而毕业于那不勒斯东方大学的傅雪莲（Silvia Pozzi）专注于当代文学及其翻译，尤其是余华和韩寒作品，包括《兄弟》《十个词汇中的中国》《第七天》《毛泽东会很生气》《三重门》《1988 我想和这个世界谈谈》等，此外还翻译了包括林白、铁凝、阿乙、陈染、徐小斌、虹影、马原的小说，海子、于坚的诗歌，孟京辉的戏剧等当代文学文本，甚至涉足古典文学如《金瓶梅》《包待制三勘蝴蝶梦》等片段等翻译，主编翻译学术刊物《字：中国当代文学》（Caratteri: Letteratura cinese contemporanea）。贝加莫大学外国语言文学系（DLLS, U-Bergamo）的顾塔铎（Maria Giuseppina Gottardo）与莫仁缇（Monica Morzenti）同毕业于威尼斯大学，曾在中国诸大学进修，二人都热衷于现当代文学翻译，以独立或合译的形式将苏童《我的帝王生涯》（2004）、姜戎《狼图腾》（2006）、张爱玲《色戒》、王刚《英格力士》（2007）、张洁《无字》、毕飞宇《推拿》（2008）、朱文《我爱美元》、张爱玲《红玫瑰与白玫瑰》（2009）、《留情》（2011）等推入意大利语世界，前者还有研究专著《浮世之声：张爱玲在上海的散文》（Voci da un mondo effimero: I saggi di Zhang Ailing a Shanghai, Tangram, 2018），后者则将伊维德、汉乐逸《中国文学导论》、哈金的多篇小说从英文翻成意大利文。米兰附近还有意大利境内最早开设东方语言课程的帕维亚大学（U-Pavia），其社科与政治系的亚非研究专业仍在开设汉语课，但没有文学与文化研究的学者。

维罗纳大学外国语言文学系（DLLS, U-Verona）设有中国语言文学专业，除了外聘威尼斯大学的白丹烨之外，专职则是同样毕业于威尼斯大学、曾在米兰比科卡大学工作的毕芭娜（Barbara Bisetto），她着力于文言和白话小说及其翻译的古典文学研究，编著有《古诗文本在中国和日本的嬗变》（La trasmissione del testo poetico in Cina e in Giappone, Mimesis, 2018）、《红线：唐传奇选》（Il laccio scarlatto: Testo cinese a fronte, Marsilio, 2010），译著有《杜律演义》（2017），并为 Bompiani 百科辞典撰写干宝、李清照、凌濛初、李宝嘉、刘鹗等多条中国古典文学相关条目（2005—2006），目前正在翻译《娇红记》。

（二）中部：中部意大利的中国文学研究主要在托斯卡纳和翁布里亚地区。佛罗伦萨大学语言文学与跨文化研究系（LILSI，U-Firenze）语言学及东方研究部的中国文学研究集中在瓦伦蒂娜（Valentina Pedone）一人，兼任该校孔院外方院长的她毕业于罗马大学，研究兴趣在意大利的中国移民问题，兼及意大利华语/意华文学，与 Serena Zuccheri 合编《当代中国文学：流派、作家与作品》（*Letteratura cinese contemporanea*：*Correnti, autori e testi dal 1949 a oggi*, Hoepli, 2015）是较有影响力的一部意大利语中国当代文学教材文选。锡耶纳大学社会、政治和认知学系（SSPC, U-Siena）教授中国语言文化的是毕业于辅仁大学、淡江大学和锡耶纳大学的李若莹，但并不专于文学；锡耶纳外国人大学（U-Stra, Siena）除了汉语教学之外，还有狄海冰（Anna Di Toro）在欧洲汉学史和中国文学翻译上颇受瞩目。毕业于罗马大学的她研究清代中俄的社会文化交流史与俄罗斯汉学家，翻译《玫瑰玫瑰我爱你》（Orientalia, 2014），目前正在从事《儒林外史》的意译全本的工作。

佩鲁贾大学哲社、人文与教育系（FISSUF, U-Perugia）的黄晓星（Ester Bianchi）毕业于法国 EPHE 和威尼斯大学，曾在乌尔比诺、佛罗伦萨任教，主要研究大乘佛教、藏传佛教与中国佛教戒律问题，偏于宗教/文献研究，出版《高僧法显传》（*Faxian*：*un pellegrino cinese nell'India del V secolo. Con traduzione del diario di viaggio*, Morlacchi, 2013）等，但她也执教中国文学、汉学等课程，与前辈学者 Anna Tung Chang 合译邓友梅《那五》（Morlacchi, 2009）。佩鲁贾外国人大学（U-Stra, Perugia）联合米兰大学孔院建立的中国语言文化促进会（CPLCC）提供语言文化课程，文学方面未有建树。

帕尔马大学人文社科文化学系现代外国语言文化部设有中国及东南亚语言文学专业，在专攻中国语言学的施佳萝（Carlotta Sparvoli）离开本系去了爱尔兰科克大学之后便一直没有补充师资。

（三）南部：除那不勒斯独树一帜之外，意大利南部中国文学研究的热度远不及中北部。萨兰托大学人文学系（Umanistici, U-Salento）的保里罗（Maurizio Paolillo）毕业于那不勒斯大学和热那亚大学，曾在厦门和巴黎进修，研究点在中国宗教哲学传统及其对传统艺术思想的影响、道教与风水、园林艺术、中西文化交流史，还涉及中国古典文学的形象美学与中国古典绘画史，著有《山水之言：葬书与风水传统》（*La lingua delle montagne e delle* acque: *Il Libro delle Sepolture e la tradizione del fengshui*,FBSRC,2013)、《道教：历史、教义与实践》(*Il Daoismo: Storia, dottrine e pratiche*,Carocci,2014)等。

西西里地区的中部自由大学古典学、语言学与教育学院（FSCLF，U-Enna Kore）在史芬娜主战都灵大学之后由吕卡（Luca Pisano）担纲（二人也都在两校兼任），他毕业于都灵大学和威尼斯大学，曾在台北和上海学习，研究港台当代女性文学、琴乐文化和宋代音乐文学，出版有《女声：袁琼琼的女性小说》(*Voci di donne: La narrativa al femminile di Yuan Qiongqiong*,Orso,2007)、《意汉音乐词汇手册》(*Glossario di Musica Italiano-Cinese*,CASCC,2011；中译本，2017)，参与翻译《上海组曲》。同岛的巴勒莫大学人文学系（Umanistici，U-Palermo）的朱西（Giuseppa Tamburello）在那不勒斯大学、南京大学和北京大学学习，是位多产的中国文学学者和译者，学术专著有《中国现当代诗歌的西方视野》(2018)，发表关于戴望舒、陈敬容、根子、郑小琼等的论文，翻译有陶渊明、白居易的诗作以及《陈奂生上城》《乔厂长上任记》等小说，自己还出版诗集《朱西的诗》(广东作协，2016)。

五、意大利中国文学研究的学术特征与发展态势

意大利汉学在欧洲汉学史一度曾有筚路蓝缕之功，但如今且不提与北美汉学分庭抗礼，就是在欧洲汉学界的实力也远不及德国、法国、英国的汉学成就。然而，意大利的中国文学研究与翻译依然处于被低估的状态，国内学界对其认识还是一鳞半爪。意大利的中国文学研究的学者现状，呈现出较为突出的研究特点与发展态势：

其一，基于意中文化交流的传统，从传教式汉学转型为世俗式汉学的研究集中在罗马、那不勒斯和威尼斯三大中心，它们拥有深厚的历史积淀和学术传承，因此设置较多的中国文学研究教席（L-OR/21：中国与东南亚语言文学），同时借助原有的传教士文献和汉籍资源，加上建立了与大中华地区之间有效的学术对话与交流，因此三足鼎立、众星拱月的局面还将延续。意大利的教育制度也是延持欧洲传统的教席制度，从合同教职（Professori a contratto）、讲师（Ricercatori），到副教授（Professori Associati）、正教授（Professori Ordinari），等级森严、名额限定。在三大中心无法寻求立足之地的

中国文学研究学者，则会试图在其他城市/大学（甚至境外）的人文学、社会学、政治学、语言学等院系中寻求岗位，一旦职位确定，则会较为长久地待在这所学校当中，这样一方面有利于研究传统的延续，另一方面其实也不利于学者的自由取舍。有些传统汉学机构，例如最早设立东方语言席位的帕维亚大学就不再拥有 L-OR/21 职位，与之近似的是比萨大学只剩下东亚史的席位，故皆不再有文学研究的学者供职。

其二，基于意中文化交流的需求，文学研究远不及汉语课程受到追捧。意大利目前有四十多所高校开设了汉语课程，但超过半数的学校都只限于汉语教学而没有文学文化研究，例如都灵理工、米兰博科尼商科、帕多瓦、马切拉塔、卡利亚里大学等，挂靠在科技、工程、设计、经济、商学、宗教、外贸、翻译、旅游、政治等专业之下开设必修或辅修课程，或是语言中心和孔子学院直接进行汉语培训，实用目的更为明显，这并不利于中国文学的研究和传播真正进入到欧洲/世界语境中。

其三，基于意中文化交流的实际，兼有本土与流动共存、古典与新兴并重、翻译与研究兼顾的特点。从事中国文学研究和翻译的意大利学者几乎都是毕业于三大中心，只有极少数学者拥有欧洲其他国家和北美的高等教育背景，但他们当中几乎全部都有曾在中国大陆、香港、台湾学习或交流的经历，更有部分学者还在大中华地区从事外交、文化、教育等工作，还有部分学者担任着当地孔子学院外方院长的职务，这都为他们的研究和翻译注入了独特而有益的活力，还有在本土之外活跃的中国文学研究和翻译学者也不容小觑（如毕业于 SOAS 和中央戏剧学院、在伦敦大学（UCL）工作的李莎（Patrizia Liberati）研究中国电影和医学，同时也是莫言、阎连科、刘震云、贾平凹诸家小说的意大利语译者）。研究特点上既有传承前辈学者的研究方向，特别着眼于意中文化交流史中的关键人物，也有另辟蹊径形成跨学科研究特色的，但总体来说，意大利的中国文学研究还是较为从属于传统汉学侧重的历史、文献、思想、宗教、艺术等综合研究，学术刊物也是如此，目前也缺少诸如兰侨蒂、白佐良这样的重量级汉学家，但在翻译领域，意大利世界对中国古典和现代文学的传播与接纳还是形势喜人，近年来更多关注到一些文学史上比较边缘的作家作品，这些都是值得注意的现象。

总之，意大利的中国文学研究有着欧洲传统汉学的基本特点，在新时代也呈现出诸多新变，在研究全球共享与想象中的学术共同体的建构中，对意大利乃至西欧汉学的关注和推介将对中国本土学术界的学术转型以又一重要的参考系的身份参与中国学术的大叙事话语中来。学界也并不认同欧洲当下汉学能够延续后殖民主义视域中的文化霸权话语身份来对中国学术颐指气使，但对它们当下的研究方向、体系、方法、批判的了解才能知己知彼，建立起有效的学术对话，提供给本土学界更为清晰的海外研究范式和思路，这是不无裨益的。

（周睿　西南大学文学院）

·拉美汉学研究·

中国文化在古巴社会生活各方面的体现

[古巴] 杨 杨

摘 要：目前华人已经成了古巴人口的三大来源之一，大约8%到9%的古巴人都有中国的姓（古巴人的姓是由父母双方的姓组成）。1847年到1873年间，被贩运到古巴的中国苦力超过当时古巴人口的十分之一。中国文化与西班牙文化、非洲文化共同构成了古巴文化的支柱。古巴是西半球第一个与中国建交的国家，50多年前就有了对中国的研究，后来一群古巴青年来华学习了汉语，还有80年代毕业于古巴翻译学校主修专业为汉语的人，毕业后也开始在孔院工作。

关键词：古巴 汉学 文化

文化学是目前东西方学术界都很热的一门研究文化现象或者文化体系的科学，始于20世纪初，早期代表人物都是亚洲人。20多年来，古巴学术界对与华裔相关的文化学研究不断拓展，出版了一大批专门性著作。主要的研究者有亚洲历史博士Jesùs Guanche教授，哈瓦那大学哲学与历史系华裔研究所所长MarÍA Teresa Montes De Oca Choy，研究者Mercedes Crespo Villarte等。而古巴华人出国与移民问题研究所的成立进一步推动了有关华侨、华裔的研究，并汇集了那些贡献更多的、学术严谨的研究人员共同合作取得的宝贵成果。古巴的华侨协会也就与这个主题有关的书籍或非常有趣的杂志论文进行了重大的研讨。作为嘉宾，我参加了许多这样的学术会议，最近一次是在2018年6月7—8日举行的。

关于这方面的书籍和论文，由于其历史价值使作者取得了突出地位的作品主要有：Juan Pèrez de la Riva y Pedro Dechamps《历史上未载之有贡献于历史的人》（Contribución en la historia de la gente sin historia）及《古巴历史上的华人，1847—1930》（哈瓦那 Juan Jimenez Pastrana 社科出版社，1983 年），Baldomero Alvarez Ríos《在殖民地古巴的中国移民》（哈瓦那 Publigraf 出版社，1985 年），colectivo de autores《陋舍及其他短文》（社科出版社，1975 年），Manuel Moreno Fraginal《制糖厂》（社科出版社，1977 年），Jesùs Guanche《古巴的种族文化过程》（古巴字母出版社，1984 年），从该书中我们可以清楚地看到华人对古巴社会的影响，以及墨西哥 MaríA Teresa Montes de Oca Choy 与 CatalinaVelázquez 合著的《在古巴和墨西哥的中华移民：比较研究》（2007 年）。此外还有 Guillermo Tejeiro《古巴中国移民史图说》（1947 年），Juan Luis Martin《中国人从那儿来到古巴》（Atalaya, S. A 出版社，1939 年），García Triana (Mauro 哲学研究古巴协会研究者)《古巴的华人与古中两国之间的关系》（2003 年），以及 Herrera Jerez, Miriam y Castillo Santana 与 Mario (Juan Marinello 古巴文化研究与发展中心研究者) 合著的《从记忆到公共生活》（De la memoria a la vida pùblica）。另外，说到古巴有关华侨华裔的研究现状，自然要提及研究者 Mercedes Crespo Villate，她通过《蔗糖大地上的华人》《苦力：奴隶变成自己命运的主人》《哈瓦那上的华侨人》（新人们出版社，2016 年）给我们描述了一幅华侨华裔的生活画面。

近年来有关华侨的研究成果有一些共同特性：它们通过地域性反映了在古巴各省的华侨生活。比如本地研究者 Millán Valdès Ana 写的《上半二十世纪在 Guantánamo 省的中国移民》《前 Villa Clara 省三分区上的中华文化足迹》《从 Jùcaro 到 Morón 捷径上的华人》。

除了这些著作，古巴主要还有以下一些中国通：

Marìa Teresa Montes de Oca Choy 博士，华裔。1949 年生于 Placetas Villa Clara，1971 年毕业于哈瓦那大学人文系历史学部历史专业，1996 年获得现代历史硕士学位，1999 年获得历史学博士学位，自 1980 年起在哈瓦那大学任教，讲授亚洲历史。2005 年开始担任哈瓦那大学教授。她不仅在古巴任教，还在许多国外大学任教，其中 1976 年在蒙古国立大学进行学术交流，1989 年印度新德里尼赫鲁贾瓦哈拉尔大学，1995 年美国德克萨斯州赖斯大学，1996 年墨西哥圣尼古拉斯德伊达尔戈学院，2007 年加拿大蒙特利尔麦吉尔大学，2009 年美国下加利福尼亚大学。自属于哈瓦那大学费尔南多奥尔蒂斯高等学府的古巴华人出国与移民问题研究中心 1999 年成立以来，她一直担任主席。主要出版有著作《亚洲，非洲和中东的历史地理》（哈瓦那 I. C. L.，

1984年）和（作者集体）《亚洲史通史选读》（哈瓦那I. C. L.，1980年）；另有内部出版物中的教材：《亚洲通史》（哈瓦那，2004年），《普遍历史I.》（哈瓦那，2004年），（与E. BaltarRodríguez教授合作）的"亚洲史研究"读物（1990年）；以及CD上的教材：《在古巴的华人公会：过去与当今》（墨西哥，2007年），《文化，传统和社区。在古巴参与和发展的前景》（2008年），《亚太地区和发展问题》（哈瓦那，2015年），《民治堂公会？共济会的链接？》（网络），与下加利福尼亚州自治大学的CatalinaVelázquez博士合作撰写了一章《在古巴和墨西哥的中华移民：比较研究》（墨西哥，2007年）。

Mercedes Crespo Villar，学者，作家，外交官，古中友谊协会会员（ICAP），她的研究领域都是亚洲的国家。主要出版著作有：《糖大地上的华人》《苦力：奴隶变成自己命运的主人》《我的雕像》《中国传说》（2001年）《在中华的古巴公使馆，从1904到1959》（Simar出版社，2004年）《太阳的儿女》（新人们出版社，2005年）《日本传说》（新人们出版社，2010年）《茶道》（Felipe Chao Barreiro，新千年出版社）《哈瓦那上的华侨人》（新人们出版社，2016年）

Isidro Estrada，中译名为伊西德罗·埃斯特拉达，记者，翻译。1979年毕业于哈瓦那高等外国语教育学院英语翻译专业；1981年获亚的斯亚贝巴大学阿姆哈拉语证书；1981—1983年被派往埃塞俄比亚工作，任翻译；1985—1995年先后在古巴拉美社的各部门工作；1995—1998年在新华社工作；1998—2000年在拉美社工作；2000—2004年在《北京周报》社工作；2004—2005年在拉美社工作；2005—2007年在《今日中国》杂志社工作；2008—2009年在中国国际广播电台工作；2010—2012年在人民网工作；2012年至今在央视国际视通（CCTV+）工作。主要译著有：《大若天下》（英译西，*Tan Grande como el mundo*, de Lisa Carducci, China Intercontinental Press, Pekín, China, 五洲传播出版社，2004），《入世后的中国》（*China en la OMC*, Compilacion de Lawrence Brahm, China Intercontinental Press, 五洲传播出版社，2005），《历史的轨迹：中国共产党为什么能？》（*Por qué y cómo funciona el Partido Comunista de China?* -Editorial Nuevo Mundo 新世界出版社，2012），《中国文学》（三册，*Literatura de China*-Editorial Nuevo Mundo y Editorial de Escritores de China, Pekín, 新世界出版社、作家出版社，2013），《中国共产党如何治理国家》（*Cómo gobierna el Partido Comunista de China?* -Editorial Nuevo

Mundo 新世界出版社，2014），《中国共产党如何应对挑战》（*Desafíos para el Partido Comunista de China*-Editorial Nuevo Mundo 新世界出版社，2015），《中国文学》（山西卷，两册，*Literatura de China-Cuentos de Shaanxi*-Editorial Nuevo Mundo，新世界出版社，2016）。另外她还在 2014 年《亲亲土豆》中获首届中国当代优秀作品国际翻译大赛中译西一等奖（同郭翎霞合译）。

阿贝尔·罗萨雷斯·希纳尔特，主持人、记者、媒体人、教师、作家，拥有 20 年古巴和中国广播电视专业媒体经验。他的教育和培训经历较为复杂，2015 年任河北交通大学西班牙语教师，教授课程包括西班牙和拉美文学、新闻写作、西班牙和拉美文化及历史概况，2016 年任《今日中国》杂志和拉丁社拉美分社供稿人。

此外还有 Gladys Hernández 博士和 Sergio Valdès Bernal 博士等，在此不一一详述。

除了对于中国的学术研究，古巴还有大量作为劳工的华人，从第一批广东籍"契约华工"抵达哈瓦那港开始。正如我们所知，移民古巴的大多数华侨来自全国重点侨乡广东。无论是华人带来的中国艺术还是饮食文化，都与西班牙和非洲文化融合在了一起并且成为古巴民族特性的一部分。1847 年 6 月从厦门运载的 500 多名华工先后在哈瓦那登陆，开启了华工大量输入古巴的浪潮和中国人移民古巴的历史。

在古巴学术界，普遍认为古巴华侨创造了好几个"第一"。这个断言包括：在西方世界最早建立了一个庞大的移民群体，令古巴成为清政府在对外关系中第一个获得突破的地方；并且 1902 年古巴独立时清政府也是最早承认其独立的国家之一。1911 年，辛亥革命以后古巴也是第一个承认"中华民国"的国家。1959 年古巴革命胜利之后两国建交，古巴成了中华人民共和国在美洲大陆的第一个外交伙伴。古巴也是西半球第一个与中国建交的国家。

《在古巴的华人苦力》中记载，中国移民有三个阶段：第一是苦力阶段，就是从 1847 年到 1874 年；第二个阶段被命名为"加利福尼亚的华人"，开始于 1865 年，20 年后结束了，第三个阶段是 1919 年到 1925 年。

古巴的研究者一致认为最重要的是第一个阶段，也就是华人苦力的阶段。因为那一阶段华人数量上最大，并且对古巴的殖民地社会有很大影响，甚至有一些作者说在古巴的华人苦力帮其废除了奴隶制。苦力到达古巴的时候，生产制度为基础奴隶的工作危机四伏。根据 Pèrez de la Rivas, Juan 所言：

中国文化在古巴社会生活各方面的体现

"15万中国人到达古巴,并在哈瓦那和马坦萨斯省散含糖丰富的地区劳作,充当奴隶的强大分离感令他们感到厌恶,从而震惊了奴隶主自己。的确,作为奴隶制的经济体系不能持续更久,但中国人帮助其更快走向了灭亡。"①

在19世纪30年代,古巴的奴隶贸易进入衰退期,而加勒比海域其他被英国殖民的岛屿废除了奴隶制,同时在我们岛上开始制定引进中国人作为劳工来提供不足的人力的制度。Mercedes Crespo Villate 的《在哈瓦那的华人》一书中提到古巴的一些人反对这个计划,并建议从墨西哥带来印度人,不过这个异议最终没有产生什么影响。1847年6月3日,自厦门起航的西班牙"奥肯德"号货船满载着货物和206名中国劳工到达哈瓦那港口,10天后又运送了365名,他们都是所谓的"契约华工",主要来自福建、广东、香港和澳门,来接替黑奴隶在古巴种植园的工作,也就是制糖厂的工作。根据他们的"合同"内容,8年期限过了以后可以回国,但是很多华人永久定居在了哈瓦那。自1847年至1874年的鼎盛时期,古巴华人高达15万,占当时古巴人口的十分之一。

而在这些华人中,尤其值得一提的是"加利福尼亚的华人"。"加利福尼亚因素"对19世纪古巴中国移民影响的本质特征不仅是中国人口群体的分层,而且是自19世纪以来发生的文化排斥过程的深化。根据佩雷斯德拉里瓦,从1860年至1875年,约有5000华人以这种方式移民,但这个过程之后还在继续,因为在1860—1870年,作为廉价劳动力从中国来的移民的增长和整体分布在这岛上出现了全面雪崩。

在很多情况下,中国人是作为区域迁移链的一部分被引进的。他们开始出现在哈瓦那和内部企业,餐馆、酒店和休闲娱乐等完全不同于过去几十年的企业。古巴华人属于自由移民,具有更经济的偿债能力,能够重建自己文化的一部分,华人的协会从19世纪末到20世纪上半叶迅速扩散,伴随着必要的基础设施(墓地、药店、电影院、敬老院、银行、报纸)建设和根据新的历史和社会背景的特点汇集的中国居民艺术和体育活动、政治或秘密的想法。

如赫苏斯·关切博士所说:"在19世纪有两次移民浪潮,20世纪头30年有一次移民浪潮。殖民时期(1847—1883)古巴有15万中国苦力。他们遭受

---

① " Los 150 000 chinos traídos a Cuba y diseminados por las ricas zonas azucareras de las provincias de La Habana y Matanzas, actuaron como un poderoso disociador de la esclavitud por la cual sentían una aversión tal, que dejó atónitos a los propios esclavistas. Es cierto que la servidumbre como sistema económico no podía durar ya mucho más, pero los chinos la ayudaron a bien morir".

着比非洲人及其后代更为残酷的剥削。事实告诉人们,工业资本主义时期还存在奴隶制再度出现的危险。当时的代表人物马利亚·埃·德奎罗斯(1845—1900),在哈瓦那和伦敦从事外交工作时亲眼见到此况,他研究并揭露了这一社会现实。另一次移民浪潮来自加利福尼亚。正如何塞·马帝所说,他们是美国排外主义的牺牲品。这批移民落户于古巴城镇。他们以自由人和商人的身份,推动了古巴华人社会的初步形成与发展。1860—1875年间,5000多名华人就是这样来到古巴。后来还有人以同样的途径来到古巴。"

最后,在20世纪初的几十年里,华人移民仍在增加,他们分布在古巴全国各地。

以下的三个方面必须强调:华侨与黑人和混血女的搭配、加州华人对殖民古巴经济发展的贡献、纯粹中国人的消失。

不像欧洲、非洲和美洲对古巴的移民,中国人的性别比例一直是最不平衡的,所以在家庭层面婚姻的绝对多数为混血,中国血统的古巴人丰富多样,脸部的形状、头发颜色、身高、牙齿结构和其他参数都是显而易见的。

自第一位华人到古巴后,已经几代过去了。1980年时,只有4000多人,来自广州不同地区:泰山、仙瑞、英坪等地,大多数是老人,今天,他们的后代构成了当代古巴社会的完整部分。因而中国文化对古巴社会的影响非常大。中国移民及其文化取得明显成果,促进了古巴国籍方式的形成。在古巴文学中我们也可以找到中国遗产的痕迹。

首先要提的是古巴杰出的作家、民族英雄何塞·马蒂(Josè Martí),他在1878年至1882年的《简单诗歌》中写道:

  黄色的医生来了
  给我 他的药
  用黄蜡的手
  另一只手放在口袋里
  ……………
  超薄的耳朵
  豪华的头发
  就像一个窗帘一样
  它朝着脖子上升

中国文化在古巴社会生活各方面的体现

耳朵是神圣的工作
瓷器瓷器

在他的著名作品《黄金时代》里也提到了中国。如"人们住在中国,就好像它是一个没有成长的家庭一样……可悲的是,皇帝来自外国,说中国话,并命令我们杀人,因为我们想思考和吃饭"①。

何塞·马帝曾在长期流亡美国时编写了许多文章,其中他在1893年的《祖国日报》中提到孔子:"友谊、文化和诚意不是生活的唯一品位和实力。这些小小的或包扎着的人被比较和测量,却没有看到邪恶的荣誉更多地来自于恶棍而不是孔子给中国的美德。"②

在美国当时的一些日报(1882—1885年)也可以找到古巴国家英雄有关加利福尼亚华人的文章。

古巴作家Reneè Mendez Capote是一位儿童文学专家,曾经编写了《英雄的叙事》,这部作品包括"华人在古巴战争的四个故事"。

另一方面,我们不能不提到Ramón Mesa编写于1886年的小说 Carmela,这部小说的主人公叫Asma,是一个富有的华人。据我所知,这是第一部反映富有华侨而不是华人苦力的古巴小说,同时小说中也第一次出现了字谜游戏。

还要提到播出于1937年由Fèlix B. Cargnet编写的广播电台节目。其主角是一个叫Chan Li Po(陈李鄱)的华人侦探。这个广播节目播放了很多年,在古巴和拉丁美洲非常流行。到今天在古巴仍能听到中国著名侦探的这句话:"我们必须有耐心,耐心。"

此外,华人以及中华文化在古巴俗语中也有较多体现。

中国是一个多民族的国家,有56个民族,他们使用大约80种不同的语言,其中普通话、闽南话和粤语较多。来到古巴的移民大多数用的是粤语。古巴的官方语言是西班牙语。从语言学角度来看,汉语和西语是两种不同的语言。汉

---

① "En China vive la gente como si fuera una familia que no acabase de crecer… lo triste es que el emperador venga de afuera, dicen los chinos, y nos mande a matar porque queremos pensar y comer"

② Periódico Patria 1893 artículo Noche hermosa de la Liga" La amistad, la cultura y la sinceridad? No son los ùnicos gustos de la vida y fuerzas de ella? Lo demás es pesadilla, pompa de jabón y náusea. La gente ínfima o vendada, se compara y se mide Y se reparte por corrales, sin ver que las honras mundanas vienen más comunmente de la villanía que de la virtud que dió Confucio a China".

语是分析语言，西班牙语是综合语言，又称屈折型语言，也就是说，是通过词形变化来表示时态、人称、数、性、语态、语气和格的变化的语言。显而易见，汉语和西班牙语没有多少相似之处。所以考虑与华人有关的古巴俗语有必要抛弃惯用语因素作为这些谚语的起源。著名的中国和古巴研究人员研究了这个问题，来说明有关华人以及中国文化的古巴俗语反映了古巴人民对华人的一种观念，同样也反映了古巴人民对中华文化传统所怀有的深深敬意。

现在，很多古巴人不无自豪地说自己是中国人的后代。由于许多华人与当地人通婚，古巴有不少中古混血儿。不过，他们外表上早已没有"龙的传人"的模样，但他们还是以作为中国人后代为荣。在历史上，古巴人一直都认为中国人是为人老实憨厚，思想单纯，"傻"得有点可爱的一群人（刘润生，2011：66）。

在古巴，很久以前"中国人"这个词既有家族的意思，也有呼语情感，也就是说"中国人"成为一种亲切的昵称。如今可以听到这些句子：

我的中国女孩，过来。Mi China（chinita）ven acá.
我的中国小孩，别哭了。Mi chinito No llores.
这么漂亮的中国女人。Què china más linda.
我的中国人到了，我跟他（她）走了。Llegó mi chino（a）nos vamos.

古巴人说的不是"我的西班牙人，过来"或"非洲小孩，别哭了"。为什么会形成这种与中国人的亲密关系？我的看法是，因为在古巴从小到大，人们都因华人细致的工作、平日里谦逊而自重自强的态度而对他们心生钦佩。

能反映这一点谚语的还有："连中国医生都无法救治了。"（A ese no lo salva ni el mèdico chino.）城市就已经出现一位医生名叫 Siam，他来自北京，这立刻引起了村里人的好奇心。他是个庄重有礼的人，很快获得了声望，尽管有许多本地人起初认为他是个巫师。在大教区的人口调查中，记录着这位医生于1850年4月25日接受了那里的洗礼，并采用了 Juan de Dios Siam Zaldívar 的名字。他的财富日益增加。他曾经乘坐豪华马车旅行，穿着黑色西装。在1879年的人口调查中，他已经68岁并且结婚了。他于1885年3月23日去世。在由历史家 Roberto Mèndez 编写的《Camagüey 城市的传奇与传统》这本书中，可以找到关于 Siam 医生的宝贵信息。

中国文化在古巴社会生活各方面的体现

"把某人当中国人一样欺骗。"（Lo①engañaron como a un chino.）这句谚语明确暗示了19世纪中国人在他们国家以签署移民合同的方式被欺骗了。这相当于"偷梁换柱"。此俗语的意思正如中文的"挂羊头卖狗肉"。

"这是中国人干的活。"（Este es Un trabajo de chino.）用一句通俗的话来比喻一项工作非常难。由于"契约华工"要在甘蔗种植园从事艰苦劳动，这是此俗语的起源，对于古巴人民苦力的印象是忍辱负重。

"找一个为你安家的中国人。"（Búscate chino que te ponga un cuarto.）此俗语反映了中国人婚姻的观念。对中国人来说，恋爱婚姻要看一个男人有比较强的经济基础能置房养家就可以结婚。Sergio Valdès Bernal 博士也说到，这俗语的意思也是劝女方与男方分手。

"有赤脚中国人盯上你了。"（Tiene un chino descalzo atrás.）此俗语反映了有人遇到倒霉事。我们必须注意"赤脚"的意思。这是很重要的。目前，"赤脚"的意思跟古巴殖民地是不一样的。在古巴殖民社会，赤脚行走是极端贫困的象征。而最穷的是非洲奴隶和中国人。同样，在殖民地古巴，人们也一直认为中国苦力的命运比黑人奴隶更糟，因为奴隶至少有本国的女人抚慰自己。但是，华人苦力被错误的合同欺骗，离他们的国家和家人很远，没有同一国籍的妇女。那就是说：高度的运气不好。

"抛一个中国姑娘"（Tirar una chinita.）根据 Valdes Bernal 博士的说法，此俗语的意思是用微妙形容责难一个人，影射中国性格特征。一般来说古巴岛民是外向与开朗的人，而华人给我们的印象是内向、细微、不善于表露自己的感情，所以中国人可以在笑着的时候对一个人细微地进行口头攻击。此俗语语义跟一种被河流打磨光滑了的名叫"*chinas pelonas*"的石头有关。

"把某人置于中国。"（Ponérsela a alguien en China.）中国离古巴很遥远，所以可以说中国是遥远的同义词，当我们说"把某人置于中国"，是用来表示置人于困难处境或者遇到一个非常难以解决的问题。某些古巴语言学家认为此俗语有关古巴的一次移民浪潮，因为大多数的苦力"合同"结束后，也不能回国。

中国文化还深深影响到了古巴的宗教信仰。譬如，圣·巴尔巴拉之神

---

① un notable hombre de ciencias de amplia cultura oriental, que mezclaba sus profundos conocimientos de las floras cubana y china, como sabio herbolario que era, con los adelantos de la medicina occidental.

(Santa Bárbara)、关公（San Fan Kon）、恰恩科（Changó）。

首先必须解释古巴人民如何承担宗教信仰。我们是一个大多信仰宗教的民族，但没有教条和原教旨主义的不宽容。在古巴，有天主教徒、新教徒、约鲁巴（Yoruba）宗教的信徒，以及较小程度上的穆斯林和佛教徒。所有的人都在和平地实践他们的信条。最引人注目的是，在天主教教堂，你可以观察到许多穿着白色衣服和色彩缤纷的项链的约鲁巴徒。"santeros"的孩子们从小就接受了洗礼，天主教徒甚至约鲁巴的启蒙恰好再现了基督在约旦河里的洗礼，是宗教融合的奇迹！

中国移民将自己的信仰和崇拜移植到了古巴。当然，一些神灵与西班牙或非洲裔的其他神灵融为一体。这个跨文化过程留下了一些痕迹：烧香的习俗，燃檀香木等。甚至 Yoruba 神的圣石大多数也保存在瓷器中。在一篇题为《中国哈瓦那地区的文化，信仰和传统》（Cultos creencias y tradiciones del barrio chino de La Habana）的文章中，作者 Mercedes Crespo 提供了有关该主题的详细说明。我想特别提到中国神关公融合为天主教女神圣·巴尔巴拉之神和约鲁巴神。

在《在古巴的华人：种族志记录》中，Josè Baltar 说道："古巴华侨带来了一个基于宗族传统的富有永恒性和生命力的信仰体系，这一体系与儒家学说密切相关。尽管他们相对孤立，但非洲人和中国人接触到了源自甘蔗种植园的跨文化关系，在'palenque'和独立战争中的连续性以及在家庭中的巩固，加速了跨种族间的通婚和跨文化。他们也开始实践'Santería''la Regla Palera'甚至所谓的秘密社会'Abakuá'。"①

古巴民族学家 Lydia Cabrera 的著名书目《树林》中，关于 Changó 说道："在 Dajomi Changó（恰恩科）叫 Jebioso；在中国被称为 San Fan Kon（关公），在古巴又名 Santa Bárbara（圣·巴尔巴拉之神）……关公像点蜡烛的芯照明但不会灼伤。他们总是在门后面放着一个充满魔法水的容器，他们扔在他们

---

① "... trajeron consigo un sistema de creencias sustentadas en la permanencia y vitalidad de las tradiciones clánicas, estrechamente vinculadas a la doctrina confuciana. A pesar de su relativo aislamiento, africanos y chinos se vieron expuestos a un proceso de relaciones interculturales que se origina en la plantación azucarera, tiene su continuidad en los palenques y las guerras independentistas y se consolida en la familia, en el acelerado mestizaje interracial e intercultural... y algo notable se inician también en las practicas de la Santería, la Regla Palera y hasta en la denominada Sociedad Secreta Abakuá.

想要伤害的人的背上，他们非常好地喂养他们的死。"① Changó, Alafín de Oyó（恰恩科）是约鲁巴宗教的国王。他是一个在古巴人中非常受欢迎的圣战士，他穿着红色服装，这是激情和血液的颜色。像几乎所有的约鲁巴神一样，他是半人半神，这就使他喜欢跳舞，玩弄女性，喝朗姆酒，享受所有人类的乐趣。同时，解决问题和克服任何困难都需要非常强大的神性，他也是雷神。Changó（恰恩科）的圣石不保存在瓷器汤盘中，而用的是宝贵木材的器皿。关于这种特殊性，一些古巴民族学家看到同 San Fan Cong（关公像）有点类似的是关公的神像都用木头。

Santa Bárbara（圣·巴尔巴拉之神）是一位天主教的圣母。她的衣服也是红色的，她带着一把剑，因为她也是一个女战神。关公也是古巴非常受欢迎的圣人。在华人街，所有的饭馆都有关公像。在华人对关公的崇拜影响下，古巴人也接受了关公作为我们其中的一个神。但是他的名字被改为了三番公（San Fan Kong），很像粤语的发音。在古巴三番公的形象也是一身红色戎装打扮。San Fan Kong 是一个男子气的战士，他的颜色是红色，他拥有雷霆，而且逻辑上与 Changó 融合。众所周知，关公是真实的人物，中国历史上三国时期的一位将军，他生活于公元 220 年至 280 年间，有三个兄弟：刘备、张飞和赵子龙。Changó（恰恩科）也有两个小孩陪伴，名叫"Ibeyes"或者"龙凤胎"。在古巴很多地方都有三番公的帝庙。

华人的文化影响不但主要体现在华人社团的活动中，很多文化形式也已成为古巴文化财富的一部分，如中国的梆子和唢呐已成为古巴演奏传统民间音乐的乐器。中国传统乐器唢呐（corneta china）对古巴音乐和圣地亚哥孔加舞也有深刻影响。关于中华音乐对古巴音乐的影响，奥尔蒂斯早在 1952 年已提出古巴 guagancó 与 son 乐队融入了这一元素，而且唢呐就是古巴东方孔加舞的特色乐器。②

唢呐是用两种方式吹奏的乐器。它主要用于古巴五个最东部省份的孔加

---

① Changó se llamó jebioso en Dajomi, San Fan Cong en China y aquí, Santa Bárbara.... la lámpara que le encienden a San Fan Con alumbra pero no arde; siempre tienen detrás de la puerta un recipiente lleno de un agua encantada que lanzan a las espaldas de la persona que quieren dañar, y alimentan muy bien a sus muertos"

② Cajita china：Idiófono de golpe directo. Se emplea en grupos musicales de danzón, rumba y son. Corneta china：Aerófono de soplo con dos lengüetas de entrechoque. Se emplea fundamentalmente en los grupos instrumentales de conga en las cinco provincias más orientales de Cuba, fundamentalmente en Santiago.

舞器乐队，主要在圣地亚哥（Santiago）。圣地亚哥市位于古巴岛东端，是加勒比海地区的城市，也被称为"英雄城"，因为是古巴革命的发源地，这里出了许多烈士和民族英雄。圣地亚哥也因其热情好客，及其女性的美丽和圣地亚哥孔加舞而闻名。

根据历史记录，19世纪后半期唢呐音乐随着华侨传播到古巴，后来这种小乐器成为古巴音乐传统的一部分。古巴的音乐学家大多认为在国家东部的奥尔金（Holguín），人们将华人带来的唢呐和古巴人用的鼓结合起来，这样就产生了一种特别好听的音乐，使当地的一种孔加舞（conga）流行起来。中国唢呐的音乐使孔加舞更具强烈的节奏。圣地亚哥离奥尔金很近。圣地亚哥孔加舞于1915年起源于圣地亚哥。至今一直用感染力强烈的中国唢呐，所以唢呐被认为是孔加舞的传统乐器。如果没有中国唢呐，也没有圣地亚哥孔加舞。

必须明确，圣地亚哥孔加舞用的鼓不是非洲的，而是古巴原汁原味的。在古巴用的源于非洲的鼓是用在Yoruba宗教的跳舞中，都是神圣鼓。圣地亚哥孔加舞是在古巴非常流行的舞蹈，全国各地的狂欢节和其他节日人们都会跳。孔加舞与伦巴舞（rumba）是两种不同的古巴舞，都非常风行。联合国教育科学及文化组织宣布古巴"伦巴舞"为人类非物质文化遗产。孔加舞是人群的舞蹈，伦巴舞是两个人的舞蹈。古巴伦巴舞更普遍。每个人都知道著名的加泰罗尼亚吉他手Pescadilla期待着古巴船只在港口的到来，以享受古巴伦巴舞。他将古巴鼓的声音融入吉他，从而创造了加泰罗尼亚的伦巴舞。

如今在哈瓦那的中国陵园已经成为国家遗产。根据历史记录，哈瓦那的第一个墓地叫"剑"（Espada）。1806年2月在圣拉萨罗伊苏的地区开始服务，72年来一直有效，直到1878年11月3日。第二个是哥伦布墓地，其始建于1871年10月30日，面积约为56万平方米。哥伦布的墓地在布宜诺斯艾利斯，阿根廷首都之后就被认为是拉丁美洲第二个最重要的城市。在古巴建造的第三座墓地就是中国人的墓地。1882年12月，在哈瓦那的第一位中国领事刘亮源向岛上的总督致函，请他给出许可证。天主教会反对在哈瓦那为华人社区建造墓地的想法，直到11年后，即1893年，才有人建造墓地。应该指出的是，古巴的英国和美国居民在上述日期之前几十年就建造了自己的墓地。哈瓦那的中国墓地是由古巴建筑师Isidro A. Rivas建成于1893年10月，坐落于Don Federico Kohly的地产。本来被估价8000个古巴比索/金，提供9000平方米的面积，但在40年代，由于马路的增长失去约800平方米。建

中国文化在古巴社会生活各方面的体现

筑、土地和通路使其总成本为 23 000 700 比索黄金。同年 10 月，第一个埋葬的是一个广东人的遗骸，叫 Braulio López。一些作者声称这发生于 10 月 27 日而其他文章写的是两天后，也就是 29 日。

根据记录，在自己的墓地开始使用之前，中国的死者被埋葬在英国墓地，然后是哥伦布墓地。在其成立的同一年，印制了古巴中国殖民地墓地的规定，只有中国公民、他们的配偶及其后代才有权在第二代之前进行葬礼。墓地基本的结构是中国的小墙、拱顶和教堂，有藏尸骨罐子，通过姓氏或原籍地解决了中国的殖民地造成的把族群放在一起的问题。

1996 年，中国哈瓦那公墓被宣布为国家纪念碑，这也是哥伦布墓地的待遇。在首都的 21 个坟场中，只有两个国家纪念碑。哈瓦那中国墓地的另一个风景如画的元素是狮子雕塑的存在，似乎照顾那些在那里休息的人的永恒梦想。它的石质存在使这个地方显得威严。植物的布局及其在生长过程中得到的照顾，代表着灵魂的升高以及死者及其亲属的精神健康。有关该主题的详细记录信息可在以下材料找到：著作《在殖民古巴的中国移民》(Baldomero Alvarez Ríos)，文章《哈瓦那的中国陵园——回国的一条道路》(Carmen González Hernández，来源于古巴杂志)《古巴中国移民史图》(*Historia de la Colonia China en Cuba*, Guillermo Tejeiro，哈瓦那 Hèrcules 出版社，1947 年)《哈瓦那首都的陵园》(*Los Cementerios en la Ciudad de La Habana*, Gordon y Acosta, A. De Hugnet 出版社，1901 年)，还有哈瓦那的大主教从 1868 年 1 月 4 日至 1869 年 8 月 21 日写的《白人的葬书》(Arzobispado de La Habana. *Libro de enterramiento de blancos*)，以及《哈瓦那公报》(Gaceta de La Habana，1871 年 10 月 31 号，256 页) 和 Yuan, L. L 要求授权为中国公民建造墓地的信（现存于国家档案馆，档案号 369，订单 17651；古巴政府，1883 年）。

综上所述，自第一批契约华工登陆以来，由那些华人劳工及其后代带给古巴的影响已经深入到了古巴生活的方方面面，文学作品中少不了华人的身影，俗语谚语中体现出对华人的亲密感情，中国的关公也成了古巴一个非常重要的神，而古巴的孔加舞主要伴奏乐器也是中国传统的乐器唢呐，甚至华人的公墓在古巴也占有着非常重要的地位，中国文化已经与古巴的生活完全交融在一起，成了其中不可分割的一部分。

（杨杨　本名 Caridad Maritza Cruz Ruiseco，古巴外交部翻译学院教授汉语，
北京语言大学中文系在读博士生）

·日本汉学（中国学）研究·

日本汉学家森槐南与中国戏曲

张西艳

摘　要：森槐南是日本明治时期著名的汉学家，也是近代日本中国学的开拓者。森槐南的家学渊源和他本人的天赋，使他很早就与中国戏曲结下了不解之缘。中国戏曲是森槐南汉诗创作的素材和传奇创作的模仿对象。森槐南在中国戏曲的译介和研究领域做了大量奠基性和开创性的工作，他的一系列成果有着不容忽视的学术价值。作为日本近代中国戏曲研究的奠基人和开创者，森槐南还培养和引导了一批日本学者走上中国戏曲研究的道路。

关键词：森槐南　中国戏曲　汉诗　传奇

森槐南（1863—1911）是日本明治时期著名的汉学家，也是近代日本中国学的开拓者。他不仅在汉诗和填词领域成就卓著，而且为日本的中国戏曲小说研究做了大量奠基性的工作。遗憾的是，他在中国戏曲研究领域的成果长期以来并未得到足够的重视。近年来，随着森槐南在日本《红楼梦》研究史上的地位及影响力的提高，他在中国戏曲研究领域的成就也受到学界的关注。关于森槐南与中国戏曲的关系，我国学者张杰在《简论日本近代的中国戏曲研究》（1984）一文中较早提及森槐南及其两位高足久保得二和盐谷温的中国戏曲研究。关于森槐南的传奇二种，庄一拂、张伯伟、王人恩、黄仕忠、左鹏军等中国学者都有相关研究。关于森槐南的中国戏曲研究，黄仕忠在《森槐南与他的中国戏曲研究》（2016）等论文中对森槐南的中国戏曲研究进行了多方面深入的考察和研究，仝婉澄、张真、伴典俊、中村优花等中日两国学者也都有所研究。本文在前人研究的基础上，通过对文献资料的挖掘和整理，主要从四个方面对森槐南与中国戏曲的关系进行考察，旨在阐述森槐南在中国戏曲的传播、译介和研究领域所做的贡献。

一、森槐南汉诗中的中国戏曲

森槐南的父亲森春涛（1819—1889）是明治初期著名的汉诗人，森槐南自12岁开始学作汉诗，15岁时开始在《新文诗》《花月新志》等汉诗刊物上发表作品，18岁时已颇负盛名。森槐南一生不仅汉诗佳作无数，而且在汉诗研究方面也著作颇丰。从森槐南的汉诗作品中，可以找到诸多与中国古典戏曲相关的题材和内容。

首先是与《牡丹亭》有关的汉诗。明代剧作家汤显祖的《牡丹亭》是中国"四大古典戏曲"之一，描写了官宦出身的闺秀杜丽娘与书生柳梦梅历经悲欢离合和生死考验的爱情故事。

森槐南15岁时发表了《题牡丹亭悼伤一句》(《花月新志》第46号，1878年6月)：

> 牡丹亭子证奇缘，愁绝中秋半夜天。
> 冷雨幽窗犹未殡，花魂月魄竟如眠。
> 空劳蝶使传粉盒，无复鸾胶续断弦。
> 欲傍蟾宫求梦影，相思系在柳丝边。

如题所示，该诗以"牡丹亭"为主题，首句开篇点题。第三句让人想到晚明才女冯小青《无题》中的"冷雨幽窗不可听，挑灯闲看牡丹亭"。第五、六句直接改自明代文学家瞿佑的小说《秋香亭记》中的"断弦无复鸾胶续，旧盒空劳蝶使传"。最后两句则灵活运用了《牡丹亭》中杜丽娘的唱词。在《牡丹亭》第十四出《写真》中，杜丽娘自作画像后曾题诗一首，回忆与柳梦梅梦中相会的情景，诗文后两句为"他年得傍蟾宫客，不在梅边在柳边"。

除以《牡丹亭》为主题的诗外，"牡丹亭"也出现在森槐南的其他汉诗中。例如，森槐南17岁时发表的《题蒋苕生〈空谷香传奇后〉》(《新文诗别集》第10号，1880年6月)，其中所收四首汉诗中，最后一首前两句为"泪痕曾洒牡丹亭，我亦人间愁未醒"。

其次是与《西厢记》有关的汉诗。《西厢记》是元代戏曲作家王实甫创作的杂剧,也是中国"四大古典戏曲"之一,全称《崔莺莺待月西厢记》,又有《北西厢》《王西厢》之称,描述了书生张君瑞与相国之女崔莺莺冲破重重阻挠终成眷属的故事。

同在15岁这一年,森槐南发表了《杂赠四首》(《花月新志》第60号,1878年11月):

(一)
鬓丝禅榻绿茶香,秋后谁怜薄幸郎。
两部烟花留旧梦,南琵琶又北西厢。

(二)
金炉已烬有余香,玉漏无声月转廊。
好滴海棠花上露,数行和泪注西厢。

(三)
湘帘筛月上牙床,抵得黄昏最断肠。
墙外玉笙谁一奏,梨花院落近西厢。

(四)
戏文全是不荒唐,一转秋波一瓣香。
非有老僧能觉悟,谁凭粉墙画西厢。

四首诗每首皆以"西厢"结尾,第一首还出现了元末南戏《琵琶记》。第一首首句让人想到唐代杜牧《题禅院》中的"今日鬓丝禅榻畔,茶烟轻飐落花风"。第二首前两句运用了宋代王安石《春夜》中的"金炉香尽漏声残……月移花影上栏杆"。第三首第二句与宋代谢克家的《忆君王·依依宫柳拂宫墙》中的"月破黄昏人断肠"十分相似。除此以外,每首皆有与《西厢记》有关的内容。关于第一首中的"薄幸郎",《西厢记》故事原型《会真记》中的张生就是始乱终弃的薄幸郎。第二首中的"好滴海棠花上露",让人想到《红楼梦》中的海棠诗,不过《西厢记》中张生的唱词里就有"欲赴海棠花下约"。第三首中的"梨花院",则是崔莺莺一家在普救寺的暂居之所,也是《西厢记》剧情进展的重要场所。张生的"门掩着梨花深院,粉墙儿高似青天"更是经典的唱词。第四首中的"老僧""粉墙"出自《西厢记》自不必说,"一转秋波"则源自张生的唱词"临去秋波那一转"。

然后是与《桃花扇》有关的汉诗。《桃花扇》是清代戏曲家孔尚任创作的传奇剧本，也是中国"四大古典戏曲"之一，通过描写明末风流才子侯方域和秦淮名妓李香君的爱情故事，展现了南明王朝灭亡的历史。森槐南在16岁时发表了《读桃花扇传奇题其后》（《新文诗》第46集，1879年2月）五首，每首皆紧扣《桃花扇》的主题和内容，寄托了他对《桃花扇》主人公和南明兴亡的感慨。前两首如下：

（一）
秦淮柳色莫愁村，旧院繁华记泪痕。
欲向春风问遗事，桃花扇底最消魂。

（二）
月前和影坐吹箫，流水桃花旧板桥。
犹记六朝金粉地，伤心花月又南朝。

同年8月，森槐南发表了《重读桃花扇得二律（录其一）》（《新文诗》第51集，1879年8月）：

桃叶歌残古渡头，夜乌啼断媚香楼。
当年轶事悲纨扇，前辈风流吊玉钩。
真个寡人元有病，可怜天子是无愁。
胭脂井畔旧时泪，洒向秦淮烟雨秋。

之后的9月，森槐南发表了《又赠圆朝演义》（《花月新志》第82号，1879年9月）：

烟雨南朝梦未醒，桃花红委土花青。
美人扇上兴亡恨，都付泰州柳敬亭。

此诗是森槐南写给三游亭圆朝（1839—1900）的赠言诗。圆朝是当时日本有名的落语家，擅长说戏剧故事、鬼怪故事，亦留心创作恋爱故事。柳敬亭是明末清初著名说书艺人，孔尚任在《桃花扇》中描述了柳敬亭的爱国热情以及他侠义豪爽的行为和机智诙谐的性格。森槐南此诗表面是在咏叹《桃花扇》之事，实则把圆朝比作柳敬亭，表达了对圆朝说书技艺的赞美。

森槐南在十五六岁的年纪，已将《牡丹亭》《西厢记》《桃花扇》等中国古典戏曲熟稔于心。除这几部经典戏曲外，森槐南的汉诗中也融入了《琵琶记》《空谷香》等中国古典戏曲的元素。在学习和创作汉诗的过程中，森槐南不仅熟读中国古诗，也广泛阅读中国古典戏曲和小说，并将其作为汉诗创作的素材。森槐南一生创作了无数的汉诗佳作，但中国戏曲的元素主要集中在他早年的汉诗中，这也是他广泛习读中国古典戏曲阶段的生活在汉诗中的自然流露。此时的森槐南，已与中国戏曲结下了不解之缘。当然，成年之后的森槐南，依然将中国戏曲作为其诗词创作的素材，这一点从《槐南集》（1912）末卷所收词曲即可印证，在此不一一列举。

一、森槐南的传奇二种对中国戏曲的模仿

森槐南早年在广泛阅读中国古典戏曲并将其作为汉诗素材的同时，还对中国戏曲进行模仿，尝试创作了两部传奇。

据前述《题牡丹亭悼伤一句》一诗可知，森槐南在 15 岁时已熟知晚明才女冯小青的《无题》诗。关于冯小青，明末清初有不少关于她的传记小说和以她为题材的戏曲。至清代中后期，钱塘文人陈文述（1771—1843）聚集文人于西湖重修冯小青墓，并编著《兰因集》，收录冯小青的诗文及前代和当时文人咏叹冯小青的诗文。森槐南受父亲影响，很早就对陈文述的诗文有所倾慕。1878 年，森春涛将张船山（张问陶）、陈碧城（陈文述）、郭频伽（郭麐）等三位清代诗人的绝句选编成《清三家绝句》，其中收入陈文述诗文最多。森槐南作为《清三家绝句》的校对，在熟知陈文述诗文的同时，对陈文述其人其事也甚为详知。森春涛选编的《清三家绝句》不仅对明治诗坛产生很大影响，也为森槐南提供了戏曲创作的题材，在潜移默化中打开了森槐南的戏曲创作之门。

1879 年，16 岁的森槐南以陈文述和冯小青为主人公，模仿元末明初戏曲，用汉文创作了《补春天传奇》，次年 2 月出版，同时出版的还有《补春天传奇傍译》。该剧共有四出，依次为"情旨""梦哭""魂聚""余韵"，讲述了钱塘文人陈文述在梦中与才女冯小清相遇并最终为冯小青等"西湖三女士"修墓并建兰因馆的故事。

《补春天传奇》以汉文著成，一经问世即受到王韬（1828—1897）、沈文荧（1833—1886）、依田学海（1833—1909）、永阪石埭（1845—1924）、黄遵宪（1848—1905）等中日两国学者的推崇和好评，后来甚至还曾被误认为是中国戏曲。我国学者张伯伟称"日本人试作传奇，即以森槐南为嚆矢"。① 当然，正处于习读中国戏曲阶段的森槐南，其传奇创作中不乏对中国古典戏曲的模仿。《补春天传奇》评点本出版时，"序评"中有沈文荧等学者的题辞和点评，其中部分评语如下：

> 孔云亭之芳腻，洪昉思之冷艳，皆出于汤临川《四梦》，临川又出于王实甫《西厢记》。此曲于孔、洪为近，幽隽清丽四字，兼而有之。东国方言多颠倒，其曲白绝无此病，尤为难得。（姚江沈文荧评）②
>
> 以秀倩之笔，写幽艳之思，摹拟《桃花扇》《长生殿》，遂能具体而微。东国名流，多诗人而少词人，以土音歧义难于合拍故也。此作得之年少江郎，尤为奇特，辄为诵桐花万里，雏凤声清之句不置也。（岭南黄遵宪识）③

如两位先贤所评，《补春天传奇》对《桃花扇》《长生殿》《西厢记》等中国古典戏曲多有模仿。当代学者王人恩曾多次撰文强调《补春天》"明显地受到了《长生殿》《桃花扇》和《红楼梦》的影响"④。笔者在通读《补春天傍译》时留意到以下内容：

> 〔醉太平〕人间优昙一现，叹牡丹亭上香魂难返。……叹死生有限，兰因絮果断送婵娟。
>
> 汤临川有言，生而不可死，死而不可生，非情之至也。小青你亦是一个情种，为什么一死杳无闻也⑤（第二出："梦哭"）

---

① 张伯伟《关于〈补春天〉传奇的作者及其内容》，载《文学遗产》1997年第4期。
② ［日］森槐南『補春天伝奇』"序"、東京：森泰二郎、1880年。
③ 『補春天伝奇』"序"。
④ 王人恩《森槐南与〈红楼梦〉》，载《红楼梦学刊》2001年第4辑；《日本森槐南〈补春天〉传奇考论》，载《西北师大学报》（社会科学版）2003年第3期。
⑤ ［日］森槐南『補春天伝奇傍訳』第4頁、東京：森泰二郎、1880年。

〔前腔〕……原来如此，青娘你虽然生前受了些苦，死后得逢这知音，真个死犹如生矣。唉！我杨云友好苦也……只恨那个李笠翁，说什么佳人须嫁才子，强将奴家配合什么松江才子董其昌，把一部意中缘传奇敷演出来笑荒唐……

〔小旦〕我想那笠翁是个龌龊的无情汉子，那里比得上那作"小青曲"的才子。①（第三出："魂聚"）

第二出"梦哭"中曲牌为"醉太平"的曲词不仅出现了《牡丹亭》，且唱词中运用了汤显祖《牡丹亭》题记中的内容。第三出"魂聚"中的曲词和唱词中则提到了李笠翁的传奇《意中缘》。李渔（1611—1680）是明末清初著名的文学家和戏剧家，号笠翁，他在《意中缘》中以成岫为原型，塑造了贫民才女杨云友，讲述了杨云友与董其昌的爱情传奇。在森槐南的《补春天》中，杨云友作为"西湖三女士"之一，也是重要的出场人物，据其唱词可知森槐南对李渔戏曲的熟悉。

1882年，19岁的森槐南发表了用汉文撰写的传奇《深草秋》（《新文诗别集》第17卷）。该传奇仅有一出，以日本传说《百夜通》为原型，讲述了平安时代的美女小野小町与深草少将的恋爱故事。关于《深草秋》，森槐南在自序中述其创作过程时曾提到"声调则一仿玉茗《牡丹·惊梦》一曲"。我国学者黄仕忠指出《深草秋》"是一个短剧，以明杂剧的体例，仿汤显祖《牡丹亭》中的'惊梦'"②，左鹏军指出《深草秋》"所用曲牌与声调节奏均有意模仿汤显祖《牡丹亭》第十出《惊梦》"。③日本学者中村优花亦撰文指出《深草秋》在"曲牌上则参考了《牡丹亭》的第十出《惊梦》一出"。④森槐南在创作《深草秋》时，模仿了《牡丹亭》的曲牌和声调，已确定无疑。笔者初读《深草秋》时，就留意到森槐南设定的"才子佳人"模式，加上"富家才女""丫鬟""风流才子""月下""一见钟情""定情信物"等人、事、物的展开，《深草秋》在人物和故事情节的设定上也颇有模拟

---

① 『補春天伝奇傍訳』第10—11頁。
② 黄仕忠《森槐南与他的中国戏曲研究》，载《戏曲与俗文学研究》2016年第1辑。
③ 左鹏军《日本戏曲家森槐南传奇二种考论》，载《文化遗产》2013年第5期。
④ ［日］中村优花《关于森槐南的〈深草秋〉和小町传说》，载《戏曲与俗文学研究》2016年第2辑。

《西厢记》之嫌。

值得一提的是,《深草秋》卷首除永阪石埭的题诗外,森槐南亦自题《水调歌头》一词,词中有"非借他人杯酒,何以沥胸肝"。卷尾附焦阴词客的点评和桥本宁的《题深草秋后》五首,其中第五首后两句为"自家垒块消不得,且借他人酒一浇"。森槐南自题词中的两句与桥本宁题诗中的两句,皆源自明代李贽《焚书·杂说》中的"借他人酒杯,浇自己块垒"。李贽(1527—1602)是明代著名的思想家和文学家,同时也是戏曲理论家,经他评点的《水浒传》《西厢记》《拜月亭》《浣纱记》等戏曲版本至今仍然流行。《深草秋》卷首卷尾相呼应,皆运用了李贽的诗文,足见森槐南及其友人桥本宁对李贽的熟悉。李贽与戏曲的关系毋庸赘言,由此可窥见森槐南不仅熟悉中国戏曲,亦关注评点文人对中国戏曲的点评。

从汉诗中的自然流露,到《补春天传奇》和《深草秋》中的刻意运用和模仿,皆是森槐南早年大量阅读中国古典戏曲的体现,这也为他之后从事中国戏曲的研究打下坚实的基础。

二、森槐南对中国戏曲的译介和研究

关于森槐南在中国戏曲研究领域的成就,久保天随曾予以肯定:"森槐南博士为明治时代词曲的开山,在研究的同时,甚至还尝试创作。"① 之后的很长一段时间内,森槐南在中国戏曲研究领域的贡献并未得到足够的重视。近年来,随着黄仕忠、伴典俊等中日两国学者对森槐南在中国戏曲研究领域所作成果的大力挖掘和整理,森槐南在中国戏曲研究领域的贡献已引起中日两国学者的关注。本节在前人研究的基础上,按照时间顺序,对森槐南有关中国戏曲的介绍、翻译、评论和研究成果进行简要梳理。

森槐南虽在十五六岁时就将中国戏曲作为汉诗和传奇创作的素材,但他有关中国戏曲的评论见诸书刊,却是在二十出头的年纪。1884年,古梅仙史②在《新文诗别集》(第28卷)上发表了《读西厢记》一诗,诗后附有森

---

① [日] 久保天随『支那戯曲研究』"序"第3頁、東京:弘道館、1928年。

② [日] 严谷一六(1834—1905),号仙史、古梅、金栗道人等,日本明治时期著名书法家,我国清代学者杨守敬的得意门生。

槐南的评论：

> 《西厢》一书，能长人情思。盖言情之真也。惟情真，斯为真忠厚。先生观其微矣。若夫微之会真，自矫其情，负心薄幸，以为善补过，则颇伤忠厚，是情天之罪人耳，自当别论。①

这段评论虽然不长，却是"明治时期最早的《西厢记》评论"②。这一评论体现了森槐南对《西厢记》故事来源的熟悉。当然，仅从这一评论，还看不出森槐南有要从事中国戏曲研究的端倪。

1890年，森槐南开始担任东京专门学校（今早稻田大学）文学科的汉文学讲师，主讲杜诗等中国古诗词，同时也讲授《桃花扇》等中国古典戏曲。这为森槐南开始从事中国戏曲的研究提供了便利，森槐南也因此成为"第一位在大学讲坛上讲授中国戏曲的日本学者"③。

1891年3月14日，在东京专门学校的一次"文学会"上，森槐南做了一场题为"中国戏曲一斑"的演讲。之后，16日的《邮便报知新闻》以"中国戏曲的沿革"为题，发表了森槐南演讲内容的概述。森槐南的此次演讲，不仅是"第一个关于中国戏曲的专题演讲"④，也第一次对中国戏曲的历史进行了较为系统的介绍。同年8月，同文社发行《中国文学》并开设"讲义门"专栏，森槐南开始连载《西厢记读法》。讲义开篇为森槐南的解说，之后是《西厢记》的完整译文，被称为"明治时期第一篇中国戏曲的译文"⑤。同月，森槐南还在《国民之友》（第127号）上刊载了《牡丹亭还魂记》。1892年2月，森槐南在《早稻田文学》（第10号）上刊出《中国小说之话》第二篇，指出元代的四大奇书实为《水浒传》《三国志》和《西厢记》《琵琶记》，之后《西厢记》《琵琶记》因结构等问题而被《西游记》《金瓶梅》取代。7月，《国民之友》夏期附录中刊出了由森槐南根据中国剧作编译的《盲新妇》，署名"槐梦南柯"。自8月起，森槐南开始在《城南评论》（第6号）

---

① 春涛髯史纂『新文詩別集』（第28卷），1884年，第2页。
② 黄仕忠《森槐南与他的中国戏曲研究》，载《戏曲与俗文学研究》2016年第1辑。
③ 黄仕忠《戏曲概论·解题》，载《文化遗产》2011年第1期。
④ 《戏曲概论·解题》第90—91页。
⑤ 《森槐南与他的中国戏曲研究》第25—55页。

上连载由他编译的《〈四弦秋〉附评释》，对清代戏曲家蒋士铨（1725—1784）的《四弦秋》进行了介绍。连载至11月，虽未完成，却是"用日文口语翻译中国戏曲的最早尝试"①。

1897年5月起，森槐南在《太阳》（第三卷第10、13、15号）上连载《牡丹亭抄目》，对《牡丹亭》的内容进行了详细解释。森槐南此文被誉为是"近代学术史上《牡丹亭》研究的最早篇章。"② 同年8月，由森鸥外（1892—1922）主编的《目不醉草》（第20卷）"标新领异录"专栏刊载了森鸥外、幸田露伴（1867—1947）、三木竹二（1867—1908）等关于《水浒传》的讨论，其中三木竹二提到森槐南的观点，即"水浒戏"以《水浒》故事和元杂剧及明代《水浒记》为主。之后的1898年4月，三木竹二又与森槐南、森鸥外以《目不醉草》（卷之27）的"标新领异录"专栏为平台，对《琵琶记》展开了较长篇幅的讨论，其中森槐南不仅引用大量文献对《琵琶记》进行了较为深入的考证，还对英国人乔治·亚当斯（George Adams）在《中国戏剧》（1895年）中有关《琵琶记》的摘译进行了介绍和批评。

自1899年2月，森槐南开始担任东京帝国大学的讲师。同他在东京专门学校担任讲师时一样，虽主讲中国诗学、词曲史、小说史，也讲授《西厢记》《桃花扇》等中国戏曲，并开展有关中国戏曲的讨论和研究。1902年5月，森槐南与森鸥外、三木竹二、千叶菊香等在《艺文》创刊号开展了关于"能"的讨论。在题为"卒堵婆小町合评"的讨论中，森槐南就"能"与传奇杂剧在演唱、角色、故事、曲牌等方面的异同进行了比较。次年4月，森槐南又与森鸥外、幸田露伴等人开展了关于日本江户时代的通俗小说"黄表纸"的讨论。在题为"金金先生荣花梦大悲千쏠本合评"的讨论中，森槐南列举了《黄粱梦》《岳阳楼》《城南柳》等元杂剧和汤显祖的"临川四梦"进行比较。

自1910年7月起，森槐南开始在《汉学》（第一编第三号）杂志上连载《元曲百种解题》，对《汉宫秋》《金钱记》《陈州粜米》《鸳鸯被》《赚蒯通》《玉镜台》《杀狗劝夫》《和汗衫》进行解题，每期一篇，至第二编第一号共连载了八篇，后因森槐南去世而中断。

森槐南于1911年3月去世后，他的学生开始整理他的讲义和遗稿。

---

① 《森槐南与他的中国戏曲研究》第25—55页。
② 《森槐南与他的中国戏曲研究》第25—55页。

1911年11月，森槐南的遗著《作诗法讲话》出版，其中第五章为"词、曲与杂剧、传奇"。1912年10月，森川竹磎创刊《诗苑》，开始连载由其整理的森槐南讲义遗稿《词曲概论》，至1915年连载完毕。《词曲概论》共有十二章，前六章是关于词学的研究，后六章则是关于曲学的研究，分别题为"词曲之分歧""乐律之推移""俳优搬演之渐""元曲杂剧考""南曲考""清朝之传奇"。通观森槐南的《作诗法讲话》第五章和《词曲概论》后六章，不论是对中国戏曲源流的追溯，还是对中国戏曲发展史的系统论述和考证，都有很大的学术价值。颇为遗憾的是，森槐南遗作的发表在当时的日本学界并未引起多大的反响。纵观森槐南有关中国戏曲的介绍、翻译、评论和研究，都有着不容忽视的学术价值，理应得到高度的评价。

三、森槐南对日本中国戏曲研究者的影响

森槐南不仅做了大量有关中国戏曲的译介和研究工作，而且培养和引导了一批日本学者走上研究中国戏曲的道路。在森槐南众多的弟子和学生中，比较有代表性的有以下几位：

第一位是森川竹磎（1869—1917）。森川虽只比森槐南小6岁，却早在1888年就成为森门弟子，学习汉诗、词学等。受森槐南影响，森川早期的诗词中有不少中国戏曲的踪影。例如，他在1889年读了清代戏曲家蒋士铨的《一片石》后曾赋词《蝶恋花》一首。1892年前后，他在读《牡丹亭》之后撰有三首题为《雨夜读牡丹亭传奇》的七律汉诗。此时的森川还在森槐南的指导下抄录《琵琶记》等戏曲，这从《槐南集》（卷28）中所收《金缕曲·题森川竹磎手謄琵琶记后》可以印证。除《琵琶记》外，森川还抄录了《荆钗记》《紫钗记》《南柯记》《邯郸梦记》等诸多中国戏曲，并在抄录的同时进行圈点。作为森槐南的门下弟子和妹夫，森川不仅成为与森槐南齐名的杰出词人，而且留下了一批由其抄录的曲本，在森槐南去世之后，更为森槐南遗稿的整理付出了不少心血。

第二位是野口宁斋（1867—1905）。野口也很早就跟随森槐南学习汉诗、词学等。在森槐南的指导下，野口不仅有"诗坛鬼才"之称，还在中国戏曲的译介方面做了不少工作。1892年7月，野口在《城南评论》上发表《笠湖的逸事》，对清代戏曲家杨潮观（1712—1791）的逸事进行了介绍。同年8月，当森槐南开始在《城南评论》（第6号）上连载由他编译的《〈四弦秋〉

附评释》时,野口也在同一期《城南评论》中发表了《蒋藏园的序事诸作》(上)。1893年1月,野口开始在《早稻田文学》(第31期)上连载《吟风阁词曲谱》,不仅对杨潮观的生平及其杂剧《吟风阁杂剧》进行了介绍,还对其中的杂剧进行了较为详细的评释。同年2月,野口在《雪月花》上发表《梁廷枏曲话》,将清代戏曲家梁廷枏(1796—1861)的戏曲理论诸作《曲话》介绍给日本学界。9月,野口在《栅草纸》(第49号)上发表了《书铁锁记后》,对《铁锁记》和李笠翁《巧团圆》的故事情节进行了对比。同月,他的《吟风阁词曲梗概》被收入八卷本的《早稻田文集》合订本。

第三位是柳井絅斋(1871—1905)。柳井是森槐南在东京专门学校担任讲师时的第一届学生,因在课堂上聆听了森槐南讲授的《桃花扇》,而对《桃花扇》等中国戏曲产生了浓厚兴趣。1892年3月和7月,《栅草纸》杂志分两次选刊了柳井的《读桃花扇传奇三十首》中的大部分诗篇。同年8月至11月,柳井在《早稻田文学》(第21—28期)的"名著梗概"专栏连载了由他撰写的《桃花扇梗概》,副标题为"桃花扇的由来、大意及价值"。之后,柳井的《桃花扇梗概》也被收入《早稻田文集》合订本。值得一提的是,不论是由记者撰写的《桃花扇梗概》专栏"绪言",还是柳井撰写的《桃花扇梗概》卷首语,都提到森槐南对《桃花扇》的评价,即森槐南认为《桃花扇》是传奇中屈指可数的作品。由此可见森槐南对柳井的影响之深,亦可见森槐南在日本当时中国戏曲研究领域的影响力。

第四位是久保天随(1875—1934)。1899年2月,森槐南开始在东京帝国大学担任讲师,主讲中国诗学、词曲史、小说史。此时,正在东京帝国大学读书的久保虽也从中受益,但他早在十七八岁时就已读到森槐南的文章,并开始了解中国戏曲。1927年,久保的《〈琵琶行〉的戏曲》一书出版时,其"叙说"中有如下描述:

> 明治25、26年,《城南评论》曾刊载过由森槐南翻译的《四弦秋》,但只翻译了第一出,后因杂志废刊而中止。此事在当时虽未引起读者的关注,但我初次了解中国戏曲,却是多亏了这一翻译,它使我经久难忘。①

---

① [日]久保天随『琵琶行の戯曲』"叙説"第34頁、東京:弘文堂、1927年。此处译文由笔者翻译。

由此，可以说森槐南开启了久保天随的戏曲之门。此后，十八九岁的久保又对《西厢记》产生了浓厚兴趣，不仅收藏了金圣叹批评本《西厢记》，而且撰有与《西厢记》有关的汉诗。在森槐南及其门下弟子森川竹蹊的影响下，久保开始收藏和研究《西厢记》等中国戏曲，不仅在专著《中国文学史》（1903年）中专列戏曲小说为一章，对中国戏曲进行系统介绍，而且在《帝国文学》等杂志上发表了《西厢记杂考》《吴梅村及其戏曲》等一系列论文。直到1925年，久保以《〈西厢记〉的研究》获得博士学位，其论文集《中国戏曲研究》也于1928年由弘道馆出版。久保的一系列成果奠定了他在《西厢记》研究史的地位，但他始终不忘给他以启蒙和影响的恩师森槐南，称其为"明治时代词曲的开山"。

第五位是盐谷温（1878—1962）。同久保天随一样，盐谷也是森槐南在东京帝国大学担任讲师时的学生。1919年，盐谷温的《中国文学概论讲话》出版，此书以戏曲研究为核心，"序言"部分有如下内容：

> 回顾往昔，大学时曾在森博士的讲席上受教词曲之学，之后游学禹域，跟随焕彬叶先生探寻元曲底蕴。归国后专心致力于此时，森博士已殁，叶先生亦避乱于乡下而难通音讯，疑问不知向谁请教，只好掩卷投笔浩叹。①

根据盐谷温的这段回忆可知，森槐南和叶德辉都对他走上戏曲研究之路产生重要影响。关于叶德辉对盐谷的影响，在此暂且不论。如盐谷所忆，他在1912年留学回国时，森槐南已于前一年去世。此时恰逢东京帝国大学文学部学科改制，盐谷便"继承恩师森槐南的衣钵，在东京帝国大学开设了'中国文学概论'课程，此后长期致力于中国文学的研究与教学"②。不仅如此，从盐谷的著述中，可以找到不少森槐南的影响痕迹。

1925年，陈源曾在《现代评论》上撰文指责鲁迅的《中国小说史略》抄袭了盐谷的《中国文学概论讲话》。鲁迅在澄清事实时曾提到盐谷关于唐人小

---

① ［日］塩谷温『中國文學概論講話』"序言"第3頁、東京：大日本雄弁会、1919年。此处译文由笔者翻译。

② 周阅《日本的中国元曲研究——以东京帝国大学的〈西厢记〉翻译为中心》，载《江西社会科学》2016年第10期。

说的分类依据森槐南,而他用了自己的方法。读者从这一公案的侧面也看到了森槐南对盐谷的影响。的确,在《中国文学概论讲话》中,盐谷多次引用森槐南的观点,称森槐南为"槐翁"。日本学者小野忍曾指出盐谷的《中国文学概论讲话》与森槐南的《作诗法讲话》在结构上有共通之处。① 前川晶曾以《作诗法讲话》为证,指出《中国文学概论讲话》的章节有模仿《作诗法讲话》的痕迹。② 中国学者黄仕忠则指出前川晶"只取了《作诗法讲话》为证,而没有提到《词曲概论》"③。张真指出"盐谷温的《红楼梦》研究脱胎于森槐南"④。

除此以外,笔者留意到日本《国译汉文大成》(第九卷)在收录《西厢记》《琵琶记》的解题、译文、原文之前,首先收录了一篇题为《中国戏曲的沿革》的文章,署"节山生识"。盐谷号节山,这篇文章正是盐谷于1921年正月在长冈温泉共荣馆完成的文章。盐谷此文不仅直接运用了前述《邮便报知新闻》报道森槐南演讲的题目,而且在结构和内容上也脱胎于森槐南的演讲内容。这些例证足以证明森槐南对盐谷的影响之大。正是沿着"先师"森槐南开创的学问之道,盐谷在中国俗文学研究领域做出了较为突出的贡献。

四、结　语

森槐南的家学渊源和他本人的天赋,使他很早就与中国戏曲结下了不解之缘,中国戏曲成为森槐南汉诗创作的素材和传奇创作的模仿对象。明治维新以后的日本,受西方文学的影响,戏曲的地位得到提高。在这种社会文化背景下,森槐南两度担任大学讲师,为其进行中国戏曲的研究提供了便利。得天独厚的条件与其本人的勤奋,使森槐南不仅成为"当时最精通中国小说

---

① [日]小野忍「塩谷先生の学問の西洋的方法」、『東京支那学報』(第九号)、1963年。

② [日]前川晶「塩谷温と『支那文学概論講話』について」、『東京大学中国語中国文学研究室紀要』(4) 2001年4月号。

③ 《森槐南与他的中国戏曲研究》第25—55页。

④ 张真《论盐谷温的〈红楼梦〉研究脱胎于森槐南——从另一个角度看鲁、盐抄袭案》,载《鲁迅研究月刊》2015年第4期。

戏曲之人"①，而且成为"明治时代词曲的开山"，培养和引导了一批年轻学者走上中国戏曲研究的道路。森槐南在中国戏曲的译介和研究领域所做的贡献在当时的日本学界没有得到足够重视，有多方面的原因，本文在参考黄仕忠等前辈学者的主要观点的同时，结合当时的实际情况，将其归结为六点：一是森槐南的早逝。森槐南去世时才48岁，他的许多研究尚未完成，例如《元人百种解题》仅连载了八篇就因其去世而中断。二是他在汉诗领域的成就遮蔽了他在中国戏曲研究方面的功绩；三是森槐南遗稿中的戏曲研究部分在被整理和出版时就未得到足够重视。《作诗法讲话》虽经整理出版，但"词、曲与杂剧、传奇"仅为其中一章。《词曲概论》仅为连载，且曲学研究被置于词学研究之后。新创刊的《诗苑》杂志在当时并没有多大的影响力，且连载的时间太长。四是森槐南本人的从政经历以及他与政界的迎来送往对他在学术界的评价有一定的负面影响；五是王国维《宋元戏曲史》的冲击。1913年初，王国维在京都完成《宋元戏曲史》。当王国维的《宋元戏曲史》令日本学界"大受刺激"时，森槐南的《词曲概论》却在漫长的连载之后乏人问津。六是青木正儿的影响。青木正儿在《中国近世戏曲史》的"曲学书目"中并未准确列举森槐南的研究成果，加上他在恩师狩野直喜去世百日之际撰文推其为"元曲研究的鼻祖"，这在一定程度上也影响了学界对森槐南戏曲研究成果的认知。

近年来，森槐南在中国戏曲研究领域的成果之所以又得到中日两国学者的关注，根本原因就在于森槐南的研究确实有着不容忽视的学术价值。森槐南在中国戏曲的译介和研究领域做了大量奠基性和开创性的工作，同他被称为"日本红学"的奠基人一样，森槐南也是日本近代中国戏曲研究的奠基人和开创者。

（张西艳　北京外国语大学国际中国文化研究院博士后）

---

① ［日］笹川臨風『琵琶記物語』"序"、博多成象堂、1939年。

日本内阁文库藏本《玉娇梨》为顺治初年刊本考辨

梁 苑 徐宝锋

摘 要：日本内阁文库藏四册二十卷《玉娇梨》是《玉娇梨》的重要版本，惜因内阁文库汉籍分类书目著录为康熙刊本，学界未加考辨而一再延用，未引起研究者应有的重视。本文考证日本内阁文库藏本《玉娇梨》的刊行时间，修正了学界视内阁藏本为康熙间刊本的主流观点，纠正了中、日两部著名的小说目录学著作《中国通俗小说书目》与《增补中国通俗小说书目》对此本的著录之误。确认日本内阁文库藏本《玉娇梨》非康熙间刊本，实为顺治初年刊本。这一考证结果的确立，明确了内阁本《玉娇梨》重要的版本价值与文献价值，对于判定《玉娇梨》这部才子佳人小说开山之作的初刊本意义重大。

关键词：《玉娇梨》 顺治初年 刊本

《玉娇梨》是学界公认的才子佳人小说的开山之作，其版本众多①。日本内阁文库藏《玉娇梨》（以下简称内阁藏本，或内阁藏本《玉娇梨》）是《玉娇梨》的重要版本。日本内阁文库汉籍分类书目将其著录为康熙刊本。② 长期以来，由于学界对其刊刻年代认定不确，所以对其重要性认识不

---

* 本论文系 2018 年国家社科基金后期资助项目文学的商品化与产业化：天花藏主人与才子佳人小说出版的阶段性成果，项目编号 18FZW063。

① 关于《玉娇梨》的版本，主要著录见于孙楷第《中国通俗小说书目》第 152 页，人民文学出版社，1982 年。[日] 大塚秀高《增补中国通俗小说书目》第 64 页，汲古书院，1987 年。江苏省社科院明清小说研究中心、江苏省社科院文学研究所编《中国通俗小说总目提要》第 332—333 页，中国文联出版公司，1990 年。石昌渝《中国古代小说总目》第 506—508 页，山西教育出版社，2004 年。

② 福井保编《内阁文库汉籍分类目录》，1956 年。

够。迄今为止，将内阁藏本视为康熙间刊本为学界的主流观点，并且，迄今日本国立公文图书馆网站上仍公开写着"新鐫批評綉像玉嬌梨小伝 内閣文庫漢書集の部 附003—0001，刊本，清康熙"。①

一、学界对日本内阁文库藏本《玉娇梨》著录之误

20世纪80年代以前，限于客观条件，一般研究者不易见到内阁藏本。所以对其的描述，一般或转引孙楷第先生小说目录学著作《中国通俗小说书目》中对其的著录，或转引日本学者大塚秀高《增补中国通俗小说书目》对其的著录。然两先生对此本的著录，存在明显的不一致处；并且对内阁藏本刊行时间的判断，也存在与实际不相符的情况。由于学界大多数人未见内阁藏本，因而无法对两位先生著录之分歧做出订正。这样不仅研究者所据的文献资料有分歧，而且据此衍生新的分歧，造成研究上不必要的混乱②。其实早在1987年，陈庆浩就谈到了日本内阁藏本《玉娇梨》的重要性：据我们所见资料，本衙藏版本、两仪堂本、经伦堂本、大文堂本、老会贤本、聚盛堂本均无叙和缘起，因而，它们是比较宝贵的③。可惜未引起学界应有的重视。

为了将这一问题展示得更清晰，我们还是先从中、日两部著名的小说目录学著作对内阁藏本《玉娇梨》一书著录的不一致处谈起。关于内阁藏本《玉娇梨》，孙楷第先生和日本学者大塚秀高均有著录。孙楷第先生《中国通俗小说书目》著录为："存。日本内阁文库藏本，题《重订批评绣像玉娇梨小传》，疑是清康熙刊本。……清无名氏撰。题'荑荻山人编次'（一作荑荻散人，又作荻岸散人）。"④ 日本学者大塚秀高在其《增补中国通俗小说书目》

---

① 见日本国立公文书馆网址 www. digital. archives. go. jp。

② 这突出表现在对《玉娇梨》最早版本的认定上。由于学界径直以孙楷第、大塚秀高两位先生的两部小说目录学著作所著录的康熙间刊本为据，将内阁藏本视为康熙间刊本，所以在将大连图书馆藏本《玉娇梨》进行校刊后得出结论：大连本早于内阁本。大连本被学界视为用明末原版重印，视为《玉娇梨》的一个较早较重要（很可能也是最早的单行本）的版本而被重视。参见林辰《玉娇梨的版本和作者》，世界图书A辑1984（6）林辰《明末清初小说述录》第142页，春风文艺出版社，1988年。王青平《〈玉娇梨〉〈平山冷燕〉考辨》，载《浙江学刊》1984年第6期。

③ 程亚林、陈庆浩《中国古代通俗小说有关书目、论著若干补订》，《武汉大学学报》（社会科学版）1987/4。

④ 孙楷第《中国通俗小说书目》第152—153页，人民文学出版社，1982年。

日本内阁文库藏本《玉娇梨》为顺治初年刊本考辨

中著录为"荑狄山人刊本《新镌》有图20叶。康熙间刊 内阁文库"①。

随着20世纪90年代上海古籍出版社《古本小说集成》5辑693册428种的问世，内阁藏本被影印，得以和研究者见面。但迄今为止，研究界似仍未对此书细加考校。对内阁藏本的刊刻时间，仍依然沿袭旧有"康熙间刊本"的说法②。笔者据国内未易获见的日本内阁文库藏本《玉娇梨》而非国内影印本为第一手文献资料，经通篇考校比勘，发现内阁藏本并非学界所认为的康熙间刊本，而是顺治初年刊本。现以日本内阁文库四卷二十回藏本为据，先对内阁藏本作一简单描述，然后再以内阁藏本来检视孙楷第和大塚秀高两先生著录的失误与遗漏。内阁藏本共四册二十回，内封未见，疑佚；首《玉娇梨叙》，叙后署"素政堂主人题"；次《缘起》；其后为玉娇梨目录，不分卷二十回；目录后有图20幅，图前正后副，月光型版式。正图为每回之图，版心为玉娇梨 第×回回目名；副图为装饰图案。首册正文卷端题：新镌批评绣像玉娇梨小传，下署荑秋散人编次；正文只第二十回缺失末叶。内阁藏本纸张古朴，刊刻精良，字迹清晰工整，全书字迹风格统一，除内封未见外，叙、缘起、图画、目录均保存完整，堪称精本。对照内阁藏本，孙先生与大塚秀高先生著录的失误与遗漏有如下几处：

1. 关于本书作者，内阁藏本首册正文卷端前题署为："荑秋散人"编次。孙楷第先生著录为"荑荻山人编次"，大塚秀高先生著录为"荑狄山人"，均误。2. 本书内封未见，正文卷端前题《新镌批评绣像玉娇梨小传》。孙楷第先生将本书著录为《重订批评绣像玉娇梨小传》，误；大塚秀高先生著录为"刊本《新镌》"，未写出全名。3. 本书有图、有叙有缘起。孙楷第先生一书对此概无著录，漏；大塚秀高先生只著录有图20叶，漏《玉娇梨叙》与《缘起》。对本书中的叙与缘起，两先生均未著录。4. 本书的行款为半页八行，行二十字，孙楷第先生未著录，漏；大塚秀高先生著录为8×20，与原书一致。

本书的刊刻年代，不管是孙楷第先生著录为：疑是清康熙刊本，还是大塚秀高先生直接著录为：康熙刊本，二先生均未给出著录的依据。笔者多方检视文献资料，只柳存仁先生在其《伦敦所见中国小说书目提要》（第222

---

① ［日］大塚秀《增补中国通俗小说书目》第64页，汲古书院，1987年。
② 古本小说集成委员会编《玉娇梨·前言》：本书据日本内阁文库藏四卷二十回康熙刊本影印。

页）谈道：日本内阁文库所藏新镌批评绣像玉娇梨小传……内阁文库汉籍分类书目云是康熙刊本①。大概可为此著录的依据。

二、日本内阁文库藏本《玉娇梨》为顺治刊本考

细检比勘，日本内阁文库藏本并非如内阁汉籍分类书目所云的康熙刊本，实为顺治初刊本。理由如下：

（一）从明季与清王朝的避讳而言，此本非康熙间刊本

1. 此本非明季刊本

支持这一判断的内证是，书中通篇不避明季"常""由"之讳，足证内阁本《玉娇梨》刊刻时间不在明末崇祯年间。明末天启、崇祯两朝，避庙讳十分严格。"万历而后，避讳之法稍密。故明季刻本书'常'多作'尝'，'洛'多作'雒'，'校'多作'较'，'由'字亦有缺末笔者。"②顾炎武《日知录》记载，崇祯三年曾经下诏，"避太祖成祖庙讳及孝武世穆神光熹七宗庙讳"。检视《玉娇梨》一书，开篇就有"常"字，"常"字出现的频率非常高。但无论回目还是正文中，"常"字均未做改动。无论是白太常、太常寺、太常卿之类的三字词语中，还是在诸如"太常""非常""常常""异常""寻常""平常""常理""时常""常规""家常""常来""常态""常训""常人""常想"等之类的常见词组中，还是"常"字单独出现的情况下，"常"字，一律仍作"常"，未有一例改作"尝"字。另外书中的"由"字，出现频率亦十分高。如第三回，由此看来。当由此一显。第五回，哪得便容你自由自在到京中去寻访。不由人不信。第八回，倒由人驰骋不得。第九回，杨御使老爷由光禄卿升了浙江巡抚。第十一回，其道无由。第十二回开篇诗中的一句：视以观由察所安。第十四回，聚散固不由人。第十五回，以为浙江必由金陵过。第十七回，伯仁实由我死。这且由他。"由"字无一处避讳，既不缺笔，也未改做其他替字。而在明末书籍中，"由"一般用"繇"来替代。常、由不避讳，足证《玉娇梨》一书的刊刻时间，不可能为明末崇祯年间。

---

① 柳存仁《伦敦所见中国小说书目提要》第222页，书目文献出版社，1982年。
② 陈垣《史讳举例》卷八第八十一《明讳例》第120页，上海书店出版社，1997年。

日本内阁文库藏本《玉娇梨》为顺治初年刊本考辨

2. 此本非康熙间刊本

（1）本书通篇不避"玄""弘"字讳。入清以来，自康熙一朝以来始效仿汉文化政权实行皇帝名讳，其中康熙、雍正、乾隆三朝尤其严格。康熙的名字叫"玄烨"，康熙年间，凡是"玄"及"玄"字作为构字部件的字，如"炫""眩""泫"等一律都要避讳。最普遍的避讳是"玄"字最后一笔缺，避讳不写。凡是带"烨"最后一笔不写。雍正的名字叫"胤禛"，"胤"字最后一笔不写，"禛"字最后一点不写，或改为"祯"。雍正的几个兄弟都必须把名字中的"胤"改成"允"。乾隆的名字叫"弘历"，"弘"，缺最后一点，"历"字换一个写法，"历"字在书写中都要改为"曆"。检视全书，除文中白太玄的"玄"字无一缺笔外，第三回"泫然泪下"，第十回"因断了弦"，第十二回"千秋玄赏"之"泫"与"玄"亦均不避讳。还要特别注意的是，本书开篇《玉娇梨叙》中，"无絃焦桐，让声羯鼓"的"絃"字同样不缺笔。叙在开篇，位置明显，很容易被查到。叙与正文中的"弦""泫"与"玄"字均不避讳，这种统一，一方面表明，叙不是后加上去的，而是原刊时就有的。另一方面表明，此书不可能刊于康熙年间。此亦足证此书刊刻时间不可能在康熙年间，而是在顺治年间。至于此书不避乾隆之讳，详见第3条。

（2）书中多处出现诸如"夷""虏"等为清统治者所忌讳的字眼。这是学者判断大连图书馆藏本衙藏版《玉娇梨》为明末版本的一个重要内证[①]。实际上，内阁藏本也同样存在这种情况，检视全书，这些字眼从头至尾均径直书，没有做任何改动或变通处理。在第三回白太常难途托娇女中出现的尤其集中。现举例如下：

第二回：迎请上皇要只身虏庭
第三回：
（1）然我想如今上皇因身虏庭（2）但只是我此去虏情难果测（3）上皇且陷穷虏（4）此一行无论奴虏狡猾，未必便帖然讲和（5）回间诗：何期使命交奴虏，不避艰难一老臣（6）见闻奴囚沙漠之地，寒冷异常（7）今日既奉使虏廷，此七尺之躯已置之度外，何况功罪

且闻逆奴狼子野心，倚强恃暴，素轻中国，上皇且不知生死，况一

[①] 林辰《明末清初小说述录》第142—143页，春风文艺出版社，1988年。

介使臣乎？（8）也先虽是夷虏，尚知礼义

  第六回：触锋北陷虏庭去，原任太常正卿新加工部侍郎衔白玄出使虏营迎接上皇

  第十一回：前因奉使虏庭

  第十五回：前岁白太玄奉命使虏，虑有不测

  第二十回：忤权使虏见孤忠，诗酒香山流素风

  这些不加忌讳的字句通篇都有，在《玉娇梨》的其他版本中，有不同程度的改变。亦足证此本当在清廷文禁未严的康熙之前刊行。

  需要特别指出的是，内阁藏本第三回"也先虽是夷虏，尚知礼义"一句中，"也先"下有一夹批：虏名。此处"虏名"二字，在《玉娇梨》的其他众多版本中均与正文混在一起，颇难理解。如被学者视为明末版本的大连图书馆藏本《玉娇梨》，与哈佛大学哈佛燕京学社图书馆齐如山专藏本《玉娇梨》，此处均写作"也先虏名，虽是夷虏，尚知礼义"，与内阁藏本对照，方知是将夹批当成正文写入。更有后出版本将"夷虏"二字去掉，将夹批"虏名"二字变成"外国"，然后此句变成"也先虽是外国，尚知礼义"。这一不起眼的细节处的不同，尚未引起研究者注意。但可佐证内阁藏本为顺治年间刊本。

  3. 此本非乾隆间刊本

  笔者曾经考证过书中的"弘""泓"与"历"字，亦均不避讳。如第十五回隔壁是副使卢公讳一泓的宅子，第十六回不意姐姐弘关雎樛木之量，第二十回我查得山东卢一泓物故久矣，"弘""泓"均不避讳，亦未改作他字。"历"字也是如此。如第三回老成历练，第五回吾兄历此一番风霜，第九回也不知历多少凄风苦雨，第十八回历落可爱，又叫取历日来看，第十九回历历在目，第二十回苏有德选了经历。"历"字凡"经历"一意的均作"歷"，无关乎避讳；日历一意的作"曆"，并无避讳，也无改作他字。排除了此书为乾隆间版本的可能。此点虽较前面所列几点与本文论点关系较远，但亦可作为考证其版本年代的一条佐证。顺便附在此处。

  以上从文本中所比勘出的证据，彼此之间概无抵牾，又相互印证。从版本上初步确立了内阁藏本为顺治年间刊本的地位，排除了其为康熙间及更晚出版本的可能。

(二)《玉娇梨》的成书下限，不可能晚于顺治十五年（1658年）

支持内阁藏本《玉娇梨》一书刊刻时间为顺治年间的另一个有力证据是《玉娇梨》一书的初刊时间不可能晚于顺治十五年。晚于《玉娇梨》的《平山冷燕》单行本及二书的合刻本《天花藏合刻七才子书》，其前都有一篇内容与序末题署均相同的序。此序末题署：时顺治戊戌立秋月。顺治戊戌是顺治十五年（1658年），这从逻辑上设定了，《玉娇梨》一书的初刊时间，不可能晚于顺治十五年。也就是说，1658年锁定了《玉娇梨》初刻时间的下限。这一关键时间点位的明确，既为判定内阁本《玉娇梨》一书的刊刻时间提供了可供参照的年代支持，也为判定《玉娇梨》原刊本的刊刻时间划定了一条边界。对照前面的考证结果，内阁本《玉娇梨》不可能刊行于康熙间。

(三)较之《玉娇梨》的其他众多版本，内阁藏本有独特价值

在笔者所获见的《玉娇梨》的众多版本中，内阁藏本《玉娇梨》的独特处，不仅在于具有其他版本所罕有的《玉娇梨叙》，而且同时有其他版本绝无仅有的《缘起》。"小说初刻，多有序跋，可借知成书年代及其撰人。而旧本希觏，仅获新书，贾人草率，于本文之外大率刊落，用以编录亦复依据寡薄，时虑讹谬。"① 鲁迅当时限于条件，未获见内阁藏本《玉娇梨》，更未见到带有《玉娇梨叙》或有《缘起》的本子。否则，他也就不会给柳无忌那样回信。② 正是由于内阁藏本首有他本没有的《玉娇梨叙》与《缘起》这种为鲁迅所重视的初刻之印迹，决定了内阁藏本的独特价值。这也是笔者考证此本刊刻时间的可信证据。

三、日本内阁文库藏本《玉娇梨》初刊时间考

前述细勘文本字词避讳发现的证据，笔者考证出内阁本的刊刻时间在顺

---

① 鲁迅《中国小说史略·后记》第245页，上海古籍出版社，1998年。
② 鲁迅《鲁迅文集·杂文集·集外集拾遗补编》。鲁迅在给柳无忌回信中谈到：《玉娇梨》所见的也是翻本，作者，著作年代，都无从查考。那时我想，倘能够得到一本明刻原本，那么，从板式，印章，序文等，或者能够推知著作年代和作者的真姓名罢，然而这希望至今没有达到。这表明鲁迅并未见到内阁本《玉娇梨》。这封回信虽然很短，但表达的心意却有多重，一方面表达了自己受条件限制，无从见到原刻本的无奈，及几年后仍不释怀的遗憾；另一方面也表达了借助此信并附来信在《语丝》的公开发表，希望能够借学界之力，找到答案的良苦用心。

治年间，且不会晚于顺治十五年（1658）。那么有没有其他线索，可以帮助我们在顺治元年至顺治十五年间，找到内阁藏本刊刻的具体时间。实际上，紧接《玉娇梨叙》之后的《缘起》，交代了此书刊行的始末，其中就蕴藏着本书刊行时间的重要信息。惜乎学界对内阁藏本刊刻时间的误断，对于此版本中的《玉娇梨叙》与《缘起》，没有予以应有的重视，也错失了发掘此版本刊刻时间的重要信息。《缘起》中对此书的刊刻时间虽无明确题署，但其中谈到本书来龙去脉时，"近缘兵火，岌岌乎灰烬之余，客惧不敢再秘，因得购而寿木"一句，却为我们推断《玉娇梨》一书的刊刻时间提供了重要线索。素政堂为苏州书坊，据明清史料，明清之际的兵火战乱，在顺治元年至顺治十五年间，当为甲申乙酉之变。鉴于甲申年李自成攻占北京的兵火，未延及到江浙一带之史实与事实，则对江南造成巨大屠毁破坏的兵火，无疑为乙酉年即顺治二年（1645）清军南下之役：自顺治二年正月起，清军一路南下攻占中原与江南。顺治二年五月南京陷落，福王被擒，弘光政权覆灭。清军随即占领常州、苏州、太仓、嘉兴等大片土地，这是江南兵火最为密集最为惨绝之时日。① 较之嘉定三屠，扬州十日，苏州城以钱谦益为首的士绅献降表归顺，苏州城遭受的屠戮暂无江浙其他地区惨烈。这与《缘起》中所言的"近缘兵火"相吻合，素政堂收购《玉娇梨》稿本当在此际。"近"字说明此书刊刻时间当在距乙酉之变即顺治二年不远。由《缘起》中的这些交代，再对照《玉娇梨叙》中"絃"字不避讳的事实，可知《玉娇梨叙》与《缘起》之间的相关性与一致性。

不仅如此，《玉娇梨叙》与《缘起》的呼应关系，在与《玉娇梨》正文的对照中，也显示出来。前面已考证《玉娇梨》正文的"玄"及以"玄"为构件字不避讳，与《玉娇梨叙》中"絃"不避讳互相呼应。《缘起》中所蕴含的刊刻时间，与正文中所考察的刊刻避讳，同样体现出高度的一致，如前所举。这环环相扣的统一与呼应，既足证本刻本所有他本少见的《玉娇梨叙》与本刻本所独有的《缘起》为初刊原有，非后来所加。也再次证明此本的刊刻时间不可能在康熙年间，而是在顺治年间，更准确一点说是在顺治初年。

综观内阁藏本《玉娇梨》所体现出来的种种特征，不仅使它摆脱了康熙

---

① 参见（清）蒋良骐撰《东华录》，中华书局，1980年。《明清史料汇编》，文海出版社印行。（清）留云居士排字本《明季稗史汇编》，民国二年上海中华图书馆铅印本。

间刊本的标签,而且它某些独特的特征,如《玉娇梨叙》与《缘起》,都带有原刊本的指征。不过由于《玉娇梨》版本众多,流传时间长,流布地域广,慎重起见,凭此定其为原刊本还需要与其他众多版本进行校对比勘后,方能定论。但至少内阁藏本作为《玉娇梨》众多版本中较早出现的重要版本,作为考证《玉娇梨》原刊本时的候选版本地位已经确立。

其实鲁迅先生早在《中国小说史略》中,就将《玉娇梨》《平山冷燕》列入"明之人情小说(下)"论述,表明他认为《玉娇梨》的产生年代为明代。[1] 鲁迅先生着眼于此书文稿产生时间,藉治文学史、小说史之功力,通识博览之造诣,做出这种判断,可谓高屋建瓴之识见。

结　　论

内阁藏本《玉娇梨》刊于顺治初年,著录为康熙刊本不正确。这一考证结果,呼应了鲁迅《中国小说史略》将其视为明代作品的判断。长期以来,由于对内阁藏本刊刻年代认定的不确,导致学界对内阁藏本版本的重要价值认识不足;而内阁藏本的不易见到,亦障碍了对这一版本的进一步挖掘考证。考证出内阁藏本为顺治初年刊本,而非康熙间刊本之后,内阁藏本的重要性在与其他版本的互校中体现得更加明显。较之其他版本,内阁藏本有叙有缘起也有绣像,在整体风貌上显得更加完整。这一考证结果,凸显出内阁藏本的重要版本价值与文献价值。确立了内阁藏本《玉娇梨》在《玉娇梨》版本系统中的重要地位,也为《玉娇梨》初刊本必在1658年前问世这一逻辑判断的确定性找到了实质性的物证。在探究《玉娇梨》的初刊本(原版本),解决这一自鲁迅写作《中国小说史略》以来就一直悬而未决的学术公案上迈出了关键性的一步,可谓意义重大。不仅如此,《玉娇梨》作为学界公认的才子佳人小说的开山之作,内阁藏本《玉娇梨》自身独特的甚至在很大程度上指向原刊本的版本特征,蕴含着更多不为学界所注意的重要信息。由于这涉及内容颇多,笔者已写专文予以考证,兹不赘述。

(梁苑　香港浸会大学孙少文伉俪人文中国研究所;
　　　徐宝锋　北京语言大学人文学院)

---

[1] 鲁迅《中国小说史略·后记》第132页,上海古籍出版社,1998年。

山崎闇斋《小学》三部曲刍议

——兼谈朱熹《小学》在日本的传播和接受

万丽莉

摘　要：《大和小学》《小学蒙养集》《文会笔录》卷一之《小学》可以称为山崎闇斋《小学》三部曲。三部曲成书年代不同，读者群体和创作意图亦有较大差异。通过对三部曲进行解读，以期更好地理解闇斋学并把握朱熹《小学》在日本的传播和接受实态。

关键词：山崎闇斋　《小学》三部曲　朱熹《小学》　日本传播和接受

山崎闇斋《小学》三部曲分别是《大和小学》（1658 年）、《小学蒙养集》（1669 年）和《文会笔录》卷一之《小学》（1683 年）。《大和小学》读者群体面向妇女童蒙，《小学蒙养集》则是"以资学者之讲习"，《文会笔录》卷一之《小学》是闇斋晚年儒学集大成的主要内容之一。山崎闇斋通过其三部曲的编撰实践了朱熹《小学》"授之童蒙，资其讲习"的初衷。

目前关于《大和小学》的先行研究比较全面，其中，日韩学者主要有小林健三[①]、市来津由言[②]、细谷惠志[③]、村野豪[④]、朴鸿圭[⑤]等；中国学者有朱谦之[⑥]、

[①]　[日] 小林健三『垂加神道の研究』第 604 頁、東京：至文堂、1940 年。
[②]　[日] 市来津由彦「山崎闇斎『大和小学』考：中国新儒教の日本的展開管見」、『国際文化研究科論集』巻 1、1994 年。
[③]　[日] 細谷惠志「山崎闇斎の朱子学的教育思想と『大和小学』研究序説」、『総合文化研究＝Trans-cultural studies：了徳寺大学附属総合文化研究所紀要（2）』、2013 年。
[④]　[日] 村野豪『日本イデオロギーの完成：山崎闇斎』第 224—227 頁、出版樹々、2001 年。
[⑤]　[日] 朴鴻圭『山崎闇斎の政治理念』第 29 頁、東京：東京大学出版会、2002 年。
[⑥]　朱谦之《日本的朱子学》第 308—310 页，人民出版社，2000 年。

山崎闇斋《小学》三部曲刍议

王维先①等；而关于山崎闇斋《小学蒙养集》的先行研究则很少，就笔者所知仅泽井启一在《山崎闇斋 天人唯一之妙 神明不思议之道》一书中对《小学蒙养集》有简要分析。《小学蒙养集》主要是将《朱子语类》《朱子文集》中《小学》相关内容进行重组再编，其"述而不作"给文本分析增加了难度。但得益于《小学蒙养集》在体例上和朱熹《小学》基本类似，并且序文和跋文中对编纂经纬也有直接的描述，这又使《小学蒙养集》的文本分析具有了可行性。涉及《文会笔录》卷一之《小学》研究的学者有田尻祐一郎和前田勉，二人合著有《山崎闇斋〈文会笔录〉卷一〈小学〉释稿》②共四篇，是东北大学《文会笔录》读书会多名学者数年轮读的结晶，研究已非常深入。

根据新井白石《退私录》中的相关记载，朱熹《小学》完整本最早藏于金泽文库③，是北条显时"文永七（1270）年7月24日为京兆女房七七守夜之时于旅亭中抄写"。④但镰仓时代之后《小学》在日本的传播情况尚不明确，直到江户时代得益于南学派小仓三省和野中兼山的重视，《小学》再次受到关注。⑤大高坂芝山《南学传》序中记载："南学未咸熙，列国儒生，唯知读四书，而不知先读小学立之础礎。唯知有六经，而不知有近思录为之阶梯。"⑥小仓三省"暇日设讲筵集士类，习惯小学四书近思录，究五经，研易通书启蒙，广阅三传三史通鉴纲目大学衍义十七史等，又观程朱张邵之书，丧祭据文公家礼之仪"。⑦野中兼山"每政事间暇，招书生而讲习小学四书近思录，读五经。既迄春秋。喜看通鉴纲目。见解莹彻，说得精神，听者心了如声"。⑧小仓三

---

① 王维先《日本垂加神道哲学思想研究》第35、36页，山东人民出版社，2004年。
② ［日］田尻祐一郎、前田勉「山崎闇斎『文会筆録』卷一「小学」釈稿（一）」、『季刊日本思想史』（17）、1981年第7号。［日］田尻祐一郎、前田勉「山崎闇斎『文会筆録』卷一「小学」釈稿（二）」、『季刊日本思想史』（18）、1982年第3号。［日］田尻祐一郎、前田勉「山崎闇斎『文会筆録』卷一「小学」釈稿（三）」、『季刊日本思想史』（19）、1983年第1号。［日］田尻祐一郎、前田勉「山崎闇斎『文会筆録』卷一「小学」釈稿（四）」、『季刊日本思想史』（20）、1983年第3号。
③ ［日］『新井白石全集』第5卷第604頁、東京：吉川半七、1906年。
④ ［日］関靖『金沢文庫古書目録』第66頁、東京：巌松堂書店、1939年。
⑤ ［日］宇野精一『新釈漢文大系第3卷 小学』第4頁、東京：明治書院、1967年。
⑥ ［日］関儀一郎『近世儒家史料』中冊「南学伝」序第1頁、東京：井田書店、1943年。
⑦ ［日］関儀一郎『近世儒家史料』中冊「南学伝」内集後篇「三省伝」第9頁。
⑧ ［日］関儀一郎『近世儒家史料』中冊「南学伝」内集後篇「兼山伝」第11頁。

省、野中兼山等儒者秉承朱熹以《小学》为儒学入门书的宗旨，为南学派的讲学顺序奠定了基调。

山崎闇斋在土佐吸江寺修行期间，与小仓三省、野中兼山交好，并参与了《小学》的注解工作。"（宽永）十六年己卯，二十二岁，在土佐作三教一致论。当时僻境乏书籍，人或得《大学或问》而读之。知有《小学》之书，求诸三都及长崎不得，后得之大津。野中兼山等大喜，使先生作解。先生既起稿，比至明伦，偶得句读本于对马岛。乃焚其稿。"① 这是山崎闇斋最早与《小学》的结缘。闇斋三十八岁开讲筵，依然遵循从《小学》开始的讲学顺序。经过常年儒学研习，山崎闇斋进一步加深了对《小学》的理解并创作出《小学》三部曲。

基于此，笔者对山崎闇斋《小学》三部曲进行整体解读，一方面意在理清山崎闇斋以《小学》为媒介的儒学思想进程；另一方面可以理解山崎闇斋作为南学派重要继承人，对朱熹《小学》在日本的传播和接受所起到的推动与媒介作用。

一、初级版：《大和小学》

《大和小学》成书于万治元年（1658），是山崎闇斋 41 岁东游江户时所作。《大和小学》序中对其写作背景及其目的有所概括：

> 世人游戏，去而不知归路，或缘于《源氏物语》《伊势物语》吧！据传是乃劝诫男女所作，但以游戏方式劝诫，则多显奇怪。清原宣贤曾言《伊势物语》虽记录好色之事，但既含礼，又含义。孔孟、业平（指在原业平，译者按），若交换地域的话，亦不会斥责吧。这般彼我之事，不分出个好坏来，未免太遗憾。戊戌年，东游。加藤美作守泰义对物语（指《源氏物语》《伊势物语》，译者按）有所微词。（暗斋）笑曰："所幸已成遗笔，《小学》才是为人之道，仅男性想读耶？不识真名（指汉字，译者按）之女性亦想读，遂以柔和假名著之。"

---

① ［日］日本古典学会『新編山崎闇斎全集』第四卷、付録「山崎闇斎先生年譜」第 388—389 頁、東京：ぺりかん社、1988 年。

山崎闇斋首先对武家女子教育多采用《源氏物语》和《伊势物语》进行批判，并在加藤美作守泰义的建议下仿照朱熹《小学》来编撰适合当时女子教育的读物。但并未严格区分内外篇，而是单纯分为立教、明伦、敬身三章，加入日本、朝鲜、中国的事例进行叙述。

　　其中，《立教》篇包括10条，主要涉及胎教、乳母选择、幼儿教育，另点明小学学习"孝悌之道"，大学学习"修身治人之道"的区别以及儒学传入日本之后的发展过程，并在最后一条展开对佛教的批判。《明伦》篇共116条，所占篇幅最大，分别按照"父子、君臣、夫妇、兄弟、朋友"之五伦进行叙述。尤其第70至第99条叙述夫妇之道，仿照儒教"五不娶、七出、三不出"等内容，规定了女子日常行为规范。《敬身》篇共65条，前39条以"敬身"为主要内容，引用朱子《敬斋箴》进行说明。基于"大和"式《小学》的定位，后26条加入了《日本书纪》《神皇正统记》《神道五部书》等神道相关内容，引用天照大神将三种神器传于皇孙琼琼杵尊之记载，强调了日本"万世一系"的神国观念以及忠孝观念。

　　山崎闇斋25岁脱佛归儒，38岁作为儒者自立，开始讲授以《小学》为基础的儒家经典。40岁拜谒藤森神社，表达了对《日本书纪》及创作者舍人亲王的尊崇之情。因此，闇斋41岁所作《大和小学》中涵盖了他排佛尊儒崇神的基本态度，也是闇斋学从"知"到"行"的一个重要实践。

　　《大和小学》作为江户时代初期的妇女童蒙教育读物，一般收录于江户时代的"往来物"中，且受众较广。稻生恒轩在其《螽斯草》中曾强调了《大和小学》关于胎教及幼儿教育的重要性。① 除此之外，《大和小学》还包含了日本的教训故事、忠言、武家殉死等内容以及神道相关知识，是目前所见朱熹《小学》日本化的最初成果。

二、进阶版：《小学蒙养集》

　　山崎闇斋认为其所处的时代是"圣没教废，蒙养不正，衰世之间"②，遂

---

① ［日］同文館編輯局『日本教育文庫　衞生及遊戲篇』第50頁、東京：同文館、1911年。
② ［日］日本古典学会『新編山崎闇斎全集』第三巻、『小学蒙養集序』第2頁、東京：ぺりかん社、1978年。

将《朱子语类》《朱子文集》中的相关内容进行重组再编，编成《小学蒙养集》，以供学者作为讲习教材进行基础教育。书名取自"易曰蒙以养正，圣功也"。① 其内容共计257条，其中196条出自《朱子语类》，61条出自《朱子文集》。全书分为三卷，前两卷体例与朱熹《小学》内外篇相一致，第三卷特地增加了对"敬"的讨论。卷一包括序（6条）、立教（24条）、明伦（18条）、敬身（9条）、稽古（6条）；卷二包括嘉言（68条）、善行（34条）；卷三内容是敬（92条）。山崎闇斋为何花大笔墨着重对卷三"敬"展开讨论，答案或可从《蒙养启发集》序中找到：

> 子程子得不传之学于遗经，拈出敬字以补小学之阙，明大学之道矣。朱先生接其传而著小学之书，解大学之书矣。夫圣人之教有小大之序，而一以贯之者，敬也。小学之敬身，大学之敬止，可以见焉。盖小大之教皆所以明五伦，而五伦则具于一身。是故小学以敬身为要，大学以修身为本。君子修己以敬而止于亲义别序信，则天下之能事毕矣。是先生平日答问说著丁宁亲切之训也。嘉窃抄誊其言，缮写其语，为蒙养启发之二集，以助学者之讲习云尔。②

山崎闇斋认为"圣人之教有小大之序，而一以贯之者，敬也"，并且"小学以敬身为要"，因此着墨于第三卷"敬"的解说。而且该阶段山崎闇斋追随吉川惟足学习神道，对儒学视角下"敬"的概念也有了更深的理解。

与以藤原惺窝、林罗山、山鹿素行为代表的儒学者引用明代《性理大全》《四书蒙引》等来解读朱子学所不同的是，山崎闇斋以朱熹原典《朱子语类》《朱子文集》为依据来把握高纯度的朱子学。《山崎闇斋先生年谱》："先生教弟子治经，专用力于正文朱注之间，而不注目于元明诸儒之末疏。"③ 同样，《小学蒙养集》的编纂也体现了山崎闇斋忠实于朱熹原典的精神：

> 夏五月《小学蒙养集》《大学启发集》成，当时读小学书者，大率

---

① ［日］日本古典学会『新編山崎闇斎全集』第三卷、『小学蒙養集序』第2頁。
② ［日］日本古典学会『新編山崎闇斎全集』第三卷、『蒙養啓発集序』第1頁。
③ ［日］日本古典学会『新編山崎闇斎全集』第四卷、『闇斎先生年譜』第417—418頁、東京：ぺりかん社、1978年。

皆依陈选句读，先生独不取之，以为其说已失朱子编辑之旨，且删本注而乱成书，无忌惮之甚，因就集成中，取正文及本注，校正以授学者，曰：此书只以朱子旧本读之足矣，诸家注解勿用也。又编此二书，以资学者之讲习。①

山崎闇斋认为当时的《小学》注释书肆意删减本注，"已失朱子编辑之旨"。闇斋提倡《小学》"只以朱子旧本读之足矣"，"诸家注解勿用也"。并在此基础上编成《小学蒙养集》，"以资学者之讲习"。

《小学蒙养集》是山崎闇斋选取《朱子语类》《朱子文集》中关于小学的部分内容，遵从"述而不作"的理念，在不对中国朱子学内容进行变更的前提下，结合日本的情况将其重组再编而成。看似述而不作，实则有所表达。从中可见山崎闇斋对《朱子语类》和《朱子文集》文本熟识度之高，理解之深以及运用之娴熟，可以说《小学蒙养集》是中国朱子学向日本朱子学演变过程中的杰作。《小学蒙养集》"以资学者之讲习"为目的，专业性较强，对讲习者的朱子学修养要求亦较高，因此与《大和小学》相比，其受众较小。

三、高阶版：《文会笔录》卷一之《小学》

山崎闇斋晚年所做的《文会笔录》卷一之《小学》是三部曲的高阶版。闇斋以朱熹《小学》为底本，结合当时民间流行的多个版本，补充解释了其中的差异，以便引导当时学者正确把握朱熹《小学》的原意。

《文会笔录》卷一之《小学》共69条，前3条对《小学》诸多版本的解说书、《小学》序做了说明，点明了教《小学》应以朱熹旧本为准的原则。第4至第6条围绕朱熹《小学》"立教"中的条目做出补充解释。第7至第15条则对"明伦"，尤其占用5条的篇幅对朱熹《小学》"明夫妻之别"第八条中的"五不取"和"七去"作了解释。第15条中指出《小学》"明伦"包括"明父子之亲""明君臣之义""明夫妇之别""明长幼之序""明朋友之交""通论"六节。除"朋友"之外，"父子、君臣、夫妇、长幼"皆依据《孟子》，配以"亲、义、别、序"，但唯独"朋友"未使用"信"，而依据

---

① ［日］日本古典学会『新编山崎闇斋全集』第四卷、『闇斋先生年谱』第403—404页。

《中庸》使用"交"。第 16 至第 19 条是对"敬身"的补充解释，主要对《文公家礼》中的冠礼做出了说明。第 20 至第 24 条对"稽古"中相关条目作了补充说明。

第 25 至第 58 条，第 59 至第 68 条分别为外篇"嘉言""善行"做出了补充解释。其中"嘉言"部分第 34 至第 39 条围绕"天堂、地狱"，引用詹陵的《异端辨正》等书籍中关于批佛的言论来表明闇斋自身对佛教的态度。此外第 50 至 58 条引用《二程全书》中程明道批判佛教之语，同时用《朱子文集》中"先生举明道辟异端之说于小学近思以示之"，肯定了《小学》辟异端佛教的立场。

关于教授《小学》应该选择朱熹《小学》旧本的立场，山崎闇斋在《小学蒙养集》中已有明确表示。晚年在《文会笔录》卷一之《小学》开篇里又重申这一原则，提道：

> 小学只以朱氏旧本读之足焉，诸家注解勿用也。诸家彼善于此，则有之句读是也。然其除本注莫忌惮之甚矣。嘉言曰：如俗说便晓此道理，教《小学》者如此而可也。诸家不得此意，故于题辞之初，收文言之本义于立教之初，入《中庸》之章句，小子岂晓之哉。吴氏于子夏条取《论语》圈外之说，熊氏蹈袭吴才老议公明宣，不知蒐辑之意也远矣。①

江户时代初期《小学》的注解版本众多，包含了吴讷《小学集解》，程愈《小学集说》，陈选《小学句读》，何士信《小学集成》，王云凤《小学章句》，高愈《小学纂注》等。闇斋建议"诸家注解勿用"，并以《小学集解》为例，指明其中立教篇"子夏曰贤贤易色"条，加入了朱熹本注之外的圈外之说，对理解朱熹的原意带来障碍。

山崎闇斋对当时通行的解说版本都有过目，挑出其中差异较大的地方在《文会笔录》卷一《小学》中做了总结。关于这一点，内藤湖南在《先哲的学问》中指出，山崎闇斋采用校勘学的方法对朱子学进行对比研究，同样也

---

① ［日］日本古典学会『新編山崎闇斎全集』第一卷、『文会筆録』第 91 頁、東京：ぺりかん社、1978 年。

将此方法应用于《小学》研究，对《小学》各版本进行比较，对不恰当之处进行增补作注，提出朱子学研究必须以朱熹原本为依据的原则。① 比如对第33条"天堂、地狱"中，山崎闇斋认为关于地狱十王的说法，吴讷《小学集解》的注释过于繁复，陈选的《小学集注》相对更好。甚至还注意到陈选《小学句读》在解说时关键字节的缺失，可见闇斋《小学》研究的细致程度。除上述对《小学》内容的解说之外，闇斋还对儒学习得过程中遇到的语法问题做出提示，比如《文会笔录》卷一之《小学》第45条对"不知道"中"道"作为助词的解释。并且全文还涉及《论语》《中庸》《正蒙》《近思录》《二程全书》以及《淮南子》《前汉·地理志》《史记》《异端辨正》《祖庭事苑》等古典文献的考证，将整个儒学体系以及史学古典融会贯通，这也是闇斋晚年思想集大成最直接和最重要的体现。

结　语

通过上述对山崎闇斋《小学》三部曲内容的全面了解，试将其特征总结为如下三点：

第一，受众的专业化倾向。《大和小学》主要围绕胎教、乳母选择标准、幼儿修身教育展开，同时涉及儒教"五伦"等修身教育，内容通俗易懂，其性质是江户时代初期的教训读物，所面向的群体亦是妇女童蒙等一般民众；《小学蒙养集》将《朱子语类》和《朱子文集》内容进行汇编，目的是"以资学者之讲习"，专业性亦随之增强；《文会笔录》作为山崎闇斋晚年儒学集大成，将《小学》作为开篇之作，遵循了儒学讲学自《小学》《近思录》《四书》到《六经》"周程邵张朱"之书的顺序。读者依然面向教授《小学》者，并坚持《小学》版本以朱熹旧本为准的原则，不建议使用有诸家注解的版本。除将朱熹《小学》本注和通行的其他版本进行对照之外，还加入了儒学原典以及史学、佛学相关著作的内容。三部曲逐渐呈现出受众群体专业化的倾向。

第二，儒学内容的细化。山崎闇斋在《大和小学》中提到儒学的部分主要集中于"明伦"篇，结合日本实际情况，对"君臣、父子、夫妇"进行解说，同时关于"兄弟、朋友"的篇幅相对较少；《小学蒙养集》将《朱子语

---

① ［日］内藤湖南『先哲の学問』第11-16頁、東京：弘文堂、1946年。

类》《朱子文集》中关于《小学》的部分按照内外篇进行重编,并在卷三加入了"敬"的内容。因此要求读者群体需要熟练把握和理解《语类》和《文集》后,才能理解闇斋进行重编的思路。共计257条,所收录的儒学内容更加细化;而《文会笔录》卷一之《小学》因对江户时代初期《小学》的众多注释本进行对比解说,内容具体,尤其在最后加入了《文公家礼》中的冠礼、葬祭等细节。三部曲中所包含的儒学内容亦呈现出逐步细化的趋势。

第三,闇斋学的深化。山崎闇斋继承南学遗志,将以《小学》为基础的讲学理念贯彻到其终生讲学实践中,可见土佐的南学经历对闇斋影响之大。《山崎闇斋先生年谱》中亦提道:"吾窃志于小学,读书题而知无古今之异者,不可不行。然而行之,则未能也。非知之难,行之惟难。小子须以我为戒。"[1] 从中不难看出《小学》在闇斋学形成过程中影响之深远,闇斋通过《小学》的研习,逐渐走向对朱子学宗教式的热忱。他于41岁东游江户时所做的《大和小学》,是脱佛转儒、专攻朱子学后经年悟道体验的告白。该阶段下的闇斋学尚停留在初期阶段,包含了对佛教"寂灭"的批判,对儒教在日本兴衰的感慨以及对神道的初心;《小学蒙养集》成书于山崎闇斋52岁之时,期间任保科正之宾师,为其讲授儒学,教学相长,进一步加深了对《小学》的理解。《小学蒙养集》内容全部辑自《朱子语类》《朱子文集》,可以看作是山崎闇斋"述而不作"理念下的重新"创作",其对朱熹文本的熟悉程度之高令人赞叹,可以说是闇斋学发展过程中的第二高峰;《文会笔录》卷一之《小学》系统比较了江户时代《小学》注解的众多版本,可谓《小学》研究的集大成著作。其中包含了对儒学本质以及五伦要义的详细解说,亦在其中信手加入其对儒学以及史学古典的理解,是山崎闇斋晚年整个儒学研究阶段的巅峰。因此《小学》三部曲的创作过程亦是闇斋学逐步深化的过程。

幕末藩校的《小学》教材特别指定使用山崎闇斋的点校本,可知山崎闇斋所点校的《小学》在藩校教育中受到极大认可。另根据石川谦《日本学校史的研究》中的统计可以得知,幕末藩校教育中闇斋学派学者所占比例仅次于以林门派、京学派为代表的朱子学派,位居第二。这不仅反映了幕末教育中的朱子学教育本位主义,还可看出闇斋学派受到极高重视。[2] 这也正是缘于

---

[1] [日]日本古典学会『新編山崎闇斎全集』第四卷、付録「山崎闇斎先生年譜」第416頁。
[2] [日]石川謙『日本学校史の研究』第196、252頁、小学館、1960年。

闇斋学派的教学内容以《小学》等儒家经典为依据，以"洒扫应对进退之节"修身教育和"礼乐射御书数之文"知识教育以及"五伦"伦理教育为中心，符合幕末藩校教育要求。山崎闇斋的"述而不作"在中国朱子学向日本朱子学演变过程中是一个特异的存在，但正是这种对朱子学的严苛态度使得山崎闇斋学派逐渐得到认可。山崎闇斋《小学》三部曲的读者包含妇女童蒙等普通民众以及讲授儒家经典的学者，以此为媒介才使得《小学》在日本得以广泛传播。山崎闇斋作为南学派的继承者，秉承以《小学》作为儒学研究之基的理念，对《小学》在日本的传播和接受发挥了积极的向导作用。

(万丽莉　南开大学日本研究院博士研究生)

《蒙求》在明治时期汉文教科书中的传播与影响

——以《明治汉文教科书集成》为例

刘雨珍 钟薇芳

摘　要：考察日本明治汉文教科书中《蒙求》的传播方式和影响效果，可以发现中日学习者的不同之处：中国学习者主要背诵简短的正文韵句，而日本学习者研读长段注释文，培养阅读能力，掌握写作方法；《小学汉文读本：中等科》接受了《蒙求》正文的语言组织形式，将古人事迹编成四字短句，用于汉文教科书的编纂；入选明治教科书的典故属性相对集中，多具有劝学、忠孝、友爱、信义等德育意义。明治汉文教科书中体现的《蒙求》要素，兼具实用性和教化意义的特点。由此可见，日本明治时期的汉文教育虽具有重视实用技能培养的近代化特征，但终不离教化"皇国臣民"的根本目的。

关键词：《蒙求》　明治　汉文教科书

《蒙求》在我国仅属蒙书范畴，但"传入日本之后，受到文学家罕见的重视，几可说是被推上准经典的地位"[1]。王晓平曾从5个方面对日本学者早川光三郎提出的"《蒙求》力"概念进行论证，指出"像《蒙求》这样的书籍，在两国教育文化发展中起到的历史作用，反映出的文化差异，颇值得重新审视"[2]。

明治维新伊始，新政府便将教育定位为国家的大本大略，视为"皇国前

---

[1] 王晓平《〈蒙求〉力〉广论》第264—265页，载《东亚文明：共振与更生》，复旦大学出版社，2013年。

[2] 《"〈蒙求〉力"广论》第264页。

途之根本"①。为了配合近代学校教育，日本的汉文教育者编写了许多汉文教科书，其在形态经历了由"全本"转向"杂纂体"的过程②。调查、研究保存下来的"杂纂体"教科书的选材，可以反推明治时期汉文教育实态和历史作用。笔者将本文考察的对象范围限定在《明治汉文教科书集成》③收录的教科书之内，在第一批付梓的7卷本所收26种教科书之中，有5种教科书的14篇课文及练习明确标记引自《蒙求》，具体分布为载于第1卷的《小学文范》〔龟谷省轩编，风光社明治十（1877）年〕2篇、第3卷《新撰汉文读本》〔中根淑编，金港堂明治二十四（1891）年〕3篇、第6卷《初等汉文读本》〔简野道明编，内外出版社明治三十二（1899）年〕4篇、同卷《高等汉文女子读本》〔简野道明编，明治书院明治三十二（1899）年〕2篇、第7卷《新编汉文教科书》〔简野道明、国语汉文研究会编，明治书院明治三十八（1905）年〕中的练习3篇。

一、汉文教科书课文标题与《蒙求》正文的关系

入选汉文教科书的《蒙求》典故，有的直接以《蒙求》正文作课文标题，也有的改作他题。现将明记出典于《蒙求》的5种教科书的课文及练习的标题与《蒙求》正文的四字韵句典故相对比，整理成表1：

表1　汉文教科书课文标题与《蒙求》正文对应关系

《蒙求》正文	教科书课文标题				
	《小学文范》	《新撰汉文读本》	《初等汉文读本》	《高等汉文女子读本》	《新编汉文教科书》
匡衡凿壁	○纪匡衡事	○匡衡			
子路负米			○		

---

① 臧佩红著《日本近现代教育史》第7页，世界知识出版社，2007年。
② 石毛慎一『日本近代漢文教育の系譜』第15頁，藤澤：湘南社，2009年。根据石毛慎一的解释，所谓"全本"即将汉籍全文原封不动地作为教科书使用，而"杂纂体"即从多部汉籍中各选取一部分，组成一册。
③ 加藤国安解説『明治漢文教科書集成』1—7卷，東京：不二出版，2013年。

续表

《蒙求》正文	教科书课文标题				
	《小学文范》	《新撰汉文读本》	《初等汉文读本》	《高等汉文女子读本》	《新编汉文教科书》
陵母伏剑				○	
震畏四知			○杨震四知		○（练习）
孙康映雪		○孙康	○		
车胤聚萤		○车胤			
闵损衣单				○	○闵损至孝（练习）
季札挂剑					○（练习）
孔融让果	○纪孔融事				

　　表中"○"表示教科书引用了《蒙求》中相应的典故，"○"后所记文字表示教科书中使用的标题，未记则表示标题直接援用《蒙求》正文。通过上表可以发现，直接采用《蒙求》正文作标题的课文与改作他题者各有7篇。

　　《小学文范》将选入的2篇题目统改为"纪某某人事"，是出于"文范"即写作教材性质的需要，旨在通过选自《蒙求》的两篇课文，使学习者了解纪事类文章的写作技法；《新撰汉文读本》将选入的3篇题目保留人名，去掉正文中原有的"凿壁""映雪""聚萤"这些具体行为。

　　《初等汉文读本》采用《蒙求》中典故4篇，其中3篇保留了《蒙求》正文，1篇改"震畏四知"为"杨震四知"。由于《蒙求》中另有"杨震关西"一句，典故主人公相同，原正文使用"震畏"也避免了与"杨震关西"的重复。《初等汉文读本》改变了前两字，而《新编汉文教科书》直接沿用"震畏四知"，却改"闵损衣单"为"闵损至孝"，改变了《蒙求》正文的后两字，继而从标题上便明确了闵损"至孝"的道德属性。

　　李华《蒙求序》言：

　　　　安平李瀚著《蒙求》一篇，列古人言行美恶，参之声律，以授幼童，随而释之。

虽然李瀚编《蒙求》正文之后，也自己进行了注释，而其教授自家孩童背诵的仅是四字短句的韵文部分，由此便可确定记诵四字典故是学习《蒙求》最初的形式。《全唐诗》中收录的也仅是《蒙求》的韵文正文①。翻开现今我国出版的各本《蒙求》排印版亦可发现，相同的只有四字韵句部分，而注释则由不同注释者给出不同的注释，更可说明于我国《蒙求》的韵文部分才是长久以来学习的中心内容。然而，从上述汉文教科书课文标题对《蒙求》四字韵句典故的删改可以发现，我们所谓的"正文"在日本的汉文学习者那里并非中心内容。相较课文标题对《蒙求》正文的改动，课文或练习的内容除《小学文范》以外，其他4部教科书的课文或练习部分均对与正文相对应的注释文做了比较完整的保留。

二、4种教材的课文、练习与《蒙求》补注文的关系

《新编汉文教科书》编者简野道明将典故《闵损衣单》更名为《闵损至孝》，与《震畏四知》（图2）和《季札挂剑》一同列于练习之中，而在同由简野明道编写的《初等汉文读本》和《高等汉文女子读本》中，则分别将《杨震四知》（图1）和"闵损衣单"列为普通课文。笔者观察发现，本次考察范围内的6种教科书的绝大部分课文标注了训读记号"返点"和"送假名"。教科书《小学文范》将汉文改写为训读文体，直接以普通的汉字假名混合文形式呈现给学习者，这与教授对象为小学生有关。而唯一未明示所引《蒙求》训读方法的，是由简野道明编写的《新编汉文教科书》中的3篇练习。

因此，练习与正式课文的区别无关选材，而在于有否标记训读符号。练习使用的文章是没有标记"返点"和"送假名"的"白文"，所以做练习的第一件事便是由学习者自己标训读记号。这是一项综合的测试，通过标记"返点"分析句子结构，通过补充送假名字的搞清汉字读音及词的变形，进而读通全局，理解全文内容。而通过练习所检测的，便是学习者是否已具备独立分析、读解汉文的能力。

---

① 收入《全唐诗》卷881。另：《全唐诗》录《蒙求》，记作者李瀚为唐末五代人，有误。

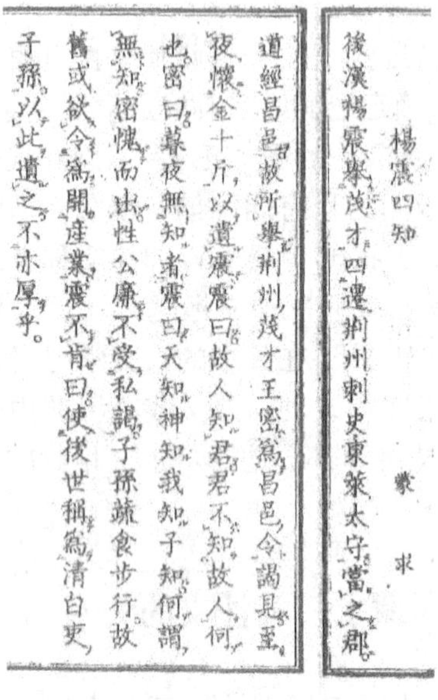
楊震四知　蒙求

後漢楊震舉茂才，四遷荊州刺史東萊太守。當之郡，道經昌邑，故所舉荊州茂才王密為昌邑令，謁見，至夜懷金十斤，以遺震。震曰：故人知君，君不知故人，何也。密曰：暮夜無知者。震曰：天知神知我知子知，何謂無知。密愧而出。性公廉，不受私謁。子孫蔬食步行。故舊或欲令為開產業，震不肯，曰：使後世稱為清白吏子孫，以此遺之，不亦厚乎。

图 1　《初等汉文读本》课文《杨震四知》①

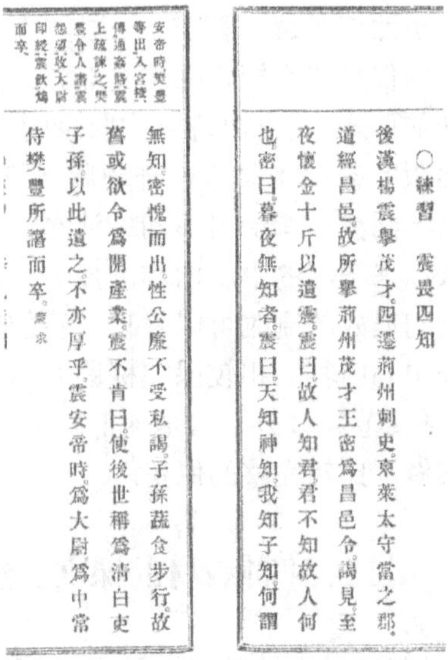
○練習　震畏四知

後漢楊震舉茂才。四遷荊州刺史。東萊太守當之郡。道經昌邑。故所舉荊州茂才王密為昌邑令。謁見。至夜懷金十斤以遺震。震曰。故人知君。君不知故人何也。密曰。暮夜無知者。震曰。天知神知我知子知。何謂無知。密愧而出。性公廉。不受私謁。子孫蔬食步行。故舊或欲令為開產業。震不肯。曰。使後世稱為清白吏子孫。以此遺之。不亦厚乎。震安帝時為大尉。為中常侍樊豐所譖而卒。蒙求

图 2　《新编汉文教科书》练习《震畏四知》②

此外，《新撰汉文读本》中有一课题曰《蒙求三则》。其仅有长段课文，没有标题，而标记作者为“李瀚”，此为大大的失误。事实上，《蒙求》四字正文为唐代李瀚所作，而汉文教材中出现的课文内容，则是江户汉学者冈白驹笺注、校订过的宋代徐子光补注文。李瀚曾自注《蒙求》③，然而徐子光表

① 『明治漢文教科書集成』第 6 卷第 42 頁。

② 『明治漢文教科書集成』第 7 卷第 112 頁。

③ 该类注释本现仍有敦煌残本（敦研 095 号）和日抄本（台北故宫博物院藏本）存世。敦研 095 号题为《李翰自注〈蒙求〉》，内容包括《荐〈蒙求〉表》《蒙求序》以及从典故“王戎简要，裴楷清通”至“鸣鹤日下，士龙云间”的正文及注释（收入：段文杰主编《甘肃藏敦煌文献》第一卷第 100—103 页，甘肃人民出版社，1999 年）；日抄本现存有上卷，藏于台北故宫博物院，内容包括《荐〈蒙求〉表》《蒙求本序》以及从典故“王戎简要，裴楷清通”至“周公握发，蔡邕倒屣”的正文及注释，《蒙求古注集成》上卷影印了该卷（收入：池田利夫编『蒙求古注集成』上卷第 3—162 頁，東京：汲古書院，1988 年）。杨守敬《日本访书志》卷十一中也曾提及该抄本。

示，宋代之前的注本"鲜究本根，类多舛讹"①，于是对《蒙求》进行了补注。补注本传入日本之后反响很大，盛传至今。早川光三郎也曾提到，在日本"已经到了谈《蒙求》必谈徐注，谈徐注必谈《蒙求》的地步，甚至往往相信《蒙求》等同于徐注"②。明和四（1767）年初版的冈白驹《笺注蒙求》对补注文进行了校订，又由于其对补注文中的难解词句进行了简明的笺注，成为最为瞩目的《补注蒙求》版本。明治书院出版的"新释汉文大系"系列丛书中收录的早川光三郎校注本《蒙求》亦以其为底本，称它是最能代表江户至明治时代的《蒙求》文本③。

明治汉文教科书所引《蒙求》典故出自补注本无可厚非，但《新撰汉文读本》的"蒙求三则"部分，仅有长段课文，也就是补注，并没有李瀚编写的《蒙求》正文。不如仿效其他教科书，只记出典于《蒙求》即可。李瀚《蒙求》传至当时，仍具有影响力的仅仅是四字正文而已。

三、《小学文范》中取材于《蒙求》的两篇课文

（一）《小学文范》例言

《小学文范》是虽未言明"汉文"教科书身份，但入选课文均为汉文。"文范"即写作教材，对因何选择汉文作范文例言回答称：

> 今所谓片假名文，其源出于汉文。故不得不求法于汉文。④

当时日本所使用的"片假名文"，本就起源于汉文，所以必须从汉文中学习作文之法，包括字法、句法、章法、篇法，还有抑扬顿挫、起伏开合等。

《小学文范》兼具"文范"和"读本"两种性质，入选的课文也便具有双重特点：从写作技巧角度而言，是适合初学者临摹的范文；从故事内容而言，对学习者的思想成长有所助益。至于何谓适合初学者临摹的范文，例言

---

① 引自《蒙求》补注本《子光序》。载：早川光三郎『蒙求』上卷第143頁，東京：明治書院，1973年。
② 『蒙求』上卷第61頁。原文为日文，笔者译。
③ 『蒙求』上卷第17頁。
④ 原文为汉文训读体，笔者还原成汉文，后同。

中也给出了解释：

> 明段落，文法之紧要也……一篇中有大段，大段中有小节，而小节、大段皆有结句，犹如竹之有节，每节必有收束。本邦之文易失收束，故学文者均须注意结句。批点尤当注意之句，以示初学。①

教科书编者认为段落分明在写作中最为紧要，也就是文章的结构安排先于词句的选择，故将"段落"作为《小学文范》这部面向初学者的写作教科书的重点。且一篇文章中有大段，大段又可以分为小节，无论是小节还是大段都要有结束句。还特别提醒初学者注意，日本的文章容易忽略的结束句。这里的结束句并不仅仅是故事的结尾，更多地指的是对故事进行的总结，明确故事所带给读者的启示。为了突出如何安排好"段落"，如何巧妙实践这一写作技法，编者也对选文进行了一定的加工。

（二）《小学文范》对《蒙求》的加工

《小学文范》中两篇课文标注出处为《蒙求》，分别题为《纪匡衡事》《纪孔融事》，对应"匡衡凿壁""孔融让果"两则典故。

对这两则典故的加工不仅体现于改变标题上，课文也不例外。以《纪匡衡事》为例：

> 前汉匡衡，世农夫，至衡好学。（第一节 好学，一篇之眼目）
>
> 衡，家贫无烛，乃穿其壁，引邻舍灯光，读书。（第二节 叙穿壁读书 此为前段，凡二节）
>
> 邑之大姓，文不识，家富书多有名，衡，乃为其客作，不求偿，愿得书遍读之，主任感叹，资给以书。（第一节 叙客作读书）
>
> 遂成大学，登显官。（第二节 叙困学之结果，遂得荣华，显官之字，与首之农家反照。）

首先有省略：上文略去了补注开篇概述匡衡身世的部分，以及标明"凿壁"出处的"《西京杂记》曰"，且由于已述"无烛""穿壁"，便略去了邻

---

① 『明治漢文教科書集成』第 1 卷第 2 頁。

家有烛的相关叙述。然后是给文章划分层次：删减后的文章被分为前后两段，每段又划为一、二两节。后又在每个层次末尾添加批语：或从内容上进行总结（如"好学""叙穿壁读书事""叙困学之结果，遂得荣华"），或从功能和写作技巧上进行点评（如"眼目""反照"，对文章结构进行了基本的分析），对文章写作初学者起了必要的指导作用。

《纪孔融事》对应典故"孔融让果"。与《纪匡衡事》中匡衡的身世被删不同，开端介绍孔融"孔子二十世孙也"的身份被保留，刚好与文末的"由是宗族奇之"形成了首尾呼应。批语称其"文虽短，照应极密"，向学习者提供了一种文章收尾的范例。

但所谓"文虽短"，实为《小学文范》加工的结果。补注文原本叙述了孔融年幼时的两项事迹：首先是十岁随父进京时，凭借机智成功登入河南尹李膺之府，并与其进行了几番言语较量的故事；然后才是与《蒙求》正文"孔融让果"相对应的部分。《小学文范》略去了前面的整个事迹，直接跳入了四岁"让果"的故事。批语称"幼有异才，一篇之眼目"。与"让果"故事相比，被删去的一大段机智对话似乎更能凸显孔融"幼有异才"这一"眼目"。笔者认为其原因与"孔融让果"这则典故的寓意无不关联。

李瀚在编撰《蒙求》正文时，尽量选取内容相关的两则典故组成对句。"孔融让果"上句为"姜肱共被"，讲述的是姜肱兄弟三人同寝共卧，寓意兄弟情深。"孔融让果"中孔融将大果子让与兄长，也是其对兄弟友爱的表现。大永五（1525）年抄本《附音增广古注蒙求》①卷之下，在标题"姜肱共被，孔融让果"右侧有朱批"友悌也"。室町时代的汉学家清原宣贤亲笔抄《蒙求》②中，"姜肱共被，孔融让果"典故栏外注有"孝悌"二字。比之补注文前半所述事迹，后半的"让果"故事所反映出的兄友弟恭，更符合其在《蒙求》中的主题。可以见得，《小学文范》为了更突出该主旨删去了补注前半的内容，在剖析范文写作技巧的同时，根据内容、主旨对范文进行了取舍。

四、《小学汉文读本：中等科》中的《蒙求》影响

（一）四字课文标题

---

① 详见日本国立国会图书馆电子书库，http://dl.ndl.go.jp/info:ndljp/pid/2606900。
② 详见京都大学电子图书馆，http://edb.kulib.kyoto-u.ac.jp/exhibit/mog/index.html。

《小学汉文读本：中等科》在《明治汉文教科书集成》中是一部卓有特色的教科书，主要体现在它不同于其他教科书的独特形式上。其他教科书在选取课文时或在课文题目下方或在课文结尾，有的连目录中，都会体现课文的出处。更因取材于不同作品，继而保留了形式上的多样性。而《小学汉文读本：中等科》通篇没有标注课文出处，只在例言中笼统表示："所采录之书九十余部。今不一一揭其出处。"从头到尾都呈现同一种形态：课文标题由4字构成，其中一半以上采用两字人名加两字事迹的结构，并在课文中对与标题相对应的故事进行叙述。此即李瀚《蒙求》正文形式。自李瀚《蒙求》之后，无论中国还是日本，以"蒙求"为题的各类童蒙书籍均采用此方式。至《小学汉文读本：中等科》，虽然该教科书在例言中表示"每章所载据中外史乘"，但最终还是选择了以《蒙求》的形式统一全书，足见《蒙求》在日本接受程度之深刻，影响之长远。

除了整体结构，该教科书还在课文标题的措辞上对《蒙求》进行了借鉴。如"利胜捷对"的"捷对"二字，正是取自正文中的"杨修捷对"；"匡房强记"中"强记"之意，与"罗友默记"中的"默记"所表现的意思雷同；"比耳谙记"中"谙记"二字更可在徐子光对"罗友默记"的注释文中寻得。

此外，教科书的重点内容课文所呈现的典故，诸多与《蒙求》选材相同，其中更不乏标题与《蒙求》正文相同者，现列表展示如下：

表2　《小学汉文读本：中等科》取材与《蒙求》相同的典故

《小学汉文读本：中等科》课文标题	《蒙求》正文
百里负米	子路负米
季子不欺	季札挂剑
陈寔遗盗	陈寔遗盗
宿瘤采桑	宿瘤采桑
买臣诵书	买妻耻醮
周处除害	周处三害
龚遂励农	龚遂劝农

通过对比上表左右两列可知，除"买臣诵书"与"买妻耻醮"相去甚远

外,《小学汉文读本:中等科》虽然使用了与《蒙求》正文不尽相同的标题,但基本属于"表词"不同,在"达意"上基本无异。而"买臣诵书"与"买妻耻醮",单看标题,完全会猜测出两个不同主人公的两个故事,但事实上,教科书中的课文与徐补注相异之字仅有 8 个。成书于明代的《日记故事》,在江户时期也十分流行,其中收录了相同的典故,题曰"负薪读书"。朱买臣苦读的形象自然是比前妻后悔改嫁羞愧自缢的故事更深入人心,且于幼学者而言,"诵书"的正面影响比"耻醮"的负面影响更具有积极的教化意义。

(二)西方典故的套入

上文提到的"比耳谙记",是 19 世纪英国首相罗伯特·皮尔(教科书中译作"比耳")年少时,每日听父亲讲述经典,耳熟而能详的典故。诸如此类,将西方人物的典故总结为两字人名加两字事迹作为标题,后附详述作为课文的例子,在这部教科书中屡见不鲜。

正如我国古代曾编写了《唐蒙求》《续蒙求》《十七史蒙求》等"蒙求类"启蒙书籍一样,日本在近代以前也编写过《日本蒙求》《桑华蒙求》等,均为借《蒙求》的形式,套入日本人物的典故。伴随近代化的脚步,特别是在"五条誓文"①的第 5 条提到"求知识于世界,以大振皇基",将西方典故也列入选材的"蒙求类"书籍应运而生。如《世界蒙求》《万国蒙求》《东西蒙求》等,将中国、日本乃至西洋典故置于同一部书,虽然保留了传统汉籍形式,但由于加入了西方题材,学习者在阅读汉文蒙书的同时,无意识地接受了西方的影响,是"求知识于世界"和传统汉文教育的一种结合。

《小学汉文读本:中等科》例言表示"古人称谓。从其较著者……不必拘一格",细究则会发现,在将西方典故总结为两字人名加两字事迹的四字形式时,很多人名都用了"某氏"代替,在音译姓氏中一个汉字,后加"氏"字以示敬称。单取一字做姓署名在日本汉学界亦是由来已久,早在明治时代千年之前,平安时代便有此习惯,如将"学问之神"菅原道真在做汉诗之时仅以"菅"字为姓,江户时代荻生徂徕也仅以"物"一字为姓,前文中提到的服部南郭在《新刻蒙求序》后亦署名"服元乔"。因此,《小学汉文读本:中

---

① "五条誓文",全部内容为:广兴会议,万机决于公论;上下一心,盛行经纶;官武一途,以至庶民,各遂其志,使人心不倦;破除从来之陋习,一秉天地之公道;求知识于世界,以大振皇基(原文为日语,汉译引自:吴廷璆主编《日本史》第 376 页,天津:南开大学出版社,1994 年)。

等科》中出现的西方人物有了"华""古""伯"① 等单字姓氏也便无可非议。在日本汉学者看来，单字姓颇有汉风，却并不在意这个字是否属于中国汉族的常见姓氏。

五、明治汉文教科书的选材

通过对明治时期汉文教科书对《蒙求》的引用调查、分析发现，相比《蒙求》正文的四字韵句，长段注释文受到了更多的重视，明治汉文教科书将《蒙求》的补注文作为课文或练习，以训练学习者的阅读、写作能力；课文标题不会完全照搬《蒙求》正文，而是根据编写的需要，改写或删去《蒙求》原正文的四字，换上与符合要求的课文题目；《蒙求》对于明治汉文教科书的价值除了内容本身，其编写形式也成为教科书模仿的对象，在这一开化的时代，借《蒙求》四字标题加注释的形式，套入西方典故，与中日典故一道编排到汉文教科书中。不难看出，明治汉文教科书在参考《蒙求》时，兼具注重实用性和教化意义的特点。

明治政府于 1868 年 9 月设立皇学所、汉学所，其规则中提到"禁虚文空论""汉土西洋之学，共为皇道之羽翼"，提出学问应具有实用性，更提倡无论东西之学均应为"皇道"服务；1872 年 9 月公布的《学制布告》② 称"学问，立身之财本"，所反映的是"个人主义、实学主义的教育观、学问观"③，认为以旧的教育方式培养出来的人"其论虽似高尚，然不能身体力行者不少"，对旧式教育的非实用性进行了批判，通过近代史上第一个教育立法，也就是《学制》的实施，职业教育机构由于"可直接为资本主义生产提供各级

---

① 教科书中对应的标题分别为"华氏励士"（美国首任总统、独立战争中任总指挥官的华盛顿，鼓励仅剩的三千士兵人忍饥挨冻坚持渡过特拉华河的故事）、"古氏博物"（法国居维叶（教科书中译为"古未耶"）自幼留心观察身边的草木，后因觉乌贼形状奇特开始研究软体动物，最终成为博物学家的故事）、"伯氏惜阴"（英国勋爵布鲁汉姆（教科书中译为"伯路寒"）60 年来在坚持处理公务的同时，还在法律、艺术等多方面颇有造诣，不虚度人生分秒的故事）。

② 即明治五（1872）年八月二日颁布的第 214 号布告，引自：『布告全書明治五年第八冊』，原文为汉文训读文体。

③ 西岡智史『明治期漢文教育形成過程の研究』第 37 頁，廣島大学博士論文，2015 年。

各类人才，因此受到政府的重视，获得了较大发展"①。由此，明治时期对于教育的实用性要求可见一斑。把汉文教育的重点放在文章上，通过汉文教育，培养学习者阅读能力，提高写作水平，也是此即汉文教育实用性的体现。而在对入选明治汉文教科书的《蒙求》典故与《幼学纲要》《教育敕语》中提出的要求进行对照总结后，注重教化意义这一特点则显露无遗。

明治十四（1881）年政变发生后，时任参事院议官的井上毅在《进大臣》中提出，安定民心的方法之一是"劝汉学"：

> 维新以来，英、法之学盛行，而革命之精神始于我国萌生。盖教忠爱恭顺之道，未有切于汉学者。今兴之于将废，亦所以互持平衡也。②

倡导通过振兴汉学，来制衡西洋学问带来的革命新思想和对天皇统治的稳定带来的冲击，通过汉学教育向民众灌输并强化忠君顺主的旧思想。同年，明治天皇下令编写《幼学纲要》，提出：

> 彝伦道德教育之主本，我朝、支那专所崇尚。虽欧米各国亦有修身之学，采之用于本朝未得其要。方今学科多端，误置本末者不鲜。年少就学最当以忠孝为本，仁义为先。③

直指德育才是教育的主体。对幼学者而言，最重要的并非是之前所推崇的近代化的科学知识教育，而是以"忠孝仁义"为本的道德教育。虽然，明治天皇在敕谕中并没有承认源自中国的儒学在道德教育上的作用，但无论是"彝伦道德"也好，"我朝、支那专所崇尚"也好，乃至明治天皇通过《幼学纲要》"颁赐群下"的20项德目，依次为：孝行、忠节、和顺、友爱、信义、勤学、立志、诚实、仁慈、礼让、俭朴、忍耐、贞操、廉洁、敏智、刚勇、公平、度量、识断、勉职，更至在诠释这20项德目时引用的《孝经》《礼记》

---

① 《日本近现代教育史》第37页。
② 中内敏夫编『近代日本教育論集第1卷：ナショナリズムと教育』第72頁，東京：国土社，1969年。
③ 引自『幼学綱要頒賜勅諭』，载：元田永孚著『幼学綱要』扉頁，日本宫内厅藏板，1881年（日本国立国会图书馆电子书库 http://dl.ndl.go.jp/info:ndljp/pid/995188）。

《论语》《孟子》等儒家经典内容，都表明，明治政府已经意识到儒学在对于幼学者思想人格树立上的意义，是西方的修身之学所不能比拟的，这种意义在于"忠孝仁义"的思想培养之上功效尤为显著。

对于新建立起来的近代化政治体制，《幼学纲要》所提出的德目要求是反民主、反自由的，违背了近代发展的趋势。随后在1890年颁布的《教育敕语》中，明治天皇对其"臣民"提出了如下的要求：

> 尔臣民孝于父母、友于兄弟、夫妇相和、朋友相信、恭俭持己、博爱及众、修学习业，以启发智能、成就德器。进广公益，开世务，常重国宪、遵国法。一旦缓急，则义勇奉公，以扶翼天壤无穷之皇运，如是者不独为朕忠良臣民，又足以显彰尔祖先之遗风矣。

笔者通过将大永五（1525）年抄本《蒙求》中留下的评注，和《幼学纲要》的德目，以及《教育敕语》进行对照，整理如下：

表3 明治汉文教科书课文选材与《蒙求》抄本、《幼学纲要》、《教育敕语》的对应关系

《蒙求》正文	明治汉文教科书标题	抄本批注	《幼学纲要》德目	《教育敕语》要求
子路负米	百里负米/同左	孝子也	孝行	孝于父母
闵损衣单	同左/闵损至孝	孝子也	孝行	孝于父母
孔融让果	纪孔融事	友悌也	和顺友爱	友于兄弟
季札挂剑	季子不欺/同左	贞信也	信义	朋友相信
周处三害	周处除害	忠信也	信义	朋友相信
宿瘤采桑	同左	贤女也	贞操	夫妻相和
陈寔遗盗	同左	正直仁爱也	仁慈、度量	博爱及众
匡衡凿壁	纪匡衡事/匡衡	勤学也	勤学	修学习业
孙康映雪	孙康/同左	勤学也	勤学	修学习业
车胤聚萤	车胤/同左	勤学也	勤学	修学习业
买妻耻醮	买臣诵书	清贫也	勤学	恭俭持己、修学习业

通过上表对比可以看出，入选明治汉文教科书的《蒙求》典故，都是自

古以来，在日本便被认为是德行典范。事实上，关于闵损的典故更入选《幼学纲要》，列为德目"孝行第一"的典型，而匡衡和车胤的典故则是"勤学第六"中举出的典型。汉文教科书作为儒学思想的载体无疑担负起了教化皇家臣民的任务。

  对于注释文就是长篇汉文文章的读解，通过分析文章结构可以掌握写作技巧，练习读解没有训读符号的"白文"锻炼了汉文的读解能力，以发掘汉文教育在培养写作和阅读技巧方面的实用价值，通过读解注释文内容本身，可以理解典故的内涵，更进一步则可以在不知不觉中消化典故中的德行典范，勉励自身，也就收到了德育的效果。明治时期汉文教科书的编写便如此，在尽量讲求实用性的前提下，始终没有偏离教化德行的根本目的。

（刘雨珍 钟薇芳 南开大学外国语学院）

《不动智神妙录》中的道家思想元素浅析

李赫宇

摘　要：《不动智神妙录》为日本东海寺高僧泽庵宗彭所作，成书于江户时代，是日本剑道理论的奠基之作，历来被认为是"禅武合一"的经典文本，在佛教、禅宗、道家等知识体系的视域融合中，创造性地建构武学理论。道家思想在日本有着历时性的传播影响及广泛渗透，特别是自江户时代始，日本的知识文化阶层又逐渐进入广泛接受老庄思想、研究道家文本以及禅道融合的高峰时期，这些都是促生《不动智神妙录》的重要原因。本文试图通过对《不动智神妙录》中道家思想元素的挖掘及阐释，论析该文本对道家思想的融合及演绎，以及道家思想在武学层面对该文本的统摄意义。

关键词：不动智神妙录　道家思想　武学

《不动智神妙录》[①] 是在日本享有盛名的禅学与武学理论著作，作者为泽庵宗彭（1534—1645），日本临济宗大德寺派的高僧，精通诗歌、俳句、茶道，为东海寺开山祖师。泽庵宗彭是江户时期著名禅学家，而他的这部作品则全文论述武学之道，讲解发挥"心"之无限妙用的技击策略，成为其后影响日本武术特别是日本剑道最重要的文本之一，也历来被认为是禅道与武道结合的经典之作。

泽庵禅师在此作中对武道境界的描述可概括为三点：一是"还把枪头倒刺人"；二是"彼剑己剑，本无差别"；三是"随机而应"。即顺势顺机而动，利用对方进攻的线路与时机，乘隙而入，在看似败状中已然获胜。

---

① ［日］沢庵宗彭『不動智神妙録』，德間書店，1990 年。中文翻译内容参考了愚拙先生的译文。说明：本文中所有引述《不动智神妙录》的文本均出自此版本著作，后文凡引用其原文处，不另加注。

《不动智神妙录》中的道家思想元素浅析

《不动智神妙录》中认为欲达到以上这三点，还需经历三重阶段。第一是摆脱对外物的滞着。习剑要摆脱由攻守、进退、此彼带来的种种干扰，"主客交锋，此方彼方，此剑彼剑，拍子节奏，若心住于剑，则为剑所滞；若心欲抢先机，则为欲抢先机所滞，心有所住，则行动缓顿，此迟滞之心为无明住地烦恼"。第二是摆脱对自身情绪念想的滞着。格斗之时，生惊疑、恐怖、愤怒、欢喜、忧虑、激狂、窃谋等念想，都是获胜的障碍，"若心有住，则生种种分别，于分别中，心生黏滞，虽形能动，不得自在"。但此时的"不动智"，其实是进入无所不察的澄澈洞明状态观己观敌，即"虽云不动，非同草木，心遍十方"。第三是回归本心。"本心者，无住之心，全体在用。本心若有所住，则为妄心。"概而言之，《不动智神妙录》的武学策略是：主体保持心无所滞，空明寂静，无常势与常位，而是利用对手的势与位，随机而应，其势后出而先胜。显然，这一文本试图呈现的既是一种武道境界，也是一种禅定境界、哲学境界与生命境界，具有多种知识领域的杂糅性。

从表象上看，《不动智神妙录》主要立足于禅定之妙慧，以心无所滞、心无所住为中心，强调摆脱无明烦恼，不动凡情智识，从而破除此彼之障、人剑之分，"人空，我空，剑空，亦不住空"，从而回归真实的、无上妙用的"本心"。大致来说，这些描绘均是发挥了关于如何破除滞着、障碍与执妄，以及"应无所住而生其心"①等佛学思想。

然而当深入《不动智神妙录》的内核时，会发现佛学思想只是维系其表述张力的支撑，深层的骨架则是佛道合一，甚至是以道为本，其中能够见出道家思想在江户时期对日本文化的影响与合融。

关于道家思想在日本的传播与影响，著述颇丰，在此只做大致的勾勒。在公元6世纪末到7世纪前期，日本的上层社会及知识阶层已经开始正式接触和吸收道家文献及其思想，但较为零散，未成规模。在日本现存最早的汉诗集《怀风藻》和最早的诗歌集《万叶集》均较多出现道家用语及概念，反映出道家思想在当时知识阶层的传播情况。如《怀风藻》中的《述怀》"文藻我所难，庄老我所好，行年已过半，今更为何劳"②；又如《万叶集》中的

---

① 陈秋平、尚荣译注《金刚经·心经·坛经》第36页，中华书局，2007年。
② 『懷風藻·文華秀麗集·本朝文粹』（日本古典文学大系69）第123页，岩波書店，1979年。

无名氏诗"置心在何处,无何有之乡。藐姑射山上,望之在近旁"①,等等诗歌作品,体现出道家思想对文人精神世界的渗透。成书于公元891—897年间的《日本国见在书目录》收录了《老子》《庄子》注本四十余种,说明了道家文献在日本平安时期的传播与研究规模的扩大。进入室町时代,道家思想的影响进一步深入,对老庄的引用、研究和在思想境界层面的浸染,都不断深化。道家思想崇尚天人相合的自然境界,虚静而素朴,外物而无待,这种生命哲学与智慧引导与滋养了日本贵族与知识阶层在精神层面的超越境界,如镰仓时期重要的文学经典《徒然草》中的大量人生哲思妙悟,便多是源自老庄思想。及至日本近世,道家文化向社会思想领域和文学艺术领域的渗透影响更加全面深入。其中有对道家语句和思想的演绎发挥,有纯粹以老庄为题材的作品,有将道家思想导入社会政治理念或道德伦理层面的应用,更多的则是基于对道家思想旨趣与生命情怀的认同与仰慕而进行的文艺创作。例如江户时期的文坛巨匠松尾芭蕉,道家思想中顺应造化、自然无为、自适自足等重要观念,便不仅融化在他的具体创作中,也是其终身秉持的人生哲学。此外,在道家文本的注释与义理研究方面,和以往主要借助从中国传入的老庄注本不同,江户时代开始陆续出现了大量由日本人注解的老庄文本,对道家思想专门研究之丰富鼎盛,远超前代。概而言之,道家思想几乎对日本中世特别是近世思想文化的各个领域,都形成了深度的乃至结构化的重要影响。

泽庵宗彭是日本历史上的著名禅僧,其生活时代正是处于江户初期的1573年至1645年。若要解析泽庵宗彭所作的《不动智神妙录》中所渗透的道家思想元素,一方面,需要关注道家思想在日本历时性地广泛渗透;另一方面,则需要梳理与探究日本佛教与禅宗思想发展中"三教合一"的特征倾向,特别是禅僧整体文化取向所形成的一脉相承的深刻影响。

自奈良时代至室町时代,中国佛教各宗以及禅宗陆续传入日本,佛教思想在日本社会文化格局中也继续广泛铺展,并不断占据愈发重要的位置。其中在镰仓至室町时期的日本文化更是以禅宗思想与禅僧文化为主体,世称"五山文化"。"五山文化"中禅林的显著特点之一便是多元开放的文化心态,即较多涉猎佛典之外的儒家与道家文化,并将其吸收兼融于禅宗思想体系中,

---

① 杨烈译《万叶集》第675页,湖南人民出版社,1984年。

而这一思维路径由来有自,可以追溯到日本与中国唐朝密切交流的平安时代。当时,日本的大量遣唐留学僧侣,成为日本学习及吸收中国佛教文化乃至整体中国文化的重要群体。仅以日本佛教真言宗的创始人空海为例,空海入唐之时,受到唐朝当时儒、道、释三教融合思潮的影响,使其自身的思想体系及各类创作,也都逐渐呈现出三教互参与融合的倾向。同时,由于空海在日本佛教史乃至思想史上举足轻重的地位,也使得这种思维路径在日本佛教文化中广为效奉并延展下来。

这种开放与融合的研究思路正是在"五山文化"中达到高峰,室町时代在日本流传的道家文献及各类注本数量甚丰,特别是宋代林希逸的《老子口义》和《庄子口义》广为流行,口义本风格清通简约、理趣盎然,不仅带动了日本社会整体关注道家思想的风潮,而且激发了禅僧对于老庄思想研究更高的热情与乐趣。事实上,禅僧在日本历史上的诸多时期都是道家思想研究与传播的重要群体,特别是在镰仓至室町时代,诸如虎关师炼、雪村友梅、中岩圆月、义堂周信、惟肖得岩、江西龙派等人,既是高僧,又是文化巨匠,同时也都耽读老庄,并著书专研之。此外,将老庄口义本引入日本老庄研究的,也主要是禅僧,而林希逸的老庄口义本在学术旨趣上的最重要特征,便是贯通儒、释、道三者,援佛入道,以禅解老庄。这种旨趣一方面与日本禅僧文化已有的三教融合倾向形成默契,便于口义本的推广传播;另一方面也反过来继续加强了日本禅僧三教融合的情结。最后,"五山文化"也与当时中国宋代佛教整体格局推重儒、道、释三教调和融一的思潮形成呼应。通过以上简述可见,以开放心态研究各类汉籍,特别是对儒、道文化的吸收、改造与有机合融,是日本佛教发展演进历史中的一种传统理路,也是许多禅僧的兴趣旨向。因此,江户时期的禅僧们,正是普遍立身于三教一致的观念背景之下,习惯于佛道互参共治的思维导向与研究模式,浸润于亲近道家、乐研老庄的文化氛围中。泽庵宗彭本人,也正是喜爱研说道家思想,并著有《老子讲话》(《老子抄》)一书。

此外需要特别点明的是,日本佛教是从中国经由朝鲜半岛传入的,而当时日本所面对与接收的"佛教"这一外来客体,其本身就已经蕴含了文化的杂糅性。由于本文篇幅与讨论重点的缘故,关于中国佛教在发展演进过程中与其他多种思想体系发生的碰撞与融合,不做铺叙,但应当明确的是,日本在接受佛教思想的源头之时,无论是佛教文化整体,还是经由中国汉译的佛典，都已经与道家思想、道教思想发生过复杂互动与合融。因此，他们在治学研思之时，佛、道思想杂糅的事实便已然先在自存了。尤为重要的是，中国之禅宗乃是高度中国化了的佛教宗派，在形成与发展过程中与道家思想发生了密切互动，在思想体系和大量具体表述上亦与道家文本及思想形成互通。因此，作为日本禅宗的直接来源，中国禅宗与道家思想的高度兼容贯通性，亦在日本禅宗文化中承继下来。

回到《不动智神妙录》，其中的道家思想元素或者说禅道相融的元素，可以大致从四个方面进行描述。

第一，其所追求的"不动智"但又能达到大智慧之"神妙"的理论支撑在于，物的终极将走向反面，事物相反相成。书中说"譬如算数，自一至十，于进位时，一十相邻。复观音乐，最低惢越，最高上无，初音终音，紧密相邻"，所以"至高至低，至实至空，大智若愚，去华除巧，以是义故，虽不动智，乃成妙明"。这种将事物两极的对举与互转，以及对世俗标准中事物之反面或弱势一面的重视，在很大程度上是与道家"反者道之动"①之旨相合的。相对的事物，或事物自身的正反两方面，始终遵循物极必反，相因对待的规律，长短相形（第二章）、明道若昧（第四十一章）、大巧若拙（第四十五章）。在《庄子》中，则将老子"重反"的思想再作推进发挥，相对的事物或事物自身的正反两面总是互成互转的，而且不存在不可转化或绝对对立的事物，万物在相因对待中不断流变转化，直至"道通为一"②。而"大智若愚，去华除巧"的表述，也显然与道家绝巧弃利（第十九章）、见素抱朴（第十九章）的思想一致。因此，处处机巧，反堕无明；不动智识，是为大智。

第二，贯穿全文的线索在于"心无所住"，而由其实际的武学思想来看，其指向在于为主体提供一种心理策略。在面对客体的各种变化时，心不为外所制，不为自我所滞，以不变应万变，这种诉诸实践状况的武学思想亦更近于道家。例如书中的"心无滞着"，强调的是心境空明、不离不滞，不停于任

---

① （魏）王弼注，楼宇烈校释《老子道德经注校释》第110页，中华书局，2008年。说明：本书中所有引述《道德经》的文本均出自《老子道德经注校释》，后文凡引用《道德经》原文处，只注明所出章目，不另加注。

② （清）郭庆藩《庄子集释》第70页，中华书局，1961年。说明：本书中所有引述《庄子》的文本均出自《庄子集释》，后文凡引用《庄子》原文处，只注明所出篇目，不另加注。

意一处，随机而变，"若捺水上葫芦，一触即转，无有所滞，而自浮自成，行者之心，亦应片刻不留"。这种对于"心"的界定，相当于道家思想中的"无常心（第四十九章）"而又"不内变不外从（《庄子·达生》）"；其应事接物的状态则更近于道家在心斋虚静下，"离形去知（《庄子·大宗师》）""官知止而神欲行（《庄子·养生主》）""枢始得其环中以应无穷（《庄子·齐物论》）"；而心无黏滞、随机而应、进而取胜的途径则合于"至人之用心若镜，不将不逆，应而不藏，故能胜物而不伤（《庄子·应帝王》）"之旨。庄子承继了老子尚水贵柔、顺物自然的思想，并进一步发挥为通观两行、达变物化的理念，在虚静空明的同时，强调一种"止水流鉴，即舍即取；照机若镜，即动即静"的理念，带有明确主体参与的流动性和动作性，既可用于观天察人，又可用于涉世养生。这种理念从魏晋时代的老庄注解开始，便常被表述为立于环中，忘怀应物，随感而应，应随其时。在《庄子集释》和《老子道德经古本集注》所汇的各家注疏发明中，类如"应物无心""应机而作""逗机而动""天机自张，率性而动"等表述便有数百处之多。《不动智神妙录》中"心无所住"的理念内核以及具体落实到武学层面的指向，亦是"无心"与"应机"之辨证，特别是其中专设的"石火之机"一节，强调"不经思维之心"，体现出道家思想一贯强调的"无为"与"有作"的结合，即更多关注面对实战之"机"与"势"时的身随念转、念随机变、以应无穷的道家空灵之"动"，而非身心脱落，完全无识无作的佛家寂灭之"静"。

第三，承接第二点"心无所住"的理念，《不动智神妙录》的最终指向在于"本心"，即"自初学至不动智者，即回归本心，剑法亦如是"；又将本心定义为"返其自然"与"自由无碍"，而自然与逍遥无碍的自由，显然更近于道家之所尚。文中以冰与水譬喻，水可以洗万物，冰却不能，若冰溶解，则具妙用。动智动念，心则"如水结冰，不能自在""去有住心，即为自由"，即这种最高境界的自由乃是来自"流水不腐"的本心。结合上文对于"心无所住"的探讨，不动智之"本心"或"无心"，并非死寂僵直的，而更接近道家所推重的"动而常寂，即感即应"的超卓的知觉、直觉与智慧。正因为去除了世俗的心机之智，摒弃了杂念与盲动，才使身心进入更高的和谐与敏锐，所谓"堕肢体，黜聪明，离形去知（《庄子·大宗师》）""徒处无为，而物自化，堕尔形体，吐尔聪明，解心释神，莫然无魂（《庄子·在宥》)"。道家思想中"无听之以心而听之以气"的空明反应,如同天地寂然不动而气机无息稍停,在寂漠沉静的表象下,是"以应无穷""胜物不伤"的主动性;"立乎不测,游于无有(《庄子·应帝王》)"的主体性;"官知止而神欲行"的机动性;"其动也天,其静也地(《庄子·天道》)"的动静合一的动作性。这样才能达到《不动智神妙录》所描绘的"临敌十人,以一剑应之,心无所住,随机而应,即舍即取,以寡敌众,无有不足"的境界。此外,从具体剑道的角度,文中对如何复归本心的描述是:"行者初习剑时,无招无势,心亦无所住。习剑日久,得种种知见,于临敌手时,惊觉不自由。渐学渐参访,于身形剑法,皆回向初学无有知见时。"这固然与禅宗"见山是山,见水是水"的公案有所关联,但这种对于具体技术之学习与"技"中之"道"的关系之辨证把握,或许仍然是与强调"反""弱""退"的道家思想更为接近,如"为学日益,为道日损,损之又损以至于无为(第四十八章)"。最后,返归"无知见"的本心带有某种逆行倒退的轨迹,与传统思维强调前进上升的发展路径形成对立,似乎更接近老子所言的排除世俗成见与污染的"赤子"(第五十五章)与"能如婴儿(第十章)",也更类似于"如婴儿之未孩(第二十章)"与"吾丧我(《庄子·齐物论》)"的身心混沌而又和谐的状态。

  第四,全文紧扣"道技"二元进行理论建构,剑技的内容上升至"道"的层面,剑道的内容则通过"技"而转化呈现。《庄子》中以"道技论"为主题的寓言非常丰富,并且都以"道进乎技"的统一原则贯穿,其中的"技"往往是体悟与通达于"道"的有效渠道,"技"的活动本身也承载、体现、合于大道,甚至"技"本身就是"道"。"道进乎技"(臣之所好者道也,进乎技矣)由《庄子·养生主》中"庖丁解牛"引出,其中包含了两层意思,一是"道"对具体的技艺活动具有统摄性和超越性;二是"道"乃是寄寓于具体的"技"之中,由技艺活动揭示与呈现背后的"道"。技艺的运用,技能的发挥,亦往往可以达至"道"的自然无为和"无为而无不为"的境界。从老子到庄子,不断推进地强调"道"是世界的本体及其超越性与无限性。可以言说的、可闻可见的东西都不是"道"。但另一方面,这个"道"却不妨碍通过主体的身心修炼、通过具体之"物"与"技"来认知与体现,强调"道"可以通过身心实炼的方式去接近、体验,以至天人合一,这正是道家思想的核心要素,也是对中国的道教文化与武文化产生深刻影响的重要根源。

在中国文化思维中，任何技艺活动，都完全有可能上升到哲学层面和"道"的高度，乃至一种天人交通相应的境界，不仅包括琴棋书画等公认的高雅活动，而且包括最基本的高度生活化的餐饮耕种、日常劳作等，哲学领域同日常领域在本质上并无高下贵贱之别，反而是"道通为一"的。而同时，把握某一事物之"道"，亦常常不能离开具体实践，在实践中真正完成对物中之"道"的操作与驾驭。例如，在《庄子》中便描绘了众多在世俗标准中身份低微、操持贱业凡职的人物，但他们却能由技入道、出神入化，成为光辉夺目的"至人""真人"。《汉书·艺文志》录有《神农杂子技道》《射道》《击道》《剑道》之目，亦均隐含了"技中寓道"和"由技入道"之意。

这里还特别要提到的是《吴越春秋》中的一段经典文字，当越王勾践询问越女用剑之道时，越女的回答精辟而高深，其言曰："其道甚微而易，其意甚幽而深。道有门户，亦有阴阳。开门闭户，阴衰阳兴。凡手战之道，内实精神，外示安仪，见之似好妇，夺之似惧虎，布形候气，与神俱往，杳之若日，偏如腾兔，追形逐影，光若仿佛，呼吸往来，不及法禁，纵横逆顺，直复不闻。斯道者，一人当百，百人当万。王欲试之，其验即见。"[①] 在这段距今已有数千年的文字中，展现出丰富的武学理念和实战技击之法。越王与越女之间的对话皆在将"剑术"与"手战"的技艺称之为"道"的背景下展开，在"道"的高度上定义用剑之"技"，又以阴阳之道和炼气之道论述技击的开合、内外、形神、运气、步法、虚实等具体技术，处处均是以"道"运"技"，又是以"技"见"道"，与《庄子·说剑》中"示之以虚，开之以利，后之以发，先之以至"的"剑术"之上的"剑道"亦一脉相通。

自古以来，中国的武文化与道家思想、道教文化始终发生着密切互动，几乎所有武学流派，特别是三大内家拳——太极、形意、八卦，都以老庄思想为主体建构了自身庞大的理论体系，进而纲举目张地指导技击实践。不向其它领域扩展，仅在"武"的层面来看，这种哲学之"道"与武功之"技"的全面交融在其他国家和民族中也都是罕见的。然而，正是由于中国自古以来与日本、朝鲜在文化、艺术等领域的密切交流，所以在这几国之中，将"武"的动作、技术体系上升到哲学层面，并以"道"来统驭和指导"技"

---

① （汉）赵晔《吴越春秋》第127页，江苏古籍出版社，1986年。

的状况便尤其明显。除了剑道之外，花道、茶道、棋道，以至于柔道、空手道、跆拳道等，也都是在"道技论"理念下的推演。道家思想建构的"道技论"，在文化交流中逐渐渗透入日本思想文化领域，《不动智神妙录》中"道进乎技"的剑术理论，亦与其孳乳相关。

道家思想体系中的"道技论"还有两点显著特征，一是对外物之"忘"，以保持主体对于技艺活动的专注与"精气神"的凝炼。如《庄子·达生》篇中的"佝偻者承蜩""梓庆削鐻""津人操舟""吕梁丈夫蹈水""纪渻养鸡"，以及《庄子·知北游》篇中的"大马之捶钩者"等，都是通过自如若神的活动表现，指明在技艺活动中应凝神守气、静心坐忘，守于忘怀一切外物得失而泰定专一之"道"。《田子方》篇中的"画史解衣般礴裸"，则通过其无视王侯与规矩的神态情状，指出真艺术必须忘怀名利得失以及抛绝外界束缚而入于"狂"的创作之"道"。二是"炼器"以至"物化"。如《庄子·达生》篇中的"工倕运旋"，便通过称颂工倕画圆的高超技巧，点出应与被创造对象物化合一的操作之"道"。在《庄子》"道技论"的大部分寓言中，有一条潜在的线索，即在技艺活动中人与器物的相接、相交，最终在人与器的互融中完成"由技入道"的过程。在这些文本中，"器"既是主体完成技艺活动的工具，又是与人合为一体共往道境的保障及互动元素，由此揭示出"炼器"的重要意义。在中国武文化视域中，拳术多源自器械之术，器械又是人的肢体的延伸，如太极拳、形意拳等拳法的拳理均深受大枪及棍术的影响，在其门派的训练体系中，寓拳于枪的套路及散式训练也是其功力修炼及实战技法的核心内容。而在中国武文化的"炼器"观念中，"炼器"的最高指向正是在训练与实战中达到人与器浑然不分的互化合一，进而由技入道、由器入道。这一理念在武侠文学作品中则有着更具艺术性的演绎发挥，"人器合一"往往被描绘为武功修为的至高境界，甚至经常直论"炼器"和"物化"之理。

在《庄子》的"道技论"体系中，最高超之"技"，从准备到施行的全部运作过程，务须贯穿一种对世俗智慧与技术本身的超越精神，一种"忘器"与"忘技"的境界，用无欲、无物、无我乃至主动"丧我"的状态对待事物，实现主体与客观事物的高度统一，渐至主体与客体混沌不分、两行两忘。从具体技艺层面看，它超越了成法、规则以及各种外在物欲的束缚，身心俱空，心手两忘。

《不动智神妙录》中的道家思想元素浅析

《不动智神妙录》在论及具体剑术的施展时，也不断强调"忘"，而"忘"的目的，则是要达到身手一体、人剑合一的境界。文中指出"世间种种道艺，如能忘却心事，无技艺之念想而行之，方堪称高人"，所以若以剑道而言，则应"无剑、手之想，心不住彼，不住己，人空、我空、剑空，亦不住空"，即在技击之时，自身的私心杂念、敌手的存在、剑招的设计，均在"忘"的范畴之内，而能够"空"与"忘"的缘由又在于人与器的浑然为一，所以才无须执意于人或器的任何一端，身体与心灵保持着高度的空明与流动性。这也便是"工倕运旋"寓言中的"指与物化而不以心稽，故其灵台一而不桎"。从"忘足，履之适也；忘要，带之适也"到"不内变，不外从"的"忘适之适"，道家的"道技观"传达的正是身心空豁、自然自在与高超技艺之间的逻辑关联。《不动智神妙录》进而喻言之："譬如綵女妙舞蹈，扇羽蝶形步莲花，若彼心欲妙扇、步，则心有住有碍，如是有心之作为，不堪极意为下乘。"其中的反对智巧、刻意、有为，崇尚外物、无心，强调人、器两忘，以及"不思虑，不豫谋"的自然、神全之境界，显然均与道家思想有着深刻关联。

《不动智神妙录》在论述心手两忘之道时还有一段有趣的比喻，持剑挥剑之时，要心无外务旁枝，方能自由无碍，否则便如"为绳所缚之猫，捕雀不得自在，若捕不捕，善调练之而去诸缚，则趋应无所住而生其心之趣，行者之心，亦复如是，善以调练，去心散乱，能专能忘，自由无碍"。这段文字让人联想到《田舍庄子》中的一段描写，作者是江户时代前期至中期的佚斋樗山。佚斋樗山深研老庄，耽迷《庄子》，《田舍庄子》全书便是对《庄子》思想、内容、体裁的全面模仿与演绎发挥，其中一篇寓言名为《猫之妙术》，是对《庄子·达生》篇中多个寓言的混融。寓言中的老猫谈论高超的捕鼠技艺，首先便指出要排除造作刻意与心机智巧——"智巧可谓心之用，而非本于道，而专用其巧，则为伪之端，用智巧而反成害者多矣"。[1] 在这一基础之上，进一步做到忘己忘物、归于无物，直到进入无敌无我、无思无为、随感而动的境界，简言之，就是"无心而自然应之"[2]，就可以最终施展神妙之术了。《田舍庄子》作为风行一时且影响深远的通俗文学杰作，反映出江户时期由于老庄思想不断向市民文化层

---

[1] ［日］佚斎樗山『田舎荘子』（田舎荘子·当世下手談義·当世穴さがし）第43页，岩波書店，1990年。

[2] 『田舎荘子』（田舎荘子·当世下手談義·当世穴さがし）第45—47页。

面渗透从而形成了广泛关注道家思想的民间基础。《猫之妙术》的寓言文本虽较《不动智神妙录》为晚出，但是二者都浸润着极其鲜明浓重的道家"道技论"色彩；都指向"道进乎技"、由技入道；都立足于排除智伪、心斋凝神、随机而应等道家思想元素，两者也有若干文字表述很近似。究其根源，应当归因于道家思想在日本历时性地广泛渗透的大背景，而自江户时代始，知识文化阶层又逐渐进入广泛接受老庄思想以及禅道融合倾向的高峰时期。

　　当然，除了禅道融合的境界，在《不动智神妙录》的武学理念论述中，还体现出较为浓厚的、独具日本特色的"切线"思维，如"剑来之刹那，入彼剑所及之距，状若败势，逆取彼刃而溃敌手"等搏杀性的技法描述。包括在日本被尊为"剑圣"的宫本武藏所著的剑道经典《五轮书》也呈现出同样倾向，其中列举的"一击制胜""无念无相斩""流水斩""机缘斩""石火斩""红叶斩""身刀合一"等核心技法，虽然在名称上与佛学思想有某些似是而非的联系，但在具体招式讲解中则完全立足于不惧死亡、绝对力量与速度、拼死与必胜之决心这几大元素。① 不仅在招法上多为毫无圆融的搏杀与顶抗，而且反复明言剑道所关心的就是通过无数次的决斗，"刻苦锻炼如何杀死敌人"②，以及"出招的目的就是为了杀人"③。日本另一位剑道宗师柳生宗矩的经典著作《兵法家传书》也同样体现出类似的技击倾向。日本武学理念中的这种切线思维与向死性，与日本"儒家武士道"思想有比较密切的关系。儒家武士道背靠孔子"以直报怨"和孟子"自反而缩，虽千万人吾往矣"的观念，在生死之间首先选定死亡，为死而死，崇尚复仇，不计胜负，一念狂死。这些理念与相应的修持、训练、实践，最终影响与改造了江户时期的武士道思想，进而改造了日本社会。在江户时代中后期以及明治时代，儒家武士道已占据主流。当武士道的死亡哲学及美学思想与日本禅学及武学思想交融时，便深刻影响了武学理论的走向，以及以此为中心建构的哲学与实战体系。这使得它与道家思想形成了最大的差异，也与受到道家思想深刻影响的强调"圆化""柔变""向生"的中国武学理念大相径庭。

（李赫宇　首都师范大学北京语言文字测试中心　助理研究员）

---

① ［日］宫本武藏、柳生宗矩著，何峻译《五轮书·兵法家传书》第62—74页，海南出版社，2006年。

② 《五轮书·兵法家传书》第79页。

③ 《五轮书·兵法家传书》第114页。

"支那": 江户兰学者的"中国"解构

徐克伟

摘 要： 通常认为，具有贬损色彩的近代"支那"为"China"音译，而源自梵语并散见于汉译佛经等中日古代典籍中的"支那"并非蔑称。然而最基本却一直被忽略的是，"支那"的发音与"China"并不一致，如何成为其音译词？近代与古代之间究竟只是偶合还是确有实质关联？日本对中国的称呼何以从"中国"转向"支那"？尽管"支那"业已成为死词，但诸如此类的问题尚待澄清，且有重要的学术价值。拙文立足具体史料，实证探寻日本近代"支那"的源流及与汉译佛经的关联路径——江户时代的兰学翻译，勾勒并反思日本学者的"中国"观念重构问题。

关键词："支那" 中国 汉译佛经 江户时代 兰学翻译

近年来，原本不是问题的"中国"作为问题不断被提出并颇受质疑，以至于长期以来被视为"天经地义"的"中国"概念本身都成了问题。① 如果我们保持冷静，对近代史略加回顾，势必会碰到那起初或无恶意，又确曾刺痛无数仁人志士神经的"支那"一语。

关于这一名称的缘起，学界有"秦""羌""晋""丝""茶"等诸说，由佛经音译梵语"Cīna"为"支那"，② 散见于汉译佛经及相关典籍中。如唐代僧人慧琳（737—820）《一切经音义》（807）卷二十二："震旦国（或曰支那，亦云真丹。此翻为思惟，以其国人多所思虑，多所计诈，故以为名，即

---

① 葛兆光《宅兹中国：重建有关"中国"的历史论述》第3—4页，中华书局，2017年。关于"中国"之名的源流与近代阐释可参阅王尔敏的论考，王尔敏《"中国"名称溯源及其近代诠释》，载同著《中国近代思想史论》第370—400页，中国社会科学文献出版社，2003年。

② 汤洪、李诚《1700年"支那"语源研究综述》，载《中华文化论坛》2012年第4期。

今此汉国是也）。"① 又如日本僧人空海（774—835）汉诗文集《性灵集》（830）卷一："摩竭鹫峰释迦居，支那台岳曼殊庐"，② 不一而足。而关键性转折发生在近代日本利用汉字标记其音，并进入中国，这一文字上的重新命名铭刻着日本人通过模仿西方的帝国主义来效仿西方文明的欲求。③ 而转折点或分水岭，或始于新井白石（1657—1725）作品《采览异言》（1713），轻视中国的态度则于佐藤信渊（1769—1850）著述《宇内混同秘策》（1823）中初露端倪："日本是个神国，有能力征服全世界；先从满洲进入大陆，吞并支那……"并于明治以降生根成长。④

有学者则认为，《解体新书》（1774）译者杉田玄白（1733—1817）以后的兰学者（借助荷兰语译介西方医疗等实用科学技术知识的西学者）开始使用含有偏见和蔑视之情的"支那"。⑤ 但亦有研究者认为江户兰学者所使用的"支那"是客观的地理名称，⑥ 之所以使用该名称，主要是"为了从一切惟中国马首是瞻、从对中国的绝对崇拜中脱离出来，以宣传自己的洋学主张……"⑦

概而言之，作为蔑称的"支那"大致在19世纪初期的国学者那里初露端倪；其近代起源，大致于江户中期通过翻译或关联西语"China"二度输入日本，由新井白石翻译荷兰文地理书开其端，使用有佛经源流的该中性名称代

---

① CBETA，T54，no. 2128，p. 447，c2。汉译佛经中不乏"支那"用例，这里通过 CBETA 光盘（中华电子佛典协会《电子佛典集成 2014》，台北：中华电子佛典协会）检索并试举一例。

② 大遍照金刚和尚著『遍照發揮性靈集』（卷一）葉 12a、[出版情报不明：约 1590s—1620s]。

③ Liu, Lydia He. *The Clash of Empires: The Invention of China in Modern World Making*, Cambridge (Mass.) & London: Havard University Press, 2004, pp. 75-81. 中译本刘禾著，杨立华等译《帝国的话语政治：从近代中西冲突看现代世界秩序的形成》第 104—115 页，生活·读书·新知三联书店，2009 年。

④ [日] 实藤惠秀著，谭汝谦、林启彦译《中国人留学日本史》第 196—199 页，生活·读书·新知三联书店，1983 年（さねとう·けいしゅう『中國人日本留學史』第 231—233 頁、東京：くろしお出版、1970 年）。

⑤ 杉本つとむ『近代日本語の成立と発展』第 381 頁、東京：八坂書房、1998 年。

⑥ Fogel, Joshua A. "New Thoughts on an Old Controversy: Shina as a Toponym for China", *Sino-Platonic Papers*, No. 229, 2012.

⑦ 许燕情《对日本"支那"一词用法的考察》第 IV 页，北京外国语大学硕士学位论文，2017 年。

替"中国"等尊称。① 却依然存在两方面的问题悬而未决:

其一,"China"与"支那"(SHINA)发音不同,② 后者如何成为前者的音译?有研究者指出白石"联想起古已有之的'支那'一词,遂将China译为'支那'"③,然而这仅仅只是猜测,究竟如何尚有待探讨。如果并非白石的音译,与汉译佛经的关联究竟是纯属巧合,还是确有其实?

其二,无论是从白石到玄白所生活的时代,还是下溯至国学者信渊那里,时间跨度达半个世纪乃至百年余,特别是由玄白到信渊的半个世纪,日本学界通过借助荷兰语获取近代西方地理学等新知识,必然会影响到他们对世界以及中国的认知,其间究竟发生了怎样的变化?尽管已有不少学者做过梳理,④ 但近代地理知识之输入日本主要归功于兰学,关于兰学者对该问题的论述,虽然很早就有学者对玄白弟子大槻玄泽(1757—1827)的个案研究考察,⑤ 但是此后鲜有系统深入的考察。

江户兰学者笔端的"支那"究竟直接取自汉译佛经,还是西语音译所产生的偶合?从"中国"到"支那",具体映射出日本学人怎样的观念变化?如何通过实证的方法探明这两个基本问题?接下来就让我们依托具体的史料文献展开考察,以期在加深理解特定时期日本历史的同时,借他者的目光重新审视自我——"中国"问题。

一、"支那"与"China"

近代"支那"在日本的使用无疑肇始于接触西方语言文化之后。管窥所

---

① 吴伟明《川时代"中国"名号论》,同著《德川日本的中国想象:传说、儒典及词汇的在地化诠释》第112页,清华大学出版社,2015年。并参考黄兴涛《话"支那"》,同著《文化史的视野:黄兴涛学术自选集》第96页,福建教育出版社,2000年;周程《"支那"与"sina"》(网络资源,链接 http://web5.pku.edu.cn/csss/teachers/works/sina.htm,读取时间2018年1月25日)。

② 为区别西语与日语音译,前者仅首字母大写,后者全部大写,下皆效此。

③ 徐波《"支那"译称是如何被日本扭曲的》,《江淮文史》2017年第5期。

④ 参阅吴氏的梳理及其探讨,《德川时代"中国"名号论》第109—123页。另外,李楠、许燕情等氏用日文完成的学位论文亦有相关梳理与探究,李楠《围绕"支那"一词中日知识分子的对立》,东北师范大学硕士学位论文,2015年;许燕情《对日本"支那"一词用法的考察》。

⑤ [日]唐纳德·金著,孙建军译《日本发现欧洲,1720—1830》第28—29页,江苏人民出版社,2018年(Keene, Donald. *The Japanese Discovery of Europe, 1720-1830.* California: Stanford University Press, 1969, pp. 25-27.)。

见，于白石之前，西川如见（1648—1724）《华夷通商考》（1695）中已经出现"支那"的用法。关于中国的称呼虽然如标题所示，主要为"中华"，但上卷的扉页书名右侧确可见"支那天竺举道程土产人伦于风俗"字样。① 值得注意的是紧随"支那"之后的"天竺"，即印度。不过，书中并无所谓"天竺"相关记述，难以判定"支那"的使用与佛经翻译究竟有无关联。不过，如见在另一作品《四十二国人物图说》（1720）"大明"部分明确交代了关联问题。

    大明者，唐土也。世世改国号，故无定号。国人自称中华……又曰"支那"者，自天竺称名，梵语也。"震旦"亦"支那"之转音也。故红毛等外国以"智以那"号称唐土，即支那也。②

这里明确指出，"支那"为梵语，系印度对中国的称呼；荷兰人等西方人使用的"China"则译作"智以那"（CHIINA），二者所指相同。显然，作者笔下的"支那"确源于汉译佛经。

至于学界多有论述的新井白石，在《采览异言》卷三"支那"中记述甚为简略：

    チイナ
    支那
    支那、西圖地名多漏。西人解說亦略。（番名ヘツキン、北京也、ナンクイ南京也、シクヤス晋安、即福州也、フワクン湖廣也、サントン、山東也、サンスイ、山西也、カンタン、廣東也、アイナン、海南、即瓊州也、クンシイ廣西也、ユナ雲南也、）圖說云。大明声名文物之盛、

---

① 如上卷"中华十五省之说"所见"中华十五省"（1a，1b）；此外别有"唐土"（3a）；下卷论述"外国"（朝鲜等）、"外夷"（荷兰"阿兰陀"等）。西川如见『華夷通商考』、洛陽（京都）：甘節堂、学梁軒、1695年。另外，此前已有研究者注意到如见《增补华夷通商考》（1708）扉页中的"支那"用例，《对日本"支那"一词用法的考察》第6页。

② 原文为日语，笔者自译，以下引文如无特殊说明，均为笔者自译。西川淵梅軒［如見］『四十二国人物図説』（乾卷）葉 2b—3a、江都（江戸）；淵梅軒、1720年。该作品封面标题作"万国人物図説"。

由十五度至四十二度皆是。其餘朝貢之國甚多。摠國略載岳瀆省道大略、是也。①

在这里，白石将"CHIINA（チイナ）"与"支那"并置一处。由于白石这些知识是通过问讯罗马教士获得的，故此处的"CHIINA"既有可能是意大利语"Cina"，亦有可能来自作为双方交流中介语言的荷兰语乃至拉丁语。② 故白石很有可能接触到与"支那"同音的拉丁语"Sina"，由于没有言及，且与注音"CHIINA"的差异十分明显，故白石笔端的"支那"应非对译，似有所本。作为一代名儒，其汉学造诣自不待言，且注意到梵语对日语影响的白石不大可能不清楚"支那"的来源。③ 或许正因为比较熟悉，故使用颇多，仅以《采览异言》为例，在别处亦可见到以"支那""支那人"指称中国和中国人的用法，如"南与支那、莫卧儿等地、连接强域""西南银场、采炼工匠、皆系支那人"，等等。④ 更为重要的是，"支那"背后似隐藏着一种态度：

　　邏馬人說。大抵天下教法……支那又有一種曰儒教者。或我方呼爲コンフショス（Confucius）……支那本居東南一隅。而其化猶未能行于域中也。亦何敢望及其佗。況今舉其國遂變爲韃靼者乎。如是小教。雖有若亡。不足爲天下之教。⑤

罗马传教士的这番议论见于同卷"莫卧儿"按语中，故一直未能引起相关研究者的注意，但是的确关乎其"中国"观。在论述世界宗教（"天下教

---

① 原文如此。新井白石『采覽異言』（寫本、早稻田大學圖書館所藏）、1820年；刊行本新井白石著、大槻文彦校『采覽異言』（卷三）葉23b—24a、東京：白石社、1881年。

② 关于白石对意大利人的问讯及其知识获得，白石在该作品的序言中有明确交代。另外，具体的问讯情形以及地理知识可参考白石用日语写成的另一作品《西洋纪闻》。新井白石著、箕作秋坪・大槻文彦校『西洋紀聞』、東京：白石社、1882年。另可参阅周一良《新井白石论》，同著《周一良自选集》第490—510页，首都大学出版社，2008年。

③ 可参考其在另一作品《东雅》中的相关论述。新井白石『東雅』（一）第20—22頁、東京：吉川半七、1903年。

④ 『采覽異言』、寫本卷三「韃靼」「呂宋」；刊行本卷三葉25b、23a。

⑤ 『采覽異言』、寫本卷三「莫臥兒」；刊行本卷三葉6a。

法")之际,其言及儒教,并认为此教流传十分有限,更指出中国仅是位于东南的一角,而今举国被清(鞑靼)所统治。虽然明确为西人所论,一定程度上还是映射出白石的态度,特别是"举其国遂变为鞑靼",很能代表当时日本学者针对中国由明入清所普遍保有的"华夷变态"观念。①

另外,从引文构成来看,接受审讯的西人能告知白石的中国知识十分有限,后者还援引利玛窦(Matteo Ricci, 1552—1610)《坤舆万国全图》(1602)中的相关内容("大明")进行补充说明。百年后另一兰学家山村才助(1770—1807)对该作品进行增补修订时做了更为详细的考证:

> チイナ
> 支那
> 昌永按:唐土者,西洋之人呼云"Sina"又"China"。旧译作"支那""震旦",此皆出翻译印度佛法之书,即此。唐土于西方诸国自昔所称。《华严音义》云:"支那,此云思惟,以此国人多所思惟计作,故名之。"又艾氏图说曰:"其距大西洋路几九万,开辟未知相通,但海外传闻尊之大知纳。""知纳"亦此"SHINA"之音译也。〇再按约翰·尼霍夫所著《奉使支那行程记》曰:"此国号'支那'者,自昔欧罗巴中兴革命之时,有'Chin'一统此国而治之,其威德隆盛,振于其他诸国,故于印度闻之,呼此国云'SHINA'。其后此国历世沿革,虽每新改国号。于印度及我欧罗巴诸国至今称此国'SHINA'"云云。然云"SHINA"又"CHINA"皆"秦"之音转,犹我日本至明时犹呼此国为"汉"又"唐"之类。然如《华严音义》所言,应为佛法如此国后此国佛者之附会所说也。②

山村才助(名昌永,通称才助)共言及《华严音义》,即唐代僧人慧苑(673—?)《新译大方广佛华严经音义》,后收入前文曾言及的汉译佛经《一切

---

① 较早见于江户幕府儒官林鹅峰(1618—1680)、林凤冈(1644—1732)父子所辑录的海外情报集《华夷变态》。对于明朝覆亡,辑录者流露出"华变于夷之态也"的感慨,对吴三桂、郑成功等人的反清举动,寄予了"若夫有为夷变于华之态,则纵异方域,不亦快乎"之情。引文见延宝二年(1674)"华夷变态序",林春胜、林信笃编『華夷變態』(上)第1頁、東京:東洋文庫、1958年。

② 山村才助『訂正增訳采覧異言』(卷十、写本、慶應大学図書館所蔵)、1803年。

"支那"：江户兰学者的"中国"解构

经音义》；艾氏图说，即艾儒略（Giulio Aleni，1582—1649）《职方外纪》（1623）；荷兰人尼霍夫（Joan Nieuhof，1618—1672）《奉使支那行程记》（*Het gezantschap der Neêrlandtsche Oost-Indische Compagnie, aan den grooten Tartarischen Cham, den tegenwoordigen keizer van China*，1665，直译作"荷兰东印度赴大鞑靼——现代中华帝国——使团"，1669 年英译本作 "*An Embassy from the East-India Company of the United Provinces, to the Grand Tartar Cham, Emperor of China*"）等三种文献。关于"支那"的来源，明确指出源自汉译佛经；西语"Sina""China"皆为"Chin"（秦）的音变，所谓"国人多所思惟计作"为学佛者的牵强附会（思虑在梵语中作"Cinta"，与"Cīna"发音接近）。

通过以上三处引文不难发现，西语"China"在日语中的音译为"CHINA"，而读作"SHINA"的"支那"并非其音译，而是从汉译佛经找来与其对应的既有词汇；至于对拉丁语"Sina"的认识则是后来的事情。或因对应有同音的拉丁语，在才助《订正增译采览异言》的目录卷部分，"支那"仅注音"シナ（SHINA）"。①

至于其汉译佛经源头，对当时的学者而言或为一种常识，不必时时提起，如上文所言的新井白石。无独有偶，山村才助对西川如见作品修订之际亦可看到这种省略：

> 大明者，唐土也。世世改国号，故无定号。国人自称"中华"，又"中国"……于西洋诸国，称此国曰"支那"，又云"CHIINA"。②

与《订正增译采览异言》中详细的解说不同，才助这里仅笼统地说西方诸国称中国为"支那"或"CHIINA"。尽管从这里亦能看出二者确有一定的区别，但并未明确指出前者的真正来源。这其实反映了日本学者世界认知的变化，即从佛经汉译所生发的传统世界观"本朝（日本）""震旦（中国）""天竺（印度）"向因西方近代地理知识影响下产生的"本朝""唐（中国）""西洋"转变。③也就是说"西洋"取代"天竺"。而梵语相关内容的

---

① 『訂正増訳采覧異言』序言目録卷。
② 大槻玄沢附説、山村才助考訂『訂正四十二国人物図説』（写本、早稲田大学図書館所蔵）、1801 年。
③ 荒野泰典『近世日本と東アジア』第 53—56 頁、東京：東京大学出版会、1998 年。

省略，的确很容易让人笼统地归结今天通常所谓的西方诸国，加之受同音的拉丁语"Sina"影响，以至于忽略了"支那"的真正来源。

至此反顾，我们基本可以断言，日本学者在接触西方过程中起初所使用的"支那"并非"China"或"Sina"等欧洲语言的直接音译，而是取自汉译佛经，西语音译而来的"CHIINA""CHINA"亦为"支那"的读音"SHINA"所取代。

以上的讨论主要围绕语言问题展开，但是不应忽略材料本身的属性——地理学知识。从以上引文不难看出，17世纪末18世纪初的西川如见和新井白石的荷兰语能力有限，主要通过翻译人员向西人问询，并借助佛经资源与汉译西书的相关知识进行确认；到了19世纪初山村才助对这些作品进行校订增译时，已经具备了较高的荷兰语文献释读能力。也就是说，关于中国地理知识的获得，不再单纯依靠中国，荷兰等西方渠道的重要性越发显著。

二、"中国"之解构

通过荷兰等西方渠道获取更多近代地理知识的兰学者究竟为何并如何使用"支那"，其背后折射出怎样的观念变化？

作为第一部较为成熟的解剖学译作《解体新书》的署名译者杉田玄白，其相关论述无疑应作为首要考察的对象。其实，《解体新书》问世后，玄白在收获赞誉的同时，亦听到了反对的声音，认为"夫中华者圣贤之国也"，指责玄白"疑圣贤之书、信蛮夷之书……非医家之贼何乎"。[①] 对此，玄白反驳道：

> 腐儒庸医不知天地大也，少闻东洋二三国之事，以支那为万国之冠……从支那之书，以其国为中土、夫地者一大球也，万国配居焉，所居皆中也，何国为中土，支那亦东海一隅之小国也。[②]

---

① 该作品用汉文写成，故这里及以下各处，为原文引用。沼田次郎校注『洋学　上』（日本思想大系64）第239頁、東京：岩波書店、1976年。

② 『洋学　上』第239—240頁。

"支那":江户兰学者的"中国"解构

玄白指出,不应盲从中国典籍称"中土",因为大地实为一球体,各国居其上,没有哪一国不可谓中,也没有哪国可谓中,中国自称"中土",只不过是"东海一隅之小国"而已。很显然,玄白这里利用了近代西方地理知识对"中土"概念提出质疑。

至于认为荷兰等西方国家为蛮夷的观点,玄白则指出,古圣人于中国之所以"导民以为贵华卑夷之教",是因为圣人明白"国有大小、俗有强弱"而"支那其俗弱也"——秦之长城、汉之和亲、元清之"举国为鞑靼"即是明证——故以华夷之分教育其民而已。① 并进而批评那些"腐儒庸医"固执地认为荷兰等西方国家为"蛮夷",只不过是孤陋寡闻而已。

> 腐儒庸医……少读其书,则漫然自称曰,夷狄其俗固无礼乐也,失礼乐文物,以为分尊卑也,何国无尊卑,何国无礼乐,孔子曰,夷狄之有君,有君尊之则礼也,衣冠者明尊卑之分也,其制各异者,从土地之寒温时代之风俗也……以是观之,则衣冠文物,明尊卑之分,不必以支那为是,以从风土之宜为是也,道者,非支那之圣人所立,天地之道也,日月所照,霜露所下,有国有人有道,道者何乎,去恶进善也,去恶进善,则人伦之道明也,他者皆风俗也,风俗者国各异焉,未闻生四目两口人之国,只闻风俗之而已,荀子曰,生而同声,长而异俗,是之谓也。②

在这种段论述中,杉田玄白反驳了以礼乐、衣冠等区分华夷的观点,认为不能盲目以中国为准,而应考虑是否适应其风土人情。真理乃自然之理,非中国所立,当"去恶进善",继而"人伦之道"亦明。

值得注意的是,玄白对"中土"与"华夷"观念的批驳,在利用西方地理知识的同时,还利用了传统的汉学资源,如孔子、荀子的言论,也就是说,其从内外两方面破除视中国为中心的思想观念。

作为杉田玄白高足、山村才助恩师的大槻玄泽亦有类似的讨论。

---

① 『洋学 上』第239頁。
② 『洋学 上』第239—240頁。

腐儒庸医，不知世界之大所以，妄眩惑支那之诸说，效彼而唱中国，或甚称中华之道。舆地一大球。万国配居，皆于其中自分区域，自尊我居所。支那云中土、中原、中华、中国或华洛、神州，荷兰呼本国德国曰 Middelland（此翻曰中土），唱其邦为中土；英国以其都邑天度之初之类，称本国之际必居左。以坤舆方域之大谓之，应云非洲之属埃及地方为世界之中央。支那、日本之分野在东隅、荷兰等诸国地在西北也。然自吾方以支那之傲称唱中华之国，称华人、华舶、华物等，皆依此也。惟慕效之。年久，凡事喜彼之道，不他顾焉，以致深昧地理之事，限于耳目闻见，惟知唐、天竺之名之辈，甚至觉荷兰亦支那之所属。或论及支那之外皆蛮夷，其学之粗且隘也哉！①

在这番略显冗长的论述中，主要对中国、中土、中华等概念一并提出了反驳，认为这些不过是中国方面的自我尊称罢了，就如荷兰称其本国德国为中土，英国以首都伦敦为经度之始（格林尼治天文台所在地为经度零度）。并认为如果就地图而论，世界中心当为埃及，只是日本对中国的尊崇由来已久，导致很多人的无知与狭隘。

用今天的学术眼光来看，这里的论述多有不确，却充分利用所知的地理信息与外语知识，尽可能解构所谓的"中国"概念，从而突破以往对中国的盲目崇拜。当有人以"蛮夷之说不足取也（蠻夷ノ说取ヘカラス）"为由排斥兰学时，玄泽指出寸有所长，尺有所短，择其善者而从之，无可厚非，是非不辨而墨守成规者，实可笑之至；并引儒学者柴野栗山（1736—1807）之言，荷兰人虽然不知中国之书，但能别"设术立方"并"取效奇中"，认为"汉唐之外别无他道，则隘矣"。②

津山藩医宇田川玄随（1755—1797）原汉医出身，后通过与玄泽等人的交往而转向兰学，关于这段学术转向，玄随有一段颇为精彩的"现身说法"：

晋自幼从先人。读姬孔之书。学轩岐之言。时童子何知。偶闻人之

---

① 大槻玄沢『蘭學階梯』（卷上）葉 12b—13b、[出版地不明] 羣玉堂、1788 年。
② 『蘭學階梯』（卷上）葉 12ab。柴野所论见于其为贺川玄迪（1739—79）著述《产论翼》所作的序言，叶 1a—4b。贺川玄迪『産論翼』、京師、大坂、江戸；河南四郎兵衞、1775 年。

"支那":江户兰学者的"中国"解构

口西洋医术也。亦不问其可否与善恶。必异而排之。唾而骂之曰。逖彼西夷之子。鴃其舌而左其袵。何足以挂齿牙。厕诸中华之学乎。幽谷之禽。犹知迁乔。可以人而不耻之哉。①

如果说玄白、玄泽等人一直在努力解构"中国"观念本身,玄随(名晋)则更进一步指向具体的医学知识。这段引文惟妙惟肖地描述了自己起初抱有的"华夷"对立观念,其早年诵读周公(姓姬)孔子等圣人之书,习学中医(轩,轩辕,即黄帝;岐,岐伯,二者被视为中医之祖),头脑中形成了强烈的"中华""西夷"对立,不论西医所论正确与否,皆嗤之以鼻,认为学习蛮夷人的东西是一种堕落。这种观点随着与大槻玄泽等兰学家的交往而改变:

及后介曾昌启谒月池公。公之席上得大玄泽。玄泽又延入于兰化之社。遂与中淳庵田玄白之辈相周旋。屡闻其说。乃始知其学。信实明征。皆据实物而为言。未尝虚设而空论。其书也精详可晓。而术也简易可从。虽以晋之鲜见闻。殆从来之所无也。于是幡然改曰。吾过矣。今夫医也者仁术也。操仁术而忘仁者之用心。其由焊人而耻割亨。弟子恶受命于先师乎。苟其学之益于医事。将奚所择焉。抑他山之石。可以攻玉。我取以其追琢吾疾医之业。庶几万一有获以补寿世之广施。助仁民之鸿术。则愚公至诚。终身与箕畚之间。亦所弗恤也。②

于《解体新书》审阅者桂川甫周(1751—1809,号月池)家中得见大槻玄泽,并通过后者介绍,与前野良泽(1723—1803,号兰化)、中川淳庵(1739—1786)、杉田玄白等兰学家交接往来,玄随逐渐认识到西医重实测的特点,幡然醒悟不能盲目排外,所谓他山之石,可以攻玉,但凡有益于医学进步,都应该积极学习。或许正是因为这种浪子回头般的转变,才有后来强劲的学术爆发力,不但有日本首部西方内科学著译《西说内科撰要》(1796—

---

① 原文为汉文,宇田川玄随「西說內科撰要序」、同著『西說內科撰要』(卷一)葉1b—2a、室町:須原屋市兵衛、1796年。
② 「西說內科撰要序」葉2a—3a。

1797）数十卷，更开启了宇田川家几代人的兰学事业。

概而言之，从杉田玄白到大槻玄泽、再到宇田川玄随，这些最具有代表性的兰学者一直努力于解构"中国"概念而使用"支那"，一方面利用了近代西方地理知识，另一方面则继承了"华夷变态"观念，努力打破中国中心的观念乃至中国学问的独尊地位。

结　语

至此反顾，经过西川如见、新井白石、杉田玄白、大槻玄泽、宇田川玄随、山村才助等六名兰学家及其同时代学者的努力，源自汉译佛经的"支那"被用来对应西语的"China"，以替换"中国"。这一名称的替换，折射出日本知识分子解构"中国"概念的不懈努力。但这种解构实属矫枉过正，毕竟名从主人，就像我们不会因为"日本"系雅称"日出之国"而改用英语"Japan"的汉字音译名。正是在这样的环境下，加之国学的影响，如妄言"吞并支那""征服全世界"的佐藤信渊就曾师从大槻玄泽与国学者平田笃胤（1776—1843），"支那"一语渐染贬义，终至泛滥成灾。

（徐克伟　北京大学外国语学院博士后）

建构异域：近世日本认识中国的路径探析

许益菲

摘　要：在"锁国"的历史环境中，近世日本存在三条认识中国的路径。不同社会阶层和社会地位的日本人因认识中国的路径以及路径下所掌握信息的差异，其中国认识也不尽相同。长崎商港"窥"中国、浩瀚书海"辩"中国、市井街巷"听"中国，幕府、学人、庶民，一窥一辩一听，不同的认识路径，不同的中国认识，构成了近世日本多层次的中国认知体系。

关键词：中国认识路径　德川幕府　近世学人　近世庶民

历史上，中国先进的制度与文化源源不断地传至日本，给泯泯之国带来了文明的曙光。曾几何时，以中国为师的观念几乎贯穿于近世以前的日本历史。但是，近世以来，日本所面临的内部和外部历史环境相较以往发生了一些变化：锁国体制下，日本人的对外交流活动受到极大限制，加之中日两国间官方的使节和贸易往来已经中断，故而近世日本人再无法像历史上的遣唐使、入宋僧、入明僧那样，能够亲历中国；明清鼎革冲击了日本人传统的华夷观念，引发了日本思想界的"华夷之辩"，疑华观念开始萌发；随着西力东渐而传入日本的西洋文化丰富了日本人的对外认知，在东西方文化的际遇中，洋学为日本认知中国提供了一个全新的参照系。近世日本历史环境的特殊性决定了这一时期中国认识的复杂性，不同阶层和社会地位的日本人因认识中国的路径以及路径下所掌握信息的差异，其中国认识也不尽相同。故而有必要在已有研究成果①的基础上，进一步对近世日本认识中国的路径展开研究，厘清每条认识路径的主体、媒介、特点，并对每条路径下所获得的认知进行评估和考量，以期能丰富和完善近世日本中国认识的研究。

一、长崎商港"窥"中国——幕府的中国认识路径

宽永年间，幕府为禁止基督教传播，并借此垄断对外贸易，先后发布五次锁国令，逐步确立起持续两百多年的锁国体制。其中，幕府在 1635 年发布第三次锁国令后，对中国商船停靠港口作出规定："华蕃通商但限崎港，而不许别港相接。"② 当时的长崎作为唯一对华通商的港口，汇集了中国沿海各省前来贸易的商人，他们不仅运来了中国的各式商品，而且还带来了有关中国的情报，而这些情报经由唐通事之手制成风说书后为幕府所掌握。德川一世，幕府虽奉行锁国政策，却无时无刻不透过长崎这一窗口"窥视"着一海之隔的中国。所谓近世日本认识中国的幕府路径，是指德川幕府藉由来日贸易的中国商人等渠道③获取有关中国之风说，进而掌握中国发展动态的认知路径。

---

① 近年来，国内学界十分关注近世日本中国认识这一课题。杨栋梁主编的《近代以来日本的中国观》（6 卷本）第 2 卷全面阐述了近世日本儒学家、国学家、兰学家以及幕末遣欧美使节的中国观。赵德宇的《日本"江户三学"中的中国认识辨析》（《世界历史》2015 年第 4 期）、刘岳兵的《近代日本认识中国的原型及其变化机制》（《历史研究》2010 年第 6 期）、牛建科的《试析日本国学家的中国观》（《延边大学学报》2007 年第 4 期）等，从学问思想角度对近世日本学人的中国认识进行了系统和个案研究。此外，仲光亮的《江户幕府时期日本对华观的矛盾现象——以日本对清朝的军事情报活动为中心》（《文史哲》2014 年第 2 期）、孟晓旭的《江户时代日本人的中国认识——以"漂流事件"为中心的考察》（《社会科学辑刊》2008 年第 1 期）等从现实情报角度对近世日本的中国认识进行了研究。相比之下，学界对庶民的中国认识亦或是中国观的研究成果较少，仅见谭建川的《日本教科书的中国形象研究》（北京大学出版社，2014 年）。

② 林韑编『通航一覧』卷百四十七第 168 頁、東京：国書刊行会、1913 年。

③ 近世日本，除长崎外，幕府还存在琉球—萨摩和对马—朝鲜、漂流民以及南明乞师团等获取中国情报的渠道。笔者认为朝鲜和日本在明清鼎革之际都在彼此刺探对方的情报，日本非常渴望从朝鲜人口中获知有关中国的情报，但是，朝鲜使节多方顾及并未做到知无不答，更多地是随意搪塞。再者，无论是琉球使者还是漂流民，其所传有关中国的情报信息，在体量上并不占据多数，在时间上也不具备连续性。至于南明乞师者所带来的中国风说，则带有明显的"仇夷"立场，有许多夸张和渲染的成分在内，有失客观。在众多渠道中，长崎才是幕府认识中国的主要渠道，故而，出于代表性和篇幅的考虑，本文将主要关注长崎这一渠道，由此来考察幕府的中国认知路径。

建构异域：近世日本认识中国的路径探析

就其认知主体而言，无疑是德川幕府，值得注意的是，只有少数幕府高层人士才能全面掌握有关中国的情报。正保二年（1645），南明隆武政权的水师总兵崔芝修书向日本乞援兵，由参将林高携至长崎。幕府儒官林春胜于书信内容之后附文一段："右崔芝书两通，林高持来长崎，传达江户，以备老中、上览，春斋于御前读之，其后松平伊豆守依上意，至井伊扫部头直孝宅，春斋读之，此时马场三郎左卫门、山崎权八郎长崎两奉行，马场在江户，山崎在长崎（后略）。"① 这段附文来看，从长崎到江户，接触这份情报的只有幕府大老井伊直孝、老中松平信纲以及长崎奉行马场三郎左卫门、山崎权八郎等人，都是位居幕政中枢的实权人物。

作为幕府认识中国的重要媒介，唐通事的情报收集环节至关重要。通事，又称通词，特指德川幕府指派在长崎从事翻译或贸易事务的官吏。一般而言，负责中国贸易的称为唐通事，而负责荷兰贸易的称为荷兰通词。通事一职日本古来既有，《通航一览》言："通事乃古代唐朝使节来朝，为应之而于玄藩寮设鸿胪馆，置译士若干（后略）。"② 后来，随着中国商船往来减少，一度在史料记载中陷于沉寂。庆长、宽永年间（明清鼎革之际），往来平户和长崎的中国商船日盛，日本为了应对日趋频繁的贸易活动，又复置大小译士。德川幕府初设唐通事是在1604年，据载："（庆长九年），置唐人通事，以唐人冯六任之。"③ 是为近世日本唐通事一职之始。除负责翻译、与商人交涉以及处理贸易等相关事务之外，唐通事还有一个很重要的职责，就是为幕府搜集有关中国的情报，而这与明清鼎革所引起的东亚格局变动有着非常密切的联系。

明清鼎革既是中国历史上的大变局，也是东亚史上的一次大变局，有学者称："无论是思想、政治，还是外交、军事，两个多世纪来所发生的诸般变化，几乎都与之（明清鼎革）有着或深或浅和或明或暗的关联。"④ 对日本而言，明清鼎革带来的是军事上的威慑和伦理上的冲击，林春胜不禁感慨："崇

---

① 林春勝編『華夷変態』上第13頁、東京：東方書店、1981年。
② 『通航一覧』第167頁。
③ 金井俊行編『増補長崎略史』第一卷第11頁、長崎：長崎市役所、1926年。
④ 韩东育《从脱儒到脱亚——日本近世以来"去中心化"之思想过程》第143页，台北：台湾大学出版中心。

祯登天，弘光陷虏，唐鲁缱绻南隅，而鞑虏横行中原，是华变于夷之态也。"① 在他眼里，中国已然"华变于夷之态"了。

明清鼎革中，清军摧枯拉朽的战斗力让幕府统治者十分震撼，他们对新出现的清朝政权心存戒备，因为清朝的出现唤起了日本对元寇的记忆②。故而，在东亚格局发生深刻变化的背景下，德川幕府自然会对清朝以及反清力量的发展形势等异常关注。这样，以赴日的中国商人为情报来源，借由唐通事这一媒介形成了一套高效完整的对华情报收集体系，进而形成了近世日本认识中国的幕府路径。"凡异邦之船入津，（中略）闻其土之街谈后，始可由船上岸。"③ 而且，"每年，长崎通事献风说书至关东，于诸国之人谈话中，得闻各种趣事"④。唐船入港长崎后，长崎奉行命唐通事登船，询问船员一些有关信息。唐通事所询问的内容主要包括出发地、船员情况、同行船只以及后继船只情况、航行状况、清国情势等⑤。其中，清国形势当是幕府方面真正感兴趣且予以重点关注的内容。风说书制成后会迅速上达幕府，据载："凡唐船入港，即日邮报。"⑥ 孙文的抽样统计研究认为，风说书从长崎发出后经17—26天即可送达幕府高层之手。⑦ 这也从一方面说明幕府路径下所获知的中国风说有很强的时效性和现实性。

德川幕府认识中国属于主动求知的行动选择，其背后有着明确的现实利益取向。一个显著的特点是，不同历史阶段，幕府关注中国的焦点也不尽相同。前期重点关注各方势力的此消彼长，后期对清朝的法律、制度以及社会文化等表现出了浓厚的兴趣。延保二年（1674），林春胜在编纂整理《华夷变态》之时，正值三藩之乱，他曾在序文中写道："顷闻吴郑檄各省，有恢复之举。其胜败不可知焉，若夫有为夷变于华之态。则纵异方域，不亦快乎。"⑧ 短短数句间，表明了幕府对三藩之乱的密切关注。及至康熙帝平定三

---

① 『華夷変態』第1頁。
② 信夫清三郎编『日本外交史』第11頁、東京：每日新聞社、1974年。
③ 天野信景『塩尻』上第276頁、東京：帝国書院、1907年。
④ 『塩尻』第640頁。
⑤ 孙文《唐船风说：文献与历史——〈华夷变态〉初探》第87—88页，商务印书馆，2011年。
⑥ 『華夷変態』第2頁。
⑦ 《唐船风说：文献与历史——〈华夷变态〉初探》第92页。
⑧ 『華夷変態』第1頁。

藩、降伏郑氏，清朝一统天下已成定局，与之而来的是史称"康乾盛世"的鼎盛期。此时，幕府八代将军德川吉宗崇尚实学，对中国的法律、制度表现出了异常浓厚的兴趣，为弄清《大清会典》中的具体细节，他曾派深见久太夫和荻生北溪到长崎与来日的清国人朱佩章笔谈。这说明，随着东亚格局日趋稳定，幕府已经认识到清朝一统天下已成定局，其对中国的关注焦点已转移到法律、制度上来。这样，大致以1683年清康熙帝平定台湾前后为分水岭，德川幕府认知中国的焦点发生位移。

《华夷变态》是幕府儒官林春胜和林信笃父子编纂的唐船风说书集，收录了正保元年（1644）至享保二年（1717）间长崎上呈幕府的两千多件风说书。毋庸赘言，作为近世日本唐船风说书汇编的《华夷变态》有着极高的史料价值。《华夷变态》中所收录的两千多件唐船风说书是考量幕府路径下所掌握中国情报之内容以及认知程度的重要史料。当从德川幕府关注中国的焦点这一角度来宏观审视《华夷变态》时，就不难发现，在康熙帝平定三藩、降伏郑氏之前，唐船风说书中所记载的内容基本离不开明清易代、赴日乞师、三藩之乱、郑氏抗清这几大主题。内阁文库本《华夷变态》前五卷中大量记载了有关明清易代和三藩之乱的内容，而第六至第九卷中，虽仍有部分清廷与三藩以及台湾郑氏角逐的内容记载，但内容不及前五卷集中。明清鼎革所引发的东亚格局激荡随着清朝的四海一统而归于平静，中国商人所传风说之内容也不再是各方势力的此消彼长，诸如"大清十五省静谧""大清太平"等字眼开始在风说书中变得多起来。

《清朝探事》是享保年间一部有关清朝事情的问答书，曾在近世日本广为流布。据《唐船进港回棹录》记载，接受询问的清人朱佩章是享保十年二月初五同兄弟朱子章、朱来章共乘六番宁波船来日。①《清朝探事》以一问一答的形式记录了两百余条问答条目，其内容涉及清朝社会的方方面面，既有涉及帝王将相、典章制度、边防要略的内容，也有涉及衣服、嗜好、风俗等内容。《清朝探事》所载内容虽不及《华夷变态》那般风云激荡，却可谓是包罗万象，细致入微。正如大庭修所言，这些完全多样化、无统一主题的内容，从另一个角度或可说德川吉宗迫切想了解清朝的任何事物。②

---

① 大庭脩『関西大学東西学術研究所集刊』九第80頁、京都：同朋社、1974年。
② 大庭脩『江戸時代の日中秘話』第140—141頁、東京：東方書店、1980年。

关于幕府路径下对中国的认知程度，《华夷变态》卷一中有一段对明清鼎革时期中国时局的说明："崇祯十五年，当我宽永十九年，是年，李自成叛逆，崇祯十七年三月，攻入北京，四月十九日崇祯帝自杀，自成僭号，称大顺国，改元永昌。五月，史可法于南京拥立福王即位，改元弘光。福王者，崇祯之从弟也。正保元年当甲申，明年乙酉春，吴三桂借鞑靼之兵，击平李自成，光复北京。三桂逐李自成而赴陕西，鞑靼直入北京，改元顺治，国号大清。五月，鞑靼攻取南京，擒弘光帝，史可法战死。六月，郑芝龙于福州立明太祖后胤唐王，明年丙戌号隆武元年。"① 从内容来看，这段文字基本勾勒出了明清鼎革所发生的历史脉络，唯一不准确的是崇祯皇帝自杀的时间②。《清朝探事》中评价雍正皇帝"行仁政，薄刑罪，纳忠言，施恩恤，故官吏自廉洁，天下太平也。当今，日夜万机之政，尽心力而不好一切游兴之事"。③ 确与雍正帝勤政廉洁的形象相符。对日本人十分关注的边防要地，朱佩章似乎毫无保留，知无不言。《清朝探事》中云："各省要害之所，量其地势之险易，配以旗官兵并旒旗官兵酌驻，其统御官兵者云提督总兵，总镇一方者云镇守总兵，其次为副将、参将、游击、都司、守备，又次为千总、把总。"④ 而防御日本之地，在"山东、江南、浙江、福建滨海之地，岛岐之所俱有备倭台，构哨堡，筑炮台，备官兵"。⑤ 关于祭礼，其云："诸省各地祭城隍庙，乡村祭土地祠，农民皆祭后稷，或出其地方，祭圣贤、忠孝、义夫、节妇，佛又有诸寺院之佛、菩萨、生辰、成道之日，诵经进香。诸省各家，诸人于三月清明之节，十月朔日，祭拂先祖之坟墓。"⑥ 诸此种种，不胜枚举。这说明，在近世日本认识中国的幕府路径下，幕府不仅掌握了当时中国历史发展的宏观大势，而且，还对清朝社会上下的诸多制度、风俗、文化等有了一定程度的了解。

---

① 『華夷変態』第 15 頁。
② 崇祯皇帝自杀时间应为崇祯十七年三月十九日，而《华夷变态》的这段记录误记为四月十九日，当是记录者误写所致。
③ 大庭脩編『享保時代日中関係資料』二第 111 頁、大阪：関西大学出版部、1995 年。
④ 『享保時代日中関係資料』二第 116 頁。
⑤ 『享保時代日中関係資料』二第 113 頁。
⑥ 『享保時代日中関係資料』二第 121 頁。

二、浩瀚书海"辩"中国——学人的中国认识路径

江户时代，是日本历史上思想文化极为繁盛的时代，朱子学、阳明学、古学、国学、兰学等学术流派纷纷登上历史舞台，大有先秦诸子百家争鸣之风气。江户时代，也是日本汉学受容程度最高的时代，日本知识层的汉学修养称得上王仁传经以来未有之顶峰。随着对中国学问理解的深入，以及明清鼎革所带来的伦理冲击，近世学人自学问启蒙以来所形成的"慕华"观念开始动摇，"疑华"观念已有萌发。由此，不同学派的思想家围绕对中国的认识问题，展开了一场中国之"辩"。宝永四年（1707），荻生徂徕与黄檗宗万福寺八代唐僧悦峰在芝瑞圣寺会面，荻生徂徕向悦峰询问了有关西湖的风景。[①] 在二人的一问一答中，荻生徂徕对中国事物的熟稔以及对中华的仰慕之情溢于言表。在唐僧悦峰面前，他似乎迫切地想将自己所了解的中国风情向和尚一一求证。徂徕这代日本儒者没有亲至中国的历史际遇，但他却对西湖景色、苏堤孤山、忠臣岳飞、钱塘大潮等了然于胸，如曾亲至游历一般。这是因为近世日本存在认识中国的学人路径。

所谓近世日本认识中国的学人路径，是指知识阶层的学人借由书籍所载的学问知识来认识、了解中国，并建构出理念化"中国像"的认知路径。不言而喻，学人路径下的认知主体是近世日本的儒学家、国学家以及兰学家。而认识中国的媒介则是学人手中的浩瀚书籍。书籍，是近世日本学人认识和了解中国的重要媒介，也是构成近世日本学人认识中国路径的重要前提。汉籍传入日本由来已久，早在应神天皇时代，《古事记》和《日本书纪》中就有王仁、阿直岐献书的记载。至江户时代，日本当已有相当数量的汉籍和翻刻汉籍流传于世。江户时代，中日贸易但限长崎一港，往来长崎的唐商将产自中国的精美商品输入日本，其中就包括典籍。虽然书籍在输入日本的商品中并不占据很大比例，但仍有相当数量的中国书籍传入日本。近世初期的大儒林罗山曾言："我家藏书一万卷，或誊写，或中华朝鲜本，或日本开版本，或抄纂，或墨点朱句，共是六十余年间所蓄收也。尝分授向、阳、函三者一

---

① 石崎又造『近世日本における支那俗語文学史』第56—57頁、東京：弘文堂、1943年。

千五六百部许，留在我手者居多。"① 文政九年正月，清朝漂流民朱柳桥与日本儒士野田笛浦曾有一段笔谈言及汉籍输入日本之状，笔谈中，野田笛浦曰："贵邦载籍之多，使用有望洋之叹。是以余可读者读之，不可读者不敢读，故不免夏虫之见者多矣。"朱柳桥答曰："我邦典籍虽富，迩年以来装至长崎，已十之七八，贵邦人以国字译之，不患不能尽通也。"② 悠久的书籍传入历史、源源不断地书籍更新，无论是近世之前日本既有汉籍之数量，还是近世以来汉籍传入日本之数量，都足以为近世日本学人认识和了解中国提供充足的知识源泉。

学人路径的一个显著特点是，近世学人在对中国的认识问题上往往伴随学问成长以及学派立场这两个变量，呈现出时间维度上的阶段性差异以及内容维度上的立场性差异。就学人个体而言，其在学问成长的过程中会呈现出从"慕华"到"疑华"的阶段性差异。就学人中的不同学派而言，则在内容维度上会呈现出立场性差异。不同的学派，不同的立场，衍生出了不同的内容维度。

一个思想家，其学问成长大致会经历启蒙、进阶、成熟等阶段，因此，其对中国的认识不免会呈现出时间维度上的阶段性差异。在近世日本，无论是儒学家、国学家抑或是兰学家，其启蒙阶段所学都有汉学渊源。"（野中）兼山少时来江户，得《中庸集注》读之，虽未尽了其义，喜非佛说多虚诞之比，乃赍归请谷时中，从是始知有圣人之道。"③ 山鹿素行"六岁从塾师学书计，九岁入林罗山门，时称文三郎。十一岁为人讲说小学、论语、贞观政要等，论辩殆若老成"。④ 山崎闇斋曾言："吾幼年读《四书》，成童为佛徒，二十二三，本于空谷之书作三教一致之胡论，二十五，读朱子之书，觉佛学之非道，则逃焉归于儒矣。"⑤ 国学之集大成者本居宣长，二十三岁只身从家乡松阪前往京都学医，为修汉学而拜于堀景山门下，在堀景山的塾中学习汉籍，⑥ 积淀了

---

① 京都史跡会编『林羅山詩集』三十二卷第 22 頁、東京：ぺりかん社、1979 年。
② 大庭修着、戚印平、王勇、王宝平译《江户时代中国典籍流播日本之研究》第 45 页，杭州大学出版社，1998 年。
③ 原念齋『先哲叢談』卷の二第 48—49 頁、東京：春陽堂書店、1936 年。
④ 『先哲叢談』卷の二、294—295 頁。
⑤ 日本古典学会『山崎闇斎全集』第三卷第 450 頁、東京：ぺりかん社、1978 年。
⑥ 日野龍夫『宣長学の成立』、『日本思想大系』40 第 565 頁、東京：岩波書店、1978 年。

建构异域：近世日本认识中国的路径探析

一定的汉学基础。近世日本兰学者中，诸如杉田玄白等，许多是医者出身，他们最初修习汉籍，研究中医，都有很高的汉学修养。可见，无论学派如何，学人启蒙期的汉学修习都会在潜移默化中积淀出中国认识的最"古层"，这个古层成为近世学人日后不断修正自己中国认识的基础。随着学问修养的日益精进，加之"华夷变态"所带来的巨大伦理冲击，启蒙期所形成的中国认识开始面临修正。在"华夷变态"理念的驱使下，以往一些既定观念不再是金科玉律，近世学人眼中的中国形象次第呈现出不同的内容维度。或辩其是华是夷，或疑其朱子之学，或蔑其易姓革命，或视为万国之一。学派不同，则聚焦点不同，聚焦点不同，中国认识也就不尽相同。

浅见絅斋和佐藤直方，俱是山崎闇斋之高足，与三宅尚斋并称"崎门三杰"。但是。同为崎门弟子的浅见和佐藤对"中国"却有着不同的理解和认知。浅见絅斋在《中国辩》中批判了"以唐为中国，以日本为夷狄"的传统华夷观。其言："读儒书者，以唐为中国，以吾为夷狄，更有甚者，有感叹吾生于夷狄而懊悔之徒，甚也。读儒书者失其本而不知名分大义之实，可悲之至也。"① 按照浅见絅斋的理解，"中国"是一个动态的概念，礼乐制度等风化所及之处皆可称之为"中国"。他援引吴楚之地由"夷狄"而变为"中国"的历史以支撑他的观点。"吴楚之地古为夷狄之地，《孟子》有南蛮鴃舌之诮，（中略）然吴楚自周末次第繁盛，合而为唐，秦汉以后，历代为中国之地。南北朝以来则成天子之都。"② 诚如浅见絅斋所言，古为南蛮边土的吴楚之地的确在历史上逐步摆脱了"夷狄"的帽子，跻身"中华"之列。对此，浅见絅斋的同门佐藤直方却有着不同的见解。在佐藤直方看来，"中国"是一个亘古不变的静态地理概念。他比喻道："为人者，纵有何等不德不义，皆不可云其为真犬马，恶人亦是人，犬则为犬（中略）鹦鹉能言，不离飞鸟也。"③ 佐藤直方是一位纯粹的朱子学者，由于明清鼎革，日本上下盛行"华夷变态"之说，但在直方看来，即使"无文王武王之圣人，中国之名亦不会变"。④ "中国"作为一个静态的概念，不会因为清朝入主而改变其名，即便

---

① 浅见絅斋『中国辨』、『日本思想大系』31 第416頁、东京：岩波书店、1980年。
② 『中国辨』第417頁。
③ 佐藤直方『中国论集』、『日本思想大系』31 第421頁、东京：岩波书店、1980年。
④ 『中国论集』第421頁。

没有文武周公孔孟等圣人，它也仍是中国。崎门二子截然相反的中国认识也折射出近世日本学人中国认识的复杂多样。自汤武放伐以来，中国历史上王朝更迭不断，王朝的兴衰更迭本是历史发展的一种常态，却遭到近世日本学人特别是国学者的讥诽，他们动辄以日本皇统万世一系来指摘中国的易姓革命，而基于如此狭隘历史视域下的中国认识，所呈现出的自然是"疑华"甚至"蔑华"的内容维度。国学者贺茂真渊在《国意考》一文中批判了时人以中国之道为治世之道的观点，其曰："有言者称能治世之道，唯唐国之道也，吾笑而不答。"① 他"援引"中国历史，历数中国朝代更迭频繁、以下犯上、弑君夺位等弊病，其曰："（周朝）八百年，然治世仅初代、二代四十年而已，不久即乱，后渐衰。（中略）汉代文帝时中国有治世，后有小人出，弑君而自立为帝。"② 诸此种种，在贺茂真渊看来，儒道非但不是治国之道，反而是乱国之道。不仅国学者如此，被称之为日本古学之嚆矢的山鹿素行也有与之相似的言论，其曰："夫外朝易姓，殆三十姓，狄戎入王者数世，春秋二百四十余年，臣子弑其国君者二十又五，况其先后之乱臣贼子，不可枚举也。"③ 而日本则是"自开辟至人皇垂二百万岁，自人皇迄于今日，过二千三百岁，而天神之皇统竟不违，其间弑逆之乱不可屈指数之，况外国之贼，竟不得窥吾边藩乎。"④ 儒者松宫观山还分析了中国"乱世"居多的原因，其曰："儒道虽言以人为本，无后不孝，然不问氏族，重人之材德，故虽起于民间，乘运得势之时，则恣升天位。"⑤ 且不论这些言论正谬如何，近世日本学人这些"疑华"甚至"蔑华"维度上的中国认识在本质上是民族自卑心理下为抬高自我而过度贬低中国的产物，这种狭隘的立场使他们在认识中国时丧失了一个学人应有的理性。近世，以荷兰文书籍为媒介的西洋学问传入日本，在一定程度上丰富了日本人的对外认知，同时，也为日本认识中国提供了一个不同的参照系，兰学家就是在兰学和汉学两大学问体系的对比中，形成了其特有的中国认识。自古以来，日本人只知本朝、震旦、天竺，不知有万国。但

---

① 贺茂真渊『国意考』、『日本思想大系』39 第 374 頁、东京：岩波书店、1980 年。
② 『国意考』第 376 頁。
③ 山鹿素行『中朝事实』、『山鹿素行全集』第十三卷第 41 頁、东京：岩波书店、1940 年。
④ 『中朝事实』第 41 頁。
⑤ 松宫観山『三教要録』、『松宫観山集』第一卷第 40 頁、東京：国民精神文化研究所、1935 年。

是，随着西洋天文地理知识的传入，兰学者开始意识到："夫地者一大球也，万国配居焉，所居皆中也，何国为中土，支那亦东海一隅之小国也。"① 得益于西洋的地理知识，兰学家的地理认知已经超出以往本朝、震旦、天竺的格局和视野，即便是中国，亦不过是东海一隅之小国而已。兰学者还利用其掌握的西医解剖之学来对比中医之说，其曰："古云肺者六叶两耳凡八叶，或云形似人肩二布叶数小叶中有二十四孔，今直观之，则左右各二，或三，不过五。"② 在西洋解剖学的验证下，中医之说暴露出许多不足。从视中国为万国之一，到质疑中医之说，兰学者呈现出的，是一种"崇洋轻华"的内容维度。但这并非如国学者那般出于非理性的狭隘民族主义，而是建立在西洋知识和汉学体系的对比之上。

三、市井街巷"听"中国——庶民的中国认识路径

以往学界对近世日本中国认识的研究，对庶民阶层③的中国认识却关注较少。庶民，是近世日本最富活力和创造力的阶层，且占人口的多数。考察近世日本的中国认识，如若忽视对日本庶民阶层的研究，显然不够完整。上杉允彦在《江户时代日本的中国观》一文中就曾对庶民阶层中国观研究表示期待，他希望"今后对江户时代日本人的中国观研究应该扩展到包括庶民在内的更加广泛的阶层"。④ 在近世日本的历史环境中，庶民阶层既没有掌握有关中国现实情报的权力，也没有建构理念化"中国像"之学识。对市井街巷的庶民而言，"中国"更多地是一种碎片化的记忆存在。

所谓近世日本认识中国的庶民路径，是指近世日本的庶民阶层借由寺子屋的启蒙教育以及净琉璃等文化形式来认识中国、了解中国，并被时间冲淡为碎片化记忆的认知路径。囿于近世日本相对封闭的社会环境以及庶民阶层学识修养的限制，近世日本庶民阶层的中国认识并不具备幕府路径下的真实性以及学人路径下的深刻性。其对中国的认知毋宁说是一种"碎片化的记忆"，不免会具有模糊和失真的特点。毕竟对当时的庶民而言，"中国"是一

---

① 杉田玄白『狂医之言』、『日本思想大系』64 第240頁、東京：岩波書店、1976年。
② 『狂医之言』第240頁。
③ 本文中庶民阶层是对近世日本四民中农、工、商三者的统称。
④ 上杉允彦『江戸時代日本人の中国観』、『高千穂論叢』、1977年。

种几乎与现实生活没有交集的概念存在,即便在寺子屋的启蒙教育阶段曾听先生讲解,但其并不以学问为营生,这些中国记忆显得十分有限,随着时间的推移,会被时间慢慢冲淡,在生活的诸多元素中变得模糊起来。在江户时代,庶民阶层日常生活中接触较多的是净琉璃、浮世草子、歌舞伎、俳谐、浮世绘等丰富多彩的大众文化载体,而其中蕴含的些许中国元素也会对塑造庶民阶层的中国认知产生一定的影响。但文学、戏剧作品往往带有夸大渲染的成分,由此获得的中国认知也难免会失真。近世日本庶民教育有着极高的普及率,得益于此,近代前夕日本国民的识字率一直保持着较高的水准,为日本近代化打下了良好的基础,而寺子屋教育则是庶民教育的主要形式。关于寺子屋教育的相关内容,朱玲莉认为:"在近世日本寺子屋教育中,历史和地理知识是其中一项基本内容,寺子屋不仅教授日本的历史,如《日本外史》《国史略》《日本政纪》,还教授中国的历史,如《十八史略》《左氏春秋》等。给爱好学习的寺子们提供了深入学习的机会,同时也扩大了他们的视野。"[1] 壶井五兵卫,是生活在河内国石川郡大塚村的一名在村文化人,他撰写的《河内屋可正旧记》中援引了一些中国典故来教化子孙和村民,旧记第十四卷中就记录了历史上越王勾践不听从谋士范蠡的劝谏,贸然出兵会稽山而兵败被囚的典故,意在引导子孙和村民能听从劝谏,并言道:"不听劝谏而家破人亡者,和汉两朝不胜枚举。"[2] 印证了近世日本庶民教育中教授中国历史的事实。此外,寺子屋还通过教科书向庶民灌输勤奋读书、孝敬父母等理念,书中所引典故俱是源自中国。以《童子教》为例,《童子教》相传为镰仓时期的安然和尚所作,共收入反映佛教和儒教思想的五言汉文320句,一直是江户时代寺子屋的启蒙教科书。《童子教》中引用了许多勤奋好学的典故来引导启蒙学子刻苦读书,其文曰:

> 匡衡为夜学,凿壁招月光。孙敬为学文,闭户不通人。苏秦为学文,锥刺股不眠。俊敬为学文,绳悬颈不眠。车胤好夜学,聚萤为灯矣。宣士好夜学,积雪为光矣。休穆入意文,不知冠之落。高凤入意文,不知麦之流。刘寔乍织衣,口诵书不息。倪宽乍耕作,腰带文不舍。此等人

---

[1] 朱玲莉《日本近世寺子屋教育研究》第153页,中国社会科学出版社,2010年。
[2] 野村豊編『河内屋可正旧記』第241頁、大阪:清文堂、1975年。

者皆，尽夜好学文，文藻满国家，遂至硕学位。①

从教化的角度而言，这些中国古人勤奋好学的故事无疑会给启蒙期的日本庶民留下中国古人勤奋好学的记忆。《童子教》作为近世日本寺子屋教育的道德教科书，还援引中国二十四孝的典故来引导启蒙学子恪守孝道，其文曰：

> 郭巨为养母，掘穴得金釜。姜诗去自妇，汲水得庭泉。孟宗哭竹中，深雪中拔笋。王祥叹叩冰，坚冻上踊鱼。舜子养盲父，涕泣开双眼。刑渠养老母，啮食成龄若。杨威念独母，虎前啼免害。颜乌墓负土，乌鸟来运埋。许牧自作墓，松柏植作墓。此等人者皆，父母致孝养。②

同样，二十四孝恪守孝道，致孝父母的典故也会在日本庶民心中留下中国古人遵守孝道的儿时记忆。对日本庶民而言，启蒙教科书上这些勤奋好学、恪守孝道的中国典故在某种意义上是他们认识中国的一种途径，通过学习，勤奋好学、恪守孝道的中国认识会在潜移默化中形成于近世庶民的儿时记忆中。

《国姓爷合战》是日本近世著名净琉璃剧作家近松门左卫门的代表作，正德五年（1715）在竹本座首演，大获成功。曾连续三年在日本上演不衰，观众多达20万人次，可谓盛况空前。主要登场人物有和藤内（国姓爷郑成功）、郑芝龙老一官、吴三桂、甘辉、一官妻（郑芝龙妻）、和藤内妻（郑成功妻）。近松门左卫门以明清易代的历史为基础，虚构了一段国姓爷郑成功抗清复明的故事。如果说《华夷变态》所载的风说书是德川幕府了解明清易代的信息来源的话，那么《国姓爷合战》则可谓是近世日本庶民了解明清易代的信息来源。但是，戏剧作品带有很强的虚构色彩，《国姓爷合战》中，近松将郑成功塑造成了受日本神灵保护的武士，渡海回国，大破鞑靼，有太多的情节与历史事实严重不符。在《国姓爷合战》中，近松将明朝描绘成一个"兴三皇五帝之礼乐，垂孔孟之教，五常五伦之道盛行"的国度，而鞑靼国则是一个"无道亦无法，（中略）类同牲畜之北狄"的畜生国。③ 其实，就算是幕

---

① 『童子教』、『近世庶民教育思想』第一卷第498页、東京：日本図書中心、2001年。
② 『童子教』第499—500页。
③ 近松門左衛門『国姓爺合戦』、『日本古典文学大系』50 第230页、東京：岩波書店、1959年。

府高层掌握的中国风说也存在一些片面的信息,更何况当时的庶民阶层,这也说明,庶民路径下所得到的中国认识存在一定的失真。但不得不承认,《国姓爷合战》在塑造近世日本庶民的中国认识方面影响深远,日本著名清史研究者增井经夫曾言:"这在当时已经成了一种深深扎根于日本民众心中的中国观标识,以至于后来中国发生了太平天国起义,日本民众甚至也将其视作一种'明清对决'。"① 这也从侧面显示出庶民路径下中国认识所存在的失真问题。

结　语

王汎森在谈及思想史的定义时,认为"思想像微血管般遍布于社会,有些地方比较稀疏,有些地方则非常浓密"。② 其意在说明思想在社会中有层次之分,正如其所说的那样:"有性质及内容的不同,光谱浓淡、思想高低之差异。"③ 作为一种思想的存在,"中国"又何尝不像毛细血管一样遍布于近世日本社会,与幕府、学人和庶民都有着生活上的交集,却有层次之分。近世日本特殊的历史环境催生出的三条认识路径,在某种意义上划分了近世日本中国认识的三个层次。幕府凭借权力垄断了对外情报,不仅在明清鼎革时期掌握了历史发展的宏观大势,而且还对清朝社会上下的诸多制度、风俗、文化等有了一定程度的了解,幕府路径下对中国的认识最为现实,也最为真实;饱受中国学问浸染的近世学人熟悉中国的历史文化、学术思想、典章制度,在对中国的认识问题上往往会随着学问的成长以及学派所持立场的差异,呈现出时间维度上的阶段性差异以及内容维度上的立场性差异,学人路径下对中国的认识最为深刻也最为复杂;处于社会底层的庶民通过寺子屋的启蒙教育以及净琉璃等形式获得了有关中国的碎片化记忆。但是,毕竟庶民以谋生为业,时间会逐渐冲淡这些原本碎片化的记忆,且戏剧文学作品本身就带有虚构和夸大的成分,因此,庶民路径下对中国的认知是模糊且失真的。长崎商港"窥"中国、浩瀚书海"辩"中国、市井街巷"听"中国,幕府、学

---

① 增井经夫著,程文明译《大清帝国》第37页,社科文献出版社,2017年。
② 王汎森《思想是生活的一种方式:中国近代思想史的再思考》第2页,北京大学出版社,2018年。
③ 《思想是生活的一种方式:中国近代思想史的再思考》"序"第3页。

建构异域：近世日本认识中国的路径探析

人、庶民，一窥一辩一听，三条认识路径各具特点，又不可分割，共同构成了一个多层次的中国认知体系。近世日本的中国认识是立体的，多层次的，在一定程度上，探究和把握近世日本认识中国的三条路径，有助于更好地从历史中还原近世日本中国认识的实像。

中日两国的相互认知，既是历史问题也是现实问题，和中日关系之间有着紧密的内在联系。站在历史的节点上，我们有理由回溯历史，思考当下，展望未来。从近世到当下，历史的场域不断变迁，但是，依然不变的是日本人多层次的中国认识。多层次即意味着日本中国认识的复杂性，值得我们冷静分析，理清脉络，为进一步推动中日两国人民的相互理解而尽绵薄之力。

（许益菲　南开大学日本研究院博士生）

·中国经典文化外传与研究·

中国古诗英译变异论[*]

万 燚

摘 要：由于语言差异与文化悬隔，变异成为中国古典诗歌英译中常见的文化现象，以诗行、韵律、语义、修辞等的变异尤为突出。诗行变异指译诗改变原诗句式使诗句长段参差不齐或诗行的增减，无法再现中国古诗的整齐和谐之美。音韵变异指译者以散体译诗或以诗体译诗时出现的句子、韵脚数量的变化，进而丧失汉诗原有的韵律。语义变异指无意误译或有意误译中出现的对原诗义旨的背离，无法准确、完整传达原诗信息。修辞变异指一些具有民族特色的修辞方式（如叠字、顶针、复沓）难以在英译中复现，导致原诗与译诗节奏、风格迥异。

关键词：中国古诗 英译 变异

诗歌是中国古典文学一大宗，在世界文学之林中也颇为引人注目，且较早被介绍到西方世界，以《诗经》为代表的中国古诗更是为英语世界译者青睐，成为中国文学及文化西传的代表。但同时，对域外英译者来说，中国文学及文化的异质性是一道难以逾越的文化鸿沟，尤其是以表意为主的汉字和以表音为主的英语有极为显著的区别，叶维廉对此指出：

> 象形文字代表了另一种异于抽象字母的思维系统：以形象构思，顾及事物的具体的显现，捕捉事物并发的空间多重关系的玩味，用复合意象提供全面环境的方式来呈示抽象意念……字母系统下思维性之趋于抽

---

[*] 基金项目：本文为作者主持 2019 国家社科基金一般项目"欧美学界中国文学史书写话语建构研究"阶段性成果。

象意念的缕述，趋于直线追寻的细分、演绎的逻辑发展。二者各具所长，各异其趣①。

他认为，象形文字（如汉字）突出"形象构思"，长于表现事物的具体形态及空间关系，并以复合意象构筑环境来表现抽象之思；而字母系统（如英语）则更倾向于抽象思辨与逻辑演绎，简言之，一则以形象性取胜，一则以抽象性见长。文化悬隔与语言差异对中国古典诗歌的英译提出了巨大挑战，在译介过程中，域外译者往往先理解与诠释诗义，然后再用他们熟悉的西方诗歌构架重新铸造诗行，由此，中国古典诗歌特有的艺术美感自然因之消弭。美国诗人弗罗斯特（R. Frost）甚至认为"原诗就是在译文中被丢失的内容"（The poetry of the original is the poetry that gets lost from verse or prose in translation），② 原诗给予读者的想象空间与阐释自由在译诗中被限制、破坏，无法使读者获得良好的审美体验，这实际上就是跨语言译介中广泛存在的"变异"现象。中国古典诗歌在英译中发生的变异形态多样、情形复杂，至少包括诗行、音韵、体式、修辞、语义、抒情主人公身份、视角、意象、风格、语法等因素的变异，其中，诗行、韵律、语义、修辞方面的变异更为突出，本文拟对此进行解析。

一、诗行变异

诗行美即诗行的数量、长短、对仗、跨行以及诗人精心安排的诗行排列形式所产生的形式美。中国古典诗歌诗行特有的整齐对称具有均衡和谐之美，但英译之后，这一诗行特征常不复存在，故部分译者只能通过特别标注每一诗行字数的方式来告诉读者原诗的体式特征，但中国古诗本有的诗行形式美无疑遭到破坏。美国著名翻译家华兹生（Burton Watson）在《宋代诗人苏东坡选集》（*Selections from a Sung Dynasty Poet：Su Tung-p'o*）中就通过这种方式标明原诗体式，如其所译《春夜》：

---

① 叶维廉《叶维廉文集》（第一卷）第 30 页，安徽教育出版社，2003 年。
② 转引自 Zhang Longxi, *The Tao and The Logos：Literary Hermeneutics，East and West*. Durham：Duke University Press, 1992, p31.

Spring Night

春宵一刻值千金，Spring night——one hour worth a thousand gold coins;
花有清香月有阴。Clear scent of flowers, shadowy moon.
歌管楼台声细细，Songs and flutes upstairs——threads of sound;
秋千院落夜沉沉。In the garden, a swing, where night is deep and still.
7-character.①

《春夜》本为一首七言绝句，但译文每一行字词数不等，且添加西式元素（如破折号），原本整齐工整的文字排列已面目全非。为让英语世界读者知悉原诗体式，华兹生在译文末尾特意标注"7-character"（七言）字样。汉英语言的巨大差别是产生中诗英译诗行变异的根本原因，英语以音节为单位，一个音节的组成字母在数量上并不统一，这使得英诗诗行是由长短不齐的单词构成，与此同时，几个汉字（或词）也可能译为数量完全相等的英语单词，故英译之后的中国古诗在形式上不可能做到整齐对称，很难再现汉诗所拥有的均衡和谐之美，这也是不少人认为"诗不可译"的理由之一。

诗行变异更为极端的例子是译者将中国古诗多句合并为一句翻译，如翟理斯（*Herbert Allen Giles*）与韦利（*Arthur David Waley*）所译《琵琶行》之"曲终收拨当心画，四弦一声如裂帛"：

So fell the plectrum once more upon the strings with a slash like the rent of silk.② (Herbert A. Giles)

When the tune was ended, she withdrew her plectrum, sweeping it (as a painter sweeps his brush) across her breast, and the four strings (played in arpeggio) sounded with a slash like the tent of silk.③ (Arthur David Waley)

---

① Burton Watson, *Selections from a Sung Dynasty Poet: Su Tung-p'o*, New York: Columbia University Press, 1965. p. 24.
② Herbert A. Giles, *A History of Chinese Literature*, New York: D. Appleton and Company, 1923. p. 165.
③ Arthur David Waley, "Notes on the 'Lute-Girl's Song'", *The New China Review*, Vol. 2. 1920 (Dec.).

中国古诗英译变异论

翟理斯将原诗两行合为一句英译,且采用散文体,原诗整齐工整的文字排列已荡然无存;韦利所译虽然在语义上比较准确,但显得琐碎冗长,以括号加注使句式更为拖沓,毫无诗意可言。总之,二人的译诗在形式上都失去了原诗诗行的整齐对称之美。①

即便是以诗译诗也很难保留原诗的诗行数,尤其是美国意象派诗人译中国古诗更是将诗行变异推向极致,他们的译诗几乎是对原诗诗行的彻底颠覆与完全叛离,甚至可以视为再创作。译者从原诗中汲取诗意、揣摩情感,以诗人的才情运用英诗体式重构原诗,译诗本身已经成为译语国一种新的文学样式。如艾米·洛威尔(Amy Lowell)译杨玉环《赠张云容舞》:

<blockquote>

Dancing

罗袖动香香不已,Wide sleeves sway,

Scents,

Sweet Scents

Incessant coming.

红蕖袅袅秋烟里。It is red lilies,

Lotus lilies,

Floating up,

And up,

Out of autumn mist.

轻云岭上乍摇风,Thin clouds,

Puffed,

Fluttered,

Blown on a rippling wind

Through a mountain pass.

嫩柳池边初拂水。Young willow shoots

Touching

</blockquote>

---

① 为弥补这一缺憾,有论者提出可以充分运用英语的语言形式优势,在译诗里使用"形断意连"的形式,不失为一条可供尝试的路径。参见张智中《诗歌形式与汉诗英译》,载《天津外国语学院学报》2007年第5期。

Brushing
　　The water
　　Of the garden pool.

　　原诗为四行七言诗，但经由艾米·洛威尔英译之后，行数增至 19 行，且她用一个诗节翻译一句原诗，中国古诗的诗行已被彻底肢解。不过，从审美角度来看，艾米·洛威尔的译诗虽然已彻底舍弃了原诗的诗行特征，却最大程度保留了原诗意象，如"罗袖"（wide sleeves）、"轻云"（thin clouds）、"嫩柳"（willow shoots）等，较好地传达了原诗意境，且诗行排列参差错落，从这个角度来看不失为较为成功的译作。这对于文学的跨文化传播也不无裨益，民族文学通过翻译走向世界，而由变异与叛逆产生文学新质，亦为世界文学增加新样态。

　　由此观之，诗行变异虽然使中国古典诗歌具有民族特色的形式美趋于消弭，但如果这种改变符合译入国的文化传统与文学接受习惯，亦自有其价值。

二、音韵变异

　　注重音韵美是诗歌区别于其他文体的重要特征，韵律可以丰富诗歌的艺术表现力，增加诗歌的情韵美与意境美。诗乐本为一体，中国古人于诗歌韵律颇为重视，如沈德潜言诗之韵脚"如大厦之有柱石，此处不牢，倾折立现"（《说诗晬语》）。与之相应，域外英译者翻译汉诗之时也不能完全弃其音韵而不顾。但中国古诗的音韵和英语的韵律差异很大，如英语没有汉诗韵律的关键要素——平仄，故汉诗韵律最难为英语读者理解与欣赏，甚至有极端西方论者认为"汉语在本质上不适于诗歌创作"（Stephen Weston）。基于此，有论者以七律英译为例阐明中国古典诗歌英译的"不可能"：

　　　　以汉语诗七律为例，音美所涉及的诸方面，例如平仄、节奏、押韵、双声、迭（叠）韵、迭（叠）字、谐音双关等等，无一能在译文中移植。因此，这些方面尽管都是诗之所以为诗的重要因素，但在译文中却几乎尽告丢失。[①]

---

　　① 刘英凯《许渊冲教授"音美"理论与实践质疑》，载《深圳大学学报（人文社会科学版）》1986 年第 2 期。

正是由于汉诗英译不可避免造成韵律方面（"音美"）的遗失，因此，必然导致广泛存在的音韵变异。

常见的英译中国古典诗歌中的音韵变异至少可以分两类讨论：

第一类是"以散体译诗"。指的是所译中国古诗本有严格押韵，然译者以散体译诗，虽然诗义得以保留，但音韵流转之美完全消失，赵元任在《论翻译中信达雅的信的幅度》一文中早有言明：

> 西洋人翻译中国旧诗为了注重内容就没法子顾到声音了。象理雅各（James Legge）翻译的《诗经》（原文无书名号——引者注）跟韦烈（Arthur Waley）翻译的唐诗，跟原文比起来平均多到了原文的两倍至四倍的音节。他们那些译文固然把内容跟含蓄的诗意都表达得很全，可是我们这些一小儿背中国诗长大的人念起那些冗长的英文中国诗来，虽然不能说味如嚼蜡，可是总觉得嘴里嚼着一大些黄油面包似的。①

如赵元任所言，如理雅各、韦利等人译中国诗歌都因保留、传达诗意却无法顾及音韵。由是，韵诗散译无疑难以兼顾"意美"与"音美"，如洪业（William Hung）所译杜甫《赠李白》：

> Autumn again. We are still like thistle down in the wind. Unlike Lo Hung, we have not found the elixir of life. I drink, I sing, and I waste days in vain. Proud and unruly I am, but on whose account?②

杜甫原诗为"秋来相顾尚飘蓬，未就丹砂愧葛洪。痛饮狂歌空度日，飞扬跋扈为谁雄"，作为七绝有严格韵律要求，但洪业的译诗根本不讲究押韵，散体译诗在保留诗歌信息的完整性、准确性方面有其优势，但韵律美的消失无疑使诗歌韵律特征不复存在，中国诗歌之美自然无法完整复现。

第二类是"以诗体译诗"。指的是以诗体形式译中国古诗时句子、韵脚数

---

① 《翻译通讯》编辑部编《翻译研究论文集》（1949—1983）第 415—416 页，外语教学与研究出版社，1984 年。
② [美]洪业著，曾祥波译《杜甫：中国最伟大的诗人》第 428 页，上海古籍出版社，2014 年。

量剧增，如《苏氏别业》译诗：

> To a new and lonely home,
> Seeking quiet I have come.
> Cherishing, while non intrude,
> Thoughts in love with solitude.
> Mountain prospects front my door,
> And the Tung flows on before.
> In its waters deep I see,
> Images of house and tree.
> Neath that thicket of bamboo,
> Snow lies all the winter through.
> In my darken'd cottage home,
> Long are nightfall all is gloom.
> In this unobserv'd retreat,
> Freed from the gay world I sit,
> Listening to the birds that sing,
> Anthem to the welcome spring.

原诗为"别业居幽处，到来生隐心。南山当户牖，沣水映园林。竹覆经冬雪，庭昏未夕阴。寥寥人境外，闲坐听春禽"[①]，系五言律诗，译诗由八句变为十六句，与此同时，原诗押"侵韵"，且一韵到底，但译诗韵脚为 aa、bb、cc、dd、ee、ff、gg、hh 八种。如此彻底的句数与韵脚变异，虽然使译诗更具有英诗的韵律美感，但已失去了该诗本有的格律之美，民族文化的异质元素无疑很难在跨文化旅行中得以完整保留。

三、语义变异

对于任何翻译行为来说，准确传达译介对象的本义是翻译获得成功的前

---

① （清）沈德潜选注《唐诗别裁集》第 337 页，上海古籍出版社，2013 年。

提，建立在误读、曲解基础上的翻译必然失败，而且可能成为文化传播与交流的障碍。诗歌翻译依然，故汪榕培指出："译诗者的理解是他用外语表达的基础，只有他自己把握住原诗的精神实质才有可能把它'生动逼真'地现出来。"① 这即是说，准确理解原诗的内容，才能减少"无意误译"，但在汉诗英译中，尤其是中国古典诗歌的英译实践中，由于语言隔阂和文化差异，译者经常会对原诗的理解出现偏差，导致翻译中的语义变异，我们将之简单分为"无意误译"和"有意误译"。

一是"无意误译"② 产生的变异。指的是由于中西文化原本存在的巨大差异，以及译者文化积淀、语言能力缺失甚至疏忽引起的对原诗义旨的不当甚至错误理解所导致的误译。如泰南（John A. Turner）所译李商隐《锦瑟》（Jeweled Zither）：

锦瑟无端五十弦，Vain are the jeweled zither's fifty strings,
一弦一柱思华年。Each string, each stop, bears thought of vanished things.
庄生晓梦迷蝴蝶，The sage of his loved butterflies day-dreaming,
望帝春心托杜鹃。The king that sighed his soul into a bird.
沧海明月珠有泪，Tears that are pearls, in ocean moonlight streaming,
蓝田日暖玉生烟。Jade mists the sun distills from Sapphire Sward.
此情可待成追忆，Why need their memory to recall today? ——
只是当时已惘然！A day was theirs, which is now passed away.③

很显然，译诗存在多处对原诗理解的偏差，如颔联中的"庄生晓梦迷蝴蝶"，语出《庄子·齐物论》中"庄周梦蝶"的故事，诗人用此典故表现了一种迷离惝恍的意境，而译文"The sage of his loved butterflies day-dreaming"并未译出这个典故本身的含义，读者甚至很可能不知道 the sage 是庄子，更无法结合其思想来理解诗句，且"day-dreaming"（白日梦）很可能将读者引向

---

① 汪榕培编著《比较与翻译》第72页，上海外语教育出版社，1997年。
② "无意误译"一说，可参见曹顺庆《比较文学论》第222页，四川教育出版社，2002年。
③ John A. Turner. trans. *A Golden Treasury of Chinese Poetry: One Hundred and Twenty One. Classical Poetry*. Small Press Distribution. 1989.

弗洛伊德的"泛性论",因为弗洛伊德提出"白日梦"与艺术创作异曲同工,是"力比多"("性"能量)的升华,故原诗的华夏文化内蕴可能被简单置换为西方文化精神。颈联使用了"沧海明珠"与"蓝田良玉"两个典故,蕴含了作者对美好事物求而不得之后的失落心绪,译文为"Tears that are pearls, in ocean moonlight streaming, Jade mists the sun distills from Sapphire Sward",虽然译文的文辞、意境俱美,但这两个典故的内蕴未能完整传达,故丧失了原诗中的中国文化因素。总的说来,尽管泰南对《锦瑟》的情感基调把握较为准确,但在传递文化典故意蕴方面却不尽人意,使原诗的意蕴与情采均有明显减弱,诗歌的意义空间与悠远韵味也大打折扣,当然这种语义变异在跨语际翻译中或许难以避免。

二是"有意误译"产生的变异[1]。即译者在翻译过程中为了某种目的,或是为了达到一定的效果(如考虑到接受者的语言习惯、文化传统以及审美差异等),有意破坏原文句式结构、颠覆原语的表达方式以及改换文化负载词的内涵等。换言之,有意误译是译者在某一意图、动机驱使下有意为之。法国文学社会学家罗伯特·埃斯卡皮特(Robert Escarpit)称之为"创造性叛逆"(creative treason)[2],谢天振对此进行较为精当的阐释:

> 为了迎合本民族的文化心态,大幅度地改变原文的语言表达形式、文学形象、文学意境等;或为了强行引入异族文化模式,置本民族的审美趣味的接受可能性于不顾,从而故意用不等值的语言手段进行翻译。[3]

简言之,有意误译指的是译者为顾及本民族的文化传统与接受习惯,在翻译过程中强行置换翻译对象的形式、主题或文化内蕴。与之相关的翻译学术语是"归化",美国当代翻译理论学者维努提(Lawrence Venuti)曾经用"铭刻"(inscription)一词来解释"归化"现象,受译语文化影响,文学翻译只能传达原文部分意义,译文总是不可避免地释放出"铭刻"其中的译语文化传统与习俗,因而是经过"归化"的转化。如有译者在中西文化具有相通

---

[1] "有意误译"曹顺庆《比较文学论》第222页,四川教育出版社,2002年。
[2] [法]罗伯特·埃斯卡皮特著,王美华、于沛译《文学社会学》第137页,安徽文艺出版社,1987年。
[3] 谢天振《译介学》第201页,上海外语教育出版社,1999年。

性的认知前提下，往往用译语文化中的语词来翻译汉语，这在一定程度上纠正了西方人对中国的偏见甚至妖魔化，但又必然有以西方文化理念抹杀中国文化异质性的嫌疑。这或许是翻译的吊诡之处，本意是促进交流，结果却造成误读。

如翟理斯用"God"（上帝）翻译汉诗中的"天"，极易给西方读者造成误解，误以为中国人也与西方人一样信仰基督教的"上帝"。他将宋代理学家邵雍的诗《天听吟》翻译为"The Kingdom of God is Within You"，译文本是《圣经》中的一句引文，在《路加福音》第十七章中，法利赛人曾经问耶稣，上帝王国何时才能降临？耶稣回答说："上帝王国并不因你们的仔细观察而来，人们也不会说它在这，在那，因为上帝王国在你们心中。"① 而原诗中的"天听"出自《尚书·泰誓》中周武王"天视自我民视，天听自我民听"。"天"在上古中国文化中确有宗教意义，常与"帝"互用，指至上的神灵和君主。但经过世俗化后常与王权联系在一起，到宋代已成为"道""太极""理"的同义词，因此，"God"与"天"内涵上并不对等。更为关键的是，中国文化中的"天"从未成为基督教文化中"上帝"那样的人格神。翟理斯之所以用"God"译"天"，是出于归化原诗与文化的需要，是一种有意误译，因为对于译语读者来说，"上帝"比"天"更易于理解和接受。当然，作为传教士汉学的代表人物，翟理斯这一译法或许与基督教传播有关，这就是所谓"双向转化"，"即基督教经过转化进入不同的文化背景时，会显露出新的内容与特征，与之同时，该文化的一部分也会被移植进这一信仰之中并有新的塑造"②。换言之，翟理斯试图将基督教思想植入对中国人精神世界塑造最大的来源——儒家文化，以此来寻求基督教的合法性依据，并最终使之成为进入中国人精神世界的通道。

四、修辞变异

合理、巧妙使用修辞既可以更好地传达诗人幽微的情志，还是诗呈现诗歌的艺术美的重要手段。中国古诗有不少独具民族特色的修辞手法，如叠词

---

① *Holy Bible*, New International Version, 1973.
② 任增强《多为视野中的传教士汉学研究》，载《中国文化研究》2010 夏之卷。

（又名重言）、顶针、复沓（又称复唱）等，这是中国诗歌区别于英诗的艺术形态。也正因为如此，这些修辞手法很难通过其他语言翻译呈现出来，译者经常选择更改甚至舍弃，这种现象我们可称之为修辞变异。

虽有译者认识到中国诗歌独特的修辞手法，并试图将之复现在译诗之中，但这种尝试经常会影响诗歌的节奏、形式与意义表达，也很难称得上成功。如韦利翻所译《古诗十九首》之《青青河畔草》：

青青河畔草	Green, green, The grass by the river-bank,
郁郁园中柳	Thick, thick, The willow trees in the garden.
盈盈楼上女	Sad, sad, The lady in the tower.
皎皎当窗牖	White, white, Sitting at the casement window.
娥娥红粉妆	Fair, fair, Her red-powdered face.
纤纤出素手	Small, small, She puts out her pale hand.
昔为倡家女	Once she was a dancing-house girl,
今为荡子妇	Now she is a wandering man's wife.
荡子行不归	The wandering man went, but did not return.
空床难独守	It is hard alone to keep an empty bed.①

中国古诗用叠字，在诗骚中已较为常见，但《青青河畔草》大量使用叠字依然为诗论家所注意，如严羽在《沧浪诗话·诗评》中便直言，"一连六句，借用叠字，今人必以为句法重复之甚。古诗正不当以此论之也"②，叠字

---

① Arthur David Waley, *A Hundred and Seventy Chinese Poems*, New York: Alfred A. Knopf Mcmxix. 2015. p. 60.

② （宋）严羽著，郭绍虞校释《沧浪诗话校释》第200页，人民文学出版社，1961年。

为此诗结构框架、意境营构与情感传递都起到了重要作用。韦利深知叠字于此诗的重要性，因此，他试图在翻译中将之保留，译文将原诗中使用叠字句子均翻译为两个诗行，于是原诗实际上由 aabcd 变成了"a, a, /bcd"。虽然译诗使用重复手法来翻译叠字，可以让英语读者感受原诗在修辞上的不同凡响、别具一格，但如此处理无疑改变了原诗的节奏，本来灵动自然突变为拖沓散漫。与此同时，一句变为两句在行文上也失去了原诗的简洁之美。

除了上述诗行变异、音韵变异、语义变异、修辞变异之外，欧美的中国古诗英译还存在抒情主人公身份变异、视角变异、语法变异（时态、句型、语序）等。这三种变异主要源自中国古典诗歌文法自如与英诗语法限定性之间存在的天然矛盾，中国古诗文法自如，无人称限定，无时态限定，词性多元化，使得诗歌创作与阐释有较大的空间，恰如叶维廉先生言，"一面固意味着其欲求利用语字的多元性来保存美感印象的完全，其可以如此自如，亦必与中国传统美学的观物感物的形态有关，因为文言并非不能做到细分的作用，并非不能限指，只是在其美感运思中不知不觉地会超脱这种元素而已"。[①] 而英语语法的限定性从根本上限制了译诗的多面延展性，从而译诗也就破坏了原诗的美感。

总而言之，变异在中国古典诗歌英译中极为常见，也是跨文化、跨语际交流过程中必然产生的文化现象。变异的产生与文化悬隔、语言差别、思维模式等均有直接联系，它既可导致译诗与原诗之间的巨大差别，甚至牺牲原诗的韵味与美感，中国诗歌的"异质性"荡然无存，但由于其"归化"属性也可能对中国诗歌的域外传播起到一定促进作用。

（万燚　四川轻化工大学教授）

[①] 《叶维廉文集》第 81 页。

ns on Chinese Literature》）、翟理思（Herbert A. Giles）的《古文珍选》（Gems of Chinese Literature）。20世纪以来，亚瑟·威利（Arthur Waley）、华兹生（Burton Watson）、史华慈（Benjamin I. Schwartz）、葛瑞汉（A. C. Graham）、顾立雅（Herrlee G. Creel）等学者都有著述涉及对《韩非子》的翻译或研究。这些成果虽称不上盈床满篋，但也是为数不少的。与之相对的是，国内对《韩非子》在海外的研究情况关注较少，目前还只是停留在一两篇简短的综述上，这从东西方文化互补互证的角度来看，是殊为可惜的。本文以《韩非子》的两个主要译本，即，由廖文奎（W. K. Liao）所译的全译本 The Complete Works of Han Fei Tzu 和华兹生翻译的节译本 Han Fei Tzu: Basic Writings 为研究对象，以文化翻译的视角对其注释进行分析，冀希抛砖引玉，

---

* 本成果受北京语言大学院级项目资助（中央高校基本科研业务费专项资金）（项目批准号 18YJ090003）。
# 《韩非子》英译本的注释研究[*]

孙亚鹏

摘　要：本文以"后翻译"为理论支撑，对《韩非子》的两种英译本中注释的方法和功能进行归类分析，对其总体特点进行归纳总结，旨在通过对《韩非子》主文本翻译以外的元素进行观察，来理解翻译边缘领域所包含的文化现象，从而使我们更客观全面地思考《韩非子》文本的翻译行为和过程，将对《韩非子》英译本的讨论引入更宽广的历史文化视野中。

关键词：韩非子　厚翻译　注释

《韩非子》在英语世界的出现，肇始于19世纪后期一些汉学家关于中国文学的通论性著作之中，如伟烈亚力（Alexander Wylie）的《中国典籍文献提要》（Notes on Chinese Literature）、翟理思（Herbert A. Giles）的《古文珍选》（Gems of Chinese Literature）。20世纪以来，亚瑟·威利（Arthur Waley）、华兹生（Burton Watson）、史华慈（Benjamin I. Schwartz）、葛瑞汉（A. C. Graham）、顾立雅（Herrlee G. Creel）等学者都有著述涉及对《韩非子》的翻译或研究。这些成果虽称不上盈床满篋，但也是为数不少的。与之相对的是，国内对《韩非子》在海外的研究情况关注较少，目前还只是停留在一两篇简短的综述上，这从东西方文化互补互证的角度来看，是殊为可惜的。本文以《韩非子》的两个主要译本，即，由廖文奎（W. K. Liao）所译的全译本 *The Complete Works of Han Fei Tzu* 和华兹生翻译的节译本 *Han Fei Tzu: Basic Writings* 为研究对象，以文化翻译的视角对其注释进行分析，冀希抛砖引玉，

---

[*] 本成果受北京语言大学院级项目资助（中央高校基本科研业务费专项资金）（项目批准号 18YJ090003）。

引起学界对《韩非子》译介研究的重视。

一、问题提出：翻译过程中注释的必要性

翻译过程中的注释是否有必要呢？如果这个必要性是不存在的，那么对注释的研究也就是失去了立论的基础。从典籍翻译实践上讲，很多优秀的译作都借助了注释这一手法。例如，翟理思翻译《聊斋志异》时做了759条注释；宇文所安（Stephen Owen）译《杜甫诗》第一卷时做了928条注释；理雅各英译《尚书》，其"脚注篇幅大大超过译文。换句话说，'译文'只占译本很小一部分，其余部分则是为译文服务"。① 从理论层面上讲，美国学者阿派尔（Kwame Anthony Appiah）提出了"厚翻译"之说，他认为由于文化的差异，在语际转换的过程中，源语言中的许多语言指称物或者社会实践的意义在目标语言中都付诸阙如。在这种情况之下只有采用厚翻译的方法——在翻译的文本中添加注释或术语注解，才能表现出源语言中丰厚的语言和文化语境，使读者能够充分理解源语文本，进而使目标语读者对具有不同文化背景的人们的表达方式及文化给予充分的理解和尊重。②

因此，注释本质上是一种阐释性文本，译者通过在注释中介绍源语文化和传统，以消减跨文化理解的障碍，这从翻译的效果来看，是合理且必要的。特别是典籍翻译的过程中，由于古文在语义上存在很大的遮蔽性，并且负载了深厚的传统文化内涵，加之因其流传年代久远所造成的不确定性，所以注释是不可或缺的。《韩非子》的两个英译本，华本为节译本，共撰有脚注103个；廖本为全译本，共撰有脚注1487个，两个本子的注释数量众多，形式各异，以"厚翻译"的理论来看，不可谓之不"厚"。因此，对两个译本的注释进行评述、对比、总结是译本评价中不可忽视的一环。

---

① 陆振慧《论注释在典籍英译中的作用——兼评理雅各〈尚书〉译本》，载《扬州大学学报》2013年第6期。

② Kwame Anthony Appiah, "Thick translation," in Lawrence Venuti, eds., *The translation Studies Reader*, New York: Routledge, 2000, pp. 417-429.

二、对《韩非子》译本注释的分类研究

《韩非子》英译本中的注释可分为知识性注释、校注性注释和研究性注释三类,前两种属于客观知识性注释,后一种属于译者主观研究性注释。现将两个译本中的注释按照此分类挑选有代表性的例证进行分析。

(一)校注性注释

此类注释在注释总量上最多,一般多在辨析文字的正讹、衍文、脱文、通假、错简、音韵等涉及小学功夫的注疏处做注释,注释内容和译本所依据的校注本(底本)紧密联系,多为在原注疏基础上的翻译、再阐释。如:

例1. 道者,下周于事,因稽而命,与时生死。

华译:The Way pervades all affairs below. Therefore examine and obey the decrees of Heaven* and live and die at the right time.① ("*"为原文注释处,下文同。)

华注:Reading *t'ien* instead of *erh*. In Taoist terminology, Heaven is synonymous with the Way, or Tao.

此句意为:道存在于普遍事物之中,考察天道所蕴含的规律,可生死有时。本句比较难理解之处在于"而命"二字,华兹生将其译为"decrees of Heaven"(天命)。由于原文中是"而命"而不是"天命",所以华兹生在此处做注,为读者解惑。华在注中认为"而"当作"天",这并不是其个人的臆断。华的意见来自于他所依据的翻译底本——陈奇猷的《韩非子集释》。陈在此处的训诂为:"陶鸿庆曰:'案旧注训而为汝,训命为报,文义难通,"而命"当为"天命",篆书"天"作𠘑,与"而"相似,故"天"误为"而"。"因稽天命"者,谓稽考天而消息之,故下云"与时生死"也。上文云"谨修所事,待命于天",是其证。'奇猷案:陶说是。"② 由此可见,此处华注实际是对陈注的翻译,但是,华注又是非常有必要的,因为"而命"二字有很强的语义隐蔽性,必须加以说明。此外,华还在此处从道家哲学的角度,简

---

① Burton Watson, trans, *Han Fei Tzu: Basic writings*, New York: Columbia University Press, 1964, p. 37.

② 陈奇猷《韩非子集释》第 133 页,上海人民出版社,1974 年。

要点明了"天"与"道"的同义性，帮助西方读者深入理解。

（二）知识性注释

知识性注释多涉及文化方面的背景信息补充。这一类注虽然数量上没有校注性注释多，但一般来讲都篇幅较长，信息量较大，如放在正文中，则有扰乱读者视线，喧宾夺主之嫌。由于《韩非子》的主体是政论文，多涉及上古及春秋时期的王侯将相、内政外交，所以知识型注释中以交代历史事件或人物背景的居多，如：

例2. 人主之左右，行非伯夷也。

廖译：The attendants of the lord of men are not as upright in conduct as Poh-i＊.

廖注：Poh-i and Shu-ch'i were sons of the Ruler of Ku-chu. The father appointed the younger brother Shu-ch'i to be his successor. After the father's death each refused the throne, because each considered the other more entitled thereto. … they left for the Shou-yang Mountains, where they died of starvation. Hence both brothers became types of morality.①

伯夷高风亮节，忠孝仁义，以食周粟为耻，最终饿死在首阳山上，是中国古代社会的贤士名臣，孔孟誉其为："古之贤人也""圣之清者也"。韩非在《孤愤》篇借用伯夷来批评君主身边的"当涂之人"，即指责那些左右近臣，品行恶劣，无法和昔日的贤良相比。此处如果不做注释以解说典故的话，恐怕仅用 upright（正直）这个定语来修饰伯夷未免有些苍白，西方读者也无法理解其寓意。廖本中对于诸如此类的注释还包括对"三家分晋""子胥""管仲""孙膑""吴起""公孙痤""宰予""范雎""攻燕救赵""绕朝""沙丘宫变""湣王之死""商鞅变法""白起攻魏"等历史人物和事件的介绍，兹不赘言。

华译本中此类注释也有十多处，但是华本中此类注释的特点是不仅介绍了相关史实，还对该史实的发生时间和记载文献给予说明，如注解"晋楚鄢陵之战"发生在公元前575年，载于《左传·成公十六年》；"骊姬谮杀太子申生"发生于公元前656年，载于《国语·晋语二》；"城濮之战"发生于公

---

① W. K. Liao, trans, *The Complete Works of Han Fei Tzu: A Classic of Chinese Legalism*, London: Arthur Probsthain, 1939, Vol. I. p. 103.

元前632年，载于《春秋·僖公二十八年》；"郑武公伐胡"发生于公元前763年，载于《竹书纪年》等。

　　由此可见华注偏重于细化文学作品的史学语境，这颇有一些跨学科的意味。实际上如果联系华兹生的学术背景，这一点就不难理解了。其原因在于华在其翻译的生涯中，对于历史著作的翻译一直是他所关注和挚爱的。他的学术的起点就是在哥大的硕博课程期间翻译《史记》和《汉书》中的有关章节，后来先后撰写和翻译了《司马迁：伟大的历史学家》(Ssu-ma Ch'ine: Grand Historian of China)、两卷本《史记》译本 (Records of the Grand Historian of China) 以及《左传选译》(The Tso Chuan-Selections from China's Oldest Narrative History)。所以可见华兹生在先秦史学领域功力扎实，对于史实的烂熟于心使得他能更容易驾驭《韩非子》中一些典故，但同时也影响了他选择注释的取向和偏好。

　　知识型注释中的另一种是关于文博知识类的补充解释，一般是对于涉及古代风俗、音乐、美术、计量、服饰、饮食、起居、星象、器具、花鸟等负载中国传统文化的专有名词的解释，如：

　　例3. 平公问师旷曰："此所谓何声也？"师旷曰："此所谓清商也。"公曰："清商固最悲乎？"师旷曰："不如清徵。"

　　廖译：Duke P'ing asked Musician K'uang. "It is the so-called 'pure sibilant tune'," replied Musician K'uang. "Is the pure sibilant tune * the saddest among all?" asked the Duke further. "No," replied Musician K'uang, "it is not as sad as the pure lingual tune."

　　廖注：清商，Ancient Chinese music classified all kinds of tune into five varieties in accordance with five different vocal sounds, which were accordingly named after their representative notes respectively as follows: kung（宫）for all guttural sounds, … In consequence, the ancient Chinese scale became closely equivalent to the modern Western scale as follows: —Kung for C, shang for D, kioh fo r E, pien-kioh for F # (peculiar), chih for G, yü for A, pien-kung for B, and kung for C1. This scale remained the same until the rise of the Yüan Dynasty. For detailed information the English reader is referred to Aalst's Chinese Music.①

---

① The Complete Works of Han Fei Tzu: A Classic of Chinese Legalism, Vol. I, p. 75.

"师旷鼓琴"是《韩非子》中的著名典故,韩非借以讽喻那些不听劝诫、沉溺于丝竹之乐的君主,属于"十过"中的"第四过"。在该典故中,情节的发展随着清商、清徵、清角三个曲调的起伏而变化,如果只是对"宫商角徵羽"进行直接音译的话,读者恐怕会不明就里。而廖本注释中对古代音阶知识的简单介绍,不仅突出了异质文化的特质,还可以帮助读者更好地理解故事情节。此外,廖在注释中采取了跨文化阐释的手法,对中国古代的五音和西洋音乐的音阶进行了比附,并为感兴趣的读者提供了进一步研究的参考资料,这些信息都提升了整个文本的实用性和趣味性。除此例以外,在廖本中的同类注释有对计量单位"尺""石""顷"等字的注释、对酒具"菁茅"的注释、对兵车"乘""轸"的注释、对天干地支的注释、对天文星象的注释、对礼仪器具"瑞节"的注释等;在华本中有对乐器"和"的注释、对宫廷礼仪"北面委质"的注释等。

(三)研究性注释

此类注释均为译者原创,虽在华本和廖本中相对数量较少,但最具研究价值,是译者汉学译介思想的重要体现。根据其内容又可分为四小类:一、篇章内容提要;二、对校注本中错误的指正;三、对他译的评价;四、中西哲学思想的比较,下面进行分类介绍:

1. 篇章内容提要

华本和廖本都在某些篇章的题目之下做注,对该篇内容进行提要式的介绍。如廖本对第十二篇"说难"的注,该注根据逻辑结构将文章划分为三个部分,对每部分的主旨进行介绍,使读者有一个轮廓性的先见:

例4. 廖注:说难. This chapter as a whole is so systematic that it naturally falls into three sections. In the first section the author explains what the difficulties are in the way of persuasion. In the second section he suggests the kind of tact a persuader ought to master in order to get over the difficulties. The last one contains certain facts illustrating his viewpoint, while the concluding paragraph sums up the main points of the whole discussion. For convenience's sake I have marked the beginning paragraph of each section with a numeral.①

此类注又只不限于内容摘要,间或含有对文体风格的点评。如华本对第

---

① *The Complete Works of Han Fei Tzu: A Classic of Chinese Legalism*, Vol. I, p. 106.

八篇"扬权"的注,介绍了此篇用语之晦涩难解以及短小简洁、讲究对仗和声律的文风(实为"骈文",只是华兹生没有引入这个概念):

例5. 华注:In this chapter, Han Fei Tzu borrows the laconic language of Taoist quietism to express his political philosophy, using short, neatly balanced phrases with frequent end rhymes. Because of the deliberately arcane mode of expression he employs, commentators disagree at many points on exactly what he is saying.①

2. 对校注本中错误的指正

此类注释是指由于译者对于元典的阐释有不同于底本的看法,因而就译文和底本的偏差所做的解释。有时译者会指出底本中的讹误后发表自己的看法,或另用其他校注本的意见进行翻译。我们知道,虽然底本是典籍翻译的依据,但是高水平的译者并不是被动地按照底本进行机械式的翻译,他们也会在翻译的过程中发挥主动性,行使自己的话语权力和解读权力,与元典、校注本进行对话。从文化翻译的角度来看,此类注释是译者主体性的重要表现,是译者批判性思维及再创造能力的体现。如:

例6. 诸侯之不听,则不受臣之诬其君矣。

华译:and the feudal lords, knowing that he will not heed them, no longer cooperate with the efforts of the ministers to dupe their own ruler.*

华注:The text and interpretation of this last sentence are very doubtful. I have followed the emendation and interpretation of Wang Wei.②

此句意为:(群臣知道君主不听从,就不去同国外诸侯勾结),国外诸侯知道君主不听从,也就不会伙同叛臣诈骗他们的君主了。华在注释中表明他对陈奇猷校注本的解释有所疑惑,于是选取了清人王渭的注释来翻译此句。廖本中亦有一些类似的注释对王先慎、卢文弨、顾广圻、高亨的注疏进行评述,如廖文奎在注释中对王先慎的否定:

例7. 五伯兼并,而以桓律人,则是皆无贞廉也。

廖译:The Five Hegemonic Rulers practiced the policy of annexing weaker with Duke Huan,* as example. If so, all of them observed no code of fidelity and integrity.

廖注:Wang Hsien-shen thought 桓 referred to the Three Huans and so pro-

---

① *Han Fei Tzu: Basic writings*, p. 35.
② *Han Fei Tzu: Basic writings*, p. 47.

posed the supply of 三 above it. I disagree with him. 桓 must refer to Duke Huan inasmuch as he, being the first Hegemonic Ruler, was guilty of fratricide and could make no good example.①

廖文奎虽然主要凭借王先慎的校注进行翻译,却并不盲从于王。王先慎此处的校注为:"桓"字上当有"三"②。王所谓"三桓",是指前文"鲁阳虎欲攻三桓"中的三个世家,鲁国卿大夫孟孙氏、叔孙氏和季孙氏。廖认为这样的解释不通,此句应和春秋五霸有关,其承接上文:"桓公,五伯之上也,争国而杀其兄,其利大也","桓"应指齐桓公,而不是鲁国"三桓"。廖文奎所言是。韩非的意思是,春秋五霸(即齐桓、晋文、宋襄、楚庄、秦穆)行兼并而臣诸侯,皆为功利。齐桓公虽为五伯之首,但是他也曾杀兄夺位,亦非纯德,若以齐桓公杀兄一事绳量天下人,则天下无贞廉之士。廖文奎的解释在高亨、陈奇猷等人的校注中也得到了印证,③可见廖直抒己见的背后是以其扎实的国学根基为依托的。

3. 对于他译的评价

廖译中有一些注释是对其他译者翻译工作的评价,主要是针对一些文化负载词的翻译。廖持有不同的见解,特在注释中批驳他说,附以己见。此类注释对一般读者来说可能意义不大,但是对汉学家或者典籍译介研究者来说却是重要的参考资料,原因在于表面看来存在于翻译层面的差异,其实质是不同汉学家对待文化的不同理解。下文将廖本中的此类注释撮其精要,悉数列出。

原文	廖译	他译
霸王	hegemonic ruler	翟里斯:leader of the feudal princes;德效骞(H. H. Dubs):lord protector;梅贻宝:tyrant
有度	having regulation	陈立廷:the existence of standards
二柄	the two handles	贝德士(M. S. Bates):grip

---

① *The Complete Works of Han Fei Tzu: A Classic of Chinese Political Science*, Vol. II, p. 193.
② (清)王先慎《韩非子集解》第383页,中华书局,1998年。
③ 高亨注:"桓",为齐桓公也。陈奇猷案:"高说是。"参见陈奇猷《韩非子集释》第877页,上海人民出版社,1974年。

续表

原文	廖译	他译
术	tact, craft, statecraft	福尔克（Forke）、戴闻达、卜德（Bodde）：method
大丈夫	a great sportsman	卡鲁斯（Paul Carus）：a great organizer
守道	the way to maintain order in the state	卡鲁斯：hold fast to reason
势	Position	贝德士：position；陈立廷：circumstance；卜德：power, authority
用人	how to use men; problem of personnel administration	陈立廷：the use of men
内储说上	inner congeries of sayings, the upper series	卜德："内外储说"，inner and outer discussions
定法	deciding between two legalistic doctrines	陈立廷：the codification of law
说疑	on assumers	陈立廷：misgivings
六反	six contrarieties	陈立廷：six contradictions
八说	the eight fallacies	陈立廷：the eight theories
五蠹	five vermin	陈立廷：on five sources of trouble
显学	learned celebrities	陈立廷：upholding learning
里	Li	戴闻达：(J. J. L. Duyvendak) hamlet
饬令	making orders trim	戴闻达：making orders strict
谓以数治	government by figures	戴闻达：government by statistics

4. 中西哲学思想比较

典籍翻译是否只是进行跨语际的实践，消除文本传播的语言障碍就算得是功成行满了？未尽然。笔者认为译介的最终目的应该是通过翻译向世界阐释、传播典籍所蕴含的哲学思想，并在此基础上，积极引导中西思想的比较，探求差异，寻求中西共通的价值观。当然，我们也可以说，思想的比较研究没必要在翻译过程中体现，它只是锦上添花之事，并不在译者的义务框架内。但是廖本的难能可贵之处在于，其中确实有这样的一些注释，引入西方读者所熟悉的哲思概念来与先秦思想进行对比，所用手法和王国维在《红楼梦评论》中所采用的"取外来之观念与中国固有材料之互相参证"十分相近。例如,廖在翻译"人主所甚亲爱也者,是同坚白。"一句时,因"坚白"一词是战国时名家的重要逻辑命题,较难直译,所以只能采用文中意译,文后注释的方法。在注释中,廖不仅将公孙龙的"离坚白"的命题进行了解释,并且引入了17世纪欧洲机械主义自然观的代表人物洛克和笛卡尔所提出的物体的"第一性的质"(物体的形状、体积、质地)和"第二性的质"(感官上产生颜色、气味、冷热等)的概念和名家的"坚白之说"进行比附,通过跨文化阐释帮助读者理解韩非所言"同坚白"的寓意。[1] 同类的注释还有在"今人主之于言也,说其辩而不求其当焉"一句中用西方的"效果论"和韩非所提倡的"循名实而定是非,因参验而审言辞"进行比较。[2]

三、总　结

要之,从阿派尔的"厚翻译"视角来看,注释是采用一些补偿手段,以处理翻译过程中由于两种语言不对等而造成的语义缺失和文化缺省问题。可以说无论是华译本还是廖译本,绝大多数注释是不可或缺的,它们的功能和地位是不能被在主文本内直接增补的解释性翻译所取代的,因为后者会产生大量的显性增译,破坏译入语的文章结构,导致阅读无法达到自然流畅;而注释则是隐形填补的,没有突兀之感,使得译者能够从容地在译文空间中传达意义,保证了文本意义的优先传递性。两个译本相较而言,华译本中的注释数量稍显不足,如对照元典看,则能发现一些需要补充解释的地方没有给出注释,当然,这也可能和作者主要采用归化的翻译策略有关。但是华本的阅读体验较好,因为过多的注释会使得读者眼花缭乱,顾此失彼,影响了阅读的体验,这正如《红楼梦》的英译者霍克斯(David Hawkes)把阅读一部注释繁多的小说比为"带着铁链打网球"[3]。注释既要保证正确,又不要过于繁琐或者缺位,理想的译著注释好比东家之子,"增之一分则太长,减之一分则太短,着粉则太白,施朱则太赤",实在是一件知易行难之事。

(孙亚鹏　北京语言大学培训学院讲师)

---

[1] The Complete Works of Han Fei Tzu: A Classic of Chinese Political Science, Vol. II, p. 116.
[2] The Complete Works of Han Fei Tzu: A Classic of Chinese Political Science, Vol. II, p. 289.
[3] Hawkes, trans, The Story of the Stone, London: Penguin Classics, 1977, p. 18.

《史记》三部英译本比较研究

于培文

摘　要：《史记》兼具史学性和文学性的特点造成了其对外翻译及传播的困难，其最有名的英译本有三部，即华兹生译本，倪豪士团队译本，杨宪益、戴乃迭译本，这三部译本的翻译角度、翻译目的、读者群体、翻译策略和参考底本不同，译本的接受影响有较大的差异。

关键词：《史记》英译本　翻译策略　翻译目的　接受影响

一、《史记》译事之难

《史记》最显著的特点是"实录无隐"的著史精神和"爱奇反经"的取材方法，在中外史书编撰史和文学史中占有极为重要的地位，传播价值极大。卜德（Derk Bodde）认为《史记》"作为史书和无与伦比的文学杰作，对东亚文明的影响不可估量，……应该列为译单之首"。① 华兹生（Burton Watson）认为：《史记》对塑造中华民族的思想和表达方式影响重大，如果这样的作品没有译本在世界流布，或是只有节译本在世界流布，世人就不能完全准确地

---

* 本论文系教育部哲学社会科学重大课题攻关项目"中华文化的跨文化阐释与对外传播研究"（13JZD032）的阶段性成果；北京市哲学社会科学规划研究基地重点项目"中华经典英译与跨文化阐释研究"（13JDWYA006）的阶段性成果。"实录无隐"与"爱奇反经"是刘勰对《史记》的内容与题材的评价。刘勰在《文心雕龙·史传》中指出："尔其实录无隐之旨，博雅弘辩之才，爱奇反经之尤，条例踳落之失，叔皮论之详矣。"

① Bodde, Derk. "The Grand Scribe's Records. Vol. I: The Basic Annals of Pre-Han China by Ssu-ma Ch'ien, tr. by William H. Nienhauser, et al.". *Chinese Literature*: *Essays, Articles, Reviews*（CLEAR），1995，（V. 17），p. 137.

了解这个民族①。西方世界对之却知之不多,究其原因在于其不同于西方传统的史学表达方式及其文学性,增加了翻译的难度,翻译的滞后阻碍了其在世界的传播与接受。

二、《史记》主要英译本

长期以来,《史记》受到了中国学者和汉文化圈学者的广泛关注和研究。自 19 世纪起,《史记》引起了欧美学者的关注,其零星翻译开始出现,到目前为止,《史记》最有名的英语译本有三部:美国华兹生译本,美国倪豪士团队译本,中国杨宪益、戴乃迭夫妇译本。

(一) 华兹生译本

华兹生与《史记》翻译结缘四十多年,他一共选译了《史记》130 卷中的 81 卷,其中有 9 卷是节译,都是《史记》中文学性强的内容②,其译本基本上由哥伦比亚大学出版社出版,按照出版年代介绍如下:(1) 1958 年,《司马迁:中国伟大的历史学家》(《史记》第 130 卷)(Ssu-ma Ch'ien's Autobiography in Ssu-ma Ch'ien: Grand Historian of China),这是他的博士论文,对司马迁的生平经历、史学思想以及《史记》文本做了总体研究介绍。(2) 1961 年,《史记》英译本第一、二册(Records of the Grand Historian of China, Vol. I: Early Years of the Han Dynasty; Vol. II: The Age of Emperor Wu),共 66 卷,内容覆盖《史记》的 56 卷完整文本和 9 卷节选,译者把《史记》的五大组成部分中所有有关汉代的内容都翻译了出来③。(3) 1969 年,《中国伟大的史学著作:〈史记〉选译》(Records of the Historian: Chapters from the Shih Chi),此册译本除了包含从 1961 年版的《史记》译本中选出与汉朝相关的 13 卷和一个节选译文,还增加了《史记》汉以前的五卷涉及周、先秦时期的

---

① Watson, Burton. "The Shih Chi and I". *Chinese Literature: Essays, Articles, Reviews*, (CLEAR), 1995, (V. 17), p. 205.

② "Ssu-ma Ch'ien, Grand Historian of China by Burton Watson; Records of the Grand Historian of China by Burton Watson", pp. 311-312.

③ "The Shih Chi and I", p. 202.

人物列传①。(4) 1993 年，香港中文大学和哥伦比亚大学联合出版了华兹生《史记》的新版精装本三册，他修订了以前译本的内容，增译了《史记》的秦朝有关内容 (Records of the Grand Historian: Qin Dynasty)。

(二) 倪豪士翻译团队的《史记》译本

倪豪士译本肇始于 1989 年年中，由美国威斯康星大学《史记》翻译团队合作，团队成员来自中国大陆、中国台湾以及美国，翻译团队目标是最终完成《史记》英语全译本，最大化地体现《史记》的原貌并展现它的汉学价值，此套译本已由美国印第安纳大学出版社出版了七册，按照出版时间：第一册《史记·汉以前的本纪》(The Grand Scribe's Records, Vol. I)，《史记》第一至第七卷 (1994)。第七册《史记·汉以前的列传》(The Grand Scribe's Records, Vol. VII The Memoirs of Pre-Han China)，为汉朝以前的列传，即《史记》卷六十一至八十八 (1994)。第二册《史记·汉本纪》(The Grand Scribe's Records. Volume II: The Basic Annals of Han China)，即《史记》第八至第十二卷 (2002)。第五册《史记·汉以前的世家（上）》(The Grand Scribe's Records, Vol. V, Part I, The Hereditary Houses of Pre-han China) (2006)。第八册《史记·汉代的列传（上）》(The Grand Scribe's Records, Vol. VIII, Part I, The Memoirs of Pre-Han China) (2008)；第九册《史记·汉代的列传（中）》(The Grand Scribe's Records, Vol. IX, Part II, The Memoirs of Pre-Han China) (2010)；第十册《史记·汉代的列传（下）》(The Grand Scribe's Records, Vol. X, Part III, The Memoirs of Pre-Han China) (2016)②。

(三) 杨宪益、戴乃迭《史记选》

杨宪益、戴乃迭夫妇从 20 世纪 50 年代中期开始在《中国文学》上陆续发表《史记》的英译，共选译《史记》31 卷，即《史记选》(Selections from Records of the Historian)，选译的皆为文学性较强的篇章，其中故事性较强的列传占很大比重。《史记选》有四个版本：(1) 香港商务印书馆 1974 年版，1979 年外文出版社重新排版出版；(2) 中国文学出版社和外语教学与研究出版社 1999 年版；(3) 北京外文出版社 2001 年版；(4) 北京新世界出版社

---

① 李秀英《基于历史典籍双语平行语料库的术语对齐研究》第 34 页，大连理工大学博士学位论文，2010 年。

② https://alc.wisc.edu/about/faculty/william-nienhauser.2018-07-21.

2002年版①。

三、华氏、倪氏和杨氏译本比较

上述三个《史记》译本的翻译目的、翻译策略和参考底本各具特点。

（一）翻译目的

华氏译本是面向非专家型大众读者群体，这跟哥伦比亚大学的翻译资助目的有关，华兹生说："由于翻译《史记》是单打独斗，加之资金有限，因此，就尽量翻译《史记》正文，把《史记》的介绍和注释控制到最低。"② 倪氏译本的读者群体是汉学专业人士和学生，译作内容忠实，通俗易懂，注释翔实，汉学价值高。杨氏译本的翻译目的和翻译策略与中国外文局肩负着对外宣传和传播中国文化的使命有关，输出中国历史文化是杨氏译本的目的，译本的目标读者是大众读者。

（二）翻译策略

译者所处的社会历史文化大环境会影响翻译策略的选择。华译《史记》所处的时代正是在美国试图用自身的"先进文化"来改造中国传统文化的时代大背景下进行的，当时美国大众对中国文化了解不多，华兹生采用流畅、透明的翻译风格，把对美国普通读者来说非常陌生的中国文化和语言特色减到最低限度，更多地使用"归化"翻译策略来增加译本对普通读者的吸引力③。

倪氏译本翻译始于20世纪90年代，自这个年代以来，世界全球化趋势增强，美国处于多元化的历史文化语境中，对"他者"文化的认同和渴望成为一种时代精神，这种精神体现在翻译领域里就出现了对"异化"翻译策略的较多认可④。倪氏译本的翻译策略是"异化"策略，翻译方法以直译法为主，"异化"翻译策略的运用增强了此译本的汉学价值。

传播中国传统文化的历史使命让杨氏夫妇选择了尽量靠近原作、忠于原文的"异化"翻译策略。译本忠实再现了原文的史学信息，尽量保留司马迁

---

① 《基于历史典籍双语平行语料库的术语对齐研究》第36页。
② "The Shih Chi and I", p. 202.
③ 李秀英《20世纪中后期美国对外文化战略与史记的两次英译》，载《大连海事大学学报》（社会科学版）2007年第1期。
④ 《20世纪中后期美国对外文化战略与史记的两次英译》第129页。

以封建等级排序的叙事风格。使用增译法翻译文化词汇,增加易于理解的文化背景信息;采用了音译、直译方法来处理一些语义空缺词和文化词汇,译本尽量观照汉语文化含义,保留中国文化特色①。

(三)参考的底本

华兹生参考的《史记》底本是日本汉学家泷川资言的1934年版的《史记会注考证》,他还参照了其他日本学者的资料以及沙畹的部分译文章节②。倪氏译本以1959年和1982年中华书局《史记》本为参照底本③。杨氏夫妇因为在国内,可以参考的资料极为丰富。

四、三部译本的接受影响

三部译本问世后,其翻译价值、汉学价值、文化传播价值得到肯定,译评者也指出了译本存在的问题。

(一)华氏译本

华氏译本面世后,评论褒贬不一。正面译评集中在:(1)译文对《史记》的汉学普及作用很大④⑤⑥。(2)译文通俗易懂,明白晓畅⑦。

译文中注释很少,没有汉字,便于阅读⑧。(3)译文调整了叙事方式,

---

① 高凤平《和而不同的《史记》英译之旅——以杨宪益、华兹生译本为例》,载《渭南师范学院学报》2017年第21期。

② Cole, Allan B. "Records of the Grand Historian of China by Burton Watson". *The Annals of the American Academy of Political and Social Science*, 1962, (Vol. 341), pp. 144-145.

③ Sterckx, Roel. "The Grand Scribe's Records. Volume II: The Basic Annals of Han China by Ssu-ma Ch'ien, tr. by William H. Nienhauser Jr., et al.". *T'oung Pao*, 2003, (Vol. 89, Fasc. 4/5), p. 451.

④ Ho Ping-Ti(何炳棣). "Records of China's Grand Historian: Some Problems of Translation: A Review Article". *Pacific Affairs*, 1963, (Vol. 36, 2), p. 172.

⑤ "Ssu-ma Ch'ien, Grand Historian of China by Burton Watson; Records of the Grand Historian of China byBurton Watson", p. 322.

⑥ Yang Lien-sheng. "Records of The Grand Historian of China by Burton Watson". *Harvard Journal of Asiatic Studies*, 1960-1961, (Vol. 23), p. 212.

⑦ "Records of the Grand Historian of China by Burton Watson", p. 144.

⑧ Bodde, Derk. "Ssu-ma Ch'ien, Historical Records (Shih Chi). by R. V. Viatkin". *The Journal of Asian Studies*, 1985, (Vol. 45, 1), p. 130.

译作按照时间发展顺序重新排列叙事，译文内容更加统一①②。(4) 译文质量是对前人译本的改进。很多译文改正了沙畹或德效骞译文中的不当之处，对难译的术语进行了重新解读和翻译③。

华氏译本的负面评价如下：(1) 译著学术性不强④⑤。(2) 译著没有展现《史记》全貌⑥。(3) 译著存在一些误读和打印错误⑦。译文中的语言表达不忠实会不断地误导大众读者⑧。华译存在错误和误读的原因在于，他的翻译准备工作不足⑨。对于上述的批评和指责，华兹生提出了反驳⑩。

(二) 倪氏译本

倪氏译本陆续出版后，学者的评论褒大于贬。正面评价集中在其汉学研究价值高⑪⑫。倪氏译著不尽如人意的地方表现在：(1) 译文读者群体的有

---

① Mote, F. W. "Records of the Grand Historian of China by Burton Watson". *Artibus Asiae*, 1962, (Vol. 25, 2/3), p. 199.

② Hardy, Grant. "His Honor the Grand Scribe Says…; Records of the Grand Historian; Qin Dynasty; Han Dynasty I & II by Sima Qian, tr. by Burton Watson; The Grand Scribe's Records: Vol. I-The Basic Annals of Pre-Han China by Ssu-ma Ch'ien, tr. by William H. Nienhauser Jr., et al.; The Grand Scribe's Records: Vol. VII-The Memoirs of Pre-Han China by Ssu-ma Ch'ien, tr. by William H. Nienhauser Jr., et al." *Chinese Literature: Essays, Articles, Reviews* (CLEAR), 1996, (Vol. 18), p. 146.

③ "Ssu-ma Ch'ien, Grand Historian of China by Burton Watson; Records of the Grand Historian of China by Burton Watson", p. 321.

④ Goodrich, C. S. "A New Translation of the SHIH CHI". *Journal of the American Oriental Society*, 1962, (Vol. 82, 2), p. 202.

⑤ "Records of the Grand Historian of China by Burton Watson", p. 201.

⑥ "A New Translation of the SHIH CHI", p. 190.

⑦ Dubs, H. H. "Records of the Grand Historian of China, Translated from the Shih Chi of Ssu-ma Ch'ien, tr. by Burton". *The Journal of Asian Studies*, 1963, (Vol. 22, 2), pp. 205-207.

⑧ Goodrich, C. S. "Records of the Grand Historian of China: Surrejoinder". *Journal of the American Oriental Society*, 1963, (Vol. 83, No. 1), p. 115.

⑨ "Records of the Grand Historian of China by Burton Watson", p. 200.

⑩ Watson, Burton. "Rejoinder to C. S. Goodrich's Review of Records of the Grand Historian of China". *Journal of the American Oriental Society*, 1963, (Vol. 83, 1), p. 114-115.

⑪ "His Honor the Grand Scribe Says…; Records of the Grand Historian; Qin Dynasty; Han Dynasty I & II by Sima Qian, tr. by Burton Watson; The Grand Scribe's Records: Vol. I-The Basic Annals of Pre-Han China by Ssu-ma Ch'ien, tr. by William H. Nienhauser Jr., et al.; The Grand Scribe's Records: Vol. VII-The Memoirs of Pre-Han China by Ssu-ma Ch'ien, tr. by William H. Nienhauser Jr., et al.", p. 145.

⑫ "The Grand Scribe's Records. Volume II: The Basic Annals of Han China by Ssu-ma Ch'ien, tr. by William H. Nienhauser Jr., et al.", p. 452.

限性①。(2) 打印排版错误②③。(3) 有的译文译法值得商榷④。(4) 索引存在问题⑤。(5) 译文语言有的地方不流畅。

(三) 杨氏译本

杨宪益的译文简洁明了,真实再现,贴近原文,是忠于原文视角的权威译著,译本没有忽略译入语读者的阅读习惯,尝试将原文中的大量默认值进行了显化,显著提高了译文接受度,使得目的语读者能够更好地了解源语文化,有利于汉语典籍文化的对外传播。

结　语

综上所述,虽然以上三部《史记》英译本的翻译目的、翻译策略和翻译角度不同,但是它们的学术价值各有千秋,对《史记》在世界范围的传播都做出了贡献。倪氏译著和华氏译著展现了《史记》的不同方面,即文学和史学的两大特点。从文学翻译的角度来说,华氏译文通俗易懂、行文流畅,最佳;从历史翻译和汉学的角度来说,倪氏译本最为出色。华氏译本打破《史记》原有的编排顺序,重新按照时间编排内容,妨碍读者了解司马迁的结构安排用意;而倪氏译文保留《史记》原文结构顺序,读者能够有机会明白作者的编排用意,用这样的方式阅读译本,再加上倪氏译本大量的脚注,读者

---

① "The Grand Scribe's Records. Vol. I: The Basic Annals of Pre-Han China by Ssu-ma Ch'ien, tr. by William H. Nienhauser Jr., et al.", p. 142.

② Gary Arbuckle. "The Grand Scribe's Records: Volume I: The Basic Annals of Pre-Han China by Ssu-ma Ch'ien, tr. by William H. Nienhauser Jr., et al.; The Grand's Scribes Records: Volume VII: The Memoirs of Pre-Han China. by Ssu-ma Ch'ien, tr. by William H. Nienhauser Jr., et al.". *Pacific Affairs*, 1996, (Vol. 69, 2), p. 263.

③ "The Grand Scribe's Records. Volume II: The Basic Annals of Han China by Ssu-ma Ch'ien, tr. by William H. Nienhauser Jr., et al.", pp. 450-453.

④ "The Grand Scribe's Records. Vol. I. The Basic Annals of Pre-Han China by Ssu-ma Ch'ien, tr. by William H. Nienhauser Jr., et al.; The Grand Scribe's Records. Vol. VII. The Memoirs of Pre-Han China by Ssu-ma Ch'ien, tr. by William H. Nienhauser Jr., et al.", p. 138.

⑤ "The Grand Scribe's Records. Vol. I: The Basic Annals of Pre-Han China by Ssu-ma Ch'ien, tr. by William H. Nienhauser Jr., et al.", p. 142.

可以容易地发现并比较东西方不同的历史叙事内容①。杨宪益作为源语文化的本土译者,学贯中西,其掌握的资料、信息资源的丰富程度以及对原文的谙熟程度是华兹生以及倪豪士团队所望尘莫及,但其译作的篇幅和其他两部的篇幅相比,逊色得多。

(于培文 北京语言大学培训学院副教授)

---

① "His Honor the Grand Scribe Says…: Records of the Grand Historian: Qin Dynasty; Han Dynasty I & II by Sima Qian, tr. by Burton Watson; The Grand Scribe's Records: Vol. I-The Basic Annals of Pre-Han China by Ssu-ma Ch'ien, tr. by William H. Nienhauser Jr., et al.; The Grand Scribe's Records: Vol. VII-The Memoirs of Pre-Han China by Ssu-ma Ch'ien, tr. by William H. Nienhauser Jr., et al.", pp. 146-151.

苏轼作品在英语世界的首次译介

史 凯

摘 要：本文通过细致的文本析读，全面分析了19世纪来华传教士郭实猎评介苏轼其人其著的英文文章。这是目前已知最早一篇向西方世界译介苏轼作品的专题文章，从内容到视角都呈现出若干鲜明却久被忽视的特点。它的意义不仅在于提前了苏轼海外传播史的起点，也在很大程度上提醒研究者重视文本细节，重视历史的复杂性，避免走向单一脉络的解释误区。

关键词：郭实猎 苏轼 传教士东方主义

今人论及苏轼的海外传播史，一般将阿瑟·韦利（Arthur Waley，1889—1966）在1918年出版的《汉诗一百七十首》（*A Hundred and Seventy Chinese Poems*）视为起点。此书流传广泛，影响巨大。书中收录了韦利英译的苏轼七绝《洗儿戏作》（"On the Birth of His Son"）。① 事实上，早于韦利译作半个多世纪前，普鲁士来华传教士郭实猎（Charles Gutzlaff，1803—1851）就在1842年3月期的《中国丛报》（*The Chinese Repository*）撰文述评苏轼作品全集。② 一位是北

---

① Arthur Waley, trans. *A Hundred and Seventy Chinese Poems*, London: Constable and Company Ltd, 1918, p. 151. 美国汉学家唐凯林（Tomlonovic Kathleen）就从韦利英译开始撰文介绍苏轼在欧美的传播历史。参见唐凯林《海外研究苏轼简介》，载《黄冈师专学报》1988年第4期。

② 传教士德文名Karl Friedrich August Gützlaff，英文名Charles Gutzlaff，中文名郭实猎，还使用爱汉者、Philosinensis、Correspondent等化名。其人自称入华之前、旅居泰国期间加入福建同安籍郭姓氏族，得名Shih-lee。清末有人将此译作郭士立，此后便沿用至今。今人又译郭实腊、郭士腊等。中国学者黄时鑑、新加坡学者庄钦永等人先后考证发现，传教士本人所用签名或私章实为"郭實獵"。参见Charles Gutzlaff, *The Journal of Three Voyages along the Coast of China*, in 1831, 1832, & 1833, London: F. Westley and A. H. Davis, 1834, p. 58; 黄时鑑《〈东西洋考每月统记传〉影印本导言》，载爱汉者纂，黄时鑑整理《东西洋考每月统记传》第32—33页，注10，中华书局，1997年；[新]庄钦永《郭实猎〈万国地理全集〉的发现及其意义》，载李金强编《近代中国基督教史研究集刊》第7期第1页，注1，香港：浸会大学出版社，2007年。

宋中期内外矛盾愈发尖锐之际一心谋求社稷稳定的中国士人，一位是晚清中西冲突之时执着改宗中国的欧洲传教士，苏轼与郭实猎在文本中的相遇本身，已然微妙。本文通过完整的文本阅读与内容分析，剖析这篇长期以来鲜有论者关注的专题译述，并力求挖掘该项个案之于传教士翻译研究可能的启示。

一、基本内容

文章开篇，郭实猎首先介绍了中国的注疏传统，又以范缜"神灭论"为例批评中国知识阶层不关心超验存在。接下来，郭实猎用一整段篇幅概述苏轼治学为官的基本事迹。郭实猎指出，苏轼是北宋聪颖学者的杰出代表。作为学者，他达到了中国写作者的理想高度，集合诗人、散文家、隽语和唱词作者于一身，他也写作政府公文，抨击时代贪腐；作为官员，他表现顽固，推崇古人思想，希望君王重返完美的古代，排斥对外交往，反对变革。[1]

从第四段至第二十段，郭实猎概述了苏轼作品全集的主要内容。他称整部文集是"真正的大杂烩"[2]，并逐次介绍了不同类型的苏轼诗文。他交替使用各种指称名词，串联起这些段落。简明起见，我们以这些名词为据将这十七段的核心信息集中整理为以下表格，其中"内容举隅"出自郭实猎原文，对它们的进一步讨论将在后文展开。

指称名词	内容举隅
eulogies（颂词）	在一座城市发出感慨
funeral eulogies（悼词）	悼念逝者
ditties（唱词）	为饮酒所作
essays（散文）	科举考试；《春秋》；仪式；周王；勇气；音乐
treatise（议论文）	引证尧舜谈论奖励与惩戒；推崇尧舜之道治国；批斥以韩非和商鞅为代表的法家思想；植物和果蔬

---

[1] Correspondent, "Notices of the Complete Works of Su Tunpo, Comprised in Twenty-Six Volumes", *The Chinese Repository*, vol. 11 (March 1842), pp. 133-134.

[2] "Notices of the Complete Works of Su Tunpo, Comprised in Twenty-Six Volumes", *The Chinese Repository*, p. 134.

续表

指称名词	内容举隅
prefaces（序言）	为友人所做的一组序文
inscriptions（碑刻）	数量众多
commissions（委任状）	发给军事和民事部门
documents（公文）	颂扬品德高尚的官员
correspondence（信函）	公务信函；谈论国家事务的私人书信；写给盐官的信
ejaculations（呼告）	称颂佛陀；为皇帝祈福；祈雨；危难之际的恳求；请求君王释放无辜囚犯
fables（寓言）	乌鸦的故事
poetry（诗歌）	三卷诗歌
descriptive pieces（记叙文）	主要涉及人物、寺院、山川河流等
medical remedies（医方）	用姜医治痢疾；愈合伤口的方法
biography（传记）	文集末尾一卷为苏轼本人的传记

二、译介缘起

传教士学习、译介中国文化典籍的首要动力，乃是为了学习汉语，了解宣教对象，这就意味着中国读者之中盛行的文本更容易进入他们的视野。换言之，传教士选择的文本在一定程度上投射着彼时中国社会的偏好。清代正是苏轼研究的繁盛期，苏轼其人其作广受推崇，位居清人注解最多的历代诗人之列。即便进入晚清，士人当中依然流行为苏轼画像或举办生日纪念集会。① 在这样的风尚之下，郭实猎注意到苏轼并不令人意外。

事实上，这并非苏轼首次出现在他的笔下。早在郭实猎 1830 年代编著出版的中文刊物《东西洋考每月统记传》里，苏轼诗文就先后出现五次，② 那

---

① 有关清代苏轼热潮的研究，参见莫砺锋《论清代苏轼研究的几个特点》，载《唐宋诗歌论集》第 325 页，凤凰出版社，2007 年；王友胜《清代苏轼研究的繁盛局面及其文化成因》，载《湖南大学学报》（哲学社会科学版）2003 年第 5 期。

② 道光癸巳年（1833）八月期，《论》征引《王者不治夷狄论》；丁酉年（1837）九月期，《词》征引《富郑公神道碑》；戊戌年（1838）二月期，封面征引《形势不如道德论》，《苏东坡词》征引《明君可与为忠言赋》；戊戌年六月期，《苏东坡诗》征引《上虢州太守启》。

些征引表明,郭实猎来华之初便接触到苏轼的作品,知晓其在清代社会的影响力。在1838年出版的英文专著《打开中国》(*China Opened*; *or a Display of the Topography*, *History*, *Customs*, *etc. of the Chinese Empire*)一书里,郭实猎又提到苏轼。他把中国的文献分作历史、哲学、诗歌、小说、杂学五类,指出苏轼位列"杂学"作者之列,著有大量的"诗、歌、颂、格言准则、祭文、碑铭、论文、文体规范"。他认为苏轼是一个有旨趣(taste)的人,在中国的文献传统里极为重要,希望掌握优雅写作之人都应当阅读苏轼。① 这些评价既应和着清人崇尚苏轼的主流观点,又让人隐隐想到朱熹等理学家视苏轼为杂家的看法。或许可以说,从《东西洋考每月统记传》到《打开中国》,郭实猎不但日渐熟悉苏轼作品,就连苏轼引发的评价与反响,也并不陌生。这位中国知识分子的话题人物长期存在于他的视线之内。

三、译介特点

苏轼作品浩繁,有所谓"苏海"之说。② 仅存世至今的作品,就包括2700多首诗,300多首词和4800多篇散文作品。③ 不难想见,即便依托苏轼作品集录,想要从整体上脉络清晰地把握苏轼的作品世界,也绝非易事。正因此,郭文从内容到视角都呈现出若干值得一说的特征。

第一,覆盖苏轼诗文的多个品类,分而论之,提供了一些相对准确的信息,但缺少深入研究。

如前表所示,郭实猎使用"颂词"(eulogies)、"悼词"(funeral eulogies)、"唱词"(ditties)等语词描述苏轼的作品,此举当然没有从苏轼作品自身的文体形态出发,属于"以西律中"的做法。④ 尽管如此,我们也注

---

① Charles Gutzlaff, *China Opened*; *or a Display of the Topography*, *History*, *Customs*, *etc. of the Chinese Empire*, London: Smith, Elder and Co., 1838, vol. 1, pp. 467.
② 王水照《鳞爪文辑》第338页,陕西人民出版社,2008年。
③ 王水照、朱刚《苏轼评传》第422页,南京大学出版社,2004年。
④ 例如,郭实猎指出,文集开篇不久就读到苏轼"感叹一座城市而作的颂词"。这让人很容易联想到苏轼在昆阳城感慨古事而写下的名作《昆阳城赋》。可是,用传达赞美之情的"eulogy"来比附"赋"这种介于诗与文之间的押韵文体,并不准确。参见"Notices of the Complete Works of Su Tunpo, Comprised in Twenty-Six Volumes", *The Chinese Repository*, p. 134.

意到，郭实猎基本把握住了苏轼文体的大类。苏作的文体异常庞杂，单是文章，从孔凡礼编校的《苏轼文集》目录来看，就有将近 70 种形态，① 即使中文读者也几乎不可能明辨。不过，这几十种形态又可以进一步归纳成八大类：辞赋、论说、传状碑志、尺牍（书信）、奏议公文、箴铭颂赞、序跋、杂记。② 倘若依据这个更为实际的分类而言，我们非常直观地看到，郭实猎表现出鲜明的文体意识，覆盖了苏轼作品的主要类别。

这种鲜明的文体意识，落实在文字上有时又指向一种特别的捕捉力，能够通过寥寥数语传递有效的信息。以苏轼的书信和寓言为例，郭实猎指出，苏轼信函有公函与私信两类，前者语言精练，直达要害，用以联络其他政府机构和官员，后者往往略去私信的惯用套话，又包含着国家事务的丰富信息③；苏轼还是自己所知的中国作者里唯一使用寓言明理之人，有一篇代表作题为《乌鸦》，内容机智幽默，不过其中的对比较为牵强。④ 在这里，郭实猎既注意到数量庞大的书信，也未忽略散见的寓言，还勾勒出它们的特征。言语不多，却高度趋近今人的基本认知。他所不能理解的寓言难点，恰恰也是今人强调的脉理重点。⑤ 总而言之，以苏轼文类的相对完整性而言，这篇文章提供了必要的基础性信息。

第二，褒贬相合，毁誉交织，构建批评与比较的译介视域。

郭实猎对苏轼的写作成就不无肯定——"苏轼是文字成就的典范作者，想

---

① 孔凡礼《苏轼文集目录》，参见（宋）苏轼著，孔凡礼点校《苏轼文集》（第一册）第 1—104 页，中华书局，1986 年。

② 王渭清《苏轼散文体制创新管窥——苏轼散文文体形态论之一》，载《宝鸡文理学院学报》（社会科学版）2008 年第 6 期。

③ "Notices of the Complete Works of Su Tunpo, Comprised in Twenty-Six Volumes", *The Chinese Repository*, pp. 133-135.

④ "Notices of the Complete Works of Su Tunpo, Comprised in Twenty-Six Volumes", *The Chinese Repository*, pp. 130-140.

⑤ 研究者指出，苏轼有书信 1600 篇，寓言 180 则，其书札风格真情袒露，内容上至国家治乱，下至生活琐事，元祐大臣时期的书信还突出表现出参政议政的实用功能；其寓言则是集大成的艺术珍品，《乌说》一文为独立成篇的散文寓言，全文关键在于乌鸦被诱捕与人世政治迫害两者之间事理上的贯通。参见刘乃昌《苏轼文学论集》第 175 页，齐鲁社，2004 年；赵树功《中国尺牍文学史》第 262 页，河北人民出版社，1999 年；严宇乐《苏轼、苏辙、苏过贬谪岭南时期心态与作品研究》，复旦大学博士论文，2012 年；朱靖华《苏东坡寓言大全诠释》第 28 页，京华出版社，1998 年。

成为一流的学者必须全方位地借鉴苏轼。他的作品在有学识之人心中的地位很高,引用苏轼的一句话胜过大段的论述"①。类似评价在文中多次出现,相互呼应。另一方面,他也毫不讳言质疑与批评,并且这种批评本身往往因郭实猎的西人身份呈现出鲜明的跨文化色彩。例如他对苏轼诗歌的看法。郭实猎指出,苏诗"有一些精彩的描写。它们创作于作者的青年时期,那时他还不会克制情感。这些诗展示着生机,传达着美好的思想。虽然有时过于平实,但依然值得一读,诗歌新手尤其应当阅读苏轼的诗作。"② 我们大致可将此话理解为对"乌台诗案"之前苏轼诗风的肯定。然而此后再提苏轼诗歌,郭实猎却写道:"作者的诗歌才华并不卓越,他往往陷落(sink)在散文的位置,难以登顶帕纳瑟斯山(Parnassus)。"③ 在希腊神话里,执掌诗歌创作的女神缪斯居住在帕纳瑟斯山,登上帕纳瑟斯山喻指取得卓越的诗歌成就。郭实猎用这个西人熟知的典故,将苏轼排除在一流诗人之外,甚至认为其诗只能降格算作散文。这样不敬的言论当然带有殖民陈见和对他者污名化的色彩,却也让人联想到宋人严羽针对苏轼诗歌议论化、散文化倾向所做的著名批评:"以文字为诗,以才学为诗,以议论为诗。"④

再如郭实猎对苏轼春秋学思想的评价。苏轼极为重视《春秋》,为之撰文数十篇,主张它不仅是一部编年史,还记录着社会基本的伦理纲常,由此,道德才是历史的最高理想和治理天下的根本⑤,所谓"夫国家之所以存亡者,在道德之浅深,不在乎强与弱;历数之所以长短者,在风俗之厚薄,不在乎富与贫。"⑥ 郭实猎对此颇为不屑。他写道:"作者认为《春秋》是完美之作,它不含评注,只是列出古代王公贵臣的名字,无论是真实还是虚构的。只要

---

① "Notices of the Complete Works of Su Tunpo, Comprised in Twenty-Six Volumes", *The Chinese Repository*, p. 133.

② "Notices of the Complete Works of Su Tunpo, Comprised in Twenty-Six Volumes", *The Chinese Repository*, p. 140.

③ "Notices of the Complete Works of Su Tunpo, Comprised in Twenty-Six Volumes", *The Chinese Repository*, p. 141.

④ (宋)严羽《沧浪诗话》第7页,中华书局,1985年。相关研究参见曾枣庄《论宋人对苏轼的批评》,载李国章、赵昌平编《中华文史论丛》(第74辑)第1—19页,上海古籍出版社,2004年。

⑤ 王水照、朱刚《苏轼评传》第231—241页,南京大学出版社,2004年。

⑥ 语出《上神宗皇帝书》。参见(宋)苏轼著,孔凡礼点校《苏轼文集》(第二册)第737页,中华书局,1986年。

印制《春秋》，就能引发巨变，以后的时代将全然不同。任何人读到那一长串姓名，都会心生敬畏，生怕自己的罪行被记录在案，遗臭万年，于是立刻变得高尚起来，时代的进步都要归功于这种廉耻之心。好好听着，西方的立法者们，尤其是西班牙人和爱尔兰人！如果你们希望人民情操高尚，就要出版历史编年表，整个国家将焕然一新。"① 这些充满嘲讽的文字清楚地表明，郭实猎对《春秋》的认识不无偏颇，然而他也绝不认同仅凭道德力量推动国家进步的理念。在 19 世纪中西历史进程巨大差异的反衬下，他对一元"德治"的根本否定，除了表现着殖民话语的傲慢，或许也极大地投射出两种社会结构与政治传统内在的冲突。

第三，既承认苏轼的文学史意义，也重视苏轼的政治思想，甚至更为偏重后者，尤其关注苏轼对待危机和变化的态度立场。苏轼一生涉猎广泛，在文海与官场都取得了世所瞩目的成就。苏轼二字的全部内涵和意蕴，构成一个复杂多维的世界，远远超越文学的边界，对此无须赘言。

从一开始，苏轼就未以文学家身份进入郭实猎的视野。早在 1830 年代，郭实猎编著出版的《东西洋考每月统记传》就先后五次征引苏轼。所征引的苏轼作品体裁各异，但内容均为政治评论。至于《东西洋考每月统记传》所引的文学篇目，基本出自李白和欧阳修二人，只字不提苏轼的文学创作。这一事实表明，郭实猎很早便注意到苏轼的政论写作，对它们的兴趣远在苏轼的文学创作之上。在《中国丛报》的这篇英文述评里，郭实猎最多的着墨所在依然是作为政治家的苏轼。通览全文，有关苏轼文学创作的讨论，主要包括苏轼的文学地位、序文、写景状物类作品、哀祭作品、寓言、诗歌成就等议题；有关苏轼政论与证见的讨论，主要包括外交、科举考试与尊孔、《春秋》与治国、军事边防与抗金卫国、新法、吏制与内政、民生等议题。相比之下，后者内容更多，情感更强。

细读那些述评，我们发现，郭实猎并非在随机选择苏轼的政论，它们基本围绕着同一个主题——苏轼如何看待危机和变化。这一选择背后的逻辑，也许可以这样解释：苏轼生活的北宋中后期，国家已经转向衰落，内有愈演愈烈的社会矛盾，外有辽金崛起的压力，此种情境与郭实猎本人所感知的晚

---

① "Notices of the Complete Works of Su Tunpo, comprised in Twenty-Six Volumes", *The Chinese Repository*, p. 134.

清颇有几分相似。自然,苏轼所代表的本土精英对危机时代的回应姿态也就引起他极大的兴趣。这种兴趣又进一步表现为高调地肯定与隐晦地否定两种。

他所肯定的是苏轼早期针砭时弊的文章。郭实猎引用苏轼的文章指出北宋政府"法律完全与现实脱节,官员根本不能胜任职责";"地方官员人员臃肿,每三人就有一个职位,这些人应当远离国库支出";"赋税降低了,但民众负担依然很重,因为征税者中饱私囊";"军纪涣散,国防虚空"。这些引文指向苏轼青年时期所做的系列政论文章《进策》。在这个系列里,苏轼揭批了立法与用人、民生与财用、治吏与治军等方面的社会弊病。郭实猎夸赞它们"是整部全集中最好的作品,虽然带有学究气,但极富思想,任何时代读起来都不过时"。①

更多的时候,郭实猎流露出的是对苏轼政见的不满。例如他对苏轼高丽(朝鲜)观的评介。在第四段介绍苏轼生平时,郭实猎写道,官员苏轼"憎恶外国人,因为他们不受天朝帝国控制;反对与高丽的贸易,因为那会玷污大汉子民的纯洁性"。② 在第十一段,郭实猎又集中描述了苏轼在中朝关系中的角色。概括来说,两国原本贸易联系频密,高丽国王积极迎合朝贡制度,然而由于苏轼的干预,北宋政府残酷打压两国贸易,高丽僧人也被遣送回国,甚至丧命;两国贸易转入地下,苏轼却自鸣得意,引以为豪。③ 此处所指,明显是苏轼上书朝廷的《乞禁商旅过外国状》《论高丽买书利害札子》《乞令高丽僧从泉州归国状》等10多篇针对高丽的状文。它们的确言辞苛刻,态度强硬,甚至冷酷。对于苏轼的高丽观,存在多种解释,既可以认为源自苏轼的保守主义思想,也可以理解为苏轼与王安石的政治斗争使然,或者归因于北宋、辽国、高丽三国的政经关系。④ 不难看出,郭实猎是持第一种观点的,他对苏轼外交思想的批评隐现文中。

---

① "Notices of the Complete Works of Su Tungpo, comprised in Twenty-Six Volumes", *The Chinese Repository*, p. 136.

② "Notices of the Complete Works of Su Tunpo, Comprised in Twenty-Six Volumes", *The Chinese Repository*, p. 137.

③ "Notices of the Complete Works of Su Tunpo, Comprised in Twenty-Six Volumes", *The Chinese Repository*, pp. 137-138.

④ 冒志祥《浅论苏轼的外交思想:基于苏轼关于高丽的"状"文》,载《河南师范大学学报》(哲学社会科学版) 2008年第4期。

类似地，从郭实猎穿插在其他段落的政论述评中，我们看到的是一个伏在圣人脚下、热衷于灌输道统的迂腐官员。这一边是苏轼"对变化忧心忡忡，试图死死地抓住旧政权"，"力挺古人思想，坚信它们仍然有用于当下"，"活在辉煌的过去，忘记了国家的苦难"；那一边，当提及辽国和欧洲时，郭实猎的描述却完全不同："政治高效，国家运转良好"；"自11世纪以来经历了各种变化，如此迅速，势不可挡。"① 这种动与静、贬与褒的对比，暗合着郭实猎等晚清来华传教士一以贯之的立场——19世纪的中国在思想上是僵化的，制度上是封闭的，演进上是停滞的。由此反观文章的开篇，郭实猎之所以专门介绍中国士人的注疏传统，或许正是有感于清代文人热衷注解苏轼而发。这个开篇看似与全文主题缺少关联，实则铺垫了后文对晚清知识分子思想世界的总体否定。

　　第四，直白的宗教投射依然存在，但明显趋向淡化。传教士的教育经历、来华目的、价值导向、心理期待等因素都决定了他们必然从基督宗教的视角出发解读中国，这是理解中国的起点。于是，我们总能在他们的笔下读到明暗不一的关于上帝信仰的追问，这几乎成为传教士文献最基本的话语特征。基于这一特征观察，郭文又呈现出变与不变的交错。不变的是郭实猎宗教先行的思路。具体说，表现有三：首先，文章开篇从介绍知识分子的注疏传统迅速过渡到批判该群体的来世观，矛头直指范缜《神灭论》，认为以"刃""利"喻指灵魂对身体的依附颇为"险恶"（perverse）。② 这里郭实猎接续了自己的一贯立场。此前在1833年出版的《东西洋考每月统记传》里，他就称范缜之说为"愚人伶语"。③ 其次，文章同一段又指，中国人的信仰与生活彼此分裂——不信来世，却惧怕地狱之苦，以至于必须向佛教法师寻求临终慰藉。最后，介绍苏轼的呼告类作品时，批评他"绝口不提至高存在（Supreme Being），物质主义思想根深蒂固"。④

---

　　① "Notices of the Complete Works of Su Tungpo, comprised in Twenty-Six Volumes", *The Chinese Repository*, pp. 135-136; pp. 137-138.

　　② "Notices of the Complete Works of Su Tunpo, Comprised in Twenty-Six Volumes", *The Chinese Repository*, pp. 132-133.

　　③ 道光癸巳年九月期，参见爱汉者纂，黄时鑑整理《东西洋考每月统记传》第三十八下，中华书局，1997年。

　　④ "Notices of the Complete Works of Su Tunpo, Comprised in Twenty-Six Volumes", *The Chinese Repository*, p. 133.

变化的是宗教色彩的强度。除了以上三处，全文再无任何带有宗教指向的词句。就篇幅而论，宗教话语的比例极低；就措辞而言，只有在斥责范缜"神灭论"这个冲击基督宗教信仰根基的说法时，使用了"险恶"一词，但也仅此而已。其他段落里，口吻相较平和，叙事相较冷静，那种长篇大论不厌其烦的宗教诘问，几近退出文本。全文最直观的主要关切，是评介苏轼及其作品。并且，承前所述，评介的具体内容是丰富的。

这种变化当然不意味着郭实猎在信仰问题上做出了让步。活跃于20世纪初的德国人卫礼贤（Richard Wilhelm，1873—1930）被今人普遍誉为近代史上最具包容思维和对话意识的来华传教士。然而即便是卫礼贤，也始终不曾放弃"以基督圣经为体道之本"①，何况是19世纪早期西方优越感正强、"福音拯救"思潮主导欧洲教会情绪之际的郭实猎。事实上，评介苏轼后的次年6月，郭实猎在《中国丛报》发文再谈在华传教事业，依旧猛烈攻击着中国人的精神世界。②但是，回到1842年的这篇文章，宗教色彩的淡化，世俗学问与宗教信仰分为论之的趋势，已经明显表现出从传教士到传教士汉学家的微妙游移。

四、历 史 意 义

19世纪以来传教士对中国的研究，是儒家文化圈之外的知识分子对中国文化的大规模探究，极大地推动了西方汉学的发展。这场浪潮由众多个案汇聚而成，1842年郭实猎以英文评介苏轼的人与著，就是其中真实具体的一份子。它的历史意义至少有以下两点。

第一，这是目前所知最早一篇研究苏轼的西文作品，将苏轼海外传播的历史起点大大提前。承前所述，1918年韦利曾出版苏作英译。其实在韦利之前，翟理斯（Herbert Allen Giles，1845—1935）就已经选译出版了苏诗数首。③更早一些，1872年英国人包腊（Edward Charles Macintosh Bowra，

---

① 徐若楠《中西经典的会通——卫礼贤翻译思想研究》第69页，北京外国语大学博士论文，2016年。

② Correspondent, "State and Prospects of China Viewed in Connection with the Extension of the Christian Religion", *The Chinese Repository*, vol. 12（June 1843）, pp. 294-300.

③ 万燚《英语世界苏轼研究综述》，载《国际汉学》2014年第26辑。

1841—1874）在《中国评论》（The China Review）第一期发表文章《苏东坡》（"Su Tungpo"），讲述苏轼谪戍岭南的经历，其中完整翻译了苏诗两首，部分摘译了苏文三篇。① 郭实猎的这篇文章发表于1842年，不但在时间上比包腊提前三十年，在内容的系统性和丰富性上亦值得关注。这里或许还有必要提及包腊对郭文的评价。包腊在《苏东坡》一文的脚注里批评了郭实猎的述评，这个脚注于是被研究者视为郭文质量低劣的直接证据。② 然而，我们细致的文本辨读已经证明，郭文的内容、视角与观点绝非毫无学术史意义。它也许不够深入，但至少不是低劣的，甚至反而是不失敏锐的。那么何来包腊的指责呢？包腊的脚注原文如下：

> Notices of him will be found in the Chinese Repository, but I can't say that all put together contain any information about him. This is not surprising, as the principal notice at least（xi. 132）is from the untrustworthy pen of Mr. Gutzlaff, an authorship not less evident from the worthlessness of the matter than from the flippant vulgarity of the style.③

结合前面的文本分析，我们从这段话中注意到两处要点。第一，包腊言过其实。无论苏轼其人还是其作，郭文都提供了有效信息，斥之为毫无价值，无论如何违背了基本事实。第二，在包腊所生活的19世纪后期，郭实猎的文字声誉较低，缺少读者信任。这里尤其重要的是第二点。如果当时的舆论果真如此，则不能排除这种可能：人们在阅读郭实猎时带有预设的前见，认为他惯常弄虚作假无中生有，继而，在没有对照、甚至无法对照中文原著的情况下，草率地得出一个最符合一般认知心理的结论——郭实猎在评介苏轼时也是胡说八道的。近年问世的研究成果显示，19世纪欧洲社会对郭实猎的基

---

① 薛超睿《〈苏东坡〉——英国汉学对苏轼的最早接受》，载《中国文学研究》2013年第4期。
② 《〈苏东坡〉——英国汉学对苏轼的最早接受》，载《中国文学研究》2013年第4期。
③ "对苏轼的述评可见于《中国丛报》。可我不得不说全文没有提供任何有关苏轼的信息。这一点毫不令人意外，因为此文出自郭实猎先生不可信任之笔。他作为作者的声望，主要源自浮夸草率的风格，而非主题自身缺少价值。" Edward Charles Bowra, "Su Tung-po", The China Review, vol. 1（July 1872）, p. 72.

苏轼作品在英语世界的首次译介

本评价的确经历了巨大的转折。① 要而言之，1830 年代他的《航海日志》《打开中国》等书掀起欧美援华福音活动的高潮，个人声誉达到巅峰。然而其他传教士随后意识到，郭实猎夸大了传教事业的实际进展，中华归主远比预想的困难。加之郭实猎为进入封闭的中国而与鸦片商贩多有瓜葛，性格又乖张离群，传教界已经出现对郭实猎的激烈批评。1844 年，郭实猎创建福汉会，发展华人传教力量。但发回欧洲的福汉会报告不断引发教会内部质疑，随着各方信息的披露，福汉会人数规模、成员品行、宣教实效等方面的问题逐渐被揭开，甚至福汉会的其他传教士也出面指证郭实猎。郭实猎最终在身败名裂中死去。在 19 世纪后半期乃至更长时间里，他都是最具争议、最受批判的来华传教士。这样看来，我们完全有理由相信，在其作为传教士的负面声誉的持续作用下，后世阅读他的世俗作品时缺乏耐心，甚至有失公允。

第二，它被收入西人编著的多个中国文献，直接参与了中国知识向西方的迁移。我们初步统计发现，仅在 19 世纪，此文就出现在至少三部西人辑录的书目里，② 还曾被夏德（Friedrich Hirth，1845—1927）等汉学家所征引。③ 那些书目和文章提供了西方读者走近中国、了解中国、研究中国的文献路径，具有基本的结构性意义。从知识迁移的一般规律而言，郭实猎的这篇文章已经成为苏轼知识的世界性网络里无法忽视的节点，指向历史深处的更多细节。例如，后来者包腊缘何关注苏轼，缘何也着重讲述了一个政治家苏轼的故事，背后的原因与他曾经读到郭实猎的文章有无关联，这些问题还有待后续研究深入发掘，从而进一步还原此文乃至郭实猎本人在 19 世纪东西方知识迁移浪潮中或隐或显的实际角色。

---

① 相关研究参见 Jessie Gregory Lutz, *Opening China: Karl F. A. Gutzlaff and Sino-western Relations*, 1827-1852. Michigan/Cambridge: William B. Eerdams, 2008. pp. 215-258；苏精《郭实腊与其他传教士的紧张关系》，载《上帝的人马：19 世纪在华传教士的作为》第 33—71 页，香港：基督教中国宗教文化研究社，2006 年。

② 以出版时间为序，分别见于 Paul George von Möllendorff. *Manual of Chinese Bibliography, being a List of Works and Essays Relating to China*, Shanghai: Kelly & Walsh, 1876. p. 67; Henri Cordier. *Bibliotheca Sinica: Dictionnaire Bibliographique Des Ouvrages Relatifs A L'Empire Chinoism*, Paris: Ernest Leroux, 1878. p. 675; Adolf Bastian. *Festschrift für Adolf Bastian zu seinem 70. geburtstage* 26. Berlin: Verlag Von Dietrich Reimer, 1896. p. 499.

③ Friedrich Hirth. *Alte Kaiser-Gräber in Centralasien*. Leiden: E. J. Brill, 1895. p. 17

五、余　论

　　时至今日，言及传教士，"列强侵华的急先锋"一类的评价已经显著淡出学术话语，但对"传教士东方主义"的指控依然是不少传教士翻译研究工作的取向与归旨。在某些观念性论述浓重的宏大叙事里，传教士的译介活动尤其表现着意识形态的语言暴力，缺乏基本善意。这种评价揭示了权力关系在跨文化激荡中的魅影，具有正面的解释力。然而当它们被奉为理所应当的范式之后又表现出另一种倾向，将复杂、微妙、具体的历史进程简化成施动者与被动者之间的二元对立。传教士才摆脱了被遮蔽的命运，又落入另一种窠臼，甚至于变为证明某种理论的论据。我们认为，与其把研究重心放在一个预设版本的面目可憎的学术史上，我们更应当关注不同个体在不同时期如何具体而微地书写中国，真正做实近代东西方知识迁移的生动画面。郭实猎译介苏轼，既有意识形态与权力关系，又表现出知识与观念的丰富性和进步性。那些片段构成一幅马赛克式的苏轼肖像，虽不够精致但亦不乏亮点，在西方需要了解中国却缺少来源的年代里，提供了最直接的信息储备。所有这一切，都在提醒我们，郭实猎们译介中国的内涵，可能不只是我们以为的那些。保持历史解释的意识形态视野无疑是有必要的，但缺少个体化文本实证的充分依托，或许有陷入简单真理横扫一切的危险。毕竟，历史留下的文字虽然是黑白色的，但历史本身不是非黑即白的，它与我们今日的生活一样多姿多彩，复杂微妙。

（史凯　陕西师范大学外国语学院）

《金刚经》鸠摩罗什译本与玄奘译本在唐的接受与域外影响

张开媛

摘　要：《金刚经》是小部头佛经中的重要经典，历经六译。首译什本至今仍流传广泛，唐玄奘译本以忠于梵本著称，故适于与什本对勘。虽二本为同本异译，但译者选择与宗派思想倾向不同，故所承载佛教义理各异。通过对勘，发现存在译者在译介中的主体选择——什本侧重三论空宗教义，奘本偏重唯识有宗义理。唐人对经本的接受出现有宗化和世俗化倾向，将经本奉为偶像加以崇拜，促进了经本的在唐流播。唐代佛教的繁荣，吸引了大量的朝、日学僧，他们来唐学习，传播不同宗派教义。《金刚经》也随之漂洋过海、传至域外。唐人对经本的灵验功能亦一同影响至朝鲜半岛、日本等地。

关键词：《金刚经》有宗化　译者主体选择　译本传播

一、研究缘起

《金刚经》自 408 年被鸠摩罗什首次译出（后文简称：什本）之后，经本又历三次重译，至唐代玄奘为第五次重译（后文简称：奘本），后唐末义净又出最后汉译本。综观唐代两译，奘本对梵文原本的翻译更忠实，在唐一度随唯识宗产生重要影响，比净本更适合做与他本的对勘版本。其次，《金刚经》的六个汉译本中，什本出现最早，减译相较其他最多，语言更通俗易懂，流传至今。再次，二本所承载的义理是在被译出时代的大乘空宗和大乘有宗思

---

* 本文为河北省社科基金阶段成果，项目编号 HB19WW002。

想的最佳代表,可更全面分析《金刚经》多个汉译本的出现缘由,故对勘选定什本和奘本。

二、《金刚经》鸠摩罗什译本与玄奘译本的思想对比

传播最初,什本所承载的佛学思想来自首译者鸠摩罗什。罗什早年所学小乘,后转旋大乘空宗,主修龙树一脉中观空学。什本《金刚经》的译文选字用词考究凝练,更多体现出中观角度下的讲"空"。

从思想上,罗什主张"毕竟空",其核心在于不执念、不著物、不住心。"毕竟空"强调彻底的扫除,把世间所生万物都视为临时的组合,因此不执,而后不著、不住。从思辨的角度看,更强调否定的否定乃至循环式否定。这点也是三论宗的立宗核心,罗什弟子僧肇被罗什誉为"解空第一"加以称赞,深得罗什真传"毕竟空"要义,树三论学,即隋代三论宗的雏形。奘本则不同,玄奘赴天竺主修瑜伽行派思想,从对待佛法的态度上与罗什有根本不同,他认为佛法是彼岸世界的精神实体,是永存的信仰所在,而此岸事物本是临时汇而成。信众的根性与成佛的难易互相联系,此岸的阶层社会在彼岸同样具有写照。玄奘与门生窥基创建的唯识宗认为"法有我无",这是佛教中国化的必然表现。

(一)什本和奘本对时空和"相"的建构

从文本对勘角度,什译《金刚经》体现三论"毕竟空"的文本包括:"四维上下虚空"[①]。这在奘本中对应的是"四维、上下,周遍十方,一切世界虚空"[②]。很明显,什本采用了简译。罗什突出了"虚空"而非空间概念;玄奘强调了空间。二译中,前者对"空"的表述是句眼,让读者着眼于空间,落点到"毕竟空"。后者从万事万物的存在角度,对"有形"进行了否定,是对"法有"的铺陈。奘本对"法有我无"的初步构造始自"乃至诸相具足皆是虚妄,乃至非相具足皆非虚妄,如是以相非相应观如来"。这里,"诸相具足"对"有形"进行了概念建构,"相"就是"形"。什本对应的内容是"凡所有相,皆是虚妄"。罗什延续了对"相"的否定。奘本从空间和"相"

---

① 鸠摩罗什《金刚般若波罗蜜经》,《大正藏》(卷八)第748页,新文丰出版公司,1982年。
② 玄奘《能断金刚般若波罗蜜经》,《大正藏》(卷七)第980页,新文丰出版公司,1982年。

完成构建后，对时间构建为"颇有有情于当来世，后时、后分、后五百岁、正法将灭时、分转时，闻说如是色经典句"。什本对应内容为"颇有众生，得闻如是言说章句"。① 时间上的"后时、后分、后五百岁、正法将灭时、分转时"，把经本的传播时间框定在弘法时、法将灭时、分转时，而后把佛即将为听众讲的佛法归为"色"经典句，对应前文的"相"，即"有形"，认为佛所讲说的佛法是针对有形的事物。空间、"相"、时间建构完毕，玄奘的译笔下，佛面对的读者和世界都是"有形"，佛要打破的就是"有形"。而什本对此处理为"如是言说章句"，未做出时间构建，这符合"毕竟空"的精神——彼岸和此岸，万物皆本无。两个译本从此开始，对义理的讲说分别走上了中观空宗和唯识有宗的不同方向。

（二）中观思想下的什本

罗什少年随母出家，初学小乘，后转旋大乘中观。他赋予《金刚经》的义理，离不开空宗理论。从经本最初，什本并未像奘本一样，构建时空概念，也没有对"相"进行初次代入。罗什的译文以"破"为立文根本，先给出了"无法相，亦无非法相"。这是"A 非 A"的逻辑范式，是对"相"的否定，否定了"相"作为有形的"色"的存在，进而达到对破执"空"的初步概念引入。这一概念随即在后文加强："如来所说法，皆不可取。"这是对"A 非 A"程度的增强，把"空"的外延扩展到佛法不可得。

"空"的外延建构之后，延续逻辑否定范式，将范式深化为："A 非 A，是故 A。"在经本表现为："是福德即非福德性，是故如来说福德多。"从基本否定过渡到否定之否定三段式的改变，着力支起"毕竟空"这一佛学骨架。之后，什本在这个框架下注入"法空"内涵："一切诸佛，及诸佛阿耨多罗三藐三菩提法，皆从此经出。"并以否定句"所谓佛法者，即非佛法"，夯实"法空"。什本随后的否定句："所谓佛法者，即非佛法。……庄严佛土者，即非庄严，是名庄严。"继续强调扫除一切、破执不住，突出"毕竟空"的主题。随后的译文中，罗什突出"假名"和"相"都属临时合和，意在"破执"："离一切诸相，则名诸佛。……如来所得法，此法无实无虚。……人身长大，即为非大身，是名大身。……诸相具足，即非具足，是名诸相具足。"②

---

① 《大正藏》（卷八）第 749 页。
② 《大正藏》（卷八）第 749 页。

通观什本，全文不局限于时空，以"破"为立，基本否定结构以及三段式否定结构出现较为密集，突出扫除一切的"不执、不住"理念，在"毕竟空"的框架下多次出现，每次论证都结合"相"，做出破除论证，将"无色""非无色"的循环否定注入框架，使之逐渐丰满。

（三）唯识宗义理影响的奘本

1. 时空范围下的"相"与"根性"

奘本首先完成对时空和"相"的建构，后在此基础上进行"根性"讲说的铺垫。相较什本，奘本在"如来、应、正等觉证得阿耨多罗三藐三菩提耶？"①一句中保留了"如来、应、正等觉"，这三个词指代的是不同根性的信仰者，从此埋下"根性"有异的伏笔。在之后的译文中，"无有少法名为发趣菩萨乘者"提出的"乘"就是"根性"构建的另一种表现，与此对应的什本为"实无有法发阿耨多罗三藐三菩提者"。从奘本的宣教倾向来看，更倾向于唯识宗义理，后者对信仰者的"根性"极为看重，故"乘"代表修习达到的"果"位，若信仰者本无"根性"差异，就本该无"果"位差异；但"乘"的出现，表明"果"位的存在，进而证实"根性"的存在。

"根性"在奘本的反映，还出现在"……想""……见"的概念中。对这类概念的描述，意在强调"相"或"有形"的存在，这些外在"色"的表现，是"根性"有异的反映，为针对不同"根性"修习佛法，"法有"就有了存在的必要。以"……想"为例，奘本出现"命者想、士夫想、补特伽罗想、意生想、摩纳婆想、作者想、受者想"等七种"想"，对应的什本为"我相、人相、众生相、寿者相"。"想"属于兼顾"有形"和"根性"的概念，七种"想"的存在是不同于什本四种"相"的精神主导因素。

因此可见，奘本的"根性"构建基于时空框定，逐渐拓展内涵和外延，从"有形"到精神因素，完成有宗理论体系从骨架到血肉的填充。

2. "法有我无"的彼岸构建

奘本的"根性"构建，是"法有我无"概念介入的基础。"世尊，如来、应、正等觉所证、所说、所思惟法，皆不可取。"当信仰者"根性"有高下，信仰对象——佛法的彼岸实有就成为可能。在逻辑范式上，不同于什本的基础否定，奘本"诸佛法诸佛法者，如来说为非诸佛法，是故如来说名诸佛法

---

① 《大正藏》（卷八）第749页。

诸佛法"。以三段式否定结构"A者，如来说非A，是故如来说A。"译本中的"如来"是作为有根性的信仰者出现的，以如来说法，如来的根性立现，为上乘根性。根性上乘，才可说"法"。既然"法"可说，故如来为"法"化身，化身即"有形"，即"色"身。以"色"身讲"法"，故"法"有。反观讲说内容，"法"非"法"，故所讲破执，意在破除"色"身执念，属此岸世界"空"。综合后，达到讲说"法有我空"的意图。为了进一步加深"法有我空"的宣教效果，奘本在接下来的内容延续了"A者，如来说非A，是故如来说A"。的三段式结构，在此结构下不断注入新的讲说内容，在反复此逻辑范式的基础下完成"根性"和"法有我空"的概念范围圈定。这些概念包括："佛土庄严""自体""诸世界""最胜波罗蜜多""心流注""色身圆实""诸相具足""说法""有情""一合执""我见""有情见""命者见""士夫见""补特伽罗见""意生见""摩纳婆见""作者见""受者见""法想"。① 上述概念可归为两类：一、"有形"或"相"；二、"法"。前者为了破除自身所执，后者为了便于破执提供参照标准。当三段式被不同概念填充，"相"和"法"变得相得益彰，互辅互成。

（四）"毕竟空"和"法有我空"的接受轨迹

1. "毕竟空"的有宗化义理演变

什本《金刚经》传世以来，"空"的意义更改了当时西域对佛法的理解。在官方的大力推动下，大乘空宗一度成为当时西域主流佛教思想。"解空第一"的僧肇深得"空"学精华，师从罗什门下，得罗什真传，为罗什译经事业做出了贡献。什本相较其他五译更重删繁，本土僧僧肇既能炼本，又可磨义，为"毕竟空"的流播做出义理支撑。僧肇解"空"，基于玄学基础，对"空"的解说倾向于"般若空"这一较为基础的概念。因为，罗什与僧肇所处的时代，在佛教史中，正值"格义"风盛。罗什与僧肇为传中观空宗，需先引进这一新的佛学概念，故从玄学对比入手，从"般若"介入，再谈中观。

到了隋末唐初，吉藏创三论宗，在传宗思路上继承僧肇，采用玄学外衣、中观内核，使"毕竟空"得以顺利流播入唐。但吉藏的中观思想出现了有宗化倾向，他在《金刚般若疏》中的"无所断"思想，虽"毕竟空"内核不变，但观"心"、观"相"的思想显现出禅学苗头。如《金刚般若疏》中，

---

① 《大正藏》（卷七）第 980—983 页。

吉藏写道:"若言未断惑时,有惑无解,断惑之时,有解无惑,此则惑是本有而今无,解是本无而今有,是生灭观"。由此可见,从罗什传"毕竟空",到僧肇解"空",再到吉藏立三论宗,中观思想已逐渐偏离大乘空初心,出现有宗转向。

2. "法有我空"——唐代社会思想转向的风尚标

随着什本《金刚经》义理的有宗化转向,有宗逐渐取代空宗成为主流佛学思想。这种趋向与唐代社会风尚分不开,唐代文化繁荣、世风包容,空宗义理扫除一切,破而不立,难以迎合信众心理。有宗主导"法"有,在彼岸世界刻画一个真实存在的精神实体,为此岸世界的信众大开方便之门,进一步吸纳信众、开拓疆野。

唐代社会阶层等级分化明显,"根性"的划分是阶层在佛教信众中的反映。玄奘归国后,在僧俗两界地位显赫,所创唯识宗传法得到官方支持,对《金刚经》的有宗转向渗入唯识宗思想,最具特点的就是"根性"理念的介入。奘本译文把信众"根性"作为讲说主体,全文围绕修习展开,重点强调破除"有形"执念,树立彼岸世界的"法"有实质。

玄奘对《金刚经》的第五次重译,加上当时占主流的唯识宗"法"有义理的推动,《金刚经》信众群体增加、范围扩至僧俗两界,"法有"思想深入人心。

三、《金刚经》鸠摩罗什译本与玄奘译本的翻译对比

(一) 什本省译策略对经本流播的促进

相较奘本,什本短小精悍,全文五千来字。什本的最大的特点是删繁存精,贵在炼字。从教义上看,什本讲"毕竟空",全文不见"空"字,"空"义却讲解深刻、宣教具体。从翻译方法来看,什本重省译,留有利宣教的部分,删去枝节文字。

通过对勘,可更直观发现上述规律。以下左为奘本、右为什本:

于当来世后时、后分、后五百岁、正法将灭时、分转时。①	如来灭后,后五百岁。②

---

① 《大正藏》(卷七) 第 981 页。
② 《大正藏》(卷八) 第 749 页。

《金刚经》鸠摩罗什译本与玄奘译本在唐的接受与域外影响

此句，什本保留核心句"如来灭后"，对时间的留存并未向奘本一样处理，一方面是出于译本易于读诵、理解；另一方面是为了译本的宣教取向。

再如：

无我想转、无有情想、无命者想、无士夫想、无补特伽罗想、无意生想、无摩纳婆想、无作者想、无受者想。①	我相、人相、众生相、寿者相。②

奘本为构建有宗环境，用"……想"来主导思想意识形态；什本相较九种"想"，简化为四种"相"，保留本我、化身、法身的宣教空间，意在凸显"空"。

彼菩萨摩诃萨无法想转，无非法想转，无想转亦无非想转。③	无法相，亦无非法相。④

在完成"……想"的初步概念介入后，奘本引入新概念"转"。"转"的提出，是"根性"的另一种表现。因为，唯识宗认为"根性"有差异，不同"根性"的信仰者若要达"果"，需经历不同的修炼过程。这个过程，就是"转"。相比之下，什本仍继续延续"相"来丰满中观"空"的理论架构。

如来密意而说筏喻法门⑤	知我说法，如筏喻者⑥

从本句看，奘本提出"法门"，什本以"法"代之。什本的"法"即佛法，是讲说"毕竟空"、扫除一切、破而不执的用意。奘本以"法门"入文，本身就是"法有"的体现。若无"法"，则无派别，更难有"法门"。

诸预流者不作是念'我能证得预流之果'⑦	须陀洹能作是念：'我得须陀洹果'不⑧

---

① 《大正藏》（卷七）第 981 页。
② 《大正藏》（卷八）第 749 页。
③ 《大正藏》（卷七）第 981 页。
④ 《大正藏》（卷八）第 749 页。
⑤ 《大正藏》（卷七）第 981 页。
⑥ 《大正藏》（卷八）第 749 页。
⑦ 《大正藏》（卷七）第 981 页。
⑧ 《大正藏》（卷八）第 750 页。

对于"得果",奘本对其态度是不得"果";什本则为疑问句。奘本对"果"的讲说与"法"相连,认为修"法"、得"果"是一体。若联系什本后句来看,可知什本中,本句依然是持扫除一切的观点。

今此法门,名为《能断金刚般若波罗蜜多》,如是名字汝当奉持。①	是经名为《金刚般若波罗蜜》,以是名字,汝当奉持。②

此句奘本继续上文的"法门",把《金刚经》奉为"法门",以"法"有形式作为偶像存在。什本则译为"名字",意在说明"名字"为假名,不可执。另外,奘本对《金刚经》的全名翻译为《能断金刚般若波罗蜜多经》,什本为《金刚般若波罗蜜多经》。《慈恩传》(七)曰:"据梵本具云能断金刚般若。旧经直云金刚般若,欲明菩萨以分别为烦恼,而分别之惑坚类金刚。唯此经所诠无分别慧乃能除断,故曰金刚般若。"故奘本增加"能断",是"法门"的延续,修习法门才可"能断"。

此地微尘甚多。③	无

此处什本删繁,奘本强调"微尘甚多"。"微尘"本为"有形",奘本与此处保留"有形",意在"我空"。

若诸有情于当来世,后时、后分、后五百岁、正法将灭时、分转时,当于如是甚深法门领悟信解、受持读诵、究竟通利,及广为他宣说开示、如理作意,当知成就最胜希有。④	若当来世,后五百岁,其有众生,得闻是经,信解受持,是人则为第一希有。⑤

此处奘本保留时间构建,与上文呼应。保留"法门",强调"法有"。什本依然以"经"对应,以假名开示,来讲说"法空"。

---

① 《大正藏》(卷七)第 981 页。
② 《大正藏》(卷八)第 750 页。
③ 《大正藏》(卷七)第 981 页。
④ 《大正藏》(卷七)第 981 页。
⑤ 《大正藏》(卷八)第 750 页。

《金刚经》鸠摩罗什译本与玄奘译本在唐的接受与域外影响

善现，如是法门，非诸下劣信解有情所能听闻，非诸我见、非诸有情见、非诸命者见、非诸士夫见、非诸补特伽罗见、非诸意生见、非诸摩纳婆见、非诸作者见、非诸受者见所能听闻。此等若能受持读诵、究竟通利，及广为他宣说开示、如理作意，无有是处。①	若乐小法者，著我见、人见、众生见、寿者见，则于此经，不能听受读诵、为人解说。②

此段，奘本延续"法门"译文，强调"根性"为下劣者不能听闻。此处译者加入唯识宗对信仰者"根性"的区分与得"果"的差异，重在进一步强调"法门"，说明"法有"。什本则继续扫除"有形"、秉去一切"相"，宣说"毕竟空"。

无有少法名为发趣菩萨乘者。③	实无有法发阿耨多罗三藐三菩提者。④

此处奘本再次提及"乘"，此处强调"法"与"乘"的关系。但奘本以"少法"对应什本"法"，可见奘本"少法"的指代并不像什本完整。奘本对"法"的讲说，更偏重于"法门"。

一切善法无不现证，一切善法无不妙觉。⑤	无

此处奘本所说"法"对应上文"法门"，什本采取删译。奘本认为"法""现证""妙觉"，基于"法有"。

诸以色观我，以音声寻我，彼生履邪断，不能当见我。应观佛法性，即导师法身，法性非所识，故彼不能了。⑥	若以色见我，以音声求我，是人行邪道，不能见如来。⑦

此处什本以四句形式出现，强调"相"这种"有形"认识难以真正达到"法"的精髓，通贯"毕竟空"中观理念。但奘本此处为八句，后四句的"法性"与前面的"法门"相对应，以强调"法有"。

---

① 《大正藏》（卷七）第981页。
② 《大正藏》（卷八）第750页。
③ 《大正藏》（卷七）第981页。
④ 《大正藏》（卷八）第752页。
⑤ 《大正藏》（卷七）第981页。
⑥ 《大正藏》（卷七）第983页。
⑦ 《大正藏》（卷八）第752页。

（二）忠实翻译的奘本对勘价值

奘本对应梵文《金刚经》的忠实翻译，文献曾有记载，这增加了奘本与其他同本迻译的对勘价值。通过对勘，可发现奘本与什本在宣教倾向上存在不同。基于此，奘本和什本在翻译策略和选字用词角度的不同都是服务于自身译本义理。由此可见，奘本的对勘价值在于观照什本义理讲说的趋向、发现什本省译的内容及其对中观义理的表述差距。

四、《金刚经》鸠摩罗什译本与玄奘译本在唐的接受对比

（一）唐人视角下的《金刚经》什本的福德观与实践

什本自译出后，能够传世至今，除了罗什对经本的省译处理和删繁化简，还与经本的福德观分不开。隋唐兴起的《金刚经》信仰，生发自这种福德观。隋唐社会的这种行为动态，与经本的佛学改向相呼应。因《金刚经》义理释义逐渐有宗化，经本中又出现了有关持经与福德关系的表述，故由隋入唐，社会对《金刚经》的偶像化信仰行为越演越烈。另外，罗什对经本的翻译，语言较为白话化、易于读诵、理解，读者人群不限于知识层，下层民众也包括其中，这在《金刚经》灵验故事中可得证实。这使得什本的受众数量进一步变多，信仰范围继续变广。由此可见，什本的福德观和俗世社会的《金刚经》信仰相互促进、和谐共生，这使得经本不断世俗化。什本有关福德的译文如下：

> 福德观是福德即非福德性，是故如来说福德多。
> 若复有人，于此经中受持，乃至四句偈等，为他人说，其福胜彼。
> 若善男子、善女人，于此经中，乃至受持四句偈等，为他人说，而此福德胜前福德。
> 于此经中，乃至受持四句偈等，为他人说，其福甚多。
> 若复有人得闻是经，信心清净，则生实相，当知是人，成就第一希有功德。
> 若当来世，后五百岁，其有众生，得闻是经，信解受持，是人则为第一希有。

闻此经典，信心不逆，其福胜彼，何况书写、受持、读诵、为人解说。①

上述内容中，福德体现在对经本的书写、受持、读诵、为人解说，信解上。这无论是对知识层还是俗世民众来说，都是成本低廉、便于操作的，只要诚心供持，勤加读诵，多做讲说，就可得到现世福德。此外，信众树立了福德观，依照经本而行，"书写、受持、读诵、为人解说"，也是促进经本传播范围变广的原因。

（二）唯识宗"根性"理论下的唐人福德观实践难度

奘本相较什本，虽为同本异译，但文字更书卷气，较为晦涩难懂，故无法达到什本的普及度。奘本的福德观与什本不同，与"根性"联系紧密。奘本对福德的构建和唯识宗对"根性"的分类为唯识宗义理体系的一体两面。唯识宗根据现世阶层，构建出彼岸世界的阶层分化。"根性"与"得果"是分不开的。此岸世界下层民众的"根性"难与上层社会相提并论，故为得"果"所需度的"劫"就更多，不同"根性"经历不同"劫难"后，才可得"果"。

通过对彼岸世界的阶层划分，奘本的福德观得以突出。从文本上看，奘本对福德观的建立也基于"根性"差异，但增加了得"果"难度，故现实实践难以操作，使奘本的传播不及什本。

五、唐代《金刚经》的域外影响

由于唐朝的社会繁荣，唐代宗派门派林立，学佛风气日盛。朝鲜、日本来唐学僧学习佛教，回国传播教派宗义。《金刚经》在唐广泛流播，为人信奉、接受，奉为偶像加持，使得经本被来唐学习的留学僧重视。

日本自推古朝时佛教开始发展，吉藏高丽僧弟子慧灌于625年前往日本传教，讲说三论宗派之学，由此在日本创立三论宗，与智藏、慈律并列，成为日本三论宗三代正传之一。653年，日本沙门道昭和道严入唐，随玄奘学习唯识宗理论，后回国初传唯识宗。之后，658年，日僧智通、智达继续受学慈

---

① 《大正藏》（卷八）第749—753页。

总门下，回国后为唯识宗在日二传。至703年，新罗僧智凤、智鸾、智雄随智周学唯识，回日成为第三传。716年，玄昉入唐，继续学于智周门下，回国成为唯识四传。日僧荣睿、普照至唐邀请唐东都大福先寺道璿赴日讲法，736年道璿初讲华严，成为华严宗在日初传。至733年，日本沙门荣睿、普照等入唐修学戒律，后请得鉴真东渡日本，开律宗门派。此外，高丽僧慧灌于日本一并讲说成实，开日本成实宗派。《俱舍论》也由道昭、智通、智达在唐玄奘门下受学时习得，回国后讲述，形成一宗。以上两宗并未开寺院进行独立弘传，只归为成实宗附在三论宗内、俱舍宗附于唯识宗内传通讲习。

由于《金刚经》是三论宗、禅宗的立宗经典，且是唯识宗、华严宗的重要经典，与律宗、成实宗教义具有联系，故《金刚经》在唐时就已在日本和朝鲜半岛产生一定影响。自845年会昌法难和五代战乱后，其他宗派一蹶不振，唯有不立文字的禅宗迅速回复、一枝独秀。主张修心的禅宗在朝、日的流播，特别是在日本的传播，出现了一定的本土化倾向，这使得对《金刚经》教义的解读广度得以进一步拓宽。随着经本在朝、日的流播，《金刚经》信仰也随之对人们的生活产生影响。受持、读诵、广为人说的习经方式，使得学习经本求得福报的观念深入人心。《日本灵异记》就是代表，其中对《金刚经》灵验故事的记载，出现在《阎罗王使鬼得所招人之赂以免缘》《忆持法华经者舌著髑髅中不朽缘》《沙门一目眼盲使读金刚般若经得眼明缘》等故事中。① 这些故事主题均延续了唐代《金刚经》灵验记的故事主题，强调《金刚经》带给主人公的即时灵验福报表现在对生命的关怀方面。

六、结　论

《金刚经》汉文译本共六个同本异译，历经后秦、元魏、陈、隋、唐。经本自译出后又被不断重译，原因如下：一、经本义理的有宗化转向。虽然首译者鸠摩罗什提倡中观空宗理论，但《金刚经》在罗什支脉传播、解读过程中，就已出现有宗化转向；其他译者多次重译，是经本完成有宗化的过程。二、《金刚经》的福德观。《金刚经》经文中，对福德的描述本属于宣讲义理

---

① 李铭敬《唐代〈金刚经〉灵验故事与日本平安时代佛教说话文学的交涉关系考略》，载《日语学习与研究》2012年第3期。

《金刚经》鸠摩罗什译本与玄奘译本在唐的接受与域外影响

的一部分。但随着经义的有宗化转向,经本中易于操作的福德行动指南被放大,促生了对《金刚经》的信仰。在社会信仰居高不下的热度下,产生众多《金刚经》灵验故事。可以说,对经本信仰的促发,是福德观的表象,是灵验记出现的原因,是经本有宗化完成的标志。三、由于经本对福德的描述易于操作,生发出《金刚经》信仰的信众按照经文内容操作,使经本的传播进一步扩大。在这种背景下,经本被多次重译,这既是经本流播过程中受欢迎的表现,又是经本义理转向的证据。

通过选取忠实于梵本进行翻译的奘本和流传最广的什本进行对勘,可直观发现《金刚经》在持不同宗派义理观点的译者笔下的义理倾向,理顺其中的译者宣教倾向。其次,奘本和什本对勘,二本属于不同年代产物,可直观发现其中的义理取向,进而发现译本译出时代的佛教风向。再次,译者译法的使用,是译者在翻译过程中主体选择的表现,在一定程度上影响经本义理的输出。通过对勘,可比对不同翻译方法对译本义理走向的把控作用。

《金刚经》在唐时的域外流播,以传入朝鲜半岛和日本为盛。赴唐留学僧学习经本义理,并带回他国,使之成为在朝、日广泛流传的经典。另外,由于空宗过于出世,无法适应唐代盛世的繁荣世景;有宗对彼岸世界精神实体存在的宣扬,以及人人皆有可能得果的告示,为唐人的修佛学经提供了心理契机和理论保障。故《金刚经》有宗化转向的趋向,也被外国僧人学习并传播。在这种情况下,《金刚经》得以进入来唐留学僧的视野。此外,经本的即时灵验功能使经本被偶像化崇拜,这一现象也被收入到当时国内外相关的灵验记作品中,对域外的《金刚经》信仰产生了促发作用。

综上所述,基于对勘的奘本和什本比对,既是《金刚经》有宗化转向的证明;也是《金刚经》历史流播受众广泛的体现;又是《金刚经》作为异域文化产物,逐渐融入中国,完成中国化的表象;还是唐代中国与域外文化交流的见证。

(张开媛　河北师范大学外国语学院)

·春秋论坛·

西方"文学史"体例的引入与近代日本"中国文学史"写作热潮[*]

李 群

摘 要：欧洲实证主义历史研究法的兴起，推动了"文学史"叙事模式的诞生，欧洲学者接受这一新生事物并将其运用到国别文学史研究中。西方汉学家运用"文学史"叙事体例，并采用整体的、区域的方式进行把握的思路，移植到中国文学史的研究中，为认识东方出现撰写《中国文学史》。近代日本赴欧学者将实证历史研究法和"文学史"模式引入日本，推动了日本汉学变革的同时，日本汉学家也出现撰写"中国文学史"的热潮。

关键词：中国文学史 实证主义 日本汉学 文学观

"文学史"作为一种叙述体例最早诞生在欧洲，然后传播到东方日本，再经由日本进入中国。我们要理清"中国文学史"诞生过程及其传播进程，就要对其诞生之初的学术背景，以及对本土文学史撰写产生重大影响的"中介"日本的情况，进行详细的梳理和说明，这样才能对"文学史"这一具有世界性影响的文学现象，予以客观的揭示和科学的阐发。

一、近代欧洲"文学史"体例的诞生与"中国文学史"研究

"文学史"叙述模式的出现，与19世纪科学实证史学的诞生有密切关系。

---

[*] 本文为国家社会科学基金项目《近代欧洲的"中国文学史"研究与西方东方学研究》（项目编号15bww008）阶段性成果。

西方"文学史"体例的引入与近代日本"中国文学史"写作热潮

实证史学被认为是文艺复兴至 19 世纪中叶西方史学中最接近于近代科学的思潮。① 实证史学把一切人类文化作为研究对象，探寻事物发展演变过程中的规律。而文学作为人类文化的一部分，采用历史研究方法对文学展开通史性质的研究，探寻文学的形成、发展、演变的历史规律，在实证主义历史学家看来是十分必要的。此思想渗透和延伸至文学领域，推动了"文学史"研究形式的诞生，即采用通史的形式对一国或者一个地区文学的形成、发展、演变和衰亡进行研究。概言之，西方近代史学的确立深刻影响了"文学史"的编纂体例，并启发了文学研究者的文学观念和研究方法——对文学采用一种历时性的研究方式，"文学史"的叙述体例也随之登上世界文学的舞台。

"文学史"这一研究方式在浪漫主义、历史主义发展得更为激烈的德国，得到了广泛认同和进一步革新。托马斯·卡莱尔基于民族文学与国民精神是一体的、共同演进的认识，撰写了《德国文学史》。这一认识为后世诸多德国文学史家吸纳和借用，科波斯坦、盖尔维努斯、海特纳尔、谢勒尔等人先后撰写了《德意志文学史纲要》（1827）、5 卷本的《德意志人的诗的国民文学史》（1835—1842）、6 卷本的《十八世纪德意志文学史》（1855—1870）、《德意志文学史》（1883）等。这些著作无一例外地展示出将国民性与民族文学的历史结合起来思考的特征。亦表明，文学发展史与民族精神史息息相关的思想，已经为文学史家们普遍认同和接受。而法国人丹纳撰写的《英国文学史》（1864—1869）则是 19 世纪下半叶文学史研究中具有示范性意义的作品。他引入实证主义研究方法，将自然科学研究方法运用到文学研究领域，认为文学的发展如同生命有机体的一样，受到时代、种族和环境的影响。各民族文学因这三种要素的影响不同，表现出的发展面貌也彼此迥异。总之，人文社科研究者引入实证主义、进化论等思想，将自然科学研究方法运用到文学研究领域，"文学史"的叙述体例为欧洲文学研究者们广泛接受并将其运用到国别文学史研究中。在丹纳的《英国文学史》之后，欧洲相继出现法国人朗松的《法国文学史》、意大利的塔姆布里尼《意大利文学讲稿》等作品。

相对"比较文学"而言，"总体文学"是一个比较特殊的学术用语，它是梵·第根在其 1931 年出版的《比较文学论》中提出的概念。民族文学、比较文学和总体文学是三个联结的层次。民族文学的研究限于一国文学之内的

---

① 吴于廑《引远室之光，照古老史学之殿堂》，载《世界历史》1986 年第 3 期。

问题；比较文学通常探讨两个国家的文学问题；总体文学则专门研究许多国家中共同发展的问题，这些国家往往由于文化传统的关系而自成一体，如欧洲、东方等区域概念。"总体文学"作为一个系统性的学术概念被正式提出的时间比较晚。实际上，早在18世纪末，德国学者便开始使用"总体文学"这一概念。1883年，英国的蒙哥马利发表《关于总体文学、诗歌等的讲演》。同年，伦敦还成立了总体文学与科学系。欧洲很早就有法国人西斯蒙第编著4卷本《南欧文学》（1813）、英国人柏林顿《中世文学史》（1814）、英国人哈兰《十五、十六、十七世纪欧洲文学导论》（1837—1839）、丹麦人勃兰兑斯《十九世纪文学主流》（1890）等著作问世。这些著作超越国别范畴，将欧洲文学视为一个整体并采用整体的、区域的方式进行把握。一定意义上，其对欧洲文学的总体研究属于"欧洲文学史"的范畴，这些著作属于区域文学史。

与此相应，欧洲学者将这种"总体"思维模式运用到认识亚洲和美洲等地的文化和文学，出现了专门针对东方的历史文化进行研究的学术类型——东方学。相较于欧洲人进行国别研究的汉学，东方学是欧洲学者对东方进行的区域性、总体性研究的学问。西方东方学的诞生要早于汉学，这就足以说明西方研究者"总体"把握东方的习惯。欧洲学者在研究东方文明或研究东方其他问题时，习惯将中国当作亚洲的一部分，将中国当作东方，从亚洲或东方的总体角度把握中国，形成了把中国放在东方区域里观照、研究的学术习惯或学术传统。这是从欧洲近代时期到20世纪一以贯之的传统，最早从伏尔泰始一直到19世纪东方学家威廉·琼斯都是如此。把握这种在经年累月的学术研究中形成的学术习惯，是理解西方学者何以从研究欧洲的区域文学史，转移到专门为东方中国撰写国别文学史的一个关键所在。19世纪末的欧洲汉学家王西里、翟里斯等人不可避免地受到欧洲学术风气的影响。他们引入"文学史"的叙述体例，自觉以"总体文学"观观照中国文学，将欧洲学者视欧洲文学为一个整体并采用整体的、区域的方式进行把握的思路，移植到中国文学史的研究中。由此，在19世纪末至20世纪初，欧洲先后出现俄国人王西里《中国文学史纲要》（1880）、英国人翟理思《中国文学史》（1901）、德国人葛璐柏《中国文学史》（1902）等著作。

二、近代日本汉学的革新与"中国文学史"的写作

近代日本的汉学研究深受西方汉学的影响，无论是研究方法和研究观念，还是研究对象、研究视野均带上了浓厚的西方汉学色彩，推进了日本汉学的转型进程，为日本的"中国文学史"写作做了学术上的积累和准备。

狩野直喜在大学时代就十分留意西洋的汉学，并接受了欧洲的实证主义思想。留学西洋的经历，使得狩野氏拥有区别于传统汉学家的治学思想，"开拓了对中国文化的新的研究和新的领域，体现了从'汉学'向'中国学'的过渡"，开创了"近代日本中国学实证主义学派中最重要的一个学术组成部分——'狩野体系'"[①]。以狩野直喜为代表的留洋人士回国后，他们将所学的西方研究方法与日本传统汉学资源相结合，在各自领域取得了骄人成绩。他们推动了近代日本中国学的形成，还培养出一批极其优秀的中国学人才。著名的日本中国学家、中国俗文学研究的开创者盐谷温就是其中的佼佼者。盐谷温1906年就成为东京大学中国文学科副教授，长期主持"中国文学"讲座。1906年至1909年4年间，他作为文部省的留学生赴德国和中国研习中国文学。盐谷温在留学时就对欧洲的"中国文学史"研究情况有过直接了解，他曾阅读过德国学者葛璐柏和英国汉学家翟理斯的《中国文学史》。

日本汉学界长期推崇乾嘉考据学，这种崇信考据之学的学风即便是在19世纪90年代西方汉学传入日本之后，也没有出现根本性改变。直至引入西方科学实证主义，这种学术风气才开始出现裂变。以狩野直喜为代表的实证主义学派不仅强调在确凿事实、文献考订的基础上进行学术研究，还将西方实证方法与中国乾嘉考据学相结合进行治学。这既代表东方文化与西方文化的交融，也体现了传统学术和现代科学的融合，集中体现了日本中国学者对中国传统学术的扬弃与革新。日本汉学者在吸纳西方先进的学术思想和理念后，自信心日益高涨。日本汉学家摒弃传统以汉学为尊的思想，摆脱往昔盲目崇拜的心理，传统儒家汉学不再是日本文化的一部分，而是成为一个学术研究对象。因此，日本此期学者得以"轻装上阵"，放手对中国古代文学和文化展开研究和批判。明治至大正时期，日本学界批判传统汉学缺乏科学精神

---

① 严绍璗《日本中国学史稿》第254、262页，学苑出版社，2009年。

和否定传统汉学的声音不绝于耳。如福泽谕吉认为中国儒学皆为"虚妄之学";白鸟库吉依靠西方科学史学方法审视中国上古史,提出了震惊日本汉学界的"尧舜禹抹杀论"。总之,日本汉学人士伴随着"西化"的进程,"产生出来的另外一种趋势,是在许多日本汉学家的心底也渐渐生出一种对抗的乃至压倒的意识,正所谓师夷之长技以制夷的心理"①。而从此心理出发,"日本人做学问的方法都尽显不与中国人的一样,有意无意间有一种高于中国人的优越感",自认为"日本的外国文学研究中,最先进的是中国文学研究"②。

  日本学者在追随西方的脚步下,逐渐产生了一种学术上的"日本意识"和"大东亚主义"情结。这种膨胀的日本意识率先表现在本国文学史的研究上。三上参次、高津锹三郎于1890年撰写了《日本文学史》,作者在书中将日本汉文学从日本文学史中排除出去。这是日本学者强调日本文学的独特性,为将日本文学与"汉学"剥离开来不断努力的结果,也是近代日本学者"日本意识"的突出体现。二位作者是在慨叹西方"文学史"体例的新颖和精妙中,开始从事本国文学史书写的。他们采用比较的手法,评价日本文学优美,中国文学雄壮,而西洋文学精致。日本文学在此获得了与中国文学、西方文学同等高度,形成了与历史悠久的中国文学和辉煌灿烂的西方文学分庭抗礼的局面,日本人的民族自信心可见一斑。近代日本学者在西学"哺育"下产生的学术上的自负和傲慢心理,以及在治理中国学问上的"舍我其谁"的心理优势,使得接受了现代西方知识分科体系的日本汉学家面对文史哲不分的传统汉学,产生"居高临下"的身份意识和"大东亚主义"心理,刺激他们以新的眼光和学术视角整理传统汉学,妄图将传统汉学也提升到已接受了西方学术理念的日本"国文学"一样的高度。日本学者此期这种"大东亚主义"心理,虽然有别于日本军国主义提出的"东亚共荣"理论和建立"大东亚共荣圈"的梦想,但在内在思维逻辑上却有一致之处。日本汉学家正是在这种膨胀的日本意识和潜在的文化心理驱动下,掀起了书写中国文学史的热潮。1897年,古城贞吉出版了《中国文学史》,及至1912年,短短十余年之间,日本先后出现十多部中国文学史著作。从此思路来看,近代日本学者兴起撰写中国文学史的风潮,是日本意识的进一步延伸,日本意识在其中是潜

---

① 戴燕《乡关何处》,载《读书》2005年第7期。
② 吉川幸次郎著,钱婉约译《我的留学记》第97页,中华书局,2008年。

西方"文学史"体例的引入与近代日本"中国文学史"写作热潮

动力。

日本学界积极引入西方汉学思想并与本国传统治学之路相结合，加上此期中国敦煌文书、满蒙文档等重要文献的发现，近代日本中国学呈现兴盛繁荣局面，这是此期日本中国学界出现大量中国文学史著作的重要学术背景及其动力所在。明治维新后，西化的浪潮一浪高过一浪，不断冲击着日本的文明传统和文化根基。近代化进程不断深入的同时，日本的国民意识也逐渐觉醒。欧化浪潮引发民族人士的文化危机感，他们意识到保护本民族文化传统意义重大而深远。一部分人士意识到撰写中国文学史，不仅能追忆和回溯本国传统文学和文化发展进程，还能对日本文学的发展脉络起到"辨章学术、考镜源流"的作用，这是此期日本出现大量中国文学史著作的另一个重要原因。古城贞吉在其《中国文学史》序言中说："盖本邦文学，半属汉文，而汉文之渊源中国，固不俟言也。""故不知中国文学者，未可共语本邦文学也。"[1] 一定意义上，此期中国文学史的大量问世，极大满足了日本人士寻求民族精神之根的需求，迎合了近代日本"国民精神"的需要。从民族心理需求出发，这是理解此期日本为何出现大量中国文学史著作的一个重要角度。

此外，日本此期大学学制上的变化，也极大推动和促进了日本中国学的兴盛，并对中国文学史的诞生提出了需求，更重要的是为中国文学史的撰写提供了制度上的保障。1881年，日本先后制定了《小学校教则纲领》和《中学校教训大纲》，规定了中小学和文和汉文的教学内容，使得汉文教学成为基础教育的一部分，并在新的教育体制中牢牢固定下来。东京大学从1882年就设有古典讲习科，因袭传统汉学研究的体系。1889年改称汉文科，文史哲并包。明治末年，日本学制进行改革，汉学一分为文、史、哲三个独立学科，后文学科与汉文学各自独立为两门学科。1912年，盐谷温开始主讲中国文学课程；1908年，狩野直喜率先在京都大学开设了"中国语学中国文学"讲座，此后，他讲授该课程达22年之久，使得中国文学逐步成为一门专门的学科。日本其他高校设置中国文学课程，则要相对晚些。新的教育体制，特别是高等学府中汉学科的独立，为日本近代中国学的发展和兴盛提供了制度上的保障，这是近代日本中国学繁盛的一个重要原因。这些汉学科的出现，需要配备相应的师资，这为留洋归来的海外汉学之士，如狩野直喜、盐谷温等

---

[1] 古城贞吉《支那文学史》第2页，东京：东京富山房，1987年。

人提供了机会。大学中既然要开设中国文学课程，课堂就需要配备相应的教材，以满足教学之需。大学课程的需要，刺激这些汉学家撰写以中国文学为对象的文学史著作。狩野直喜、盐谷温二人率先在日本的大学（京都大学、东京大学）设立中国文学课程，正式将中国文学研究引入日本的大学殿堂，如狩野直喜讲授了《中国文学史》等，盐谷温在东京大学讲授《中国文学概论》等，而这些课程内容，既是课堂讲义，出版后亦是此期重要的文学史著作。

总言之，日本汉学的转型和兴盛推动了日本近代中国学的崛起，这是从学术角度理解此期日本出现大量中国文学史著作的深层原因。大学学制的变化既呼应了学术革新的需要，也为这种新的学术风潮的成长壮大提供了制度保障，并鼓励和推动更多的人士投身于此领域中，这是理解大量中国文学史著作如雨后春笋般出现在此期日本岛内的一个非常重要的角度。

三、近代日本"文学"观的嬗变及"中国文学史"书写

在此期日本汉学兴盛的推动下，以及西方通史观念的启发，20世纪初日本岛内出现撰写中国文学史的热潮。"文学史"书写背后折射出近代日本中国学界受西方"纯文学"观影响后，不断挣脱传统汉学束缚的"痛苦"历程，此期文学史著作也记录了日本文学逐步走向西方"纯文学"观的历史进程。

明治维新之前，日本深受中国传统文学观念影响，"文学"主要指学术文化，往往与文章同义，包含内容广泛。现代意义上的"文学"出现在日本岛，是在明治时期吸收西洋的文学观念之后，"最早采用'文学'一词作为literature译语，大概是西周"[1]。西周因在育英私塾学校教学需要，撰写了以"百学连环"为题的讲义，其中就采用了"文章学"和"文学"翻译"literature"。随后，坪内逍遥、森鸥外等人对西方"纯文学"观都有介绍和传播。据铃木修次在《"文学"译语的诞生和日本、中国文学》[2]中说："明治八年（1875）5月8日发行的《文部省报告》第21号刊载的《开成学校课程表》中，采用了'文学'一词作为'literature'的译语。文学作为'literature'的

---

[1] 北住敏夫《近代日本的文艺理论》第1页，东京：塙书房，1965年。
[2] 吉田敬一编著《中国文学的比较文学的研究》第7页，东京：汲古书院，1986年。

西方"文学史"体例的引入与近代日本"中国文学史"写作热潮

译语,明治八年得到文部省的公认,明治九年以降,在日本社会广泛普及则花费不少时日。"① 日本文坛出现"纯文学"一词,则最早见于明治二十三年十月发行的由三上参次、高津锹三郎共著的《日本文学史》(上卷)中,此后开始散见于日本文艺评论界,后广泛传播开来②。

西方的 literature(文学)观涌入日本岛,直接对传统的"文学"观念形成冲击,造成"文学"一词理解上的混乱。明治时期日本学界对"文学"理解的混乱直接影响到日本早期中国文学史家的文学观念。平冈敏夫指出:"芳贺矢一、立花铣三郎编《国文学读本》(明治二十三年四月),关根正直《小说史稿》(明治二十三年四月),上田万年编《国文学·卷一》(明治二十三年五月),三上参次、高津锹三郎《日本文学史》(上、下)(明治二十三年十一月)。……考察此期诸多文学史的出现的原因,我认为是此期'文学'观念动摇、文学论争活跃,文学史家们急于弄清'文学'的定义,撰写文学史表明和确立各自对文学的定义"③。和田英信表达了同样的见解:"明治二十年代到三十年代,在中国学研究领域,中国学的意义得到重新认识,以中国文学作为历史学的考察对象。这样一种新的观念产生了。伴随着对文学观念的探索,何为中国'文学'作为一个新问题逐渐浮出水面。因此,这是理解许多的《中国文学史》集中出现的一个主要线索。"④ 因此,日本早期中国文学史家要解决的第一个问题就是对"文学"范围的界定和清理,诸多的中国文学史著述中出现界定"文学"的范围和阐述研究对象的内容。我们从日本早期的中国文学史著述中,可以找寻到他们解决"杂文学"与"纯文学"冲突这一问题的痕迹。

末松谦澄的《中国古文学略史》(上、下)(东京文学社,1882)是日本第一部以"文学史"题名的著作。西方实证史学的兴盛和通史性的文学史撰写体例,启发了留学英国的末松氏产生撰写文学史的念头。末松氏深受西学

---

① 松本肇《末松谦澄〈支那古文学略史〉》,载《资料篇·日本刊行的中国文学史——从明治到平成》,川合康三编《中国的文学史观》第19页,东京:创文社,2002年。
② 《近代日本的文艺理论》第16页。
③ 平冈敏夫《〈明治大正文学史集成〉解题·解说》,载川合康三编《中国的文学史观》第161页。
④ 和田英信《明治时期刊行的中国文学史——以其背景为中心》,载川合康三编《中国的文学史观》第160—161页。

的浸润，但其在《中国古文学略史》中体现的依然是中国传统"文学"观，"《中国古文学略史》的标题采用了'文学'一词，而此一词与今天的'文学'概念是不一样的。在一定程度上，该书是一本先秦学术史，'文学'所指称的范围包括思想、历史等诸多学问领域的知识"①。末松谦澄之后的古城贞吉撰写的《中国文学史》（东京经济杂志社，1897）被视为日本最早的《中国文学史》，但古城贞吉因循中国传统学术观念，使得该书看似是一部中国文化史著作。随后出现的《中国大文学史古代篇》（东京富山房，1909）是儿岛献吉郎1909年任教于东京高等师范学校时的教学讲义。该书"几乎看不见采用像现在的 literature（文学）的记述方式。结果是春秋战国时代之前的描述内容几乎都是采用学问的记述方式进行介绍的"②。儿岛献吉郎随后撰写了《中国文学史》（早稻田大学出版部，刊行年不明），从第一编《概论》的内容看，仍然以经史子集为框架的，儿岛氏受中国传统学术思想制约，以儒家经史为中心的文学观对其产生了极大影响。

至19世纪末20世纪初，高濑武次郎撰写了《中国文学史》（哲学馆，1899—1905?），该著的"总论"分两章对"文学史"和"文学"进行了谨慎的界定，小心翼翼之举恰恰反映出其矛盾心理和对概念理解的不确定性，折射出中西文学观念的差异，令作者颇为苦恼。和田英信说："本书的总论、总说二个章节，花费纸张颇多。在本书开头的总论中，有关'文学史'、'文学'的定义和意义，用了相当多的纸张介绍。这和'文学史'作为一种新生的著述样式有关系吧。"和田氏接着举例说明了高濑氏对"文学"的定义："文学是依循一定的法则，采用藻饰的字句，表达人的思想感情和想象，以满足社会各阶层人士的精神愉悦为目的，并能间接传达历史事实的事物。"③ 从高濑氏对"文学"的定义看，他已开始摆脱传统文学观的束缚，强调文学的情感和想象力因素，以及文学的精神性，相对传统文学观念而言，这无疑是一个极大的突破，高濑氏的"纯文学"观可谓是跃然纸上了。这同时表明，日本文学史家开始抛弃传统"杂文学"观，逐步接受西方的"纯文学"观。

1903年，久保天随撰写了《中国文学史》（人文社，1903年），他对此前

---

① 《末松谦澄〈支那古文学略史〉》，载川合康三编《中国的文学史观》。
② 幸福香织《儿岛献吉郎〈支那大文学史古代篇〉》，载川合康三编《中国的文学史观》第29页。
③ 和田英信《高濑武次郎〈支那文学史〉》，载川合康三编《中国的文学史观》第61页。

西方"文学史"体例的引入与近代日本"中国文学史"写作热潮

日本学者撰写的中国文学史进行了猛烈地抨击,认为前面出现的中国文学史的价值不值一文,不过是在尽力糊弄人罢了,并称呼这些著述者是学界的鼠贼。"久保天随对此前《中国文学史》如此严厉的批判,矛头直接指向的是三浦氏、藤田丰八、古城贞吉、笹川种郎等人。天保的非难也并不过分,毕竟古城《中国文学史》始终给人以作家小传和著书题解的印象。"① 看得出,久保氏的批评是有的放矢的,反映出此期日本的中国文学史著述中存在"文学"观念混乱驳杂的情况。当然,这种混乱驳杂是相对西方"纯文学"观而言的,久保天随以"纯文学"眼光来审视此前的中国文学史著述,自然会觉得不满。在此之后,久保氏表明了自己的文学史观:

> 所有的艺术,是形式和内容的调谐,其中以将二者谐调至最上乘的为最,文学史研究也是如此,对这二者谐调的程度适宜至关重要。还有,所有的艺术作品是时代共通的思想和个人的兴趣的统一,文学的内容和上述两者并无截然区别。②

久保天随尊崇的是一种"纯文学"观,强调文学的艺术性,重视人的情感,追求无功利的艺术观。在久保天随的《中国文学史》出版2个月之后,《太阳》报登载了大町桂月的《评天随的〈中国文学史〉》(明治三十七年一月《太阳》10卷1号)短评文章,大町氏与久保天随持有一样的观点,他对对面出现的文学史进行了犀利的嘲讽,认为这些文学史家连"文学"和"文学史"为何物都没有弄清楚,就开始撰写文学史。

总而言之,日本中国文学史从诞生时体现出"杂文学"观,到经历过"杂文学"与"纯文学"碰撞、交锋后,发展至此期,已逐渐让位于"纯文学"观,"纯文学"的文学观在中国文学史著述中已是清晰可见了。无论是久保天随表述的文学史观,还是大町桂月对先前文学史家激烈的批判,都是站在"纯文学"立场进行的,"纯文学"观念已深入人心,成为文学史撰写的主流思想。早期中国文学史出现文学观混杂不清的情形,"杂文学"观长期制约和牵制文学史书写,日本有研究者指出,"诸多'文学史'著作者们几乎出

---

① 芳村弘道《久保天随及其〈支那文学史〉》,载川合康三编《中国的文学史观》第69页。
② 《久保天随及其〈支那文学史〉》,载川合康三编《中国的文学史观》第68页。

现在同一时代，是几个非常临近的学科领域内的学生。此一特点与明治二十年代后半期到三十年代文学史集中出现，有着明显的关系吧。而且，这些'文学史'著者并非专门的汉学者，这大约是同时期的明治二十三年，三上、高津同时出现，《文学史》的出现是专门的汉学者和相关诸学科交流后的产生的叙事物"，"与此同时，草创期的'文学史'，虽以中国的文学为叙述对象，但以'史'为著述的结构体系和叙述方式，在这一新生事物中占有很重要的地位"。[1] 表明当时日本汉学界虽受到西学影响，但文史不分的传统学术习惯和"杂文学"观的根深蒂固，文学史家很难在短时间内迅速与传统彻底断绝。在西方"纯文学"观进来后，中、西方文学观出现冲突、交流、融合的现象。西方的"文学史"书写体例虽在此期日本诞生了，但此期日本的中国文学史家还是带着传统文学观——文史交织的观念，进行中国文学史写作的，致使早期日本的中国文学史著述呈现出"杂文学"观占据主流的形态。

(李群　湖南大学文学院副教授)

---

[1] 和田英信《明治时期刊行的中国文学史——以其背景为中心》，川合康三编《中国的文学史观》，第166页。

聊斋题材电影《侠女》在海外的传播与接受*

任增强

摘 要：胡金铨执导的影片《侠女》改编自中国古典名著《聊斋志异》。美国"烂番茄"影评网相关数据与影评显示，该片赢得了西方知名影评人和海外主流文化媒体的积极关注和好评。而结合对英文影评的梳理和分析可以发现，依托已为海外所了解的诸如古典名著《聊斋志异》、山水画与京剧等中国文化因子，融合多种电影题材以不断打破受众期待视野，辅以经典的动作特技和对中国美学精神的展现，是《侠女》"走出去"的成因。

关键词：胡金铨 《侠女》 海外 传播 接受

由中国著名导演胡金铨执导的《侠女》（A Touch of Zen）是华语电影最早赢得海外主流电影节奖项的功夫片，该片主要改编自中国古典名著《聊斋志异》中的同名故事《侠女》，同时也受到另一则聊斋故事《杨大洪》的影响。杨大洪，即明代左副都御史杨涟，其因上书弹劾阉党魏忠贤而惨死狱中。综合上述两则聊斋故事，电影将背景设置为明代东林党与阉党之间的政治斗争。书生顾省斋满腹经纶却无意于科举功名，以卖字画为生，无钱迎娶，与母亲相依为命，寄居于京郊的一个弃堡。后来顾省斋结识了附近新搬来的一个陌生女子，两人一夜欢好（女子后来身怀六甲，与《聊斋·侠女》故事如出一辙）。不料东厂杀手欧阳年追踪至此，女子与来者一场厮杀，后欧阳年又与镇上的算命瞎子交手。随着情节的推进，陌生女子和算命瞎子的真实身份

---

* 本文系国家社科基金重大项目"法国国家图书馆所藏中文古籍的编目、复制与整理研究"（17ZDA167）、教育部人文社会科学研究项目"英美聊斋学研究"（13YJC751046）、山东大学基本科研业务费专项资金资助项目"英语世界《聊斋志异》文献整理与研究"（2018TB038）等系列性研究成果。

逐渐揭晓，分别是：杨涟遗孤杨慧贞与保卫忠良之后的石门樵将军，此外还有小镇上假扮郎中的鲁定庵将军。三人皆因被朝廷通缉，而遭东厂追杀。顾生利用弃堡有鬼魅的谣言，以平生所学在屯堡内设下重重机关，并且得到高僧慧圆大师所率一群武僧相助，最终杀退以门达为首的东厂杀手。

《侠女》最初于20世纪70年代在台湾首映，之后获得1975年法国戛纳国际电影节（Cannes Film Festival）技术大奖（Technical Grand Prize），以及加拿大蒙特利尔第一届灵异电影节心灵影展荣誉奖。而后《侠女》应邀参加了欧、美、澳等国际影展，获得诸多奖项与广泛好评，并在一些地区发行公映。但据美国影评网站"烂番茄"（Rotten Tomatoes）相关数据，该片在70年代之后较长一段时间内，在英语世界基本处于蛰伏状态。直到2000年10月《卧虎藏龙》上映，导演李安坦言其所受胡金铨之影响，由此带动了2002年《侠女》DVD版的发行，引发了英语世界的又一轮追捧。接着，原版《侠女》电影胶片于2014年进行了修复工作。4K《侠女》修复版由该片女主角徐枫出资，中国台湾电影中心（Taiwan Film Institute）与博亚电影修复所（L'Immagine Ritrovata）负责，影片原摄影人华慧英指导校色工作。在35毫米的电影胶片上细致地逐框剔除霉斑，多处画面在经过大量"校色"工作后，色彩与清晰度大为改观。法国当地时间2015年5月18日晚，4K修复版《侠女》在首映40年后于戛纳举行修复放映会，上映效果令人赞叹。[①] 这无疑进一步引发了海外受众对《侠女》的广泛关注。目前（数据截至2018年7月1日）"烂番茄"网站，共有23条专业影评（critic reviews），100条普通观众评论（audience reviews）和超级评论员（super reviewers）评论5条（详见下文表1和表2）。另，影评人评分与"番茄新鲜度指数"均颇高，分别为：8.2/10与96%；普通观众评分与"爆米花指数"也比较高，分别为：3.9/5和82%，其中"番茄新鲜度"指数这一重要指标仅次于李安《卧虎藏龙》所获得的97%。从笔者所掌握相关数据和资料来看，该片在海外的反响十分强烈，[②] 堪称是中国电影"走出去"的成功范例。《侠女》一片不仅在"烂番茄"的几个重要指标上表现颇佳，更获得了西方知名影评人的关注。这些影

---

① 参见 Sean Axmaker 所发表影评，具体见 www.Seanax.com, January 13, 2017。
② 据笔者追踪的"烂番茄"相关数据，截至2016年1月初，共显示有12位专业影评人就《侠女》发表观点，但时间截至2018年4月初，已增至23位专业影评人。由此可见《侠女》电影在海外热度正逐年上升。

评近乎皆为褒奖之声，并且主要发表在西方和世界其他地区的主流媒体之上，如中东地区。

表1

电影	评价		
	专业影评	普通观众评论	超级评论
《侠女》	23条	100条	5条

表2

电影	评价			
	影评人评分	番茄新鲜度指数	普通观众评分	爆米花指数
《侠女》	8.2/10	96%	3.9/5	82%

一、西方知名影评人的关注

《侠女》作为一部中国影片，能够引发西方知名影评人的关注，这无疑是其在海外成功"走出去"的一个重要表征。这批知名影评人，主要集中于英、美两国。

英国的影评人有：长期以来一直关注亚洲电影发展的专业影评人，英国著名亚洲电影评论家托尼·雷恩（Tony Rayns）；伦敦自由影评撰稿人，《电影史》（History of Film）一书著者戴维·帕克森（David Parkinson）；还有瑞特·克林（Rich Cline），他是英国评论家协会电影分会（The UK Critics'Circle Film Section）的副主席，同时也是伦敦电影评论家协会奖（The London Critics'Circle Film Awards）评审主席，多次担任国际电影节评委，并于1995年创办发行了英国第一份电子版电影杂志《壁影》（Shadows on the Wall）①。

美国方面，则有著名记者、历史学者兼影评人艾略特·斯坦因（Elloit Stein）；俄裔美国作家兼著名影评家A·H·维勒（A. H. Weiler）；著名影评人，《芝加哥读者报》（Chicago Reader）的影评撰稿人戴夫·凯尔（Dave Ke-

---

① 详见：http://www.shadowsonthewall.co.uk/shabout.htm。

hr）；以及《芝加哥读者报》编辑，知名影评人丹尼斯·施瓦格（Dennis Schwartz）。此外，还有杰弗瑞·M. 安德森（Jeffrey M. Anderson），他是美国知名自由撰稿人兼影评人，创办了个人影评网站"Combustible Celluloid"，并且是著名的旧金山影评人协会的发起者之一。① 《美国电影遗产》（America's Film Legacy）一书的作者丹尼尔·瑞根（Daniel Eagan），以及美国贝勒大学电影与数码媒介研究方向的詹姆斯·肯德瑞克（James Kendrick）副教授也很关注《侠女》，后者专职为位于中东地区迪拜的一家独立搜索引擎和娱乐门户网站"QNetwork"撰写影评。② 纽约影评网以及网络影评家协会会员克里斯·巴萨迪（Chris Barsanti），美国纽约大学兼职教授、知名影评人马特·普吉（Matt Prigge），以及美国华盛顿州历史最悠久的《西雅图邮讯报》（Seattle Post-Intelligencer）影评人肖恩·埃克斯马克（Sean Axmaker），全球创办最早的在线电影评论家协会（Online Film Critics Society）的会员也对《侠女》做出了点评。

二、相关影评出现于西方即中东地区主流媒体

上述知名影评人所发表的《侠女》影评，集中发布于西方主流电影杂志或在中东地区具有广泛影响力的娱乐资讯网站上，这无疑也是《侠女》成功"走出去"的另一重要注脚。

刊登《侠女》影评的英国杂志有：世界著名杂志、创办于伦敦的"Time Out"，③ 英国著名电影杂志《完整电影》（Total Film）、④《善意的谎言：真相与电影》（Little White Lies：Truth & Movies）⑤，《广播时代》（Radio Times），以

---

① 据百度百科资料：旧金山影评人协会奖（San Francisco Film Critics Circle Awards，简称"SFF-CCA"），创办于2002年，于每年年底12月份颁奖。因为是在奥斯卡金像奖颁奖前夕颁奖，故而与其他前哨奖一样，被视为奥斯卡的风向标。

② 详见其英文网页介绍，http://www.qnetwork.com/。

③ Time Out 是由 Time Out 有限公司出版的一本杂志。该杂志创建于1968年，总部位于伦敦。现在，它已覆盖全球39个国家的107个城市，每月超过4000万人读者通过内容分发平台来浏览。具体可参见"看国外"网站介绍 http://www.kguowai.com/html/2148.html。

④ 英国电影杂志，每年发行13期，创刊于1997年，具体可参 https://en.wikipedia.org/wiki/Total_Film。

⑤ 创刊于2005年，是伦敦的一份双月刊，业内引领性的独立电影杂志，致力于宣传非凡的影片及其制作人。可参见该刊英文主页 http://lwlies.com/。

及《司格尼杂志》(The Skinny)。① 美国的主流媒体，如《纽约时报》(New York Times)、林肯中心电影学会会刊《电影评论》(Film Comment)，② 以及美国电影博览集团（Film Expo Group）出版的《国际电影杂志》(Film Journal International) 也刊登了相关影评。

除了电影类的杂志，《侠女》相关影评还出现于西方乃至中东地区具有广泛影响力的文化网站上，如"时尚事件"（Pop Matters）。它是由美国知名文化学者莎拉·茹普科（Sarah Zupko）于 1999 年创立的大型文化批评网站，后逐步演变为网络杂志的形式，涉及对各类媒介产品的评论。据 2005 年的数据显示，该网站每月的读者量已突破一百万大关。③ 此外还有位于中东迪拜的"QNetwork"，该媒体作为一家独立的娱乐门户网站，于 1998 年投入运行，影响辐射整个中东地区及西方世界。不仅如此，《侠女》影评还曾出现于澳大利亚历史最悠久的电影和媒体杂志《麦特》(Metro) 上。④

三、相关影评几乎无一例外盛赞该片

胡金铨《侠女》备受英美知名影评人关注，而相关影评又多出现于西方和中东地区主流媒体上，这些都无疑展现出《侠女》在海外的受欢迎程度，而具体考察相关影评的内容与倾向，我们可以看到该片得到了广泛赞誉。

早在 1976 年，艾略特·斯坦因便曾指出在 1976 年纽约电影节之前，西方对于香港电影的了解仅限于邵氏兄弟的几部影片，而"《侠女》的光辉确实是一个巨大的惊叹"（The splendor of Touch of Zen came as a major surprise）；瑞特·克林，以及丹尼尔·瑞根（Daniel Eagan）盛赞其为"电影史上当之无愧的杰作"（a real masterpiece that deserves its place in film history）、"胡金铨的

---

① 2005 年创刊于苏格兰的爱丁堡和格拉斯哥，2015 年在爱丁堡、格拉斯哥、曼彻斯特、利物浦等 6 大城市发行量突破 63,000 册，是值得信赖的独立文化咨询平台。可参见其英文主页 http://the-skinny.co.uk/about。

② 《电影评论》创刊于 1962 年，刊发影评，包括对全球艺术片和先锋电影制作的评论文章，具体可参见该刊物英文主页 http://www.filmcomment.com/archive/。

③ 可参见该网站英文主页 http://en.wikipedia.org/wiki/PopMatters。

④ 创办于 1968 年，季刊，主要刊登关于澳大利亚、新西兰以及亚洲等地区的特色片、短片、纪录片的论文、文章与访谈。可参见该刊英文主页 http://www.metromagazine.com.au/magazine/index.html。

名作"(King Hu's masterwork)。安东·伯特尔高度肯定该片"将中国功夫电影提升至艺术片的层次"(elevated kung fu to the art-house)。迈克尔·亚科内利认为该片是"武侠电影史上的里程碑"(cornerstone of the Wuxia genre)。丹尼尔·瑞根指出,胡金铨的《侠女》"多年来一直是最受影迷们追捧的一部影片"(for years a cult favorite),胡金铨"开拓了武侠电影的疆域,并增加了其厚重感,将之从商业开发提升至艺术片的水准"(adding scope and gravity to the Wuxia genre, elevating it from exploitation to the art house)。詹姆斯·肯德瑞克认为,作为中国导演胡金铨电影生涯的巅峰之作,《侠女》是真正的"游戏规则改变者"(game-changer),在武侠片中融入了"史诗般的规模与精神高度"(epic scale and spiritual intensity),对武侠电影和国际艺术片产生了不可磨灭的影响。肖恩·埃克斯马克指出,胡金铨充满骑士精神的浪漫冒险剧是中国电影中的杰作,宏大的史诗巨制,类似芭蕾舞般优雅的剑斗场面,成为《卧虎藏龙》最重要的电影灵感来源。马特·普吉指出,在李安《卧虎藏龙》之前,《侠女》是"最负盛名的武侠电影"(the closest the martial arts genre came to prestigious)。

总而言之,从"烂番茄"上出现的较高评价指数和西方知名影评人在主流媒体所发表的多具褒扬性的影评可以看出,胡金铨执导的聊斋题材电影《侠女》在海外获得了巨大的成功,无疑成为中国电影"走出去"的典范之作,而个中的缘由值得进一步探讨。

四、以在海外享有盛誉的中国古典聊斋故事为依托

一部好的影片离不开精彩的故事脚本,《侠女》电影便是改编自中国古典名著《聊斋志异》中的同名小说,这一点,诸多海外知名影评人已有了解。比如影评人詹姆斯·肯德瑞克便指出,该片基本的故事框架是胡金铨从蒲松龄《聊斋志异》(Strange Tales from a Chinese Studio)中脱胎而来的,这是一部久负盛名的短篇小说集,包括500余篇故事,其中有一则同名故事,即《侠女》(The Gallant Girl)。① 影评人克里斯·巴萨迪也注意到,《侠女》故事由胡金铨改编自18世纪蒲松龄的志怪小说集《聊斋志异》(Strange Stories

---

① http://www.qnetwork.com/review/3693, August 7, 2016.

from a Chinese Studio),其中包含大量的奇异故事（marvel stories），并充满了对腐败官员的辛辣讽刺。①

两位西方知名影评人对《侠女》与聊斋故事关系的揭示，一方面说明《聊斋志异》在英语世界广泛的影响力与知名度；另一方面也可看出，中国传统文学拥有持久的艺术魅力。《聊斋志异》在英语世界的传播，较早的如郭实腊（Karl Gutzlaff）1842 年在《中国丛报》刊发的评论 "Liáu Chái I Chi, or Extraordinary Legends from Liáu Chái"，即《聊斋异志，或曰来自聊斋的神奇传说》；其后翟理斯（Herbert A. Giles）的《聊斋志异》节译本 "*Strange Stories from a Chinese Studio*" 于 1880 年出版，而后在英语世界数次再版，于聊斋的海外传播居功至伟；在翟译本之后，英语世界又不断涌现出各类译文和译本。进入 21 世纪后，于 2006 年又出现了闵福德（John Minford）的聊斋节译本 "*Strange Tales from a Chinese Studio*"，并入选 "企鹅经典" 丛书。可以说，《聊斋志异》在英语世界近二百年的传播，累积了较高的知名度，而上述克里斯·巴萨迪、詹姆斯·肯德瑞克两位知名影评人便分别取了翟理斯与闵福德的译法以指称《聊斋志异》。可见，依托在海外已然享有盛誉的中国文学作品为蓝本加以改编，这样的影片更易于引发西方受众的关注。

五、多类型电影题材的融合

《侠女》的成功与《聊斋志异》在英语世界的盛名密切相关，但是导演胡金铨的故事改编与加工融合也独具特色，这一点引发了诸多海外影评人的关注。比如英国著名亚洲电影评论家托尼·雷恩，盛赞胡金铨的《侠女》是一部非凡的明代史诗（remarkable Ming Dynasty epic），影片以鬼故事为开端，进而转变为一场政治惊险剧，最终以高僧慧圆的出现而成为一场充满形而上意味的玄学之战。这部电影的结构类似于一个中国套盒（a set of Chinese boxes），考验着观众的智力。② 迈克·亚科内利也曾在评论中将胡金铨《侠女》

---

① https://www.popmatters.com/a-touch-of-zen-finds-the-art-in-the-martial-arts-2495420494.html, Aug 10, 2016.

② http://www.timeout.com/london/film/a-touch-of-zen, Dec 09, 2015.

的结构设置比喻为一个中国套盒,挑战着观众的期待视野,将叙述由鬼故事转至侦探故事,进而转变为一个充满哲学意味的功夫片。[①] 如上述两位影评人所言,影片《侠女》改编自《聊斋志异》中的同名故事《侠女》,但据笔者考证,实际上这部影片也深受《聊斋志异》中另一则故事《杨大洪》的启发。大洪,即杨涟别字。天启间,杨涟官拜左副都御史,直言进谏,因弹劾阉党魏忠贤,被魏阉诬陷下狱,严刑拷打下死于狱中。而《侠女》便以此事件为线索,敷衍出杨涟之女杨慧贞为阉党追杀,后在石门樵和鲁定庵两位将军以及书生顾省斋保护下,又得高僧慧圆大师相助,最终杀退东厂追兵的故事。可以说,除却恐怖剧、惊险剧、宗教史诗剧这些题材之外,尚有喜剧片与爱情片的元素,前者如顾省斋唠唠叨叨的母亲,后者则表现为顾省斋与杨慧贞之间的情爱。[②] 正是多种电影题材的综合运用与相继展现,使得该影片不断打破着观众的期待视野,不但挑战着观众的智力,更是吊足了观众的观看欲。因此该片放映时间虽有三小时之长,但是并未引起观众的厌倦感。

六、电影特技与"竹林打斗"场景

《侠女》在西方世界的轰动,很大程度上得益于其特技的使用以及由此拍摄出的"竹林打斗"这一经典画面。《侠女》曾饮誉1975年第28届法国戛纳电影节,获得技术大奖。而由诸多影评人的评论可以看出,其电影特技方面的创新集中于"竹林打斗"这场戏,该场景对后来武侠电影的深刻影响。如安东·伯特尔便曾指出,该片最耀眼的一幕还是演员在蹦床上弹起的动作,这对于现在的观众而言似乎不是高难的动作,但是在胡金铨的时代,确实将中国功夫提升至艺术的层面。[③] 影评人杰弗瑞·M.安德森对此甚至指出,早在李小龙之前,胡金铨就已经发明出了空中打斗的场景。在2000年末《卧虎藏龙》上映之前,大多数的电影人并不十分熟悉中国武侠电影,有人认为《卧虎藏龙》明显受到了徐克《东方不败》和程小东《倩女幽魂》的影响,其实即便是徐克和程小东也受惠于胡金铨。[④] 实际上,《侠女》竹林中充满诗

---

① https://www.theskinny.co.uk/film/dvd-reviews/a-touch-of-zen, Feb 01, 2016.
② http://www.shadowsonthewall.co.uk/swtouzen.htm, May 24, 2003.
③ https://lwlies.com/articles/a-touch-of-zen-blu-ray-dvd/, January 20, 2016.
④ http://www.combustiblecelluloid.com/classic/touchofzen.shtml, April 28, 2006.

意的打斗场面对《卧虎藏龙》，以及对张艺谋的《十面埋伏》均产生过重要影响。这一场景的出现，从技术层面而言，无疑得益于胡金铨的剪辑技术，正如影评人马特·普吉所言，当其他影片进行流水线式的快速制作时，胡金铨却极为考究和挑剔（fastidious and fussy），偏好优美的意象和剪辑风格。胡金铨最为偏好的剪辑技巧是从剧中人物开始动手打斗便进行剪辑，进而突然插入人物在空中施展轻功的镜头，然后再加以剪辑，最后单单呈现人物落地的一瞬。这被美国著名电影理论家大卫·鲍德威尔称之为"一瞥"（a glimpse），即迅速而不连贯的剪辑，凸显了剧中人物动作的超凡脱俗性，并给观众内心以某种冲击力（the quick, disconnected editing stresses the other-worldliness of their actions as much as it gives us a visceral rush）。①

由此，在吊钢丝绳与电脑特技诞生之前，胡金铨以独特的剪辑与摄影技术创造了唯美的艺术效果：主人公借助于隐藏起来的蹦床，在半空中俯冲而下，飞跃高树与围墙，然后如羽毛般轻轻落地。正如影评人肖恩·埃克斯马克所谓"此处的特技尤胜于芭蕾，较之体育运动更为优雅"（more balletic and graceful than athletic）、"气势恢宏而又如梦幻般优美"（glorious and grand and dreamily beautiful）。② 这一竹林中的特技动作，展现了胡金铨对电影艺术精益求精的执着追求，不但助力《侠女》荣膺西方主流电影节大奖，而且进一步影响到了后来的如《卧虎藏龙》《十面埋伏》等中国电影，成为中国电影"走出去"的一个经典场景。

七、中国美学精神与禅宗思想

《侠女》中所融入的自然山水意象与京剧艺术所传达的美学精神，以及东方禅宗思想，作为独特的中国文化元素，引发了西方影评人的积极关注。其中，美国著名影评人艾略特·斯坦因早于1976年便注意到了《侠女》中的中国美学元素，认为影片中的自然意象充满了象征意味，如正在结网捕食猎物的蜘蛛，弥漫的云雾，而程式化的打斗更是体现了中国京剧舞蹈式的动作风

---

① https://www.metro.us/entertainment/a-touch-of-zen-brings-back-a-great-and-unusual-martial-arts-classic/zsJpdy-6dXfvr0piLPmA, April 25, 2016.

② http://streamondemandathome.com/touch-zen-criterion-blu-ray-dvd-streaming-vod/, April 12, 2017.

格。英国著名影评人富克·克林于2002年在《壁影》上撰文称，影片中充满了唯美的意象（the beauty of the images）。英国第四频道电视公司旗下的数字电影频道"Film4"上曾有一篇匿名影评，认为《侠女》是一部经典的功夫片，有着令人惊叹的武打和优美的风景。显然，胡金铨受惠于黑泽明，但是也让世人感知到了华语功夫电影的魅力。影评人肖恩·埃克斯马克也指出，整部影片的氛围是胡金铨刻意营造的，薄雾、落叶，还有笼罩着摄影镜头前的阳光，笼罩整个小镇的暗夜，即便在最为壮观的动作中，胡金铨也营造出宁静之感。而后，美国著名影评人A. H. 维勒2005年5月于《纽约时报》上撰文指出，胡金铨在《侠女》中呈现了一场古代的骚乱，他却以令人陶醉的方式将绘画技艺、禅的神秘与京剧程式化的武打融合于其中。[1] 英国著名亚洲电影评论家托尼·雷恩于2006年6月在"Time Out"上撰文指出，故事开场展现的是北京郊外一个平静的小镇，结尾时呈现出了关于禅宗的玄妙幻觉，中间部分则是武打场景，将京剧舞台艺术融入了激烈的打斗中。

以上这些评论虽然极富有洞见，但是并未加以详细展开，而后特别是在2014年《侠女》修复后，其色彩与清晰度大为改观。法国当地时间2015年5月18日晚，4K修复版《侠女》上映后，催生了西方影评人对其所蕴含中国美学与禅宗精神的深入探析。如迈克尔·亚科内利便指出，影片中的自然意象充满了象征，如开始时阴暗的树林和缠结的蜘蛛网，暗示着魏阉及其爪牙险恶嗜杀的本性，而阳光的射入，则象征着禅宗启悟所带来的澄明。同时，影片中很多动作场面深受京剧的影响（influenced by Peking Opera）[2]。影评人马特·普吉则进一步指出，《侠女》充满了象征和佛教意味。暴力可以产生极端的视觉美感（violence that could also boast extreme visual beauty）。影片中"竹林打斗"的核心场面，融合了角斗和轻功，背景为灿烂的阳光穿过竹林，正面人物和反面人物都笼罩于天光云影之中。紧接着更为迷幻，加之影片中之前大量出现的佛教意象，此时陡然进入了一种令人无法释怀的宗教超越境界。

此外，美国贝勒大学电影与数码媒介方向的副教授詹姆斯·肯德瑞克，

---

[1] 原文载 New York Times, 2005. 05. 09, 原文不得见，片段可见于"烂番茄"网站，具体参见 https://www.rottentomatoes.com/m/touch_of_zen/.

[2] https://www.theskinny.co.uk/film/dvd-reviews/a-touch-of-zen, February 2, 2016.

对《侠女》中的中国美学与禅宗精神有着更为详细的论述,他认为该片的视觉旋律即是中国美学中"迷"(amorphous,mysterious)的典型体现。在电影学者赫克托·罗德里格斯(Hector Rodriguez)看来,"迷""常被用于中国山水画中,借以唤起凝视、漫游以及深陷于模糊、无限的梦幻空间中的一种体验"。另外,詹姆斯·肯德瑞克还指出,胡金铨在其他方面也复兴了武侠电影,如将京剧元素融入武打中,将传统的执剑打斗转化为非人力所能为的精彩芭蕾舞剧。剧中人物在半空中弹跳,冲入竹林中,同时刀剑齐鸣,并伴有如鸟扑打翅膀的衣袍迎风声,对于影片中人物的这种超人能力,似乎无法解释,应视为具有某种象征意义。胡金铨以快速剪辑的形式设计出杂技式的动作,将暴力转化为诗的形式,强化了影片中鲜明的善恶之争。而剧末,影片的审美品格则因高僧慧圆的出现而进一步得以深化。

由以上可见,英美影评人对《侠女》美学精神和禅宗思想的关注,主要聚焦于电影中的山水画意境、京剧元素和禅宗思想三个方面。而其中的第一和第二方面,即山水画境和京剧格外引发了西方影评人的关注,无疑成为《侠女》成功"走出去"的重要推动力。

正如前文所言,依托在西方世界广为流布与熟悉的中国文化因子,更利于西方受众的接受。中国山水画的西传,据学者方豪,"欧洲受中国绘画之影响,以中国之山水画及画中人物为开端,此等绘画已见于瓷器者为多"①。可见,山水画作为瓷器上的装饰画,是与中国瓷器同步西传的。据学者考证,降及18世纪,中国茶叶和瓷器,上自王公贵族,下至贩夫走卒,在英国风靡一时。②而作为重要瓷绘装饰的中国山水画也与瓷器一起在西方深入人心,并且西方自19世纪以降,出现了类似中国山水画的风景画,由此对自然山水的审美情趣逐步建立起来。③长期对中国山水画的接受与西方所萌生的对自然山水的审美,使得《侠女》在20世纪出现在西方观众视野之中时,以其独特的中国山水画意境引发了西方影评人的热捧。

第二个中国文化因子当属中国京剧。京剧在海外的传播,离不开梅兰芳在20世纪的海外巡演,包括三次访日(1919、1924、1956),两次访苏

---

① 方豪《中西交通史》(下册)第1069页,中国文化大学出版部,1983年。
② 范存忠《中国文化在启蒙时期的英国》第90—91页,译林出版社,2010年。
③ 任增强主编《中国文化概要》(英文版)第93页,北京大学出版社,2018年。

（1935、1952），一次访美（1930）。英语世界对京剧的讨论，便是从对梅兰芳艺术实践的分析和艺术成就的赞美开始的。① 另外，海外华人为扩大京剧的世界影响做出了巨大贡献。美国的一些大中城市自20世纪30年代以来成立了众多的京剧票社，仅纽约一市就有"旅美""中国""雅集""业余"等4个团体开展售票公演。② 梅兰芳的专业巡演与海外"票友"的公开演出，塑造了京剧在海外的正面形象，由此，很大程度上推动了京剧在西方的传播。而当《侠女》中出现的程式化的功夫场面、舞蹈式的打斗场景时，基于之前对京剧的"前理解"，西方影评人给予了肯定。可以说，作为艺术而存在的中国山水画与京剧，或因为在西方世界传播历史久远，或者是艺术的感性色彩更易于海外受众的接受，使得20世纪下半叶和21世纪初，当《侠女》出现于西方受众视野中时，其中所含的山水画意境与京剧元素成为电影的亮点，从而赢得了西方影评界的褒奖。

而至于《侠女》中的禅宗元素，在西方也有所传播。如日本著名禅宗研究者铃木大拙，曾以英文撰写了大量有关禅宗的著作，在西方思想界引起了较大反响。另外，20世纪五六十年代以降，美国译家施奈德（Gary Snyder）、华兹生（Burton Watson）、罗伯特·亨瑞克斯（Robert G. Henricks）等迻译了大量体现禅宗思想的唐代寒山诗歌，由此也推动了禅宗的传播。但是相对于中国山水画与京剧，《侠女》中的禅宗元素，尚需要采取更易于西方受众理解和接受的表现方式加以呈现。

专业影评人丹尼尔·瑞根指出，"电影结尾，慧圆圆寂的场景，阳光映衬其轮廓，散发出神性的光芒，但是这样过于佛教化的表达或许对美国本土的观众更加难以理解（more overtly Buddhist, and perhaps more difficult for Stateside viewers to follow）"；③ 马特·普吉也坦言，影片充满佛教意味，给该片也带来了硬伤（bring the hurt），或者说有曲高和寡之嫌（it's too classy）。而普通观众也认为影片中的禅宗元素过于神秘而难以理解。如署名为 Anders A 的评论者认为剧中的慧圆是"神秘的宗教超人"（mystical religious superman）；而署名为 Lawrence T 的观众则干脆直接指出"观众需要努力去理

---

① 黄鸣奋《英语世界中国古典文学之传播》第260页，学林出版社，1997年。
② 《英语世界中国古典文学之传播》第265页。
③ http://www.filmjournal.com/reviews/film-review-touch-zen, Apr 21, 2016.

解影片第二部分中的佛教禅宗思想"（One should try to understand his Zen Buddhism idea in the second half of this movie）；署名为 Private U 的观众则评论说该片"塞入了过多的'禅宗'，令人颇感冗赘与困惑"（had all this " zen" stuff to it towards the end… so it made quite a long and confusing film）；而署名为 Philip M 的观众认为影片有一个"古怪的结尾"（a wacky ending）。①

八、结　语

作为 20 世纪著名中国导演胡金铨的代表作，《侠女》以对中国古典名著《聊斋志异》故事的改编为主线，融合了恐怖悬疑片、政治惊险片与功夫片等多种电影题材，以经典的动作特技和对中国美学精神的展现，赢得了海外知名影评人和主流文化媒体的积极关注获得了诸多好评。但与此同时，也给我们留下了一些教训，比如在一部影片中是否不宜过多地植入中国文化元素？《侠女》所依托的中国古典名著《聊斋志异》已经是闻名海外，再涉及功夫、山水画意境、京剧这些中国元素，已足以赢得西方受众好评；至于禅宗等文化元素的渗入，则因表述不清或过于神秘而遭人诟病。但无论如何，胡金铨《侠女》是较早荣膺西方主流电影节奖项的中国武侠电影，作为中国电影成功"走出去"的范例，其中蕴含的得失，还需要进一步开展研究和思考。

（任增强　山东大学国际汉学研究中心副教授）

---

①　以上普通观众评论均来自烂番茄网站，https://www.rottentomatoes.com/m/touch_of_zen/reviews/，总共六页的普通观众评论，时间截止 2018 年 11 月 1 日。

苏雪林早年与来华天主教传教士的文学互动

刘丽霞

摘 要：20世纪上半叶，中国天主教界在注重文字传教的大背景下，有意识地推动"公教文学"，以文学手段加强宣教效果。来华天主教传教士中，有不少人具备文学素养。他们不仅参与对中国文学的译介活动，也试图运用天主教道德伦理观去改造中国民众的文学观念。苏雪林作为天主教代表性作家，曾与善秉仁等来华天主教传教士有过文学上的积极互动。借由这些文学互动，我们可以了解到文学与宗教的深层关联，并对20世纪天主教在中国的文字传教策略有更进一步的认识。

关键词：苏雪林 来华传教士 文学互动

苏雪林作为新文学第一代著名女作家，因其宗教信仰，也是中国天主教内一位重要作家。她一生个性鲜明，著述丰富，交游广泛。而在来华天主教传教士中，也有不少人士喜爱并涉猎文学活动，且试图运用天主教道德伦理观念去改造当时中国民众的文学观念。本文拟从苏雪林与来华天主教传教士的文学互动切入，考察宗教与文学的跨界现象。

一、公教作家苏雪林

20世纪上半叶，中国天主教内加强文字传教，注重推动"公教文学"，试图借助文学的力量拓展天主教在中国民众中的普及与发展。目前所见资料中，最早提出"公教文学"一词的是天主教人士黎正甫。1935年，他在《圣教杂志》上发表《由电影小说谈到提倡公教文学》一文①，并将"公教文学"

---

① 载《圣教杂志》1935年第24卷第2期。

界定为:"所谓公教文学,并非指论辩道理之文章,也不限于作品内一定要有'天主'二字,或其他圣教中专有的名称,只要是本公教的主义与精神,不违反公教思想而具有文学要素的,都可包括于公教文学之内。"该定义突破了以往将基督教文学限于教会文学的传统,而将"公教文学"置于一个更加开放的范畴之中,从而大大拓宽了"公教文学"的表现领域。在作者看来,公教文学若能产生伟大的作品,其影响和效用不亚于传教士的谆谆讲道。正是基于公教文学对传教的重要意义以及当时公教文学的不足,作者在文中大力发展提倡"公教文学",具体措施包括对公教作家的培育、作品印刷出版方面的配套建设等。抗战时期,"公教文学"得到了进一步发展,北平辅仁大学和天津工商学院这两所天主教大学的师生们,在理论倡导和创作实践方面,均取得了一定成绩。① 不过,"公教文学"的创作实践在其概念理论出现之前就已经存在,最典型的莫过于苏雪林的长篇自传体小说《棘心》(1929)。《棘心》富有层次感地展示了主人公杜醒秋留学法国并皈依上帝的心路历程。杜醒秋出生于中国旧式家庭,深受传统文化的影响,起先对西方基督教文化有种本能的抵拒。促使杜醒秋走上皈依之途的,一位是修女马沙,一位是天主教徒白朗女士。此外,这也与她家庭和个人生活遭遇很大刺激有关。具体而言,即她母亲的疾痛和她个人爱情的失意。总之,杜醒秋的皈依之路,提供了两种不同文化遭遇后试图交接所可能有的曲折与矛盾,也探讨了信仰对于人的意义和改造生命的可能性。小说提供的不是一个封闭式结局,而是一种开放式意义追踪。小说出版后受到众多读者的欢迎,特别是天主教会的热烈欢迎,连续发行多版,其浓郁的天主教色彩和探讨信仰的深度使之成为"公教文学"的杰作。

20世纪40年代,天主教来华圣母圣心会士出版了系列以天主教道德伦理观评介中国文学的著作,产生了一定影响。其核心人物是比利时著名来华圣母圣心会士善秉仁(Joseph Schyns,1899—1979)。善秉仁在其主编的《文艺月旦》(甲集)一书"导言"中曾倡导过"中国公教文学"——"可是在色情粗野的文学之外,西洋文学里还有一派'公教文学';有不少大作家,在圣教会奖勉之下,为社会善良风化,努力写作。这在中国,可惜还不大普遍。希望中国天主教徒能振作起来,创造出一种崭新的'中国公教文学'才好"。② 该"导言"

---

① 刘丽霞《中国基督教文学的历史存在》,社会科学文献出版社,2006年。
② [比]善秉仁《文艺月旦》(甲集)"导言"第16页,普爱堂,1947年。

在介绍创造社诸作家后,也简要介绍了苏雪林:

> 在创造社壁垒的边沿,显露出苏雪林,亦即以笔名著称的绿漪女士的面貌。她是主张为艺术而艺术者。因为带有浪漫主义、艺术至上主义的气息,她秉性虽然温和,甚至幽静,可是脾气并不匀称:乐观起来,她会引人入胜;沉郁起来,看得世界一切都不满意。这种幻想渺茫的浪漫主义,像在郁达夫、郭沫若诸人的个性里一样,自当在现实生活的笼罩下发展下去。看她一九二二年初露头角时的样子,很容易令人相信她一定会走上郭沫若的路子。当时她确是鲜明的唯物主义者,反宗教者,破坏的革命者。可是,种种特殊环境,竟把她领到一个完全出人意料的解脱。这是近年来追求解放的作者中,唯一先例。正和郁达夫的悲观主义、郭沫若的狭隘而简略的观念论相反,她在天主教里,找到了使她完全满意的理想,终于在一九二七年受洗入教。①

1948年,善秉仁还曾专门撰文《公教作家苏雪林》,高度肯定了苏雪林的文学成就,并将苏雪林介绍给中国天主教神职界和学生界。"我们要给全国教友介绍一个名作家,她不但充分表现了圣教会的精神,并且她的作品确实在文学界中创造了一个良好的风气。所最可痛心的,是连在我们神职界中还有人不认识这伟大的人物,因之对他们属下的众多学子,也无从介绍天主教会对现代文学所发生的影响"。② 该文对苏雪林的介绍很全面,既有作家生平经历"小传",又有作家"人格"分析;既有文学活动整体评价,又有具体作品分析。善秉仁特别从"公教作家"角度,刻画出一个具有浓郁天主教文化气息的苏雪林。

善秉仁评介的作品包括《绿天》:"在这书里,作者往往用比喻重述家庭琐事。歌颂着自己的夫妇之爱。在她笔下,顶小的事件都充满了诗的韵味。她对于静物和动物,都能传达出一种活泼的同情心,让人以为她当真活着草木虫豸的生命,和它们震颤着同样的情感;她对于它们一举一动都

---

① 《文艺月旦》(甲集)第13页。

② [比]善秉仁《公教作家苏雪林》,载曾虚白、尉素秋等《侧写苏雪林》第168页,台南:财团法人苏雪林教授学术文化基金会,2009年。该文原刊于1948年《铎声月刊》。

发生兴趣,把它们人性化了,和它们对话。总之,她会把她所触及的一切都诗境化"。① 又如《棘心》:"这本书在数年中,曾发行八版之多,可见其文学价值。作者获得青年们的爱戴,并不是由于她像一般普通作家一样,专写些低级小说,实在是因为她以真挚、写实的文笔描述了她个人的青年时代。在这本书里,她以巧妙的文笔分析她对于母亲和女友'白朗'的爱情,同时也流露出她对素不相识的未婚夫的忠心和倾慕。另外她也描写个人内心情绪的不安和信仰宗教过程中的曲折,情挚意恳,令每一位读者不能不寄予真挚的同情"。②《屠龙集》:"本书前部是作者于中日战争中所写的短篇故事,这里也像在其他作品中,表现作者是描写人类感情的能手。后部则为作者的演讲稿。饶有兴趣的一篇,无疑是她对于清末宗教思想的检讨,显示当时学者对于西洋宗教——新教和天主教——是如何接近。书中也流露出作者的爱国情绪以及赢得听众注意力的技能"。③《蝉蜕集》:"这是一部富有历史性的记载,充满着人间趣味和对中国的信心,同时也指出民族性的缺点。前六篇都是同一结构——述说明代学者对满清入关的抵抗。书中描写学者如何爱好自由,在侵略者面前表现了大无畏的精神"。④《鸠那罗的眼睛》:"作者在这部戏剧中十足表现了她的文学天才,描写女人的爱与恨,更显示了她的诗的天才,任何人读后都不能不受感动。但以内容涉及不正常的恋爱,为中学以下的读者似乎不太相宜"。⑤《玫瑰与春》:"这是一个寓言独幕剧。作者以寓言的方式描写人类各种爱的斗争,篇中充满诗意,最后终究为高尚灵感所战胜"。⑥ 值得一提的,善秉仁还敏锐地捕捉到苏雪林创作中的法国文学痕迹:"笔者对她的作品曾作过深刻的研究,我们以为她是中国作家中一位最接近法文的作家。法文的体裁是世界最精华的文体,以明白简洁著称,而苏雪林最喜欢研究 Jules Lemaitre,那是法国近代作家中辞藻最美的一位,所以在不知不觉中,她也学得老师的精华。Lemaitre 是一位审美的文学家,苏雪林称得起是亦步亦趋了"。⑦ 此外,善秉

---

① 《侧写苏雪林》第 170 页。作者在文中注明,此处"参阅《文艺月旦》90 页 O. Briere 文"。
② 《侧写苏雪林》第 171 页。
③ 《侧写苏雪林》第 171—172 页。
④ 《侧写苏雪林》第 172 页。
⑤ 《侧写苏雪林》第 173 页。
⑥ 《侧写苏雪林》第 173 页。
⑦ 《侧写苏雪林》第 177 页。

仁在该文中还剖析了苏雪林皈依天主教的原因：

> 为了使读者深切了解她的作品、她的小说和论著，我们必须注意另一个主要的因素：那就是她皈依公教的过程。这可由多方面来观察，但经最后的分析之后，我们以为她的归化还该归功于她那艺术的灵感。
>
> 事实上，她的皈依公教并不是件容易的事。她久已服膺道教的哲学，而儒家的礼教与道家哲学又是那样的吻合；要放弃原有的信仰而皈依另一个信仰，绝不像从空虚中获得心灵的满足那样容易。我们以为她皈依的直接因素，还该是天主教修女所表现的善情！比如她们的牺牲精神以及在困苦中的快乐等；还有，就是那位由基督教皈依公教的女友所表现的精神以及天主教典礼的隆重等。这些特点为一个生来善良、心胸开阔的灵魂，无异是天主指示的标识，足以证明天主教的真理。至论她母亲的病和她对母亲的孝爱，不过是促成这次转变的关键罢了。
>
> 所以，是她所追求的"美"的本身引领了她，把她陶成一位大艺术家，和一位虔诚的公教信友。在她的小说故事中，随时可以找到思想清高、行为正直的人物，由作者很自然的表现出来。①

二、苏雪林与善秉仁的文学合作

1947年《文艺月旦》（甲集）的"序"中提到，"不久还有一本包括一千种小说批评的乙集出来"。这个乙集应该就是1948年出版的英文本《中国现代小说戏剧一千五百种》（1500 *Modern Chinese Novels and Plays*），由善秉仁、苏雪林、赵燕声合编而成。作为一位有影响力的新文学作家，苏雪林在当时的天主教界颇受关注，所以她和善秉仁交往与合作也很自然。

1966年香港再版时，译名为《当代中国小说戏剧一千五百种提要》，并有如下说明："《当代中国小说戏剧一千五百种提要》一书，1948年北京怀仁学会出版，是善秉仁神甫和一班学人共同编成。书头有苏雪林教授写的《当代小说和戏剧导言》，把近几十年来新文学的历史做总结。苏教授对中国文学有深刻的

---

① 《侧写苏雪林》第175页。

认识，她把这几十年来新文学的源流派别，都说得了如指掌，是一篇很有价值的文章。接着就是赵燕声先生所作当代作家小传，于他们的履历著作和笔名都极力介绍——我说'极力'，因为个人的笔名很难尽知道。第三部是本书的主体……第四部是当代戏剧……书末还有作者索引，以英文字母为次序；书名索引则以笔画为序，而且附有每书的伦理评价，颇便检阅"。① 《中国现代小说戏剧一千五百种》在史料保存方面具有显而易见的意义，比如夏志清在《新文学的传统》中曾提及此书作为文学史参考资料方面的价值。②

作为《中国现代小说戏剧一千五百种》编者之一，苏雪林为本书写的"导言"无疑增加了本书向西方介绍中国新文学方面的力度。特别值得一提的，苏雪林还曾专门写了《一千五百种近代中国小说与戏剧》，介绍善秉仁本人情况及编撰此书的过程，并从三方面对此书加以肯定。该文极有史料价值。苏雪林在该文中首先肯定了几位热心译介中国文学的传教士，"这一群介绍中国文艺的传教士，我所已知道的有文宝峰神父（P. Uan Boven）、明兴礼神父（P. Monsterleet）、毕保郊神父（P. O. Briere），而用力量最勤，著作最富者则为善秉仁神父（P. T. Schyns）"。③

  善神父原籍比国，属于慈母会（Scheut）。该会会士以学术湛深、才能卓越，称于世界。善氏早年卒业于比国素负盛名之鲁文大学，神学哲学外，又研究文学，自西洋古典主义迄于现代各种主义之作品，无不博览而精究之。天主教士对于言语学的造诣，每每优于一般人，善氏通拉丁、希腊、英、法、德及佛兰曼（Flamand 比利时通用三种言语，法德之外，某地人民用此种文字）六种语文。来华传教于察哈尔一带，历十八年，又学会了汉文。日本对英美宣战以后，原在华同盟国人士一概拘禁集中营，传教士也不能幸免。善神父既失去自由，不能行使其本来职务，遂和同拘诸神父日夜阅读中国书籍，商讨如何增进中国福利的事务。他们同意促进中国文化、改良道德为诸般福利中之至重要、至迫切者。胜

---

① ［比］善秉仁、苏雪林、赵燕声合编《中国现代小说戏剧一千五百种》，香港：龙门书局，1966年。
② 夏志清《新文学的传统》第8页，新星出版社，2005年。
③ 苏雪林《一千五百种近代中国小说与戏剧》，载《归鸿集》第76页，台北：畅流半月刊社，1955年。

利后，他们释出集中营，遂于北平组织怀仁学会（Verbiest Academy）用以纪念十六世纪时来华传教之南怀仁神父，亦以表示他们欲追踪南怀仁学术传教之意。他们认为文艺作品对于世道人心关系最大，对于青年身心之健康及其将来之趋向，影响更巨。我们要想纳一代思潮于正轨，保障青年形灵两方面的安全，非注意当前的文艺动向不可。西洋各国的宗教家及深谋远见之士，每有各种书目的撰述，指出流行文艺书籍内容的利弊，使身为父母及负责青年训育之责的学校师长，知道有所取舍，用意佳良，极可取法。中国现代这类著作尚未闻有人从事，所以善神父和他同会的人们毅然负起这个责任来。善神父在拘禁时期内即与同囚之诸神父，搜集材料，用法文写了一部《应读和应禁阅的小说》（Romans a' lire et a' Priscrire），中文名《说部甄评甲集》，一九四六年在北平出版。书中包括中国新文学作品及流行之翻译小说戏剧提要共六百种。分为"禁""限""众""特限"四类。本书旋由景明先生译为中文，因有人说此书既兼及戏剧杂文不应冠以"说部"二字，所以改名《文艺月旦甲集》。凡经人指出错误之点均加改正，并附加北平中法大学教授赵燕声先生所作《作家小传》一百余条。自去秋起，善神父又着手将本书译为英语，修正内容，增加篇幅，改名《一千五百种近代中国小说与戏剧》（1500 Modern Chinese Novels and plays），增拙著《今日中国小说与戏剧》一篇作为导论，赵燕声先生的作家小传也扩充名额至二百七十余人。译笔出于北京大学教授蒯淑平女士之手，流畅优美，极堪吟诵。全书用十六开道林纸精印，共为五百六十余页，无论从内容或外表说起来，都可以叹为洋洋大观。①

苏雪林指出，该书出版后，虽有赵景深先生指出一些讹误之处，但这样一部大书，且出自外籍传教士之手，占全书千分之一的小瑕疵是可以宽假的。她接下来从三个方面指出该书优点，聊表对编者的敬意：

　　第一，前面已说到西洋这类书很多，在法国，有皮士雷教士（Abb'e Bethle'em）《应读和应禁阅的小说》（Pomans a' lire et a' Priscrire）。在比

---

① 《归鸿集》第77—78页。

国，有萨齐翁姆（Sagehomme S. T.）《一万五千作家字母顺序索引》（Repertoire alphab etioue de 15000 auteurs），更有某神职界用拉丁文所写的《文学读物索引》（Lectuur Repertowim）。在意大利，有嘉山铁（Gasati）的《小本读物》（Manuale di Letture）。此外在美利坚，德意志这类书也出得不少。但他们仅刊书目，书的内容，则一字未曾涉及。善神父此书除胪列书目之外，更将每书作一提要，并加以简单而正确的批评，使未读某书者，亦能知悉该书内容及其文艺评价的大概，一本书具一千数百本书之用，为上述诸家著作之所不及。对于西洋之欲认识中国文艺之大概者，为功更伟。

第二，本书所有作家姓名均依字母顺序排列，乍看似觉凌乱无序，但在检查上却有莫大的便利。还有一端绝大的好处，即打破文坛系统和派别的限制，扫除偶像及权威的迷信，只介绍作家与作品的本身，使读者的心灵从乌烟瘴气的党争氛围里，牢不可破的门户成见里，释放出来，以纯客观的态度来认识作家，欣赏作品。……

第三，本书所介绍的作家及作品，尺度甚宽，像惯做旧式章回小说的张恨水，礼拜六派的李涵秋，还有什么评花主人、思瑛馆主、月明楼主、默庵主人的作品与现代茅盾、巴金、沈从文、曹禺等作品并列于一编之内，似乎不伦不类。但文艺优劣标准之难于断定，可以说"自古已然，于今为烈"。……本书一概为之评介，态度倒不失其为公平。况且本书编者屡次在其书中声明，他们编著此书，完全站在道德立场，文艺价值并不措意，他们所检讨的作品，均系坊间最流行者，电影戏剧选为材料者，一般庸俗读众所最欣赏者，（只有这一类书对于读者心灵影响才算最大）我们视为不值寓目的东西，却正是编者注意的目标。所以本书对于我们文学工作者不失为一部极好的工具书，而对于教会教育机关更是一具优良的选购图书的指南针了。①

最后，苏雪林指出："善秉仁神父也是一个同我们一样的清苦文化人，他之撰述和出版这本书，所用并非教会公款，却是靠着自己在国外写文章挣来的稿费。他曾在本书序文里声明，继本书之后，还打算写乙集丙集等，其他

---

① 《归鸿集》第78—79页。

介绍中国文学的计划，正在一步一步设法实现。当此书业极不景气的时代，善神父以一人之力，出版这么一部煌煌五百巨页的书，实非易事；他还要绞沥自己一滴一滴的心血来灌溉中国文艺之花，非极爱中国青年及中国文艺也不能如此，我们奉之以'中国文艺好友'的头衔，想不为过分，他也受之无愧。但他的事业究竟太大，独力难支，况且本身又为外籍传教士，进行这类书事困难实在甚多，我希望中国作家，能鉴他这一番诚意，在可能范围内，诚恳与他合作。这就是今天我写此文微意之所在了。"①

三、苏雪林与其他来华传教士的文学互动

如前所述，苏雪林在《一千五百种近代中国小说与戏剧》一文中，曾提及一群译介中国文艺的来华传教士，包括她所知的善秉仁、文宝峰、明兴礼和毕保郊等。文宝峰是比利时圣母圣心会士，1936年来华，对中国新文学有较高的熟悉程度。这一点，我们从善秉仁在《文艺月旦》（甲集）"导言"中的介绍可以看出——"我们特别致谢文宝峰傅西雍二位神父，对于撰述本篇导言时，供给了充分的资料"。② 除了参与《文艺月旦》（甲集）的编撰，文宝峰1946年还独立出版了《新文学运动史》(*Historie De La Litterature Chinoise Moderne*) 一书。该书力求对中国新文学作综合考察和总体研究，在具体论述中也引用了其他评论家的一些观点。该书正文共15章，较完整地呈现了新文学的发生和发展，其中也简要介绍了苏雪林的生平和创作。

明兴礼是法国耶稣会士，1937年来华，20世纪40年代曾任教于天津工商学院（后改为津沽大学）。他对中国现代文学既有整体研究，也有作家个案研究。前者主要体现为1947年他在巴黎大学文学院的文学博士论文《中国当代文学：见证时代的作家们》，该论文后来改写成专著《中国当代文学的顶峰》，1953年在巴黎出版，后由香港耶稣会士朱煜仁将其部分内容译成中文出版，名为《新文学简史》。后者主要体现为他和巴金的深入交往，并于1947年出版专著《巴金的生活和著作》，1950年该书译成中文出版。明兴礼的中国现代文学研究，呈现出专业的学术水准，也丰富了汉学研究的成果。

---

① 《归鸿集》第80页。
② ［比］善秉仁《文艺月旦》（甲集）"导言"第26页。

苏雪林早年与来华天主教传教士的文学互动

明兴礼在《新文学简史》一书中将新文学分作小说、散文、戏剧、诗歌四大类，每类总述大概情形之后，再举出几个代表作家向读者们介绍。散文部分的其中一章是"苏梅——心灵变化史的记述者"。明兴礼在本书中，常运用比较的方法分析评介新文学作家，以突出其各自特点，介绍苏雪林的作品也是如此："在我们这个新文学运动的大潮流中，冰心的旁边，站着苏梅。当然，苏梅的《棘心》《绿天》，比不上巴金、茅盾、老舍的小说更流行；但苏梅的作品也新鲜而富有诗意，只是在艺术上比他们稍逊一些。所以，如果把巴金等的作品比作清溪中，在急流的冲击下显得更伟大、更嶙峋、更辉耀的大石的话，那么苏梅的作品，就只可比作大石旁晶莹闪烁的小石子了。但如果从别方面去看，她的带有小说色彩的自传——《棘心》，用虫鸟花草作喻的《绿天》，能使人窥见一个对于现代中国不少问题的答案；那价值便不少了"。① 又如："苏梅，如同冰心一样，是艺术家，是歌颂大自然和母爱的诗人。但苏梅更擅长于把草木昆虫鸟兽人格化，而且用活泼的笔调，把它们活生生的写出来，放在我们面前"。② "中国的新文学上，泛滥着非道德主义、反抗主义的狂流。《棘心》《绿天》和冰心的小说，同是这狂流中仅有的孤岛。苏梅所叙述的纯洁的少女，幸福的家庭，真是中国大部分社会隐藏着的真面目。她能用清新畅达的笔调，叙出一位女青年走向光明的迂缓曲折的经过：这便是她的特点"。③ 明兴礼在该书中对中国新文学作家的评介，整体而言是较为客观公正的。他通常既肯定作家作品的长处，也明确指出作家作品的不足，显示了一个文学批评者的可贵立场。比如他最后指出："《棘心》不能算是一部理想的作品。它没有像巴金的《家》介绍出中国社会的风俗，没有像茅盾的《蚀》叙出革命时代的史实，没有像曹禺的剧本反映出社会中的惨剧；也没有像法文中的许多小说，刻画出圣宠和人欲的斗争；可是，这部心灵变化史，实在是中国新文学中关于描述宗教情绪的唯一作品呢！"④

毕保郊是法国耶稣会士，1934年来华，20世纪40年代曾任教于震旦大学，著有《中国五十年来的哲学思潮（1898—1948）》(Fifty Years of Chinese Philosophy 1898—1948) 等。毕保郊对中国文学有较浓厚兴趣，曾在《震旦杂

---

① ［法］明兴礼著，朱煜仁译《新闻学简史》第51—52页，香港：新生出版社，1957年。
② 《新闻学简史》第52页。
③ 《新闻学简史》第53页。
④ 《新闻学简史》第53页。

志》《光启社刊》等刊物发表系列评介中国现代文学的文章。他对苏雪林的《棘心》《绿天》有过介绍和评论，其关于《绿天》的评介曾被善秉仁在《公教作家苏雪林》一文中参阅，表现出文本细读的能力和对作家自身的了解：

> 在这书里作者往往用比喻重述家庭琐事，歌颂着自己的夫妇之爱。在她笔下，顶小的事件都充满了诗的韵味。她对于静物和动物，都能传达出一种活泼的同情心，让人以为她当真活着草木虫豸的生命，和它们震颤着同样的情感；她对于它们一举一动都发生兴趣，把它们人性化了，和它们对话。总之，她会把她所触及一切都诗境化了。捎带着说，她很乐于以 Seguin 先生的母山羊自况，因为像那故事里的羊一样，她也是酷爱着独立与自由，她也是欢喜自然之美山峦之美。这集子里，最好的一篇故事，足以代表她独特的风格的，就是那一个"银翅的小蝴蝶"；她用象征的词句，重述她在里昂所度过的三年光阴。上场的昆虫，如蝴蝶、蜜蜂、蜻蜓、蚯蚓等，都是代表她在法国时，身旁的人物。在这一篇寓言里，闪烁着她对于奇异事物、象征和比喻的爱好。她好像并没具备创造的想象力，因为她所述说的，不外乎多少有些根据的身边琐事，但就另一方面说，她却具有了极高度的诗境想象力，会把顶平凡的事物搬移到幻想梦境的领域里去。在她给一个二流作家的寓言集里所做的序言里，她自称："我很爱寓言和神话。小时候，总离不了《西游记》；现在，我手头常有一本安徒生或王尔德的童话。我尤其欣赏希腊神话。"①

除了上述几位来华传教士和苏雪林的文学互动之外，借助苏雪林在《灵海微澜》等书中的描述，我们还可以了解到其他一些信息。比如苏雪林在介绍由她翻译的《一朵小白花》②一书中，提及她与倪化东神父的交往："承张维笃主教和吴经熊先生宠赐序文，香港圣衣会修女校订，不胜荣幸。但我最感谢的则为本会审查司铎倪化东神父，我一天要找他几次，他虽事务冗忙，仍十分耐烦地替我讲解，如良师之诲弟子，没有他帮助，这个译本是不能成功的。"③ 而关

---

① [比]善秉仁《文艺月旦》（甲集）第90页。
② 该书是关于天主教圣女小德兰的传记。
③ 苏雪林《〈一朵小白花〉译本自序》，载苏雪林《灵海微澜》（第一集）第52页，台南：闻道出版社，1978年。该文作于1950年。

于倪化东神父,我们可以从苏雪林对他出版于香港的《天主教修会概况》(1950)一书所做的介绍中了解到,他是"意大利籍的传教士,而早岁来华,精通中国语文,也谙悉中国各方面的情况"。① 另外,苏雪林1949年作序推介由意大利籍传教士梅先春主教所著的人物传记《圣心传教修女会开创人圣女贾比尼方济评传》:"梅主教邃于文学修养,著述繁富,中文著作已有圣母行述等书行世,读者翕然称之。主教原籍意大利,于今来替他的乡贤贾比尼圣女作传,当然最适合不过的了。这部洋洋十万余言巨著,并非呆板的翻译,乃系参考数十种有关材料,钩稽贯穿,精心结构而成。所用体裁,也是近代最新式的传记体裁。这就是说并非那类只有地名、人名、年月是真,而所描写的人物,却是奄奄一息,毫无生气的旧传记文学,却是那类利用小说戏剧的艺术,将书中主人公的一生,写得如火如荼,可歌可泣的近代所产生的新传记文学。他在这部传记里,用夹叙夹论的笔法,将一个活生生的贾比尼介绍给我们相见。圣女的一举一动,栩栩然浮现在我们眼前,圣女的一声一叹,也宛然接触于我们的耳鼓。这才是一神最高神修的典型;一个魄力磅礴,经纬万端,伟大事业家的写真;这才可以感动读者的心灵,产生兴顽立懦的效果。至于书中描写天然风景,美丽的渲染,诗意的咏叹,随在可指,可以看出作者文学天才是如何犖卓。总之,这是一部独具匠心,趣味浓郁的伟人传记,不但可供宗教的参考,也可供一般知识界的阅读,所以笔者不顾自己学识的谫陋,写这篇芜文,向国人作一推荐。"②

除了文学方面的互动之外,苏雪林还与一些来华传教士有更广泛的文化互动。比如苏雪林出版《中国传统文化与天主古教》一书(1957),意大利著名来华传教士雷永明神父(Rev. P. Allegra O. F. M. 1907—1976)为之作序(1950),肯定其"沟通中西文化思潮","探讨开掘中国古文化内所包含的归于我主我王基督耶稣的真理",并指出:"中华民族固有之悠久文化,实与天主教教理相去不远,中国文化为我辈天主教学者,实为一丰富的矿源,有待我们来开采、研究、补充、圣化,使它成为真理的装潢,引人认识赞赏真理的工具。另一外面又使我觉得天主的启示,如何超过人,惟以理性所得

---

① 苏雪林《〈天主教修会概况〉》,载苏雪林《灵海微澜》(第一集)第17页。该文作于1950年。

② 苏雪林《一个伟大的女事业家——圣心传教修女会开创人圣女贾比尼方济评传》,载苏雪林《灵海微澜》(第一集)第28—29页,台南:闻道出版社,1978年。

到的真理,以及古代文化灿烂的民族,所能保存的原始启示的光明。我公教徒希望永远的圣言——即在天我等父的惟一圣子,为人所认识、爱戴;不应只从事祈祷,并应献毕生的精力,以辉煌圣哲先贤的遗产,借助近世文明,来替永远的圣言,那惟一的光明,道路,生命,打天下,争取民众。"① 该书最后提及:"本文承雷永明、倪化东两位神父多方协助;劳达一神父及刘鸿逊先生均有所指示,特此一并致谢"。②

结　语

20 世纪初,天主教内包括马相伯、英敛之等有识之士,呼吁恢复明末清初以利玛窦为代表的耶稣会士的文化传教方式,从文字传教着眼,以知识阶层为传教重点,自上而下地传播天主教。从 20 世纪二三十年代始,天主教在华教会积极发展教育、注重文字传教,编译出版诸多教会书籍。40 年代后期,在田耕莘出任北京总主教后,更是采取了一系列措施,大力发展出版事业,利用文字媒介加快传播。③ 苏雪林与来华天主教传教士的文学互动,是上述时代大背景下的产物。这种文学互动虽属个案,但也显示了文学与宗教深层的有机关联。古今中外的文学史表明,宗教对文学具有持久的精神哺育作用;而形态各异的宗教史也说明,文学在宗教传布的过程中,发挥了难以估计的潜移默化的效果。

此外,借由这种互动,我们进一步看到,在近现代来华天主教传教士中,有不少人具有较为精深的文学修养,他们继承了明清之际来华耶稣会士开创的汉学传统,对中国文学加以译介评析,为汉学研究做出了自己的贡献。由于他们的宗教背景,这种文学的译介评析活动时常打上天主教道德伦理的烙印,因而会偏离文学自身的评判立场。但他们的文学活动仍为后世的相关研究提供了资料保存、研究视角等方面的参考意义。至于苏雪林,无论是作为作家还是学者,无论是为人还是为文,都有值得我们进一步发掘探究的空间。

(刘丽霞　济南大学文学院教授)

---

① 苏雪林《中国传统文化与天主古教》,雷永明序,香港:香港真理学会,1957 年。
② 《中国传统文化与天主古教》第 47 页。
③ 参考田耕莘《我对于教会出版事业的热望》,载《上智编译馆馆刊》1946 年第 1 卷。

海外华人汉学家对中国诗学话语的建构研究

——以陈世骧、刘若愚、叶维廉为例*

于 伟

摘 要：20世纪的许多海外华人汉学家在中国文化中成长，后到西方文化中栖身，在中西文化碰撞、交融的前沿以研究和传播中国文学为志业，他们为中国诗学体系的建构、中国诗学话语的凝练，进行了较早且卓有成效的探索。陈世骧对"中国抒情传统"诗学话语的发掘、提炼与建构，刘若愚对中国诗学所进行的种种系统化的努力，叶维廉出于诗人的敏感对中国古典诗歌与西方现代主义诗歌的会通性研究，以及由诗歌创作与翻译的诗思与诗学美学研究的理思交相对话而来的、对中国诗学的推崇、发掘与阐释，都为当下加强中国诗学话语体系的建设树立了典范，值得我们在反思古代文论的现代转换和重建中国文论话语之时认真加以总结和思考。

关键词：中国话语 中国诗学 抒情传统 世界诗学 比较诗学

20世纪90年代中期，中国文论的"失语症"和"话语重建"的问题引起了学界广泛而持久的讨论。为改变中国文论"失语"的状况，当时学界有识之士纷纷开出药方，其中要数"中国古代文论的现代转换"最受关注，也最被寄予厚望。但是，回望20余年来的建设与发展，中国传统文论"失语"的症候好像并未得到改善，于是人们开始反思，为什么中国文论的现代转换并未奏效呢？有学者认为，问题出在这个"现代转换"的概念上，首先，他们认为这个概念其实是预设了中国古代文论的消亡，否则何以要转换呢，其次，在他们看来这个现代转换的方向也有问题，从学界20多年的实践看来，

---

* 本成果受北京语言大学校级项目（中央高校基本科研业务费专项资金）资助。

所谓现代转换依然是唯西方文论马首是瞻,"用西方'科学的''体系的'话语系统来转换古代文论"①。显然,这样的现代转换是很难治愈中国古典文论话语的"失语症"的。针对"失语症"的问题,笔者通过本文检视 20 世纪海外华人汉学家对中国诗学话语建构的努力,希望获得一些经验和启示。

一、陈世骧:中国文学抒情传统话语的开创

陈世骧(1912—1971),1945 年受聘加州大学柏克莱分校,在该校东方语文学系教授中国古典文学与比较文学,他的著述目前有《陈世骧文存》(1998)和《中国文学的抒情传统》(2015)在大陆出版流传。陈世骧是较早到美国高校任职并站稳脚跟的华人学者,他的学术成就也是在他到美国教研之后开始显现的。陈世骧在美国的学术研究开始于他英译陆机的《文赋》(1948),而后发表了《探求中国文学批评的起源》(1951)、《中国文学的文化本质》(1953)、《中国"诗"字之原始观念试论》(1961)、《论中国抒情传统》(1971)等一系列重要文章,这一系列学术成果的发表昭示出陈世骧在西方文化的语境中,对中国的文学批评进行寻根探源,以期建构起中国诗学话语的尝试与努力。②

陈世骧去国怀乡 30 年,身处中西文化碰撞与对话的前沿,面对西方文化的冲击与挑战,他选择让自己站在中西文化比较的立场上发声,他以比较文学研究为方法论,在寻求中西文学之间"不管多抽象的共同点,或者共相"的基础上,"再进一步侦察双方的独特之处。"他希望能够"经过具体例证的并举对照之后",将中西文学的"彼此的独特之处"清晰地彰显出来,从而在探得双方的深义之后,"创建新的体会和辨识"③。陈世骧身处西方文化的语境之中,他没有中国本土学者文化血脉中延续传承而来的新旧文学之间的斗争性思维和中西文学之间孰优孰劣的对比性思维,他不必参与到除旧布新的、打倒旧文化旧文学以树立新文化新文学的文学运动中来,他没有处身于渴慕

---

① 曹顺庆、杨清《对中国古代文论现代转换的反思》,载《华夏文化论坛》第 20 辑。
② 陈国球《"抒情传统"论述与中国文学研究—以陈世骧之说为例》,载《文化与诗学》2011 年第 1 期。
③ 陈世骧著,张晖编《中国文学的抒情传统:陈世骧古典文学论集》第 3 页,生活·读书·新知三联书店,2015 年。

西方文学而蔑视中国文学的历史文化语境之中,相反,他因为处身于西方文化之中,并应美国大学的聘请研究与讲授中国文学与文化,中国文学研究非但是他安身立命的慰藉,更是他在美国立足的职业需求,所以,在陈世骧的文学研究之中,绝不会忽视中国文化、文学与诗学的特殊之处,反而他会越发认同和发掘中国文化的特异之处,中国文学与诗学和西方文学与诗学相异而又互补之处,以彰显中国文化、文化与诗学的价值。从这样的研究宗旨出发,陈世骧在继承现代中国学者对中西比较文学研究的寻求共同的文学规律的基础上①,更加重视寻求中西文学的独特之处,并试图创建对两者的新的体会和辨识,也就顺理成章了。

1971年,陈世骧离世前在美国亚洲研究学会比较文学讨论组发表的讲演《论中国抒情传统》,揭橥了一个现代学术思潮的兴起——中国抒情传统。陈世骧在讲演中说:

> 中国古典传统之于远东的其他文学,就像希腊传统之于欧洲其他文学那样,在创作实绩和批评理论方面都处于开创性的地位。与欧洲文学传统——我称之为史诗的及戏剧的传统——并列时,中国的抒情传统卓然显现。标志着希腊文学初始盛况的伟大的荷马史诗和希腊悲剧喜剧,是令人惊叹的……中国文学的荣耀别有所在,在其抒情诗。②

> 由此,我们可以将中国文学的传统……摆放在一个聚焦点下,与欧洲文学传统并置、区辨。这个聚焦点就在于并置中的东方抒情传统与欧西史诗及戏剧传统,因互相映照而突显的地方。③

> 因此,欧洲与中国批评传统的古典根柢可说截然不同……大略言之,以史诗和戏剧为首要关注点的欧洲古典批评传统,启动了后世西方讲求客观分析情节、行动和角色,强调冲突和张力的趋向……倾重抒情诗的中国古典批评传统,则关注诗艺中披离纤巧的细项经营,音声意象的召唤能力,如何在主观情感与移情作用的感应下,融合成一

---

① 据陈国球在《"抒情传统论以前"——陈世骧早期文学初探》中考察,陈世骧在北大求学与教学期间,曾经深受朱光潜先生的影响,朱光潜先生的课堂以及当时发表的文章,及其鼓动的学术风气,对陈世骧都有相当的熏染。

② 《中国文学的抒情传统:陈世骧古典文学论集》第4页。

③ 《中国文学的抒情传统:陈世骧古典文学论集》第6页。

篇整全的言词乐章。①

显然，陈世骧是以西方文学借镜，着眼于中西文学之间的差异，寻找中西文学的特色，并加深对两者的认知。陈世骧在这篇文献之中，给出了他考察探索的结论，相对于西方文学的史诗和戏剧传统，中国文学的荣耀在于它的丰富璀璨的抒情诗，并且指出植根于这两种不同的文学土壤之中的中西诗学，自然在其漫长的生长与衍变的岁月中，形成了各有侧重的诗学倾向。从而，也自然而然地形成了"中国批评家在祖传的抒情精神的感应下，会追求和谐……追寻言外之意"，而西方批评家更着重作品的"冲突与张力"的批评取向，并因此而产生了中国文学批评善于"依实感实悟而撷精取要，以见文外曲致重旨"而西方文学批评专长"说明、厘清、阐发"的差异。

虽然陈世骧在去世前才把"中国抒情传统"的概念明确出来，但是他早年的学术兴趣和研究方向却是一直集中在这个方面，这由他去世之后他的学生杨牧整理出版的文集可以明显地看出来，文集的出版更是加深了学界对陈世骧所提出的"中国抒情传统"概念的理解。由陈世骧开创的"中国抒情传统"的学术思潮，在同样是旅美华人学者的高友工那里得到了回应与张扬，高友工先后在台湾《中外文学》杂志上发表的几篇文章《文学研究的理论基础——试论知与言》《文学研究的美学问题（上）：美感经验的定义与结构》《文学研究的美学问题（下）：经验材料的意义与解释》等，在台湾刮起了"高友工旋风"。正是这些研究中，高友工在陈世骧研究成果的基础上"拈出中国文化的'抒情精神'来与西洋文化的'悲剧精神'做对比"②。在2002年发表的长文《中国文化史中的抒情传统》中，高友工更是从文化的高度，肯定了中国文化的"抒情精神"，他说"中西艺术精神的比较正只能从两种不同美典在两种不同文化中的比重来看。……中国的抒情精神正和西洋的戏剧精神分别在他们的文化中同样居于一个人的枢机"③。就这样，中国文学抒情传统的诗学话语得以开创与确立，由于陈世骧、高友工两位教授不遗余

---

① 《中国文学的抒情传统：陈世骧古典文学论集》第8页。
② 柯庆明《中国抒情传统的再发现——一个现代学术思潮的论文选集·序言》，载《中国抒情传统的再发现》（上册）第3页，台北：台湾大学出版中心，2009年。
③ 高友工《中国文化史中的抒情传统》，《美典：中国文学研究论集》第90页，生活·读书·新知三联书店，2008年。

力的倡导与发扬,流波荡漾及于海外、港台及大陆,渐渐呈现出浩大之势,海外及港台一批学者如萧驰、柯庆明、王德威、蔡宗齐、郑毓瑜、蔡英俊等服膺于这样的话语建构,并在各自的领域做出了丰硕的成果。

关于这个中国抒情传统的诗学话语,新加坡国立大学中文系萧驰曾经在《中国抒情传统的再发现》一书的导言中有过界定,他说中国抒情传统是"承陈(世骧)、高(友工)的学术思路而来、自中国思想文化的大历史脉络,或比较文化的背景去对以抒情诗为主体的中国文学艺术传统(而非局限于某篇作品)进行的具理论意义的探讨"①。显然,这个由陈世骧开创的中国诗学的话语建构,是以西方文学与诗学生成演化为借镜,反观中国文学与诗学的生成与演化而来的,这种建构的努力发掘出了相对于西方文学与诗学而言的中国诗学的独特之处,由此陈世骧及其后来的学者们将研究视野聚焦在中国抒情传统上进行不断地发掘与重释,确乎在一定程度上重构了中国诗学的话语体系,彰显了中国诗学的特殊性,并显示出较强的理论阐释能力。这种话语体系的建构,是跟直接援用西方的理论来阐释中国文学的做法判然有别的,它依然是从中国文学与诗学的实际出发来建构中国诗学的体系的,它是以保存中国诗学的本来面目为出发点的。

二、刘若愚:中国诗学话语的体系化尝试

刘若愚(1926—1986),1961年起转到美国的大学教书,先后在夏威夷大学、匹兹堡大学、芝加哥大学和斯坦福大学任教,1986年病逝于斯坦福大学。刘若愚志向远大、雄心勃勃,一生共出版了8部关于中国诗歌与诗学的英文学术专著,向美国学界展示了华裔学者的实力,也为他赢得了巨大的学术声誉。在谈及刘若愚的学术追求时,夏志清曾说"若愚兄不止是用英语讲述中国诗学的'语际批评家'(an Inter-lingual Critic),他更想成为我国传统的同二十世纪欧美的文学理论综合起来而自成一家言的'语际理论家'(an Inter-lingual Theorist)。"②夏志清的评价是准确的,刘若愚在美

---

① 萧驰《中国抒情传统的再发现——一个现代学术思潮的论文选集·导言》,《中国抒情传统的再发现》(上册)第6页,台北:台湾大学出版中心,2009年。
② 詹杭伦《刘若愚:融合中西诗学之路》第2页,文津出版社,2005年。

国的学术生涯明确地昭示了他试图将中国诗学体系化，努力探索中西诗学的汇通与融合，希望在此基础上最终建构出一综合性、世界性的文学理论来的学术梦想。

1962 年，刘若愚在美国出版了他第一本用英文撰写的专著《中国诗学》（*The Art of Chinese Poetry*），"如何认识评价中国诗学？如何向西方听众传达中国诗学，如何通过中西结合的方式，形成自己新的诗学观念及评诗方法"①，这一系列久久萦绕脑际的问题，促成了这本书的写作。在这本书中，面对西方学界对中国诗歌、诗学的误解与误读，面对只言片语、散漫难寻、不成体系的中国文论材料和朦胧模糊、复杂多义的诗学术语难以界定与翻译的问题，刘若愚所采用的办法是就诗学研究的核心问题，向中国诗学发问，希望以问题为线索，梳理出中国诗学的流派与脉络，最终给它以体系。刘若愚设定了两个问题，"第一个问题是诗是什么，或诗应该是什么；第二个问题是应该如何写诗，或者更明确地说，不论诗是灵感、情感、技巧，还是其他什么也好，写诗最重要的是什么"。② 正是以这两个问题为纲，刘若愚对中国诗学中各种诗学观念进行了整理与阐释，并最终将中国诗学概括成四种主要的诗观，即道学主义诗观、个性主义诗观、技巧主义诗观和妙悟主义诗观，初步建立起了他理想中的中国诗学体系。

初步建构了中国诗学的体系之后，刘若愚并未停止探索，他深知这个已具雏形的诗学体系，还嫌单薄，还有再加阐发与修正的空间，于是，他又于 1975 年出版了他的第五部英文专著《中国文学理论》（*Chinese Theories of Literature*）。刘若愚在这部书的导论中坦言，本书的写作有三个目的：

> 第一个也是终极目的，在于提出渊源悠久而大体上独立发展的中国批评思想传统的各种文学理论，使它们能够与来自其他传统的理论比较，从而有助于达到一个最后可能的世界性的文学理论。
>
> 第二个也是较直接的目的，是为研究中国文学与批评的学者阐明中国的文学理论。
>
> 第三个目的是为中西批评观的综合铺出比迄今存在的更为适切的道

---

① 《刘若愚：融合中西诗学之路》第 49 页。
② 刘若愚著，韩铁椿、蒋小雯译《中国诗学》第 84 页，长江文艺出版社，1991 年。

路，以便为中国文学的实际批评提供健全的基础。①

显然，刘若愚的中国诗学研究，是有意识地在世界诗学的大背景下开展的，他希望对中国诗学的体系化建构、研究和阐释，可以为世界诗学的最终形成提供中国诗学的资源、促成东西方诗学的对话，同时，他也真切希望能为中国诗学的现代阐释铺出适切的道路，以改变用西方诗学的批评标准来阐发与批评中国诗学的旧模式，提醒中西方学者在探讨中国诗歌和诗学时，"必须将中国批评家对其本国文学的看法加以考虑"②。

20世纪50年代，美国学者艾布拉姆斯为把当时西方文学理论史上出现的形形色色的艺术哲学和美学理论纳入诗学讨论，提出了一种简易灵活的参照系——文学"四要素"。鉴于艾布拉姆斯依托于这个四要素的理论框架有效廓清了西方批评理论史上的"混乱"，言简意赅地描述了西方诗学史上主要理论思潮的产生与流变，以及当时学界"有些学者曾将艾布拉姆斯这一值得称赞的图表应用于分析中国文学批评"③，刘若愚也开始思考将这个有效的理论图示进行修正之后引入到中国诗学体系的建构之中，他把艾布拉姆斯的三角架图示转变成双向流动的圆环，将"作品"这一固定在中心位置的要素纳入到流动的圆环之中成为一个必不可少的"节点"。于是，根据这个圆环中文学活动在四个节点间流传所生成的四个阶段的正循环和四个阶段的负循环，刘若愚将中国的文学理论分为六个大类：形上理论、决定理论、表现理论、技巧理论、审美理论与实用理论。借助于这样的分类，刘若愚将中国诗学的大略呈现在了西方学者与世人面前。

刘若愚在《中国文学理论》一书中，曾经提出过一个重要的观点，在他看来"形上理论""事实上提供了最有趣的论点，可与西方的理论作为比较；对于最后可能的世界文学理论，中国人的特殊贡献最有可能来自这些理论。"④ 正是基于这样一种观察和认识，写作《中国诗学》时期的刘若愚对"妙悟派"的诗学观念情有独钟，也正是基于此，刘若愚在《中国文学理论》一书中对"形上理论"进行了最大的篇幅和最详细的讨论，更为重要的是，

---

① 刘若愚著，杜国清译《中国文学理论》第2—6页，江苏教育出版社，2006年。
② 《中国文学理论》第7页。
③ 《中国文学理论》第13页。
④ 《中国文学理论》第20页。

同样是基于这样的认识,刘若愚写出了他的第 8 部也是最后一部英文专著《语言·悖论·诗学:一种中国观》(Language-Paradox-Poetics: A Chinese Perspective)。与《中国文学理论》出版后的辉煌相比,《语言·悖论·诗学》几乎不被中国学界所知,显得颇为寂寞。但这并不是说这部书没有厚重的学术价值,其实它代表的是刘若愚在对中西诗学的观念和重要概念进行综合之后,一个非常重要的学术探索和理论突破。如果说《中国诗学》和《中国文学理论》重心在于向西方学者介绍与阐释中国诗学,而这部作品却是刘若愚在经过多年的思考与探索之后,其自身诗学理论的集中展示。它代表的是刘若愚在西方文化的语境中,在对中西诗学观念进行比较研究与交流对话的基础上,在找准中西诗学的契合点和在此契合点上对中西诗学进行综合性研究之后,对中国诗学话语的一次难能可贵的探索与建构。

《语言·悖论·诗学》是从语言悖论的角度探讨诗学问题的。语言悖论历来是中西哲学家、批评家共同关注的重要问题,刘若愚抓住这样一个传统中国诗学与西方现代诗学的契合点,从世界诗学的语境下运思,围绕中国诗学形上理论所主张的"言愈少而意愈多"悖论诗学,"集中地概述了中国文学,从而让读者更清晰地看到并更深刻地理解中国诗歌中老庄思想影响的重要、道家和禅宗语言怀疑论的含义、强调含蓄或含混以及中国文学批评传统中如此容易被接受的阐释的多义性"①,"把如此众多诗学观点第一次用悖论诗学这一红线贯穿起来,梳理出一条线索,让读者清晰地看待中国悖论诗学的发展脉络"②。换句话说,这本书已然不像《中国诗学》或《中国文学理论》那样,试图给纷繁芜杂的中国诗学以系统,而是体现出以他对中西文学理论的熟稔和把握,在确定好悖论诗学这样的中西诗学共同关心的主题之后,明确地将中国诗学这方面的论述和诗学资源挖掘、阐发出来,以贡献于其世界诗学的理想。这本专著的价值,正如有学者所评价的那样"作为对待中国语言概念和中国诗学传统的阐释含义的先驱者性质的著作,它开启了一片中国文学和文学理论研究的最激动人心和最有前途的领域,指出了进一步探索的方向"③,而且更重要的是,它为中国诗学、比较诗学甚至世界诗学的研究,提

---

① 《刘若愚:融合中西诗学之路》第 264 页。
② 《刘若愚:融合中西诗学之路》第 270 页。
③ 《刘若愚:融合中西诗学之路》第 265 页。

供了新颖独特的视角。

纵观刘若愚的学术研究之路,他对中国诗学话语体系的重构,经过了三个阶段的努力,或者说三种路径的尝试:第一种,就带有本体意义的问题向中国诗学发问,根据中国诗学不同流派、不同诗学家对他所提问题的看法与主张,建构出中国诗学的体系来。第二种,借鉴一个可以有包容性和阐释力的理论框架,按照这个框架所生成的不同的诗学倾向,涵纳、承载与类分中国诗学的流派与主张,从而将中国诗学系统化。第三种,在世界诗学的视野下,在中西诗学交融激荡文化语境之中,寻找传统诗学与西方诗学共同关注的问题与焦点,以此为线索梳理中国诗学的材料,厘清中国诗学的发展脉络,并在与西方诗学的对话与交融中,建构中国诗学的体系。刘若愚在各个阶段的尝试与实践,交相映照,为我们当下的中国诗学话语建构,树立了典范,昭示了前进的方向。

三、叶维廉:诗人学者诗学体系的创生

叶维廉(1937—),1967年起在美国加州大学圣地亚哥校区任教,2010年荣休。年轻时期的叶维廉有着常人没有的敏感,在香港这个殖民地城市生活的痛苦体验,使得他沉入到现代主义的诗歌中寻求慰藉,他如饥似渴地阅读在香港可以获得的古今中外的诗歌,尤其是中国20世纪三四十年代的诗歌和西方现代主义的诗歌,他对诗歌的这种沉醉与痴迷使得他一方面承接上了20世纪中国现代主义文学余绪,同时也与世界现代主义的文学潮流接轨。他不仅阅读和品鉴诗歌,还满怀激情地创作和译介现代主义的诗歌作品,而他对中西方诗歌、批评和诗学作品的研读、在进行诗歌创作时的体悟以及在中西诗歌译介时的发现,则引领着他走上了中西比较诗学的学术研究之路,并在中西诗学的会通性研究之中,实现了自身诗学体系的创生。叶维廉在不同的场合一再强调,他的诗学是他在创作过程中的领悟、发现、发明,他理论上的浓烈,是因为他的诗,尤其是现代主义始发时的浓缩多义,对他的理论有一定的影响,所以必须要浸入他诗的世界,始可以感印他美学的弦动。"叶维廉首先是一个诗人,而且是一个现代派诗人"[1],然后才是学者。

---

[1] 乐黛云《为了活泼泼的整体生命——叶维廉文集·序》,载《广东社会科学》2003年第4期。

先诗人后学者的身份，在很大程度上决定了叶维廉的与众不同：第一，作为诗人，他首先接触的就是古今中外的诗歌，他所关心是诗的美学风格与语言策略，他要创作诗歌，古今中外的诗歌都被他作为滋养，所以在他的诗学研究里，也就不容易看到他以西方诗学批评中国文学，以西方诗歌诗学为标准来压制析解中国诗歌诗学的问题，这反而使得有人批评他过于中国本位了。既然如此，受传统文学滋养的中国诗学，当然也就可以活在他的诗学研究里了，而不至于像在中国当代文论家那里一样，成为僵死之物，并因此导致了中国文论在西方强势理论话语面前的失声。叶维廉对秘响旁通、论诗如论禅、空故纳万境等传统诗学概念的新阐释，他对道家美学、禅宗美学的偏爱，都可以证明中国传统诗学在当下文化语境之下的丰沛活力与现代言说能力。相比较中国的当代文论家，他们一边意识到中国文论的"失语症"，希望通过对中国传统文论的现代转化来进行医治，一边把传统文论视为需要援用西方文论来激活的僵死之物，他们用西方文论的手术刀，随心所欲地对中国文论切割之后，所得到仍是没有生机或活力的、碎片化的材料，中国传统文论的现代转化自然也就失败了。

第二，正因为叶维廉是个诗人，读诗、赏诗、写诗是他的第一要务，古今中外的诗，他都读，都了解，所以他在论诗时少有中西诗学孰优孰劣的先入之见，反而使他可以直透问题的核心，就诗与文学之本身而立论，不受其他外在因素的左右。我们在他的诗学研究中，能够很清晰地看到他的研究思路，他往往先不谈中西诗学孰优孰劣之问题，他愿意先就自己读诗写诗的经验，提出自己的诗学问题、树立自己的评诗标准，然后以此为立足点来参看中西诗学，在分清中西诗学各自的优劣之后，才有所评价，并同时将两者的优长援引摄入到自己的诗学之中来，完成自己的诗学建构。这也就是说，叶维廉在进行诗学研究之时，他始终将他的出发点与立足点固定在诗歌或文学作品之上，他不主张离开诗歌谈诗学，他希望就他读诗、写诗之时所发现的问题，在中西诗学之中寻找理解与阐释的途径，并在此过程中找到中西诗学的对话点，最终实现在对话中的中西诗学之会通，并实现自己比较诗学研究之新生。

叶维廉的《中国文学批评方法略论》一文，就是因其由诗人而学者，须能直透文学的"机心"而寻求中西诗学会通的理论主张的集中体现。面对与西方相异甚远的中国诗学，叶维廉并没有采用西方诗学的标准来批评它，而

是将西方诗学作为镜子,烛照并理清了中国诗学的特点:

> 在一般的西方批评之中,不管它采用哪一个角度,都起码有下列的要求:1. 由阅读至认定作者的用意或要旨。2. 抽出例证加以组织然后阐明。3. 延伸及加深所得结论。他们依循颇为严谨的修辞的法则……(始、叙、证、辩、结)不管用的是归纳还是演绎——而两者都是分析的,都是要把具体的经验解释为抽象的意念的程序。①

> 这种程序与方法在中国传统的批评文学中极为少见,就是偶有这样的例子,也是片断的,而非洋洋万言娓娓分析证明的巨幅,如果我们以西方的批评为准则,则我们的传统批评泰半未成格,但反过来看,我们的批评家才真正了解一首诗的"机心",不要以好胜的人为来破坏诗给我们的美感经验,他们怕"封(分辨、分析)始则道亡",所以中国的传统批评中几乎没有娓娓万言的实用批评,我们的批评(或只应说理论)只提供一些美学上(或由创作上反映出来的美学)的态度与观点,而在文学鉴赏时,只求"点到即止"。②

我们可以看出,叶维廉并不像当代的某些文论家,用西方批评的准则来看中国的诗学,指责中国传统文论片段化、碎片化、没有系统、不成体系、只重顿悟、不讲逻辑,他的重心在于以西方借镜,在了解对方的同时,真正认清自己的面貌,并同时找到了传统诗学的优长与西方诗学的短板。同时,他在中西诗学的众声喧哗中,直抵问题的核心——诗学所应该关心的根本问题,即诗的艺术性,从中提炼出评价中西诗学的可行标准,然后将中西诗学一一检视,找出中西诗学各自的优劣,并给出应该改进与发展的方向,给出文学批评的理想模式。叶维廉说:

> 一个完美的批评家(或理论家)必须要对一个作品的艺术性,对诗人由感悟到表达之间所牵涉的许多美学上的问题有明澈的识见和掌握,

---

① 叶维廉《中国文学批评方法略论》,《中国诗学》第3页,生活·读书·新知三联书店,1992年。

② 《中国诗学》第4页。

不管你用的是"点、悟"的方式还是辩证的程序。……批评家的先决条件也是要有"洞澈之悟"的，对作品中的艺术性（一首诗的机心）有了明澈的识见，也就不在乎他用的是"点、悟"的方式（有禅机的批评家用了这种方法而不见碍），还是用逻辑化的辩证的程序（他自然会避免不必要的修辞的枝丫），而都可以做到"言简而意繁"的有效的批评。①

如果可以将《中国文学批评方法略论》一文看作叶维廉的诗学宣言的话，那么他本人从诗歌研读与创作，进而从事比较诗学研究，最终形成自己独具特色的诗学体系，都是他这宣言的精彩例证。

关于传统文论在当下的新生，当代的学者提到概念是转化，他们希望运用西方的理论话语来阐释传统文论的核心概念，从而赋予其在当下文化语境中的言说能力。但是，当我们今天反思这个概念时，我们发现所谓转化，带有赋予传统文论术语以新内涵，而将其固有的意蕴予以排挤和放逐的危险。当我们说传统文论需要转化的时候，我们的理论假设往往是传统术语在新的文化语境之下已经失去了概括与言说的能力，已然成为陈旧过时的僵死之物，否则，我们何以需要对他进行现代转化呢。我们在叶维廉的诗学理论中，却发现他用的术语是接轨、是汇通。面对着西方现代主义诗歌与诗艺，面对着中国白话新诗的"瘦弱病变"，叶维廉说，我们要寻求古典与现代、东方与西方的接轨，我们的传统古诗里，有着独有的骄傲与荣光，如果能够在西方的某种烛照与启发之下，援引我们的传统与西方的现代在当下的文化语境之下进行接轨与会通，那我们的新诗将会重新走上康庄大道，我们的传统文论也会焕发出新的活力，成为当代文论新发展的有机组成部分。叶维廉在西方现代主义诗歌，尤其是象征主义诗歌中，找到了与中国古典诗歌的诗艺相接轨、相汇通之处——他用"文字的雕塑"这个术语来概括它，他将这些具有浓缩的瞬间、逻辑的飞跃、多线发展、并置性结构和空间并列、意义疑决性、意象重于意念、具体重于抽象、反说明性和演绎性文字的风格与特色的西方现代诗，与中国古典诗歌相比较，终于在重新体认了中国传统诗歌特色的基础上，为中国白话新诗在当代语境下的新发展开辟出了有效的美学策略。不仅

---

① 叶维廉《中国文学批评方法略论》，《中国诗学》第 13 页，生活・读书・新知三联书店，1992 年。

如此，叶维廉在从西方现代主义诗歌中获得启示，重新体认了中国古典诗歌的风格特色并发掘出了内涵于这种风格之后的美学思想与策略之后，转而开始了对西方诗歌与诗学的批评以及寻求中西诗学之间的接轨与汇通。

四、结　语

20世纪的海外华人汉学家身居西方文化的语境之中，以研究和传授中国文化为职业与己任，站在中西文化碰撞与交融的最前沿，为中国文化、文学的海外传播，为中国诗学体系的建构以及中国诗学话语的凝练，进行了较早且卓有成效的探索与实践。陈世骧站在比较文学的高度对中国诗学相较于西方诗学的独特之处的发掘，他以及深受他影响的高友工等人对"中国抒情传统"的诗学话语提炼与建构，刘若愚出于向西方学者介绍中国文学与诗学的需要对中国诗学所进行的系统化的努力，他在此过程中对中西诗学共同关心的问题上所做综合性研究，以及因此综合性研究而对中国诗学的再挖掘和再整合，叶维廉出于诗人的敏感对中国古典诗歌与西方现代主义诗歌的会通性研究，以及由诗歌创作与翻译的诗思与诗学美学研究的理思交相对话而来的对中国诗学的推崇、发掘与阐释，都为新时代中国文化的国际传播语境下提炼中国文化的标示性概念、打造能为国际社会理解和接受新表述、讲好中国故事、加强中国话语体系建设、引导国际学术界展开研究和讨论树立了典范，值得我们在反思古代文论的现代转换和重建中国文论话语路径之时认真加以总结和思考。

（于伟　北京语言大学）

20世纪中国学人的域外汉学批评史初探[*]

吴原元

摘 要：自清末民初以来，中国学人开始关注域外汉学并展开评论。中国学人对域外汉学的批评，伴随着时代的变迁而存在不同的历史阶段：清末民初之际，中国学人对域外汉学有所关注，但主流学界对其并不以为然，甚或有尖锐的批评；20世纪20年代后，中国学界仍不乏对域外汉学持严厉批评或表示轻蔑之人，但取法域外汉学渐成学界共识，同时面对域外汉学之发展，中国学人多有羞愧或焦虑；1949年政权鼎革之后，对域外汉学的关注并未中断，学界在追踪域外汉学动态及选译域外汉学论著之同时，主要是基于马克思主义史学立场对域外汉学所隐含的意识形态及方法论展开批判；20世纪80年代后，随着改革开放的开启，西潮再一次袭来，中国学界对域外汉学表现出浓厚的兴趣；在加强与域外汉学交流对话之同时，我们需要以批判之姿对域外汉学作必要的审视，坚守自身的价值主体性。

关键词：20世纪 中国学人 域外汉学 批评史

自清末民初以来，伴随着域外汉学渐成一专门学问及其东渐，中国学人即开始关注域外汉学，并对其有所评议。因为在中国学人看来，对域外研究中国学问的著述开展批评，是中国学人的职责所在。正如梁容若所说："研究中国历史文化的学术，如果脱离中国人的阅读批评，自成一个世界，实在是最畸形的事！对于我们也是很可耻的事！以历史为生命的中华民族，是不应该懒惰到有如此'雅量'的"。[①] 自此，对域外汉学展开批评成为20世纪中

---

[*] 本文借用林东先生之观点（参见瞿林东《谈中国古代的史论和史评》，载《东岳论丛》2008年第4期），"域外汉学批评"主要是指中国学人对域外汉学家、域外汉学论著及域外汉学现象的评论。

[①] 梁容若《欧美与日本的汉学研究》，载《中日文化交流史论》第85页，商务印书馆，1985年。

国学术图谱的重要组成部分。然而,学界有关 20 世纪中国学人的域外汉学批评之研究,虽不可说付之阙如,但并未引起学界足够重视却是事实。① 中国学人对域外汉学的批评,无论是对域外汉学史研究还是中国现代史学研究而言,都是不可或缺的。如果不了解近代以来中国学人对域外汉学的评述及评述本身的时代变迁,我们既无法确知中国近代学术发展的内在面相,亦不能为建设富有中国特色的马克思主义史学体系提供有益的镜鉴。基于此,本文拟以 20 世纪中国学人对域外汉学的评论为考察对象,对其是如何评述域外汉学、评述本身存在怎样的时代变迁及其对我们的镜鉴和启示意义等问题进行探讨。

一

早在清末民初之际,中国学人即与域外汉学家有着较为频密的互动交流,并对域外汉学有所关注。梁启超流亡日本后,稍学日文,即"广收日本书而读之,若行山阴道上,应接不暇",② 其所读不仅为日本翻译的政治、经济、哲学、社会学等书,亦有日本学者按照西学新法撰写的中国文史论著。其写于 1902 年的《东籍月旦》,即列举评点了桑原骘藏、儿岛献吉郎、市村瓒次郎、藤田丰八、那珂通世、田中萃一郎、木寺柳次郎、泷川龟太郎、田口卯吉、白河次郎、中西牛郎等人关于东洋史和中国史的著作,几乎囊括了当时日本学术界在这一领域的重要著述。王国维于 1911 年随罗振玉流寓日本京都,在其旅日的近五年间,与日本汉学家有着密切的联系。罗振玉曾言:"公(王国维)居海东,既尽弃所学乃寝馈于往岁予所赠诸家书,……复与海内外学者移书论学,国内则沈乙庵尚书、柯蓼园学士,欧洲则沙碗及伯希和博士,海东则内藤湖南、狩野子温、藤田剑峰诸博士,及东西两京大学诸教授。每著一书,必就予商体例,衡得失。如是者数年,所造益深醇。"③ 归国后的王

---

① 笔者仅见桑兵先生曾从中外学人交往的角度,梳理了晚清民国时期中外学者如何以中学为尺度来进行学术交流(《国学与汉学:近代中外学界往录》,浙江人民出版社,1999 年);李孝迁从域外汉学著作在中国史学界的流传情形,探讨了域外汉学对中国近现代史学的影响(《域外汉学与中国现代史学》,上海古籍出版社,2014 年)。两位学者间或涉及中国学人对域外汉学的批评,但并未做系统性讨论。
② 梁启超《汗漫录》,载《清议报》第 35 册(1900 年 2 月);《论学日本文之益》,载《清议报》第 10 册(1899 年 4 月)。
③ 罗振玉《海宁王忠悫公传》,载《罗雪堂先生全集》(续编一)第 362—363 页,台北:文华出版公司,1969 年。

国维仍时常保持与日本学者的联系。内藤多次访华,必先告知王氏行程;富冈谦藏等人到沪游学也多得王氏的帮助;铃木虎雄来华留学在上海甚至住留王家。① 负笈欧美的中国学人中亦有不少人颇留心于异域对中国历史文化的研究。譬如,胡适在美国留学时,在读保尔·S.莱因斯的《远东的思想与政治趋向》一书时,发现其中人名年月稍有讹误,便为作一校勘表寄之著者;1914年8月2日,偶读英国《皇家亚洲学会报》,发现大英博物馆东方图书部的英国汉学家翟来乐(L. Giles)《敦煌录译释》一文的释译"乃讹谬无数",即摘其谬误,作一校勘记寄去。② 即便是居于国内的中国学人,亦与域外汉学家有着联系与往来。据许全胜的《沈曾植年谱长编》,沈曾植曾将其所著《蒙古源流事证》《吐蕃会盟碑》《西夏感通塔碑》等赠予内藤,并收到内藤所赠的《东国通鉴》一部,还曾赴张元济招宴法国汉学家伯希和的晚宴,"乙庵与客谈契丹、蒙古、畏兀儿国书及末尼、婆罗门诸教源流,滔滔不绝,坐中亦无可掺言"。③ 文廷式在赠内藤湖南《元朝秘史》抄本时,曾题识略云:"日本内藤炳卿,熟精我邦经史,却特一代,尤所留意,余故特抄此册奉寄,愿与那珂通世君详稽发明,转以益我,不胜幸甚。"④

　　缘于同域外汉学界的了解与交流,罗振玉、王国维、陈毅等学人对域外汉学予以较高评价。1909年,罗振玉就对年仅31岁的伯希和之博学与才华感到惊异和敬佩,称其"博通东方学术,尔雅有鉴裁,吾侪之畏友也"。⑤ 对于日本汉学家林泰辅的甲骨文研究,他亦予以颇高的评价,以致引起章太炎的反感与批评,称"见东人所集汉学,有足下与林泰辅书,商度古文,奖藉泰甚,诚恓恓若有忘也"。⑥ 任教于武昌两湖书院的陈毅,奉湖广总督张之洞之命于1899年至1900年赴日考查。在考查期间,他曾拜访那珂通世,与之会谈数次,推许那珂"识达古今,学贯东西,穷乙部闳奥,启后学之颛蒙,洵推当代泰斗"。归国后,他在谒见沈曾植时,备述那珂学行,"俱不胜钦仰,

---

① 房鑫亮编校《王国维书信日记》第472、486、573、642页等,浙江教育出版社,2015年。
② 胡适《胡适留学日记》(上)第49、51、219·364、61页,安徽教育出版社,2006年。
③ 许全胜《沈曾植年谱长编》第57、266、277—278、303、426页,中华书局,2007年。
④ 《沈曾植年谱长编》第266页。
⑤ 罗振玉《莫高窟石室秘录》,载《东方杂志》,1909年第6卷第11期。
⑥ 章太炎《与罗振玉书》,载《章太炎全集·书信集》(上)第380—382页,上海人民出版社,2017年。

以不获识面为憾"。① 王国维在读到藤田丰八的《中国古代对棉花棉布之知识》一文时，称其"甚为赅博精密"，感叹"近来日人对中国学问勇猛精进，实非昔比，我辈对许多材料不能利用，甚为憾事"。② 他亦在致藤田丰八的信中，称赞箭内博士的《鞑靼考》，"得读箭内博士之文，考证精密，钦佩无已。其尤可喜者，多年未决之纥军问题，因此机会殆得解释之希望"。③

然而，此时的中国主流学界对域外汉学则并不以为然，甚或进行尖锐的批评。1910年，章太炎在给罗振玉的书信中即对日本汉学这样批评道："东方诸散儒，自物茂卿以下，亦率末学肤受，取证杂书，大好言《易》，而不道礼宪，日本人治汉土学术者，多本宋、明，不知隋唐以上。然宋人治礼者亦尚多，日本则无其人。盖浮夸传会，是其素性，言礼则无所用此也。其学固已疏矣。……然今东方人治汉学，又愈不如曩昔，长老腐朽充博士者，如重野安绎、三岛毅、星野恒辈。其文辞稍中程，闻见固陋，殆不知康成、子慎。诸少年学士，号为疏通，稍知宁人以来朴学。然大率随时钞疏，不能明大分，得伦类。及其好傅会，任胸臆，文以巫说，盖先后进所同"。④ 同年，章氏又在另一文批评域外汉学，"近来外人也渐渐明白了，德国人又专爱考究东方学问，也把经典史书略略翻去，但是翻书的人，能把训诂文义真正明白么？那个口迷的中国人，又能够把训诂文义真正明白么？你看日本人读中国书，约略已有一千多年，究竟训诂文义不能明白，他们所称为大儒，这边看他的话，还是许多可笑。……日本人治中国学问，这样长久，成效不过如此，何况欧洲人，只费短浅的光阴，怎么能够了解？"⑤ 章氏对域外汉学的批评或许过于严苛，但其他中国学人亦对域外汉学存在程度不一的轻蔑之态度。胡适在1916年的日记中亦写道："西人之治汉学者，名Sinologists or Sinologues，其用功甚苦，而成效殊微"。⑥ 1902年，梁启超在评述日人所著中国史时，虽也指出其注意民间和不避讳等优点，但总体认为或体例过旧，或内容太略，"以中国人著中国史，常苦于学识之局而不达；以外国人著中国史，又苦于事实之

---

① 转引自桑兵《国学与汉学：近代中外学界交往录》第202页，浙江人民出版社，1999年。
② 《王国维书信日记》第454页。
③ 《王国维书信日记》第730页。
④ 《与罗振玉书》第380—382页。
⑤ 章太炎《教育的根本要从自国自心发出来》，载《教育今语杂志》1910年第3期。
⑥ 《胡适留学日记》（卷十二）第332页。

略而不具。要之，此事终非可以望诸他山也"。① 1920 年代初，梁启超仍如是言道："日本以欧化治东学，亦颇有所启发，然其业未成。其坊门之《东洋史》《中国史》等书累累充架，率皆卤莽灭裂，不值一盼"。②

在中国学人看来，中国学问精深奥妙，欧美乃至日本汉学家恐难达到如中国学人那样的环境，所谓"桐阳子苦读四十年，始略窥墨学门径"。其原因，即陈寅恪所说"育于环境，本于遗传"。留法的李思纯即曾言："法之治中国学者，其攻中国之事物凡两途，其一探讨古物，而为古物学之搜求，其一探讨政制礼俗，而为社会学之搜求，然决未闻有专咀嚼唐诗宋词以求其神昧者。此无他，彼非鄙唐诗宋词为不足道，彼实深知文学为物，有赖于民族之环境遗传者至深，非可一蹴而几也"。③ 对域外汉学持肯定褒奖者，亦非盲目之推崇，实基于对自身学术的自信。以王国维为例，他曾于 1915 年初撰有《洛诰解》一文刊于《国学丛刊》，日本汉学家林泰辅读到后对其持有批评，认为王国维据甲骨文解释"王宾杀禋"之说有偏差。王曾先后作两函以回应林泰辅之质疑，他在信中列举事实反驳林氏之批评，最后云："吾侪当以事实，不当以后世之理论决事实。此又今日为学者之所当然也，故敢再布其区区，惟是正而详辨之"。④ 曾到中国留学，并与王国维有着频繁往来的日本汉学家铃木虎雄在追忆王国维时亦提道："当时他告诉我他正从事音韵学研究，对史学也颇留意。在与王君的谈话中我发现，他甚少推许别人，但对在上海的学者，他极推赏沈子培曾植先生，称其学识博大高明"。⑤ 为王国维所推崇的沈曾植曾就其所从事的"四裔"之学这样言道："鄙人昔所研习，自以地学为多，创之在欧士以前，出之乃远出欧士以后，在昔新发明，在今或已为通行说"。⑥ 要知，"四裔"之学本域外汉学家所擅长之领域，正如有学者所说："中国学人经籍之训练本精，故治纯粹中国之问题易于制胜，而谈及所谓四

---

① 梁启超《东籍月旦》，载《饮冰室合集》（第一册）第 90—101 页，中华书局，1989 年。
② 梁启超《中国历史研究法》第 60 页，上海古籍出版社，1998 年。
③ 李思纯《与友论新诗书》，载《学衡》1923 年第 19 期。
④ 王国维《再与林浩卿博士论洛诰书》，载《王国维全集》（第 15 卷）第 80—81 页，浙江教育出版社，2010 年。
⑤ 铃木虎雄《追忆王静庵君》，载陈平原、王风编《追忆王国维》第 304 页，生活·读书·新知三联书店，2009 年。
⑥ 《沈曾植年谱长编》第 401 页。

裔，每以无比较材料而隔膜"。与之相反，"外国学人能使用西方的比较材料，故善谈中国之四裔"。① 即便如此，在沈曾植看来这并不意味着在"四裔"问题上中国学人的研究就落后于西洋东洋学人。他的《圣武亲征录校证》和《蒙古源流考》被金楷理（Carl Traugott Kreyer）及日本学界的内藤湖南、那珂通世等杰出人物关注，难怪他和罗振玉都敢于说"欧人东方学业尚在幼稚时代"。或许正如葛兆光所说："当时的中国学者和外国学者还是在同一起跑线上，似乎同样列于'世界学术之新潮流'的前头"。②

饶有意思的是，彼时的日本汉学界虽醉心于欧化，并欲于欧洲汉学相竞争，③ 但对于中国学人的批评仍非常在意。例如，章太炎在《国故论衡》中认为日本学者"比于邮人过书，门者传教"，在目录校勘之学颇有研究的日本学者长井衍对于这一批评大为不满，云"清国梁启超亦剽窃日本人语，少年喷喷称之，何以讥日本学者邪？"④ 如前所述，梁启超在《中国历史研究法》中曾批评日本汉学"皆卤莽灭裂，不值一盼"。桑原骘藏回应称："固然，回顾这二十余年的我国学界之迟迟不进，不能不自忸怩惭愧；但总也不至于挨了梁氏这一顿痛骂那么不行吧。梁氏实在并不知道最近的我国学界是怎样的情形：像《东洋学报》《史学杂志》《史林》这些书，他一定是未曾过目的。如果是这样昧于我国学界之实情的梁氏；那么，他的痛骂，是一点也不足挂齿的啊！"⑤ 内藤湖南则更为尖刻地反讥道："梁启超，不知其意而妄作者"。⑥

二

20世纪20年代以来，受西潮涌动之影响，中国学人对域外汉学非常关

---

① 杨堃《葛兰言研究导论》，载杨堃《社会学与民俗学》第111页，四川民族出版社，1997年。
② 葛兆光《主持人的话》，载《复旦学报》2009年第2期。
③ 内藤湖南在获沈曾植赠予的《西夏感通塔碑》后，即这样感慨道："去年相见于燕京，畅谈两日，甚有得益。举所藏《吐蕃会盟碑》、西夏字《咸（感）通塔碑》见赠。敝邦无能读西夏字者，闻法人沙万能读之。泰西学者之精苦刻励，真令人愧死。"具体参见《沈曾植年谱长编》第277—278页。
④ 章太炎《与钱玄同书》，载《章太炎全集·书信集》（上）第209—210页，上海人民出版社，2017年。
⑤ [日]桑原骘藏《读梁启超的〈中国历史研究法〉》，载《现代评论》1925年11月第2卷第49、50期。
⑥ [日]内藤湖南《骘中国史学史》第583页，东京：弘文堂，1949年。

注。当时的学术刊物重视域外汉学发展,专辟栏目予以报道和介绍。燕京大学历史系创办的《史学消息》,即设有西洋汉学论文举要、日本中国学论文举要、书报批评介绍、各国关于汉学的新刊书目等介绍域外汉学之专栏;《北平图书馆馆刊》几乎每期都有关于汉学家、汉学著作、东方学刊物或汉学书籍入藏的汉学资讯;《图书季刊》从1939年第1卷第3期至1941年第3卷第1、2合刊共7期,特设附录"专介绍西人关于汉学之著述",每期介绍汉学著作少则10种,多则19种。《禹贡》《食货》《燕京学报》《清华学报》等其他刊物亦都刊有介绍域外汉学论著的书评或译文。尤为值得一提的是,不仅域外知名汉学家的论著常被译刊,稍有影响的汉学新著甫一出版后即有中国学人撰著书评进行引介和评述。仅以并不为民国学人所重视的美国汉学为例,卡特的《中国印刷术源流史》、恒慕义的《清代名人传记》、富路德的《乾隆禁书考》、嘉德纳的《中国旧史学》、韦慕庭的《前汉奴隶制度》、孙念礼的《班昭传》、顾立雅的《中国之诞生》、赖德烈的《中国史与文化》、卜德的《李斯传》、德效骞的《前汉书译注》、拉铁摩尔的《中国之边疆》等美国汉学界稍有影响的汉学著作,民国学人都撰有书评对其予以介绍和评述。①

对于域外汉学,此时仍不乏持严厉批评或表示轻蔑之人。留美学者梅光迪即认为,西方汉学家多出身传教士或外交官,"久寓我国,娴习华言,涉猎古籍,贸然著述。既非卓绝之天才,又不得老师宿儒为之指导,无以窥见学术之源。更挟其成见,有为而作,无传播文化之精意,不过侈陈闻见,以博雅誉耳"。②方志浵批评欧美汉学者多半不大了解方块文字的奥妙不可思议处,"不求甚解"算是他们的标语,并借用英国汉学家庄延龄之语认为:"西方汉学家就是汉文之摧残者,而自相毁伤为业者"。③留居美国的陈受颐在《西洋

---

① 有关这些著作的书评有邓嗣禹《中国印刷术之发明及其西传》,载《图书评论》1934年第2卷第11期;王重民《书评:清代史人》,载《图书季刊》1944年新5第1期;雷海宗《书评:The Literary Inquisition of Ch'ien-Lung, Luther Carrington Goodrich》,载《清华学报》1935年第10卷第4期;王伊同《德氏前汉书译注订正》,载《史学年报》1938年第2卷第5期;聂崇岐《书评:Slavery in china during the former Han dynasty, 206B. C-A. D25》,载《燕京学报》1946年第31期;王伊同《李斯传》,载《史学年报》1939年第3卷第1期;朱士嘉《中国旧史学》,载《史学年报》1938年第2卷第5期;陈恭禄《评莱道内德(K. S. Latourette)著〈中国史与文化〉》,载《武大文哲季刊》1934年第3卷第2期;陈宗祥《评〈中国的边疆〉》,载《边政公论》1944年第3卷第1期等。

② 梅光迪讲,何惟科记《中国文学在现在西洋之情形》,载《文哲学报》1922年第2期。

③ 方志浵《佛尔克教授与其名著〈中国哲学史〉》,载《研究与进步》1939年第1卷第1期。

汉学与中国文明》一文中对西洋汉学界如是讥讽道:"有一位美国人还未懂得《尚书》有今古文之分,便肆意讥评中国学者的古史研究;一位欧洲人才从高本汉念过一点中文,认识一千几百个中国字,便高谈中国古代哲学,说中国学术界没有人才"。① 留学英国的郭子雄则在《英国的汉学家》一文中,通过几则英国汉学界的学术"八卦",批评英国汉学界的各种丑态,将其比之于《儒林外史》,讥讽英国汉学家投机取巧和不学无术。② 傅斯年同样只认可西洋汉学在"半汉"上的成绩,"西洋人治中国史,最注意的是汉籍中的中外关系,经几部经典的旅行记,其所发明者也多在这些'半汉'的事情上"。在他看来,在"全汉"问题上,域外汉学则没有什么发言权,"西洋人研究中国或牵连中国的事物,本来没有很多的成绩,因为他们读中国书不能亲切,认中国事实不能严辨,所以关于一切文字审求、文籍考订、史事辨别等等,在他们永远一筹莫展。"③

与之相反的是,曾批评日本汉学家著述"皆卤莽灭裂,不值一盼"的梁启超,改变了对日本汉学的轻视。20世纪20年代,他再版《中国历史研究法》时即删除了对日本学术界的偏颇指摘;同年9月,他作《大乘起信论考证》时,从《宗粹》《佛书研究》《宗教界》《佛教学》《哲学杂志》等刊物及专书上"搜而遍读"松本文三朗、望月信亨、村上专精、常盘大定、羽溪了谛等人的著述,凡数十万言,并以这一佛学界的空前大发明"乃让诸彼都人士,是知治学须方法,不然则熟视无睹",还由此"一段公案,未尝不惊叹彼都学者用力之勤,而深觉此种方法若能应用之以整理全藏,则其中可以新发现之殖民地盖不知凡几"。④ 批评西人治汉学"成效殊微"的胡适,1925年在华北协和华语学校发表题为《当代的汉学研究》的演讲中,认为西方汉学在拓展研究范围、系统的材料建构及引入新材料进行比较研究等方面取得不俗的成就。他提醒人们,在现今的汉学研究中,人们常常以为只有中国人在中国文化领域的研究可能真正富有价值,其实令人惊奇的是西方学者不管在

---

① 陈受颐《西洋汉学与中国文明》,载《独立评论》1936年第198号。
② 华五(郭子雄)《英国的汉学家》,载《宇宙风》1937年第43期。
③ 欧阳哲生主编《傅斯年全集》(第三卷)第6、235页,湖南教育出版社,2003年。
④ 梁启超《大乘起信论考证序》,载《饮冰室专集》(第7册)第35—38页,中华书局,1936年。

材料方面,还是在工作方法上都已做出了贡献。①

事实上,有越来越多的中国学人抱有与胡适、梁启超相类似之观点。黄孝可即认为,对于日本汉学不可以"卤莽灭裂而斥之","日本以欧化治东学,已骎骎进展,对于中国史上诸问题,锐意探讨,尤注重于文化与经济,大有'他人入室'之势。吾人应有所警悟,对于日本所谓'中国学',当详加考察,未可概以卤莽灭裂而斥之"。② 在冯承钧看来,今日言考据西域南海史地,"不能不检法文、日文之著作",应"广采东西考订学家研究之成绩,否则终不免管窥蠡测之病"。③ 杨堃同样认为:"我们在现今来治中国史,若不先知道西洋汉学界与日本中国学界的动向,那是不能及格的"。④ 梁园东亦主张,研究中国史,"实非多读近世东西洋史家之著述,默测其探讨叙述之方法,以应用于中国书中不可"。⑤《浙大学生》则在"复刊辞"中直率地提出:"今瀛海如户庭,故虽治中国学术,亦非仅能读中国书为足矣。……居今日而治中国学术,苟未能读西洋书,恐终难有卓异之成就"。⑥ 取法域外汉学,似已成为这一时代中国学人的普遍共识。

在中国学人看来,域外汉学所值得取法者在于科学的方法和史料的扩展。譬如,陈定民即认为高本汉能取得引人注目的成绩,其原因是"他有客观的科学方法以及脱离中国旧有的陈见"。⑦ 中国学人认为伯希和对于研究中国音韵学的启示,"最重要的就在他能推广了取材的范围",因为对于中国古代的读音,他主张"把康熙字典的韵表,现代方言的读音所指示的,外国字在汉语的对音,以及汉字在摩尼文、畏兀儿文、蒙文和巴思巴文中的对音,同时综合的讨论"。⑧ 在梁启超看来,域外汉学之所以发达,"盖彼辈能应用科学方法以治史,善搜集史料而善驾驭之,故新发明往往而有也"。⑨ 少年中国学

---

① 胡适,"Sinology Research at the Present Times",载《胡适全集·英文著述二》(第36册)第53—54页,安徽教育出版社,2003年。
② 黄孝可《1929年日本史学界对于中国研究之论文一瞥》,载《燕京学报》1930年第8期。
③ 冯承钧《评〈中西交通史料汇编〉》,载《地学杂志》1930年第4期。
④ 张好礼(杨堃)《中国新史学运动中的社会学派》,载《读书青年》1945年第2卷第4期。
⑤ 梁园东《兀良哈及鞑靼考》,载《人文月刊》1934年第5卷第3期。
⑥《浙大学生》1941年第1期"复刊辞"。
⑦ 陈定民《读高本汉之中国语与中国文》,载《中法大学月刊》1932年第1卷第5期。
⑧ 罗莘田《伯希和对于中国音韵学研究的启示》,载《中山文化季刊》第1卷第2期。
⑨ 梁启超《梁启超史学论著四种》第164—165页,岳麓书社,1985年。

会的曾琦在给友人彭云生信中说:"日人之治汉学者,其见解之精确超妙,多非吾国老师宿儒所及"。考其所由,"皆缘彼邦汉学家,类能通西文、解科学也"。①

"西人方法之精密,可供吾人仿效,西人治汉学之成绩,可供吾人参考",成为学界共识。1923 年,胡适在《国学季刊》的发刊词中即呼吁,今后研究国学应当"博采参考比较的材料",认为域外汉学对中国学人颇具参考价值,"我们现在治国学,必须要打破闭关孤立的态度,要存比较研究的虚心。第一,方法上,西洋学者研究古学的方法早已影响日本的学术界了,而我们还在冥行索涂的时期。我们此时正应该虚心采用他们的科学的方法,补救我们没有条理系统的习惯。第二,材料上,欧美、日本学术界有无数的成绩可以供我们的参考比较,可以给我们开无数新法门,可以给我们添无数借鉴的镜子。学术的大仇敌是孤陋寡闻,孤陋寡闻的唯一良药是博采参考比较的材料"。② 1925 年,吴宓在《清华开办研究院之旨趣及经过》中提出,"研究之道,尤注重正确精密之方法(即时代所谓科学方法),并取材于欧美学者研究东方语言及中国文化之成绩"。③《史学消息》在《本刊下年度编辑计划》中提出:"外人之致力汉学,为期虽短,而进步惊人。即如欧美汉学家能以科学方法处理史料,其研究之精细,立论之精辟,多为国人所不及;又如日本学者之研究中国学术,其精密处虽不如西人,然取材之赅博,刻苦不苟之精神,殊足供国人所借镜"。④ 陆侃如则直率地提出:"论到研究汉学,欧洲人所用的研究法比我们彻底,而得风气之先,我们现在做学问,应该采取他们所用的科学方法"。⑤

值得注意的是,面对域外汉学之发展,中国学人多有羞愧或焦虑。1921 年,蔡元培在北京大学讲演谓:"学术虽然是没有国界的,但中国研究国故学者的成绩,不及外国者,这是何等可耻的事!"⑥ 傅斯年在给陈垣的信中

---

① 《会员通讯》,载《少年中国》1920 年第 2 卷第 5 期。
② 胡适《国学季刊·发刊词》,载《国学季刊》1923 年第 1 卷第 1 号。
③ 吴宓《清华开办研究院之旨趣及经过》,载《清华周刊》1925 年第 351 期第 24 卷第 2 号,《清华大学史料选编》(第一卷)第 374 页,清华大学出版社,1991 年。
④ 《本刊下年度编辑计划》,载《史学消息》1937 年第 1 卷第 8 期。
⑤ 陆侃如《欧洲"支那学"家》,载《河北省立女师学院周刊》1937 年第 244 期。
⑥ 吴文祺《重新估定国故学之价值》,载桑兵等编《国学的历史》第 382 页,国家图书馆出版社,2010 年。

表示:"斯年留旅欧洲之时,睹异国之典型,惭中土之摇落,并汉地之历史言语材料,亦为西方旅行者窃之夺之,而汉学正统有在巴黎之势,是若可忍,孰不可忍!"① 陈寅恪在《北大学院己巳级史学系毕业生赠言》中赋诗曰:"群趋东邻受国史,神州士夫羞欲死;田巴鲁仲两无成,要待诸君洗斯耻②。"1931年他为《清华大学二十周年纪念特刊》撰文时又强调:"东洲邻国以三十年来学术锐进之故,其关于吾国历史之著作,非复国人所能追步。……今日国虽幸存,而国史已失其正统,若起先民于地下,其感慨如何?"③ 20世纪20—30年代,陈垣亦多次说:"现在中外学者谈汉学,不是说巴黎如何,就是说日本如何,没有提到中国的。我们应当把汉学中心夺回中国,夺回北京"。④ 1931年,他在《日本文学博士那珂通世传序》中论及日人研究蒙古史者渐多时,谓"吾人若不急起直追,将来势必藉日文以考蒙古文献,宁非学界之耻?"⑤ 不单这些一流学人,其他学人亦同样如此。孟宪承在讲演"欧洲之汉学"时,即谓:"为什么我国的学术要外国人来代我们研究?为什么我要外国人寻出路来我们去跟着它走?耻辱,这是我们极大的耻辱!"⑥ 吴成阅读王古鲁《最近日人研究中国学术一斑》后,"不禁使我展卷愕然,深讶日本人研究中国问题之努力和热烈。我可以说,关于中国一切的学术和其他问题,日本人所知道的比较中国人所知道的要多些,要深刻些!……我读完一遍,心中只有兴奋,只有愧惭"。⑦ 萧桑回顾近300年来日本关于满蒙研究后,不无感慨地言道,"我们在九一八事变后的今天,痛定思痛,对我国所谓堂堂的史学家终于禁压不住的从内心迸出二字惭愧!"⑧ 石决明在评述田崎仁义的《古代中国经济史》时开篇即感慨道:"我们觉得惭愧而自悲!中国的学术界,到了现在还没有产生足称为《中国经济史》的著作,而邻邦日本,却已替我

---

① 王汎森等主编《傅斯年遗札》(第一卷)第190页,台北:"中央"研究院历史语言研究所,2011年。
② 陈寅恪《陈寅恪集·诗集》第19页,生活·读书·新知三联书店,2001年。
③ 陈寅恪《陈寅恪集·金明馆丛稿二编》第361—362页,生活·读书·新知三联书店,2001年。
④ 郑天挺《郑天挺自传》,载《郑天挺学记》,生活·读书·新知三联书店,1991年。
⑤ 陈垣《日本文学博士那珂通世传序》,载《师大学丛刊》1931年第1期。
⑥ 孟宪承讲,虞斌麟记《欧洲之汉学》,载《国学界》1937年创刊号。
⑦ 吴成《评王著〈最近日人研究中国学术之一斑〉》,载《中国新论》1936年第2卷第4期。
⑧ 萧桑《最近三百年来日本关于满蒙研究的史的检讨》,载《历史科学》1933年第1卷第1期。

们写了好几部的经济史"。①

中国学人所以如此强烈的羞愧或焦虑,其原因有二:一是学术承载着民族精神和中国学人的民族自尊。在中国积贫积弱,且备受外来欺凌的时代,学术不仅是一种知识的技艺,还寄托着民族精神。孟宪承曾在讲演中言道:"一个民族的精神寄托在什么上面?一个民族的生存又是靠什么?当然,一个民族的精神寄托在它的文化上,一个民族的生存要靠它的学术来孕育,就是说,一个民族的生存是要建筑在它的学术上面"。② 正因为如此,在其他方面无力于外国相抗衡时,学术即被视为希望所在。1932年,孙楷第曾函告陈垣:"窃谓吾国今日生产落后,百业凋零,科学建设,方之异国,殆无足言;若乃一线未斩唯在学术"。③ 如果学术尤其是汉学,亦输于外人,对于中国学人的民族自尊而言自然是极大打击。郑师许即曾这样感慨道:"政治不及别人家,军事不及别人家,经济不如别人家,固然可耻到万分,然而一切的学术都比不上人家,都在水平线以下,连自己的先民所创造或记述下来的学术遗产,都研究得不及人家,这真是顾亭林所谓'亡天下'之痛了"。④ 二是试图接续西方潮流以与域外汉学抗衡。在科学思潮及域外汉学的冲击和影响之下,20世纪20年代后的中国史学界开启了与西方接轨的"新史学"之潮流。正如葛兆光先生所说:"关注'四裔'历史,重视社会科学的方法,极力将语言学与历史学联结,并试图与国际学术界讨论同样的话题,这一'新'风气、'新'方法,挟'科学'之名义,借'西学'之影响,开始在中国学界普及,中国与东洋西洋的历史研究似乎有了一个普遍适用的理论和方法"。⑤ 当中国学人追随域外汉学潮流,进入域外汉学的"论述",并欲与其争高低时,即已陷入一种两难的窘境,如桑兵先生所说:"在正统崩坏,中体动摇之下,中国学人陷入文化夹心状态"。⑥ 一方面传统中国历史学资料和方法的合理性受到极大挑战,而且其价值也要依赖西方"科学的历史学"的证明;另一方面,

---

① 石决明《评田崎仁义〈古代支那经济史〉》,载《中国经济》第2卷第10期
② 《欧洲之汉学》。
③ 陈智超编注《陈垣来往书信集》第409页,生活·读书·新知三联书店,2010年。
④ 龚鹏程主编《读经有什么用?——现代七十二位名家论学生读经之是与非》第99—102页,上海人民出版社,2008年。
⑤ 葛兆光《新史学之后:1929年的中国历史学界》,载《历史研究》2003年第1期
⑥ 《国学与汉学:近代中外学界交往录》第28页。

来自西方现代的"科学方法"和"普遍真理",瓦解着民族历史的根底和自信。正因为如此,在罗志田所说的"东西学战"①之中,中国学人所感受到的,只能是沮丧。1910 年,章炳麟在致罗振玉的信函中将日本汉学界的长老新进——一点名骂到;到 30 年代之时,面对日人"贵国人研究古籍,亦必须来此留学矣"之狂言,中国国内"足以抗衡日本学者,或且驾而上之者,惟有王国维及郭沫若之于甲骨,陈寅恪、陈垣之于中亚语言、历史,胡适、冯友兰之于哲学史,傅增湘之于目录,杨树达、奚桐之于释注,数人而已"。②究其原因,即如狩野直喜所说:"当今中国,因受西洋学问的影响而在中国学中提出新见解的学者决非少数,可是这种新涌现的学者往往在中国学基础的经学方面根底不坚,学殖不厚,而传统的学者虽说知识渊博,因为不通最新的学术方法,在精巧的表达方面往往无法让世界学者接受"。③在舍己从人之中,中国学人日益失去学术自主性和话语权,由此,羞愧、焦虑成为那个时代普遍的意识。

三

1949 年后,伴随着东西方的冷战和对峙,中国学人对于域外汉学虽不再像民国时期那样保持密切的关注和互动交流,但亦不像人们所想象的那样"完全中断""几近于空白"。创刊于 1958 年的《现代外国哲学社会科学文摘》(以下简称《文摘》),其任务即是"介绍现代各资本生义国家的资产阶级唯心论哲学、伪社会科学的现状和趋向,并及时反映当前突出的资本主义和修正主义的反动思潮,为了解和批判资产阶级的伪社会科学和现代修正主义提供材料"。④基于这一任务,该刊对西方尤其是美国汉学界的重要活动及研究动态都有非常及时的介绍。例如,美国政治和社会科学学会会刊于 1959 年 1 月出版了题为《现代中国与中国人》的专辑,《文摘》在当年的第 7 期上即刊发了由定扬摘译的介绍此专辑的文章;⑤英国的《中国季刊》于

---

① 罗志田《新的崇拜:西潮冲击下近代中国思想权势的转移》,载罗志田《权势转移:近代中国的思想、社会与学术》,湖南人民出版社,1999 年。
② 张季同(张岱年)《评〈先秦经籍考〉》,载《大公报.文学副刊》1931 年第 188 期。
③ [日] 狩野直喜《回忆王静安君》,载陈平原、王风编《追忆王国维》第 345 页。
④ 本刊编辑部《一年的回顾》,载《现代外国哲学社会科学文摘》1959 年第 8 期。
⑤ 载《现代外国哲学社会科学文摘》1959 年第 7 期。

1962年8月主办了主题为"中国共产党文学"的学术讨论会,①《文摘》在1963年的第12期上刊文对此次讨论会及论文题目作了介绍;② 美国亚洲研究会于1964年3月22日在华盛顿举行的第十六届年会上举办了"中国研究与社会科学关系"的主题讨论会,③《文摘》在1965年第5期上专门刊发了耿淡如摘译的题为《中国研究(汉学)与社会科学关系的讨论》的介绍文章。④ 不仅如此,《文摘》设有"书刊简讯"栏目,几乎每一期上都有关于美国、日本、德国、法国等西方国家出版的重要汉学研究著作简介。20世纪五六十年代,美国汉学界所出版的列文森的《儒教中国及其近代的命运》、芮玛丽的《中国保守主义的堡垒——同治中兴》、费维恺的《中国早期工业化》、费正清主编的《中国的思想与制度》、魏特夫的《东方专制主义》、尼维森和芮沃寿编的《行动中的儒教》、张馨保的《林则徐与鸦片战争》等,《文摘》都曾以摘编的形式及时作了简要介绍。⑤ 其他刊物亦偶有关于域外汉学的报道和介绍,例如,《人民日报》即刊有《苏联科学院成立汉学研究所》《捷学者热心研究东方问题》《波兰的汉学研究》等关于社会主义阵营国家汉学研究的报道;⑥《历史研究》曾刊载了《1956—1957年法国高等学院所开的汉学课程一览》《苏联中国学的发展和任务》等介绍域外汉学的文章;⑦ 厦门大学学报》《文汇报》《中国语文》等报刊上偶尔刊有《为扩张主义服务的美国"汉学"》《十年来外国关于研究中国的著作》《捷克斯洛伐克的汉学工作简述》等关于域外汉学的介绍性文章。⑧

---

① 研讨会论文以专号形式刊于《中国季刊》1963年1—3月号。
② 《英〈中国季刊〉举办学术会议讨论我国当代文学》,载《现代外国哲学社会科学文摘》1963年第12期。
③ 会上宣读论文及有关讨论的意见刊入《亚洲研究杂志》(1964年8月和11月)。
④ 在该篇摘译文章中,耿淡如主要摘译了施坚雅(G. William Skinner)和弗里德曼(Maurice Freedman)的两篇论文及杜德桥(D. Twitchett)的讨论意见。详见耿淡如《中国研究(汉学)与社会科学关系的讨论》,载《现代外国哲学社会科学文摘》1965年第5期。
⑤ 关于这些著作的介绍,具体可见《现代外国哲学社会科学文摘》1959—1966年各期的书刊简讯。
⑥ 这些报道分别刊载于《人民日报》1956年11月23日、1956年12月6日、1962年9月8日,参见《历史研究》1959年第5期。
⑦ 载《历史研究》1957年第6期和1959年第5期。
⑧ 这些报道分别见于《厦门大学学报》1956年第1期、《文汇报》1956年第15期、《中国语文》1958年第1—12期。

与此同时，中国学界还有选择性的翻译了一批海外汉学著作。笔者根据《中华书局图书目录：1949—1991》《商务印书馆图书目录：1949—1980》《生活·读书·新知三联书店图书总目：1932—2007》《全国内部发行图书总目：1949—1986》等资料进行粗略统计，结果显示20世纪50年代至70年代国内翻译的海外汉学著作超过百部。所出版的海外汉学译著中，既有西方汉学界较早出版的著作，如肯德的《中国铁路发展史》（1907）、马士的《中华帝国对外关系史》（1910）、加恩的《早期中俄关系史》（1914）、赖德烈的《早期中美关系》（1917）、劳费的《中国伊朗编》（1919）、卡特的《中国印刷术的发明及其西传》（1925）等；亦有域外汉学界新近出版的汉学著作，如费正清的《美国与中国》（1958）、施丢克尔的《19世纪的德国与中国》（1958）、别德尼亚克的《日本对华侵略与美国的态度》（1957）、赖德烈的《现代中国史》（1956）、格林堡的《鸦片战争前中英通商史》（1951）、琼斯的《1931年以后的中国东北》（1949）等。

　　受意识形态斗争影响，这一时期的中国学人对域外汉学多持批判态度，将其视为"仇视中国、侮辱中国的一个境外的文化'孽种'"。[①] 周一良即认为，鸦片战争以来，有些西洋汉学家的研究工作是"直接替侵略者和殖民者服务"；有的汉学家著作"故意歪曲历史，为西方国家的侵略扩张寻找根据"；即使是"抱着'猎奇'、个人爱好等不同的态度来研究中国文化、研究中国历史"，虽然采用"所谓的科学方法和考订学"，并就"一些孤立的、狭隘的，常常是不关重要的问题"展开研究，这种研究"不可避免地要对帝国主义侵略中国提供某些可资利用的资料，起着间接为侵略服务的作用"。[②] 韩振华亦认为："在汉学这个部门里，存在着两个不同的思想体系的斗争，一个是正在衰亡、崩溃的帝国主义的'汉学'，一个是愈来愈不可战胜的苏维埃汉学。""苏维埃的汉学，是战斗性、思想性很强的一门学科"，而"帝国主义的汉学，尤其是美帝国主义的汉学……是宣扬了美国的殖民主义、反映了美国的世界主义、歌颂了美国的种族主义；而美国的汉学家，是对中国进行间谍活动的文化特务，是破坏抢劫中国文化艺术的强盗"。[③]

---

① 阎纯德《汉学历史和学术形态》，载熊文华《英国汉学史》，学苑出版社，2007年。
② 周一良《西洋汉学与胡适》，载《历史研究》1955年第2期。
③ 韩振华《为扩张主义服务的美国"汉学"》，载《厦门大学学报》1956年第1期。

在这种域外汉学观之观照下，中国学界所致力的是揭露和批评域外汉学蕴含的为侵华服务的意识形态之本质。《列强对华外交》一书的译者胡滨在"译后记"中详细列述该书"一些主要的荒谬论点"，如资本主义国家强迫中国开放的条约口岸对中国具有"普遍繁荣的意义"，"英国对中国未怀有瓜分的野心"，美国提出的"门户开放"政策充当了英国的"经纪人"等。在他看来，"这本书露骨地表现了作者企图为英帝国主义的侵华政策作辩护。这些都是我们应该予以严正的批判和驳斥的"。① 纵览此时期所出版域外汉学译著之"译者前言""译本前言""译者前记""译后记"等，无一不见译者对所译著作进行这方面的揭露与批评。即使在海外汉学研究动态资讯的译介中，译者亦多会就此进行说明和批判。例如，耿淡如在摘译拉铁摩尔1955年9月在罗马举行的第十届国际历史科学大会上提交的《历史上的边疆问题》这篇论文时，以"编者按"形式指出，其实质不过是"妄图为现代新殖民主义提供论据"。②

与此同时，中国学人注重对域外汉学家所采用的研究方法展开批评。邵循正在评述劳费尔的《中国伊朗编》时，认为"劳费尔这本书本身只是一种资料性的汇篇，他也没有企图在这些资料上提出一套完整的理论"；就考据方法而言，"本书突出的一个缺点是在于过分依靠语言学作为解决问题的工具古代语言资料的研究是重要的，……问题就在于这几十年欧美最流行的东方学往往满足于一些较零碎的语言材料的研究，甚至缺乏根据的虚构而引申出一个牵涉范围很广的结论。这样的结论实际上不可能是确当的。因此，这部书只可以说是作了文献资料的初步整理工作"。③ 对于多桑的《蒙古史》，陆峻岭认为有很大的缺点，"除了译者在语言内指出的史料编纂方面的错误和疏漏之外，主要的还是资产阶级历史学者所共的阶级的和时代的局限性。它只是比较有系统地叙述了一些历史事实，而对于这些历史事实却没有也不可能有科学科的分析和正确的评判"。④ 吴杰在评论日本学者加藤繁的《中国经济史考证》时认为："加藤繁的研究方法，主要是资产阶级的实证主义的方法，同

---

① ［英］菲利浦·约瑟夫著，胡滨译《列强对华外交》"译后记"，商务印书馆，1959年。
② ［美］拉铁摩尔著，耿淡如摘译《历史上的边疆问题》，载《现代外国哲学社会科学文摘》1965年第1期。
③ 邵循正"中译本序"，载［美］劳费尔著，林筠因译《中国伊朗编》，商务印书馆，1964年。
④ 陆峻岭"前言"，载［瑞典］多桑著，冯承钧译《多桑蒙古史》，中华书局，1962年。

时也多少吸取了中国乾嘉时代的考证方法。因此，著者还不能从丰富的史料中，找出经济发展的规律来。而且，在叙述的方式上，有时也不免有烦琐枝蔓，拘泥小节的毛病"。① 朱杰勤对于德国学者利奇温的《十八世纪中国与欧洲文化的接触》持有相同评价，认为"全书内容，主要是罗列史料，且缺乏正确的理论分析，特别是对于重农学派一章，几乎完全是资产阶级的客观主义的叙述"。②

在进行激烈批评的同时，中国学界认为域外汉学仍具有其价值。正如周一良所说，"西洋汉学基本上是为帝国主义服务"，但"我们不否认，西洋汉学的某些方面也有它值得我们注意和利用的地方"。③ 在此时的中国学界看来，域外汉学之价值主要有两个方面：一是它为批判资产阶级学术思想和观点提供了素材。邵循正在《中华帝国对外关系史》的"中译本序言"指出，之所以翻译此书一是因为该书的资料"有不小的利用价值"，但"更重要的一个理由"是因为它"一向被中外资产阶级学者奉为圭臬之作"，"应该说在殖民主义理论的作品中，这部书是占着非常重要的地位的，因而也就是反对殖民主义者所应该注意阅读的东西"。④《远东国际关系史》一书中译本的"出版说明"直言不讳地言道："马士和宓亨利都是所谓'中国问题专家'。他们所写的许多关于中国的著作在西方资产阶级国家中有一定的影响。在西方国家中，至今还有一些人用他们的观点来看待中国和远东。……为了揭露帝国主义的侵略本性，进一步批判殖民主义帝国主义'理论'，并提供一些帝国主义国家侵略我国、朝鲜等国的史实，我们特将其翻译出版，供外事部门、国际关系研究单位和史学界批判参考"。⑤

从学术研究本身来看，中国学界亦认为域外汉学著述为中国近代史研究的开展提供了有价值史料。比如，有些汉学著述提供了西方帝国主义侵华活

---

① 吴杰"译者前言"，载［日］加藤繁著，吴杰译《中国经济史考证》，商务印书馆，1959年。
② 朱杰勤"译者前记"，［德］利奇温著，朱杰勤译《十八世纪中国与欧洲文化的接触》，商务印书馆，1962年。
③ 《西洋汉学与胡适》。
④ 邵循正《中译本序言》，［美］马士著，张汇文、杨志信、姚曾廙等合译《中华帝国对外关系史》，生活·读书·新知三联书店，1957年。
⑤ "出版说明"，［美］马士、宓亨利著，姚曾廙等译《远东国际关系史》，商务印书馆，1975年。

动的史实。伯尔考维茨的《中国通与英国外交部》在叙述自鸦片战争至日俄战争的中英关系史时,"无意中暴露了关于'中国通'在华侵略活动的材料",这些材料"无疑是侵略者自己的供状",亦"为给我国史学界研究英国侵华史提供了一批补充材料"①。菲利浦·约瑟夫的《列强对华外交》,由于"作者运用了较丰富的西方资本主义国家方面的史料来阐述和分析这个时期帝国主义列强对华的外交政策",从而"多少揭露了一些各帝国主义国家侵略中国的凶恶面目以及列强相互间的秘密外交,同时对这个时期帝国主义各国间的矛盾提供了不少材料",因而"这本书对我们来说还是有一定的参考价值的"②。泰勒·丹涅特的《美国人在东亚》,"引证了这个时期中美关系的一些原始材料",这些材料"既说明了清代反动王朝的腐朽愚昧,也暴露出帝国主义者的狰狞面目"③。另外,还有些汉学著述则提供了难得的档案史料。莱特的《中国关税沿革史》主要是根据海关档案,并参考了英国外交部的档案而写成,由于其收集了不少国内不容易找到的原始资料,译者认为"作为一本资料书而论,它还有一定的参考价值"④。威罗贝的《外人在华特权和利益》,在译者看来"它对研究中国近代史、中国外交史和国际法的人们来说有参考价值,因为这里系统地和集中地提供了一些有关帝国主义在华特权和利益的资料"⑤。格林堡的《鸦片战争前中英通商史》亦是因为作者除了使用东印度公司档案外,"还使用了诸如怡和洋行等大量散商的档卷材料以及比较详细地叙述这些初期的殖民主义者的活动",故"对于我们研究早期的中英通商关系是有些用处"⑥。肯德的《中国铁路发展史》、里默的《中国对外贸易》等皆因"所列材料相当丰富"或"提供了一些史料和原始档案"而被认为"颇具

---

① "出版说明",[英]伯尔考维茨著,江载华、陈衍合译《中国通与英国外交部》,商务印书馆,1959年。
② "译后记",[英]菲利浦.约瑟夫著,胡滨译《列强对华外交》,商务印书馆,1958年。
③ "出版说明",[美]泰勒·丹涅特著,姚曾廙译《美国人在东亚》,商务印书馆,1959年。
④ "中译本序言",[英]莱特著,姚曾廙译《中国关税沿革史》,生活·读书·新知三联书店,1958年。
⑤ "译者前言",[美]威罗贝著,王绍坊译《外人在华特权和利益》,生活·读书·新知三联书店,1959年。
⑥ "译者前言",[英]格林堡著,康成译《鸦片战争前中英通商史》,商务印书馆,1961年。

参考价值"。①

由中国学人对域外汉学著述的选译及评述,可知这一时期的域外汉学研究具有强烈的以服务现实需要为归依之特点。这一时期的中国学界,在对待域外汉学时特别强调"以我为主",有着鲜明的价值主体性。比如,由于近代历史不仅关涉现实政治斗争中的实际问题,亦是中国共产党领导革命的重要历史依据,早在延安时期中共即倡导应"厚今薄古",大力开展中国近代史研究。② 1949年后,中国近代史的撰写与解释对新政权意识形态之构建更是有着极端重要的意义,周恩来曾形象地言道:"整个历史是我们今天的摇篮。近百年史是我们今天的胚胎"。③ 为了配合开展近代史研究之需要,中国学界在选译域外汉学著作时不仅多以近代史为重心,而且选译的亦多是以原始史料见长的著作。之所以如此,正如《中国关税沿革史》的译者姚曾廙在"中译本序言"中所说,"资料的贫乏使研究近代史的人们,尤其是经济史和财政史的人们,还需要参考一些外国人的有关著作"。④ 又如,学界在译介域外汉学著述时,多会站在马克思主义史学立场上,对域外汉学著述所采用的非马克思主义研究方法展开批判。在译介劳费尔、加藤繁、多桑等人的著述时,即是如此,这事实上是1949年后建构并确立马克思主义史学理论体系主导地位的价值追求之体现。

---

① 具体见"译后记",[英]肯德著,李抱宏等译《中国铁路发展史》,生活·读书·新知三联书店,1958年;"译者序",[美]西·甫·里默著,卿汝楫译《中国对外贸易》,生活·读书·新知三联书店,1958年;"译者前言",[法]加恩著,江载华译《早期中俄关系史》,商务印书馆,1961年。

② 1941年5月,毛泽东在延安干部会议上做《改造我们的学习》的报告时指出,"近百年的经济史,近百年的政治史,近百年的军事史,近百年的文化史,简直还没有人认真动手去研究",并明确指示:"对于近百年的中国史,应聚集人材,分工合作地去做,克服无组织的状态。应先作经济史、政治史、军事史、文化史几个部门的分析的研究,然后方有可能作综合的研究。"具体可参见《毛泽东选集》(第3卷)第798、802页,人民出版社,1996年。

③ 据《刘人年日记》1963年4月19日,未刊手稿。转引自赵庆云《中国科学院1950年率先成立 近代史研究所考析》,载《清华大学学报》(哲学社会科学版)2018年第2期。

④ "中译本序言",[英]莱特著,姚曾廙译《中国关税沿革史》,生活·读书·新知三联书店,1958年。

四、余　论

20世纪80年代后,伴随着改革开放的开启,西潮再一次袭来,中国学界对域外汉学表现出浓厚的兴趣。① 然而,在海外中国学研究热潮汹涌之时,我们需要清醒地意识到,国内不少学人面对域外汉学时已习惯于"仰头看西方",迷失了自我,成为西方学术的"传声器",放弃了学术应有的主体性和批判性。汪荣祖批评是在"跟着西方的风向转";② 葛兆光亦批评说,"中国学者又轮回到了晚清'视西人若帝天'的时代罢,我们看到'跟风太多',以至国内学者以为外国的一切都好,只有亦步亦趋鹦鹉学舌"。③ 当下,中国学人正致力构建富有中国特色的马克思主义史学。今天的我们该以何种方式对待域外汉学?基于中国学人百年来的域外汉学批评史,笔者以为有以下几点值得注意和思考:

首先,加强与域外汉学的交流与对话。有学者谈到中国的历史文化研究时,似乎唯有中国学者掌握最丰富的史料宝藏,最了解、最懂得中国历史文化,无论是东洋学者,还是西洋专家,皆是门外之谈。在他们看来,域外学者仅凭其所具有的汉籍之部分知识或在华之一时见闻而欲论定千古,常如隔雾看花,难求其情真理得,因此没有必要推介海外学者的研究。还有学者则批评认为,今天中国学术界要致力的不是模仿西方,而是要建构自己的理论体系,因此反对大量译介域外汉学著述;更有学者对海外中国学研究持完全否定之态度,将域外汉学研究称为"汉学主义",认为对域外汉学的翻译和介绍是"自我学术殖民"。笔者以为,面对学术研究的国际化,我们不应拒斥域外汉学,因为域外汉学基于自身学术传统和问题旨趣所做的研究不只是一个可供比较的参照对象,它将刺激我们的学术自省意识,为我们自身的马克思主义史学建设提供重要思想资源及研究新思路。

其次,应以批判之姿对域外汉学做必要的审视。萨义德在其《东方学》

---

① 有关改革开放以来国内的海外中国学研究热潮,可参见笔者的《改革开放以来的海外中国学研究析略》,载朱政惠主编《海外中国学评论》第1辑,上海古籍出版社,2005年。
② 盛韵《汪荣祖谈西方汉学得失》,载《上海书评》2010年4月18日"访谈",第2版。
③ 葛兆光《从学术书评到研究综述——与博士生的一次讨论》,载《杭州师范大学学报》2012年第5期。

一书中认为，东方学是西方政治服务的学术，是"某些政治力量和政治活动的产物"，受"意识形态偏见的支配"，有着浓厚的西方意识形态色彩。① 汉学作为东方学的一支，它在知识的表达和文化立场上必然受到汉学家所在国的意识形态的影响，体现一定的权利意志，具有意识形态之特点。正是由于域外汉学具有知识性与意识形态性的双重特点。在译介和研究时，站在自我的价值立场上，对其进行批判无疑是必要的，亦有其价值意义。抛开域外汉学研究是否主观具有意识形态这一问题，即使最为"纯粹"的学术研究，亦难以免除意识形态之侵袭，因为学术研究是无法完全脱离于现实政治。胡绳曾就历史研究指出："人们在研究过去的历史时，总是着眼于当前的社会政治问题的，如果不是有助于当前的社会政治生活，对过去的研究就不可能吸引人们去从事……以往的社会历史中包含着无限复杂的内容，我们也只有从现实生活中的需要出发才能确定哪些方面、哪些问题是应当着重研究的"。② 再者，从"他山之石，可以攻玉"的角度，我们亦必须清醒地意识到，域外汉学有其特有的文化和学术背景，不能拿来就用，因为在不同学术传统中的概念和方法的转化和使用必须经过严格的学术批判和反思才行。如果不对域外汉学著作进行学术性批判，我们就不可能摸清其思路与方法，了解其话语和特点，希冀提供镜鉴亦就无从谈起。

需要注意的是，毛泽东时代虽是以批判之姿对待域外汉学，但它忽视了域外汉学除具有意识形态之特点外，还具有知识性的一面。汉学作为西方人所建构的关于中国的学问，它自然要追求知识的客观性，不能随意地解释中国的历史文化。正是由于其只看到汉学所具有的意识形态，而忽视其还具有的知识性一面，以致将其基本视为"为帝国主义服务"。另一方面，则将作为个体学术研究中的意识形态痕迹与为公共的或集体的意识形态服务等同。从理论上说，任何人文社会科学的研究都会受到其固有的潜在的政治意识的影响，但这样一种联系是多种形态的，多层次的。换而言之，作为个体的学者因受制于社会，受制于现实情境，受制于文化传统，其研究的问题取向或学术关怀等难免或隐或显、或多或少地留有意识形态的痕迹。但是，这种受意

---

① [美] 萨义德著，王宇根译《东方学》第 257—259 页，生活·读书·新知三联书店，1999年。

② 胡绳《社会历史的研究怎样成为科学》，载《胡绳全书》（第二卷）第 301—302 页，人民出版社，1998年。

识形态的影响与从意识形态出发,为意识形态效命完全是两回事;而且,受意识形态影响,并不必然意味着其研究就一定能够产生服务于意识形态之效用。由于把政治与学术之间的这种"相关性"完全等同于"同一性",即把所有的学术问题都看作政治问题,从而导致对域外汉学做出过度批判。

最后,应注重并坚守价值主体性。引进域外汉学是为了自身学术和文化的变革与发展。如何立足中国本土的学问,在借鉴汉学的域外成果上,从我们悠久文化传统中创造出新的理论和方法,这才是我们真正的追求所在。如果仅限于介绍西方汉学走马灯似的各类新理论、新方法,我们自己则成了西方的东方主义的一个陪衬,失去了自己的话语和反思的能力。葛兆光曾倡言,面对西学的全面侵入,中国学人应该始终坚持"以中国为中心"的研究立场,不是贩卖西方知识,而是力图挽回对中国的解释权,试图重新理解中国。[①] 在努力构建富有中国特色的马克思主义史学体系的当下,更需要我们坚守价值主体性。正如汪荣祖先生所说,"在中国崛起进入新时代之际,临流反躬自省,检讨随西洋现代之波而逐流的遗憾","认真与西方史学对话,以检验家藏之贫富,何者彼可补我之不足,何者我可补彼之不足,以冀能有扎实而自主的史学,话语权便可操之在我"。[②]

总而言之,无论是域内还是域外的中国研究,都是以中国为研究的本体。作为生于斯长于斯的中国学人,拥有西人所无法具备的语言优势和"局内人"的洞察之优势,理应拥有比域外学人更具阐释的话语权。只要我们牢记开展域外汉学研究之目的,在坚守价值主体性的前提下,对域外中国研究进行富有学术性的考辨与批判,就一定能为构建富有中国特色的学术话语体系提供助益之力。

(吴原元 华东师范大学马克思主义学院副教授)

[①] 葛兆光《宅兹中国》第274页,中华书局,2011年。
[②] 汪荣祖《新时代的历史话语权问题》,载《国际汉学》2018年第2期。

黍稷考辨

[马来西亚] 刘 勤

摘 要：稷在古代贵为五谷之长，也是农神及田正的代称，在古代农业社会中有着重要的地位，然而现今却找不到与其相对应的农作物。有学者认为稷即是粟，亦有认为是黍，还有说是高粱，说法各不相同。本文从传世文献对稷的注解、考古发掘中碳化谷物数量的多寡中，发现粟在文献中的引用及考古发掘都远比黍重要得多。同时，从甲骨文看稷的字源以探求本义，稷应与禾粟一类更为相关。

关键词：黍 稷 粟 五谷之长

稷是先秦时期重要的粮食作物，被誉为五谷之长，最早的记录见于《尚书·盘庚》："不服田亩，越其罔有黍稷。"① 《酒诰》："其艺黍稷。"② 然而，与其他作物，如黍、麦、稻等相较，稷这一重要的作物至今已不知是何物了。这是因为上述作物从古至今名称不变，并能在现今找到与其相对应的作物，稷则不然。早在唐代就有学者对前代著书中稷的注疏产生疑问，进而展开了一千年的学术争论。稷究竟是何种作物？学界一般持三种说法：为粟说、为黍说及高粱说。③

---

① （清）阮元《尚书正义》，载《十三经注疏》第 169 页，北京：中华书局，1980 年。
② 《尚书正义》第 206 页。
③ 清程瑶田作《九谷考》，据元人吴瑞之说："稷苗似芦，粒亦大，南人呼为芦穄也"，认为稷是高粱："稷本名为秫，而为秫高粱"。陈奂《诗毛诗传疏》、王先谦《诗三家义集疏》、段玉裁《说文解字注》、朱骏声《说文通训定声》等皆采稷为高粱之说。然齐思和在《毛诗谷名考》一文中指出程氏这一说法的十个错误；同时亦有王鸿渐《乡党图考补证》、吴汝纶《辨程瑶田九谷考》、高润生《尔雅谷名考》等书辨驳稷为高粱说，至今已少有学者持此说法。

黍稷考辨

一、黍与粟的分类

前人在辨黍稷的问题上，由于历史条件，只能引经据典或辗转相引。而如今随着科学技术的发达，考古发现的地下材料，再加上前人的注疏文字，为辨析稷为何物提供了一个更宽阔的平台。

首先，是黍与粟的分类。黍在植物类上属禾本科的"黍属"（Panicum），栽培学名是 Panicun miliaceum。粟在植物类上属禾本科的"狗尾草属"（Setaria）。二者是两个不同科属的作物，但在栽培条件的需求方面非常相似，地理分布也很一致。笔者将与黍和粟相关的资料及绘图列在表1，以区分二者之间的不同。

表1　与黍和粟相关的资料

	黍	粟
植物形态	黍，中国北方称作黍子，状似小米，色黄而黏。	中国北方俗称谷子，脱壳后称小米，又因其色黄，也叫黄米。
栽培学名	Panicum miliaceum（黍属）	Setaria italica（狗尾草属）
伴生杂草	稂	莠
甲骨文	（《合集》547） （《合集》303）	（《甲》191） （《人文》2983） （《粹》1574）

黍是现代北方的黍子，其穗形是散而分枝的。粟则是现代北方的谷子，因其米小而色黄又称小米，其穗形是整体而独立。这一特点亦呈现在甲骨文字形上。黍的甲骨文字形 の枝末即是穗成疏散的形态，而粟的甲骨文字形则穗呈下垂的姿态。

现代关于作物遗传驯化的研究都认为野生植物在驯化栽培的过程中会产生野生型的伴生杂草。黍和粟各有其伴生杂草，粟的伴生杂草是莠。《孟子》"恶莠恐乱其苗"①；黍的伴生杂草称稂、䅌。《说文》"䅌，黍属"，段注"䅌之於黍犹稗之於禾也……農人謂之野稗"②。

因此从表1的分类来看，黍与粟无论从科属、植物形态到甲骨字形的区别都非常的明显，并没有任何灰色模糊地带。而主张以稷为黍的，把稷归入黍的一边；以稷为粟者，将稷归入禾粟的范围。以下先理清粟、黍、稷混淆的原因，进行说明。

二、粟、黍、稷纠葛的过程

在上述的分类中，既已说明黍与粟是两种截然不同的作物，稷却又是如何能既被理解为黍，同时又被解释为粟呢？分歧的产生是由于北魏后期对稷的注释与前代发生了变化。春秋战国至秦汉，作为作物名称，禾粟的使用逐渐普遍，稷的使用越来越少，因此产生对稷作解释的需要。然而在秦汉魏晋的学者来看，稷就是粟，而稷与黍稷是两种不同的作物。唐代学者们对前人对稷的解释产生怀疑，并重新在字义、读音做了注解。

先秦时期的文献中，稷是常见的谷物；而对其的注解，从汉到北魏都将稷释为粟，是没有异议的，详见下表。

表2　北魏以前对黍稷的解释

著作	原文
《孟子·滕文公》	《礼》曰："诸侯耕助，以供粢盛"赵岐注："粢，稷。"

① （清）阮元校刻《孟子注疏》，载《十三经注疏》，1980年。
② （汉）许慎撰，（清）段玉裁注《说文解字注》第330页，上海古籍出版社，1988年。

著作	原文
《穆天子传》	"膜稷三十车"西晋郭璞注:"稷,粟也。膜,未闻"
《尔雅》	"粢,稷。"郭璞:"郭云:"今江东人呼粟为粢。"
《齐民要术》	"谷,稷也,名粟"

南朝陶弘景首先对稷是粟提出疑问:"稷米亦不识,书多云黍稷,稷恐与黍相似,又有穄,亦不知是何米。《诗》云:'黍、稷、稻、粱、禾、麻、菽、麦',此,即八谷也,俗人莫能证辨,如此谷稼尚弗能明,而况芝英乎?"① 这里得说明陶只是表示怀疑,并没有论证;而且仅从古书多"黍稷"连称,推测黍与稷相似,是不合理的。正如春秋末年至楚汉之际古书也常"菽粟"连称,但很显然菽和粟既不相似,又是不同科属的作物。唐苏恭引了陶对黍稷相似及八谷的设定,就下了定论"陶云八谷者……既有稷禾,明非粟也……稷即穄也……陶引《诗》云:'稷恐与黍相似,斯并得之矣。儒家但说其义,而不知其实'"②。苏恭的推论也是不合理的。首先,陶的黍稷相似是站不住脚的假设,而所谓八谷并不是在《诗经》中同一篇诗歌出现,如果可以按照文献记载的顺序来说,应该是《小雅·甫田》"黍稷稻粱"及《豳风·七月》"禾麻菽麦"两句诗歌凑合而成的。③ 苏恭如此将并不是并列的八种谷物作为根据,而否定了稷是粟,是无法成立的。

此后,许多学者便开始训稷为穄了。徐锴《说文解字系传》"稷即穄,一名粢,亦作齋"④、郑樵《通志》"稷,苗穗似芦,而米可食,为五谷之长……今人谓之穄。《尔雅》以粢为稷,误也"⑤,进一步说《尔雅》以粢为稷是错的,但并没论述错误的原因。直至明代李时珍对稷即穄的论点以植物学知识进行了开展和补充,而由他所提出的黏者为黍,不黏者为稷的区别"稷

---

① (唐)苏敬等撰,尚志钧辑校《唐·新修本草(辑复本)》第493页,安徽科学技术出版社,1981年。
② 《唐·新修本草(辑复本)》第493页。
③ 李根蟠《稷粟同物,确凿无疑》,载《古今农业》2000年第2期。
④ (南唐)徐锴《说文解字系传》第141页,中华书局,1987年。
⑤ (宋)郑樵撰,王树民点校《通志二十略》第2010页,中华书局,1995年。

与黍一类二种也。黏者为黍，不黏者为稷。稷可作饭，黍可酿酒"① 成了后人引证的依据。

稷在各种注疏中释为穄后，亦有学者开始从语音的相近和通假为依据，来加强稷为穄说的说法。沈括《梦溪笔谈》亦说："稷乃今之穄也，齐晋之人谓'即''积'皆曰'祭'，乃其土音，无他义也。"② 罗愿在《尔雅翼》中提出"稷又名齊或为粢。故祭祀之号。稷曰明粢。而言粢盛者本之，故诸谷因皆有粢名……然则稷也，粢也，穄也。特语音有转重耳"③，都是以稷接近穄的读音"祭"做解释。而稷又是祭祀的对象，故在音近的基础上进而求稷的字义与穄是可通的，如蔡卞《毛诗名物解》："稷，祭也，所以祭，故谓之穄。"④ 这样一来，稷、穄读音的接近，为稷即穄论提供了"稷穄同音通假"的论据。

三、从"五谷之长"的地位辨黍稷

汉魏之际的学者明确指出稷就是粟，这也是后世学者论证稷粟同物的主要依据。唐宋以来稷和穄产生混淆，笔者以稷"五谷之长"的地位从先秦文献、考古材料入手，以辨析黍稷。

《周颂·噫嘻》："噫嘻成王，既昭假尔，率时农夫。播厥百谷，骏发尔私，终三十里。亦服尔耕，十千维耦。"⑤ 描写了周时期，一场王室庄园里庞大规模耕作。周人更是相信自己的祖先后稷是农业的发明者，这固然是神话，但同时意味中国在驯化野生植物的悠久农业历史。从《诗经》的农事诗中常可见"百谷"二字，如《豳风·七月》"其始播百谷"、《小雅·信南山》"生我百谷"、《小雅·甫田》"播厥百谷"。郑笺释百谷为"众谷"，盖言其多。此后，又有五谷之说。这大约是先民们在驯化野生植物过程中，经过筛选的重要谷类。《孟子·滕文公章句》："后稷教民稼穑，树艺五谷。"赵岐注五谷为稻、黍、稷、麦、菽。⑥《周礼·疾医》："以五味、五谷、五药，养其

---

① （明）李时珍《本草纲目》第1473页，人民卫生出版社，1978年。
② （宋）沈括撰，胡道静校证《梦溪笔谈校证》第866页，上海古籍出版社，1987年。
③ （宋）罗愿《尔雅翼》第2—3页，商务印书馆，1939年。
④ （宋）蔡元度《释百谷》卷三，《毛诗名物解》第1页，通志堂藏版。
⑤ （清）阮元《毛诗正义》，载《十三经注疏》第591页，中华书局，1980年。
⑥ 《孟子注疏》第2705页。

病。"郑玄则注五谷为麻、黍、稷、麦、豆。① 尽管古籍中对五谷的解释略有不同,但黍与稷始终是一样的。

依苏恭、李时珍所言,稷是黍,那五谷就该变成四谷了。如果说古代尚未有现代分类的概念,认为黍与作为不黏黍(穄)的稷就是两类作物。但如此一来,直到现今都仍然是华北地区的主要粮食小米(粟)排除在五谷之列,显然不合理。同时,稷作为五谷之长,应该是从其产量及食用价值来考量的。而陶景弘《名医别录》在怀疑稷为何物时,又对穄米下了带有药理性的论述"食之不宜人,言发宿病",故穄就不应是先民的主食,也就不应是誉为五谷之长主要粮食。反之,古代文献中,却多以粟来代表一切的农作物。

《周礼·仓人》"仓人,掌粟入之藏",郑注:"九谷尽藏焉,以粟为主。"② 贾疏便以粟解作稷。足见自古仓廪的储粮,是以粟为主,并以粟代表其他的谷物。西汉晁错有贵粟策:"欲民务农,在于贵粟;贵粟之道,在于使民以粟为赏罚。今募天下入粟县官,得以拜爵,得以除罪。"③ 元王祯《农书》:"夫粟者,五谷之长。古今谷禄,皆以是为差等;出纳之司,皆以是为准则。"④ 把粟作为行赏免罚、受爵的条件,又是官位俸禄高低和钱谷出纳折算的标准,可见粟是非常普遍又不可或缺的主要粮食。

粟是非常普遍、大众化,甚至百姓都能吃得上的粮食。《小雅·小宛》"握粟出卜,自何能谷",王先谦《诗三家义集疏》说:

《管子》云:"守龟不兆,握粟而筮者屡中。"《说文》:"贞,卜问也。从卜、贝。以为贽。"《系传》引诗:"'握粟出卜',谓古者求卜,比用贝握粟,其至微者也。"则粟所以酬卜。庄子《人间世》:"鼓筴播精,足以食卜人。"《史记》日者传:"夫卜而有不审,不见夺糈。"皆酬卜之粟也。黄山云:"诗言'出卜',自系贞卜于人。"⑤

既言"握粟",即能酬卜的资本太微薄,而所企求的愿望又太奢侈;正是因为穷尽寡财,不能尽善也。粟作为穷尽寡财之时,亦能酬卜的贽,足见粟

---

① (清)阮元校刻《周礼注疏》,载《十三经注疏》第667页,中华书局,1980年。
② 《周礼注疏》第750页。
③ (汉)班固撰,(唐)颜师古注《食货志第四》,载《汉书》第1133页,中华书局,1962年。
④ (元)王祯撰,缪启愉译注《东鲁王氏农书译注》第508页,上海古籍出版社,1994年。
⑤ (清)王先谦撰,吴格点校《诗三家义集疏》第696页,中华书局,1987年。

是上至天子下至百姓都吃得上的粮食，家家户户的主要粮食。

此外，先秦古书中没有这两种禾稷并举的例子。《礼记·月令》"孟春之月，食麦；孟夏之月，食菽；季夏之月，食稷；孟秋之月，食麻；孟冬之月，食黍"，所举五谷是麦、黍、菽、稷、麻，有稷而无禾。《吕氏春秋·审时》"得时之禾、得时之黍、得时之稻、得时之麻、得时之菽"①，提到的六谷是禾、黍、稻、麻、菽、麦，却又有禾而无稷。《淮南子·坠形训》中的"汾水蒙浊而宜麻，沸水通和而宜麦，河水中浊而宜菽，雒水轻利而宜禾，渭水多力而宜黍，江水肥仁而宜稻"②。六种，大体依《周礼》中列举九州土地宜种的谷物：稻、麦、黍、稷、菽，唯将稷换为禾，故可以证明禾与稷是同一种谷物。而禾是粟，历来也是没有争论的，这说明稷是粟。

四、从考古发掘辨黍稷

在辨析黍稷问题时，许多的论据引证仍只停留在纸上的谈论。如支持稷为黍说，根据《诗经》中往往黍稷连称，而认定黍稷便是同一作物，即穄。而本文上一节的论述也多在收集古籍中谷物的记载，缺乏科学的论证。然而考古发掘中对黍及粟的发现，弥补了这一空缺，成为辨别黍稷另一有利的依据。一份对粟的研究综述报告中录有新石器时代遗址中粟遗存共48处（详见表3），其中河北武安磁山村遗址出土了88座贮粟的窖穴或祭祀坑，窖穴及坑内还堆有0.5—0.6米厚碳化粟，最厚的碳化粟达到了2.9米。而黍类遗存出土只有14处，其中还有5处是穄（详见表4）。

从上表来看，出土粟的数量是远超于出土黍的数量，这说明粟才是最主要的粮食。虽然卜辞中对黍的记录多于其他谷物，反映了当时统治者对黍的重视，但这并不能证明黍就是种植最多的谷物。③ 这是因为卜辞只是记录王室占卜之词，却并不是记录殷商历史的，至少没有关于百姓民生的记载。殷商是非常重视祭祀的朝代，而黍又是酿酒最佳的主要原料，所以王室特别重视黍的种植；不过这并不意味整个殷朝代就以黍为主。虽然卜辞中黍字有百余

---

① （汉）高秀注《吕氏春秋》第337页，上海书店，1986年。
② 何宁撰《淮南子集释》第351页，中华书局，1998年。
③ 温少锋、袁庭栋《殷墟卜辞研究——科学技术篇》第172页，四川省社会科学院出版社，1983年。

见，相较于其他的谷物，多则数十见，少则数见一见，^① 但登黍的记录只有两次（下节细说）。《周颂·良耜》："载筐及筥，其饷伊黍。"孔疏："《少牢》《特牲》大夫士之祭礼食有黍，明黍是贵也。《玉藻》云：'子卯，稷食菜羹。'为忌日贬而用稷，是为贱也。"^② 可见黍贵而稷贱。黍是贵族们的粮食，百姓是没机会吃黍的。

表3 考古出土新石器时代的粟遗存③

	出土地点		出土地点		出土地点
1	甘肃兰州白道沟坪	17	陕西华县元君庙	33	河南洛阳王湾
2	甘肃临夏马家湾	18	陕西彬州下孟村	34	山东滕州北辛
3	甘肃永昌鸳鸯池	19	陕西扶风宰板	35	山东郯县三里河
4	甘肃玉门火烧沟	20	陕西临潼康家	36	山东莱阳于家店
5	甘肃永靖大何庄	21	山西侯马乔山底	37	山东栖霞杨家圈
6	甘肃永靖马家湾	22	山西万荣荆村	38	山东广饶傅家
7	甘肃广河齐家坪	23	山西夏县西阴村	39	辽宁大连郭家村
8	甘肃东乡林家	24	河北武安磁山村	40	辽宁北票丰下
9	甘肃民乐东灰山	25	河南新郑沙窝李	41	内蒙古赤峰蜘蛛山
10	甘肃秦安大地湾	26	河南新郑裴李岗	42	黑龙江宁安东康
11	甘肃武威娘娘台	27	河南郑州大河村	43	吉林永吉杨屯
12	青海乐都柳湾	28	河南淅川黄楝村	44	西藏昌都卡若
13	陕西西安半坡	29	河南临汝大张	45	云南剑川海门口
14	陕西宝鸡北首岭	30	河南许昌丁庄	46	湖北郧县青龙泉
15	陕西宝鸡斗鸡台	31	河南洛阳孙旗屯	47	江苏邳州大墩子
16	陕西华县泉护村	32	河南洛阳后岗	48	台湾高雄凤鼻头

---

① 于省吾《商代的谷类作物》，载《东北人民大学人文科学学报》1957年第1期。
② （清）阮元《毛诗正义》，载《十三经注疏》，1980年。
③ 何红中、惠富平《古粟（Setaria Italic Beauv）研究综述》，载《中国粮油学报》2010年第25卷第4期。

表4　考古出土新石器时代的黍类遗存①

	出土地点		出土地点		出土地点
1	吉林延边新安闾	6	陕西临潼姜寨	11	黑龙江宁安东康*
2	甘肃秦安大地湾	7	山西万荣荆村	12	新疆和硕新塔拉*
3	甘肃民乐东灰山	8	山东长岛北庄	13	甘肃兰州青岗岔*
4	青海民和核桃庄	9	辽宁沈阳新乐	14	甘肃东乡林家*
5	陕西扶风案板	10	辽宁北票丰下*②		

按照武安磁山村遗址（树轮校正为公元前5405年）出土的粟堆，中国栽培粟的历史有8000年之久，而且值得注意的是，夏商周活动的地区正是上述表中粟遗存最集中的地区（详见图一）。

据《竹书纪年》中的记载，夏的所在地多以河南为主："《汲冢书》：禹都阳城。""《汲冢古文》云：太康居斟寻。""《纪年》曰：帝相即位，处商丘。"《史记·殷本纪》："成汤，自契至汤八迁。汤始居亳"③"帝盘庚之时，殷已都河北，盘庚渡河南，复居成汤之故居……乃遂涉河南，治亳，行汤之政，然后百姓由宁，殷道复兴。"④成汤在亳（今河南郑州）建国，商朝的都邑曾数度迁徙，商王盘庚便曾五次迁都引起百姓的怨言，最后至殷（今河南安阳），至此商正式进入鼎盛时期。西周定都就在洛阳"营周居于雒邑而后去"。同时，考古报告更是证明，粟的栽种从未中断过。

晋南夏县东下冯遗址第三、第四期的一些灰坑，发现很多炭化粟粒，有些坑内堆积的炭化粟粒厚达40—73厘米。东下冯遗址正处于传说中"夏墟"范围之内⑤，其类型的大致年代又相当于所估计的夏末商初⑥。如此看来，夏

---

① 《稷粟同物，确凿无疑》第8页。
② 带"*"号的五个地点出土的作物是穄。
③ （汉）司马迁《史记》第93页，中华书局，1959年。
④ 《史记》第102页。
⑤ 从平陆一带至霍山周围的河、汾、涑、浍地区，就是夏墟、大夏之所在。东下冯遗址位于涑水支流青龙河上游，北距闻喜和南距夏县均约15公里，正处在传说中的夏墟之内。（中国社会科学院考古研究所、中国历史博物馆、山西省考古研究所、《夏县东下冯》第249页，文物出版社，1988年。）
⑥ 夏始年为公元前2300年，夏终年为公元前1700年。（《夏县东下冯》第252页）

代时期先民以粟作为主食，而厚达 73 厘米的炭化粟粒更说明粟已作为粮食被先民储存。正是因为粟是主要粮食，甲骨文的禾（代表粟的植物形态）成为一切禾谷类作物的部首：稷、黍、稻、秋等。

五、从稷的字源辨黍稷

甲骨文中多有与作物有关的卜辞，而从上述考古出土粟的地理位置来看，也是殷商时期的范围。而稷作为田正，农神的观念，其实在商代已有。先民对农神后稷的祭祀、对古神稷的崇拜，早在夏朝之前便已经开始了。① 《左传·昭公二十九年》："稷，田正也。有烈山氏之子曰柱，为稷，自夏以上祀之。周弃亦为稷，自商以来祀之。"② 《礼记·祭法》："是故厉山氏之有天下也，其子曰农，能殖百榖。夏之衰也，周弃继之，故祀以为稷。"③ 《国语·鲁语》："昔烈山氏之有天下也，其子曰柱，能殖百谷百蔬；夏之兴也，周弃继之，故祀以为稷。"④ 这三条记载所述的内容一致，可以肯定的是在周的始祖弃之前，已经有位名柱的农神；二者皆因善于农事，而被称为"稷"。孔颖达说："'稷'是五榖之长，立官主此稷事。"而稷是五谷之长，是重要的作物，所以才特立农官掌管耕种之事，并以谷物稷的名称为官名。因此在辨析黍稷的问题上，也应该关注甲骨文中的谷物记载。

甲骨文禾字写作𣎳，上像禾穗与叶，下像茎与根。《说文》："嘉谷也。从木，象其穗。凡禾之属皆从禾。"⑤ 裘锡圭即说谷子的穗是聚而下垂的，黍子的穗是散的，麦子的穗是直上的。因此甲骨文"禾"写作𣎳，黍子作𣎴，来字写成𣎵；可以穗的形象的不同来区别这三种谷物。《说文》段注："莠与禾绝相似，虽老农不辨。及其吐穗，则禾穗必屈而倒垂，莠穗不垂，可以识别。"⑥ 老农亦凭禾穗下垂的姿态，来分辨禾与莠。

---

① 马瑞江《稷名实考》，载《中国农史》2000 年第 19 卷第 4 期。
② 《春秋左传正义》第 2124 页。
③ （清）阮元《礼记正义》，载《十三经注疏》第 1590 页，中华书局，1980 年。
④ 《国语集解》第 155 页。
⑤ 《说文解字注》第 320 页。
⑥ 《说文解字注》第 320 页。

甲骨文有字形写作🌾、🌾，于省吾隶定作齌①，并推论齌是原始字，而稷字是后起的异体字。许慎《说文》："稷，齌也。""齌，稷也"二字互训。甲骨文中常有"登某某"一说：

"甲午登齌高且（祖）乙"（《粹》166）

"癸未卜其彳止登齌于羌甲"（《京》4025）

"丁丑卜登齌至　　"（《甲》642）

登齌，甲骨文作🌾，像双手捧豆以献之形。古代农事收获后，有"登尝"之礼。《礼记·月令》："孟夏之月，农乃登麦。仲夏之月，农乃登黍。孟秋之月，农乃登谷。天子尝新。"②卜辞之"登齌"，即以齌敬献祖先。《小雅·信南山》："上天同云，雨雪雰雰。益之以霢霂，既优既渥，既沾既足，生我百谷。"③孔疏既言年前下了雪，今年又有小雨，雨水充足又滋润，是上天与祖先的庇佑，故百谷收成丰硕；"疆场翼翼，黍稷或彧。曾孙之稽，以为酒食。畀我尸宾，寿考万年。"郑笺："成王以黍稷之税为酒食，至祭祀齐戒则以赐尸与宾。"成王用所获之黍稷祭祀祖先，即是卜辞之登齌、《月令》之尝新。

卜辞中的齌字凡四十见，从已能识别的卜辞中出现的各类谷物字形数量来说，仅次于黍。然而在仅四十见的齌字卜辞中，登齌就有十六次的记录④，已占了齌字数的百分之四十，而卜辞黍虽有百余见，登黍的记录只有二次。殷商是个重祭祀的时代，稷在卜辞中的出现又多与祭祀有关，足见就祭品而言，稷有着比黍更重要的地位，更能说明稷作为先秦时期先民的主要粮食，是五谷之长。

---

① 齌即稷字的初文，今称谷子，去皮为小米。卜辞齌字第一二期早期及第三期早期都从禾从三点，间有从四点五点六点者，第三期晚期都从双钩的点。在古文字，双钩与填实是相同的。如甲骨文雍己合文作🌾也作🌾。甲骨文有些字的构形还没有定型化，因而有些偏旁繁省无定。所列甲骨齌字诸形虽略变化，但都从禾从齊，即齌字的初文。（于省吾《释黍、齌、來》，载《甲骨文字释林》第245页，中华书局，1979年。）

② 《礼记正义》第1365，1370，1373页。

③ 《毛诗正义》第470—471页。

④ 《商代的谷类作物》第93页。

结　语

汉魏时期对稷的注解多非常简短，一般仅一句：稷，粟也。但基于汉魏年代更近先秦时期，同时理解又是一致的，而唐宋自苏恭起开始认为汉魏注解有误，但从上述对苏恭注释的梳理来看，本身是不合理的。故笔者在从黍与稷的训诂、考古材料和甲骨字形分析后，认为稷是粟，而不是黍。

┄┄▶	夏迁都路线
1	禹都阳城（今河南登封）
2	太康居斟䴏（今河南郑州）
3	相处帝丘（今河南濮阳）
4	杼居原（河南济源）

▶	商迁都路线
1	亳（今河南商丘）
2	嚣（今河南郑州）
3	相（今河南内黄）
4	邢（今河北邢台）
5	再迁庇、奄 定都殷（今河南安阳）

（刘勤　马来西亚人，北京大学在读博士）

·汉语国际传播与研究·

哈佛大学汉语教学的先驱者戈鲲化[*]

——美国华裔女作家张凤的哈佛书写之一

李 婷

摘 要：哈佛汉学教学的历史开端当从戈鲲化算起。戈鲲化在哈佛正式开课是 1879 年的 10 月 22 日，他所教授的是南方官话，而不是为当地华人所熟悉的闽南话，招生开课以三四人的小班制为主，选用的教材，是自己选编的《华质英文》(Chinese Verses and Prose)。他每周上课五天，每日一小时，在课堂上他身着清朝官府，要求学生尊师重道。学生除了听课外，还要每日自学三小时。戈鲲化的课余时间还会给哈佛的教授们专门讲授中国的诗文，有时也应邀到教授俱乐部进行演讲。由此可见，中华文化因素在戈鲲化的汉语教学活动中发挥着重要作用。美国华裔女作家张凤对戈鲲化在哈佛教学生活的描写，兼具文学性与历史性，既生动形象，又真实可靠，对于研究美国汉语教学具有重要的价值。

关键词：戈鲲化 哈佛汉语教学 张凤

张凤，美籍华裔女作家，早年毕业于密歇根大学历史系，长期在哈佛大学燕京图书馆工作。大学所学的专业以及长期在哈佛工作生活，成就了她对哈佛汉学的历史书写。她的作品《哈佛心影录》《哈佛哈佛》《域外著名华文女作家散文自选集——哈佛采微》《哈佛缘》《一头栽进哈佛》《哈佛问学录》《哈佛问学 30 年》等，几乎每一本书都离不开哈佛。她的哈佛缘如此之深，

---

[*] 本文为北京语言大学院级科研项目（中央高校基本科研业务专项资金资助）"中华文化要素在汉语教学中的实验与调查研究"（18YJ080207）的阶段性成果之一。

哈佛大学汉语教学的先驱者戈鲲化

使她有机会接触哈佛一大批有成就的华人华裔学者，熟悉他们的生活、思想以及学术成就。她以生花妙笔写哈佛，为历史补白，显示出文学与历史的双重魅力。

哈佛汉语教学的历史开端当从1879年哈佛时任校长伊利奥（C. W. Eliot）聘任戈鲲化担任首位中文教师算起。在此之前，虽然有1854年毕业于耶鲁大学的容闳开启了中国学生在美国留学的历史，而美国汉语教学的历史则无疑是由哈佛的戈鲲化所开创的。前者是学，后者是教，两者在中美文化交流的侧重点有所不同，但开创之功均不可忽视。我们比较熟知前者，却很少有人知道后者。而我们今天对戈鲲化的了解，大多是从张凤开始的。张凤最早写戈鲲化的文章刊发于1988年3月29日台北的《联合报》上，多被人引用或窃用。

张凤是这样来描写她接触到戈鲲化历史档案时的情形与心情的："每回我到哈佛校史档案部，戴上馆员送来的白棉手套，小心翼翼地静读这些依编年次序排列的档案和手稿时，总不免心存感激，缅怀他们130多年前探勘中国文化的执意恳切，不厌其烦地通信安排、集资论介、甄选签约……杜德维、鼐德与伊利奥校长与戈鲲化名下留下了厚厚实实的一匣见证（Harvard University Archives UAI20. 877），其中文档以1879年戈鲲化来哈佛这年最厚。"[①]

翻看这些厚厚的档案，张凤内心深受感动。一方面，是由于哈佛校方聘请礼遇戈鲲化之真诚，另一方面也是由于戈鲲化学识渊博、教学认真、深受学生及同事之爱戴。张凤对戈鲲化当时的教学情形着墨不多，但从中仍能看出哈佛汉语教学最初的面貌，具有十分重要的历史价值。

据张凤的介绍，戈鲲化在哈佛正式开课是1879年的10月22日，他所教授的是南方官话，而不是为当地华人所熟悉的闽南话，招生开课以三四人的小班制为主，如果人数多再加开班。招生对象并不限于哈佛学生，耶鲁大学和欧洲有汉学研究的大学的学生、来自中国的留学生、任何有兴趣由第一手资料了解中国的学者，或者希望从事外交、海关、商业、传教事业者，只要交费一百五十美元，都可以选修戈鲲化的汉语课。选用的教材，起初根据杜德维的建议，计划用威妥玛1867年编写的课本《语言自迩集》，而在实际授

[①] 张凤《哈佛问学录》第157页，重庆出版社，2015年。

课时，使用的课本是《华质英文》(Chinese Verses and Prose)，这是戈鲲化自己选编的教材，大多是他自己写的诗词及其英译，共有 50 页。关于戈鲲化所采用的教材，熊文华在《美国汉学史》中说："该教材收录了戈鲲化本人创作的 15 首中英对照诗词，每首诗词后都附上相关词句和典故的解释，并标出了诗句的平仄韵律。这是他为美国学子首创的授课方式，在没有同类教材可供参照的情况下设计出这样别开生面的课本，集发音、词语学习与文化要点注释于一体，即便从现在对外汉语教学的观点来看也显得很专业很有见地。"① 而他首堂课讲授的是一篇中国小说。他每周上课 5 天，每日 1 小时，在课堂上他身着清朝官府，要求学生尊师重道。学生除了听课外，还要每日自学 3 小时。戈鲲化的课余时间还会给哈佛的教授们专门讲授中国的诗文，有时也应邀到教授俱乐部进行演讲。他还利用假期走访纽约和耶鲁大学的卫三畏等美国汉学家。

对于哈佛聘请戈鲲化担任教席的过程，张凤则进行了较为详细的描述。根据张凤的说法，哈佛之所以开设中文课程，是跟当时波士顿的一位商人鼐德（Francis P. Knight）的倡导分不开的。鼐德看到当时美国在中国的商业外交利益正不断增长，对中文的需求也必然会随之增加，而欧洲的许多大学如英国牛津大学、伦敦大学，法国的法兰西学院和东方现代语言学院，德国的柏林大学，荷兰的莱登大学，都已开设汉学课程，美国的耶鲁大学也曾于 1876 年由卫三畏试图开设中文课，只是由于无学生选课方才作罢。鉴于这种形势，鼐德于 1877 年 2 月 22 日向伊利奥校长写信，陈述利害，极力主张在哈佛开设中文课程。伊利奥校长对鼐德的提议非常赞赏，并立即付诸实施，马上委派杜德维（Edward Bangs Drew）负责募款。哈佛的这一举动，得到了当地商会的支持和响应，很快就募得善款 8750 美元，到 1877 年 12 月 7 日，已有足够的经费（一万美元）去聘请教师了。

哈佛为什么会选中戈鲲化来担任中文教职？此事跟杜德维的推荐有关。戈鲲化于 1835 年生于新安郡徽州休宁（今安徽歙县），曾在清朝黄开榜湘军中参军幕，与太平军作战时任文书约 6 年。后到美国驻上海领馆工作，做译文抄写和翻译教员；然后又到宁波的英国领馆工作 15 年，并教授英法人士学中文，在此期间，结识宁波税务司杜德维。杜德维曾跟戈鲲化学过中文，对

---

① 熊文华《美国汉学史》第 6 页，学苑出版社，2015 年。

于戈鲲化的渊博学识非常了解，再加上戈鲲化长期与西方人共事，熟悉西方人的心态习俗，思想开明，性格机智幽默，便毫不犹豫地推荐他来担任哈佛中文教职。

张凤在哈佛大学档案馆中还发现了当年哈佛与戈鲲化签订的合同。在这份合同中，规定戈鲲化必须教授中文官话，聘任日期是1879年9月1日至1882年8月31日，刚好三年整，每月的工资是200美元。双方还约定，戈鲲化和家人（一妻二子）以及佣人到美国哈佛大学的旅费包括船钱、房钱、车钱以及行李费等，都由哈佛负担。戈鲲化和一妻二子住上等舱位，一仆人住下等舱位。如果三年内病故，哈佛负责将灵柩及妻子仆人送回上海，所学费用都由哈佛承担。这份合同的签订日期是1879年5月16日，代表哈佛与戈鲲化签订合同的就是鼐德，他当时担任美国驻东三省奉天营口牛庄领事，而戈鲲化的身份则是寓居宁波的大清知府衔候选同知。两人签名处盖有美国上海领事馆的钢印。除了这份合同外，双方还于1879年6月26日签订了一份补充合同，内容规定戈鲲化的三个女儿和另外一个仆人也可随行，往返旅行费用均由哈佛承担，三女住上舱，仆人住下舱。

或许是出于女性的敏感，张凤起初对于合同中没有规定戈鲲化的女儿们的权益很有看法，难道是戈先生重男轻女？难道女儿只能住下舱或者活生生离留家乡？直到她看到还有这份补充协议方才释怀。

对于这份珍贵的合同，张凤除了将合同内容悉数照录外，对于合同的样式也做了详细的描述，使我们感到这份尘封已久的合同如同就在眼前一样。随着她的笔端，我们了解到，正式合同共有五页，补充合同写在半页信纸大小的补页上。合同中中英文写成，中文竖写在左，英文横写在右。由于同样的内容，英文表达比较长，而汉语表达比较简练，所以英文占页比较多，造成合同中有三页是中英文书写的，而其他两页仅有横写的英文，左边的一半则是留白的。合同的用纸也比较考究，比普通纸张长宽各加一寸，也厚一倍，因此，虽历经百年沧桑，至今保存完好，而同一档案中的其他纸页，早已碎落剥蚀了。这不由使她感叹：想要流传久远的东西，最重要的还是品质。

张凤的文笔就是如此的细腻、聪慧，枯燥的历史档案在她的笔端下跳跃出生命，她本人也将情感倾注在所描写的对象上，夹述夹议，意味隽永，令人不忍掩卷释手。

如今，如果你到哈佛燕京图书馆，会发现门口赫然挂着戈鲲化身着清朝官服的照片。关于这张照片的来历，书中也做了详细的介绍。原来，戈鲲化一家1879年7月15日由上海启程，路上用了三周的时间，于8月8日抵达哈佛大学，出面接待的是哈佛图书馆馆长席博理（John Langdon Sibley），先安排住在贾维思地对面的医院楼宇，后又迁至梅荪街十号，都离哈佛园不远。戈鲲化的到来自然引起当地人的关注。报纸争相报道这位东方来的清朝官员，哈佛聘请著名的华伦照相馆，为他及家人照了8张照片，其中一张照片中他身着大清知府衔候选同知的官服，皮衣露衬白皮毛的边，还挂着朝珠。这张照片正是现在挂在燕京图书馆门口的那张。当时，当地的几家报纸都刊登了戈鲲化的照片。很显然，戈鲲化的到来，不仅对于哈佛，对于波士顿，对于新英格兰地区，都是一件大事。

对于戈鲲化受到当地人的欢迎和尊重，张凤感同身受、深感骄傲。而对于他的不幸早逝，则倍感惋惜和痛心。戈鲲化是于1882年2月14日因重感冒和肺炎不治去世的。在他生病期间，校长亲往探视，并聘请当地著名医生为其治疗，还有几位医学院的学生日夜照料，但仍药石罔效。

戈鲲化去世后，伊利奥校长为其举办了追思会，哈佛神学院牧师埃佛特教授主祭，参加者有容闳和鼐特、杜德维、刘恩、胡波等名流以及大使馆官吏、哈佛大学师生。哈佛也遵循原初的约定，于1982年3月15日由杜德维护送遗眷老小及遗体返回上海归葬。除此之外，伊利奥校长还会同几位哈佛教授募款成立基金会，对其妻儿老小抚恤教育，每月汇款300美元供居家及儿子读教会学校之用。在戈鲲化的档案中，张凤还看到戈鲲化幼子的材料。戈鲲化的这位幼子于1880年在哈佛出生，仅14个月刚要回国便因身体虚弱而夭折，只留下几张照片，以及小小棺材的装运单、船票账单打折后费用212.5美元、医生处方收费单据，还有杜德维运棺处理的收据。张凤坦言，几度析点这些档案材料，都令她"在寂静的阅览室中，沉郁噙泪，俯仰唏嘘，悲叹不已"。①

戈鲲化的确是不幸的，年仅47岁便命丧异国他乡，他生于美国的幼子也同赴黄泉，抛下言语不通的妻子儿女。但戈鲲化又是幸运的，他的际遇与当时备受迫害压榨、每月拼死拼活仅收入七到十六美元的西部华工相比不抵天壤之别。更重要的，"戈先生在哈佛所开的中文课虽暂偃旗息鼓，但实为赵元

---

① 《哈佛问学录》第260页。

任、杨联陞、赵如兰诸位在哈佛的教学者首开先河，1879年为此准备的中文书也成为哈佛燕京图书馆的种子书本。如今，外国人学中文者号称三千万，美国较大一点的中学都开设中文和中国文化，文化交锋实是前人种树之荫。"①

张凤在文末的点睛之笔，恰似《史记》的"太史公曰"，富有史家之卓识，寥寥数笔，凸显出戈鲲化在哈佛汉学史乃至整个汉语国际教育史上的地位，其眼光之独到、思想之深邃，不能不令人激赏。

张凤非常注意将戈鲲化的汉语教学活动这一事件置于当时的历史背景中进行描述。她在《纽英伦华人180年与赴美教学第一人戈鲲化》一文中，把早期定居于纽英伦（指马萨诸塞、康州、罗德岛、缅因、新汗布夏、佛蒙特等六州）的华人史追溯到1818—1825年间，并仔细述说了当时几位勇敢的广东青年如何到康沃尔（Cornwall）城上学的经过。该文还提到当初来波士顿从事茶叶贸易的华裔商人以及1858年开始来到美国参加横贯铁路修建工程的五十名华人的辛酸史。正如孙康宜教授所说："目前住在纽英伦的华人，只记得那个1854年荣获耶鲁大学学士学位的容闳，却忘记了其他许多拓荒的无名英雄。而张凤的贡献正是重新为我们找回了这些被遗忘了的人的声音。所以她的'哈佛缘'实已扩展到了整个纽英伦，甚至整个华人史的领域了。"②

在张凤的哈佛书写中，有关哈佛汉语教学的内容只是其中很少的一部分。但由于大都来自第一手资料的所见、所闻、所感，因此弥足珍贵，对于研究美国汉语教学具有重要的价值。从她对戈鲲化汉语教学活动的描述中，我们可以看出，中华文化因素发挥着重要作用。

（李婷　北京语言大学汉语进修学院讲师）

---

① 《哈佛问学录》第261页。
② 孙康宜《我所知道的张凤》，《哈佛缘》第6页，广西师范大学出版社，2004年。

·书评与信息·

耿昇先生学术纪念会暨中外关系史学术研讨会综述

晓 白

2019年4月13日，耿昇先生学术纪念会暨中外关系史学术研讨会在北京外国语大学举行。耿昇先生是北京外国语大学法语系校友，我国中外关系史研究著名专家、翻译家、法国汉学研究专家、法国"文学艺术勋章"获得者，曾为周恩来总理担任翻译。耿昇先生毕生从事中外文化交流史的翻译与研究，研究领域涉及敦煌学、藏学、突厥学、吐鲁番学、蒙古学、法国汉学、中亚史、中国与阿拉伯-波斯关系史、丝绸之路（西北、西南和海上丝绸之路）、来华传教士研究等，译有《伯希和西域探险日记（1906—1908）》等70多部译著，论文300多篇，成果丰硕，令人叹服。2018年4月10日，耿昇先生突发心脏病与世长辞。为怀念耿昇先生、总结其学术贡献、继承其学养品格，2019年4月13日，在耿昇先生逝世周年之际，中国社会科学院古代史研究所、中国中外关系史学会、北京外国语大学法语语言文化学院、北京外国语大学历史学院共同主办了耿昇先生学术纪念会暨中外关系史学术研讨会。中法人文交流研究中心、北京外国语大学全球史研究院承办和支持了本次会议。

4月13日上午，耿昇先生学术纪念会在北京外国语大学图书馆举行。来自中国社会科学院、北京大学、北京语言大学、暨南大学、中国科学院、国家图书馆、中国人民大学、北京外国语大学等高校和学术机构的100余位专家学者出席了耿昇先生学术纪念会。会议由北京外国语大学历史学院院长李雪涛教授主持。

中国社会科学院学部委员王震中教授高度肯定了耿昇先生涉猎广泛、数量众多的学术贡献，认为应该进一步继承和发扬。北京外国语大学葡萄牙语专业校友、澳门基金会行政委员会主席吴志良博士表示，耿昇先生一生翻译出版关于中西文化交流史、敦煌学、蒙古学、藏学、突厥学等各领域的繁难艰深的学术译著大约 70 余万部，3200 多万字，是真正称得上著译等身、绝无仅有的学者。北京外国语大学法语语言文化学院副院长王鲲老师表示，耿昇先生作为法语语言文化学院的杰出校友，担任了中法人文交流研究中心顾问、《法语国家与地区研究》编委，为促进母校学科建设、扩大学术影响不遗余力。中国社会科学院古代史研究所研究员、中国中外关系史学会会长万明作答谢致辞，感谢与会学者对耿昇先生的深情厚谊。

86 岁高龄的中山大学蔡鸿生教授亲笔撰写的《耿昇赞：学者风范与工匠精神的统一》引起了与会学者的共鸣。北京语言大学阎纯德教授感谢了耿昇先生长期以来对《汉学研究》"法国汉学研究"栏目的支持。阎纯德教授表示，耿昇先生是永载史册的大翻译家；他苦心耕耘，攻克汉学家笔下最难翻译的专业术语，是国内法国汉学研究的开拓者；耿昇先生在担任中国中外关系史学会会长期间，组织了 30 余次国内外学术会议，堪称劳动模范。北京外国语大学张西平教授追忆了耿昇先生的学术贡献及其对《国际汉学》刊物的大力支持。中国社会科学院历史研究所宋岘研究员谈到，耿昇先生在《黄金草原与珠玑宝藏》一书翻译过程中，和他有着频繁的语言互动。国家图书馆卢海燕研究馆员谈及了耿昇先生和国家图书馆海外中国问题研究资料中心的因缘关系：他不但积极推动解放初期巴黎外方传教会在云南维西地区留下的"德钦特藏""落户"国家图书馆一事，还为"中法国家图书馆合作网站"撰写了序言《搭建中法文化交流的友谊虹桥》。耿昇先生的学术成果将以不同载体方式世代传承，福泽后人。

中国人民大学清史研究所黄兴涛教授表示，耿昇先生为国家清史纂修工程做了大量工作。北京大学荣新江教授在题为"一支译笔润春秋"的发言中提到，耿昇先生的学术领域宽广，在多个领域皆有重要贡献。耿昇先生翻译了法国学者历年来撰写的敦煌学论文以及伯希和一系列有关西域、敦煌考察的论文，方便了中国学者在此基础上推进研究。耿昇先生在突厥学研究方面翻译了路易·巴赞《突厥历法研究》这部吐鲁番回鹘文献断代的巨著，极富参考价值。在吐鲁番研究方面，耿昇先生翻译了莫尼克·玛雅尔《古代高昌王国物质文明史》。耿昇先生的译著在推动中国中外关系史研究、丝绸之路研究中意义重大，他译有布尔努瓦《丝绸之路》、谢和耐等《明清间入华耶稣会士和中西文化交流》等重要著作。耿昇先生动员法国学者分门别类介绍法国汉学，即戴仁主编的《法国当代中国学》；他还翻译有关法国汉学史方面的文章，结集为《法国中国学的历史与现状》。北京语言大学人文学院院长钱婉约教授介绍了耿昇先生的翻译成就，她总结道，耿昇先生翻译的学术成绩与贡献体现在他呼应国内的学术需要，不畏冷僻，引进法国汉学成果；此外，耿昇先生还知难而进，学习多种少数民族语言，把别人不敢译、不能译的艰深冷僻的东西都译出来了。鲁东大学刘凤鸣教授回忆了耿昇先生对"经过山东半岛的'东方海上丝绸之路'"这一领域的关注和帮助。北京石刻艺术博物馆明晓艳研究员回忆了耿昇先生在搜集来华传教士文献方面对她提供的帮助。海归学者屈小玲教授回顾了耿昇先生对中法两国的学术贡献。她总结道，耿昇先生的翻译和研究，主要集中在西域古代交通及西域文明史、敦煌学及西藏研究译著、法国当代汉学领域及社会史研究译著、天主教入华及其相关研究译著这四个方面。中国社会科学院历史所赵连赏副研究员和孙泓副研究员也分别回忆了和耿昇先生的交往。耿昇先生在翻译和学术之外，致力于中国中外关系史学会的工作，积极提携后进，发展壮大了学会。

陈佳荣、冯玉雷、陆芸、曲玉维、沈福伟、王东方、薛正昌、周萍萍等耿昇先生的故交好友也撰文表示对耿昇先生的怀念。

4月13日下午，中外关系史学术研讨会在北京外国语大学中文学院举行，分为"中外关系史"和"中法人文交流与海外汉学"两个分论坛。

"中外关系史"分论坛中，学者们展现了对南方丝绸之路、海外汉文文献流传、丝绸之路与中外文化交流等方面的关注。

南京大学杨晓春教授的《唐代后期在华新罗侨民问题再探》介绍了新罗侨民聚族而居、任用新罗人管理、拥有专属宗教场所、可能通行新罗语、保留大量风俗习惯等社会、文化、民族方面的特点，认为唐代后期江苏、山东一带的新罗侨民仍然拥有本民族的专门聚落、保持本民族的文化及保有鲜明的新罗人的民族身份。暨南大学刘永连教授的《韩国汉文文献在中国流传和利用的现状研究》梳理了韩国汉文文献流入中国的历史，总结了国内学者在韩国汉文文献目录整理、典籍校注、丛书编纂、史料汇编等方面的成绩。中国海洋大学闫锐武教授和张英杰的《丝绸之路与近代中俄文化交流》介绍了俄国东正教驻北京传教士团传教布道、在中国创办教堂和学校；俄国皇家地理学会对中国西部边疆地区的考察；中俄茶文化的交流；俄国对中国古文物的收藏等情况，考察了丝绸之路上两国的友好交往和文化互动。

魏晋南北朝时期，外来器物传入中国，反映了中外交流和胡汉交融的情况。北京外国语大学石云涛教授的《域外器物的输入与中国社会》通过对中古时期以胡床、玻璃器、金银器为代表的域外器物的输入和在中国的使用等情况的分析，认为域外器物具有丰富的文化意义，既刺激了中国人对域外的好奇心，也促进了中国日常用具的革新和发展，成为文学艺术意象，改变了中国社会生活面貌。南开大学庞乃明教授的《明清中国"大西洋"概念的生成与演变》提出，"大西洋"概念出现在明朝嘉靖时期，本指印度洋北部及其沿岸地区，特别是阿拉伯半岛一带；自耶稣会士来华后，这一概念的外延逐渐拓展，受中欧政治文化的影响，扩大到指整个今大西洋海域。福建师范大学谢必震教授的《略论明清册封琉球的航海活动》通过对明清时期中国册封琉球航海活动的考察，分析了古代中国造船技术、航海组织、航海活动、航海生活等方面的情况。

"中法人文交流与海外汉学"分论坛涉及了传教士研究、法国汉学研究、美国汉学研究、德国汉学研究等，展现了学者们对这些问题的深入思考。

浙江工商大学马琼的《清初来华传教士对世界地理知识的介绍——以〈坤舆图说〉为中心所做的分析》以清初来华比利时籍耶稣会士南怀仁编撰的《坤舆图说》为中心，比较了《坤舆图说》《坤舆万国全图》《职方外纪》《空际格致》等著作相关内容的异同，介绍了以传教士为媒介的西方地理学知识在中国的传播情况。北京石刻艺术博物馆明晓艳研究员的《中西文化交流的见证——北京正福寺天主墓地》从墓碑变迁、墓地缘起、始建年代、四次修复、安葬在正福寺墓地的法国耶稣会士、墓地遗存六个方面考证了北京市正福寺墓地在中外交流中的地位和作用。

国家图书馆赵大莹副研究馆员的《清中前期北堂藏书的形成》一文结合目录、档案、地图等资料，揭示了北堂藏书从清中前期教堂初建起通过传教士、商人等渠道入华到嘉庆禁教时转移、部分埋在正福寺墓地、部分流向西湾子教区，在鸦片战争后随着遣使会士孟振生回流至北京、和俄国教团接管的南堂藏书一起留在北堂的动态过程。北京外国语大学柳若梅教授的《俄罗斯档案馆藏北堂藏书书目考》翻译了俄联邦外交部档案馆中的《葡萄牙传教士藏书目录》并介绍了19世纪20年代至40年代间俄国东正教驻北京使团接收天主教遗留图书馆和1860年归还该批图书的情况。

南京财经大学孙越的《葛兰言汉学研究中的古代婚俗与祭礼》评述了法

国汉学家葛兰言对中国古代婚俗和祭礼的研究。孙越认为,葛兰言利用社会学原理,先设了乡村/城市、农民/贵族、经济/政治等一系列结构主义的二元对立,建立于其上的"史学-社会学"的上古婚姻研究范式值得借鉴。中山大学郭丽娜教授的《童文献与德理文之争——19世纪法国汉学面貌一瞥》讨论了传教士汉学家童文献和经院汉学家德理文的诉讼案,提出这场纷争实际上折射出传教士汉学是西方关注东方的起点,但19世纪法国汉学的主动权掌握在社会精英手中,出现经院化倾向,传教士汉学成为经院汉学的强有力竞争和补充这一历史面貌。

四川外国语大学张涛教授的《杰斐逊时代美国社会争论中的孔子》介绍了19世纪初期杰斐逊时代孔子进入美国政治传统的塑造过程,认为孔子帮助美国人重申革命理想、反证重农思想不足可取和界定宗教和政府的相关关系等表现皆为美国社会依据具体需求对孔子的诠释。

北京外国语大学李雪涛教授的《作为德国汉学家的白乐日》介绍了德国汉学家白乐日及其所受的福兰阁的中国历史研究方法和韦伯的社会学研究范式的影响。通过分析白乐日《唐代经济史论文集》中所使用的方法,李雪涛认为白乐日是在接受韦伯等的社会学系统理论之后,才从传统的语文学汉学方法转到用社会学、经济学以及哲学等其他社会科学的方法来研究中国历史的范式。

总之,本次大会既表达了对耿昇先生的追念之情,总结了耿昇先生在现代学术史上的意义,又对中外关系史和海外汉学的专题问题进行了交流,推进了相关研究的广度和深度。

(晓白　北京语言大学)

语言资源高精尖创新中心助力"汉学研究大系"首批新书问世

刘咪稀

2019年10月15日，由北京语言大学语言资源高精尖创新中心组编、阎纯德教授担任总主编的"汉学研究大系"在北京正式发布。北京语言大学副校长张宝钧教授、大系组委会主任李宇明教授、总主编阎纯德教授、学苑出版社孟白社长出席新书发布暨专家座谈会并致辞。

法国汉学家、欧盟驻华大使郁白先生、教育部国际司和港澳台办原司长李海绩先生、北京语言大学原校长崔希亮教授、中国社会科学院何培忠教授、北京大学严绍璗教授、北京大学李明滨教授、天津师范大学王晓平教授、北京语言大学熊文华教授、山东大学王承略教授、北京语言大学徐宝锋教授、长江师范学院杨玉英教授、江西师范大学黄涛副教授、华东师范大学吴原元副教授、山东大学任增强副教授等专家学者参加会议，并就"汉学研究大系"后续编写出版展开研讨。北京语言大学宣传部常务副部长展明锋、国际处副处长马铁石、科研处副处长刘志敬、语言资源高精尖创新中心副主任刘晓海、副主任田列朋、大系责任编辑杨雷和张敏娜女士、大系总主编助理陈晶博士以及多家媒体记者出席本次会议。会议由刘晓海副主任主持。

张宝钧副校长代表刘利校长向"汉学研究大系"的出版表示热烈祝贺。他指出，"汉学研究大系"是扎根在历史发展的现实中，总结国际汉学时代源流的鸿篇巨著。它从国际视角探讨中华文化的基因谱系，研究中华民族的思维模式，解读华夏文明的道德价值和审美根源，既有助于让国际社会更好地了解中国，又能够让国人更好地理解世界。"汉学研究大系"首批新书是北京语言大学献给中华人民共和国成立七十周年的最好礼物。北京语言大学作为汉学家的"摇篮"，将继续大力支持"汉学研究大系"后续工作，为促进国际文化交流和东西方文明互鉴做出贡献。

语言资源高精尖创新中心主任李宇明指出，阎纯德先生长期以来"以学为业、以学为命"，精神感人，值得敬佩。依托"尊重科学、尊重科学家、尊重科学家的成果"这一理念，语言资源高精尖创新中心将一如既往地推进"汉学研究大系"的编撰和出版，通过搭建高水平的科研平台为海内外专家学者做好服务工作。同时，李宇明主任还表示，语言资源应该在国家的扶贫等重大事业中发挥积极作用，中心将通过长期努力，建立汉学资源大数据库，帮助中国走入世界舞台中央，不断提升中国的文化自信。

"汉学研究大系"总主编阎纯德教授以《汉学的命运与未来》为题，不仅阐述了汉学的深刻内涵，还介绍了大系名称的选定、内容、结构设计、北京语言大学汉学研究的发展及"大系"平台建设的艰苦创办历程等内容。

学苑出版社孟白社长回顾了和阎纯德教授十几年来的合作，同时指出外国人对中国人日常生活的细节关注程度很高，外国学者的历史背景以及看待问题的角度也与中国学者不太一样，因此他们的相关研究成果需要中国学者参与辨析。最后，孟白社长肯定了"汉学研究大系"的学术价值并对今后的发展提出新的展望。

崔希亮教授表示，汉学研究需要国学与汉学的联合，既是站在世界角度看中国，又是站在中国角度看世界，希望凭借北京语言大学的汉学研究平台继续培养青年学者，让更多学者参与和传承这项事业。

与会专家对"汉学研究大系"的学术价值给予了高度评价，指出随着我国改革开放和"人类命运共同体"建设的不断推进，国家高度重视中国优秀文化"走出去"和世界优秀文化"引进来"。"汉学研究大系"的出版极大推动了我国的汉学研究发展，对推动中国文化与世界文化的交流亦大有裨益。专家们还从汉学研究与国家文化战略、中国文化与世界文化的关系、国学研究与汉学研究的整合、研究平台建设、人才梯队建设、与国际汉学家的交流与合作、成果设计等多个方面展开深入研讨，并祝愿北京语言大学作为国内汉学研究重镇能够产生越来越大的国际影响。

其中，法国汉学家郁白先生从葛兆光先生的专著《历史中国的内与外——有关"中国"与"周边"概念的再澄清》谈起，认为汉学研究也需要国学的底蕴，外国文学家需要更深入理解中国的发展，中国学者也要了解国外现状，外国学者的分析研究方法与国内学者不同，很有价值，并建议加强汉学研究和国学研究的联系与合作。

语言资源高精尖创新中心助力"汉学研究大系"首批新书问世

汉学是从国际视角来观察中华文化，反映了中国智慧对世界的重要影响。北京语言大学教授阎纯德先生长期致力于汉学研究，1993 年创办《中国文化研究》，1995 年创办汉学研究所并编辑《汉学研究》集刊，并于上世纪 90 年代中期开始筹划"列国汉学史书系"，汇集一大批知名学者编撰汉学史书。北京语言大学语言资源高精尖创新中心自 2016 年 5 月成立以来，努力开展语言文化资源建设工作，全力支持阎纯德教授团队筹划"汉学研究大系"编撰工作，并聘请学界泰斗北京大学袁行霈教授、清华大学李学勤教授（已故）担任"汉学研究大系"总顾问，聘请柴剑虹编审（中华书局）、崔希亮教授（北京语言大学）、何培忠教授（中国社会科学院）、李明滨教授（北京大学）、孟白社长（学苑出版社）、钱林森教授（南京大学）、宋绍香教授（泰安学院）、王晓平教授（天津师范大学）、吴志良主席（澳门基金会）、熊文华教授（北京语言大学）、严绍璗教授（北京大学）、阎国栋教授（南开大学）、郁白先生（法国汉学家）、宇文所安（美国汉学家）、乐黛云教授（北京大学）、张西平教授（北京外国语大学）等著名专家作为编委会顾问。"汉学研究大系"拟收录"列国汉学史丛书""中国文化经典与名人传播研究丛书""汉学家研究丛书""外国作家与中国文化丛书""汉学名著译丛书""西学中医丛书"等系列。此次正式发布的新书有：《中国新文学俄苏传播与研究史稿》《交错的文化史——早期传教士汉学研究史稿》《〈孙子兵法〉在英语世界的传播与接受研究》《美国汉学家卫三畏研究（上下）》《日本诗经要籍辑考》《卫三畏与美国早期汉学》《英语世界的〈易经〉译介研究》《英语世界的南戏传播与研究》《中国文学翻译与研究在俄罗斯》《客居美国的民国史家与美国汉学》《中国文学在法国——18 世纪至 20 世纪 80 年代》《法国作家与中国——16 世纪至 20 世纪 80 年代》《〈道德经〉在英语世界的传播与接受研究》《澳新汉学研究史》14 部作品。

（刘咪稀　北京语言大学语言资源高精尖创新中心）